广视角 · 全方位 · 多品种

U1069642

权威 · 前沿 · 原创

皮书系列为

“十二五”国家重点图书出版规划项目

G20国家创新竞争力黄皮书
YELLOW BOOK OF G20'S NATIONAL INNOVATION COMPETITIVENESS

二十国集团（G20）国家创新竞争力发展报告（2013~2014）

REPORT ON THE GROUP OF TWENTY (G20) NATIONAL INNOVATION COMPETITIVENESS DEVELOPMENT (2013-2014)

主　　编／李建平　李闽榕　赵新力
副 主 编／李建建　苏宏文
执行主编／黄茂兴

社会科学文献出版社
SOCIAL SCIENCES ACADEMIC PRESS (CHINA)

图书在版编目（CIP）数据

二十国集团（G20）国家创新竞争力发展报告. 2013～2014/李建平，李闽榕，赵新力主编. —北京：社会科学文献出版社，2014. 11
（G20 国家创新竞争力黄皮书）
ISBN 978-7-5097-6689-7

Ⅰ. ①二… Ⅱ. ①李… ②李… ③赵… Ⅲ. ①国家创新系统-研究报告-世界-2013～2014 Ⅳ. ①F204

中国版本图书馆 CIP 数据核字（2014）第 247815 号

G20 国家创新竞争力黄皮书
二十国集团（G20）国家创新竞争力发展报告（2013～2014）

主　　编／李建平　李闽榕　赵新力
副 主 编／李建建　苏宏文
执行主编／黄茂兴

出 版 人／谢寿光
项目统筹／王　绯
责任编辑／曹长香

出　　版／社会科学文献出版社·社会政法分社（010）59367156
　　　　地址：北京市北三环中路甲 29 号院华龙大厦　邮编：100029
　　　　网址：www. ssap. com. cn
发　　行／市场营销中心（010）59367081　59367090
　　　　读者服务中心（010）59367028
印　　装／三河市东方印刷有限公司

规　　格／开 本：787mm × 1092mm　1/16
　　　　印 张：35　字 数：568 千字
版　　次／2014 年 11 月第 1 版　2014 年 11 月第 1 次印刷
书　　号／ISBN 978-7-5097-6689-7
定　　价／138.00 元

皮书序列号／B-2011-202

本书如有破损、缺页、装订错误，请与本社读者服务中心联系更换

版权所有 翻印必究

全国经济综合竞争力研究中心2014年重点项目研究成果

中央财政支持地方高校发展专项项目“福建师范大学产业与区域经济综合竞争力研究创新团队”2013～2014年重大研究成果

中央组织部首批青年拔尖人才支持计划（组厅字〔2013〕33号文件）2013～2014年资助的阶段性研究成果

国家社科基金一般项目（项目编号：10BJL046）的阶段性研究成果

福建省特色重点学科和省重点学科福建师范大学理论经济学暨福建省高校服务海西建设重点项目2013～2014年重大研究课题的最终研究成果

福建省高等学校科技创新团队培育计划（项目编号：闽教科〔2012〕03号）的阶段性研究成果

福建省社会科学研究基地——福建师范大学竞争力研究中心2014年重大项目研究成果

福建师范大学创新团队建设计划2013～2014年的阶段性研究成果

G20 国家创新竞争力黄皮书
编　委　会

编委会组成名单

主　　任　韩　俊　李慎明　李建平

副 主 任　高燕京　谢寿光　李闽榕

委　　员　李建建　黄茂兴　苏宏文

项目承担单位

福建师范大学、中国常驻联合国代表团科技组

编著人员名单

主　　编　李建平　李闽榕　赵新力

副 主 编　李建建　苏宏文

执行主编　黄茂兴

编写组人员　黄茂兴　李军军　林寿富　叶　琪　王珍珍
陈洪昭　周利梅　陈伟雄　易小丽　唐　杰
张宝英　杨雪星　叶婉君　张　璇　邱雪萍
李师源　兰筱琳　贾学凯　陈志龙　邹尔明
季　鹏　肖　蕾　林　瀚　吴　娟　林惠玲

主要编撰者简介

李建平　男，1946年出生于福建莆田，浙江温州人。曾任福建师范大学政治教育系副主任、主任，经济法律学院院长，副校长、校长。现任全国经济综合竞争力研究中心福建师范大学分中心主任，教授，博士生导师，理论经济学一级学科博士点和博士后科研流动站学术带头人，福建省特色重点建设学科与省级重点建设学科理论经济学学科负责人，同时兼任福建省人民政府经济顾问、中国《资本论》研究会副会长、中国经济规律研究会副会长、全国马克思主义经济学说史研究会副会长、全国历史唯物主义研究会副会长等。长期从事马克思主义经济思想发展史、《资本论》和社会主义市场经济、经济学方法论、区域经济发展等问题研究，已发表学术论文100多篇，撰写、主编学术著作、教材60多部。科研成果获得教育部第六届社科优秀成果二等奖，八次获得福建省哲学社会科学优秀成果一等奖，两次获得二等奖，还获得全国第七届“五个一工程”优秀理论文章奖，专著《〈资本论〉第一卷辩证法探索》获世界政治经济学学会颁发的第七届“21世纪世界政治经济学杰出成果奖”。福建省优秀专家，享受国务院特殊津贴专家，国家有突出贡献中青年专家，2009年被评为福建省第二届杰出人民教师。

李闽榕　男，1955年生，山西安泽人，经济学博士。现为福建省新闻出版广电局（福建省版权局）党组书记，福建师范大学兼职教授、博士生导师，中国区域经济学会副理事长。主要从事宏观经济学、区域经济竞争力、现代物流等问题研究，已出版著作《中国省域经济综合竞争力研究报告（1998～2004）》《中国省域农业竞争力发展报告（2004～2006）》《中国省域林业竞争力发展报告（2004～2006）》，以及在台湾出版的《海西经济区与台湾》等著作20多部（含合著），并在《人民日报》《求是》《管理世界》《经济学动态》等国家级报纸杂志上发表学术论文200多篇。近年来主持了国家社科基金“中国省域经济综合竞争力评价与预测研究”“实验经济学的理论与方法在区域经济中的应用研究”等多项国家和省级重大研究课题。科研成果曾荣获新疆维吾尔自治区第二届、第三届社会科学优秀成果三等奖，以及福建省科技进步一等奖、福建省第七届至第十届社会科学优秀成果一等奖、福建省第六届社会科学优秀成果二等奖、福建省第七届社会科学优秀成果三等奖等10多项省部级奖励（含合作），并有20多篇论文和主持完成的研究报告荣获其他省厅级奖励。

赵新力　男，1961年生，辽宁沈阳人，航空宇航博士，系统工程博士后。现为中国常驻联合国代表团正局级科技参赞，研究员，博士生导师，国务院政府特殊津贴获得者，国际欧亚科学院院士，福建省人民政府顾问，哈尔滨工业大学兼职教授。先后任国家专利工作协调小组成员、中国信息协会常务理事、中国科技咨询协会高级顾问、中国地方科技史学会副理事长、欧亚系统科学研究会理事、中国企业投资协会常务理事等。主持完成“863”、自然科学基金、社会科学基金、攻关、标准化、博士后基金等国家级课题数十项，参加国家软科学、“973”等国家级和主持省部级项目数十项，获得省部级奖励多项。在国内外发表论文近200篇，著作近30部。中国“图书馆、情报和档案管理”一级学科首个博士后工作站和首批硕士点创始人。曾在北京航空航天大学、沈阳飞机工业集团、美国洛克希德飞机公司、清华大学、国家科技部、中央驻澳联络办、中国科技信息研究所、国家行政学院、中央党校、中国科技交流中心、浦东干部管理学院等学习或工作，先后兼任中欧先进制造技术领域合作委员会中方主席、国家工程技术图书馆常务副馆长、科技部海峡两岸科技交流中心副主任、中日技术合作事务中心副主任等。

李建建　男，1954年生，福建仙游人，经济学博士。曾任福建师范大学经济学院院长，教授、博士生导师。享受国务院特殊津贴专家。福建师范大学政治经济学学科带头人之一。主要从事《资本论》与社会主义市场经济、经济思想史、城市土地经济问题等方面的研究，先后主持和参加了国家自然科学基金、福建省社科规划基金以及福建省发改委、福建省教育厅和国际合作研究课题20余项，已出版专著、合著《中国城市土地市场结构研究》《〈资本论〉

在社会主义市场经济中的运用与发展》《社会主义市场经济和改革开放》等10多部，主编《〈资本论〉选读课教材》《政治经济学》《发展经济学与中国经济发展策论》等教材，在《经济研究》《当代经济研究》《中国房地产》等刊物上发表论文70余篇。科研成果荣获国家教委优秀教学成果二等奖（合作）、福建省哲学社会科学优秀成果一等奖（合作）、福建省社会科学优秀成果二等奖、福建省社会科学优秀成果三等奖和福建师范大学优秀教学成果一等奖等多项省部级奖励。曾获福建省高校优秀共产党员、福建省教学名师和学校教学科研先进工作者称号。

黄茂兴　男，1976年生，福建莆田人。经济学博士，教授、博士生导师。现为福建师范大学经济学院副院长（主持工作）、全国经济综合竞争力研究中心福建师范大学分中心常务副主任、福建省人才发展研究中心执行主任、福建师范大学青年联合会副主席。同时兼任中国青年政治经济学学者年会执行委员会主席、中国数量经济学会常务理事、中国区域经济学会常务理事、中国环境科学学会环境经济学分会专家委员、中国工业经济学会理事、清华大学技术创新研究中心学术委员会委员和兼职研究员等社会职务。主要从事技术经济、区域经济、竞争力问题研究，主持国家社科基金、教育部人文社科基金等国家、部厅级课题40多项；出版专著、合著《技术选择与产业结构升级》《论技术选择与经济增长》等32部，在《经济研究》《管理世界》《经济学动态》等国家核心刊物发表论文120多篇，科研成果获得教育部第六届社科优秀成果二等奖1项（合作），国务院第一次全国经济普查优秀论文一等奖1项（合作），福建省第七届、第八届、第九届、第十届社会科学优秀成果一等奖5项（合作），福建省第八届、第九届、第十届社会科学优秀成果二等奖3项等共10多项省部级奖励。入选“中组部首批‘万人计划’青年拔尖人才支持计划人选”、“教育部新世纪优秀人才支持计划人选”、“全国新世纪百千万人才工程”第三层次人选、“福建省高校领军人才”。荣获2014年团中央授予的第18届“中国青年五四奖章”提名奖，“福建省第六届优秀青年社会科学专家”、“福建省第七届‘五四’青年奖章”等荣誉称号。所带领的科研团队先后入选财政部支持的国家创新团队和福建省高校科技创新团队，并于2014年被评为“全国教育系统先进集体”。

摘　要

当今世界，国际竞争日趋激烈，谁掌握了先进科技，谁就掌握了经济社会发展的主动权，谁就掌握了综合国力竞争的主动权。从某种意义上说，科技实力决定着世界政治经济力量对比的变化，也决定着全球各国各民族的前途命运。国家创新竞争力是国家竞争力的核心要素，是需要一个国家或地区整体参与的活动。

自第二次世界大战以来国际政治经济格局发生了重要而深刻的变化，发达国家和新兴市场国家的对话、交流与合作成为一种新型的国际关系。在这样的背景下，二十国集团（G20）应运而生，迅速成为解决国际政治经济问题的重要国际对话平台，并在推动世界经济强劲、可持续、平衡增长等方面发挥了建设性作用。

本书以 G20 作为研究对象，着重探讨了 2011 ~2012 年 G20 各国国家创新竞争力的发展水平、变化特征、内在动因及战略趋势，力图为推动 G20 各国提升国家创新竞争力提供有价值的理论指导和决策参考。全书共四大部分。第一部分为总报告，旨在从总体上评价分析 2011 ~2012 年 G20 国家创新竞争力的发展状况。揭示各国国家创新竞争力的优劣势和变化特征，提出增强国家创新竞争力的基本路径和发展对策，为世界各国加快提升国家创新竞争力提供有价值的参考依据。第二部分为分报告，通过对 2011 ~2012 年 G20 中 19 个国家的创新竞争力进行综合评价和比较分析，揭示不同类型和发展水平的国家创新竞争力的特点及其相对差异性，为各国提升创新竞争力提供实证依据。第三部分为专题报告，通过选取 G20 创新实践中的热点问题，如各国的科技政策比较、科技投入的效率评价、科技创新人才资源比较、科技智库资源比较等专题，为进一步了解 G20 内各国科技发展的水平与潜力提供有益补充。第四部分为附录，介绍本书所构建的国家创新竞争力指标评价体系，并提供 2011 ~2012 年 G20 国家创新竞争力各级指标的评价分值及排名情况，以备读者查询。

Abstract

Nowadays, international competition becomes fiercer than ever. Only the country that master the advanced technology, can gain the initiative in the economic and social development, as well as in overall national strength competition. In a sense, strength on science and technology determines not only the changes of balance of political and economic power in the world, but also the future and destiny of all ethnic groups around the world. National innovation competitiveness is the key element of national competitiveness. It is the activity that each country or region must participate in.

Since War World II, international political and economic structure is much different from before. A new international relationship shaped by dialogue between developed countries and new emerging market countries and interchange and cooperation arises. Under this background, Group of Twenty (G20) emerged because of demand and became an important international dialogue platform to solve international political and economic problem. It also plays a constructive role in promoting the strong, sustainable and balanced growth of the world economy.

This book use G20 group as the object of study and focus on the development level of national innovation competitiveness, character of change, intrinsic motivation and strategic trend of every country of G20 in the period of 2011 – 2012, so as to provide valuable theoretical guidance and decision – making reference for countries of G20 to promote national innovation competitiveness. This book is shape of four main parts. The first part is the total report to evaluate and analyze the level of national innovation competitiveness of G20 countries in the period of 2011 – 2012, reveal the strengths and weakness of each country's innovation competitiveness and provide the basic paths and strategies of enhancing the competitiveness level. It provides valuable references for all countries in the world to speed up national innovation competitiveness. The second part is sub – report, whose purpose is to reveal the characteristics and differences of national innovation competitiveness of countries of different types and development level through the comprehensive evaluation and comparative analysis of national innovation competitiveness of 19 countries in G20. It provides empirical basis for the countries to promote innovation competitiveness. The third part is the special report. It analyzes five hot issues in innovative practice of G20, such as the evaluation and comparison of science and technology policy, the efficiency of science and technology input, the human resources of scientific and technological innovation and the scientific and technological think tank resources of G20 countries. It provides a useful complement for further understanding the level and potential of scientific and technological development of G20 countries. The fourth part is appendix. It introduces the index system of national innovation competitiveness, and provides the evaluation scores and rankings of indicators of national innovation competitiveness of G20 countries from 2011 to 2012 for readers inquiring.

前 言

科技是国家强盛之基，创新是民族进步之魂。16 世纪以来，世界发生了多次科技革命，每一次都深刻影响了世界的力量格局。人类文明历程表明，科技创新是一个国家一个民族进步和发展最重要的影响因素之一。从某种意义上说，科技实力决定着世界政治经济力量对比的变化，也决定着各国各民族的前途命运。放眼今日之世界，国际间的竞争更加激烈。为了在竞争中抢占先机，发达国家正利用技术优势力图维持科技革命的先行地位；发展中国家特别是新兴经济体国家也在加紧抢抓机遇，争取把握在全球创新中的主动权。创新的竞争不再是少数国家参与的活动，几乎囊括了全世界所有的国家，创新的竞争也不仅仅限于少数的行业和部门，而是广泛渗透到多个行业和领域，是一个国家整体参与的活动。因此，创新已不仅仅是一种手段和工具，它早已上升为一个国家和地区的核心竞争力。

国家创新竞争力研究就是因应这种形势的发展需求而产生的，它与创新问题研究是一脉相承的，创新问题百年来的研究成果为开展国家创新竞争力研究提供了前提和基础。当然，国家创新竞争力研究是将创新与竞争力有机结合起来，突破单一创新问题研究的局限，从经济学、管理学、统计学、计量经济学、人文地理学、运筹学、社会学等多学科、多维度对国家创新竞争力问题进行深入探讨，突出对国家创新能力问题的深度探索，催生崭新的经济模式、发展模式和生活方式。可以说，开展国家创新竞争力的研究既是对创新能力和竞争力理论的进一步深化与提升，又符合当前国际国内科技创新的变革趋势，具有重要的理论和现实意义。

中国国家主席习近平在 2014 年 6 月 9 日召开的中国科学院第十七次院士大会、中国工程院第十二次院士大会上的讲话指出："我们比以往任何时候都更加需要强大的科技创新力量。党的十八大做出了实施创新驱动发展战略的重大部署，强调科技创新是提高社会生产力和综合国力的战略支撑，必须摆在国家发展全局的核心位置。”“科技竞争就像短道速滑，我们在加速，人家也在加速，最后要看谁速度更快、谁的速度更能持续。”毋庸置疑，2008 年国际金融危机发生以来，世界各国更加重视科技创新，纷纷出台新的创新战略，力图依靠科技的力量实现经济复苏。

综合上述国际国内科技竞争的新趋势和新要求，福建师范大学、中国常驻联合国代表团科技组等单位经过联合攻关，具体由全国经济综合竞争力研究中心福建师范大学分中心负责黄皮书《二十国集团（G20）国家创新竞争力发展报告（2013～2014）》的研创编写工作，这是该课题组又一部最新研究成果。2010 年 12 月，该课题组曾推出第一部《二十国集团（G20）国家创新竞争力发展报告（2001～2010）》黄皮书，引起了各国政府、学术界和新闻界的广泛关注，产生了强烈的社会反响。2011 年该书荣获第三届“中国优秀皮书奖·报告奖”一等奖。2013 年 9 月，第二部黄皮书《二十国集团（G20）国家创新竞争力发展报告（2011～2013）》面世，并在第八次二十国集团领导人峰会召开前夕在北京举行发布会，引起了国内外学术同行的广泛关注，产生了积极的社会反响。

《二十国集团（G20）国家创新竞争力发展报告（2013～2014）》是第三部 G20 国家创新竞争力黄皮书。本书以国家创新竞争力作为研究主题，选取 G20 作为研究对象，以竞争的独特视角诠释国家创新体系建设中所包含的创新基础、创新环境、创新投入、创新产出、创新持续等深刻内涵，把建设创新型国家从国家战略层面深化至具体细致的评价；同时又赋予国家创新能力以新理念和新意境。幸运的是，这项研究工作始终得到国务院发展研究中心管理世界杂志社、中国社会科学院社会科学文献出版社、福建省新闻出版广电局（福建省版权局）等单位的大力支持，特别是中国常驻联合国代表团科技参赞、国际欧亚科学院院士赵新力先生给予了鼎力支持与热心指导。

我们在这项课题研究过程中，紧密跟踪经济学、管理学、计量经济学、统计学等多学科的前沿研究成果，深入分析 G20 国家创新竞争力的发展水平、变化特征、内在动因及未来趋势，并根据本课题组所构建的 G20 国家创新竞争力指标体系及数学模型，对 2011～2012 年（由于国际科技统计数据的公布一般要滞后两年，所以目前我们所能采集到的最新统计数据是截至 2012 年）G20（本报告选择 G20 中的国家作为研究对象，由于欧盟作为一个联合体，因此不纳入评价范围）中 19 个国家的创新竞争力进行全面深入、科学的比较分析和评价，深刻揭示不同类型和发展水平的国家创新竞争力的特点及其相对差异性，明确各自内部的竞争优势和薄弱环节，追踪研究 G20 内部各国创新竞争力的演化轨迹和提升路径，为世界各国提升国家创新竞争力提供有价值的理论指导和实践对策。全书共四大部分，基本框架如下。

第一部分：总报告，即 G20 国家创新竞争力总体评价与比较分析报告。总报告是对 2011 ~2012 年 G20 中 19 个国家的国家创新竞争力进行评价分析，根据课题组所构建的 1 个一级指标、5 个二级指标、37 个三级指标组成的评价体系，在进行综合分析的基础上，对 G20 各国国家创新竞争力的变化态势进行评价分析，分析各国国家创新竞争力的发展状况以及区域分布情况，明示各国国家创新竞争力的优劣势和相对地位，阐释评价期内国家创新竞争力的变化特征及发展启示，提出增强国家创新竞争力的战略原则、战略取向和战略对策，为 G20 各国加快提升国家创新竞争力提供有价值的决策分析依据。

第二部分：分报告，即分国别对国家创新竞争力进行评价分析。对 2011 ~2012 年包括中国、美国等 G20 中 19 个国家的创新竞争力进行全面深入、科学的比较分析和评价（分报告中 G20 各国排序按照英文字母的顺序排列），深刻揭示不同类型和发展水平的各国创新竞争力的特点及其相对差异性，明确各自内部的竞争优势和薄弱环节，追踪研究各国创新竞争力的演化轨迹和提升路径。

第三部分：专题报告，即选取与科技创新有关的热点问题进行深入分析。本部分选取了 G20 各国科技政策的比较分析、科技投入效率评价分析、科技创新人才资源比较分析、绿色创新能力比较分析、科技智库资源比较分析等五个专题，详细阐述了 G20 各国科技发展的水平与潜力，为进一步了解二十国集团创新竞争力提供有益补充。

第四部分：附录，即介绍本书所构建的国家创新竞争力指标评价体系，并列出了 2011 ~2012 年 G20 国家创新竞争力的一级指标、5 个二级指标数值和排名情况，为读者进行定量化分析提供参考依据。

本书是在借鉴国内外前期研究成果的基础上，综合吸收了经济学、管理学、统计学、计量经济学、人文地理学等多学科的理论知识与分析方法，力图在国家创新竞争力的理论、方法研究和实践评价上尝试做一些创新和突破。当然，这是一项跨越多个学科的研究课题，受到知识结构、研究能力和占有资料有限等主客观因素的制约，我们在一些方面的认识和研究仍然不够深入和全面，还有许多需要深入研究的问题未及研究。有鉴于此，我们将继续深化研究，不断完善理论体系和分析方法，并加强对 G20 各国提升国家创新竞争力的具体对策研究。我们愿与关注这些问题的各国政府机构、世界各相关研究领域的科研机构和研究者一道，继续深化对国家创新竞争力理论和方法的研究，使国家创新竞争力的评价更加科学、更加完善，希冀能对中国及世界各国的科技创新发展提供有价值的决策借鉴。

作　者

2014 年 9 月

目录

Ⅰ 总报告

Ⅱ 分报告

Y Ⅲ　专题报告

Y Ⅳ　附　录

皮书数据库阅读使用指南

李培林：

CONTENTS

Ⲩ I General Report

Ⅱ Sub Reports

YⅢ Special Reports

YⅣ Appendix

YⅠ 总报告

General Report

Y.1

G20国家创新竞争力总体评价与比较分析

当今世界，二十国集团（G20）作为发达国家与新兴市场国家进行国际对话与合作的重要平台，正发挥着越来越重要的作用。据统计，该集团拥有全球65%的人口，国内生产总值约占全球的85%，贸易额占全球的80%，在国际货币基金组织和世界银行所占的股权份额约为65%，可以说，G20在全球经济中占据举足轻重的地位。当前，国与国之间综合国力的竞争越来越表现为国家创新竞争力的较量，国家创新竞争力已成为支撑和引领世界经济发展和人类文明进步的主要动力。G20作为全球经济发展的重要“火车头”，它在全球科技创新中表现出的竞争力和活力将决定世界科技创新的未来和方向。本部分着重对2011~2012年G20国家创新竞争力以及创新竞争力中各要素的排名变化进行深入分析，从中找出G20国家创新竞争力的推动点及影响因素。

1 G20国家创新竞争力总体评价

1.1 G20国家创新竞争力评价结果

根据国家创新竞争力指标体系和数学模型，课题组对2011~2012年G20国家创新竞争力进行评价①。表 1 - 1 列出了本评价期内 G20 国家创新竞争力的得分、排位及其变化情况，以及下属 5 个二级指标的评价结果，图 1 - 1、图 1 - 2、图 1 - 3直观地表示出了 2011 年和 2012 年 G20 国家创新竞争力的排位及其变化情况。

表 1 - 1　2011 ~ 2012 年 G20 国家创新竞争力评价比较

项目 国家	2012 年						2011 年						综合变化
	创新竞争力	创新基础竞争力	创新环境竞争力	创新投入竞争力	创新产出竞争力	创新持续竞争力	创新竞争力	创新基础竞争力	创新环境竞争力	创新投入竞争力	创新产出竞争力	创新持续竞争力	
美国	74.0	85.2	65.1	87.1	73.1	59.3	75.3	84.5	62.9	90.1	74.8	64.3	-1.4
	1	1	1	1	1	1	1	1	1	1	1	1	0
日本	44.5	47.5	42.4	59.5	50.4	22.8	45.3	47.8	40.7	60.2	51.5	26.4	-0.8
	2	7	10	3	3	18	4	7	10	3	3	17	2
德国	44.3	48.3	47.6	52.5	33.9	39.3	47.5	49.8	46.8	55.3	37.0	48.3	-3.1
	3	6	5	4	5	8	2	4	6	4	5	6	-1
韩国	44.2	22.1	46.5	61.3	42.2	49.0	45.4	26.5	46.4	60.6	42.9	50.7	-1.2
	4	12	8	2	4	4	3	11	7	2	4	4	-1
澳大利亚	44.1	57.1	47.4	43.8	18.1	54.0	44.4	54.0	47.8	45.0	19.4	55.8	-0.3
	5	2	6	7	11	2	6	3	5	7	12	2	1
英国	43.1	50.6	62.0	39.1	29.6	34.4	45.0	48.5	61.0	42.0	29.9	43.5	-1.8
	6	4	2	9	6	12	5	6	2	8	6	7	-1
法国	42.5	53.9	47.1	44.4	28.9	38.5	43.7	57.0	45.8	45.3	29.0	41.5	-1.2
	7	3	7	6	7	9	7	2	8	6	7	8	0
中国	42.2	27.9	31.8	40.9	54.9	51.8	39.7	24.2	29.0	41.0	53.4	51.1	2.5
	8	10	13	8	2	3	9	12	13	9	2	3	1
加拿大	42.2	50.0	57.7	46.0	19.4	37.8	42.4	48.8	57.6	46.5	21.2	37.6	-0.2
	9	5	3	5	10	10	8	5	3	5	10	12	-1
意大利	32.4	39.9	49.4	23.5	19.5	29.8	33.9	45.1	48.0	23.4	22.3	30.7	-1.5
	10	8	4	10	9	15	10	8	4	10	9	15	0
俄罗斯	25.7	31.5	38.2	22.7	9.8	26.3	25.7	30.7	36.0	22.5	9.3	30.1	0.0
	11	9	12	11	16	17	11	10	12	11	16	16	0
沙特阿拉伯	24.2	22.4	42.8	0.2	12.9	42.4	23.7	31.4	41.8	0.1	13.2	31.8	0.5
	12	11	9	19	14	6	12	9	9	19	14	14	0

① 注：本报告中各级指标得分的计算都精确到小数点后三位或四位数，但本书图表和相关正文中的指标得分只保留到小数点后 1 位数，故部分指标得分加减后可能有正负 0.1 的误差。

续表

项目 国家	2012 年						2011 年						综合变化
	创新竞争力	创新基础竞争力	创新环境竞争力	创新投入竞争力	创新产出竞争力	创新持续竞争力	创新竞争力	创新基础竞争力	创新环境竞争力	创新投入竞争力	创新产出竞争力	创新持续竞争力	
土耳其	21.8	14.8	29.2	16.7	9.2	39.3	20.8	12.8	28.7	15.4	8.3	39.0	1.0
	13	14	15	13	17	7	15	16	14	13	17	11	2
巴西	21.1	19.5	23.7	17.7	10.0	34.7	22.1	19.5	23.0	17.1	10.3	40.5	-1.0
	14	13	17	12	15	11	13	13	17	12	15	10	-1
墨西哥	20.5	11.8	26.0	9.7	22.2	32.5	19.2	14.1	24.8	11.0	23.4	22.8	1.3
	15	16	16	16	8	13	17	15	16	16	8	18	2
南非	20.2	8.7	40.9	11.6	13.2	26.7	21.4	9.2	37.2	12.7	13.4	34.8	-1.2
	16	17	11	15	13	16	14	17	11	15	13	13	-2
阿根廷	19.0	14.7	19.3	9.4	5.4	46.3	20.0	17.5	17.2	10.4	5.5	49.4	-1.0
	17	15	18	17	18	5	16	14	18	17	19	5	-1
印度	15.9	4.4	13.8	14.7	15.7	30.8	18.9	4.8	13.7	14.8	20.1	41.1	-3.0
	18	18	19	14	12	14	18	18	19	14	11	9	0
印度尼西亚	11.5	2.7	29.5	1.4	4.9	19.1	9.2	2.8	27.0	1.5	5.5	9.2	2.3
	19	19	14	18	19	19	19	19	15	18	18	19	0
最高分	74.0	85.2	65.1	87.1	73.1	59.3	75.3	84.5	62.9	90.1	74.8	64.3	-1.4
最低分	11.5	2.7	13.8	0.2	4.9	19.1	9.2	2.8	13.7	0.1	5.5	9.2	2.3
平均分	33.3	32.3	40.0	31.7	24.9	37.6	33.8	33.1	38.7	32.4	25.8	39.4	-0.5
标准差	14.9	21.4	13.8	22.9	18.1	10.6	15.4	21.0	13.9	23.5	18.3	12.5	-0.5

注：各地区对应的两行数列中，上一行为指标得分，下一行为指标排名。

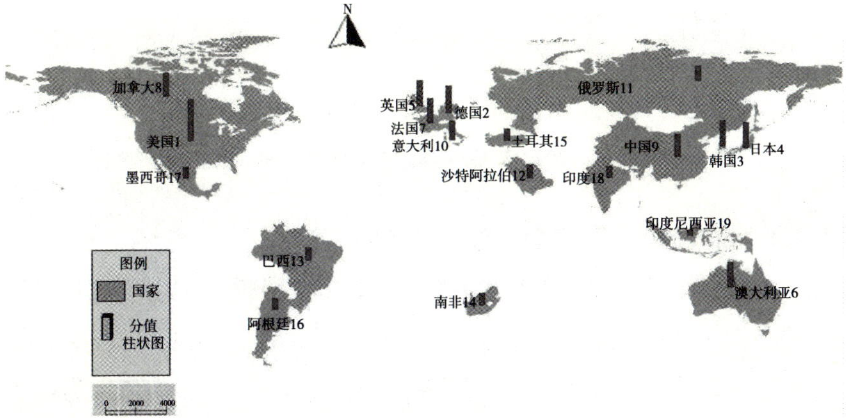

图 1-1　2011 年 G20 国家创新竞争力的排位情况

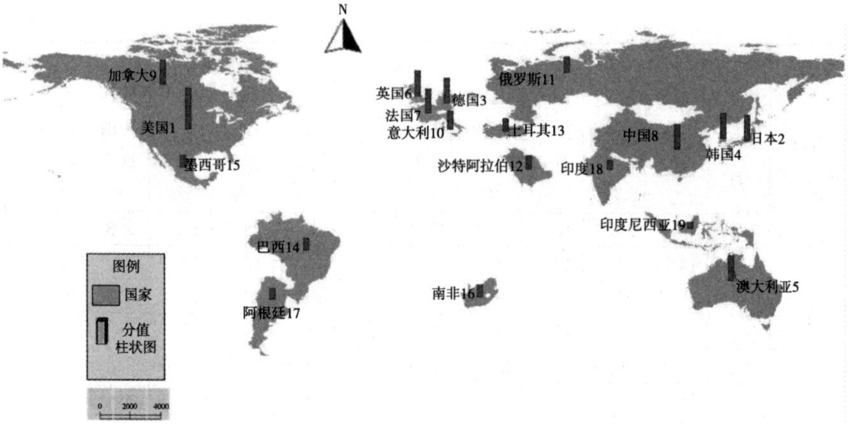

图 1－2　2012 年 G20 国家创新竞争力的排位情况

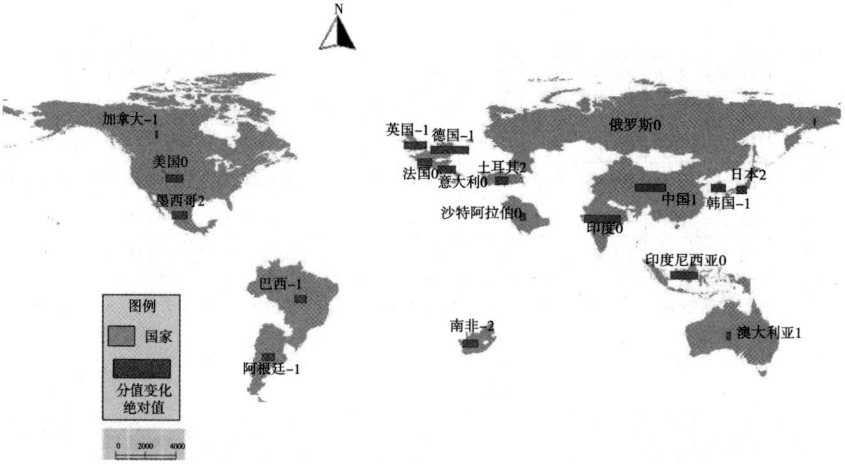

图 1－3　2011～2012 年 G20 国家创新竞争力的排位变化情况

1.1.1　G20 国家创新竞争力综合排名及其变化

图 1－4 直观地展现了 2011～2012 年 G20 国家创新竞争力的得分、排名情况。

2012 年 G20 国家创新竞争力处于第一方阵（1～5 位）的依次为：美国、日本、德国、韩国、澳大利亚；排在第二方阵（6～10 位）的依次为：英国、法国、中国、加拿大、意大利；处于第三方阵（11～15 位）的依次为：俄罗

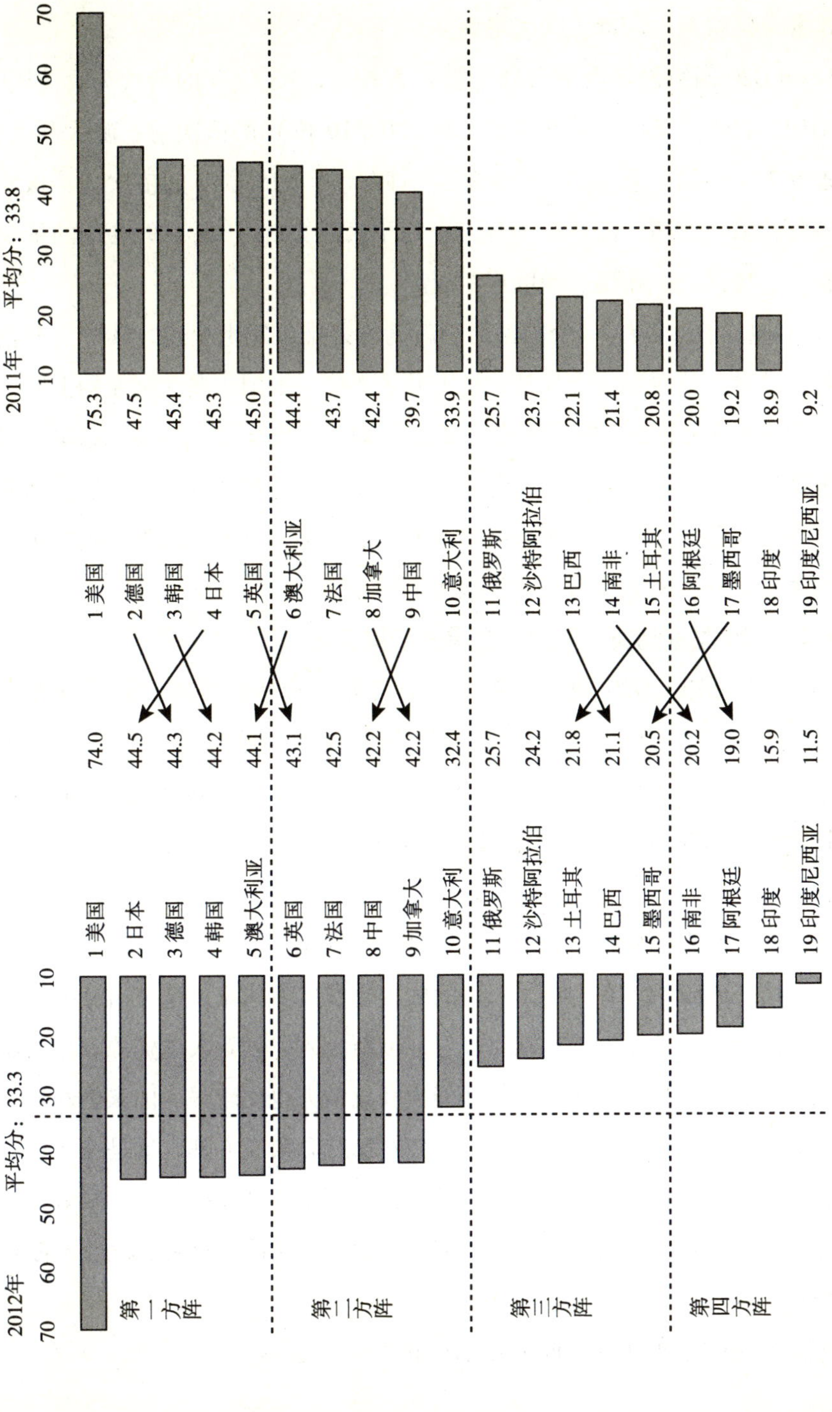

图1-4 2011年和2012年G20国家创新竞争力得分及排位情况

注：左边的柱状图为2012年数据，右边的柱状图为2011年数据。箭头的方向表示2011～2012年的排名变化。

斯、沙特阿拉伯、土耳其、巴西、墨西哥；处于第四方阵（16～19 位）的依次为：南非、阿根廷、印度、印度尼西亚。

2011 年 G20 国家创新竞争力处于第一方阵（1～5 位）的依次为：美国、德国、韩国、日本、英国；排在第二方阵（6～10 位）的依次为：澳大利亚、法国、加拿大、中国、意大利；处于第三方阵（11～15 位）的依次为：俄罗斯、沙特阿拉伯、巴西、南非、土耳其；处于第四方阵（16～19 位）的依次为：阿根廷、墨西哥、印度、印度尼西亚。

2011～2012 年，共有 12 个国家的创新竞争力排位发生变化，其中上升幅度最大的是日本、墨西哥、土耳其，均上升了 2 位，中国、澳大利亚均上升了 1 位；下降幅度最大的是南非，下降了 2 位，英国、加拿大、韩国、德国、巴西、阿根廷均下降了 1 位。此外，有 4 个国家发生了跨方阵变动，即澳大利亚由第二方阵迈入第一方阵，墨西哥由第四方阵迈入第三方阵，而英国则由第一方阵跌入第二方阵，南非由第三方阵跌入第四方阵。

1.1.2 G20 国家创新竞争力综合得分及其变化

由图 1－4 可知，G20 国家创新竞争力得分呈阶梯状分布，且差异非常大。2012 年，只有美国 1 个国家的创新竞争力得分达到 70 分以上，其余国家均低于 50 分；其中，有 8 个国家介于 40～50 分，1 个国家介于 30～40 分，6 个国家介于 20～30 分，3 个国家介于 10～20 分，没有低于 10 分的国家。

国家创新竞争力得分较高的国家主要是发达国家，9 个发达国家全部处于第一方阵和第二方阵，只有排在第 8 位的中国是发展中国家。这突出反映了发达国家长期以来经济社会发展基础比较好，创新投入、创新人才资源和创新制度环境优势明显，因此，这些国家创新能力和竞争力也比较强。国家创新竞争力得分较低的主要是发展中国家，集中分布在第三和第四方阵，这是缘于这些国家的经济社会发展水平相对较低，而且在创新环境、创新投入、创新效益等方面都还与发达国家存在明显的差距，需要花大力气来改变这种状况，不断提升国家创新竞争力。

G20 国家创新竞争力得分的变化情况如表 1－2 所示。

表1－2 2011～2012年G20国家创新竞争力总体得分变化情况

2012年排名	国家	2012年得分	2011年得分	得分变化	得分变化幅度排序
1	美国	74.0	75.3	－1.4	15
2	日本	44.5	45.3	－0.8	9
3	德国	44.3	47.5	－3.1	19
4	韩国	44.2	45.4	－1.2	13
5	澳大利亚	44.1	44.4	－0.3	8
6	英国	43.1	45.0	－1.8	17
7	法国	42.5	43.7	－1.2	12
8	中国	42.2	39.7	2.5	1
9	加拿大	42.2	42.4	－0.2	7
10	意大利	32.4	33.9	－1.5	16
11	俄罗斯	25.7	25.7	0.0	6
12	沙特阿拉伯	24.2	23.7	0.5	5
13	土耳其	21.8	20.8	1.0	4
14	巴西	21.1	22.1	－1.0	11
15	墨西哥	20.5	19.2	1.3	3
16	南非	20.2	21.4	－1.2	14
17	阿根廷	19.0	20.0	－1.0	10
18	印度	15.9	18.9	－3.0	18
19	印度尼西亚	11.5	9.2	2.3	2
平均分		33.3	33.8	－0.5	—

由表1－2可知，2011～2012年，大部分国家的创新竞争力得分呈下降趋势，共有13个国家得分下降，平均下降了1.4分，只有5个国家得分上升，平均上升了1.5分，最终使得整体的G20国家创新竞争力水平下降了0.5分。

德国、印度、英国、意大利、美国、南非、韩国、法国等国家的得分下降明显，降幅均在1分以上；其中德国的下降幅度最大，达到3.1分，印度的降幅达到3.0分。中国和印度尼西亚的得分上升比较明显，增幅均在2分以上；其中得分增幅最大的是中国，上升了2.5分，远高于G20国家创新竞争力得分的平均变化水平（－0.5分）。这说明，近年来中国通过实施创新驱动战略，不断加大科技投入和科技人才引育，取得了明显成效，有力提升了国家创新竞争力。

1.1.3 G20 国家创新竞争力要素得分及贡献率

表 1－1 列出了 2011～2012 年 G20 国家创新竞争力二级指标的评价结果，展示了国家创新竞争力 5 个二级指标的得分和排名及其波动情况。

从得分的变化情况来看，2012 年，国家创新竞争力的最高得分为 74.0 分，比 2011 年下降了 1.4 分；最低得分为 11.5 分，比 2011 年上升了 2.3 分；平均分为 33.3 分，比 2011 年下降了 0.5 分。这表明 G20 国家整体的创新竞争力水平略有下降。反映在二级指标上，则是创新持续竞争力的得分下降最快，平均分从 2011 年的 39.4 分下降到 2012 年的 37.6 分，下降了 1.8 分，最高分从 2011 年的 64.3 分下降到 2012 年的 59.3 分；创新产出竞争力的得分下降得也比较快，平均分下降了 0.9 分，最高分下降了 1.7 分，最低分下降了 0.6 分；创新基础竞争力和创新投入竞争力的平均分分别下降了 0.8 分和 0.7 分。创新环境竞争力的平均分上升幅度较大，上升了 1.3 分。

通过对比 2011～2012 年 G20 国家创新竞争力的得分变化情况可以发现，G20 国家创新竞争力的整体水平呈现下降趋势，这主要是由创新持续竞争力下降导致的。在今后的创新实践中，G20 各国要更加关注创新持续方面的努力，防止国家创新竞争力进一步下降；同时，也要注意进一步提高创新产出竞争力、创新基础竞争力、创新投入竞争力和创新环境竞争力，以实现国家创新竞争力的有效快速提升。

从得分差异来看，2012 年国家创新竞争力得分的标准差为 14.9 分，整体差异比较大，这一点也可以从图 1－4 直观地看出。二级指标中，标准差最高的是创新投入竞争力，高达 22.9 分，其次为创新基础竞争力，为 21.4 分；创新产出竞争力的标准差也比较高，为 18.1 分，创新环境竞争力和创新持续竞争力的标准差相对较低，分别为 13.8 分和 10.6 分。这表明，各国在创新投入竞争力和创新基础竞争力方面的巨大差异是导致整体国家创新竞争力差异的主要因素，创新产出竞争力也是导致国家创新竞争力差异的重要因素，而创新环境竞争力和创新持续竞争力的影响相对较小。因此，国家创新竞争力得分比较低的国家，尤其需要在创新投入竞争力、创新基础竞争力和创新产出竞争力三个方面加倍努力，以不断缩小与其他国家的差距。

为了更好地分析各二级指标对一级指标创新竞争力的贡献作用，我们将各二级指标的得分与其权重相乘，折算为反映在一级指标上的得分，然后除以一级指标的总得分，则可得到各二级指标的贡献率，这样可以更加直观地看出每个二级指标对一级指标的贡献大小，如图 1－5 所示。

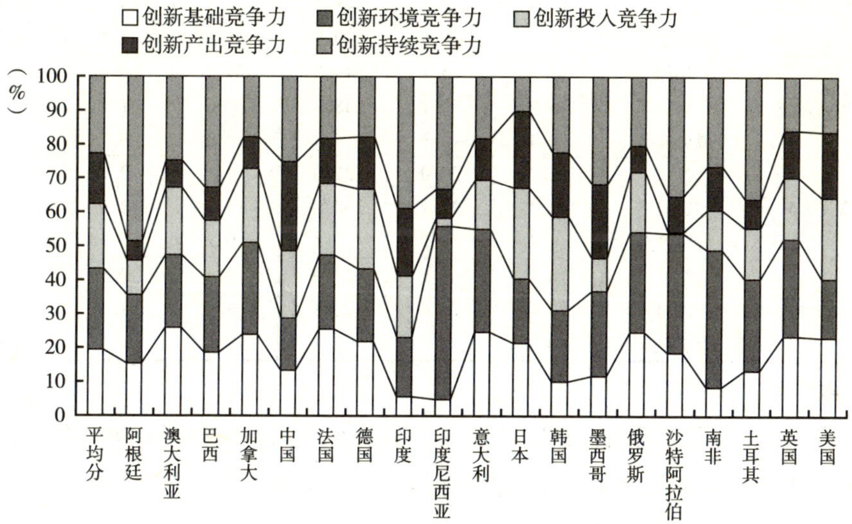

图 1－5　2012 年 G20 国家创新竞争力要素贡献率

由图 1－5 可见，创新环境竞争力对国家创新竞争力的贡献率最高，平均贡献率为 24.01%，创新持续竞争力的贡献率其次，为 22.56%；创新基础竞争力和创新投入竞争力的贡献率也比较高，分别为 19.36% 和 19.01%；创新产出竞争力的贡献率最低，为 14.94%。当然，各国二级指标的贡献率略有差别。各国在提升国家创新竞争力的过程中，需要关注对自身国家创新竞争力作出较大贡献的指标，继续巩固加强。同时，对于贡献率暂时比较低的指标也要加以重视，继续加大这方面的努力和工作力度，着力提高其贡献率。

1.2　G20 国家创新竞争力评价比较分析

G20 国家创新竞争力矩阵分析

表 1－3 列出了 2011 ~ 2012 年 G20 中各方阵国家创新竞争力的平均得分情况。

表 1－3　2011～2012 年各方阵国家创新竞争力平均得分情况

项目 ＼ 得分平均值		创新竞争力	创新基础竞争力	创新环境竞争力	创新投入竞争力	创新产出竞争力	创新持续竞争力
第一方阵	2012	50.2	52.1	49.8	60.8	43.5	44.9
	2011	51.6	52.5	48.9	62.3	45.1	49.1
	得分变化	－1.4	－0.5	0.9	－1.4	－1.6	－4.2
第二方阵	2012	40.5	44.4	49.6	38.8	30.5	38.5
	2011	40.9	44.7	48.3	39.6	31.1	40.9
	得分变化	－0.4	－0.3	1.3	－0.9	－0.7	－2.4
第三方阵	2012	22.7	20.0	32.0	13.4	12.8	35.0
	2011	22.3	21.7	30.9	13.2	12.9	32.8
	得分变化	0.4	－1.7	1.1	0.2	－0.1	2.2
第四方阵	2012	16.7	7.6	25.9	9.3	9.8	30.7
	2011	17.4	8.6	23.8	9.9	11.1	33.6
	得分变化	－0.7	－0.9	2.1	－0.6	－1.3	－2.9

从表 1－3 可以看出，2012 年，第一方阵与第二方阵创新竞争力的平均得分相差不大，两者相差 9.7 分，得分比差为 1.24∶1；第二方阵与第三方阵的平均得分则相差较大，两者相差 17.8 分，得分比差为 1.78∶1；第三方阵与第四方阵的平均得分相差较小，两者相差 6.0 分，得分比差为 1.36∶1。第一方阵与第四方阵的差距则非常大，得分比差达到 3.0∶1。

此外，除第三方阵上升了 0.4 分外，其余 3 个方阵的国家创新竞争力平均得分均出现了下降：第一方阵的平均得分下降幅度最大，下降了 1.4 分，第二方阵下降了 0.4 分，第四方阵下降了 0.7 分。

反映在二级指标上，它们的得分差距及变化状况可以从图 1－6、图 1－7 直观地表现出来。

2012 年，第三方阵、第四方阵创新基础竞争力的得分与第一方阵、第二方阵的得分差距很大，第一方阵和第二方阵则比较接近，需要引起注意的是第四方阵的得分仅为 7.6 分，约为第一方阵的 1/7；各个方阵创新环境竞争力的差距比较小，第一方阵和第二方阵只差 0.2 分，第三方阵和第四方阵也仅差 6.1 分；第三方阵和第四方阵的创新投入竞争力得分非常低，与第一方阵和第二方阵的差距非常大，而第一方阵的得分比其他 3 个方阵高出许多，第一方阵得分是第四方阵的 6.5 倍；各个方阵的创新产出竞争力平均得分都不高，尤其

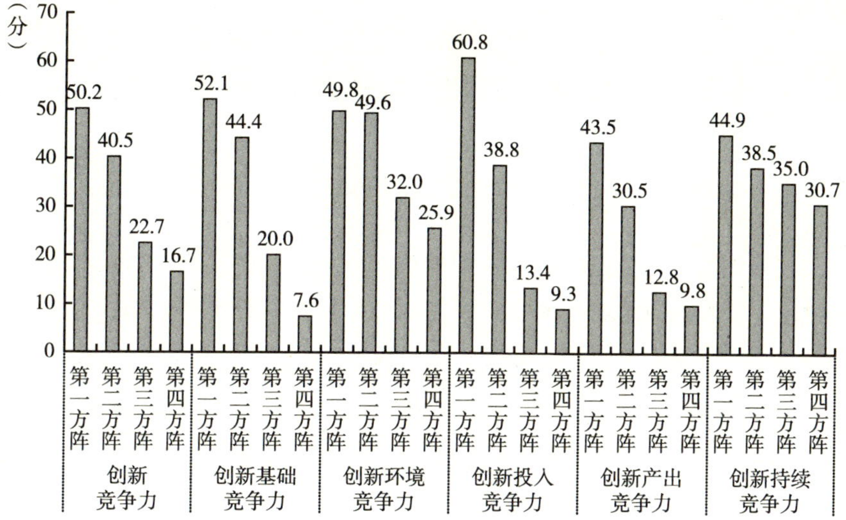

图1-6　2012年国家创新竞争力及其二级指标的方阵得分情况

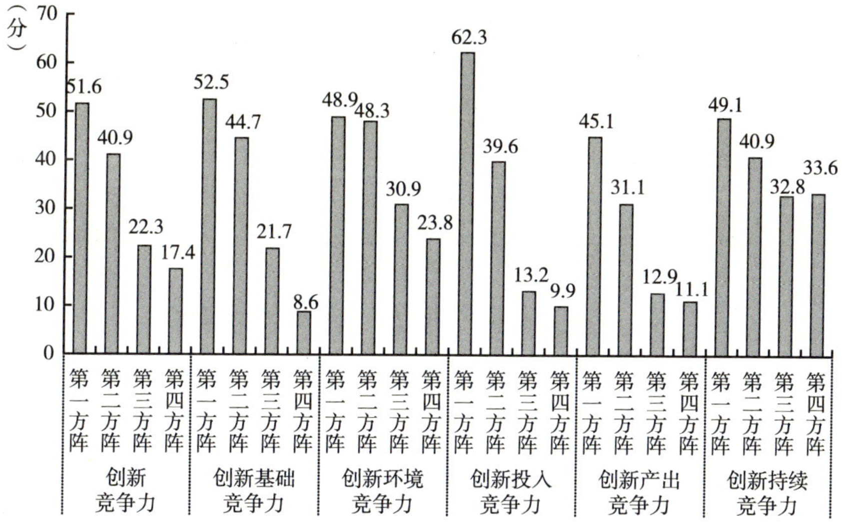

图1-7　2011年国家创新竞争力及其二级指标的方阵得分情况

是第四方阵，仅为9.8分，约为第一方阵的1/5，第三方阵的得分也很低，只有12.8分；各个方阵的创新持续竞争力得分比较接近，差距较小。此外，我们还发现：2011~2012年，各个方阵的国家创新竞争力及其二级指标的平均得分变化都比较小。

2　G20 国家创新竞争力区域分析

2.1　G20 国家创新竞争力均衡性分析

按照阈值法进行无量纲化处理和加权求和后得到的 G20 各国创新竞争力得分及排位，反映的只是单个国家的创新竞争力状况，要更为准确地反映 G20 国家创新竞争力的实际差异及整体状况，还需要分析国家创新竞争力的得分分布情况，对国家创新竞争力得分的实际差距及其均衡性进行深入研究和分析。图 2－1、图 2－2 显示了 2012 年和 2011 年 G20 国家创新竞争力评价分值的分布情况。

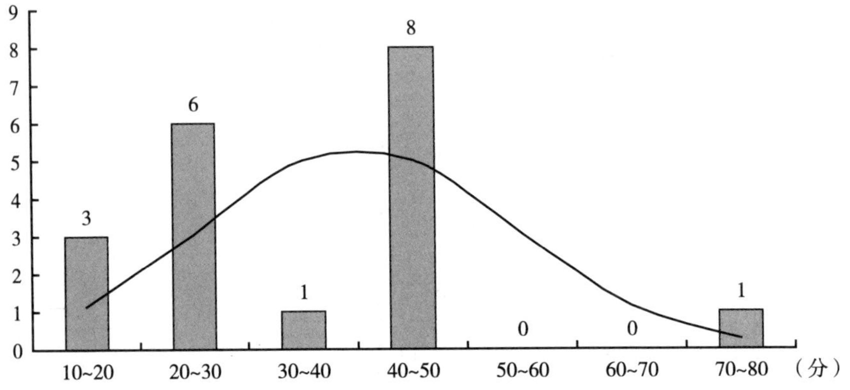

图 2－1　2012 年 G20 国家创新竞争力评价分值分布

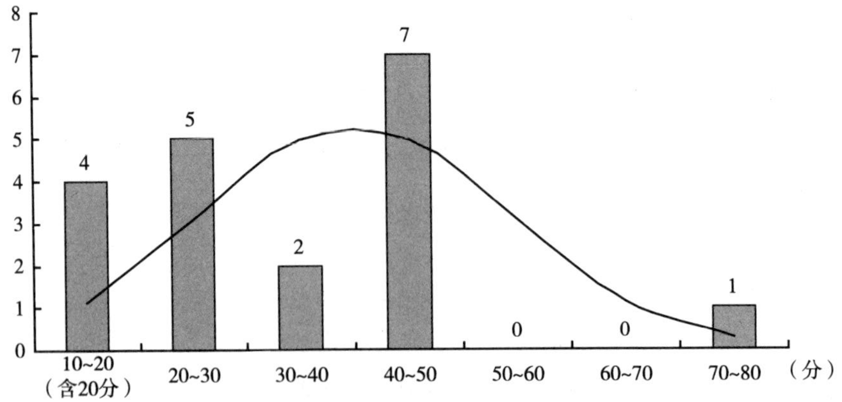

图 2－2　2011 年 G20 国家创新竞争力评价分值分布

从图 2－1、图 2－2 可以看出，2011 年和 2012 年国家创新竞争力得分的分布情况接近，不是呈对称分布，在各个得分段内也不均衡，主要集中在 10～30 分、40～50 分。

此外，结合表 1－1 可以发现，各个得分区间段内的各国得分差距比较小。例如，2012 年得分在 40～50 分区间的共有 8 个国家，接近总数的一半，而且这 8 个国家得分非常接近，最高是日本，最低是加拿大，两者得分相差 2.3 分。但整体来看，各个国家得分差距非常明显，最高分美国为 74 分，远远超过其他国家，其他国家得分均没有超过 50 分。得分最低的印度尼西亚只有 11.5 分，印度也只有 15.9 分，与美国和其他发达国家得分差距非常大。

2.2 G20 国家创新竞争力区域评价分析

表 2－1 列出了 2011～2012 年世界六大洲中 G20 国家创新竞争力的得分、平均分及其变化情况。

表 2－1　2011～2012 年分区域国家创新竞争力得分、平均分及其变化

项目	得分	2012 年	2011 年	得分变化
北美洲	美国	74.0	75.3	-1.4
	加拿大	42.2	42.4	-0.2
	墨西哥	20.5	19.2	1.3
	平均分	45.5	45.6	-0.1
南美洲	阿根廷	19.0	20.0	-1.0
	巴西	21.1	22.1	-1.0
	平均分	20.1	21.0	-1.0
欧洲	法国	42.5	43.7	-1.2
	德国	44.3	47.5	-3.1
	意大利	32.4	33.9	-1.5
	俄罗斯	25.7	25.7	0.0
	土耳其	21.8	20.8	1.0
	英国	43.1	45.0	-1.8
	平均分	35.0	36.1	-1.1

续表

项目 \ 得分		2012 年	2011 年	得分变化
亚洲	中国	42.2	39.7	2.5
	印度	15.9	18.9	-3.0
	印度尼西亚	11.5	9.2	2.3
	日本	44.5	45.3	-0.8
	韩国	44.2	45.4	-1.2
	沙特阿拉伯	24.2	23.7	0.5
	平均分	30.4	30.4	0.0
非洲	南非	20.2	21.4	-1.2
大洋洲	澳大利亚	44.1	44.4	-0.3

从得分情况来看，2012 年世界六大洲中 G20 国家创新竞争力的平均分值为：北美洲 45.5 分、南美洲 20.1 分、欧洲 35.0 分、亚洲 30.4 分、非洲 20.2 分、大洋洲 44.1 分，比差为 2.3∶1∶1.7∶1.5∶1.0∶2.2，差距比较大。2011 年的情况也类似。总体来说，2011 ~2012 年，六大区域 G20 得分的差异比较大。

从分值变化情况来看，2011 ~2012 年，世界六大洲中的 G20 国家，除亚洲的国家创新竞争力平均得分不变外，其余各洲的得分均有所下降，非洲、欧洲和南美洲的下降幅度比较大，分别下降了 1.2 分、1.1 分和 1.0 分，大洋洲和北美洲分别下降了 0.3 分和 0.1 分。

2.3 G20 国家创新竞争力区域内部评价分析

G20 地区分布涵盖了世界六大洲，各洲的 G20 国家创新竞争力得分差距比较大，同时在各洲内部，各国的差距也比较大。为了进一步分析 G20 在各大洲内部的创新竞争力差异情况，我们通过表 2 -2、表 2 -3、表 2 -4 和表 2 -5 分别列出了 2011 ~2012 年 G20 及其所属的北美洲、南美洲、欧洲、亚洲的国家创新竞争力排位情况。在这里，我们用各国排位来进行差异分析，主要是考虑到通过排位比较分析，可以清楚地看到各国在各区域内部的位次情况，以及在 G20 中的位次情况，可以从 G20 和区域内两个维度来分析其差异，这样会更全面、更客观。同时，还可以看出各国所属的方阵以及跨方阵变化情况。结合表 2 -1，可以更好地分析各区域内部的差异情况。

表 2－2　G20 中北美洲国家的创新竞争力排位比较表

项目	国家	美国	加拿大	墨西哥
北美洲排位	2012	1	2	3
	2011	1	2	3
	排位变化	0	0	0
G20 排位	2012	1	9	15
	2011	1	8	17
	排位变化	0	－1	2

表 2－3　G20 中南美洲国家的创新竞争力排位比较表

项目	国家	阿根廷	巴西
南美洲排位	2012	2	1
	2011	2	1
	排位变化	0	0
G20 排位	2012	17	14
	2011	16	13
	排位变化	－1	－1

表 2－4　G20 中欧洲国家的创新竞争力排位比较表

项目	国家	法国	德国	意大利	俄罗斯	土耳其	英国
欧洲排位	2012	3	1	4	5	6	2
	2011	3	1	4	5	6	2
	排位变化	0	0	0	0	0	0
G20 排位	2012	7	3	10	11	13	6
	2011	7	2	10	11	15	5
	排位变化	0	－1	0	0	2	－1

表 2－5　G20 中亚洲国家的创新竞争力排位比较表

项目	国家	中国	印度	印度尼西亚	日本	韩国	沙特阿拉伯
亚洲排位	2012	3	5	6	1	2	4
	2011	3	5	6	2	1	4
	排位变化	0	0	0	1	－1	0
G20 排位	2012	8	18	19	2	4	12
	2011	9	18	19	4	3	12
	排位变化	1	0	0	2	－1	0

从表 2 –2 可以看出，G20 中属于北美洲的 3 个国家，美国、加拿大和墨西哥的排位差距非常大。美国排在第 1 位，始终处于第一方阵；墨西哥的排位变化也较大，从第 17 位上升到第 15 位，从第四方阵跨入第三方阵；加拿大的排位则下降了 1 位，一直处于第二方阵。

从国家创新竞争力的得分来看，G20 中属于北美洲的 3 个国家的差距也非常明显。如表 2 –1 所示，2012 年，美国的得分为 74. 0 分，加拿大为 42. 2 分，墨西哥仅为 20. 5 分，比差为 3. 6∶2. 1∶1，差距非常大。

总的来看，美国和加拿大的国家创新竞争力排位比较稳定，而墨西哥的排位变化稍大一些，3 个国家的平均得分为 45. 5 分，国家创新竞争力水平高于其他区域。这主要得益于美国的影响，它极大地拉高了北美洲地区的国家创新竞争力整体水平。

从表 2 –3 可以看出，G20 中属于南美洲的 2 个国家，阿根廷和巴西分别处于第四方阵和第三方阵。2011 ~2012 年，阿根廷的排位从第 16 位下降到第 17 位，巴西则从第 13 位下降到第 14 位。

从国家创新竞争力的得分来看，两国的差距比较小。如表 2 –1 所示，2012 年，巴西为 21. 1 分，阿根廷的得分为 19. 0 分，仅相差 2. 1 分，比差为 1. 1∶1。

总的来看，南美洲 2 个国家的整体创新竞争力排位比较稳定，变化不大，平均得分为 20. 1 分，整体创新竞争力处于下游水平，在六大洲中平均分最低。

从表 2 –4 可以看出，G20 中属于欧洲的 6 个国家的排位差距比较大，横跨了 3 个方阵。2012 年，既有处于第一方阵的德国，也有处于第三方阵的俄罗斯和土耳其，还有处于第二方阵的法国、意大利和英国；G20 中排在第 13 位的土耳其与排在第 3 位的德国，相差了 10 位。

各国排位变化的幅度不大，2011 ~2012 年，土耳其上升了 2 位，德国和英国均下降了 1 位，其中英国由第一方阵下降到第二方阵，其他国家的排位未发生变化。

从国家创新竞争力的得分来看，欧洲 6 个国家的创新竞争力差距也比较大。如表 2 –1 所示，2012 年，最高分德国为 44. 3 分，最低分土耳其为 21. 8 分，前者是后者的 2 倍多。

总的来看，欧洲 6 个国家的创新竞争力排位变化不大，平均得分为 35.0 分，整体创新竞争力处于上游水平。

从表 2－5 可以看出，G20 中属于亚洲的 6 个国家的排位差距比较大，横跨了 4 个方阵。2012 年，日本和韩国处于第一方阵，中国处于第二方阵，沙特阿拉伯处于第三方阵，印度和印度尼西亚处于第四方阵；G20 中排在第 19 位的印度尼西亚与排在第 2 位的日本相差了 17 位。

各国排位变化的幅度不大，2011～2012 年，日本和中国分别上升了 2 位和 1 位，韩国下降了 1 位，其他国家的排位未发生变化。

从国家创新竞争力的得分来看，亚洲 6 个国家的差距也比较大。如表 2－1 所示，2012 年，最高分日本为 44.5 分，最低分印度尼西亚为 11.5 分，前者是后者的 3.9 倍。

总的来看，亚洲 6 个国家的整体创新竞争力排位变化很小，平均得分为 30.4 分，国家创新竞争力整体处于中等水平。

3　G20 国家创新竞争力专题分析

3.1　发达国家的创新竞争力评价分析

2011～2012 年 9 个发达国家的创新竞争力排名和得分情况如表 3－1 所示。

从综合得分及其变化来看，9 个发达国家的创新竞争力得分都比较高，2012 年平均得分达到 45.7 分，是新兴市场国家平均得分的 2.1 倍；各发达国家的得分均高于 30 分，美国超过 70 分，远远领先于其他国家；各国的创新竞争力得分差异不大，标准差只有 10.6 分。此外，所有发达国家的得分均出现了下降，其中下降幅度最大的是德国，下降了 3.1 分，使得发达国家整体的创新竞争力水平出现了一定程度的下滑，平均得分降低了 1.3 分。

从综合排位及其变化来看，9 个发达国家的创新竞争力排名都很靠前，处于第一方阵和第二方阵，而且第一方阵都被发达国家占据，其中美国稳居第

表 3-1　2011~2012 年发达国家创新竞争力评价比较

项目／国家	2012 年						2011 年						综合变化
	创新竞争力	创新基础竞争力	创新环境竞争力	创新投入竞争力	创新产出竞争力	创新持续竞争力	创新竞争力	创新基础竞争力	创新环境竞争力	创新投入竞争力	创新产出竞争力	创新持续竞争力	
美　国	74.0	85.2	65.1	87.1	73.1	59.3	75.3	84.5	62.9	90.1	74.8	64.3	-1.4
	1	1	1	1	1	1	1	1	1	1	1	1	0
日　本	44.5	47.5	42.4	59.5	50.4	22.8	45.3	47.8	40.7	60.2	51.5	26.4	-0.8
	2	7	10	3	3	18	4	7	10	3	3	17	2
德　国	44.3	48.3	47.6	52.5	33.9	39.3	47.5	49.8	46.8	55.3	37.0	48.3	-3.1
	3	6	5	4	5	8	2	4	6	4	5	6	-1
韩　国	44.2	22.1	46.5	61.3	42.2	49.0	45.4	26.5	46.4	60.6	42.9	50.7	-1.2
	4	12	8	2	4	4	3	11	7	2	4	4	-1
澳大利亚	44.1	57.1	47.4	43.8	18.1	54.0	44.4	54.0	47.8	45.0	19.4	55.8	-0.3
	5	2	6	7	11	2	6	3	5	7	12	2	1
英　国	43.1	50.6	62.0	39.1	29.6	34.4	45.0	48.5	61.0	42.0	29.9	43.5	-1.8
	6	4	2	9	6	12	5	6	2	8	6	7	-1
法　国	42.5	53.9	47.1	44.4	28.9	38.5	43.7	57.0	45.8	45.3	29.0	41.5	-1.2
	7	3	7	6	7	9	7	2	8	6	7	8	0
加拿大	42.2	50.0	57.7	46.0	19.4	37.8	42.4	48.8	57.6	46.5	21.2	37.6	-0.2
	9	5	3	5	10	10	8	5	3	5	10	12	-1
意大利	32.4	39.9	49.4	23.5	19.5	29.8	33.9	45.1	48.0	23.4	22.3	30.7	-1.5
	10	8	4	10	9	15	10	8	4	10	9	15	0
最高分	74.0	85.2	65.1	87.1	73.1	59.3	75.3	84.5	62.9	90.1	74.8	64.3	-1.4
最低分	32.4	22.1	42.4	23.5	18.1	22.8	33.9	26.5	40.7	23.4	19.4	26.4	-1.5
平均分	45.7	50.5	51.7	50.8	35.0	40.5	47.0	51.3	50.8	52.0	36.4	44.3	-1.3
标准差	10.6	15.6	7.4	16.7	16.9	11.0	10.7	14.3	7.3	17.2	16.9	11.3	-0.1

1 位。各国的排位相对稳定，变化幅度较小，变化幅度最大的是日本，上升了 2 位。

从二级指标得分及其变化来看，发达国家各二级指标得分都比较高，除创新产出竞争力外，其余 4 个二级指标的平均分均在 40 分以上，远高于新兴市场国家。5 个二级指标中，创新环境竞争力的平均分有所上升，上升了 0.9 分，其余 4 个二级指标的平均分均下降，下降幅度最大的是创新持续竞争力，下降了 3.8 分，而创新基础竞争力、创新投入竞争力和创新产出竞争力的平均分分别下降了 0.8 分、1.2 分和 1.4 分，最终使得整体的创新竞争力水平下降了 1.3 分。2012 年，创新产出竞争力、创新投入竞争力、创新基础竞争力的标准差比较大，分别达到 16.9 分、16.7 分、15.6 分，说明这三个指标是导致各国创新竞争力差异的主要因素。

从二级指标的排位及其变化来看，各国二级指标的排位均比较靠前，但也有个别国家的个别指标排位比较靠后。例如，2012 年日本创新持续竞争力排在第 18 位，意大利创新持续竞争力排在第 15 位。整体来看，二级指标排位比较靠前或者比较均衡的国家，它们的综合竞争力排位也比较靠前，如美国、德国。

总体来说，发达国家的整体创新竞争力水平比较高，排位比较靠前，且比较稳定，但总体竞争力水平有所下滑，这主要是由创新持续竞争力的快速下滑引起的。

3.2 新兴市场国家的创新竞争力评价分析

2011 ~2012 年 10 个新兴市场国家的创新竞争力排名和得分情况如表 3 –2 所示。

表 3 –2 2011 ~2012 年新兴市场国家创新竞争力评价比较

项目/国家	2012 年						2011 年						综合变化
	创新竞争力	创新基础竞争力	创新环境竞争力	创新投入竞争力	创新产出竞争力	创新持续竞争力	创新竞争力	创新基础竞争力	创新环境竞争力	创新投入竞争力	创新产出竞争力	创新持续竞争力	
中 国	42.2	27.9	31.8	40.9	54.9	51.8	39.7	24.2	29.0	41.0	53.4	51.1	2.5
	8	10	13	8	2	3	9	12	13	9	2	3	1
俄罗斯	25.7	31.5	38.2	22.7	9.8	26.3	25.7	30.7	36.0	22.5	9.3	30.1	0.0
	11	9	12	11	16	17	11	10	12	11	16	16	0
沙特阿拉伯	24.2	22.4	42.8	0.2	12.9	42.4	23.7	31.4	41.8	0.1	13.2	31.8	0.5
	12	11	9	19	14	6	12	9	9	19	14	14	0
土耳其	21.8	14.8	29.2	16.7	9.2	39.3	20.8	12.8	28.7	15.4	8.3	39.0	1.0
	13	14	15	13	17	7	15	16	14	13	17	11	2
巴 西	21.1	19.5	23.7	17.7	10.0	34.7	22.1	19.5	23.0	17.1	10.3	40.5	-1.0
	14	13	17	12	15	11	13	13	17	12	15	10	-1

续表

项目 国家	2012年 创新竞争力	2012年 创新基础竞争力	2012年 创新环境竞争力	2012年 创新投入竞争力	2012年 创新产出竞争力	2012年 创新持续竞争力	2011年 创新竞争力	2011年 创新基础竞争力	2011年 创新环境竞争力	2011年 创新投入竞争力	2011年 创新产出竞争力	2011年 创新持续竞争力	综合变化
墨西哥	20.5	11.8	26.0	9.7	22.2	32.5	19.2	14.1	24.8	11.0	23.4	22.8	1.3
	15	16	16	16	8	13	17	15	16	16	8	18	2
南非	20.2	8.7	40.9	11.6	13.2	26.7	21.4	9.2	37.2	12.7	13.4	34.8	-1.2
	16	17	11	15	13	16	14	17	11	15	13	13	-2
阿根廷	19.0	14.7	19.3	9.4	5.4	46.3	20.0	17.5	17.2	10.4	5.5	49.4	-1.0
	17	15	18	17	18	5	16	14	18	17	19	5	-1
印度	15.9	4.4	13.8	14.7	15.7	30.8	18.9	4.8	13.7	14.8	20.1	41.1	-3.0
	18	18	19	14	12	14	18	18	19	14	11	9	0
印度尼西亚	11.5	2.7	29.5	1.4	4.9	19.1	9.2	2.8	27.0	1.5	5.5	9.2	2.3
	19	19	14	18	19	19	19	19	15	18	18	19	0
最高分	42.2	31.5	42.8	40.9	54.9	51.8	39.7	31.4	41.8	41.0	53.4	51.1	2.5
最低分	11.5	2.7	13.8	0.2	4.9	19.1	9.2	2.8	13.7	0.1	5.5	9.2	2.3
平均分	22.2	15.8	29.5	14.5	15.8	35.0	22.1	16.7	27.8	14.6	16.2	35.0	0.1
标准差	7.7	9.1	8.9	11.0	13.9	9.5	7.2	9.4	8.4	10.9	13.6	11.8	0.5

从综合得分及其变化来看，新兴市场国家的创新竞争力得分相对较低，2012年平均得分仅有22.2分，远低于发达国家，但比2011年上升了0.1分；除了中国以外，其余国家的得分均低于30分，最低的印度尼西亚只有11.5分；各国的创新竞争力得分差异不大，标准差只有7.7分。此外，10个新兴市场国家中，有4个国家的创新竞争力得分出现了下降，下降幅度最大的是印度，下降了3.0分；5个国家的得分有所上升，上升幅度最大是中国，上升了2.5分。在各种因素的综合作用下，新兴经济体整体的创新竞争力平均得分略微上升了0.1分。

从综合排位及其变化来看，10个新兴市场国家的创新竞争力排名都比较靠后，只有中国处于第二方阵，其余国家则处于第三方阵或第四方阵。中国是新兴市场国家中的佼佼者，2011年排在第9位，2012年上升至第8位，得分也远高于其他国家。各国的排位相对比较稳定，变化幅度不大，4个国家的排位没有发生变化，土耳其和墨西哥的排位上升了2位，中国上升了1位，南非下降了2位，巴西和阿根廷均下降了1位。

从二级指标得分及其变化来看，新兴市场国家各个二级指标得分都比较低，除了创新持续竞争力外，其余4个二级指标的平均分均在30分以下，远低于发达国家。5个二级指标中，创新环境竞争力的平均分上升了1.7分，创新持续竞争力的平均分不变，而创新基础竞争力、创新投入竞争力和创新产出竞争力的平均分分别下降了0.9分、0.2分和0.4分。2012年，创新投入竞争力、创新产出竞争力的标准差比较大，分别达到11.0分、13.9分，说明这两个指标是导致各国创新竞争力差异的主要因素。

从二级指标的排位及其变化来看，各国二级指标的排位比较靠后，但也有个别国家的个别指标排位比较靠前。例如，2012年中国的创新产出竞争力和创新持续竞争力分别排在第2位和第3位，沙特阿拉伯和阿根廷的创新持续竞争力分别排在第6位和第5位。整体来看，二级指标的排位比较靠前或者比较均衡的国家，它们的综合竞争力排位也比较靠前，如中国、俄罗斯，而二级指标排位靠后的国家，它们的综合竞争力排位也比较靠后，如印度尼西亚、印度。

总体来说，新兴市场国家的整体创新竞争力水平比较低，排位比较靠后，变化不大，但总体竞争力水平略有上升，尤其是创新环境竞争力上升相对较快。

3.3 金砖国家的创新竞争力评价分析

2011～2012年金砖国家创新竞争力的排名和得分情况如表3-3所示。

从综合得分来看，2012年，金砖国家的平均得分为25.0分，比2011年下降了0.6分，在G20中处于中等水平。中国的创新竞争力得分远高于其他国家，是唯一一个得分高于30分的国家，而且中国在逐渐拉大与其他国家的差距，与其他国家的比差由2011年的2.10∶1.36∶1.17∶1.13∶1变为2012年的2.65∶1.62∶1.33∶1.27∶1。俄罗斯、巴西、南非的得分均高于20分，分别为25.7分、21.1分和20.2分，只有印度的得分低于20分，仅为15.9分。

表 3-3　2011～2012 年金砖国家创新竞争力评价比较

项目 \ 国家	2012年 创新竞争力	2012年 创新基础竞争力	2012年 创新环境竞争力	2012年 创新投入竞争力	2012年 创新产出竞争力	2012年 创新持续竞争力	2011年 创新竞争力	2011年 创新基础竞争力	2011年 创新环境竞争力	2011年 创新投入竞争力	2011年 创新产出竞争力	2011年 创新持续竞争力	综合变化
中国	42.2	27.9	31.8	40.9	54.9	51.8	39.7	24.2	29.0	41.0	53.4	51.1	2.5
	8	10	13	8	2	3	9	12	13	9	2	3	1
俄罗斯	25.7	31.5	38.2	22.7	9.8	26.3	25.7	30.7	36.0	22.5	9.3	30.1	0.0
	11	9	12	11	16	17	11	10	12	11	16	16	0
巴西	21.1	19.5	23.7	17.7	10.0	34.7	22.1	19.5	23.0	17.1	10.3	40.5	-1.0
	14	13	17	12	15	11	13	13	17	12	15	10	-1
南非	20.2	8.7	40.9	11.6	13.2	26.7	21.4	9.2	37.2	12.7	13.4	34.8	-1.2
	16	17	11	15	13	16	14	17	11	15	13	13	-2
印度	15.9	4.4	13.8	14.7	15.7	30.8	18.9	4.8	13.7	14.8	20.1	41.1	-3.0
	18	18	19	14	12	14	18	18	19	14	11	9	0
最高分	42.2	31.5	40.9	40.9	54.9	51.8	39.7	30.7	37.2	41.0	53.4	51.1	2.5
最低分	15.9	4.4	13.8	11.6	9.8	26.3	18.9	4.8	13.7	12.7	9.3	30.1	-3.0
平均分	25.0	18.4	29.7	21.5	20.7	34.0	25.6	17.7	27.8	21.6	21.3	39.5	-0.6
标准差	9.1	10.5	9.9	10.3	17.2	9.4	7.4	9.5	8.7	10.2	16.5	7.0	1.7

从综合得分变化来看，得分增长最快的是中国，上升了 2.5 分，俄罗斯的得分不变，而巴西、南非和印度分别下降了 1.0 分、1.2 分和 3.0 分，最终使得金砖国家的创新竞争力平均分下降了 0.6 分。

从综合排名来看，2011～2012 年，中国是唯一一个处于第二方阵的国家，排位上升了 1 位，而俄罗斯和巴西处于第三方阵，南非和印度处于第四方阵。

从二级指标得分及其变化来看，金砖国家的创新环境竞争力和创新持续竞争力平均分相对较高，分别达到 29.7 分和 34.0 分，而创新基础竞争力平均分比较低，仅为 18.4 分。5 个二级指标中，创新基础竞争力和创新环境竞争力的平均分有所上升，分别上升了 0.7 分和 1.9 分，而创新投入竞争力、创新产出竞争力和创新持续竞争力的平均分分别下降了 0.1 分、0.6 分和 5.5 分，最终使得金砖国家的创新竞争力平均分下降了 0.6 分。2012 年，创新产出竞争力的标准差比较大，达到 17.2 分，说明创新产出竞争力是导致各国创新竞争力差异的主要因素。

从二级指标的排位及其变化来看，各国二级指标的排位处于中等靠后位置，但也有个别国家的个别指标排位比较靠前，如 2012 年中国的创新产出竞争力和创新持续竞争力分别排在第 2 位和第 3 位。整体来看，二级指标排位靠后的国家，其综合竞争力排位也比较靠后，如印度。

总体来说，金砖国家的整体创新竞争力处于中等水平，排位比较稳定，总体竞争力水平略有下降，这主要是由创新持续竞争力的快速下降引起的。

4 G20 国家创新基础竞争力综合评价与比较分析

4.1 G20 国家创新基础竞争力评价结果

根据国家创新基础竞争力的指标体系和数学模型，对 2011 ~2012 年 G20 国家创新基础竞争力进行评价，表 4 -1 列出了本评价期内 G20 国家创新基础竞争力排位和排位变化情况及其下属 7 个三级指标的评价结果，图 4 -1、图 4 -2、图 4 -3 直观地表示出了 2011 年和 2012 年 G20 国家创新基础竞争力的排位及其变化情况。

由表 4 -1 可知，2012 年，创新基础竞争力的最高得分为 85.2 分，比 2011 年上升了 0.7 分；最低得分为 2.7 分，比 2011 年下降了 0.1 分；平均分为

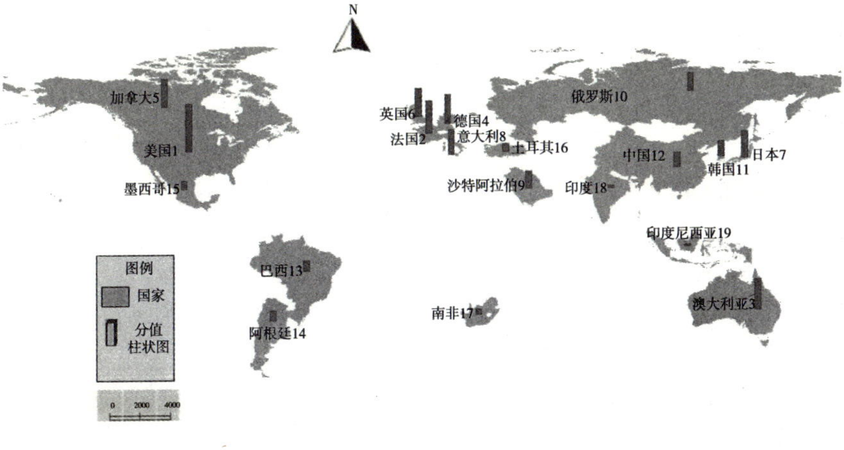

图 4 -1　2011 年 G20 国家创新基础竞争力的排位情况

表 4 - 1　2011 ~ 2012 年 G20 国家创新基础竞争力评价比较表

项目 国家	2012 年								2011 年								综合变化
	创新基础竞争力	GDP	人均GDP	财政收入	人均财政收入	外国直接投资净值	受高等教育人员比重	全社会劳动生产率	创新基础竞争力	GDP	人均GDP	财政收入	人均财政收入	外国直接投资净值	受高等教育人员比重	全社会劳动生产率	
美国	85.2	100.0	94.0	100.0	47.6	100.0	74.6	80.5	84.5	100.0	92.3	100.0	44.4	100.0	74.6	80.6	0.7
	1	1	3	1	7	1	4	3	1	1	3	1	8	1	4	5	0
澳大利亚	57.1	7.4	100.0	10.1	92.4	26.9	63.1	100.0	54.0	6.7	100.0	8.3	77.9	26.2	63.1	95.5	3.2
	2	12	1	10	2	4	7	1	3	12	1	11	3	4	6	2	1
法国	53.9	14.6	74.3	41.4	100.0	12.7	54.9	79.1	57.0	16.3	81.2	44.2	100.0	16.1	52.1	89.0	-3.1
	3	5	6	3	1	9	9	5	2	5	6	3	1	7	9	3	-1
英国	50.6	13.4	71.8	32.9	84.6	26.6	64.2	60.7	48.5	14.0	74.2	32.3	78.8	14.3	61.2	64.5	2.1
	4	6	7	5	3	5	6	9	6	7	7	5	2	10	7	9	2
加拿大	50.0	9.4	98.4	8.4	52.8	20.2	87.9	72.7	48.8	9.4	99.1	7.5	47.0	15.9	87.9	74.7	1.2
	5	11	2	12	6	8	2	6	5	11	2	12	7	8	2	7	0
德国	48.3	19.7	77.6	35.3	69.6	23.7	43.0	69.2	49.8	21.9	84.2	38.4	70.3	16.9	41.7	75.3	-1.5
	6	4	5	4	5	7	10	7	4	4	5	4	5	6	10	6	-2
日本	47.5	36.4	87.7	22.3	30.1	0.0	76.7	79.3	47.8	37.7	88.4	22.8	28.1	0.0	76.7	81.2	-0.3
	7	3	4	7	8	19	3	4	7	3	4	7	9	19	3	4	0
意大利	39.9	10.6	61.2	26.7	73.4	2.1	21.4	84.1	45.1	12.3	68.5	29.2	74.5	11.1	19.9	100.0	-5.1
	8	9	8	6	4	16	14	2	8	8	8	6	4	11	13	1	0
俄罗斯	31.5	10.7	24.3	19.5	24.0	23.9	100.0	18.4	30.7	10.3	23.3	19.8	22.2	21.8	100.0	17.8	0.8
	9	8	11	8	9	6	1	12	10	9	11	9	11	5	1	14	1
中国	27.9	52.1	9.1	70.4	7.9	40.2	11.0	4.3	24.2	47.4	7.7	61.5	5.6	32.5	11.0	3.4	3.7
	10	2	17	2	13	2	17	17	12	2	17	2	17	2	17	17	2
沙特阿拉伯	22.4	2.1	45.9	9.1	0.7	4.8	28.0	66.6	31.4	1.8	44.7	8.3	62.7	6.4	28.0	68.1	-9.0
	11	17	9	11	15	14	12	8	9	17	9	10	6	14	12	8	-2
韩国	22.1	4.9	40.9	6.1	0.3	1.2	66.6	34.9	26.5	4.9	41.3	5.9	28.0	1.9	66.6	36.7	-4.3
	12	14	10	15	16	17	5	10	11	14	10	14	10	17	5	10	-1

续表

项目 国家	2012年								2011年								综合变化
	创新基础竞争力	GDP	人均GDP	财政收入	人均财政收入	外国直接投资净值	受高等教育人员比重	全社会劳动生产率	创新基础竞争力	GDP	人均GDP	财政收入	人均财政收入	外国直接投资净值	受高等教育人员比重	全社会劳动生产率	
巴西	19.5	12.2	19.1	19.0	16.9	36.6	19.9	12.8	19.5	14.2	21.9	20.7	16.5	28.3	19.9	15.3	0.0
	13	7	13	9	11	3	15	16	13	6	12	8	13	3	13	16	0
土耳其	14.8	2.6	17.8	6.5	21.3	5.0	22.2	28.0	12.8	2.6	18.0	2.5	12.4	6.3	19.1	28.9	1.9
	14	16	14	13	10	13	13	11	16	16	14	16	14	15	15	11	2
阿根廷	14.7	0.6	19.3	2.6	0.2	4.8	57.0	18.3	17.5	0.3	18.7	2.1	21.8	4.2	57.0	18.2	-2.8
	15	18	12	17	17	15	8	13	14	18	13	17	12	16	8	13	-1
墨西哥	11.8	5.2	16.0	6.4	0.1	6.4	32.8	15.7	14.1	5.2	16.2	6.2	11.5	9.3	32.8	17.2	-2.2
	16	13	15	14	18	12	11	15	15	13	15	13	16	12	11	15	-1
南非	8.7	0.0	11.7	0.0	12.6	1.1	18.4	17.1	9.2	0.0	12.7	0.0	11.8	1.6	18.4	19.6	-0.5
	17	19	16	19	12	18	16	14	17	19	16	19	15	18	16	12	0
印度	4.4	9.5	0.0	4.7	1.0	10.7	5.1	0.0	4.8	10.1	0.0	4.3	0.0	14.4	5.1	0.0	-0.4
	18	10	19	16	14	10	18	19	18	10	19	15	19	9	18	19	0
印度尼西亚	2.7	3.2	4.0	1.2	0.0	8.5	0.0	2.2	2.8	3.0	3.8	0.9	2.1	7.6	0.0	2.0	-0.1
	19	15	18	18	19	11	19	18	19	15	18	18	18	13	19	18	0
最高分	85.2	100.0	100.0	100.0	100.0	100.0	100.0	100.0	84.5	100.0	100.0	100.0	100.0	100.0	100.0	100.0	0.7
最低分	2.7	0.0	0.0	0.0	0.0	0.0	0.0	0.0	2.8	0.0	0.0	0.0	0.0	0.0	0.0	0.0	-0.1
平均分	32.3	16.6	46.0	22.2	33.4	18.7	44.6	44.4	33.1	16.7	47.2	21.8	37.7	17.6	44.0	46.7	-0.8
标准差	21.4	23.3	34.4	25.1	34.2	22.7	28.8	32.6	21.0	23.0	35.3	24.8	30.1	21.4	28.9	34.4	0.4

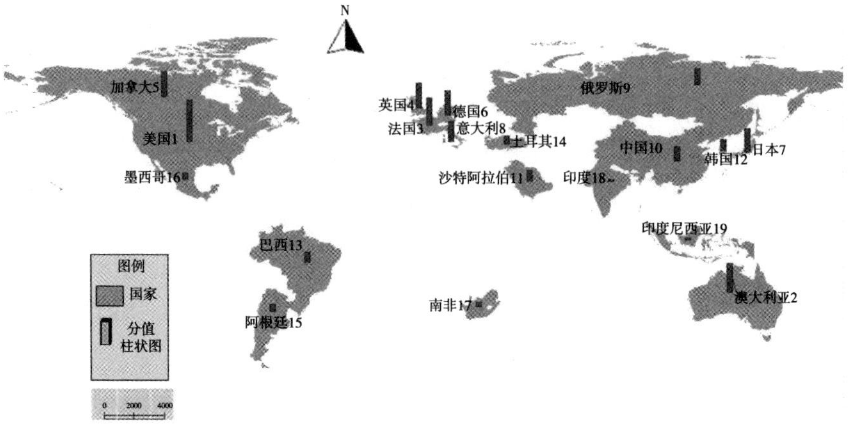

图 4－2　2012 年 G20 国家创新基础竞争力的排位情况

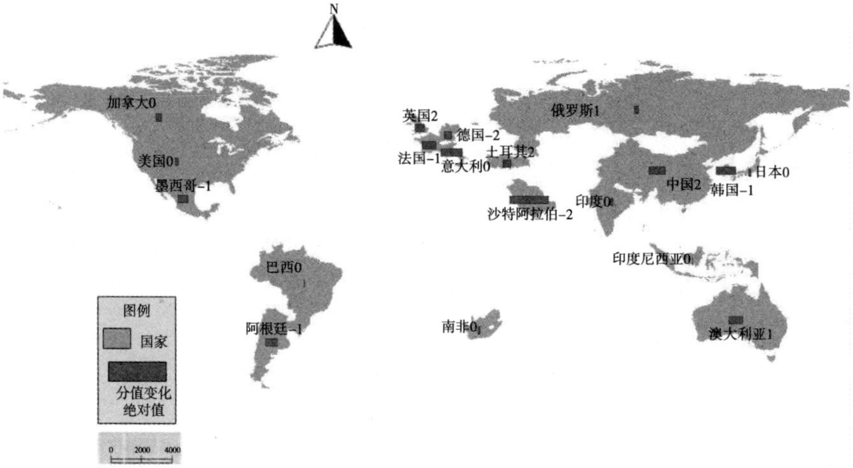

图 4－3　2011～2012 年 G20 国家创新基础竞争力的排位变化情况

32.3 分，比 2011 年下降了 0.8 分。这表明 G20 整体的创新基础竞争力水平略有下降。反映在三级指标上，则是人均财政收入的平均分下降最多，下降了 4.2 分；其次是全社会劳动生产率，下降了 2.3 分；GDP 和人均 GDP 分别下降了 0.2 分和 1.2 分。而财政收入、外国直接投资净值、受高等教育人员比重则分别上升了 0.4 分、1.1 分和 0.6 分。由此可见，人均财政收入、全社会劳动生产率是促使创新基础竞争力下降的主要因素。

由图 4－4 可知，G20 国家创新基础竞争力得分呈阶梯状分布，整体差异非常大，标准差达到 21.4 分。2012 年，只有美国的创新基础竞争力得分达到 85.2 分，其余没有一个国家的得分能超过 60 分。其中，4 个国家介于 50 ~ 60 分（含 50 分），2 个国家介于 40 ~ 50 分，2 个国家介于 30 ~ 40 分，3 个国家介于 20 ~ 30 分，4 个国家介于 10 ~ 20 分，3 个国家低于 10 分。

创新基础竞争力得分较高的国家几乎全部是发达国家，在第一和第二方阵中，2012 年有 8 个国家是发达国家，只有俄罗斯和中国是发展中国家，这说明发达国家雄厚的经济实力为它们打下了坚实的科技创新基础。发展中国家的创新基础竞争力得分普遍较低，仅有俄罗斯一个国家的得分超过 30 分，总体上它们与发达国家的差距非常大，排在第 19 位的印度尼西亚仅有 2.7 分，仅是排在第 1 位的美国的 3.2%。

4.2 G20 国家创新基础竞争力的排位变化分析

2012 年 G20 国家创新基础竞争力处于第一方阵（1 ~ 5 位）的依次为：美国、澳大利亚、法国、英国、加拿大；处于第二方阵（6 ~ 10 位）的依次为：德国、日本、意大利、俄罗斯、中国；处于第三方阵（11 ~ 15 位）的依次为：沙特阿拉伯、韩国、巴西、土耳其、阿根廷；处于第四方阵（16 ~ 19 位）的依次为：墨西哥、南非、印度、印度尼西亚。

2011 年 G20 国家创新基础竞争力处于第一方阵（1 ~ 5 位）的依次为：美国、法国、澳大利亚、德国、加拿大；处于第二方阵（6 ~ 10 位）的依次为：英国、日本、意大利、沙特阿拉伯、俄罗斯；处于第三方阵（11 ~ 15 位）的依次为：韩国、中国、巴西、阿根廷、墨西哥；处于第四方阵（16 ~ 19 位）的依次为：土耳其、南非、印度、印度尼西亚。

从图 4 -4 可以看出，2012 年与 2011 年相比，11 个国家的排位发生了变化，英国、中国和土耳其的排位均上升了 2 位，澳大利亚和俄罗斯上升了 1 位，而德国和沙特阿拉伯下降了 2 位，法国、韩国、阿根廷、墨西哥均下降了 1 位。此外，有 6 个国家的创新基础竞争力出现了跨方阵变化，英国由第二方阵上升到第一方阵，中国由第三方阵上升到第二方阵，土耳其由第四方阵上升到第三方阵，而德国则由第一方阵下降到第二方阵，沙特阿拉伯由第二方阵下降到第三方阵，墨西哥由第三方阵下降到第四方阵。

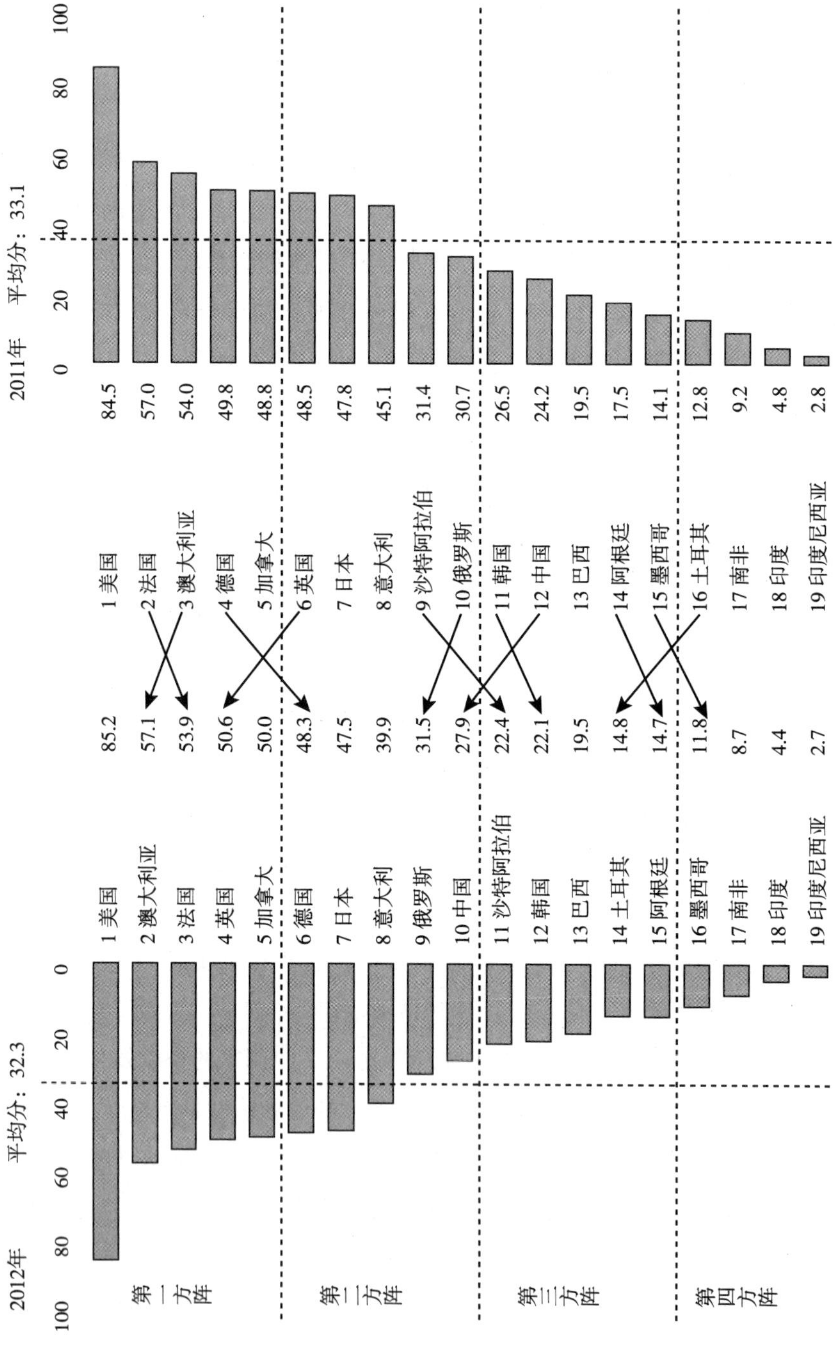

图 4－4　2012 年和 2011 年 G20 国家创新基础竞争力得分及排位情况

作为二级指标的国家创新基础竞争力，它的变化是三级指标变化综合作用的结果，表4－1还列出了7个三级指标的变化情况。

从上述创新基础竞争力排位变化的国家来看，它们的排位变化主要是受到人均财政收入、外国直接投资净值、财政收入、全社会劳动生产率排位变化的影响，在G20中，它们的排位变化次数分别为16次、9次、8次和8次；而GDP、人均GDP和受高等教育人员比重的排位变化次数仅分别为4次、2次和5次。因此，相对来说，人均财政收入、外国直接投资净值、财政收入、全社会劳动生产率对创新基础竞争力排位变化的影响比较大，各国创新基础竞争力的差异主要表现在这些指标上。

5　G20国家创新环境竞争力综合评价与比较分析

5.1　G20国家创新环境竞争力评价结果

根据国家创新环境竞争力的指标体系和数学模型，对2011～2012年G20国家创新环境竞争力进行评价，表5－1列出了本评价期内G20国家创新环境竞争力排位和排位变化情况及其下属7个三级指标的评价结果，图5－1、图5－2、图5－3直观地表示出了2011年和2012年G20国家创新环境竞争力的排位及其变化情况。

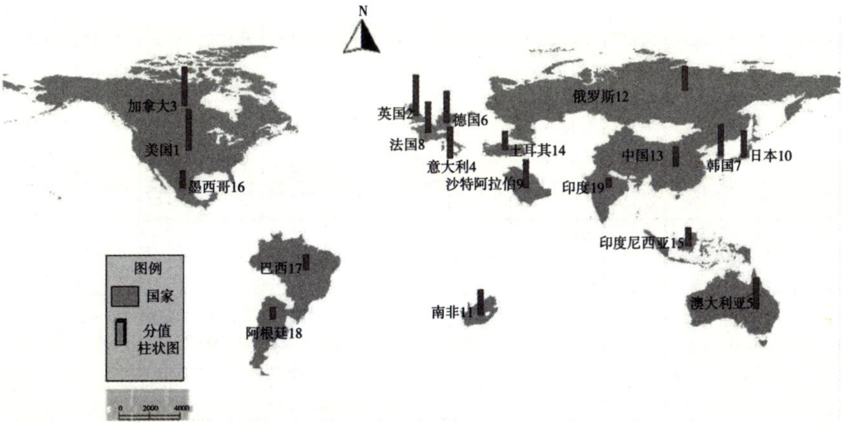

图5－1　2011年G20国家创新环境竞争力的排位情况

表 5－1　2011～2012 年 G20 国家创新环境竞争力评价比较表

项目 国家	2012 年								2011 年								综合变化
	创新环境竞争力	每千人因特网用户数	每千人手机用户数	企业开业程序	企业平均税负水平	入境留学生比重	小额贷款占 GDP 比重	ISO 9001 质量体系认证数	创新环境竞争力	每千人因特网用户数	每千人手机用户数	企业开业程序	企业平均税负水平	入境留学生比重	小额贷款占 GDP 比重	ISO 9001 质量体系认证数	
美国	65.1	89.1	22.2	61.5	65.8	100.0	100.0	16.9	62.9	79.2	18.4	61.5	65.7	100.0	100.0	15.4	2.2
	1	7	14	6	9	1	1	8	1	8	13	6	9	1	1	10	0
英国	62.0	100.0	46.7	61.5	78.0	57.5	60.3	29.9	61.0	100.0	42.5	61.5	76.8	59.0	60.4	26.8	1.0
	2	1	7	6	6	2	3	5	2	1	5	6	6	2	3	5	0
加拿大	57.7	94.0	8.6	100.0	89.2	15.9	92.8	3.3	57.6	96.8	6.0	100.0	87.6	16.6	92.8	3.5	0.1
	3	4	18	1	2	8	2	14	3	3	16	1	2	8	2	14	0
意大利	49.4	57.7	76.4	61.5	43.0	10.0	1.8	95.3	48.0	58.9	70.9	61.5	42.9	9.9	1.8	90.4	1.4
	4	10	2	6	17	10	15	2	4	9	2	6	18	10	15	2	0
德国	47.6	93.2	35.5	38.5	66.3	27.6	37.2	35.0	46.8	94.5	31.0	38.5	66.6	28.9	37.2	30.6	0.8
	5	5	9	13	8	5	6	3	6	4	8	13	8	5	6	4	1
澳大利亚	47.4	88.7	30.4	84.6	65.0	33.4	24.6	4.9	47.8	92.2	26.8	84.6	64.8	36.7	24.6	5.1	－0.4
	6	8	12	2	10	4	8	12	5	5	10	2	11	4	8	12	－1
法国	47.1	91.9	23.4	69.2	46.2	36.3	42.1	20.8	45.8	90.0	18.1	69.2	46.1	37.5	42.1	17.6	1.3
	7	6	13	3	16	3	5	6	8	7	14	3	16	3	5	7	1
韩国	46.5	95.5	33.6	69.2	84.5	7.6	18.8	16.6	46.4	97.8	29.4	69.2	84.8	8.4	18.8	16.6	0.1
	8	3	10	3	3	12	9	10	7	2	9	3	3	12	9	9	－1
沙特阿拉伯	42.8	55.3	100.0	38.5	100.0	5.8	0.0	0.0	41.8	49.7	100.0	38.5	100.0	4.4	0.0	0.0	1.0
	9	12	1	13	1	13	18	19	9	12	1	13	1	13	18	19	0
日本	42.4	98.4	33.0	46.2	62.6	19.9	2.6	33.9	40.7	91.6	24.7	46.2	63.6	20.9	2.6	35.3	1.7
	10	2	11	11	11	7	14	4	10	6	12	11	12	7	14	3	0
南非	40.9	37.9	51.6	69.2	80.5	9.1	36.6	1.2	37.2	31.7	42.1	69.2	80.8	9.5	25.9	1.1	3.7
	11	16	5	3	5	11	7	18	11	17	6	3	5	11	7	18	0

续表

项目 国家	2012年								2011年								综合变化
	创新环境竞争力	每千人因特网用户数	每千人手机用户数	企业开业程序	企业平均税负水平	入境留学生比重	小额贷款占GDP比重	ISO 9001质量体系认证数	创新环境竞争力	每千人因特网用户数	每千人手机用户数	企业开业程序	企业平均税负水平	入境留学生比重	小额贷款占GDP比重	ISO 9001质量体系认证数	
俄罗斯	38.2	68.4	64.2	46.2	57.6	23.1	0.8	7.3	36.0	51.7	57.7	46.2	65.2	23.0	0.8	7.4	2.2
	12	9	4	11	13	6	16	11	12	11	4	11	10	6	16	11	0
中国	31.8	39.7	9.2	7.7	47.3	11.6	7.4	100.0	29.0	37.5	0.0	0.0	47.4	10.8	7.4	100.0	2.8
	13	15	17	17	15	9	12	1	13	15	19	18	15	9	12	1	0
印度尼西亚	29.5	2.8	37.7	30.8	81.0	0.5	51.4	2.3	27.0	1.4	25.0	30.8	81.0	0.5	48.9	1.5	2.5
	14	18	8	15	4	17	4	17	15	18	11	15	4	17	4	17	1
土耳其	29.2	43.5	18.3	61.5	72.7	4.7	0.0	3.9	28.7	43.8	14.3	61.5	72.6	3.9	0.0	5.0	0.5
	15	14	15	6	7	14	18	13	14	14	15	6	7	14	18	13	-1
墨西哥	26.0	34.5	11.4	61.5	59.3	0.0	13.1	2.3	24.8	33.1	5.9	61.5	59.0	0.0	12.3	1.9	1.2
	16	17	16	6	12	19	10	16	16	16	17	6	13	19	10	16	0
巴西	23.7	48.0	46.9	7.7	42.1	1.5	2.9	16.6	23.0	47.3	38.7	7.7	44.4	1.5	4.1	17.0	0.7
	17	13	6	17	18	16	13	9	17	13	7	17	17	16	13	8	0
阿根廷	19.3	57.7	73.8	0.0	0.0	0.3	0.4	3.1	17.2	54.3	63.5	0.0	0.0	0.4	0.4	2.0	2.1
	18	11	3	19	19	18	17	15	18	10	3	18	19	18	17	15	0
印度	13.8	0.0	0.0	15.4	48.2	3.8	9.9	19.2	13.7	0.0	0.9	15.4	48.1	3.4	10.3	17.8	0.1
	19	19	19	16	14	15	11	7	19	19	18	16	14	15	11	6	0
最高分	65.1	100.0	100.0	100.0	100.0	100.0	100.0	100.0	62.9	100.0	100.0	100.0	100.0	100.0	100.0	100.0	2.2
最低分	13.8	0.0	0.0	0.0	0.0	0.0	0.0	0.0	13.7	0.0	0.0	0.0	0.0	0.0	0.0	0.0	0.1
平均分	40.0	63.0	38.0	49.0	62.6	19.4	26.5	21.7	38.7	60.6	32.4	48.6	63.0	19.7	25.8	20.8	1.3
标准差	13.8	30.8	25.6	26.6	21.9	24.0	30.2	28.2	13.9	31.3	25.4	27.2	21.6	24.4	30.0	27.5	-0.1

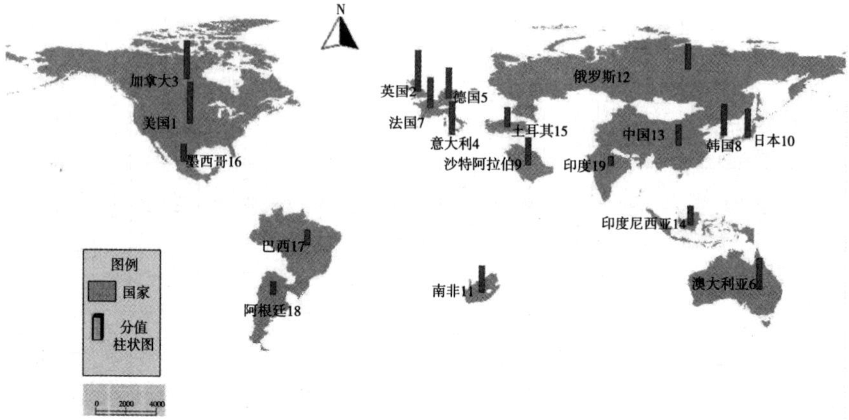

图 5-2　2012 年 G20 国家创新环境竞争力的排位情况

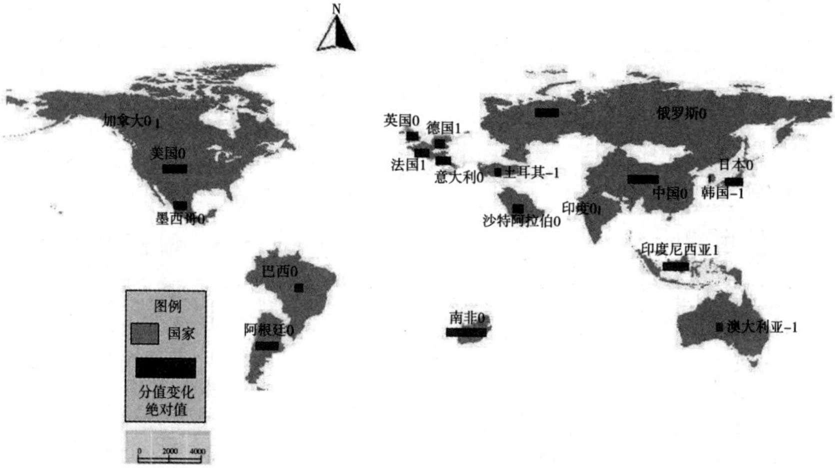

图 5-3　2011～2012 年 G20 国家创新环境竞争力的排位变化情况

由表 5-1 可知，2012 年，创新环境竞争力的最高得分为 65.1 分，比 2011 年提高了 2.2 分；最低得分为 13.8 分，比 2011 年提高了 0.1 分；平均分为 40.0 分，比 2011 年提高了 1.3 分。这表明 G20 国家整体的创新环境竞争力水平有所提高。反映在三级指标上，则是每千人因特网用户数、每千人手机用户数、企业开业程序、小额贷款占 GDP 比重、ISO 9001 质量体系认证数的平均得分分别上升了 2.4 分、5.6 分、0.4 分、0.6 分和 0.9 分。而企业平均税负水平、入境留学生比重的平均得分则分别下降了 0.4 分和 0.3 分。由此可见，每千人因特网用户数、每千人手机用户数、ISO 9001 质量体系认证数是促使创新环境竞争力提高的主要因素。

由图 5－4 可知，G20 国家创新环境竞争力得分呈阶梯状分布，各国差异较小，标准差为 13.8 分。2012 年，美国和英国 2 个国家的创新环境竞争力得分达到 60 分以上，加拿大得分为 57.7 分，而其余国家得分均低于 50 分，其中 8 个国家介于 40～50 分，2 个国家介于 30～40 分，4 个国家介于 20～30 分，2 个国家介于 10～20 分，没有低于 10 分的国家。

创新环境竞争力得分较高的国家主要是发达国家，2012 年排在前 10 位的国家中，只有沙特阿拉伯 1 个国家是发展中国家，其他均为发达国家，这说明发达国家具有良好的科技创新环境。发展中国家的创新环境竞争力得分普遍较低，除了沙特阿拉伯和南非外，其余发展中国家的得分均低于 40 分，与发达国家的差距比较大，排在第 19 位的印度仅有 13.8 分，仅是排在第 1 位的美国的 21.2%。

5.2 G20 国家创新环境竞争力排位变化分析

2012 年 G20 国家创新环境竞争力处于第一方阵（1～5 位）的依次为：美国、英国、加拿大、意大利、德国；处于第二方阵（6～10 位）的依次为：澳大利亚、法国、韩国、沙特阿拉伯、日本；处于第三方阵（11～15 位）的依次为：南非、俄罗斯、中国、印度尼西亚、土耳其；处于第四方阵（16～19 位）的依次为：墨西哥、巴西、阿根廷、印度。

2011 年 G20 国家创新环境竞争力处于第一方阵（1～5 位）的依次为：美国、英国、加拿大、意大利、澳大利亚；处于第二方阵（6～10 位）的依次为：德国、韩国、法国、沙特阿拉伯、日本；处于第三方阵（11～15 位）的依次为：南非、俄罗斯、中国、土耳其、印度尼西亚；处于第四方阵（16～19 位）的依次为：墨西哥、巴西、阿根廷、印度。

从图 5－4 可以看出，2012 年与 2011 年相比，创新环境竞争力排位上升的有 3 个国家，均上升了 1 位，它们是德国、法国和印度尼西亚；排位下降的也有 3 个国家，均下降了 1 位，它们是澳大利亚、韩国和土耳其。此外，德国和澳大利亚的创新环境竞争力均出现了跨方阵变化，德国由第二方阵上升到第

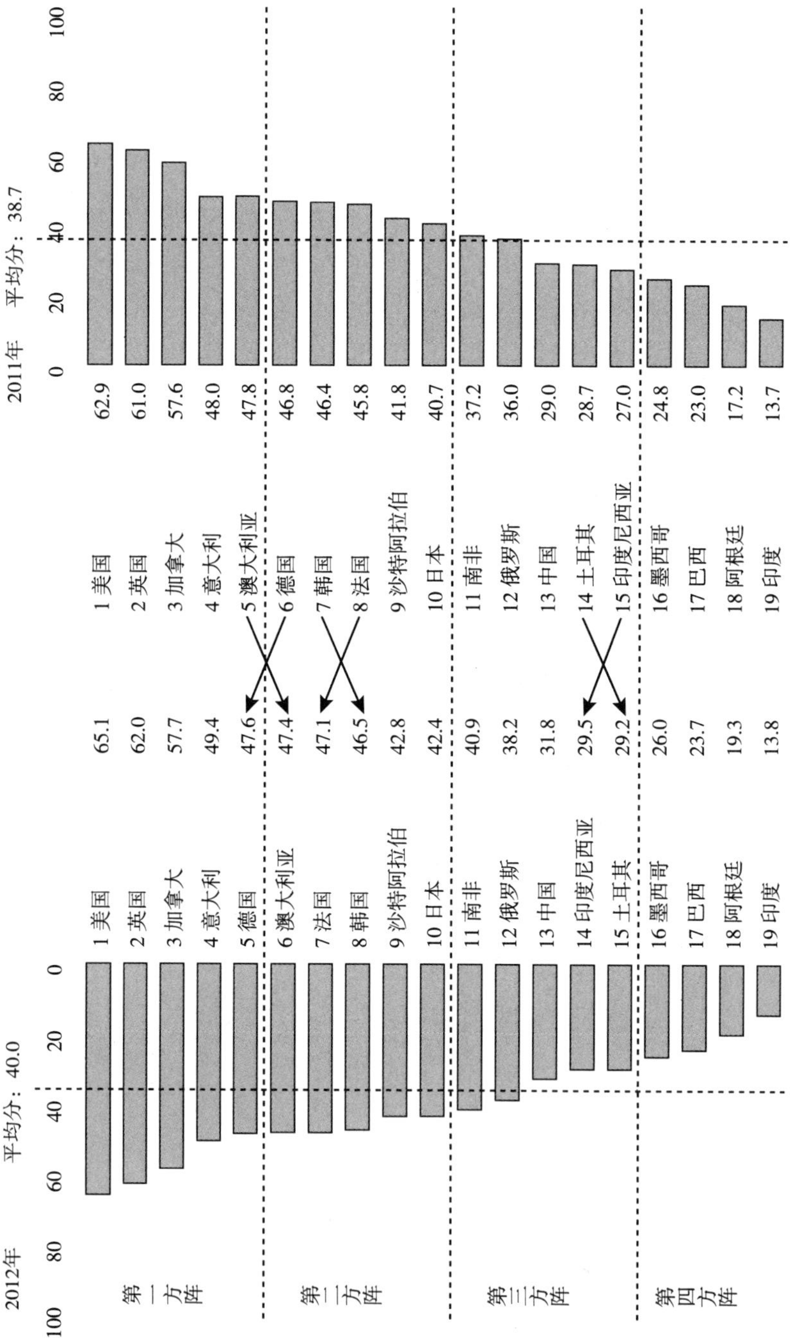

图 5－4 2012 年和 2011 年 G20 国家创新环境竞争力得分及排位情况

一方阵，而澳大利亚则由第一方阵下降到第二方阵。

作为二级指标的国家创新环境竞争力，它的变化是三级指标变化综合作用的结果，表 5－1 还列出了 7 个三级指标的变化情况。

从上述创新环境竞争力排位变化的国家来看，它们的排位变化主要是受到每千人手机用户数、每千人因特网用户数、ISO 9001 质量体系认证数、企业平均税负水平排位变化的影响，在 G20 中，它们的排位变化次数分别为 14 次、12 次、7 次和 6 次；而企业开业程序的排位变化次数仅为 2 次，入境留学生比重、小额贷款占 GDP 比重的排位则没有发生变化。因此，相对来说，每千人手机用户数、每千人因特网用户数、ISO 9001 质量体系认证数、企业平均税负水平对创新环境竞争力排位变化的影响较大，各国创新环境竞争力的差异主要表现在这些指标上。

6　G20 国家创新投入竞争力综合评价与比较分析

6.1　G20 国家创新投入竞争力评价结果

根据国家创新投入竞争力的指标体系和数学模型，对 2011～2012 年 G20 国家创新投入竞争力进行评价，表 6－1 列出了本评价期内 G20 国家创新投入竞争力排位和排位变化情况及其下属 7 个三级指标的评价结果，图 6－1、图 6－2、图 6－3 直观地表示出了 2011 年和 2012 年 G20 国家创新投入竞争力的排位及其变化情况。

图 6－1　2011 年 G20 国家创新投入竞争力的排位情况

表 6-1　2011～2012 年 G20 国家创新投入竞争力评价比较表

项目 国家	2012 年								2011 年								综合变化
	创新投入竞争力	R&D 经费支出总额	R&D 经费支出占 GDP 比重	人均 R&D 经费支出	R&D 人员	研究人员占从业人员比重	企业研发投入比重	风险资本交易占 GDP 比重	创新投入竞争力	R&D 经费支出总额	R&D 经费支出占 GDP 比重	人均 R&D 经费支出	R&D 人员	研究人员占从业人员比重	企业研发投入比重	风险资本交易占 GDP 比重	
美国	87. 1	100. 0	65. 2	100. 0	100. 0	74. 2	75. 9	94. 1	90. 1	100. 0	67. 8	100. 0	100. 0	78. 9	84. 0	100. 0	-3. 0
	1	1	4	1	1	3	6	2	1	1	4	1	1	3	4	1	0
韩国	61. 3	14. 1	100. 0	92. 3	11. 5	100. 0	93. 8	17. 6	60. 6	13. 5	100. 0	87. 9	12. 1	100. 0	92. 2	18. 7	0. 7
	2	5	1	2	8	1	2	7	2	5	1	2	8	1	2	8	0
日本	59. 5	33. 8	80. 3	84. 4	25. 8	80. 2	100. 0	11. 8	60. 2	34. 5	83. 6	85. 5	29. 3	85. 5	100. 0	2. 6	-0. 7
	3	3	2	4	3	2	1	9	3	3	2	4	3	2	1	15	0
德国	52. 5	22. 0	68. 3	84. 7	17. 1	64. 4	84. 4	26. 5	55. 3	22. 5	71. 1	85. 8	19. 3	67. 4	84. 0	37. 2	-2. 9
	4	4	3	3	5	8	4	5	4	4	3	3	5	8	4	5	0
加拿大	46. 0	5. 4	39. 7	49. 7	6. 9	65. 2	55. 4	100. 0	46. 5	5. 7	43. 2	52. 6	7. 6	68. 7	55. 0	92. 8	-0. 5
	5	12	8	7	11	7	8	1	5	12	8	7	11	7	8	2	0
法国	44. 4	12. 0	52. 5	59. 8	12. 1	70. 0	66. 0	38. 2	45. 3	12. 3	54. 9	61. 5	13. 5	73. 0	59. 7	42. 1	-0. 9
	6	6	6	6	7	5	7	4	6	6	6	6	7	5	7	4	0
澳大利亚	43. 8	5. 3	58. 0	74. 3	4. 7	71. 2	78. 8	14. 7	45. 0	5. 1	58. 5	72. 2	5. 1	74. 4	75. 4	24. 6	-1. 2
	7	13	5	5	13	4	5	8	7	13	5	5	13	4	6	6	0
中国	40. 9	53. 6	45. 8	12. 2	59. 7	12. 2	93. 6	8. 8	41. 0	47. 8	44. 5	10. 8	67. 7	12. 5	90. 5	13. 3	-0. 2
	8	2	7	11	2	13	3	10	9	2	7	12	2	13	3	9	1
英国	39. 1	8. 5	39. 5	43. 5	10. 5	68. 9	52. 5	50. 0	42. 0	9. 0	43. 1	46. 0	11. 9	71. 3	51. 9	60. 4	-2. 9
	9	8	9	8	9	6	12	3	8	7	9	8	9	6	9	3	-1
意大利	23. 5	5. 7	28. 6	30. 1	6. 8	35. 0	52. 7	5. 9	23. 4	5. 9	29. 8	31. 0	7. 6	35. 9	51. 6	1. 8	0. 2
	10	11	10	9	12	10	11	12	10	11	10	9	12	10	10	16	0
俄罗斯	22. 7	8. 2	25. 0	18. 3	24. 6	47. 1	26. 9	8. 8	22. 5	8. 1	25. 8	17. 8	28. 3	50. 0	24. 3	3. 0	0. 2
	11	9	12	10	4	9	16	10	11	9	12	10	4	9	16	14	0

续表

项目 国家	2012年								2011年								综合变化
	创新投入竞争力	R&D经费支出总额	R&D经费支出占GDP比重	人均R&D经费支出	R&D人员	研究人员占从业人员比重	企业研发投入比重	风险资本交易占GDP比重	创新投入竞争力	R&D经费支出总额	R&D经费支出占GDP比重	人均R&D经费支出	R&D人员	研究人员占从业人员比重	企业研发投入比重	风险资本交易占GDP比重	
巴西	17.7	6.4	27.7	10.2	9.1	10.8	53.7	5.9	17.1	6.3	28.7	10.0	9.6	11.1	49.7	4.1	0.6
	12	10	11	13	10	14	9	12	12	10	11	13	10	14	12	11	0
土耳其	16.7	2.7	19.8	12.0	3.0	23.2	53.3	2.9	15.4	2.5	19.9	11.2	3.0	22.4	45.5	3.1	1.3
	13	14	13	12	14	11	10	14	13	14	13	11	14	12	14	13	0
印度	14.7	8.8	17.8	2.1	15.4	1.8	36.3	20.6	14.8	8.3	18.5	2.0	16.8	1.9	35.0	21.0	-0.1
	14	7	15	17	6	17	15	6	14	8	15	17	6	17	15	7	0
南非	11.6	0.6	18.6	4.2	0.9	7.6	49.3	0.0	12.7	0.7	19.7	4.7	1.0	8.0	47.9	6.7	-1.1
	15	16	14	16	18	15	13	16	15	16	14	16	18	15	13	10	0
墨西哥	9.7	1.8	8.7	4.9	2.4	6.3	44.2	0.0	11.0	1.8	9.0	4.8	2.5	6.4	51.5	0.7	-1.2
	16	15	17	15	15	16	14	16	16	15	17	15	15	16	11	18	0
阿根廷	9.4	0.6	14.4	5.2	2.1	22.2	18.7	2.9	10.4	0.6	14.5	5.0	2.2	22.6	24.2	4.0	-1.0
	17	17	16	14	16	12	17	14	17	17	16	14	16	11	17	12	0
印度尼西亚	1.4	0.0	0.2	0.0	1.8	0.3	7.1	0.0	1.5	0.0	0.3	0.0	2.0	0.3	6.9	1.1	-0.2
	18	18	18	19	17	18	18	16	18	18	18	19	17	18	18	17	0
沙特阿拉伯	0.2	0.0	0.0	1.1	0.0	0.0	0.0	0.0	0.1	0.0	0.0	1.0	0.0	0.0	0.0	0.0	0.1
	19	19	19	18	19	19	19	16	19	19	19	18	19	19	19	19	0
最高分	87.1	100.0	100.0	100.0	100.0	100.0	100.0	100.0	90.1	100.0	100.0	100.0	100.0	100.0	100.0	100.0	-3.0
最低分	0.2	0.0	0.0	0.0	0.0	0.0	0.0	0.0	0.1	0.0	0.0	0.0	0.0	0.0	0.0	0.0	0.1
平均分	31.7	15.2	37.4	36.3	16.5	40.0	54.9	21.5	32.4	15.0	38.6	36.3	17.9	41.6	54.2	23.0	-0.7
标准差	22.9	23.8	26.9	34.8	23.8	32.0	28.1	29.1	23.5	23.4	27.4	34.7	24.7	33.3	27.7	29.9	-0.6

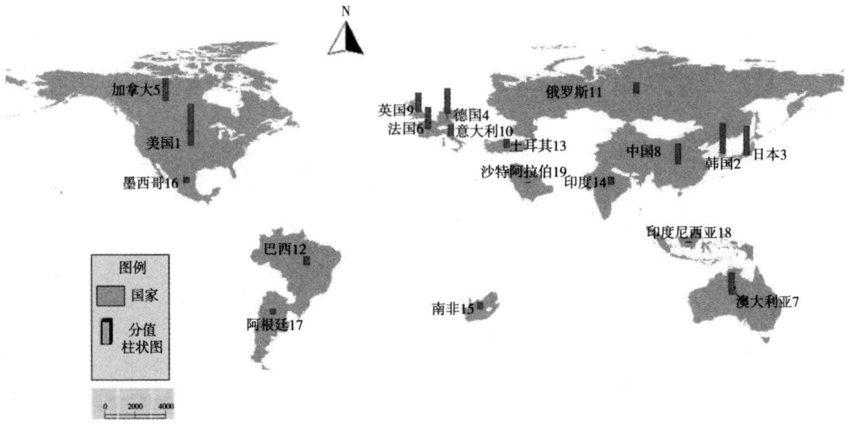

图 6-2　2012 年 G20 国家创新投入竞争力的排位情况

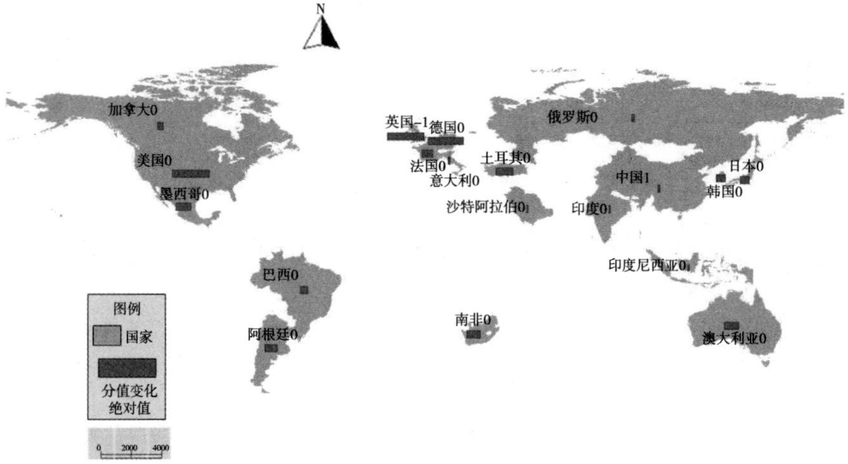

图 6-3　2011~2012 年 G20 国家创新投入竞争力的排位变化情况

由表 6-1 可知，2012 年，创新投入竞争力的最高得分为 87.1 分，比 2011 年降低了 3.0 分；最低得分为 0.2 分，比 2011 年上升了 0.1 分；平均分为 31.7 分，比 2011 年降低了 0.7 分。这表明 G20 国家整体的创新投入竞争力水平略有下降。反映在三级指标上，则是研究人员占从业人员比重、风险资本交易占 GDP 比重、R&D 人员、R&D 经费支出占 GDP 比重的平均分下降，分别下降了 1.6 分、1.5 分、1.3 分和 1.2 分；而企业研发投入比重的得分上升了0.7分，人均R&D经费支出的得分保持不变。由此可见，研究人员占从业人员比重、风险资本交易占GDP比重、R&D人员、R&D经费支出占GDP比重是创新投入竞争力下降的主要因素。

由图6-4可知，G20国家创新投入竞争力得分呈阶梯状分布，整体差异很大，标准差达22.9分。2012年，只有美国的创新投入竞争力得分达到87.1分，韩国达到61.3分，其余国家均低于60分，2个国家介于50~60分，4个国家介于40~50分，1个国家介于30~40分，2个国家介于20~30分，4个国家介于10~20分，4个国家低于10分。

创新投入竞争力得分较高的国家主要是发达国家，在第一方阵和第二方阵中，2012年只有中国1个发展中国家排在第8位，其余全部是发达国家，这说明发达国家雄厚的经济基础和经济实力为它们科技创新投入方面的优势创造了有利条件。发展中国家的创新投入竞争力得分普遍较低，与发达国家的差距较大，排在第19位的沙特阿拉伯仅有0.2分，仅相当于排在第1位的美国的0.2%；得分最高的发展中国家为中国，也只有40.9分，仅是美国的47.0%。

6.2 G20国家创新投入竞争力排位变化分析

2012年G20国家创新投入竞争力处于第一方阵（1~5位）的依次为：美国、韩国、日本、德国、加拿大；处于第二方阵（6~10位）的依次为：法国、澳大利亚、中国、英国、意大利；处于第三方阵（11~15位）的依次为：俄罗斯、巴西、土耳其、印度、南非；处于第四方阵（16~19位）的依次为：墨西哥、阿根廷、印度尼西亚、沙特阿拉伯。

2011年G20国家创新投入竞争力处于第一方阵（1~5位）的依次为：美国、韩国、日本、德国、加拿大；处于第二方阵（6~10位）的依次为：法国、澳大利亚、英国、中国、意大利；处于第三方阵（11~15位）的依次为：俄罗斯、巴西、土耳其、印度、南非；处于第四方阵（16~19位）的依次为：墨西哥、阿根廷、印度尼西亚、沙特阿拉伯。

从图6-4可以看出，2012年与2011年相比，只有2个国家的创新投入竞争力排位发生变化，英国的排位下降了1位，中国的排位上升了1位。未出现跨方阵变化的情况。

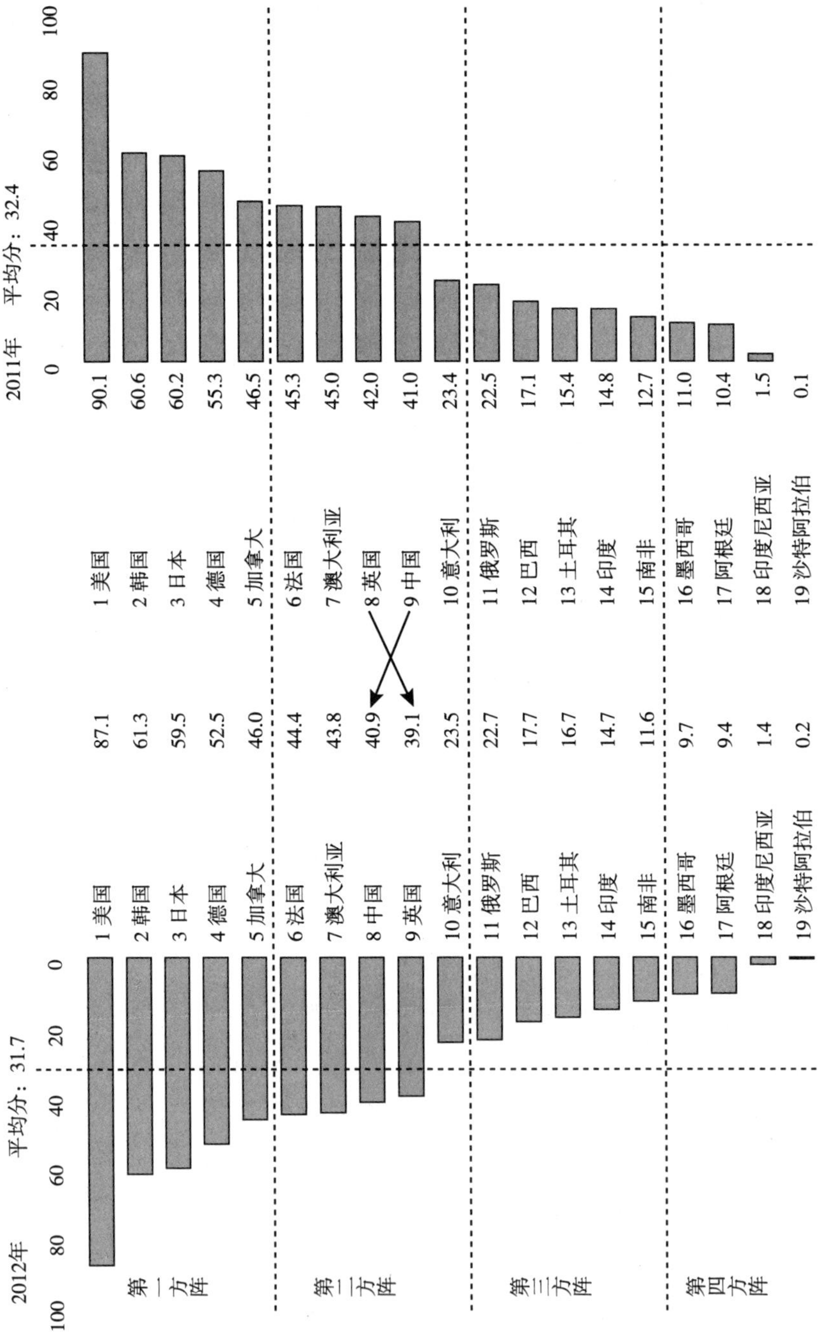

图 6-4 2012 年和 2011 年 G20 国家创新投入竞争力得分及排位情况

作为二级指标的国家创新投入竞争力，它的变化是三级指标变化综合作用的结果，表 6－1 还列出了 7 个三级指标的变化情况。

从上述创新投入竞争力排位变化的国家来看，中国创新投入竞争力排位上升，主要是受到人均 R&D 经费支出的排位上升的影响；英国的排位下降主要是由于 R&D 经费支出总额、企业研发投入比重的排位分别下降了 1 位和 3 位。但从 G20 整体来看，风险资本交易占 GDP 比重、企业研发投入比重的排位变化次数较多，分别达到 16 次和 7 次，而 R&D 经费支出占 GDP 比重、R&D 人员的变化次数为 0，其余 3 个指标的变化次数均为 2 次。因此，相对来说，风险资本交易占 GDP 比重、企业研发投入比重等指标对创新投入竞争力排位变化的影响较大，各国创新投入竞争力的差异主要表现在这两个指标上。

7　G20 国家创新产出竞争力综合评价与比较分析

7.1　G20 国家创新产出竞争力评价结果

根据国家创新产出竞争力的指标体系和数学模型，对 2011～2012 年 G20 国家创新产出竞争力进行评价，表 7－1 列出了本评价期内 G20 国家创新产出竞争力排位和排位变化情况及其下属 9 个三级指标的评价结果，图 7－1、图 7－2、图 7－3 直观地表示出了 2011 年和 2012 年 G20 国家创新产出竞争力的排位及其变化情况。

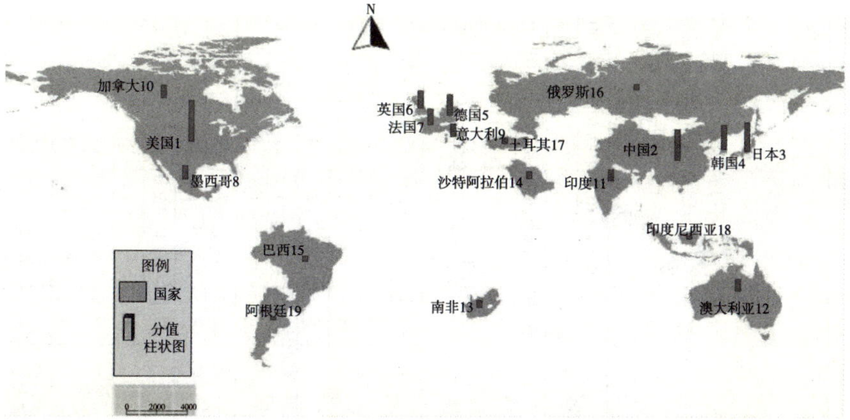

图 7－1　2011 年 G20 国家创新产出竞争力的排位情况

表 7－1 2011～2012 年 G20 国家创新产出竞争力评价比较表

项目 \ 国家	2012 年										2011 年										综合变化
	创新产出竞争力	专利授权数	科技人员平均专利授权数	科技论文发表数	科技人员平均发表论文数	专利和许可收入	高技术产品净出口额	高技术产品净出口比重	注册商标数	创意产品出口比重	创新产出竞争力	专利授权数	科技人员平均专利授权数	科技论文发表数	科技人员平均发表论文数	专利和许可收入	高技术产品净出口额	高技术产品净出口比重	注册商标数	创意产品出口比重	
美国	73.1	92.1	26.1	100.0	23.4	100.0	72.3	66.6	88.1	89.6	74.8	94.2	28.3	100.0	25.3	100.0	79.2	68.9	88.9	88.7	－1.7
	1	2	7	1	10	1	3	5	2	2	1	2	7	1	10	1	3	5	2	2	0
中国	54.9	42.6	19.0	23.8	8.0	0.8	100.0	100.0	100.0	100.0	53.4	42.8	18.9	23.8	9.2	0.6	85.7	100.0	100.0	100.0	1.5
	2	3	8	2	17	9	1	1	1	1	2	3	8	2	17	10	2	1	1	1	0
日本	50.4	100.0	100.0	22.5	17.0	25.6	60.0	64.9	46.0	17.9	51.5	100.0	100.0	22.5	17.0	24.0	68.9	66.3	41.5	23.5	－1.1
	3	1	1	3	13	2	4	6	3	8	3	1	1	3	14	2	4	6	4	8	0
韩国	42.2	41.2	91.4	12.2	20.8	2.7	58.9	99.6	39.4	13.2	42.9	39.7	95.2	12.2	22.6	3.5	66.5	99.7	32.2	14.5	－0.7
	4	4	2	9	11	8	5	2	4	11	4	4	2	9	11	6	5	2	6	10	0
德国	33.9	4.0	3.7	22.1	25.8	9.9	89.1	58.6	23.6	67.9	37.0	4.8	4.1	22.1	26.0	13.3	100.0	56.3	26.1	80.4	－3.1
	5	10	14	4	7	5	2	8	9	3	5	8	14	4	8	3	1	8	9	3	0
英国	29.6	2.4	3.5	22.0	42.3	10.0	32.9	82.1	17.0	54.5	29.9	2.9	4.0	22.0	42.5	11.6	37.7	82.3	15.1	50.5	－0.2
	6	11	15	5	2	4	7	4	12	6	6	11	15	5	3	5	7	4	13	6	0
法国	28.9	4.6	7.5	15.1	24.9	11.1	52.6	96.6	0.8	46.6	29.0	4.2	6.0	15.1	25.4	12.2	57.3	91.7	0.9	47.9	－0.1
	7	8	11	6	9	3	6	3	18	7	7	10	13	6	9	4	6	3	18	7	0
墨西哥	22.2	4.4	45.0	2.3	19.4	0.0	21.3	60.7	36.4	10.2	23.4	4.7	51.2	2.3	20.7	0.0	22.2	62.5	36.3	10.6	－1.2
	8	9	4	15	12	17	8	7	5	12	8	9	4	15	12	17	8	7	5	12	0
意大利	19.5	2.0	5.1	12.6	37.1	3.2	13.3	24.0	16.3	61.7	22.3	2.6	6.9	12.6	38.1	3.2	16.9	25.7	28.4	66.0	－2.8
	9	13	13	8	5	6	9	15	13	4	9	12	11	8	5	7	9	15	8	4	0
加拿大	19.4	7.9	27.5	13.8	40.7	3.0	11.6	45.1	10.9	14.4	21.2	8.6	30.7	13.8	41.7	2.7	13.5	50.1	12.9	17.2	－1.8
	10	6	6	7	4	7	10	10	15	10	10	6	6	7	4	8	10	9	15	9	0

续表

项目 国家	2012年 创新产出竞争力	2012年 专利授权数	2012年 科技人员平均专利授权数	2012年 科技论文发表数	2012年 科技人员平均发表论文数	2012年 专利和许可收入	2012年 高技术产品净出口额	2012年 高技术产品净出口比重	2012年 注册商标数	2012年 创意产品出口比重	2011年 创新产出竞争力	2011年 专利授权数	2011年 科技人员平均专利授权数	2011年 科技论文发表数	2011年 科技人员平均发表论文数	2011年 专利和许可收入	2011年 高技术产品净出口额	2011年 高技术产品净出口比重	2011年 注册商标数	2011年 创意产品出口比重	综合变化
澳大利亚	18.1	6.4	32.8	9.8	41.8	0.6	2.2	46.4	19.9	2.7	19.4	7.4	39.8	9.8	43.6	0.7	2.5	48.6	19.0	3.1	-1.3
	11	7	5	11	3	10	15	9	10	15	12	7	5	11	2	9	15	10	11	14	1
印度	15.7	1.5	0.0	10.7	13.3	0.2	6.0	22.3	26.1	61.0	20.1	2.1	0.3	10.7	13.9	0.2	6.9	23.7	68.7	54.1	-4.4
	12	14	19	10	15	15	11	16	8	5	11	14	18	10	16	15	11	16	3	5	-1
南非	13.2	2.2	54.0	1.4	28.5	0.0	0.8	17.9	13.3	0.4	13.4	2.1	55.4	1.4	29.9	0.0	0.9	16.6	14.2	0.4	-0.3
	13	12	3	17	6	18	17	17	14	18	13	13	3	17	6	19	18	17	14	18	0
沙特阿拉伯	12.9	0.0	13.7	0.6	100.0	0.5	0.0	0.0	0.0	1.7	13.2	0.0	15.4	0.6	100.0	0.5	0.0	0.0	0.0	1.9	-0.2
	14	19	9	18	1	12	19	19	19	16	14	19	9	18	1	11	19	19	19	16	0
巴西	10.0	0.9	0.3	6.2	13.0	0.4	4.2	37.6	26.2	1.7	10.3	1.3	0.9	6.2	14.1	0.4	4.5	35.2	28.5	1.8	-0.3
	15	15	18	13	16	14	12	11	7	17	15	15	17	13	15	13	12	11	7	17	0
俄罗斯	9.8	11.9	10.2	6.7	4.4	0.5	3.4	29.2	18.7	3.4	9.3	12.5	9.9	6.7	4.3	0.4	2.9	28.1	16.2	2.9	0.5
	16	5	10	12	18	11	13	12	11	14	16	5	10	12	18	14	14	13	12	15	0
土耳其	9.2	0.3	0.4	3.9	25.7	0.4	0.9	3.3	31.0	17.0	8.3	0.3	0.0	3.9	29.1	0.4	0.9	3.4	22.0	14.2	0.9
	17	17	17	14	8	13	16	18	6	9	17	18	19	14	7	12	17	18	10	11	0
阿根廷	5.4	0.2	1.4	1.7	16.3	0.1	0.8	26.5	1.2	0.0	5.5	0.3	1.4	1.7	17.4	0.1	1.0	26.1	1.2	0.0	-0.1
	18	18	16	16	14	16	18	13	17	19	19	17	16	16	13	16	16	14	17	19	1
印度尼西亚	4.9	0.6	6.1	0.0	0.0	0.0	2.3	24.9	3.3	6.8	5.5	0.7	6.8	0.0	0.0	0.0	3.0	29.5	3.3	6.5	-0.7
	19	16	12	19	19	19	14	14	16	13	18	16	12	19	19	18	13	12	16	13	-1
最高分	73.1	100.0	100.0	100.0	100.0	100.0	100.0	100.0	100.0	100.0	74.8	100.0	100.0	100.0	100.0	100.0	100.0	100.0	100.0	100.0	-1.7
最低分	4.9	0.0	0.0	0.0	0.0	0.0	0.0	0.0	0.0	0.0	5.5	0.0	0.0	0.0	0.0	0.0	0.0	0.0	0.0	0.0	-0.6
平均分	24.9	17.1	23.6	15.1	26.4	8.9	28.0	47.7	27.3	30.0	25.8	17.4	25.0	15.1	27.4	9.2	30.0	48.1	29.2	30.7	-0.9
标准差	18.1	29.7	29.1	21.5	21.0	22.4	32.5	30.5	26.3	31.9	18.3	29.8	30.0	21.5	21.0	22.3	33.6	30.1	27.6	32.4	-0.1

图 7-2　2012 年 G20 国家创新产出竞争力的排位情况

图 7-3　2011～2012 年 G20 国家创新产出竞争力的排位变化情况

由表 7-1 可知，2012 年，创新产出竞争力的最高得分为 73.1 分，比 2011 年降低了 1.7 分；最低得分为 4.9 分，比 2011 年降低了 0.6 分；平均分为 24.9 分，比 2011 年降低了 0.9 分。这表明 G20 整体的创新产出竞争力水平有一定程度的下降。反映在三级指标上，则是高技术产品净出口额、注册商标数的平均分下降最多，均下降了 2.0 分，其次是科技人员平均专利授权数，下降了 1.4 分，科技人员平均发表论文数、创意产品出口比重、高技术产品净出口比重、专利授权数、专利和许可收入的平均分分别下降了 1.0 分、0.7 分、

0.5 分、0.3 分和 0.3 分，科技论文发表数的平均分不变。没有三级指标的平均分上升。由此可见，高技术产品净出口额、注册商标数、科技人员平均专利授权数是导致创新产出竞争力下降的主要因素。

由图 7－4 可知，G20 国家创新产出竞争力的得分比较低，呈阶梯状分布，整体差异比较大，标准差达到 18.1 分。2012 年，只有美国的创新产出竞争力得分超过 60 分，达到 73.1 分，中国和日本分别为 54.9 分和 50.4 分，其余国家均低于 50 分。其中 1 个国家介于 40～50 分，1 个国家介于 30～40 分，3 个国家介于 20～30 分，7 个国家介于 10～20 分（含 10 分），4 个国家低于 10 分。

创新产出竞争力得分较高的国家主要是发达国家，分布在第一方阵和第二方阵，只有中国和墨西哥两个国家是发展中国家，其余均为发达国家，这说明发达国家具有比较高的科技创新产出。发展中国家的创新产出竞争力得分非常低，与发达国家的差距非常大，排在第 19 位的印度尼西亚仅有 4.9 分，仅相当于排在第 1 位的美国的 6.7%；得分最高的发展中国家为中国，为 54.9 分，与美国相比还有比较大的差距。

7.2　G20 国家创新产出竞争力排位变化分析

2012 年 G20 国家创新产出竞争力处于第一方阵（1～5 位）的依次为：美国、中国、日本、韩国、德国；处于第二方阵（6～10 位）的依次为：英国、法国、墨西哥、意大利、加拿大；处于第三方阵（11～15 位）的依次为：澳大利亚、印度、南非、沙特阿拉伯、巴西；处于第四方阵（16～19 位）的依次为：俄罗斯、土耳其、阿根廷、印度尼西亚。

2011 年 G20 国家创新产出竞争力处于第一方阵（1～5 位）的依次为：美国、中国、日本、韩国、德国；处于第二方阵（6～10 位）的依次为：英国、法国、墨西哥、意大利、加拿大；处于第三方阵（11～15 位）的依次为：印度、澳大利亚、南非、沙特阿拉伯、巴西；处于第四方阵（16～19 位）的依次为：俄罗斯、土耳其、印度尼西亚、阿根廷。

从图 7－4 可以看出，2012 年与 2011 年相比，创新产出竞争力排位上升的有 2 个国家，均上升了 1 位；排位下降的也只有 2 个国家，均下降了 1 位。未出现跨方阵变化的情况。

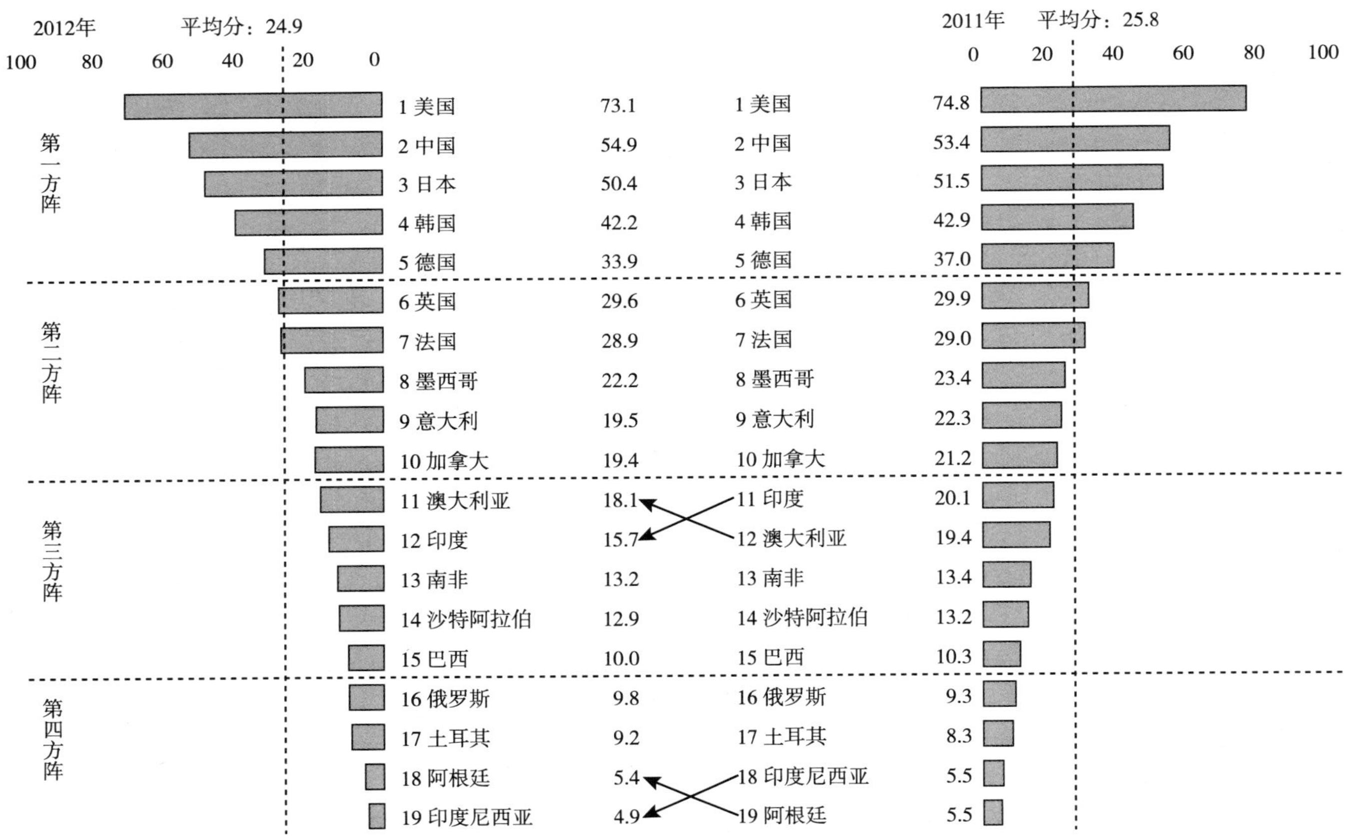

图 7-4　2012 年和 2011 年 G20 国家创新产出竞争力得分及排位情况

作为二级指标的国家创新产出竞争力，它的变化是三级指标变化综合作用的结果，表 7－1 还列出了 9 个三级指标的变化情况。

从上述创新产出竞争力排位变化的国家来看，它们的排位变化主要是受到专利和许可收入、科技人员平均发表论文数、注册商标数、高技术产品净出口额、专利授权数排位变化的影响，在 G20 中，它们的排位变化次数分别为 14 次、8 次、8 次、7 次和 6 次；科技人员平均专利授权数、高技术产品净出口比重、创意产品出口比重的排位变化次数均为 5 次，科技论文发表数的排位则没有发生变化。因此，相对来说，专利和许可收入、科技人员平均发表论文数、注册商标数、高技术产品净出口额、专利授权数对创新产出竞争力排位变化的影响比较大，各国创新产出竞争力的差异主要表现在这些指标上。

8 G20 国家创新持续竞争力综合评价与比较分析

8.1 G20 国家创新持续竞争力评价结果

根据国家创新持续竞争力的指标体系和数学模型，对 2011～2012 年 G20 国家创新持续竞争力进行评价，表 8－1 列出了本评价期内 G20 国家创新持续竞争力排位和排位变化情况及其下属 7 个三级指标的评价结果，图 8－1、图 8－2、图 8－3 直观地表示出了 2011 年和 2012 年 G20 国家创新持续竞争力的排位及其变化情况。

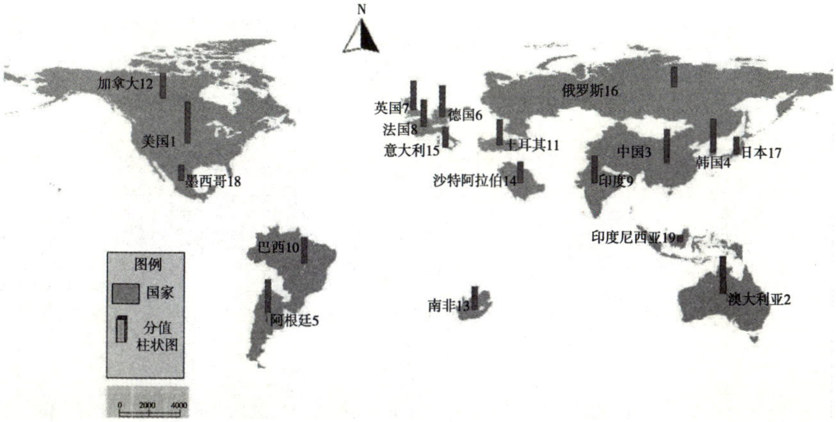

图 8－1 2011 年 G20 国家创新持续竞争力的排位情况

表 8－1　2011～2012 年 G20 国家创新持续竞争力评价比较表

项目 / 国家	2012 年								2011 年								综合变化
	创新持续竞争力	公共教育经费支出总额	公共教育经费支出占 GDP 比重	人均公共教育经费支出额	高等教育毛入学率	科技人员增长率	科技经费增长率	高校科技工程毕业生比重	创新持续竞争力	公共教育经费支出总额	公共教育经费支出占 GDP 比重	人均公共教育经费支出额	高等教育毛入学率	科技人员增长率	科技经费增长率	高校科技工程毕业生比重	
美国	59.3	100.0	27.0	77.3	94.5	39.6	44.0	32.8	64.3	100.0	35.7	94.3	92.6	32.6	62.3	32.4	-5.0
	1	1	3	7	2	8	12	9	1	1	2	3	2	9	12	10	0
澳大利亚	54.0	7.6	100.0	59.5	83.6	39.0	62.6	26.1	55.8	5.2	100.0	65.7	77.8	32.2	79.1	30.8	-1.8
	2	11	1	11	3	9	8	11	2	11	1	11	3	10	7	11	0
中国	51.8	33.6	1.8	29.7	2.7	98.4	100.0	96.3	51.1	28.7	1.9	32.3	8.5	86.1	100.0	100.0	0.7
	3	2	17	15	17	2	1	2	3	2	17	15	17	4	1	1	0
韩国	49.0	8.2	17.6	62.2	100.0	66.7	65.6	23.0	50.7	4.3	14.4	68.6	100.0	56.5	86.0	24.8	-1.6
	4	10	7	10	1	3	5	13	4	13	9	9	1	5	4	12	0
阿根廷	46.3	1.8	8.3	96.2	79.5	54.4	63.2	21.2	49.4	1.4	9.7	100.0	72.8	43.0	95.9	22.8	-3.1
	5	15	11	2	4	5	7	14	5	15	11	1	4	7	2	14	0
沙特阿拉伯	42.4	1.6	11.7	59.5	35.6	9.1	79.5	100.0	31.8	1.3	14.1	65.7	28.4	5.8	35.1	72.2	10.6
	6	16	10	11	13	18	3	1	14	16	10	11	13	15	17	3	8
土耳其	39.3	0.0	2.4	0.0	60.3	100.0	80.9	31.3	39.0	0.0	3.1	2.9	50.6	89.7	94.7	32.4	0.2
	7	19	16	19	6	1	2	10	11	19	16	18	8	2	3	9	4
德国	39.3	17.4	20.3	83.8	50.7	14.6	33.9	54.1	48.3	18.6	27.9	73.4	45.7	35.5	80.7	56.6	-9.1
	8	4	5	6	7	15	14	5	6	4	5	8	11	8	5	5	-2
法国	38.5	15.5	22.6	91.9	45.2	22.5	30.3	41.2	41.5	14.7	28.4	82.9	45.7	12.9	63.3	42.6	-3.0
	9	5	4	3	12	14	15	7	8	5	4	6	11	13	11	7	-1
加拿大	37.8	9.7	29.0	86.5	50.7	26.6	19.9	42.1	37.6	8.0	32.8	74.3	51.9	5.4	47.4	43.8	0.1
	10	8	2	5	7	12	17	6	12	8	3	7	7	16	16	6	2
巴西	34.7	11.0	5.3	70.3	27.4	64.3	52.1	12.2	40.5	13.7	8.4	91.7	25.9	54.5	76.7	12.7	-5.9
	11	7	12	9	14	4	11	18	10	6	12	4	14	6	8	18	-1

续表

项目 \ 国家	2012年 创新持续竞争力	2012年 公共教育经费支出总额	2012年 公共教育经费支出占GDP比重	2012年 人均公共教育经费支出额	2012年 高等教育毛入学率	2012年 科技人员增长率	2012年 科技经费增长率	2012年 高校科技工程毕业生比重	2011年 创新持续竞争力	2011年 公共教育经费支出总额	2011年 公共教育经费支出占GDP比重	2011年 人均公共教育经费支出额	2011年 高等教育毛入学率	2011年 科技人员增长率	2011年 科技经费增长率	2011年 高校科技工程毕业生比重	综合变化
英国	34.4	12.6	19.5	73.0	50.7	12.6	17.9	54.5	43.5	13.0	26.3	85.1	50.6	15.5	55.9	58.2	-9.1
	12	6	6	8	7	16	18	4	7	7	6	5	8	12	13	4	-5
墨西哥	32.5	5.6	5.1	89.2	5.5	52.9	55.4	13.9	22.8	4.1	5.5	68.6	9.9	3.1	54.0	14.3	9.7
	13	13	13	4	16	6	9	16	18	14	14	9	15	18	15	16	5
印度	30.8	4.4	0.0	13.5	0.0	38.7	68.0	90.6	41.1	4.5	0.0	17.1	3.7	89.0	79.1	94.1	-10.3
	14	14	19	18	18	10	4	3	9	12	19	17	18	3	6	2	-5
意大利	29.8	8.3	14.8	54.1	50.7	27.2	28.3	25.7	30.7	7.8	18.4	42.9	54.3	12.6	54.8	24.3	-0.9
	15	9	9	13	7	11	16	12	15	9	8	13	6	14	14	13	0
南非	26.7	0.3	4.0	100.0	0.0	43.2	0.0	39.3	34.8	0.3	5.2	97.1	0.0	100.0	0.0	40.8	-8.1
	16	18	15	1	18	7	19	8	13	17	15	2	19	1	19	8	-3
俄罗斯	26.3	6.6	4.9	32.4	69.9	0.0	52.2	17.9	30.1	6.0	5.9	37.1	70.4	5.2	67.8	18.4	-3.9
	17	12	14	14	5	19	10	15	16	10	13	14	5	17	9	15	-1
日本	22.8	22.9	16.3	27.0	49.3	9.1	35.0	0.0	26.4	21.8	20.4	28.6	49.4	0.0	64.6	0.0	-3.6
	18	3	8	16	11	17	13	19	17	3	7	16	10	19	10	19	-1
印度尼西亚	19.1	1.0	0.7	18.9	9.6	25.7	63.9	13.6	9.2	0.1	0.5	0.0	8.6	20.3	20.6	14.2	9.9
	19	17	18	17	15	13	6	17	19	18	18	19	16	11	18	17	0
最高分	59.3	100.0	100.0	100.0	100.0	100.0	100.0	100.0	64.3	100.0	100.0	100.0	100.0	100.0	100.0	100.0	-5.0
最低分	19.1	0.0	0.0	0.0	0.0	0.0	0.0	0.0	9.2	0.0	0.0	0.0	0.0	0.0	0.0	0.0	9.9
平均分	37.6	14.1	16.4	59.2	45.6	39.2	50.1	38.7	39.4	13.3	18.9	59.4	44.6	36.8	64.1	38.7	-1.8
标准差	10.6	21.9	21.6	29.8	30.9	27.6	24.4	28.2	12.5	21.9	22.1	30.9	29.2	32.5	25.1	26.4	-1.9

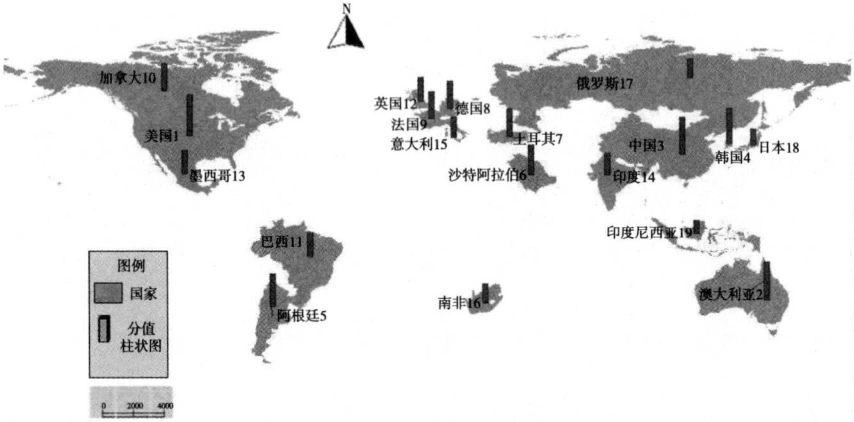

图 8 -2　2012 年 G20 国家创新持续竞争力的排位情况

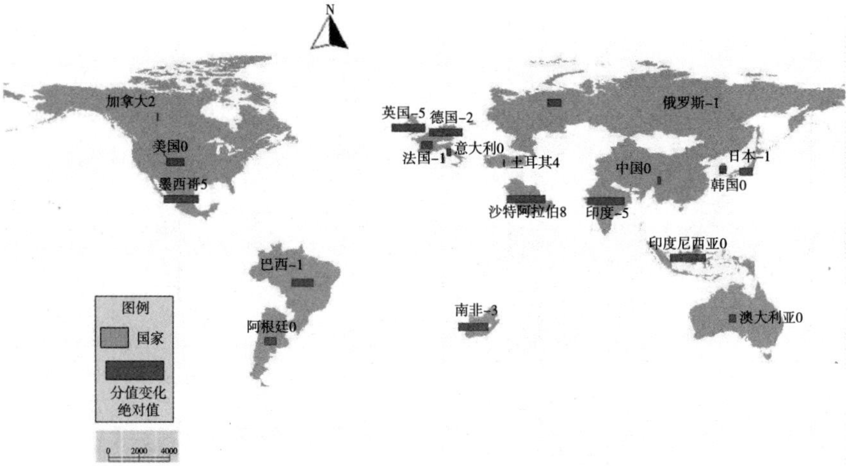

图 8 -3　2011 ~2012 年 G20 国家创新持续竞争力的排位变化情况

由表 8 -1 可知，2012 年，创新持续竞争力的最高得分为 59. 3 分，比 2011 年降低了 5. 0 分；最低得分为 19. 1 分，比 2011 年增加了 9. 9 分；平均分为 37. 6 分，比 2011 年下降了 1. 8 分。这表明 G20 国家整体的创新持续竞争力水平有较大幅度的下降。反映在三级指标上，则是科技经费增长率的平均得分下降最多，下降了 14. 0 分；其次是公共教育经费支出占 GDP 比重，下降了 2. 5 分；人均公共教育经费支出额下降了 0. 2 分。高校科技工程毕业生比重的得分保持不变。而其他 3 个指标的平均得分均有所上升，上升幅度最大的是科技人员增长率，上升了 2.4 分，其次是高等教育毛入学率，上升了 1.0 分，公共教育经费支出总额上升了 0.8 分。由此可见，科技经费增长率、公共教育经费支出占 GDP 比重是促使创新持续竞争力下降的主要因素。

由图 8 -4 可知，G20 国家创新持续竞争力得分呈阶梯状分布，各国差异不大，标准差为 10.6 分。2012 年，3 个国家的得分介于 50 ~60 分，3 个国家介于 40 ~50 分，8 个国家介于 30 ~40 分，4 个国家介于 20 ~30 分，1 个国家介于 10 ~20 分，没有国家低于 10 分。

创新持续竞争力得分较高的国家在发达国家和发展中国家基本各占一半，在第一方阵和第二方阵中，2012 年有 4 个发展中国家和 6 个发达国家，其中有 2 个发展中国家处于第一方阵，整体来说发达国家科技创新的可持续发展方面较好。虽然一些发展中国家的创新持续竞争力得分比较高，但仍有一部分发展中国家的创新持续竞争力得分较低，不过与发达国家的差距不大，中国排在第 3 位，阿根廷、沙特阿拉伯、土耳其分别排在第 5 位至第 7 位。个别发达国家的排位也比较靠后，如日本、意大利，它们排在第 18 位和第 15 位。

8.2　G20 国家创新持续竞争力排位变化分析

2012 年 G20 国家创新持续竞争力处于第一方阵（1 ~5 位）的依次为：美国、澳大利亚、中国、韩国、阿根廷；处于第二方阵（6 ~10 位）的依次为：沙特阿拉伯、土耳其、德国、法国、加拿大；处于第三方阵（11 ~15 位）的依次为：巴西、英国、墨西哥、印度、意大利；处于第四方阵（16 ~19 位）的依次为：南非、俄罗斯、日本、印度尼西亚。

2011 年 G20 国家创新持续竞争力处于第一方阵（1 ~5 位）的依次为：美国、澳大利亚、中国、韩国、阿根廷；处于第二方阵（6 ~10 位）的依次为：德国、英国、法国、印度、巴西；处于第三方阵（11 ~15 位）的依次为：土耳其、加拿大、南非、沙特阿拉伯、意大利；处于第四方阵（16 ~19 位）的依次为：俄罗斯、日本、墨西哥、印度尼西亚。

从图 8 -4 可以看出，2012 年与 2011 年相比，创新持续竞争力排位发生变化的国家比较多，共有 12 个国家的排位发生了变化，而且变化的幅度比较

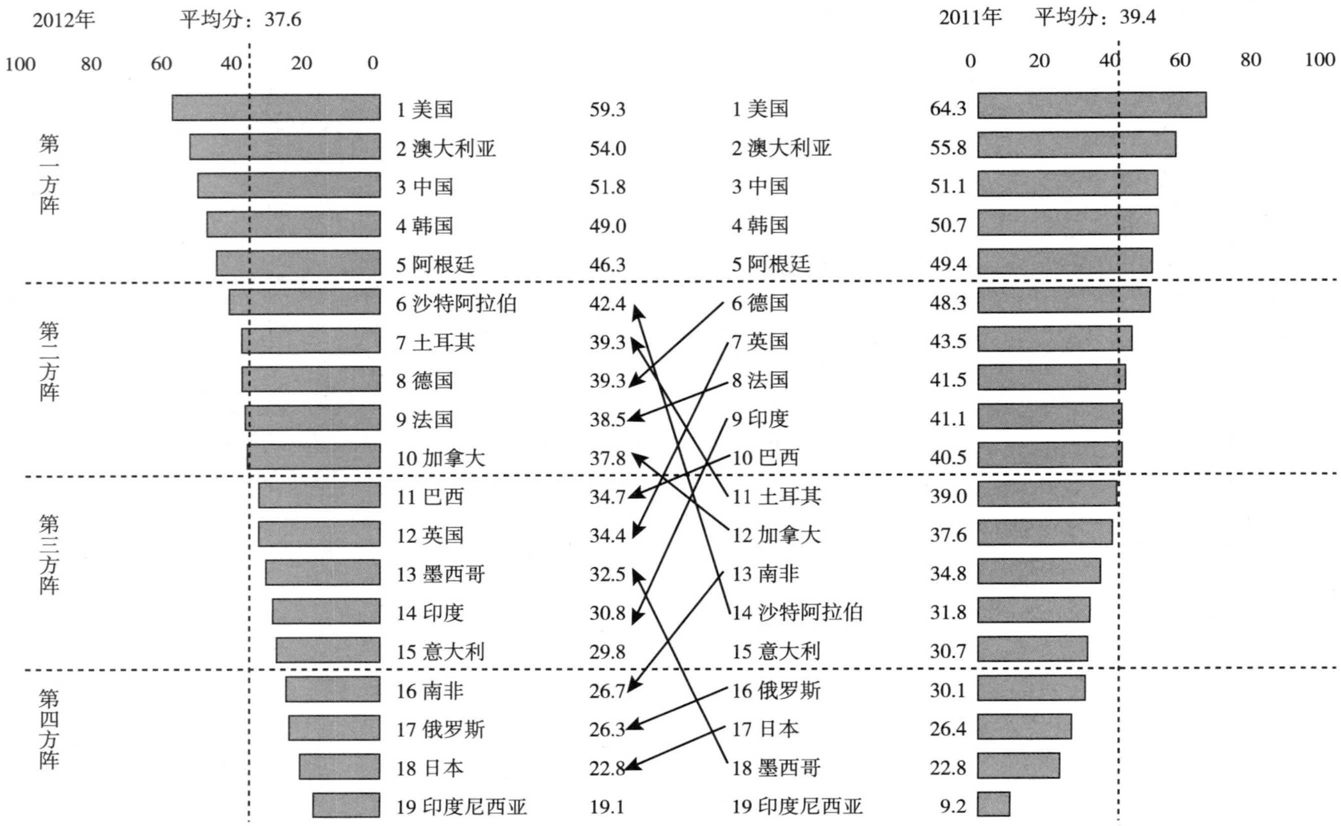

图 8－4　2012 年和 2011 年 G20 国家创新持续竞争力得分及排位情况

大。有 4 个国家的创新持续竞争力排位上升，上升幅度最大的是沙特阿拉伯，排位上升了 8 位，其次是墨西哥和土耳其，排位分别上升了 5 位和 4 位；排位下降的有 8 个国家，下降幅度最大的是英国和印度，排位均下降了 5 位，其次是南非，下降了 3 位，德国下降了 2 位，法国、巴西、俄罗斯、日本均下降了 1 位。此外，有 8 个国家发生了跨方阵变化，英国、印度和巴西由第二方阵下降到第三方阵，南非由第三方阵下降到第四方阵，而加拿大、土耳其、沙特阿拉伯由第三方阵上升到第二方阵，墨西哥由第四方阵上升到第三方阵。

作为二级指标的国家创新持续竞争力，它的变化是三级指标变化综合作用的结果，表 8 - 1 还列出了 7 个三级指标的变化情况。

从上述创新持续竞争力排位变化的国家来看，它们的排位变化主要是受到科技人员增长率、科技经费增长率、人均公共教育经费支出额、高等教育毛入学率排位变化的影响，在 G20 中，它们的排位变化次数分别为 19 次、16 次、13 次、9 次；公共教育经费支出总额、公共教育经费支出占 GDP 比重、高校科技工程毕业生比重的排位变化次数分别为 8 次、7 次和 7 次。因此，相对来说，科技人员增长率、科技经费增长率、人均公共教育经费支出额、高等教育毛入学率对创新持续竞争力排位变化的影响较大，各国创新持续竞争力的差异主要表现在这些指标上。

9　G20 国家创新竞争力的主要特征与变化趋势

G20 国家创新竞争力评价指标体系是由 1 个一级指标、5 个二级指标、37 个三级指标构成，包括创新基础竞争力、创新环境竞争力、创新投入竞争力、创新产出竞争力和创新持续竞争力等五个方面的内容，是一个综合性的评价体系。在该体系内部，各个部分之间是紧密联系、相互渗透、相互影响的，具有内在的独特性。因此，国家创新竞争力的评价结果综合反映了 G20 在创新基础、创新环境、创新投入、创新产出和创新持续等五个方面的综合竞争力和科技创新能力。同时，各国的创新竞争力又表现出一定的变化特征和发展规律，既有各个国家普遍存在的一般性规律，也有不同国家国情决定的特殊规律。

本报告通过对 2011 ~ 2012 年 G20 国家创新竞争力的综合评价，客观、全面地分析 G20 国家创新竞争力的发展水平、存在差距及其变化态势，深刻认识和把握这些规律和特征，认清国家创新竞争力变化的实质和内在特性，这对于研究和探寻提升国家创新竞争力的路径、方法和对策，指导各国有效提升国家创新竞争力，具有十分重要的借鉴意义。

9.1 国家创新竞争力是多种要素共同作用的结果，客观体现了各国的科技创新能力与发展水平

国家创新竞争力是一个内涵丰富的综合性概念，它将国家创新的诸多要素进行了系统集成，涵盖了创新基础、创新环境、创新投入、创新产出和创新持续等五个方面的内容。这五个方面的因素是影响国家创新竞争力的重要环节，它们以提高劳动生产率、降低资源消耗和生产成本、实现经济社会的可持续发展为目的，通过经济、行政等多种手段，综合反映和影响了国家创新竞争力。因此，可以说，国家创新竞争力是各种创新因素的综合反映和共同作用的结果，可以从国家创新竞争力评价指标体系的设置中看出这一特征，同时也可以从国家创新竞争力的评价结果看出这一特征。

表 9－1 列出了 2011～2012 年 G20 国家创新竞争力的排位及变化情况。由该表可以看出，2011～2012 年，各国创新竞争力（一级指标）的整体排位比较稳定，变化比较小，排位处于第一方阵的 5 个国家中，4 个国家都始终处于第一方阵，而且均是发达国家。第二方阵、第三方阵和第四方阵的变化情况也类似，大部分国家处于同一个区段，只有澳大利亚、英国、墨西哥和南非发生了跨区段变化。国家创新竞争力排位的稳定性一定程度上说明，一个国家的创新竞争优势是多种创新因素长期积累、综合作用的结果。

表 9－1　2011～2012 年 G20 国家创新竞争力排位变化情况

地区	2012	2011	区段
美国	1	1	第一方阵
日本	2	4	
德国	3	2	
韩国	4	3	
澳大利亚	5	6	

续表

地　区	2012	2011	区段
英　国	6	5	第二方阵
法　国	7	7	
中　国	8	9	
加拿大	9	8	
意大利	10	10	
俄罗斯	11	11	第三方阵
沙特阿拉伯	12	12	
土耳其	13	15	
巴西	14	13	
墨西哥	15	17	
南非	16	14	第四方阵
阿根廷	17	16	
印度	18	18	
印度尼西亚	19	19	

评价期内，国家创新竞争力的整体排位变化不大，没有一个国家的排位变化超过2位。相对于一级指标来说，二级指标的变化幅度比较大，如创新持续竞争力排位变化幅度最大的是沙特阿拉伯，排位上升了8位，英国和印度均下降了5位，墨西哥上升了5位。

从二级指标的排位变化来看，英国的创新基础竞争力排位上升了2位，创新环境竞争力和创新产出竞争力的排位保持不变，但是它的创新投入竞争力、创新持续竞争力的排位分别下降了1位和5位，使得整体的排位大大降低，最终使得国家创新竞争力下降了1位。再比如南非，它的创新基础竞争力、创新环境竞争力、创新投入竞争力和创新产出竞争力的排位都保持不变，但是它的创新持续竞争力排位下降了3位，最终使得整体的国家创新竞争力排位下降了2位。这说明，国家创新竞争力是五个二级指标共同作用的结果，各方面都要引起足够重视，一个二级指标的变化反映在一级指标上，可能变化不会太明显，但它的短板会拖累国家创新竞争力的下降，只有各个指标均有良好表现才能支撑整体的竞争优势。这也说明，对二级指标和三级指标的分析至关重要。因为如果只是分析一级指标，可能无法正确分析影响国家创新竞争力的内在因素和变化特征，其本质及变化很可能被表面所掩盖，加强对二级、三级指标的分析，才能更深入地分析国家创新竞争力的本质特征，发现其变化的真正原因。在今后的科技创新过程中，各国应该全面关注国家创新竞争力的各个影响要素，做到各方面统筹协调发展、共同推进，特别是那些下降幅度较大的指标更要引起注意，只有这样才能保证持续创造国家创新竞争优势。

如前文所述，发达国家的整体竞争力水平远高于发展中国家，前者的国家创新竞争力平均得分是后者的两倍多；9 个发达国家中，5 个发达国家完全占据了第一方阵，剩下的 4 个发达国家则全部进入第二方阵，这也是各种因素共同作用的结果。长期以来，发展中国家在创新基础、创新环境、创新投入等各方面都与发达国家存在比较大的差距，使得整体的国家创新竞争力比发达国家低很多。但目前发达国家的创新竞争力水平在以比发展中国家更快的速度下降，发展中国家与发达国家的差距在不断缩小，未来将可能有更多的发展中国家的创新竞争力水平开始赶超发达国家。

综上所述，国家创新竞争力的提升是长期积累的过程，是多种创新要素共同作用的结果，客观体现了各国真实的科技创新水平，G20 各国需要经过长期不懈的努力才能有效提升国家创新竞争力。只有这样，即使某些年份因为一些特殊因素的影响，综合排位暂时受到影响，在后来的年份中也会回归到正常的水平，保持原有的发展态势。目前，G20 中发达国家的整体创新竞争力水平远高于发展中国家，但这种差距在逐渐缩小。百舸争流，不进则退，每个国家都应不断努力，奋起直追，排位靠前的国家应该再接再厉，努力保持竞争优势，避免出现下滑趋势；排位靠后的国家更要采取有效措施改变现状，争取创造有利的竞争优势。

9.2 G20 整体的创新竞争力水平有所下降，但区域间差异仍然较大

2011 ~2012 年，G20 整体的国家创新竞争力水平有所下降，平均分从 33.8 分下降到 33.3 分。这说明 G20 国家创新竞争力的整体水平有一定程度的下降，需要引起各国的高度关注。

从国家创新竞争力的二级指标变化情况来看，国家创新竞争力整体水平下降主要是由创新持续竞争力的得分下降导致的，2011 ~2012 年，它的平均分

下降了1.8分，这说明各国在创新持续方面表现不理想。此外，创新产出竞争力、创新基础竞争力和创新投入竞争力的平均分也有不同程度的下降，使得G20整体的国家创新竞争力水平出现了一定程度的下滑。在这些指标的共同影响下，虽然创新环境竞争力的平均分上升了1.3分，但整体的国家创新竞争力平均分仍然下降了0.5分。

从G20中各国创新竞争力得分的升降来看，只有5个国家的得分上升，有13个国家的得分下降，得分上升的国家少于下降的国家，使得整体的国家创新竞争力得分呈现下降趋势。

G20国家创新竞争力变化的另一个特征是创新竞争力的区域间差异比较大。表9－2列出了G20中属于六大洲的国家的创新竞争力平均得分及处于第一、第二方阵的国家个数。

表9－2 六大洲中G20国家创新竞争力的平均得分及处于第一、第二方阵的国家个数及比重

地区＼指标	平均得分		第一方阵国家个数及比重		第二方阵国家个数及比重	
	2012	2011	2012	2011	2012	2011
北美洲(3个国家)	45.5	45.6	1(33.3%)	1(33.3%)	1(33.3%)	1(33.3%)
南美洲(2个国家)	20.1	21.0	0(0.0%)	0(0.0%)	0(0.0%)	0(0.0%)
欧洲(6个国家)	35.0	36.1	1(16.7%)	2(33.3%)	3(50.0%)	2(33.3%)
亚洲(6个国家)	30.4	30.4	2(33.3%)	2(33.3%)	1(16.7%)	1(16.7%)
非洲(1个国家)	20.2	21.4	0(0.0%)	0(0.0%)	0(0.0%)	0(0.0%)
大洋洲(1个国家)	44.1	44.4	1(100.0%)	0(0.0%)	0(0.0%)	1(100.0%)

注：括号内数值为处于第一方阵或第二方阵的国家数量占各洲G20国家总数的比重。

从得分来看，属于北美洲、南美洲、欧洲、亚洲、非洲、大洋洲六大区域的G20国家中，2012年，北美洲的国家创新竞争力得分最高，南美洲最低，两者得分相差25.4分，前者是后者的2.3倍。如前文所述，G20国家创新竞争力得分的标准差为14.9分，表明各国的差异仍然比较大。

从处于第一、第二方阵的国家个数来看，2012年，由于亚洲的国家数量较多，处于第一方阵的国家数量达到2个，并且有1个国家处于第二方阵，而欧洲国家的数量也比较多，有 1 个国家处于第一方阵，3 个国家处于第二方阵。但如果从占各洲 G20 国家总数的比例来看，第一方阵中，大洋洲的比重最高，达到 100%，当然这与大洋洲只有澳大利亚一个国家参与评价有关；此外，北美洲和亚洲的比重都很高，均达到 33.3%，欧洲则为 16.7%，南美洲、非洲的比重都为 0；第二方阵中，欧洲的比重最高，其次为北美洲和亚洲，南美洲、非洲、大洋洲均为 0。

9.3 创新投入竞争力是影响国家创新竞争力提升的关键要素

表 9-3 列出了 2011 年和 2012 年 G20 国家创新竞争力得分与 5 个二级指标竞争力得分的相关系数情况。

表 9-3 创新竞争力得分与各要素相关系数

年份	创新基础竞争力	创新环境竞争力	创新投入竞争力	创新产出竞争力	创新持续竞争力
2011	0.910	0.797	0.962	0.852	0.674
2012	0.916	0.795	0.953	0.860	0.604

从表 9-3 来看，与国家创新竞争力得分相关系数最大的二级指标是创新投入竞争力，其次为创新基础竞争力，相关系数都超过 0.9，远高于其他 3 个二级指标。而且从两年的情况来看，各个指标的相关系数变化不大，相对比较稳定。这说明创新投入竞争力是国家创新竞争力最重要的因素，也是影响国家创新竞争力的关键要素，也就是说，G20 各国在今后的科技创新实践中，要进一步加大科技投入，加大研发人才的培养力度，加大研发经费投入规模和增长速度，提高创新投入竞争力是提升创新竞争力水平的主要驱动力。

图 9-1 和图 9-2 分别显示了 2011 年和 2012 年 G20 国家创新竞争力和创新投入竞争力的得分关系。可以看出，创新投入竞争力和创新竞争力得分表现出很强的正相关性，两者得分散点图接近直线。创新投入竞争力得分高的国家，国家创新竞争力的得分也比较高，可以很直观地看出 G20 国家被分为 3 类，第一类是美国，创新投入竞争力和国家创新竞争力的得分都非常高，而且远高于其他国家；第二类是日本、德国等发达国家和中国，它们的创新投入竞争力得分在 40~60 分，处于中等水平，远高于发展中国家，但是又远低于美

国，它们的国家创新竞争力得分在40～50分，也是处于中等水平；第三类是俄罗斯、巴西和其他发展中国家，它们的创新投入竞争力得分比较低，它们的国家创新竞争力得分也比较低。这也说明创新投入竞争力是影响国家创新竞争力的关键要素。

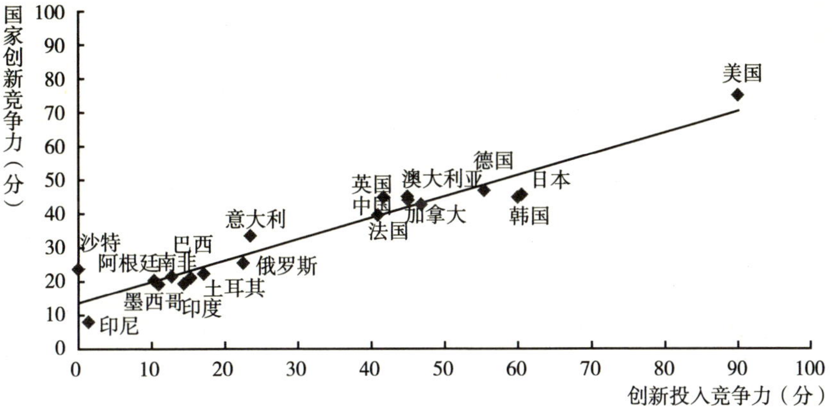

图9－1　2011年创新投入竞争力和创新竞争力得分关系图

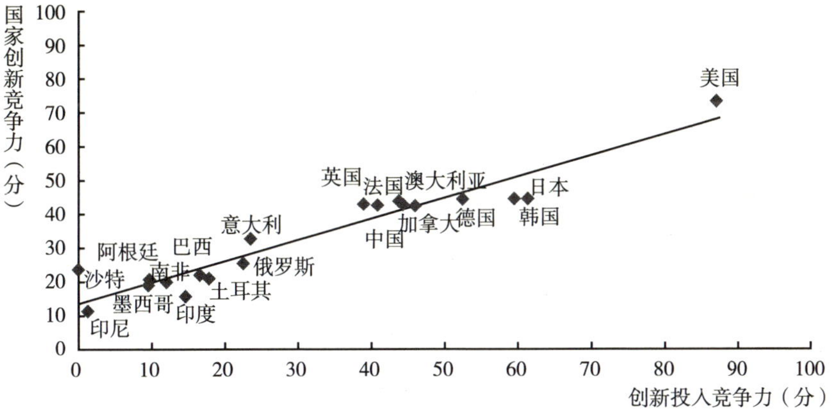

图9－2　2012年创新投入竞争力和创新竞争力得分关系图

9.4　经济实力是国家创新竞争力的重要基础，但不是最直接的影响因素

由于各国处于不同的发展阶段，经济社会发展水平差异很大，国家创新竞

争力同样表现出巨大差异，经济发展水平和创新竞争力密切相关。

图 9 -3 反映了 2012 年 G20 国家创新竞争力和 GDP 的关系，图 9 -4 反映了 2012 年 G20 国家创新竞争力和人均 GDP 的关系。

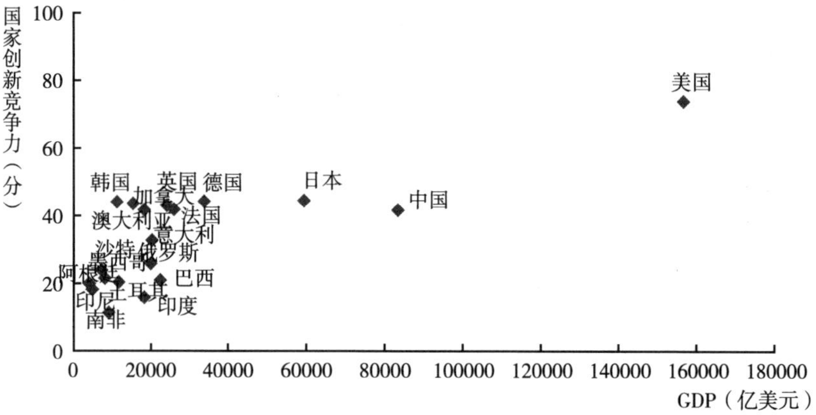

图 9 -3　2012 年国家创新竞争力与 GDP 的关系

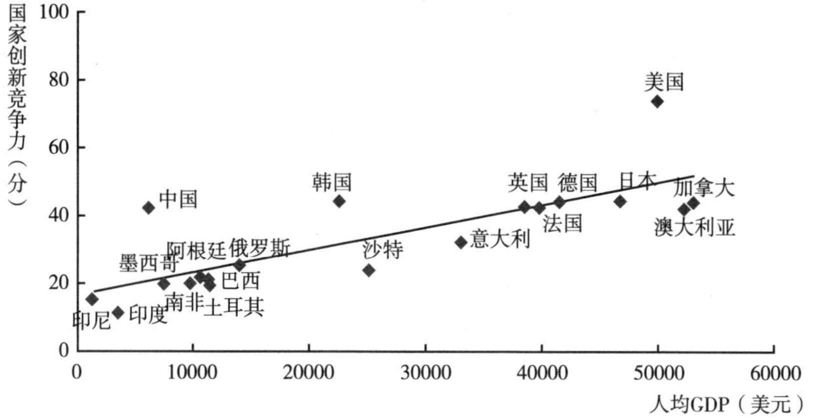

图 9 -4　2012 年国家创新竞争力与人均 GDP 的关系

图 9 -3 说明，经济规模（GDP）和国家创新竞争力存在一定的趋势关系，GDP 总量越大的国家，其国家创新竞争力得分越高，说明经济实力是国家创新竞争力的重要基础。其中，美国可谓一枝独秀，其 GDP 和国家创新竞争力得分均远远高于其他国家。但也有部分国家的情况与这一趋势不相符，如中国的 GDP 排在第二位，但中国的国家创新竞争力比日本、德国、法国、韩国等 GDP

较小的国家更低。相反，韩国、加拿大等国家的 GDP 虽然比较小，但它们的国家创新竞争力却比较强，高于其他很多 GDP 更大的国家，如俄罗斯、巴西。

图 9 –4 更清楚地说明了国家创新竞争力和经济发展水平的关系。从该图可知，国家创新竞争力与人均 GDP 存在显著的线性关系，人均 GDP 越高，经济发展水平越高，国家创新竞争力得分越高。该图还自然地把 G20 国家分成了两个群体，一个是美国、日本等 8 个发达国家，人均 GDP 都超过 3 万美元，国家创新竞争力得分都比较高；另一个是亚洲、南美洲等 10 个发展中国家和韩国，除了韩国和沙特以外，人均 GDP 都低于 15000 美元，国家创新竞争力得分普遍比较低。

9. 5　国家创新竞争力的提升需要不断优化指标结构，巩固强优势指标，减少劣势指标

表 9 –4 列出了 2012 年 G20 国家创新竞争力三级指标的优劣度结构，以反映国家创新竞争力指标优劣度及其结构对国家创新竞争力排位的影响。表 9 –5 列出了 2012 年 G20 国家创新竞争力三级指标的排位变化及结构，以反映国家创新竞争力指标排位波动及其结构对国家创新竞争力排位的影响。

从表 9 –4 可以看出，第一方阵中各国的强势和优势指标所占比重普遍比较高，美国的比重达到 94.6%，德国达到 89.2%，第一方阵的平均比重为 80.6%；第二方阵中英国的比重很高，达到 83.8%，法国的比重也较高，达到 81.1%，第二方阵的平均比重为 71.4%；第三方阵国家的强势和优势指标所占比重比较低，均低于 50%，最高的为 45.9%，最低的仅为 27.0%，平均比重为 31.9%；第四方阵国家的强势和优势指标所占比重非常低，均低于 25%，平均比重仅为 20.9%。

一般来说，拥有较高比重的强势和优势指标的国家，其国家创新竞争力将处于更高的竞争优势地位，如美国。当然，也存在某些特殊情况，如中国，它的强势和优势指标所占比重为 59.5%，但它的劣势指标比重同样也很高，达 21.6%，远远高于发达国家，这极大拉低了它的综合排位。因此，除了看强势和优势指标所占比重外，还需要综合考虑劣势指标所占比重。在今后的发展实践中，各国应该有针对性地采取有效措施，继续巩固强势指标，积极扶持中势

表 9-4　2012 年 G20 国家创新竞争力三级指标优劣度结构

地区＼项目	强势指标个数及比重	优势指标个数及比重	中势指标个数及比重	劣势指标个数及比重	强势和优势指标总数及比重	综合排位	所属方阵
美国	24	11	2	0	35	1	第一方阵
	64.9%	29.7%	5.4%	0.0%	94.6%		
日本	19	7	7	4	26	2	
	51.4%	18.9%	18.9%	10.8%	70.3%		
德国	20	13	4	0	33	3	
	54.1%	35.1%	10.8%	0.0%	89.2%		
韩国	17	12	6	2	29	4	
	45.9%	32.4%	16.2%	5.4%	78.4%		
澳大利亚	14	12	11	0	26	5	
	37.8%	32.4%	29.7%	0.0%	70.3%		
英国	13	18	4	2	31	6	第二方阵
	35.1%	48.6%	10.8%	5.4%	83.8%		
法国	14	16	5	2	30	7	
	37.8%	43.2%	13.5%	5.4%	81.1%		
中国	17	5	7	8	22	8	
	45.9%	13.5%	18.9%	21.6%	59.5%		
加拿大	10	18	7	2	28	9	
	27.0%	48.6%	18.9%	5.4%	75.7%		
意大利	6	15	13	3	21	10	
	16.2%	40.5%	35.1%	8.1%	56.8%		
俄罗斯	5	12	16	4	17	11	第三方阵
	13.5%	32.4%	43.2%	10.8%	45.9%		
沙特阿拉伯	5	4	10	18	9	12	
	13.5%	10.8%	27.0%	48.6%	24.3%		
土耳其	2	9	17	9	11	13	
	5.4%	24.3%	45.9%	24.3%	29.7%		
巴西	2	10	17	8	12	14	
	5.4%	27.0%	45.9%	21.6%	32.4%		
墨西哥	3	7	16	11	10	15	
	8.1%	18.9%	43.2%	29.7%	27.0%		
南非	5	4	9	19	9	16	第四方阵
	13.5%	10.8%	24.3%	51.4%	24.3%		
阿根廷	4	2	13	18	6	17	
	10.8%	5.4%	35.1%	48.6%	16.2%		
印度	3	9	11	14	12	18	
	8.1%	24.3%	29.7%	37.8%	32.4%		
印度尼西亚	2	2	9	24	4	19	
	5.4%	5.4%	24.3%	64.9%	10.8%		

表 9－5　2012 年 G20 国家创新竞争力三级指标排位变化趋势结构

项目／地区	上升指标个数	保持指标个数	下降指标个数	变化趋势	综合排位	综合排位变化	所属方阵
美国	6	26	5	保持	1	0	第一方阵
	16.2%	70.3%	13.5%				
日本	8	25	4	上升	2	2	
	21.6%	67.6%	10.8%				
德国	4	24	9	下降	3	－1	
	10.8%	64.9%	24.3%				
韩国	5	22	10	下降	4	－1	
	13.5%	59.5%	27.0%				
澳大利亚	8	21	8	上升	5	1	
	21.6%	56.8%	21.6%				
英国	8	22	7	下降	6	－1	第二方阵
	21.6%	59.5%	18.9%				
法国	7	25	5	保持	7	0	
	18.9%	67.6%	13.5%				
中国	7	28	2	上升	8	1	
	18.9%	75.7%	5.4%				
加拿大	7	25	5	下降	9	－1	
	18.9%	67.6%	13.5%				
意大利	5	20	12	保持	10	0	
	13.5%	54.1%	32.4%				
俄罗斯	11	20	6	保持	11	0	第三方阵
	29.7%	54.1%	16.2%				
沙特阿拉伯	3	30	4	保持	12	0	
	8.1%	81.1%	10.8%				
土耳其	14	17	6	上升	13	2	
	37.8%	45.9%	16.2%				
巴西	4	20	13	下降	14	－1	
	10.8%	54.1%	35.1%				
墨西哥	8	24	5	上升	15	2	
	21.6%	64.9%	13.5%				
南非	8	25	4	下降	16	－2	第四方阵
	21.6%	67.6%	10.8%				
阿根廷	4	23	10	下降	17	－1	
	10.8%	62.2%	27.0%				
印度	5	22	10	保持	18	0	
	13.5%	59.5%	27.0%				
印度尼西亚	7	25	5	保持	19	0	
	18.9%	67.6%	13.5%				

指标向优势指标转变、优势指标向强势指标转变，努力减少劣势指标，不断优化指标组成结构，只有这样，才能巩固和提升国家创新竞争力，持续保持国家创新竞争力的优势地位。

同样，从表 9 – 5 可以看出，一般来说，上升指标比重大于下降指标比重的国家，其国家创新竞争力将处于上升趋势，反之则处于下降趋势，如日本、德国、韩国等。当然，也存在特殊情况，如英国、法国、意大利，尤其是意大利，它的上升指标所占比重仅为 13.5%，下降指标比重为 32.4%，两者相差 18.9 个百分点，但由于它排位保持不变的指标数量也比较多，达到 54.1%，使它仍能保持在第 10 位。总体来看，上升指标比重较大的国家，其国家创新竞争力排位将上升，但需要根据具体情况来进行分析，如还需要考虑指标排位上升或下降的幅度，这样才能更好地分析国家创新竞争力排位的升降。在今后的发展过程中，各国应该努力增加上升指标的个数，减少下降指标的个数，只有这样，才能促进国家创新竞争力整体水平的有效提升。

10　提升 G20 国家创新竞争力的基本路径与发展对策

10.1　提升 G20 国家创新竞争力的基本路径

当前，全球经济发展形势依然十分严峻，尽管全球经济处于不断复苏中，但从现有的经济增长状况来看，仍然表现十分疲软，特别是新兴的经济体，在经历了周期发展的高点后，90% 的经济增速都表现出不同程度的下降。如何通过创新，延续经济发展的动力成为各个国家和地区的重大挑战，这也驱动着各个国家和地区把创新作为未来占领世界发展制高点的必然路径，综合国力的竞争越来越表现为创新竞争力的较量，创新竞争力已成为支撑和引领经济发展和人类文明进步的主要动力。当今世界，谁掌握了先进科学技术，谁累积的创新竞争力越强，谁就掌握了经济社会发展的主动权。提升 G20 国家创新竞争力应该沿着高端性与特色性、综合性与全面性、自主性与合作性、持续性与协调性、引导性与市场性等的发展路径。

10.1.1　路径之一——高端性与特色性，凝聚创新竞争力的核心优势

G20 内部发达国家与新兴工业化国家为了把握未来世界主导权和话语权，

都不约而同地加快了创新的步伐，创新无疑是未来国家竞争的主要筹码。G20 集聚了世界创新最前沿的领域和最尖端的技术，力图通过率先突破高端技术，构建起特色化的创新模式和体系，成为全球创新的引领者，凝聚起创新竞争力的核心优势。G20 拥有丰富的智力资源和较扎实的科学技术基础，可以大幅增加研发投入，强化核心关键技术的研发部署，竞相争夺科技创新人才，抢占战略性新兴产业发展的先机和主动权。在广泛吸收国外先进科学技术成果的基础上，在具有相对优势的关键技术领域取得更大的突破，实现生产技术和社会生产力的跨越式发展。今后 5 ~ 10 年，G20 应把好世界科技发展前沿的脉搏，通过科技资源的系统整合与优化配置，强化战略性高技术领域的创新能力和产业化能力。例如：在信息技术领域，大力发展新型操作系统、相应软件平台和嵌入式 CPU 芯片，迅速提高各国信息产业的核心竞争力；在生物技术领域，充分优化生物物种资源配置，重点开展功能基因组、生物信息学以及生物工程医药、生物遗传育种等方面的研究与开发，力争在国际生物技术前沿和生物医药产业领域占据一席之地；在现代交通领域，加快整车系统技术成果的产业化和规模示范，加快推动新能源汽车的研发推广。

10.1.2 路径之二——综合性与全面性，提升创新竞争力的整体合力

在世界经济发展瞬息万变的今天，创新早已不仅局限于技术层面的创新，而是涵盖了技术、管理、制度、模式等方方面面的综合性创新，其中，技术创新是主体，其他层面的创新是技术创新的支撑和保障，管理、制度、模式等层面的创新会极大释放技术创新的空间，提升技术创新的效率，它们共同形成了庞大的国家创新体系。未来，G20 应进一步开拓国际创新竞争的视野，在加快技术创新步伐的同时也要注重管理的创新和制度安排的创新，以形成创新竞争力的整体合力，夯实创新竞争力的主体地位和发展后劲。充分发挥市场配置资源的基础性作用，以建立企业主导技术研发创新的体制机制为重点，深化科技体制改革。提高科技发展的国际化程度，在更加开放的环境下推进自主创新、协同创新。以制度创新作为技术创新的支撑和保证，加快建立适应市场经济要求和世界科技创新发展规律的新体制和新机制，消除国家创新竞争力提升的制度障碍，进一步解决科技与经济脱节问题，优化技术创新资源配置，提升国家技术创新竞争力。深化和健全国家创新体系是攀登科技发展制高点的重大战略

举措。它是由与知识创新和技术创新相关的机构和组织构成的网络系统。G20应促进各类科研机构之间的相互分工、衔接与联动，推动产学研紧密结合，实现各类创新的有机统一，从而形成更加坚实的创新合力。

10.1.3 路径之三——自主性与合作性，加快创新竞争力的提升步伐

G20 是世界创新竞争中最为活跃的主体，在全球一体化的推动下，各个国家之间的创新联系愈加紧密，既要保持创新的独立性，掌握核心技术和优势，进入创新竞争力的前列，又要加强创新合作，实现创新竞争力的协同提升。因此各国应把自主创新与合作创新结合在一起。注重自主创新要瞄准世界科技发展前沿，前瞻性地部署基础研究和前沿技术研究，鼓励自由探索，持续增加科技积累，进一步提升国家自主创新能力。把自主创新作为调整优化本国产业结构、转变发展方式的中心环节，以自主创新提升产业技术水平。切实做到自主创新与技术引进的有效结合，科学选择技术创新模式，着力解决关系国家未来发展的重大科学问题和关键技术问题，把技术引进作为提升自主创新能力的重要手段，突出技术引进基础上的消化吸收再创新和集成创新。同时要加强各个国家的创新合作，可以通过建立“创新型联盟”，共同投资教育、研发、创新和通信技术，创新资源和知识可以在联盟内部自由流动，集中优势资源共同攻克能源安全、交通、气候变化、资源利用效率等关键领域的重大社会挑战，共同推动创新的市场应用。促进各国创新资源的加速流动，实施国际重大科技项目协同攻关，有力促进科技资源整合共享，提高国家科技持续创新能力。

10.1.4 路径之四——协调性与持续性，增强创新竞争力的发展后劲

创新竞争力的提升是一个持续的过程，这一过程需要源源不断的要素注入，包括创新基础的夯实，创新投入的增加，创新要素的集聚等。而诸多的要素中最为关键的是人才要素，创新竞争力提升的关键就在于能否持续不断地提供创新的智力资源，必须有一大批能够掌握和驾驭新技术，具有一流水平的科学家和工程技术专家。要特别注意加快培养一代专业技术人才的同时，培养和造就懂经营、会管理、熟悉高新技术的复合型人才。对 G20 而言，目前最紧迫的是通过不断改善“人才环境”，发挥现有人才的作用。构筑技术人才高地，就要建立吸引人才和培育人才的激励机制，鼓励更多更优秀的人才从事技术创新工作。必须有一个科学的创新人才培育体系，其中良好的人才成长氛围

是必不可少的。可以说，面向21世纪的世界科技发展战略，只有立足培养创新型人才战略，才能占据世界科学之巅，实现经济和社会的全面发展。要夯实创新竞争力的发展后劲还要注重其同经济社会发展其他方面的协调性，必须建立有限度的发展战略，即不仅考虑人类自己想要如何发展，还要以地球的资源和环境的总体承载能力为限度，严格控制技术的发明和使用。新技术的发明要考虑到其对社会可持续发展的影响及程度，技术成果的应用，也要考虑到生态环境的承受能力，坚持技术效益、经济效益、生态效益和社会效益的统一。

10.1.5 路径之五——引导性与市场性，释放创新竞争力的提升空间

随着世界创新竞争愈来愈激烈，创新突破的速度越来越快，创新对思维的调整和活力的注入的要求也越来越高，这就使得各个国家和地区要尽快适应国际市场创新的节奏，给予创新更大的空间和动力。把市场作为提升国家创新竞争力的基本出发点和落脚点，发挥企业在产业技术创新活动中的主体作用，使企业真正成为产业技术创新的决策主体、投资主体、研发主体和受益主体，改变主体错位的局面，提高产业技术创新资源的市场配置能力，促进产业技术能力的提升，显著提升国家创新竞争力。在强调市场作用的同时也要进一步规范政府的引导性，紧紧抓住新一轮科技革命的战略机遇，坚定不移地把增强国家创新能力作为各国科技发展的战略基点，进一步强化政府的引导和协调力度，推进科技创新与绿色发展、协调发展、和谐发展和包容发展紧密结合，推动经济社会发展尽快走上创新驱动、内生增长的轨道。只有妥善地处理好政府与市场的关系，合理安排政府的权限空间，释放市场的活力，才能给创新竞争力提升更大的空间。

10.2 提升 G20 国家创新竞争力的对策建议

在全球范围内，创新驱动已成为大势所趋。新一轮科技革命和产业变革正在孕育兴起，一些重要科学问题和关键核心技术已经呈现出革命性突破的先兆，关键技术的突破一触即发。即将出现的新一轮科技革命和产业变革与全球发展方式的转变形成历史性交汇，为各个国家和地区创新驱动战略的实施和创新竞争力的提升提供了难得的历史性机遇。世界科技发展的实践告诉我们：一个国家只有拥有强大的创新能力，才能在激烈的国际竞争中把握先机、赢得主

动。而提升国家创新竞争力，需要深化战略对策研究，可以沿着两条思路展开，一条是统筹国际、国家、产业、企业四个层面开展建设的纵向思路，一条是连接创新动力、创新链整合、创新的持续性三大环节协同推进的横向思路。

10.2.1　提升 G20 国家创新竞争力的纵向思路

（1）国际层面：以开放的姿态开展国际创新联合攻关，加速推进关键领域创新突破。

G20 集中了全球大部分的创新资源，也是创新最为活跃的集中地，各个国家和地区应加强创新交流与合作，加快推动创新资源的流动和整合，集中优势创新资源开展关键技术的联合攻关，快速突破创新的瓶颈和约束，协同提升创新竞争力水平。只有以全球视野搭建合作创新平台，营造更加开放的创新环境，充分吸引全球创新资源，才能使创新活动更加适应国际创新发展的趋势。当前，气候变化、能源、环境、粮食安全、重大疾病防控等全球性问题正考验着各个国家和地区的创新能力，亟待通过国际科技合作研究来共同解决制约世界经济增长的瓶颈难题。应积极推动科研创新活动的国际化，鼓励本国或本地区的研发机构与世界一流研发机构建立稳定的合作伙伴关系，积极推动建立国际科技合作基地、区域科技合作中心和合作示范园区。坚持将“走出去”与“引进来”有机结合在一起，一方面鼓励本国或本地区企业或研发机构到境外设立研发机构，另一方面努力创造条件积极吸引世界一流科学家支持本国或本地区的创新攻关。积极参与国际科技组织和区域组织的多边科技合作和重大科研项目，不断提高国际创新地位和创新标准制定的话语权。巩固和深化政府间科技合作，拓展合作领域，形成层次合理、重点突出的科技合作新格局，并在更加灵活完善的合作机制下开展关键创新领域的联合攻关。

（2）国家层面：实施创新驱动发展战略，构筑更加完善的国家创新体系。

G20 内部，不论是发达国家还是新兴工业化国家，都在谋求驱动新一轮经济增长的动力。从国际上看，新一轮技术革命和工业革命正在深化，实体经济的战略意义再次凸显，发达国家欲重塑实体经济的竞争优势，而新兴工业化国家欲顺利实现发展要素的替代。创新战略成为各国不约而同的选择，几乎所有的国家都出台了创新计划，对未来的创新战略实施进行科学的部署。实施创新驱动发展战略，要加快建设国家创新体系。国家创新体系包含了技术创新体系、知识创新体系、国防创新体系、区域创新体系和中介服务体系，涵盖了企业、高校、研发机构、政府、资本、中介等不同的主体，以促进知识和创新的生产、传播和应用，最终实现国家创新能力和综合实力的提升。因此，在国家层面促进企业、高校、研发机构、政府、资本、中介的合作，实现各部门的协同创新尤为重要。首先，进一步确定企业在创新体系中的主体地位以及高等院校和科研机构的重要辅助地位，高校、科研机构、企业要在基础研究、应用研究、试验发展方面发挥各自的创新优势，提高知识创新以及将知识创新转化为实际生产力的能力，加快培育一大批拥有核心技术和自主知识产权、具有知名品牌和持续创新能力的创新型企业。其次，改进创新评价体系，提升创新产出质量，既要增加科技论文、人均专利受理和授权数量，还要考察知识创新的应用、开发程度以及投入产出效益比。再次，发挥政府部门的组织和协调作用，推动各个主体的协同合作，构建体制机制运转灵活，创新效率高，创新活力充沛的国家创新体系。

（3）产业层面：促进产业链、创新链、资金链之间的“三链协同”，有效释放创新潜力。

产业是实体经济发展的主要内容，产业也是创新成果运用的关键领域，随着创新与产业发展关系的愈加紧密融合，创新在社会经济中的地位也逐渐由服务、支撑产业经济发展向提供源头供给和发展动力转变，但是 G20 中有不少国家和地区科技与经济联系不紧密，成为制约产业领域实施创新驱动的重要障碍，而创新活动的复杂性和风险性也愈加要求有充分的资金保障创新各环节的有效连接。因此，促进产业链、创新链、资金链之间的有效协同，是加强科技创新与经济发展紧密联系的重要手段。要围绕产业链来安排创新链，通过产业链的衔接实现创新的连续性，使创新成果相互衔接，服务于产业链的整体创新，实现产业链与创新链的有效融合，同时要依托产业链来整合创新资源，实现技术的群体突破，提升产业链的整体创新能力。各个国家和地区既要注重基础研究，也要注重应用研究，并将两者有机结合起来，不断探索科技成果转化的方法和途径。要构建科技成果产业化运用的有效途径和机制，加快国家创新体系建设，积极促进产学研的有机结合，完善创新服务体系，充分调动各类中介机构的积极性，构建科技成果产业化的顺畅途径。创新具有风险性和不确定性，提高创新资金的投入效率显得至关重要，因此需要在产业链、创新链的不同环节上精准合理地投入创新资金，进一步完善金融政策，综合运用多种金融手段为产业链和创新链的完善提供保障服务。只有实现“三链协同”，才能切实释放创新潜力，推动各国和地区产业创新能力的不断提升。

（4）企业层面：夯实企业的创新主体地位，不断增强企业的创新活力和后劲。

毋庸置疑，企业已经成为一个国家和地区创新的主体，也是提升创新竞争力的主体。面对世界科技发展的新趋势和新要求，如何进一步增强企业的创新能力，夯实企业的创新主体地位，成为 G20 亟待解决的关键问题。对于企业而言，首先要树立自主创新的发展理念，从企业自身情况出发，制定企业发展的阶段目标和战略规划，为企业未来发展预留创新空间；其次要处理好自主创新与技术利用、技术转化之间的关系，既要加大对企业自身创新活动的投入力度以及创新人才的培育力度，掌握产品生产的关键技术，利用企业自身创新能力建立并培育自主品牌，又要积极学习先进的生产技术、经营理念、管理制度，提升企业生产创新能力和管理创新能力；再次，要加大政府扶持的力度。政府应支持企业加强研发中心建设，承担国家和地区重大科技项目。引导科研机构、高等院校的科研力量为企业研发中心服务，更好地实现产学研有机结合，提高科技成果转化和产业化水平。同时，政府还应为企业的创新营造更加成熟、开放、公平竞争的市场环境，健全法律法规等政策环境，政府产业发展政策和市场竞争政策的制定、知识创新和生产力转换平台的建设以及中介服务机构的建设也为企业自主创新主体地位的确立提供了制度保障；最后，还要注重企业创新人才的培育和引进，利用灵活的薪酬制度吸引创新人才，并利用宽松奋进的企业文化留住创新人才，充分发挥创新人才的主动性和创造力。通过人才培养、课题合作、技术交流等方式加强与高校、研究机构的交流与合作，掌握技术前沿，提升企业创新力。

10.2.2　提升 G20 国家创新竞争力的横向思路

就创新本身而言，创新竞争力的提升需要有创新要素的不断注入和更新，需要有创新动力的不断累积和驱动，需要有创新成果的不断产出和沉淀，也需要有创新发展的不断更替和延续。提升 G20 国家创新竞争力还应立足创新本身，在创新动力、创新链、创新持续性等环节上有效衔接，在不断涌现的创新浪潮中力挽狂澜，独占鳌头。

（1）创新动力环节：改革体制机制，加大创新驱动发展力度。

思科 CEO 钱伯斯有一句名言：在互联网经济下，大公司不一定打败小公司，但是快的一定会打败慢的。这就是“快鱼吃慢鱼”的原理。快就快在创新有招，慢就慢在创新乏术。全球范围内的竞争速度也在不断加快，创新会成为国际竞争的加速度，创新竞争也自然成为其他方面竞争的先行者。创新动力是创新竞争力提升的源头，通过改革破除束缚创新的各种羁绊，给创新以更大的自由空间，实现创新的快速推进。G20 要提升创新竞争力必须先要从深化改革找动力，合理安排各项制度，建立起更加灵活的体制机制，特别是政府层面应该在创新中合理安排角色，从参与者向引导者转变，除了简政放权外，还要推出好的政策来帮助企业成长。除了科技体制的改革外，还应在教育、医疗等领域进行全面的改革，激发全社会创新的积极性。在 G20 之间建立起公平透明的竞争机制，激发创业者的激情，从而进一步加大创新驱动发展的力度。只有建立起良好的创新体制机制，给予创新更大的能动性，才能在推进经济结构战略性调整、加快形成新的发展方式上不断实现新突破，才能抢占国际市场制高点，赢得发展主动权，才能在激烈的创新竞争中获取源源不断的动力。

（2）创新链环节：畅通创新链的各个环节，实现创新资源的高效利用和利益共享。

创新链是整个创新过程中最为核心的主体部分，也是提升国家创新竞争力的实体表现。创新链衔接不畅会极大地影响创新的效率。一般而言，创新链条包括五个环节，即基础研究环节、应用研究环节、中间试验环节、商品化环节和规模化环节，这五个环节相互环扣，紧密联系，任何一个环节的缺失或不畅都会影响到整个创新链的传导。当前，G20 创新链存在的主要问题是中间环节较为薄弱，割裂研发与应用的联系，导致大量研究部门的研发成果无法产业化而实现创新。因此，G20 要积极推动创新链的畅通，重点解决在重大关键创新链中的瓶颈约束，依托创新链实现科研与产业创新之间的良性互动和正反馈效应。在五个环节中，其中应用研究、中间试验和商品化三个环节是创新转化的关键环节，需要科研机构和企业之间的密切配合，科研机构要根据企业的需求执行研发任务，而企业要及时将科研成果运用于生产，把科学研究的成果转化为市场整合技术、人才、资金等创新要素的活动，是极为关键的，直接关系到创新的效率。

（3）创新持续环节：着眼于创新的动态性和长远性，不断赢取创新的更高目标。

国家创新竞争力的提升不是暂时的，也不是马上就可以实现的，而是一个创新动力不断累积，创新内容不断丰富的过程。创新竞争力的提升也不是一个短期的目标，创新是驱动经济发展的不竭动力，是任何一个时代都必须要把握和积极推动的，而且任何一项重大的创新都会引起创新群和一系列连续的创新，波及经济社会发展的多个层面。只有持续创新才能使经济发展永葆活力，才能永远矗立于国际竞争地位的前列。因此，持续推动创新，使创新竞争力提升获得持续的动力是 G20 共同的目标。要实现持续的创新首先要不断积累和更新创新的要素，特别要注重创新人才的引进和培养，积极发挥人才的创新能动性，不断提升人才的创新能力；其次要重视自主创新能力的培育，通过增加研发投入，改革创新体制机制，加大政府扶持力度等方式着力掌握一些关键和核心技术，逐步摆脱其他国家或地区的创新约束，真正成为创新的主体，持续获得创新的动力；再次要协调好创新与环境可持续发展之间的关系，任何创新活动都要在环境可承载的基础上开展，技术的运用和推广不能破坏生态环境，真正实现环境发展的持续性和创新的持续性协同推进。

YⅡ 分报告

Sub Reports

Y.2

第1章 阿根廷国家创新竞争力评价分析报告

阿根廷位于南美洲南部，与智利、玻利维亚、巴拉圭、巴西等国接壤，东南面向大西洋。国土面积约277万平方公里，海岸线长4989公里。2012年全国年末总人口为4109万人，实现国内生产总值4705亿美元。本部分通过对阿根廷2011~2012年国家创新竞争力以及创新竞争力中各要素在G20中的排名变化分析，从中找出阿根廷国家创新竞争力的推动点及影响因素。

1.1 阿根廷国家创新竞争力总体评价分析

2011~2012年，阿根廷的国家创新竞争力排名略有下降。其中，2011年阿根廷国家创新竞争力在G20中排名第16位，到了2012年，排名第17位，排位下降了1位。

1.1.1　阿根廷国家创新竞争力概要分析

阿根廷国家创新竞争力在 G20 中所处的位置及 5 个二级指标的得分和排位变化如图 1－1、图 1－2 和表 1－1 所示。

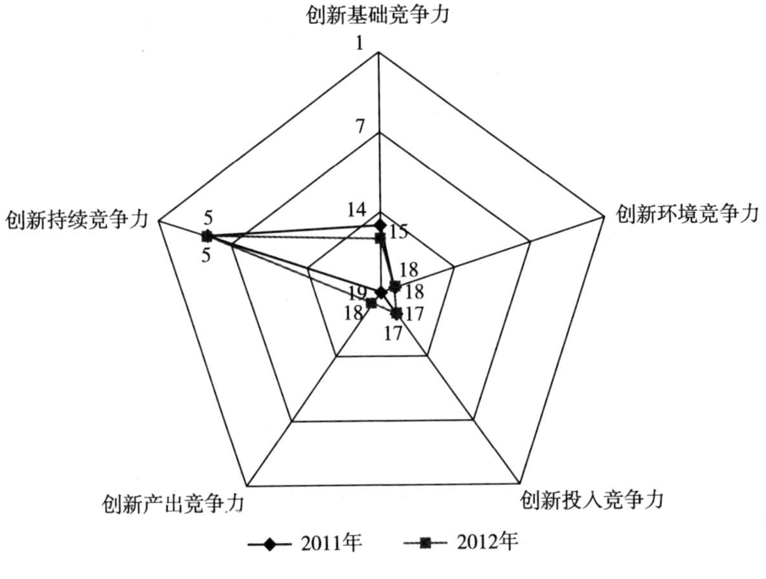

图 1－1　阿根廷国家创新竞争力二级指标排名雷达图

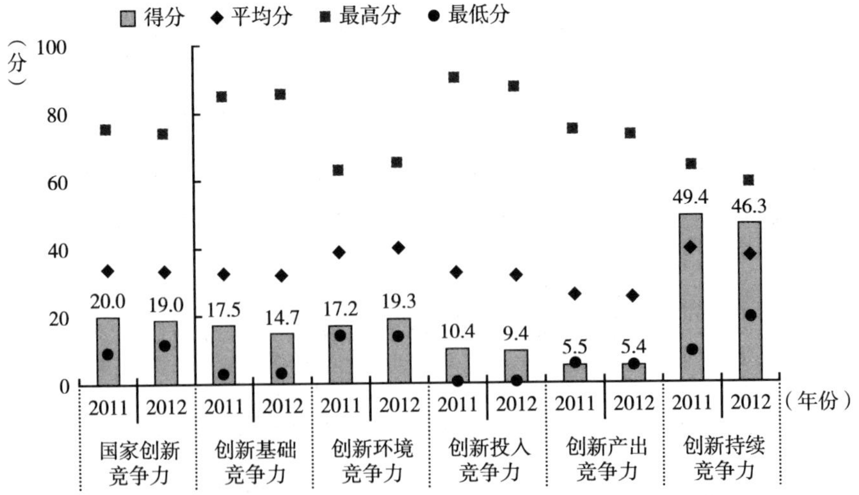

图 1－2　阿根廷国家创新竞争力得分和排名变化趋势图

表 1-1　阿根廷国家创新竞争力二级指标得分和排名表

年份 \ 项目	创新基础竞争力		创新环境竞争力		创新投入竞争力		创新产出竞争力		创新持续竞争力		创新竞争力	
	得分	排名	得分	排名	得分	排名	得分	排名	得分	排名	得分	排名
2011	17.5	14	17.2	18	10.4	17	5.5	19	49.4	5	20.0	16
2012	14.7	15	19.3	18	9.4	17	5.4	18	46.3	5	19.0	17
得分变化	-2.8		2.1		-1.0		-0.1		-3.0		-1.0	
排名升降		-1		0		0		1		0		-1
优劣度		中势		劣势		劣势		劣势		强势		劣势

（1）从综合排位变化看，2012 年阿根廷国家创新竞争力综合排名在 G20 中处于第 17 位，与 2011 年相比，排位下降了 1 位。

（2）从指标得分看，2012 年阿根廷国家创新竞争力得分为 19 分，比 G20 最高分低 54.9 分，比 G20 平均分低 14.3 分；与 2011 年相比，阿根廷国家创新竞争力得分下降了 1 分，与当年最高分的差距缩小了 0.4 分，与 G20 平均分的差距则扩大了 0.4 分。

（3）从指标所处区位看，2012 年阿根廷国家创新竞争力的 5 个二级指标中，创新持续竞争力为强势指标，创新基础竞争力为中势指标，创新环境竞争力、创新投入竞争力和创新产出竞争力为劣势指标①。

（4）从指标排位变化趋势看，在 5 个二级指标中，只有创新产出竞争力的排位处于上升趋势，而创新基础竞争力的排位处于下降趋势，这是阿根廷国家创新竞争力的下降拉力所在，其余 3 个指标的排位保持不变。

（5）从指标排位变化的动因看，在 5 个二级指标中，虽然上升指标的数量等于下降指标的数量，但下降的拉力大于上升的动力，使得 2012 年阿根廷国家创新竞争力的综合排位下降了 1 位，在 G20 中排名第 17 位。

1.1.2　阿根廷国家创新竞争力各级指标动态变化分析

2011 ~2012 年阿根廷国家创新竞争力各级指标的动态变化及其结构，如图 1-3 和表 1-2 所示。

---

① 本报告所指的强势指标为排名在第 1 ~5 位的指标，优势指标为排名在第 6 ~10 位的指标，中势指标为排名在第 11 ~15 位的指标，劣势指标为排名在第 16 ~19 位的指标。

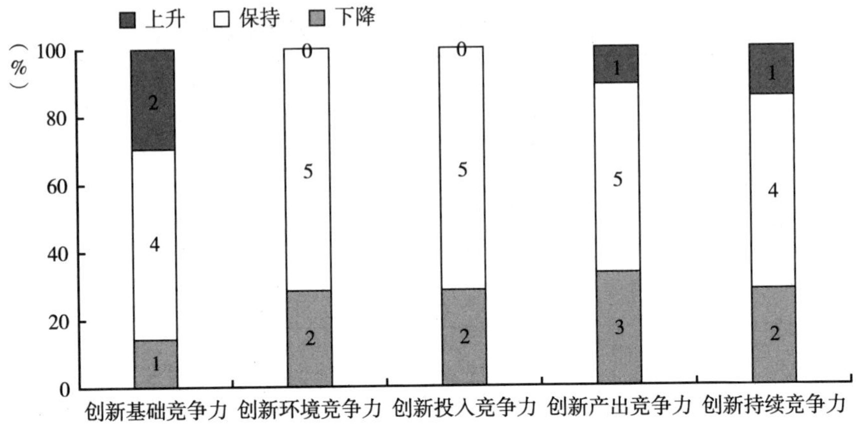

图 1－3　2011～2012 年阿根廷国家创新竞争力指标动态变化结构图

表 1－2　2011～2012 年阿根廷国家创新竞争力各级指标排位变化态势比较表

二级指标	三级指标个数	上升		保持		下降		变化趋势
		个数	比重(%)	个数	比重(%)	个数	比重(%)	
创新基础竞争力	7	2	28.6	4	57.1	1	14.3	下降
创新环境竞争力	7	0	0.0	5	71.4	2	28.6	保持
创新投入竞争力	7	0	0.0	5	71.4	2	28.6	保持
创新产出竞争力	9	1	11.1	5	55.6	3	33.3	上升
创新持续竞争力	7	1	14.3	4	57.1	2	28.6	保持
合　计	37	4	10.8	23	62.2	10	27.0	下降

从图 1－3 可以看出，阿根廷国家创新竞争力的 37 个三级指标中，排位下降指标的数量大于排位上升指标的数量，但排位保持不变的指标处于主导地位。表 1－2 中的数据进一步说明，排位上升的指标有 4 个，占指标总数的 10.8%；排位保持不变的指标有 23 个，占指标总数的 62.2%；排位下降的指标有 10 个，占指标总数的 27.0%。总的来看，排位下降指标的数量大于排位上升指标的数量，上升的动力小于下降的拉力，使得 2012 年阿根廷国家创新竞争力排位下降了 1 位，在 G20 中居第 17 位。

1.1.3　阿根廷国家创新竞争力各级指标优劣势结构分析

2011～2012 年阿根廷国家创新竞争力各级指标的优劣势变化及其结构，如表 1－3 所示。

表 1－3　2011～2012 年阿根廷国家创新竞争力各级指标排位优劣势比较表

二级指标	三级指标个数	强势		优势		中势		劣势		优劣度
		个数	比重(%)	个数	比重(%)	个数	比重(%)	个数	比重(%)	
创新基础竞争力	7	0	0.0	1	14.3	3	42.9	3	42.9	中势
创新环境竞争力	7	1	14.3	0	0.0	2	28.6	4	57.1	劣势
创新投入竞争力	7	0	0.0	0	0.0	3	42.9	4	57.1	劣势
创新产出竞争力	9	0	0.0	0	0.0	2	22.2	7	77.8	劣势
创新持续竞争力	7	3	42.9	1	14.3	3	42.9	0	0.0	强势
合　计	37	4	10.8	2	5.4	13	35.1	18	48.6	劣势

从表 1－3 中的数据可以看出，在阿根廷国家创新竞争力的 37 个三级指标中，强势指标有 4 个，占指标总数的 10.8%；优势指标有 2 个，占指标总数的 5.4%；中势指标有 13 个，占指标总数的 35.1%；劣势指标有 18 个，占指标总数的 48.6%；强势指标和优势指标的数量之和约占指标总数的 16.2%，远远小于中势指标和劣势指标所占比重。从二级指标来看，强势指标有 1 个，占二级指标总数的 20%；没有优势指标；中势指标有 1 个，占二级指标总数的 20%；劣势指标有 3 个，占二级指标总数的 60%。由于劣势指标居于主导地位，2011～2012 年阿根廷国家创新竞争力处于劣势地位。

1.2　阿根廷国家创新基础竞争力评价分析

1.2.1　阿根廷国家创新基础竞争力评价结果

2011～2012 年阿根廷国家创新基础竞争力及其下属 7 个三级指标的排位和排位变化情况，如表 1－4 所示。

（1）从排位变化比较看，2012 年阿根廷国家创新基础竞争力排名第 15 位，与 2011 年相比，排位下降了 1 位，处于中势地位。

（2）从指标所处区位来看，7 个三级指标中没有强势指标，只有 1 个优势指标，为受高等教育人员比重；人均 GDP、外国直接投资净值和全社会劳动生产率 3 个指标是中势指标；GDP、财政收入和人均财政收入 3 个指标是劣势指标。

表 1-4 阿根廷 2011～2012 年国家创新基础竞争力指标组排位及趋势表

项目 \ 年份	GDP		人均 GDP		财政收入		人均财政收入		外国直接投资净值		受高等教育人员比重		全社会劳动生产率		创新基础竞争力	
	得分	排名	得分	排名	得分	排名	得分	排名	得分	排名	得分	排名	得分	排名	得分	排名
2011	0.3	18	18.7	13	2.1	17	21.8	12	4.2	16	57.0	8	18.2	13	17.5	14
2012	0.6	18	19.3	12	2.6	17	0.2	17	4.8	15	57.0	8	18.3	13	14.7	15
得分变化	0.3		0.6		0.5		-21.6		0.6		0.0		0.1		-2.8	
排名升降		0		1		0		-5		1		0		0		-1
优劣度		劣势		中势		劣势		劣势		中势		优势		中势		中势

(3) 从指标排位变化趋势看，在 7 个三级指标中，有 2 个指标的排位处于上升趋势，为人均 GDP 和外国直接投资净值；有 1 个指标处于下降趋势，为人均财政收入；其余 4 个指标的排位均保持不变。

(4) 从指标排位变化的动因看，尽管大部分指标排位保持不变，由于指标排位下降的幅度大于指标排位上升的幅度，阿根廷创新基础竞争力的综合排位下降了 1 位，在 G20 中排名第 15 位。

(5) 从三级指标的结构特征看，在 7 个三级指标中，没有强势指标，只有 1 个优势指标，占指标总数的 14.3%；劣势指标有 3 个，占指标总数的 42.9%，强势和优势指标所占比重小于劣势指标的比重；排位上升的指标有 2 个，占指标总数的 28.6%；排位下降的指标有 1 个，占指标总数的 14.3%。虽然排位上升的指标数量略大于排位下降的指标数量，但排位下降的拉力大于排位上升的动力，2012 年阿根廷国家创新基础竞争力排位下降了 1 位。

1.2.2 阿根廷国家创新基础竞争力比较分析

图 1-4 反映了 2011～2012 年阿根廷国家创新基础竞争力与 G20 最高水平和平均水平的比较情况。

由图 1-4 可知，评价期内阿根廷国家创新基础竞争力的得分均低于 20 分，说明阿根廷国家创新基础竞争力处于较低水平。从创新基础竞争力的整体得分比较来看，2011 年，阿根廷国家创新基础竞争力得分与 G20 最高分相比还有 67.1 分的差距，甚至比 G20 平均分还低 15.6 分；到 2012 年，阿根廷国家创新基础竞争力得分与 G20 最高分的差距上升为 70.6 分，比 G20 平均分低

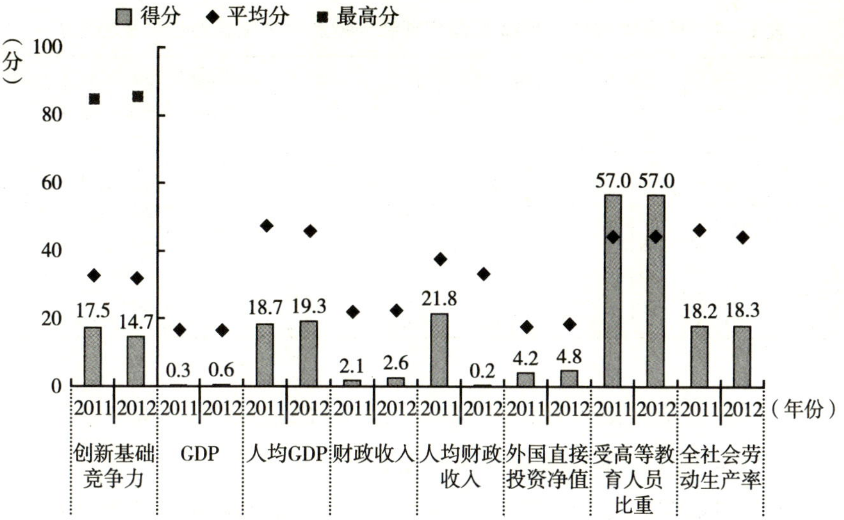

图 1-4　2011~2012 年阿根廷国家创新基础竞争力指标得分比较

17.6 分。总的来说，2011~2012 年阿根廷国家创新基础竞争力与 G20 平均分、最高分的差距有所扩大，其排位下降了 1 位。

从具体指标得分比较和变化趋势来看，阿根廷国家创新基础竞争力的整体水平基本稳定，GDP、财政收入、外国直接投资净值等指标排位偏低，而且三级指标的得分普遍低于 G20 平均分，创新基础竞争力缺乏上升的动力。因此，在下一步的科技创新活动中，要特别关注这些问题，加大财政对科技创新活动的支持力度，积极引进国际资本、先进技术和管理经验，引导资金加大对创新的投入，切实提高全社会劳动生产率，夯实国家创新基础，不断增强国家创新基础竞争力。

1.3　阿根廷国家创新环境竞争力评价分析

1.3.1　阿根廷国家创新环境竞争力评价结果

2011~2012 年阿根廷国家创新环境竞争力及其下属 7 个三级指标的排位和排位变化情况，如表 1-5 所示。

表 1-5 阿根廷 2011~2012 年国家创新环境竞争力指标组排位及趋势表

项目 年份	每千人因特网用户数		每千人手机用户数		企业开业程序		企业平均税负水平		入境留学生比重		小额贷款占 GDP 比重		ISO 9001 质量体系认证数		创新环境竞争力	
	得分	排名	得分	排名	得分	排名	得分	排名	得分	排名	得分	排名	得分	排名	得分	排名
2011	54.3	10	63.5	3	0.0	18	0.0	19	0.4	18	0.4	17	2.0	15	17.2	18
2012	57.7	11	73.8	3	0.0	19	0.0	19	0.3	18	0.4	17	3.1	15	19.3	18
得分变化	3.4		10.3		0.0		0.0		-0.1		0.0		1.1		2.1	
排名升降		-1		0		-1		0		0		0		0		0
优劣度		中势		强势		劣势		劣势		劣势		劣势		中势		劣势

（1）从排位变化比较看，2012 年阿根廷国家创新环境竞争力排名第 18 位，与 2011 年相比，排位保持不变，仍处于劣势地位。

（2）从指标所处区位来看，在 7 个三级指标中，有 1 个强势指标，为每千人手机用户数；没有优势指标；中势指标有 2 个，为每千人因特网用户数和 ISO 9001 质量体系认证数；其余 4 个指标为劣势指标。

（3）从指标排位变化趋势看，在 7 个三级指标中，没有排位上升的指标，每千人因特网用户数和企业开业程序的排位下降，其余 5 个指标的排位均保持不变。

（4）从指标排位变化的动因看，在 7 个三级指标中，有 2 个三级指标的排位出现了下降，其他 5 个指标的排位保持不变，最终使得阿根廷创新环境竞争力的综合排位保持不变，在 G20 中处于第 18 位。

（5）从三级指标的结构特征看，在 7 个三级指标中，强势指标有 1 个，占指标总数的 14.3%；没有优势指标；中势指标有 2 个，占指标总数的 28.6%；劣势指标有 4 个，占指标总数的 57.1%；劣势指标在指标体系中居于主导地位。此外，没有排位上升的指标，排位保持不变的指标有 5 个，占指标总数的 71.4%；排位下降的指标有 2 个，占指标总数的 28.6%。总的来看，排位保持不变的指标在指标体系中居于主导地位，使得 2011~2012 年阿根廷国家创新环境竞争力的排位保持不变。

1.3.2 阿根廷国家创新环境竞争力比较分析

图 1-5 反映了 2011~2012 年阿根廷国家创新环境竞争力与 G20 最高水平和平均水平的比较情况。

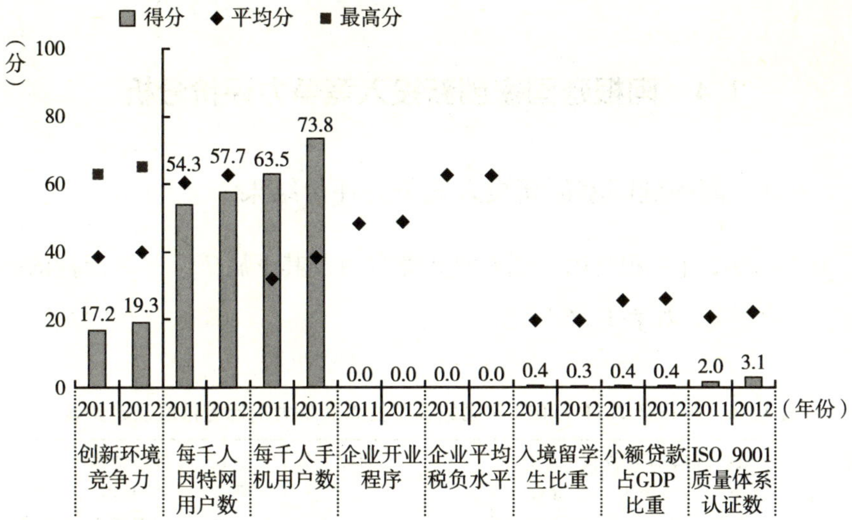

图 1－5　2011～2012 年阿根廷国家创新环境竞争力指标得分比较

由图 1－5 可知，评价期内阿根廷国家创新环境竞争力的得分均低于 20 分，处于比较低的水平。从创新环境竞争力的整体得分比较来看，2011 年，阿根廷国家创新环境竞争力得分与 G20 最高分相比还有 45.7 分的差距，比 G20 平均分还低 21.5 分；2012 年，阿根廷国家创新环境竞争力得分与 G20 最高分的差距仍然为 45.7 分，比 G20 平均分低 20.7 分。总的来说，2011～2012 年阿根廷国家创新环境竞争力与最高分的差距保持不变，与平均分的差距略有缩小。

从具体指标得分比较和变化趋势来看，阿根廷国家创新环境竞争力整体水平比较低，处于劣势地位，这主要是由于企业开业程度、企业平均税负水平、入境留学生比重、小额贷款占 GDP 比重 4 个指标处于劣势地位导致的。此外，企业开业程序、企业平均税负水平、入境留学生比重、小额贷款占 GDP 比重、ISO 9001 质量体系认证数等指标的得分也非常低，均低于 G20 平均分，这极大地限制了阿根廷创新环境竞争力的进一步提升。因此，为了有效提升创新环境竞争力，应针对存在的这些问题，加大对创新型企业的科技和资金扶持力度，降低企业税负水平，为企业营造宽松、健康有序发展的创新环境。同时，加强对知识产权的保护，重视创新人才的引进和培养，不断优化国家创新环境，进一步增强国家创新环境竞争力。

1.4 阿根廷国家创新投入竞争力评价分析

1.4.1 阿根廷国家创新投入竞争力评价结果

2011～2012 年阿根廷国家创新投入竞争力及其下属 7 个三级指标的排位和排位变化情况，如表 1－6 所示。

表 1－6 阿根廷 2011～2012 年国家创新投入竞争力指标组排位及趋势表

项目/年份	R&D经费支出总额		R&D经费支出占GDP比重		人均R&D经费支出		R&D人员		研究人员占从业人员比重		企业研发投入比重		风险资本交易占GDP比重		创新投入竞争力	
	得分	排名	得分	排名	得分	排名	得分	排名	得分	排名	得分	排名	得分	排名	得分	排名
2011	0.6	17	14.5	16	5.0	14	2.2	16	22.6	11	24.2	17	4.0	12	10.4	17
2012	0.6	17	14.4	16	5.2	14	2.1	16	22.2	12	18.7	17	2.9	14	9.4	17
得分变化	0.0		-0.1		0.2		-0.1		-0.3		-5.5		-1.1		-1.0	
排名升降		0		0		0		0		-1		0		-2		0
优劣度		劣势		劣势		中势		劣势		中势		劣势		中势		劣势

（1）从排位变化比较看，2012 年阿根廷国家创新投入竞争力排名第 17 位，与 2011 年相比，排位保持不变，处于劣势地位。

（2）从指标所处区位来看，在 7 个三级指标中，没有强势指标和优势指标；人均 R&D 经费支出、研究人员占从业人员比重和风险资本交易占 GDP 比重 3 个指标为中势指标；其余 4 个指标均为劣势指标。

（3）从指标排位变化趋势看，在 7 个三级指标中，有 5 个指标的排位保持不变，为 R&D 经费支出总额、R&D 经费支出占 GDP 比重、人均 R&D 经费支出、R&D 人员和企业研发投入比重，没有排位上升的指标，而研究人员占从业人员比重、风险资本交易占 GDP 比重两个指标的排位出现了下降。

（4）从指标排位变化的动因看，由于 7 个三级指标中有 5 个指标的排位保持不变，它们在指标体系中占据了主导地位，阿根廷创新投入竞争力的综合排位也保持不变，在 G20 中排名第 17 位。

（5）从三级指标的结构特征看，在 7 个三级指标中，没有强势指标和优势指标；中势指标有 3 个，占指标总数的 42.9；劣势指标有 4 个，占指标总数的 57.1%。此外，没有排位上升的指标；排位下降的指标有 2 个，占指标总数的 28.6%；排位保持不变的指标有 5 个，占指标总数的 71.4%。由于大部分指标的排位保持不变，2011～2012 年阿根廷创新投入竞争力的综合排位保持不变。

1.4.2 阿根廷国家创新投入竞争力比较分析

图1－6反映了2011～2012年阿根廷国家创新投入竞争力与G20最高水平和平均水平的比较情况。

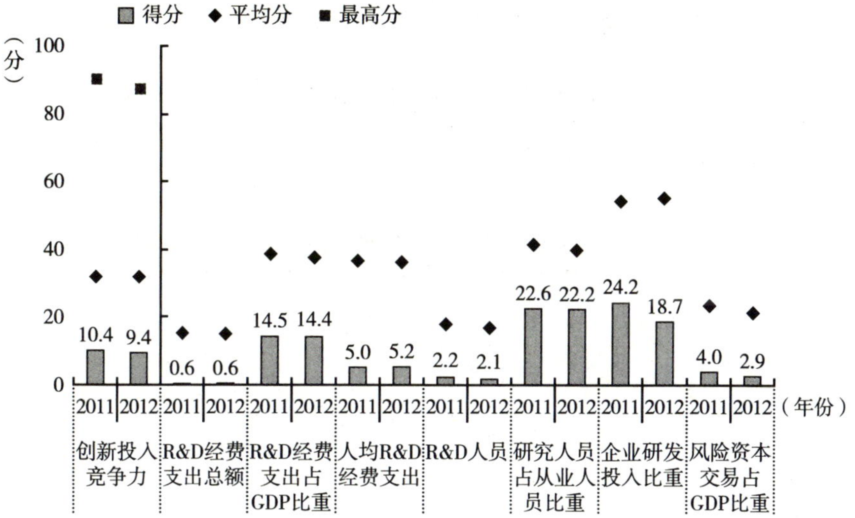

图1－6 2011～2012年阿根廷国家创新投入竞争力指标得分比较

由图1－6可知，阿根廷国家创新投入竞争力的得分非常低，2011年为10.4分，2012年仅为9.4分，说明阿根廷国家创新投入竞争力处于较低水平。从创新投入竞争力的整体得分比较来看，2011年，阿根廷国家创新投入竞争力得分与G20最高分相比还有79.7分的差距，比G20平均分低21.9分；到2012年，阿根廷国家创新投入竞争力得分与G20最高分的差距缩小为77.6分，与G20平均分的差距则扩大到22.2分。总的来说，2011～2012年阿根廷国家创新投入竞争力得分与 G20 最高分和平均分的差距变化很小，总体排位保持不变。

从具体指标得分比较和变化趋势来看，阿根廷国家创新投入竞争力整体水平较为稳定，仍处于劣势地位，这主要是由于三级指标的得分偏低导致的。今后要特别关注这些问题，继续加大科技研发经费投入，提高科技研发经费占 GDP 比重，同时鼓励多元化的创新研发投入，加大研发人员培养力度，高度重视研发人才队伍建设，有效提高国家创新投入竞争力。

1.5 阿根廷国家创新产出竞争力评价分析

1.5.1 阿根廷国家创新产出竞争力评价结果

2011～2012 年阿根廷国家创新产出竞争力及其下属 9 个三级指标的排位和排位变化情况，如表 1－7 所示。

表 1－7 阿根廷 2011～2012 年国家创新产出竞争力指标组排位及趋势表

项目 年份	专利授权数		科技人员平均专利授权数		科技论文发表数		科技人员平均发表论文数		专利和许可收入	
	得分	排名	得分	排名	得分	排名	得分	排名	得分	排名
2011	0.3	17	1.4	16	1.7	16	17.4	13	0.1	16
2012	0.2	18	1.4	16	1.7	16	16.3	14	0.1	16
得分变化	-0.1		0.0		0.0		-1.1		0.0	
排名升降		-1		0		0		-1		0
优劣度		劣势		劣势		劣势		中势		劣势

项目 年份	高技术产品净出口额		高技术产品净出口比重		注册商标数		创意产品出口比重		创新产出竞争力	
	得分	排名	得分	排名	得分	排名	得分	排名	得分	排名
2011	1.0	16	26.1	14	1.2	17	0.0	19	5.5	19
2012	0.8	18	26.5	13	1.2	17	0.0	19	5.4	18
得分变化	-0.2		0.4		0.0		0.0		-0.1	
排名升降		-2		1		0		0		1
优劣度		劣势		中势		劣势		劣势		劣势

（1）从排位变化比较看，2012年阿根廷国家创新产出竞争力排名第18位，与2011年相比，排位上升了1位，但仍处于劣势地位。

（2）从指标所处区位来看，在9个三级指标中，没有强势指标和优势指标；科技人员平均发表论文数、高技术产品净出口比重2个指标为中势指标，其余7个指标均为劣势指标。

（3）从指标排位变化趋势看，在9个三级指标中，有1个指标处于上升趋势，为高技术产品净出口比重；有3个指标处于下降趋势，为专利授权数、科技人员平均发表论文数和高技术产品净出口额；其余5个指标的排位保持不变。

（4）从指标排位变化的动因看，有1个三级指标的排位出现了上升，3个三级指标的排位出现了下降，但受其他因素的综合影响，阿根廷创新产出竞争力的综合排位上升了1位，在G20中排名第18位。

（5）从三级指标的结构特征看，在9个三级指标中，没有强势指标和优势指标；劣势指标有7个，占指标总数的77.8%，在指标体系中居于主导地位。此外，排位上升的指标有1个，占指标总数的11.1%；排位下降的指标有3个，占指标总数的33.3%。虽然排位上升的指标数量小于排位下降的指标数量，但受其他因素的综合影响，2012年阿根廷国家创新产出竞争力综合排位与2011年相比，上升了1位。

1.5.2　阿根廷国家创新产出竞争力比较分析

图1－7反映了2011～2012年阿根廷国家创新产出竞争力与G20最高水平和平均水平的比较情况。

由图1－7可知，2011～2012年阿根廷国家创新产出竞争力的得分仅为5.5分和5.4分，说明阿根廷国家创新产出竞争力处于非常低的水平。从创新产出竞争力的整体得分比较来看，2011年，阿根廷国家创新产出竞争力得分与G20最高分相比还有69.4分的差距，比G20平均分低20.3分；到2012年，阿根廷国家创新产出竞争力得分与G20最高分的差距缩小为67.8分，比G20平均分低19.5分。总的来说，2011～2012年阿根廷国家创新产出竞争力与G20最高分和平均分的差距呈缩小趋势。

从具体指标得分比较和变化趋势来看，阿根廷国家创新产出竞争力整体水

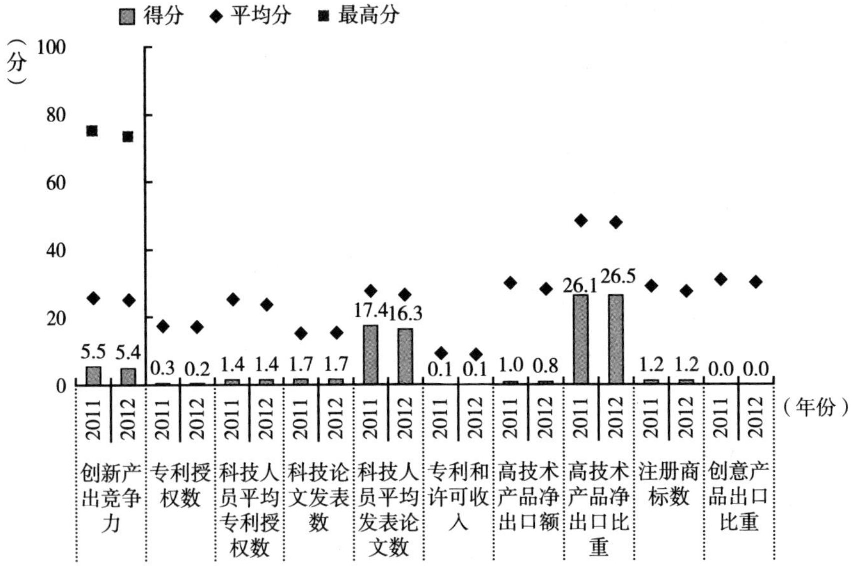

图 1-7　2011~2012 年阿根廷国家创新产出竞争力指标得分比较

平没有发生明显变化，这主要是由于专利授权数、科技人员平均专利授权数、科技论文发表数、专利和许可收入、高技术产品净出口额、注册商标数、创意产品出口比重等指标得分和排位偏低导致的；而且 9 个三级指标的得分均低于 G20 平均分。因此，今后要进一步提升阿根廷的专利申请量和授权量，增强企业和个人的专利水平和运用能力；完善知识产权激励机制，促进专利和许可收入增长；注重提升基础研究能力，提高科技论文等创新产出的数量和质量；优化出口贸易结构，加大高技术产品出口比重，突出高技术产品在对外贸易中的重要地位；推动实施商标战略，打造国际知名品牌。通过一系列的创新措施，切实提高科技创新产出，增强国家创新产出竞争力。

1.6　阿根廷国家创新持续竞争力评价分析

1.6.1　阿根廷国家创新持续竞争力评价结果

2011~2012 年阿根廷国家创新持续竞争力及其下属 7 个三级指标的排位和排位变化情况，如表 1-8 所示。

表 1 -8　阿根廷 2011 ~2012 年国家创新持续竞争力指标组排位及趋势表

项目 年份	公共教育经费支出总额		公共教育经费支出占 GDP 比重		人均公共教育经费支出额		高等教育毛入学率	
	得分	排名	得分	排名	得分	排名	得分	排名
2011	1.4	15	9.7	11	100.0	1	72.8	4
2012	1.8	15	8.3	11	96.2	2	79.5	4
得分变化	0.4		-1.4		-3.8		6.6	
排名升降		0		0		-1		0
优劣度		中势		中势		强势		强势
项目 年份	科技人员增长率		科技经费增长率		高校科技工程毕业生比重		创新持续竞争力	
	得分	排名	得分	排名	得分	排名	得分	排名
2011	43.0	7	95.9	2	22.8	14	49.4	5
2012	54.4	5	63.2	7	21.2	14	46.3	5
得分变化	11.4		-32.7		-1.6		-3.1	
排名升降		2		-5		0		0
优劣度		强势		优势		中势		强势

（1）从排位变化比较看，2012 年阿根廷国家创新持续竞争力排名第 5 位，与 2011 年相比，排位保持不变，处于强势地位。

（2）从指标所处区位来看，在 7 个三级指标中，有 3 个强势指标，为人均公共教育经费支出额、高等教育毛入学率和科技人员增长率；科技经费增长率为优势指标；其余 3 个指标为中势指标。

（3）从指标排位变化趋势看，在 7 个三级指标中，科技人员增长率的排位上升，人均公共教育经费支出额、科技经费增长率 2 个指标的排位下降，其余 4 个指标的排位保持不变。

（4）从指标排位变化的动因看，有 2 个三级指标的排位下降，1 个指标的排位上升，4 个指标的排位保持不变，最终使得阿根廷创新持续竞争力的综合排位保持不变，在 G20 中排名第 5 位。

（5）从三级指标的结构特征看，在 7 个三级指标中，强势指标有 3 个，占指标总数的 42.9%；优势指标有 1 个，占指标总数的 14.3%；中势指标有 3 个，占指标总数的 42.9%；没有劣势指标，强势指标和优势指标所占比重大于劣势指标的比重。此外，排位上升的指标有 1 个，占指标总数的 14.3%；

排位下降的指标有 2 个，占指标总数的 28.6%；排位保持不变的指标有 4 个，占指标总数的 57.1%。由于排位保持不变的指标在指标体系中居于主导地位，2012 年阿根廷国家创新持续竞争力综合排位与 2011 年持平。

1.6.2　阿根廷国家创新持续竞争力比较分析

图 1－8 反映了 2011～2012 年阿根廷国家创新持续竞争力与 G20 最高水平和平均水平的比较情况。

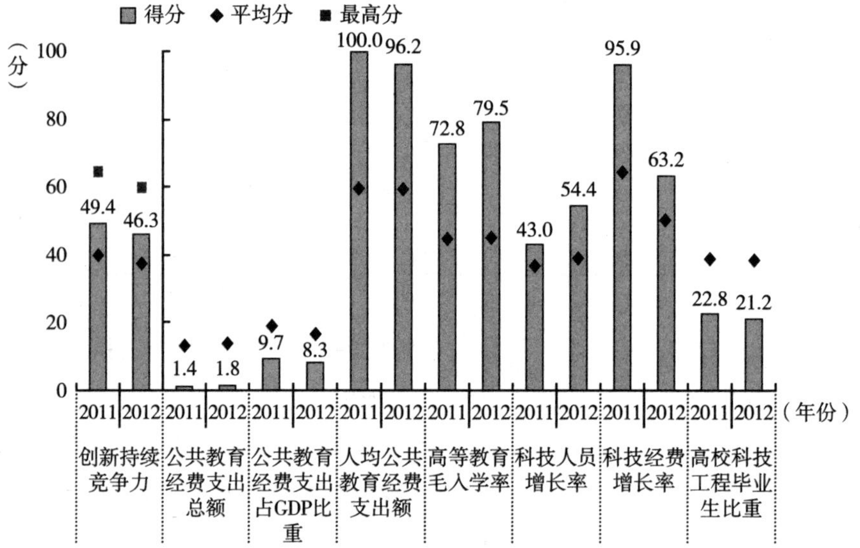

图 1－8　2011～2012 年阿根廷国家创新持续竞争力指标得分比较

由图 1－8 可知，评价期内阿根廷国家创新持续竞争力得分呈下降趋势，说明阿根廷国家创新持续竞争力水平有所降低。从创新持续竞争力的整体得分比较来看，2011 年，阿根廷国家创新持续竞争力得分与 G20 最高分相比还有 14.9 分的差距，比 G20 平均分高 10 分；到 2012 年，阿根廷国家创新持续竞争力得分与 G20 最高分的差距缩小为 13 分，比 G20 平均分高 8.7 分。总的来说，2011～2012 年阿根廷国家创新持续竞争力与最高分和平均分的差距呈缩小趋势。

从具体指标得分比较和变化趋势来看，阿根廷国家创新持续竞争力整体水平出现了下降，这主要是由于人均公共教育经费支出额和科技经费增长率等指标得分下降导致的；而且公共教育经费支出总额、公共教育经费支出占 GDP 比重和高校科技工程毕业生比重指标的得分还低于 G20 平均分。因此，针对这些问题，阿根廷要不断加大对教育和科技的经费投入，提高教育经费支出比例和科技支出占 GDP 比重，提升科学家和工程师的待遇，加大培养科学家和工程师的力度，实现国家创新能力的可持续发展，显著增强国家创新持续竞争力。

Y. 3

第 2 章 澳大利亚国家创新竞争力评价分析报告

澳大利亚东临太平洋，西临印度洋，由澳大利亚大陆和塔斯马尼亚等岛屿组成。国土面积约 769 万平方公里，其中 70% 为沙漠和半沙漠，海岸线长 36735 公里。2012 年全国年末总人口为 2272 万人，实现国内生产总值 15206 亿美元。本部分通过对澳大利亚 2011 ~ 2012 年国家创新竞争力以及创新竞争力中各要素在 G20 中的排名变化分析，从中找出澳大利亚国家创新竞争力的推动点及影响因素。

2.1 澳大利亚国家创新竞争力总体评价分析

2011 ~ 2012 年，澳大利亚的国家创新竞争力排名略有上升。其中，2011 年澳大利亚国家创新竞争力在 G20 中排名第 6 位，到 2012 年，排名第 5 位，排位上升了 1 位。

2.1.1 澳大利亚国家创新竞争力概要分析

澳大利亚国家创新竞争力在 G20 中所处的位置及 5 个二级指标的得分和排位变化如图 2 - 1、图 2 - 2 和表 2 - 1 所示。

（1）从综合排位变化看，2012 年澳大利亚国家创新竞争力综合排名在 G20 中处于第 5 位，比 2011 年上升了 1 位。

（2）从指标得分看，2012 年澳大利亚国家创新竞争力得分为 44.1 分，比 G20 最高分低 29.9 分，比平均分高 10.8 分；与 2011 年相比，澳大利亚国家创新竞争力得分下降了 0.3 分，与当年最高分的差距缩小了 1 分，与 G20 平均分的差距则扩大了 0.2 分。

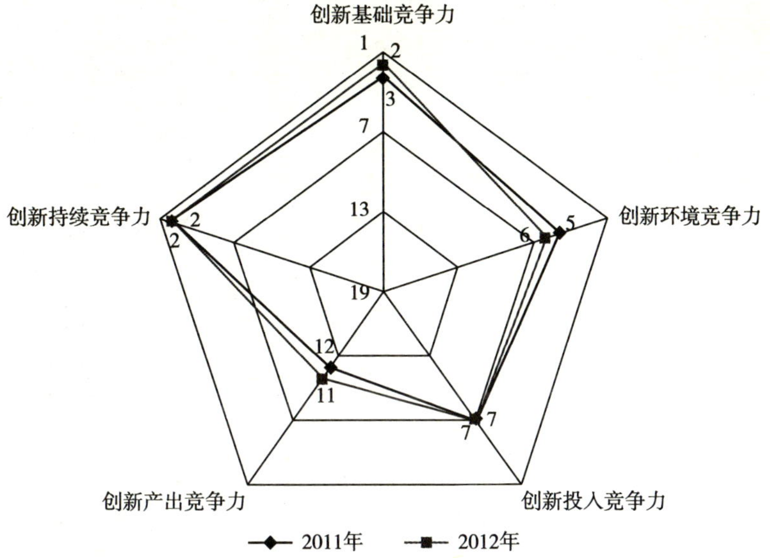

图 2－1　澳大利亚国家创新竞争力二级指标排名雷达图

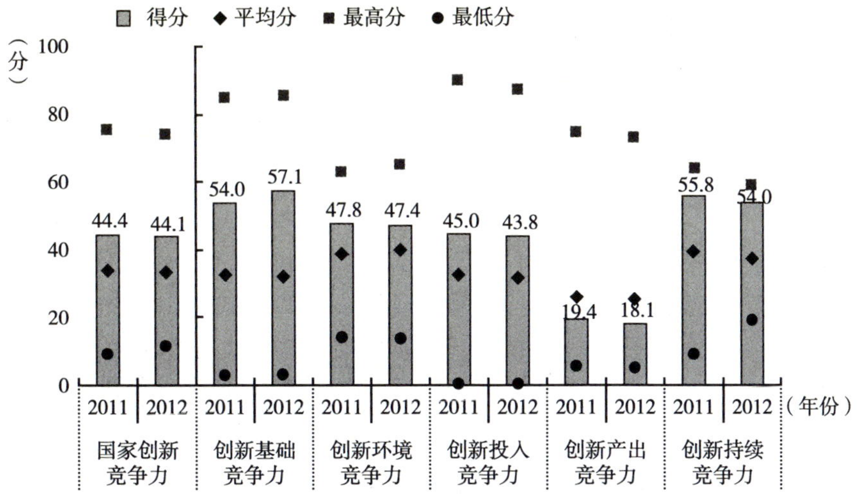

图 2－2　澳大利亚国家创新竞争力得分和排名变化趋势图

表 2-1 澳大利亚国家创新竞争力二级指标得分和排名表

年份＼项目	创新基础竞争力		创新环境竞争力		创新投入竞争力		创新产出竞争力		创新持续竞争力		创新竞争力	
	得分	排名	得分	排名	得分	排名	得分	排名	得分	排名	得分	排名
2011	54.0	3	47.8	5	45.0	7	19.4	12	55.8	2	44.4	6
2012	57.1	2	47.4	6	43.8	7	18.1	11	54.0	2	44.1	5
得分变化	3.2		-0.5		-1.2		-1.3		-1.8		-0.3	
排名升降		1		-1		0		1		0		1
优劣度		强势		优势		优势		中势		强势		强势

（3）从指标所处区位看，在 2012 年澳大利亚国家创新竞争力的 5 个二级指标中，创新基础竞争力和创新持续竞争力为强势指标，创新环境竞争力和创新投入竞争力为优势指标，创新产出竞争力为中势指标。

（4）从指标排位变化趋势看，在 5 个二级指标中，创新环境竞争力的排位下降，而创新基础竞争力和创新产出竞争力的排位上升，它们是澳大利亚国家创新竞争力的上升动力所在。创新投入竞争力和创新持续竞争力两个指标的排位没有发生变化。

（5）从指标排位变化的动因看，有 1 个二级指标的排位出现了下降，2 个二级指标的排位出现了上升。受指标排位升降的综合影响，2012 年澳大利亚国家创新竞争力的综合排位上升了 1 位，在 G20 中排名第 5 位。

2.1.2 澳大利亚国家创新竞争力各级指标动态变化分析

2011～2012 年澳大利亚国家创新竞争力各级指标的动态变化及其结构，如图 2-3 和表 2-2 所示。

从图 2-3 可以看出，在澳大利亚国家创新竞争力的 37 个三级指标中，排位上升指标的数量等于排位下降指标的数量，但排位保持不变的指标居于主导地位。表 2-2 中的数据进一步说明，排位上升和下降的指标数量相等，均为 8 个，均占指标总数的 21.6%；排位保持不变的指标有 21 个，占指标总数的

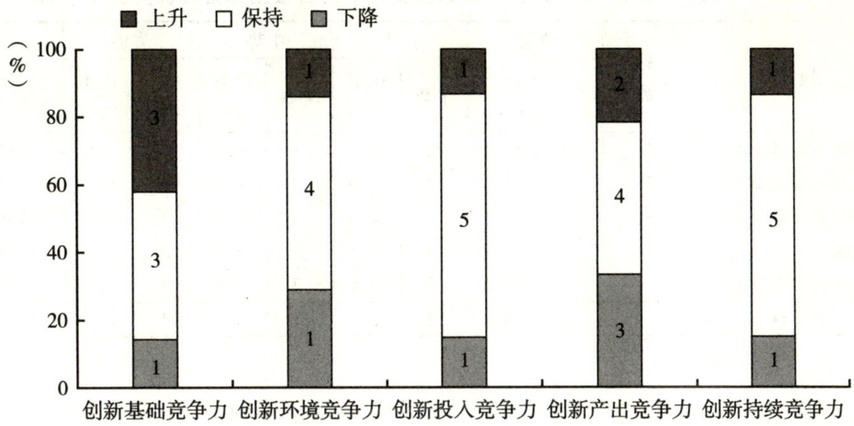

图 2-3　2011～2012 年澳大利亚国家创新竞争力指标动态变化结构图

表 2-2　2011～2012 年澳大利亚国家创新竞争力各级指标排位变化态势比较表

二级指标	三级指标个数	上升		保持		下降		变化趋势
		个数	比重(%)	个数	比重(%)	个数	比重(%)	
创新基础竞争力	7	3	42.9	3	42.9	1	14.3	上升
创新环境竞争力	7	1	14.3	4	57.1	2	28.6	下降
创新投入竞争力	7	1	14.3	5	71.4	1	14.3	保持
创新产出竞争力	9	2	22.2	4	44.4	3	33.3	上升
创新持续竞争力	7	1	14.3	5	71.4	1	14.3	保持
合　计	37	8	21.6	21	56.8	8	21.6	上升

56.8%。虽然排位上升的指标数量等于排位下降的指标数量，但由于指标上升的幅度较大，上升的动力大于下降的拉力，2012 年澳大利亚国家创新竞争力排位上升了 1 位，在 G20 中居第 5 位。

2.1.3　澳大利亚国家创新竞争力各级指标优劣势结构分析

2011～2012 年澳大利亚国家创新竞争力各级指标的优劣势变化及其结构，如表 2-3 所示。

表 2－3　2011～2012 年澳大利亚国家创新竞争力各级指标排位优劣势比较表

二级指标	三级指标个数	强势		优势		中势		劣势		优劣度
		个数	比重（%）	个数	比重（%）	个数	比重（%）	个数	比重（%）	
创新基础竞争力	7	4	57.1	2	28.6	1	14.3	0	0.0	强势
创新环境竞争力	7	2	28.6	3	42.9	2	28.6	0	0.0	优势
创新投入竞争力	7	4	57.1	1	14.3	2	28.6	0	0.0	优势
创新产出竞争力	9	2	22.2	4	44.4	3	33.3	0	0.0	中势
创新持续竞争力	7	2	28.6	2	28.6	3	42.9	0	0.0	强势
合　计	37	14	37.8	12	32.4	11	29.7	0	0.0	强势

从表 2－3 中的数据可以看出，在澳大利亚国家创新竞争力的 37 个三级指标中，强势指标有 14 个，占指标总数的 37.8%；优势指标有 12 个，占指标总数的 32.4%；中势指标有 11 个，占指标总数的 29.7%；没有劣势指标；强势指标和优势指标的数量之和约占指标总数的 70.3%，远远大于中势指标和劣势指标所占比重。从二级指标来看，强势指标和优势指标均有 2 个，均占二级指标总数的 40%；中势指标有 1 个，占二级指标总数的 20%；没有劣势指标。由于强势指标和优势指标在指标体系中居于主导地位，2011～2012 年澳大利亚国家创新竞争力处于强势地位。

2.2　澳大利亚国家创新基础竞争力评价分析

2.2.1　澳大利亚国家创新基础竞争力评价结果

2011～2012 年澳大利亚国家创新基础竞争力及其下属 7 个三级指标的排位和排位变化情况，如表 2－4 所示。

（1）从排位变化比较看，2012 年澳大利亚国家创新基础竞争力排名第 2 位，与 2011 年相比，排位上升了 1 位，处于强势地位。

（2）从指标所处区位来看，在 7 个三级指标中，强势指标有 4 个，为人均 GDP、人均财政收入、外国直接投资净值和全社会劳动生产率；优势指标有 2 个，为财政收入和受高等教育人员比重；只有 1 个中势指标，为 GDP；没有劣势指标。

表2-4　澳大利亚2011~2012年国家创新基础竞争力指标组排位及趋势表

年份＼项目	GDP		人均GDP		财政收入		人均财政收入		外国直接投资净值		受高等教育人员比重		全社会劳动生产率		创新基础竞争力	
	得分	排名	得分	排名	得分	排名	得分	排名	得分	排名	得分	排名	得分	排名	得分	排名
2011	6.7	12	100.0	1	8.3	11	77.9	3	26.2	4	63.1	6	95.5	2	54.0	3
2012	7.4	12	100.0	1	10.1	10	92.4	2	26.9	4	63.1	7	100.0	1	57.1	2
得分变化	0.7		0.0		1.9		14.5		0.6		0.0		4.5		3.2	
排名升降		0		0		1		1		0		-1		1		1
优劣度		中势		强势		优势		强势		强势		优势		强势		强势

（3）从指标排位变化趋势看，在7个三级指标中，有3个指标处于上升趋势，为财政收入、人均财政收入和全社会劳动生产率；有1个指标处于下降趋势，为受高等教育人员比重；其余3个指标的排位均保持不变。

（4）从指标排位变化的动因看，由于排位上升的指标数量大于排位下降的指标数量，澳大利亚创新基础竞争力的综合排位上升1位，在G20中排名第2位。

（5）从三级指标的结构特征看，在7个三级指标中，强势指标有4个，占指标总数的57.1%；优势指标有2个，占指标总数的28.6%；中势指标有1个，占指标总数的14.3%；没有劣势指标，强势和优势指标所占比重大于劣势指标比重；此外，排位上升的指标有3个，占指标总数的42.9%；排位下降的指标有1个，占指标总数的14.3%。由于排位上升的指标数量大于排位下降的指标数量，2012年澳大利亚创新基础竞争力综合排位上升了1位。

2.2.2　澳大利亚国家创新基础竞争力比较分析

图2-4反映了2011~2012年澳大利亚国家创新基础竞争力与G20最高水平和平均水平的比较情况。

由图2-4可知，评价期内澳大利亚创新基础竞争力的得分均高于50分，说明澳大利亚国家创新基础竞争力处于较高水平。从创新基础竞争力的整体得分比较来看，2011年，澳大利亚创新基础竞争力得分与G20最高分相比还有30.6分的差距，但比G20平均分高20.9分；到2012年，澳大利亚国家创新

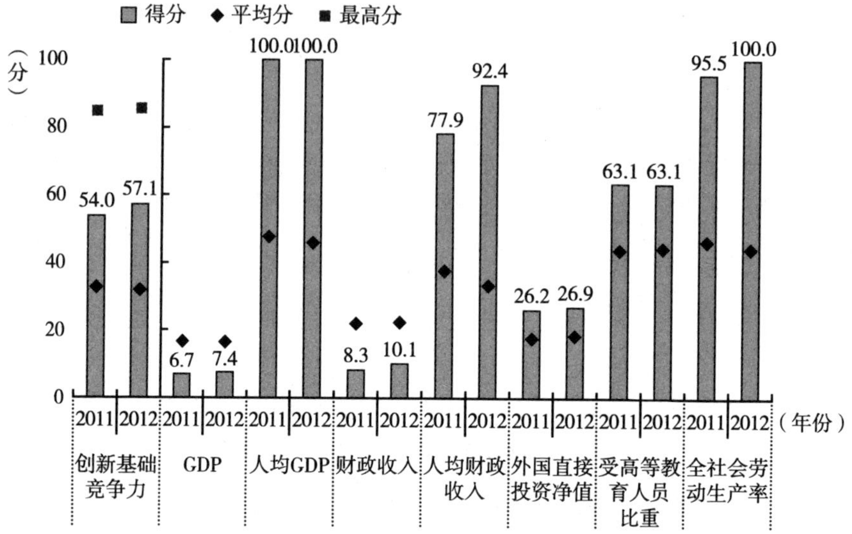

图 2－4　2011～2012 年澳大利亚国家创新基础竞争力指标得分比较

基础竞争力得分与 G20 最高分的差距缩小为 28.1 分，比 G20 平均分高 24.9 分。总的来说，2011～2012 年澳大利亚国家创新基础竞争力得分有所上升，与最高分的差距也略有缩小，同时拉开与 G20 平均分的差距。

从具体指标得分比较和变化趋势来看，澳大利亚国家创新基础竞争力整体水平有所上升，但 GDP、财政收入等指标的排位偏低，而且有 2 个指标的得分低于 G20 国家平均分。因此，在下一步的科技创新活动中，要特别关注这些问题，继续扩大生产和加快企业战略转型、加大财政对教育和科技的投入，积极引进国际直接投资，借鉴和引进国际科技前沿技术，夯实国家创新基础，不断增强国家创新基础竞争力。

2.3　澳大利亚国家创新环境竞争力评价分析

2.3.1　澳大利亚国家创新环境竞争力评价结果

2011～2012 年澳大利亚国家创新环境竞争力及其下属 7 个三级指标的排位和排位变化情况，如表 2－5 所示。

表 2－5　澳大利亚 2011～2012 年国家创新环境竞争力指标组排位及趋势表

项目 \ 年份	每千人因特网用户数		每千人手机用户数		企业开业程序		企业平均税负水平		入境留学生比重		小额贷款占 GDP 比重		ISO 9001 质量体系认证数		创新环境竞争力	
	得分	排名	得分	排名	得分	排名	得分	排名	得分	排名	得分	排名	得分	排名	得分	排名
2011	92.2	5	26.8	10	84.6	2	64.8	11	36.7	4	24.6	8	5.1	12	47.8	5
2012	88.7	8	30.4	12	84.6	2	65.0	10	33.4	4	24.6	8	4.9	12	47.4	6
得分变化	-3.5		3.6		0.0		0.2		-3.3		0.0		-0.2		-0.4	
排名升降		-3		-2		0		1		0		0		0		-1
优劣度		优势		中势		强势		优势		强势		优势		中势		优势

（1）从排位变化比较看，2012 年澳大利亚国家创新环境竞争力排名第 6 位，与 2011 年相比，排位下降了 1 位，处于优势地位。

（2）从指标所处区位来看，在 7 个三级指标中，有 2 个强势指标，为企业开业程序和入境留学生比重；有 3 个优势指标，为每千人因特网用户数、企业平均税负水平和小额贷款占 GDP 比重；其余 2 个指标为中势指标；没有劣势指标。

（3）从指标排位变化趋势看，在 7 个三级指标中，有 1 个指标处于上升趋势，为企业平均税负水平；2 个指标处于下降趋势，为每千人因特网用户数和每千人手机用户数；其余指标的排位保持不变。

（4）从指标排位变化的动因看，1 个三级指标的排位出现了上升，2 个三级指标出现了下降，受指标排位升降的综合影响，澳大利亚创新环境竞争力的综合排位呈下降趋势，在 G20 中处于第 6 位。

（5）从三级指标的结构特征看，在 7 个三级指标中，强势指标有 2 个，占指标总数的 28.6%；优势指标有 3 个，占指标总数的 42.9%；中势指标有 2 个，占指标总数的 28.6%；没有劣势指标，强势和优势指标居于主导地位；此外，排位上升的指标有 1 个，占指标总数的 14.3%；排位下降的指标有 2 个，占指标总数的 28.6%；排位保持不变的指标有 4 个，占指标总数的 57.1%。由于排位下降的指标数量大于排位上升的指标数量，2012 年澳大利亚创新环境竞争力综合排位比 2011 年下降了 1 位。

2.3.2 澳大利亚国家创新环境竞争力比较分析

图 2－5 反映了 2011～2012 年澳大利亚国家创新环境竞争力与 G20 最高水平和平均水平的比较情况。

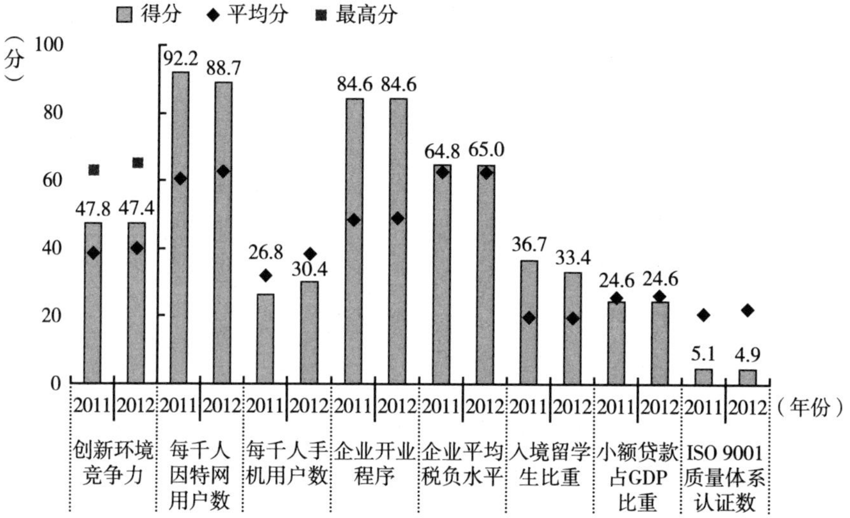

图 2－5 2011～2012 年澳大利亚国家创新环境竞争力指标得分比较

由图 2－5 可知，评价期内澳大利亚创新环境竞争力的得分均高于 45 分，处于较高水平。从创新环境竞争力的整体得分比较来看，2011 年，澳大利亚创新环境竞争力的得分与 G20 最高分相比还有 15.1 分的差距，与 G20 平均分相比，高出 9.1 分；2012 年，澳大利亚创新环境竞争力得分与 G20 最高分的差距为 17.7 分，比 G20 平均分高 7.3 分。总的来说，2011～2012 年澳大利亚国家创新环境竞争力与最高分的差距呈扩大趋势，与平均分的差距略有缩小。

从具体指标得分比较和变化趋势来看，澳大利亚创新环境竞争力的整体水平较高，处于优势地位，这主要是企业开业程序和入境留学生比重两个指标处于强势地位，每千人手机用户数、企业平均税负水平和小额贷款占 GDP 比重等指标处于优势地位共同确立的。而每千人手机用户数和 ISO 9001 质量体系认证数等指标低于 G20 平均水平，这限制了其创新环境竞争力的进一步提升。因此，为巩固和提升澳大利亚创新环境竞争力，应针对存在的这些问题，着力加快信息高速公路建设，加强知识产权保护，重视创新人才的引进和培养，为企业营造良好的创新环境，不断优化国家创新环境，进一步增强国家创新环境竞争力。

2.4　澳大利亚国家创新投入竞争力评价分析

2.4.1　澳大利亚国家创新投入竞争力评价结果

2011～2012 年澳大利亚国家创新投入竞争力及其下属 7 个三级指标的排位和排位变化情况，如表 2－6 所示。

表 2－6　澳大利亚 2011～2012 年国家创新投入竞争力指标组排位及趋势表

项目 年份	R&D经费支出总额		R&D 经费支出占 GDP 比重		人均 R&D 经费支出		R&D 人员		研究人员占从业人员比重		企业研发投入比重		风险资本交易占 GDP 比重		创新投入竞争力	
	得分	排名	得分	排名	得分	排名	得分	排名	得分	排名	得分	排名	得分	排名	得分	排名
2011	5.1	13	58.5	5	72.2	5	5.1	13	74.4	4	75.4	6	24.6	6	45.0	7
2012	5.3	13	58.0	5	74.3	5	4.7	13	71.2	4	78.8	5	14.7	8	43.8	7
得分变化	0.2		－0.5		2.1		－0.4		－3.2		3.4		－9.9		－1.2	
排名升降		0		0		0		0		0		1		－2		0
优劣度		中势		强势		强势		中势		强势		强势		优势		优势

（1）从排位变化比较看，2012 年澳大利亚国家创新投入竞争力排名第 7 位，与 2011 年相比，排位保持不变，处于优势地位。

（2）从指标所处区位来看，在 7 个三级指标中，有 4 个强势指标，为 R&D 经费支出占 GDP 比重、人均 R&D 经费支出、研究人员占从业人员比重和企业研发投入比重；优势指标有 1 个，为风险资本交易占 GDP 比重；其余 2 个指标是中势指标，为 R&D 经费支出总额和 R&D 人员；没有劣势指标。

（3）从指标排位变化趋势看，在 7 个三级指标中，有 5 个指标排位保持不变，为 R&D 经费支出总额、R&D 经费支出占 GDP 比重、人均 R&D 经费支出、R&D 人员和研究人员占从业人员比重；有 1 个指标处于上升趋势，为企业研发投入比重；有 1 个指标处于下降趋势，为风险资本交易占 GDP 比重。

（4）从指标排位变化的动因看，由于有 5 个三级指标的排位保持不变，澳大利亚创新投入竞争力的综合排位也保持不变，在 G20 中排名第 7 位。

（5）从三级指标的结构特征看，在 7 个三级指标中，强势指标有 4 个，占指标总数的 57.1%；优势指标有 1 个，占指标总数的 14.3%；中势指标有 2 个，占指标总数的 28.6%；没有劣势指标。此外，排位上升的指标和排位下降的指标均只有 1 个，均占指标总数的 14.3%；排位保持不变的指标有 5 个，占指标总数的 71.4%。由于大部分指标的排位保持不变，2012 年澳大利亚创新投入竞争力的综合排位也保持不变。

2.4.2 澳大利亚国家创新投入竞争力比较分析

图 2－6 反映了 2011～2012 年澳大利亚国家创新投入竞争力与 G20 最高水平和平均水平的比较情况。

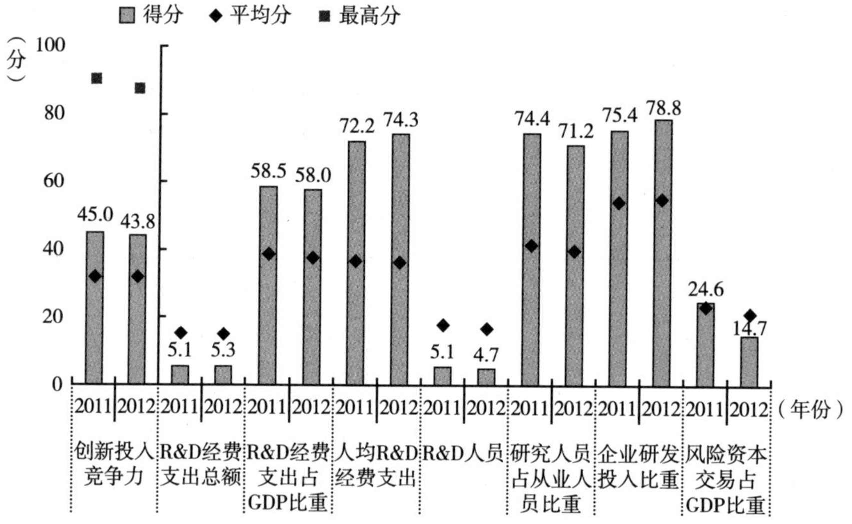

图 2－6 2011～2012 年澳大利亚国家创新投入竞争力指标得分比较

由图 2－6 可知，评价期内澳大利亚创新投入竞争力的得分均高于 40 分，说明澳大利亚创新投入竞争力处于较高水平。从创新投入竞争力的整体得分比较来看，2011 年，澳大利亚创新投入竞争力得分与 G20 最高分相比还有 45.1 分的差距，与 G20 平均分相比，则高出 12.7 分；到 2012 年，澳大利亚国家创新投入竞争力得分与G20最高分的差距为43.2分，比G20平均分高12.2分。总的来说，2011～2012年澳大利亚创新投入竞争力的得分变化不大，与最高分的差距略微缩小。

从具体指标得分比较和变化趋势来看，澳大利亚创新投入竞争力整体水平较为稳定，处于优势地位，这主要是由于大部分指标得分较高；而且R&D经费支出占GDP比重和人均R&D经费支出等三级指标的得分均高于G20平均分，可见，其创新投入竞争力水平较高，但是R&D经费支出总额和R&D人员两个指标的得分均低于G20平均分。因此，今后要特别关注这些问题，提高科技研发经费投入，鼓励多元化的创新研发投入，高度重视研发人才队伍建设，加大研发人员培养力度，不断增加国家创新投入，显著增强国家创新投入竞争力。

2.5　澳大利亚国家创新产出竞争力评价分析

2.5.1　澳大利亚国家创新产出竞争力评价结果

2011～2012年澳大利亚国家创新产出竞争力及其下属9个三级指标的排位和排位变化情况，如表2－7所示。

表2－7　澳大利亚2011～2012年国家创新产出竞争力指标组排位及趋势表

项目 年份	专利授权数		科技人员平均专利授权数		科技论文发表数		科技人员平均发表论文数		专利和许可收入	
	得分	排名	得分	排名	得分	排名	得分	排名	得分	排名
2011	7.4	7	39.8	5	9.8	11	43.6	2	0.7	9
2012	6.4	7	32.8	5	9.8	11	41.8	3	0.6	10
得分变化	－1.0		－7.0		0.0		－1.8		－0.1	
排名升降		0		0		0		－1		－1
优劣度		优势		强势		中势		强势		优势

项目 年份	高技术产品净出口额		高技术产品净出口比重		注册商标数		创意产品出口比重		创新产出竞争力	
	得分	排名	得分	排名	得分	排名	得分	排名	得分	排名
2011	2.5	15	48.6	10	19.0	11	3.1	14	19.4	12
2012	2.2	15	46.4	9	19.9	10	2.7	15	18.1	11
得分变化	－0.3		－2.2		0.9		－0.4		－1.3	
排名升降		0		1		1		－1		1
优劣度		中势		优势		优势		中势		中势

（1）从排位变化比较看，2012 年澳大利亚创新产出竞争力排名第 11 位，与 2011 年相比，排位上升了 1 位，处于中势地位。

（2）从指标所处区位来看，在 9 个三级指标中，有 2 个是强势指标，为科技人员平均专利授权数和科技人员平均发表论文数；有 4 个指标是优势指标，为专利授权数、专利和许可收入、高技术产品净出口比重和注册商标数；有 3 个指标是中势指标，为科技论文发表数、高技术产品净出口额和创意产品出口比重；没有劣势指标。

（3）从指标排位变化趋势看，在 9 个三级指标中，有 2 个指标处于上升趋势，为高技术产品净出口比重和注册商标数；有 3 个指标处于下降趋势，为科技人员平均发表论文数、专利和许可收入、创意产品出口比重；其余 4 个指标的排位保持不变。

（4）从指标排位变化的动因看，有 2 个三级指标的排位出现了上升，尽管 3 个三级指标的排位出现了下降，但上升的动力大于下降的拉力，在指标排位升降的综合作用下，澳大利亚创新产出竞争力的综合排位上升了 1 位，在 G20 中排名第 11 位。

（5）从三级指标的结构特征看，在 9 个三级指标中，强势指标有 2 个，占指标总数的 22.2%；优势指标有 4 个，占指标总数的 44.4%；中势指标有 3 个，占指标总数的 33.3%；没有劣势指标，强势和优势指标所占比重远远大于劣势指标的比重。此外，上升指标有 2 个，占指标总数的 22.2%；下降指标有 3 个，占指标总数的 33.3%。虽然排位下降的指标数量大于排位上升的指标数量，但上升的动力大于下降的拉力，2012 年澳大利亚创新产出竞争力综合排位比 2011 年上升了 1 位。

2.5.2 澳大利亚国家创新产出竞争力比较分析

图 2－7 反映了 2011～2012 年澳大利亚国家创新产出竞争力与 G20 最高水平和平均水平的比较情况。

由图 2－7 可知，评价期内澳大利亚国家创新产出竞争力得分均高于 18 分，低于 20 分，说明澳大利亚国家创新产出竞争力处于中等水平。从创新产出竞争力的整体得分比较来看，2011 年，澳大利亚国家创新产出竞争力得

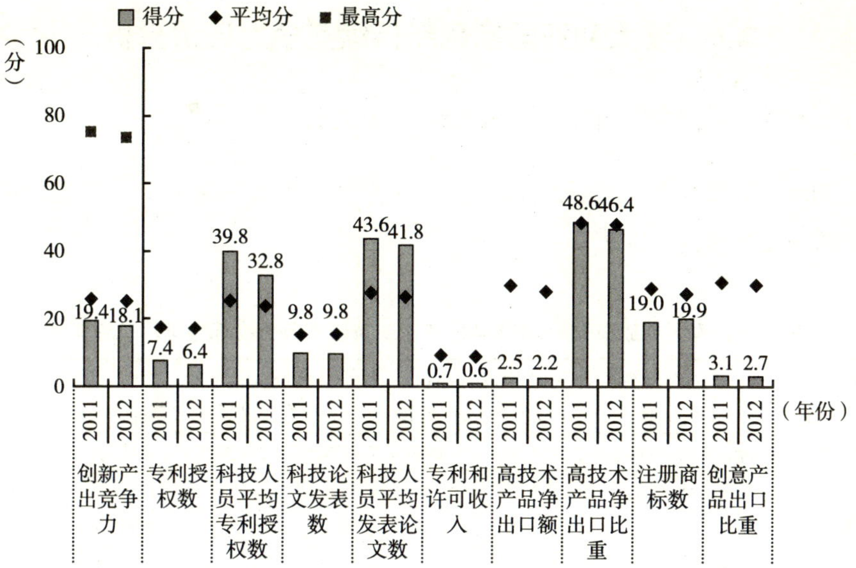

图 2－7　2011～2012 年澳大利亚国家创新产出竞争力指标得分比较

分与 G20 最高分相比还有 55.4 分的差距，低于 G20 平均分 6.4 分；到 2012 年，澳大利亚国家创新产出竞争力得分与 G20 最高分的差距为 55.1 分，低于 G20 平均分 6.8 分。总的来说，2011～2012 年澳大利亚国家创新产出竞争力与最高分的差距有所缩小，和平均分的差距略有扩大，但排位处于上升趋势。

从具体指标得分比较和变化趋势来看，澳大利亚创新产出竞争力的整体水平有轻微下降，这主要是由于专利授权数、科技论文发表数、专利和许可收入和创意产品出口比重等指标得分和排位偏低导致的，而且在 9 个三级指标中，有 6 个指标的得分低于 G20 平均分，仅有 3 个指标的得分高于 G20 平均分。因此，为了有效提升澳大利亚创新产出竞争力，要进一步提高专利申请和授权量，提高企业和个人的创新产出效率，加强知识产权保护，完善创新激励机制，促进专利和许可收入增长；大力提高高技术产品和创意产品等高附加值商品的出口比重，突出高技术产品在对外贸易中的重要地位。

2.6 澳大利亚国家创新持续竞争力评价分析

2.6.1 澳大利亚国家创新持续竞争力评价结果

2011～2012 年澳大利亚国家创新持续竞争力及其下属 7 个三级指标的排位和排位变化情况，如表 2－8 所示。

表 2－8 澳大利亚 2011～2012 年国家创新持续竞争力指标组排位及趋势表

项目 年份	公共教育经费支出总额		公共教育经费支出占 GDP 比重		人均公共教育经费支出额		高等教育毛入学率	
	得分	排名	得分	排名	得分	排名	得分	排名
2011	5.2	11	100.0	1	65.7	11	77.8	3
2012	7.6	11	100.0	1	59.5	11	83.6	3
得分变化	2.4		0.0		－6.2		5.8	
排名升降		0		0		0		0
优劣度		中势		强势		中势		强势
项目 年份	科技人员增长率		科技经费增长率		高校科技工程毕业生比重		创新持续竞争力	
	得分	排名	得分	排名	得分	排名	得分	排名
2011	32.2	10	79.1	7	30.8	11	55.8	2
2012	39.0	9	62.6	8	26.1	11	54.0	2
得分变化	6.8		－16.5		－4.7		－1.8	
排名升降		1		－1		0		0
优劣度		优势		优势		中势		强势

（1）从排位变化比较看，2012 年澳大利亚创新持续竞争力排名第 2 位，与 2011 年相比，排名保持不变，处于强势地位。

（2）从指标所处区位来看，在 7 个三级指标中，有 2 个强势指标，为公共教育经费支出占 GDP 比重和高等教育毛入学率；有 2 个优势指标，为科技人员增长率和科技经费增长率；公共教育经费支出总额、人均公共教育经费支出额和高校科技工程毕业生比重 3 个指标为中势指标；没有劣势指标。

（3）从指标排位变化趋势看，在 7 个三级指标中，有 1 个指标处于上升趋势，为科技人员增长率；有 1 个指标处于下降趋势，为科技经费增长率；其余 5 个指标的排位保持不变。

（4）从指标排位变化的动因看，分别有 1 个三级指标的排位上升和下降，其余 5 个指标的排位保持不变。排位保持不变的指标在指标体系中占主导地位，使得澳大利亚创新持续竞争力的综合排位保持不变，在 G20 中排名第 2 位。

（5）从三级指标的结构特征看，在 7 个三级指标中，强势指标和优势指标均有 2 个，均占指标总数的 28.6%；中势指标有 3 个，占指标总数的 42.9%；没有劣势指标，强势指标和优势指标所占比重大于劣势指标比重。此外，排位上升和下降的指标均有 1 个，均占指标总数的 14.3%；排位保持不变的指标有 5 个，占指标总数的 71.4%。排位下降的指标数量等于排位上升的指标数量，而且排位保持不变的指标占主导地位，使得 2011 ~2012 年澳大利亚创新持续竞争力的综合排位保持不变。

2.6.2 澳大利亚国家创新持续竞争力比较分析

图 2 -8 反映了 2011 ~2012 年澳大利亚国家创新持续竞争力与 G20 最高水平和平均水平的比较情况。

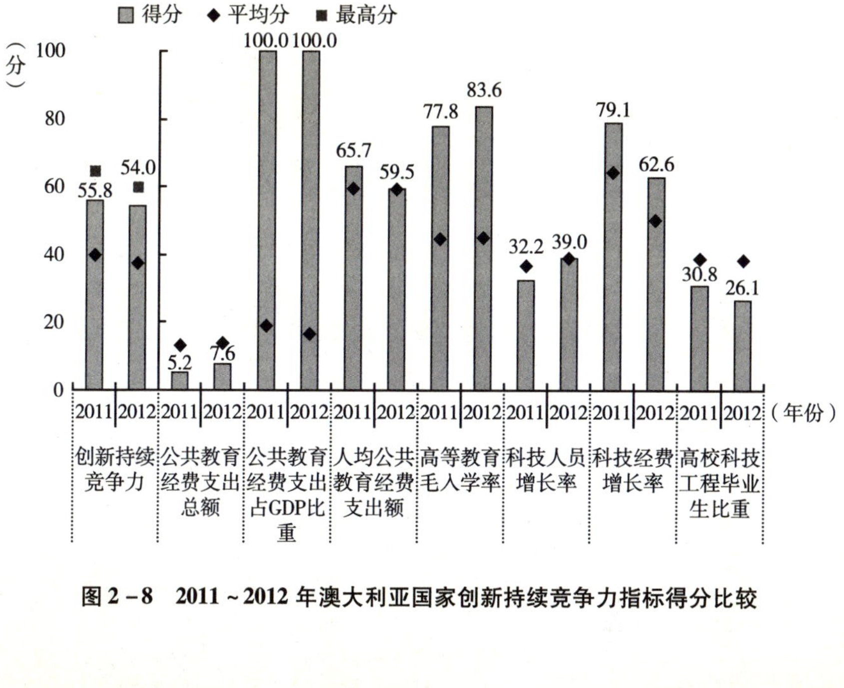

图 2 -8 2011 ~2012 年澳大利亚国家创新持续竞争力指标得分比较

由图 2 -8 可知，评价期内澳大利亚创新持续竞争力的得分处于下降趋势，说明澳大利亚创新持续竞争力水平有所下降，但仍处于强势地位。从创新持续竞争力的整体得分比较来看，2011 年，澳大利亚创新持续竞争力得分与 G20 最高分相比还有 8.5 分的差距，比 G20 平均分高 16.4 分；到 2012 年，澳大利亚国家创新持续竞争力得分与 G20 最高分的差距缩小为 5.3 分，仍比 G20 平均分高 16.4 分。总的来说，2011 ~2012 年澳大利亚创新持续竞争力的得分有所下降，与最高分的差距略有缩小。

从具体指标得分比较和变化趋势来看，澳大利亚创新持续竞争力的整体水平出现了轻微下降，这主要是由于人均公共教育经费支出额、科技经费增长率和高校科技工程毕业生比重指标得分明显下降导致的。针对这些问题，澳大利亚要切实加大对教育的投入，加大培养科学家和工程师的力度，促进科技人员的增长，实现国家创新能力的可持续发展，显著增强国家创新持续竞争力。

Y. 4

第 3 章 巴西国家创新竞争力评价分析报告

巴西位于南美洲东部，毗邻大西洋，与乌拉圭、阿根廷、巴拉圭、玻利维亚、秘鲁、哥伦比亚、委内瑞拉、圭亚那、苏里南、法属圭亚那接壤。国土面积约 851 万平方公里，海岸线长 7400 公里。2012 年全国年末总人口为 19866 万人，实现国内生产总值 22527 亿美元。本部分通过对巴西 2011 ~ 2012 年国家创新竞争力以及创新竞争力中各要素在 G20 中的排名变化分析，从中找出巴西国家创新竞争力的推动点及影响因素。

3.1 巴西国家创新竞争力总体评价分析

2011 ~ 2012 年，巴西的国家创新竞争力排名略有下降。其中，2011 年巴西国家创新竞争力在 G20 中排名第 13 位，到了 2012 年，排名第 14 位，排位下降了 1 位。

3.1.1 巴西国家创新竞争力概要分析

巴西国家创新竞争力在 G20 中所处的位置及 5 个二级指标的得分和排位变化如图 3 - 1、图 3 - 2 和表 3 - 1 所示。

（1）从综合排位变化看，2012 年巴西国家创新竞争力综合排名在 G20 中处于第 14 位，与 2011 年相比，排位下降了 1 位。

（2）从指标得分看，2012 年巴西国家创新竞争力得分为 21.1 分，比 G20 最高分低 52.9 分，比平均分低 12.2 分；与 2011 年相比，巴西国家创新竞争力得分下降了 1 分，与当年最高分的差距缩小了 0.4 分，与 G20 平均分的差距扩大了 0.4 分。

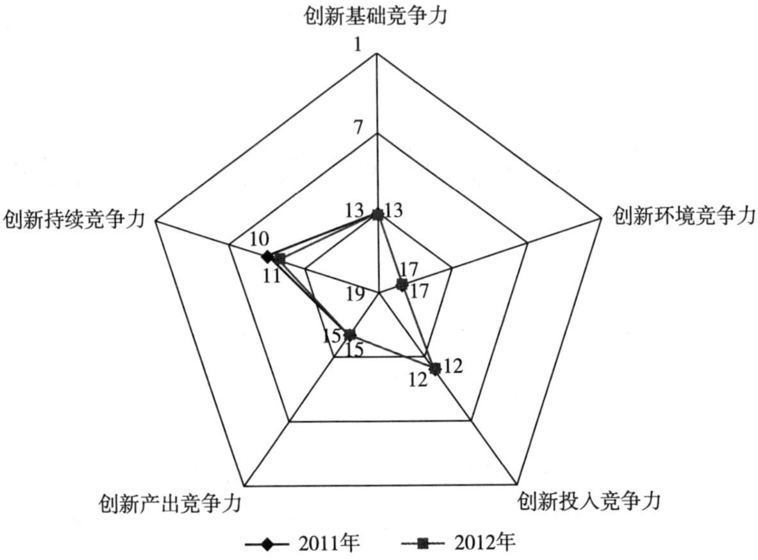

图 3－1　巴西国家创新竞争力二级指标排名雷达图

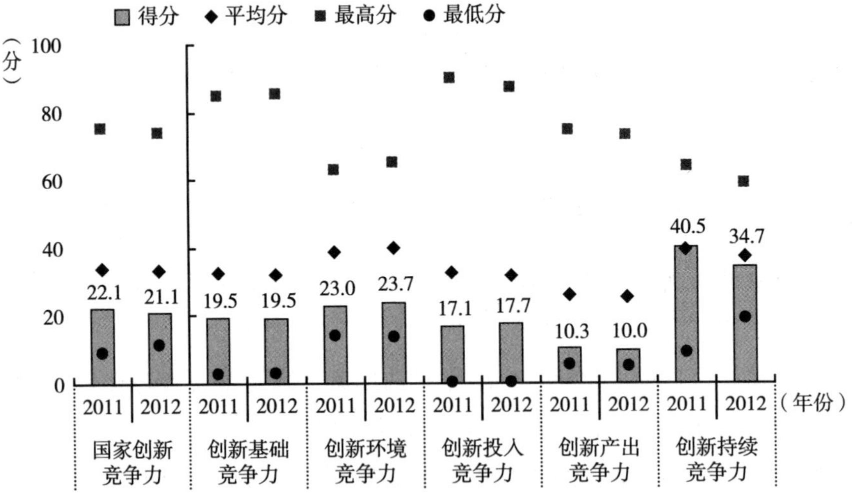

图 3－2　巴西国家创新竞争力得分和排名变化趋势图

表3-1　巴西国家创新竞争力二级指标得分和排名表

项目 年份	创新基础竞争力		创新环境竞争力		创新投入竞争力		创新产出竞争力		创新持续竞争力		创新竞争力	
	得分	排名	得分	排名	得分	排名	得分	排名	得分	排名	得分	排名
2011	19.5	13	23.0	17	17.1	12	10.3	15	40.5	10	22.1	13
2012	19.5	13	23.7	17	17.7	12	10.0	15	34.7	11	21.1	14
得分变化	0.0		0.7		0.6		-0.3		-5.9		-1.0	
排名升降		0		0		0		0		-1		-1
优劣度		中势		劣势		中势		中势		中势		中势

（3）从指标所处区位看，2012年巴西国家创新竞争力的5个二级指标中，没有强势指标和优势指标，中势指标4个，为创新基础竞争力、创新持续竞争力、创新投入竞争力、创新产出竞争力，劣势指标1个，为创新环境竞争力。

（4）从指标排位变化趋势看，在5个二级指标中，没有一个指标的排位处于上升趋势，有1个指标的排位处于下降趋势，为创新持续竞争力，这是巴西国家创新竞争力下降的拉力所在，创新基础竞争力、创新环境竞争力、创新投入竞争力和创新产出竞争力指标排位没有发生变化。

（5）从指标排位变化的动因看，1个二级指标的排位出现了下降，没有排位上升的二级指标。受指标排位下降的影响，2012年巴西国家创新竞争力的综合排位下降了1位，在G20中排名第14位。

3.1.2　巴西国家创新竞争力各级指标动态变化分析

2011～2012年巴西国家创新竞争力各级指标的动态变化及其结构，如图3-3和表3-2所示。

从图3-3可以看出，巴西国家创新竞争力的三级指标中下降指标的数量大于上升指标的数量，但保持不变的指标数量占主导地位。表3-2中的数据进一步说明，巴西国家创新竞争力的37个三级指标中，上升的指标有4个，占指标总数的10.8%；保持的指标有20个，占指标总数的54.1%；下降的指

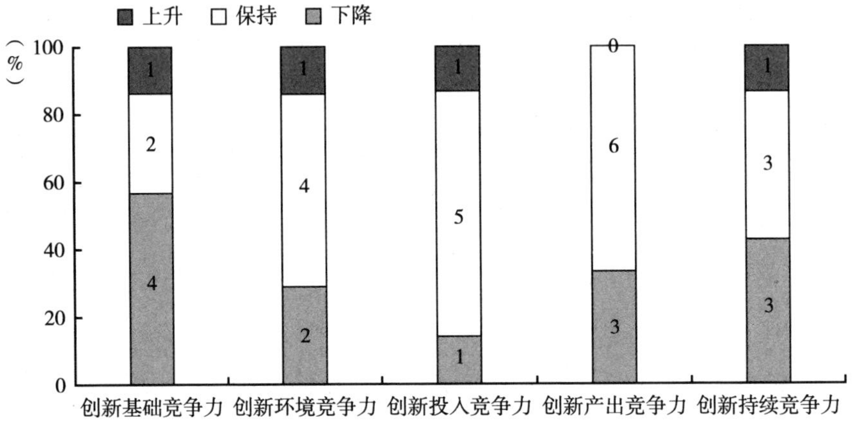

图 3-3　2011～2012 年巴西国家创新竞争力指标动态变化结构图

表 3-2　2011～2012 年巴西国家创新竞争力各级指标排位变化态势比较表

二级指标	三级指标个数	上升		保持		下降		变化趋势
		个数	比重(%)	个数	比重(%)	个数	比重(%)	
创新基础竞争力	7	1	14.3	2	28.6	4	57.1	保持
创新环境竞争力	7	1	14.3	4	57.1	2	28.6	保持
创新投入竞争力	7	1	14.3	5	71.4	1	14.3	保持
创新产出竞争力	9	0	0.0	6	66.7	3	33.3	保持
创新持续竞争力	7	1	14.3	3	42.9	3	42.9	下降
合　计	37	4	10.8	20	54.1	13	35.1	下降

标有 13 个，占指标总数的 35.1%。上升的指标数量明显小于下降的指标数量，上升的动力小于下降的拉力，使得 2012 年巴西国家创新竞争力排位下降了 1 位，在 G20 中居第 14 位。

3.1.3　巴西国家创新竞争力各级指标优劣势结构分析

2011～2012 年巴西国家创新竞争力各级指标的优劣势变化及其结构，如表 3-3 所示。

表 3-3　2011～2012 年巴西国家创新竞争力各级指标排位优劣势比较表

二级指标	三级指标个数	强势		优势		中势		劣势		优劣度
		个数	比重（%）	个数	比重（%）	个数	比重（%）	个数	比重（%）	
创新基础竞争力	7	1	14.3	2	28.6	3	42.9	1	14.3	中势
创新环境竞争力	7	0	0.0	2	28.6	2	28.6	3	42.9	劣势
创新投入竞争力	7	0	0.0	3	42.9	4	57.1	0	0.0	中势
创新产出竞争力	9	0	0.0	1	11.1	5	55.6	3	33.3	中势
创新持续竞争力	7	1	14.3	2	28.6	3	42.9	1	14.3	中势
合　计	37	2	5.4	10	27.0	17	45.9	8	21.6	中势

从表 3-3 中的数据可以看出，巴西国家创新竞争力的 37 个三级指标中，强势指标 2 个，占指标总数的 5.4%；优势指标 10 个，占指标总数的 27%；中势指标 17 个，占指标总数的 45.9%；劣势指标 8 个，占指标总数的 21.6%；强势指标和优势指标的数量之和约占指标总数的 32.4%，远远小于中势指标和劣势指标所占比重。从二级指标来看，没有强势指标和优势指标；中势指标 4 个，占二级指标总数的 80%；劣势指标 1 个，占二级指标总数的 20%。由于中势指标和劣势指标在指标体系中居于主导地位，2011～2012 年巴西国家创新竞争力处于中势地位。

3.2　巴西国家创新基础竞争力评价分析

3.2.1　巴西国家创新基础竞争力评价结果

2011～2012 年巴西国家创新基础竞争力及其下属 7 个三级指标的排位和排位变化情况，如表 3-4 所示。

（1）从排位变化比较看，2012 年巴西国家创新基础竞争力排名第 13 位，与 2011 年相比，排位没有发生变化，处于中势地位。

（2）从指标所处区位来看，7 个三级指标中只有 1 个强势指标，为外国直接投资净值；2 个优势指标，为 GDP 和财政收入；3 个中势指标，为人均 GDP、人均财政收入和受高等教育人员比重；1 个劣势指标，为全社会劳动生产率。

表 3-4 巴西 2011~2012 年国家创新基础竞争力指标组排位及趋势表

项目 年份	GDP		人均 GDP		财政收入		人均财政收入		外国直接投资净值		受高等教育人员比重		全社会劳动生产率		创新基础竞争力	
	得分	排名	得分	排名	得分	排名	得分	排名	得分	排名	得分	排名	得分	排名	得分	排名
2011	14.2	6	21.9	12	20.7	8	16.5	13	28.3	3	19.9	13	15.3	16	19.5	13
2012	12.2	7	19.1	13	19.0	9	16.9	11	36.6	3	19.9	15	12.8	16	19.5	13
得分变化	-2.0		-2.8		-1.7		0.4		8.3		0.0		-2.5		0.0	
排名升降		-1		-1		-1		2		0		-2		0		0
优劣度		优势		中势		优势		中势		强势		中势		劣势		中势

（3）从指标排位变化趋势看，在 7 个三级指标中，有 1 个指标处于上升趋势，为人均财政收入；有 2 个指标保持不变，为外国直接投资净值和全社会劳动生产率；其余 4 个指标处于下降趋势，分别为 GDP、人均 GDP、财政收入、受高等教育人员比重。

（4）从指标排位变化的动因看，下降指标的数量大于上升指标的数量，但由于指标上升的幅度较大，且部分指标排位保持不变，巴西创新基础竞争力的综合排位也保持不变，在 G20 中排名第 13 位。

（5）从三级指标结构特征看，在创新基础竞争力指标组的 7 个三级指标中，有 1 个强势指标，占指标总数的 14.3%；优势指标 2 个，占指标总数的 28.6%；中势指标 3 个，占指标总数的 42.9%；有 1 个劣势指标，占指标总数的 14.3%。强势和优势指标所占比重大于劣势指标的比重；上升指标 1 个，占指标总数的 14.3%；下降指标 4 个，占指标总数的 57.1%。指标排位上升的数量小于排位下降的数量，但受其他因素影响，2012 年巴西国家创新基础竞争力综合排位保持不变。

3.2.2 巴西国家创新基础竞争力比较分析

图 3-4 反映了 2011~2012 年巴西国家创新基础竞争力与 G20 最高水平和平均水平的比较情况。

由图 3-4 可知，评价期内巴西国家创新基础竞争力得分低于 20 分，说明巴西国家创新基础竞争力处于较低水平。从创新基础竞争力的整体得分比较来看，2011 年，巴西国家创新基础竞争力得分与 G20 最高分相比还有 65 分的差距，比 G20 平均分低 13.6 分；到 2012 年，巴西国家创新基础竞争力得分与

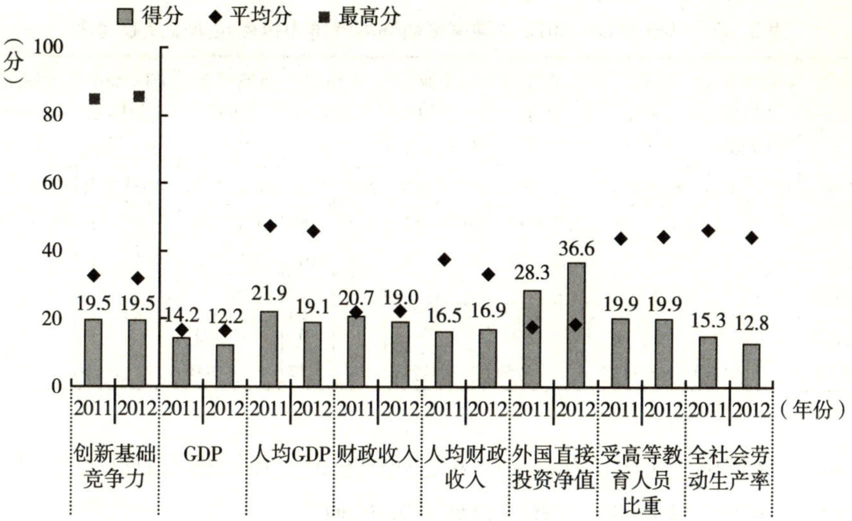

图 3－4　2011～2012 年巴西国家创新基础竞争力指标得分比较

G20 最高分的差距为 65.7 分，比 G20 平均分低 12.8 分。总的来说，2011～2012 年巴西国家创新基础竞争力与平均分的差距基本不变，其创新基础竞争力保持不变。

从具体指标得分比较和变化趋势来看，巴西国家创新基础竞争力整体水平基本稳定，人均 GDP、人均财政收入、受高等教育人员比重、全社会劳动生产率指标排位偏低；且 7 个指标中有 6 个的得分低于 G20 平均分，创新基础竞争力缺乏上升的动力。在下一步的科技创新活动中，要特别关注这些问题，尤其要关注人均问题，继续扩大生产，增加科技财政投入，加大对高等教育的投入，积极参与国际直接投资，借鉴和引进国际科技前沿技术，提高全社会劳动生产率，夯实国家创新基础，不断增强国家创新基础竞争力。

3.3　巴西国家创新环境竞争力评价分析

3.3.1　巴西国家创新环境竞争力评价结果

2011～2012 年巴西国家创新环境竞争力及其下属 7 个三级指标的排位和排位变化情况，如表 3－5 所示。

表 3 -5　巴西 2011 ~2012 年国家创新环境竞争力指标组排位及趋势表

项目 年份	每千人因特网用户数		每千人手机用户数		企业开业程序		企业平均税负水平		入境留学生比重		小额贷款占 GDP 比重		ISO 9001 质量体系认证数		创新环境竞争力	
	得分	排名	得分	排名	得分	排名	得分	排名	得分	排名	得分	排名	得分	排名	得分	排名
2011	47.3	13	38.7	7	7.7	17	44.4	17	1.5	16	4.1	13	17.0	8	23.0	17
2012	48.0	13	46.9	6	7.7	17	42.1	18	1.5	16	2.9	13	16.6	9	23.7	17
得分变化	0.7		8.2		0.0		-2.3		0.1		-1.2		-0.4		0.7	
排名升降		0		1		0		-1		0		0		-1		0
优劣度		中势		优势		劣势		劣势		劣势		中势		优势		劣势

（1）从排位变化比较看，2012 年巴西国家创新环境竞争力排名第 17 位，与 2011 年相比，排位没有变化，仍处于劣势地位。

（2）从指标所处区位来看，7 个三级指标中没有强势指标，2 个优势指标，为每千人手机用户数、ISO 9001 质量体系认证数；2 个中势指标，分别为每千人因特网用户数和小额贷款占 GDP 比重；3 个劣势指标，为企业开业程序、企业平均税负水平、入境留学生比重。

（3）从指标排位变化趋势看，在 7 个三级指标中，有 1 个指标处于上升趋势，为每千人手机用户数；2 个指标处于下降趋势，分别为企业平均税负水平、ISO 9001 质量体系认证数；其余指标均保持不变。

（4）从指标排位变化的动因看，尽管 1 个三级指标的排位出现了上升，但受指标排位升降的综合影响，巴西创新环境竞争力的综合排位没有发生变化，在 G20 中处于第 17 位。

（5）从三级指标结构特征看，在创新环境竞争力指标组的 7 个三级指标中，没有强势指标；优势指标 2 个，占指标总数的 28.6%；中势指标 2 个，占指标总数的 28.6%；劣势指标 3 个，占指标总数的 42.9%。中势和劣势指标居于主导地位；上升指标 1 个，占指标总数的 14.3%；保持指标 4 个，占指标总数的 57.1%；下降指标 2 个，占指标总数的 28.6%。虽然指标排位上升的数量小于排位下降的数量，但大部分指标均保持不变，在这些因素的综合影响下，2012 年巴西国家创新环境竞争力综合排位与 2011 年相比不变。

3.3.2　巴西国家创新环境竞争力比较分析

图3-5反映了2011~2012年巴西国家创新环境竞争力与G20最高水平和平均水平的比较情况。

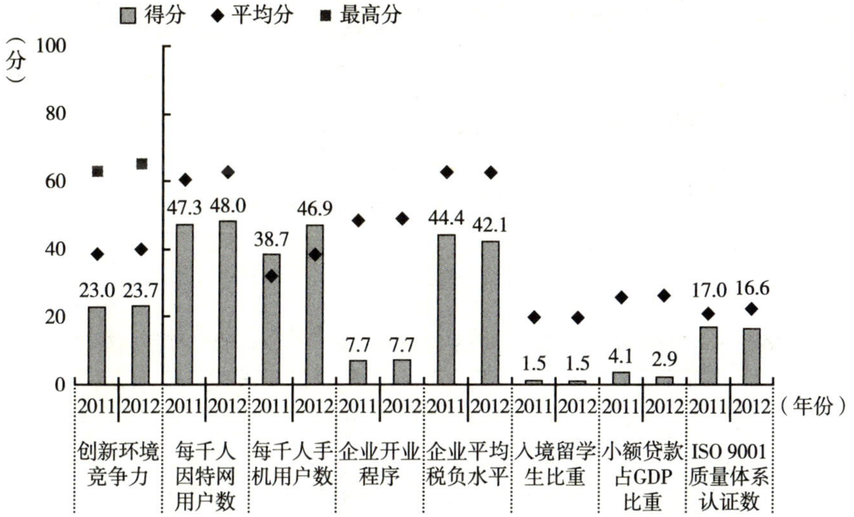

图3-5　2011~2012年巴西国家创新环境竞争力指标得分比较

由图3-5可知，评价期内巴西国家创新环境竞争力得分高低不均，但大部分处于较低水平。从创新环境竞争力的整体得分比较来看，2011年，巴西国家创新环境竞争力得分与G20最高分相比还有39.9分的差距，与G20平均分相比，也有15.7分的差距；2012年，巴西国家创新环境竞争力得分与G20最高分的差距为41.4分，与G20平均分相比，也有16.3分的差距。总的来说，2011~2012年巴西国家创新环境竞争力与最高分和平均分的差距均呈扩大趋势。

从具体指标得分比较和变化趋势来看，巴西国家创新环境竞争力整体水平较低，处于劣势地位，这主要是由于企业开业程序、企业平均税负水平、入境留学生比重等指标处于劣势地位，均与G20平均分水平有较大的差距，这限制了其创新环境竞争力的进一步提升。因此，为巩固和提升巴西国家创新环境竞争力，应针对存在的这些问题，重点优化企业开业程序，加大对创新型企业的科技和资金扶持力度，提高小额贷款占 GDP 比重，营造有利于企业健康有序发展的良好创新氛围，重视创新人才的外引内育，不断优化国家创新环境，进一步增强国家创新环境竞争力。

3.4 巴西国家创新投入竞争力评价分析

3.4.1 巴西国家创新投入竞争力评价结果

2011～2012 年巴西国家创新投入竞争力及其下属 7 个三级指标的排位和排位变化情况，如表 3－6 所示。

表 3－6 巴西 2011～2012 年国家创新投入竞争力指标组排位及趋势表

项目 年份	R&D 经费支出总额		R&D 经费支出占 GDP 比重		人均 R&D 经费支出		R&D 人员		研究人员占从业人员比重		企业研发投入比重		风险资本交易占 GDP 比重		创新投入竞争力	
	得分	排名	得分	排名	得分	排名	得分	排名	得分	排名	得分	排名	得分	排名	得分	排名
2011	6.3	10	28.7	11	10.0	13	9.6	10	11.1	14	49.7	12	4.1	11	17.1	12
2012	6.4	10	27.7	11	10.2	13	9.1	10	10.8	14	53.7	9	5.9	12	17.7	12
得分变化	0.1		-1.0		0.2		-0.5		-0.3		4.0		1.8		0.6	
排名升降		0		0		0		0		0		3		-1		0
优劣度		优势		中势		中势		优势		中势		优势		中势		中势

（1）从排位变化比较看，2012 年巴西国家创新投入竞争力排名第 12 位，与 2011 年相比，排位保持不变，处于中势地位。

（2）从指标所处区位来看，7 个三级指标中没有强势指标；优势指标 3 个，分别为 R&D 经费支出总额、R&D 人员和企业研发投入比重；其余 4 个指标均为中势指标。

（3）从指标排位变化趋势看，在 7 个三级指标中，有 1 个指标处于上升趋势，为企业研发投入比重；有 1 个指标处于下降趋势，为风险资本交易占 GDP 比重，其余 5 个指标排位保持不变。

（4）从指标排位变化的动因看，由于有 5 个三级指标的排位保持不变，巴西创新投入竞争力的综合排位也保持不变，在G20中排名第12位。

（5）从三级指标结构特征看，在创新投入竞争力指标组的7个三级指标中，没有强势指标；优势指标3个，占指标总数的43.9%；中势指标4个，占指标总数的57.1%；上升指标1个，占指标总数的14.3%；下降指标1个，占指标总数的14.3%；保持指标5个，占指标总数的71.4%。由于大部分指标排位保持不变，2012年巴西国家创新投入竞争力综合排位仍保持不变。

3.4.2 巴西国家创新投入竞争力比较分析

图3-6反映了2011~2012年巴西国家创新投入竞争力与G20最高水平和平均水平的比较情况。

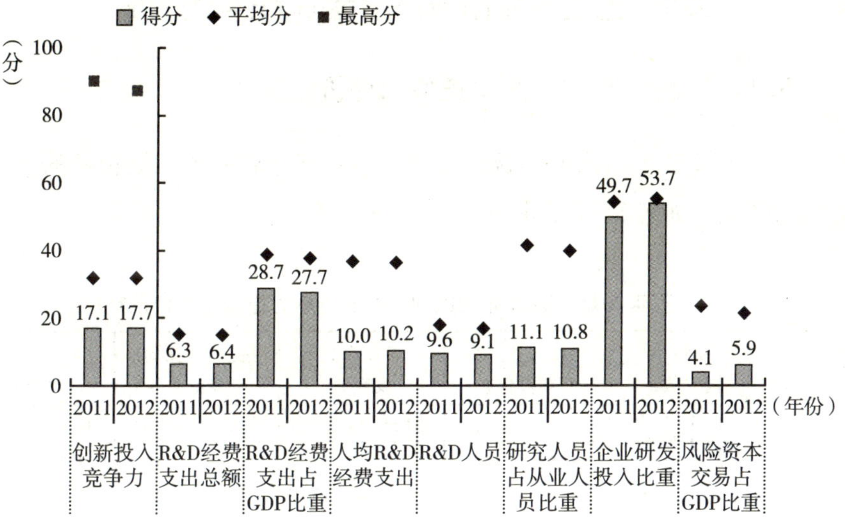

图3-6 2011~2012年巴西国家创新投入竞争力指标得分比较

由图3-6可知，评价期内巴西国家创新投入竞争力得分均低于20分，说明巴西国家创新投入竞争力处于较低水平。从创新投入竞争力的整体得分比较来看，2011年，巴西国家创新投入竞争力得分与G20最高分相比还有73分的差距，与G20平均分相比，则低了15.3分；到2012年，巴西国家创新投入竞争力得分与G20最高分的差距为69.4分，低于G20平均分14分。总的来说，2011~2012年巴西国家创新投入竞争力与最高分、平均分的差距均在缩小，国家创新投入竞争力的排位保持不变。

从具体指标得分比较和变化趋势来看，巴西国家创新投入竞争力整体水平较为稳定，仍处于中势地位，这主要是由于 R&D 经费支出总额、人均 R&D 经费支出、R&D 人员、风险资本交易占 GDP 比重指标得分偏低导致的，且所有三级指标的得分均低于 G20 平均分，可见，其创新投入竞争力水平较低。在下一步的科技创新活动中，巴西要着力解决这些问题，继续加大科技研发投入，鼓励多元化的创新研发投入，加大研发人员培养力度，高度重视研发人才队伍建设，不断增加国家创新投入，切实提升科技研发水平，有效增强国家创新投入竞争力。

3.5 巴西国家创新产出竞争力评价分析

3.5.1 巴西国家创新产出竞争力评价结果

2011 ~2012 年巴西国家创新产出竞争力及其下属 9 个三级指标的排位和排位变化情况，如表 3 -7 所示。

表 3 -7 巴西 2011 ~2012 年国家创新产出竞争力指标组排位及趋势表

项目 年份	专利授权数		科技人员平均专利授权数		科技论文发表数		科技人员平均发表论文数		专利和许可收入	
	得分	排名	得分	排名	得分	排名	得分	排名	得分	排名
2011	1.3	15	0.9	17	6.2	13	14.1	15	0.4	13
2012	0.9	15	0.3	18	6.2	13	13.0	16	0.4	14
得分变化	-0.4		-0.6		0.0		-1.1		0.0	
排名升降		0		-1		0		-1		-1
优劣度		中势		劣势		中势		劣势		中势

项目 年份	高技术产品净出口额		高技术产品净出口比重		注册商标数		创意产品出口比重		创新产出竞争力	
	得分	排名	得分	排名	得分	排名	得分	排名	得分	排名
2011	4.5	12	35.2	11	28.5	7	1.8	17	10.3	15
2012	4.2	12	37.6	11	26.2	7	1.7	17	10.0	15
得分变化	-0.3		2.4		-2.3		-0.1		-0.3	
排名升降		0		0		0		0		0
优劣度		中势		中势		优势		劣势		中势

（1）从排位变化比较看，2012年巴西国家创新产出竞争力排名第15位，与2011年相比，排位保持不变，处于中势地位。

（2）从指标所处区位来看，9个三级指标中没有强势指标；优势指标1个，为注册商标数；5个指标是中势指标，分别为专利授权数、科技论文发表数、专利和许可收入、高技术产品净出口额、高技术产品净出口比重；其余3个指标为劣势指标。

（3）从指标排位变化趋势看，在9个三级指标中，没有处于上升趋势的指标；有3个指标处于下降趋势，分别为科技人员平均专利授权数、科技人员平均发表论文数、专利和许可收入；其余6个指标排位保持不变。

（4）从指标排位变化的动因看，三级指标中没有上升指标，3个三级指标的排位出现了下降，6个指标排位保持不变，受此影响，巴西创新产出竞争力的综合排位不变，在G20中排名第15位。

（5）从三级指标结构特征看，在创新产出竞争力指标组的9个三级指标中，没有强势指标，优势指标1个，占指标总数的11.1%；中势指标5个，占指标总数的55.6%；劣势指标3个，占指标总数的33.3%，中势指标占绝对主导地位。下降指标3个，占指标总数的33.3%；其余6个指标保持不变，占指标总数的66.7%。虽然指标排位出现下降，但下降幅度不大，且大部分指标排位保持不变，受这些因素的综合影响，2012年巴西国家创新产出竞争力综合排位与2011年相比保持不变。

3.5.2　巴西国家创新产出竞争力比较分析

图3-7反映了2011~2012年巴西国家创新产出竞争力与G20最高水平和平均水平的比较情况。

由图3-7可知，评价期内巴西国家创新产出竞争力得分低于平均分，说明巴西国家创新产出竞争力处于中等偏下水平。从创新产出竞争力的整体得分比较来看，2011年，巴西国家创新产出竞争力得分与G20最高分相比还有64.5分的差距，低于G20平均分15.5分；到2012年，巴西国家创新产出竞争力得分与G20最高分的差距为63.1分，低于G20平均分14.9分。总的来说，2011~2012年巴西国家创新产出竞争力与最高分和平均分的差距呈缩小趋势，排位保持不变。

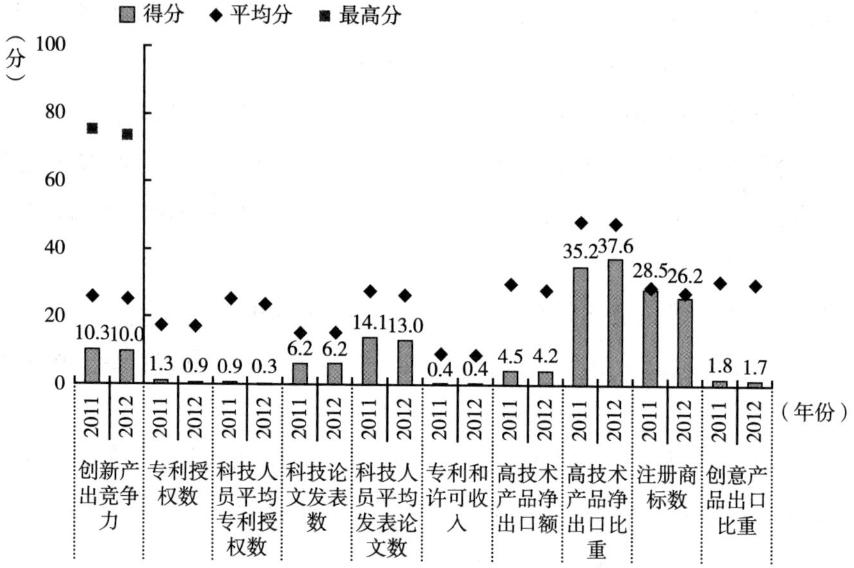

图 3－7　2011～2012 年巴西国家创新产出竞争力指标得分比较

从具体指标得分比较和变化趋势来看，巴西国家创新产出竞争力整体水平没有发生明显变化，这主要是由于专利授权数、科技人员平均专利授权数、专利和许可收入、高技术产品净出口额、创意产品出口比重指标得分和排位偏低导致的，且 9 个三级指标的得分均低于 G20 平均分。因此，要提高巴西创新产出竞争力，就要进一步完善知识产权激励机制，增加巴西的专利申请和授权量，促进专利和许可收入增长；加大对科技研发的投入，重点提升基础研究能力，提高科技论文等创新产出的数量和质量；优化出口贸易结构，增加高技术产品出口比重，突出高技术产品在对外贸易中的地位。通过一系列的创新措施，切实提高国家创新产出，增强国家创新产出竞争力。

3.6　巴西国家创新持续竞争力评价分析

3.6.1　巴西国家创新持续竞争力评价结果

2011～2012 年巴西国家创新持续竞争力及其下属 7 个三级指标的排位和

排位变化情况，如表3-8所示。

（1）从排位变化比较看，2012年巴西国家创新持续竞争力排名第11位，比2011年下降了1位，处于中势地位。

（2）从指标所处区位来看，7个三级指标中有只有1个强势指标，为科技人员增长率；优势指标2个，分别是公共教育经费支出总额和人均公共教育经费支出额；公共教育经费支出占GDP比重、高等教育毛入学率、科技经费增长率3个指标为中势指标；劣势指标1个，为高校科技工程毕业生比重。

表3-8 巴西2011~2012年国家创新持续竞争力指标组排位及趋势表

年份＼项目	公共教育经费支出总额		公共教育经费支出占GDP比重		人均公共教育经费支出额		高等教育毛入学率	
	得分	排名	得分	排名	得分	排名	得分	排名
2011	13.7	6	8.4	12	91.7	4	25.9	14
2012	11.0	7	5.3	12	70.3	9	27.4	14
得分变化	-2.7		-3.1		-21.4		1.5	
排名升降		-1		0		-5		0
优劣度		优势		中势		优势		中势

年份＼项目	科技人员增长率		科技经费增长率		高校科技工程毕业生比重		创新持续竞争力	
	得分	排名	得分	排名	得分	排名	得分	排名
2011	54.5	6	76.7	8	12.7	18	40.5	10
2012	64.3	4	52.1	11	12.2	18	34.7	11
得分变化	9.8		-24.6		-0.5		-5.8	
排名升降		2		-3		0		-1
优劣度		强势		中势		劣势		中势

（3）从指标排位变化趋势看，在7个三级指标中，有1个指标处于上升趋势，为科技人员增长率；有3个指标处于下降趋势，分别为公共教育经费支出总额、人均公共教育经费支出额和科技经费增长率，其中人均公共教育经费支出额指标下降的幅度较大，这些是巴西创新持续竞争力下降

的拉力。

（4）从指标排位变化的动因看，有 3 个三级指标的排位出现了下降，受指标排位下降的影响，巴西创新持续竞争力的综合排位出现下降，在 G20 中排名第 11 位。

（5）从三级指标结构特征看，在创新持续竞争力指标组的 7 个三级指标中，强势指标 1 个，占指标总数的 14.3%；优势指标 2 个，占指标总数的 28.6%；中势指标 3 个，占指标总数的 42.9%；劣势指标 1 个，占指标总数的 14.3%；强势指标和优势指标所占比重小于中势指标和劣势指标的比重；上升指标 1 个，占指标总数的 14.3%；下降指标 3 个，占指标总数 42.9%。指标排位下降的数量大于排位上升的数量，且指标下降的幅度较大，2012 年巴西国家创新持续竞争力综合排位比 2011 年下降了 1 位。

3.6.2 巴西国家创新持续竞争力比较分析

图 3－8 反映了 2011～2012 年巴西国家创新持续竞争力与 G20 最高水平和平均水平的比较情况。

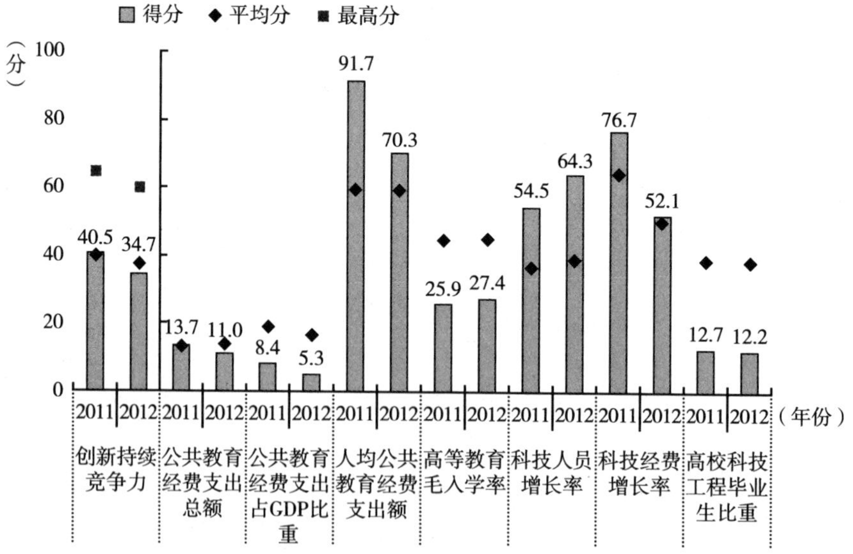

图 3－8　2011～2012 年巴西国家创新持续竞争力指标得分比较

由图3－8可知，评价期内巴西国家创新持续竞争力得分处于下降趋势，说明巴西国家创新持续竞争力水平有所下降。从创新持续竞争力的整体得分比较来看，2011年，巴西国家创新持续竞争力得分与G20最高分相比还有23.8分的差距，高于G20平均分1.1分；到2012年，巴西国家创新持续竞争力得分与G20最高分的差距扩大为24.6分，高于G20平均分3分。总的来说，2011～2012年巴西国家创新持续竞争力与最高分的差距呈扩大趋势，与平均分的差距呈扩大趋势，排位处于下降趋势。

从具体指标得分比较和变化趋势来看，巴西国家创新持续竞争力整体水平出现了下降，这主要是由于公共教育经费支出占GDP比重、高等教育毛入学率和高校科技工程毕业生比重等指标得分偏低导致的，这些指标的得分还低于G20平均分。因此，为进一步提升巴西的创新持续竞争力，要不断增加教育经费投入，尤其是公共教育经费投入；提高高等教育毛入学率，提升教育质量和水平，尤其要重视加大对科学家和工程师的培养力度，改善科学家和工程师的待遇，着力建设创新型人才队伍，实现国家创新能力的可持续发展，巩固和增强国家创新持续竞争力。

Y. 5

第 4 章 加拿大国家创新竞争力评价分析报告

加拿大位于北美洲北部，东临大西洋，西濒太平洋，西北部邻美国阿拉斯加州，东北与丹麦领地格陵兰相望，南接美国本土，北靠北冰洋达北极圈。国土面积约 998 万平方公里，国境边界长达 8892 公里，为全世界最长不设防疆界线，海岸线长约 24 万公里，也是世界上最长的。2012 年全国年末总人口为 3475 万人，实现国内生产总值 18214 亿美元。本部分通过对加拿大 2011 ~ 2012 年国家创新竞争力以及创新竞争力中各要素在 G20 中的排名变化分析，从中找出加拿大国家创新竞争力的推动点及影响因素。

4.1 加拿大国家创新竞争力总体评价分析

2011 ~ 2012 年，加拿大的国家创新竞争力排名略有下降。其中，2011 年加拿大国家创新竞争力在 G20 中排名第 8 位，到了 2012 年，排名第 9 位，排位下降了 1 位。

4.1.1 加拿大国家创新竞争力概要分析

加拿大国家创新竞争力在 G20 中所处的位置及 5 个二级指标的得分和排位变化如图 4 – 1、图 4 – 2 和表 4 – 1 所示。

（1）从综合排位变化看，2012 年加拿大国家创新竞争力综合排名在 G20 中处于第 9 位，与 2011 年相比，排位下降了 1 位。

（2）从指标得分看，2012 年加拿大国家创新竞争力得分为 42.2 分，比 G20 最高分低 31.8 分，比平均分高 8.9 分；与 2011 年相比，加拿大国家创新竞争力得分下降了 0.2 分，与当年最高分的差距缩小了 1.2 分，与 G20 平均分的差距扩大了 0.3 分。

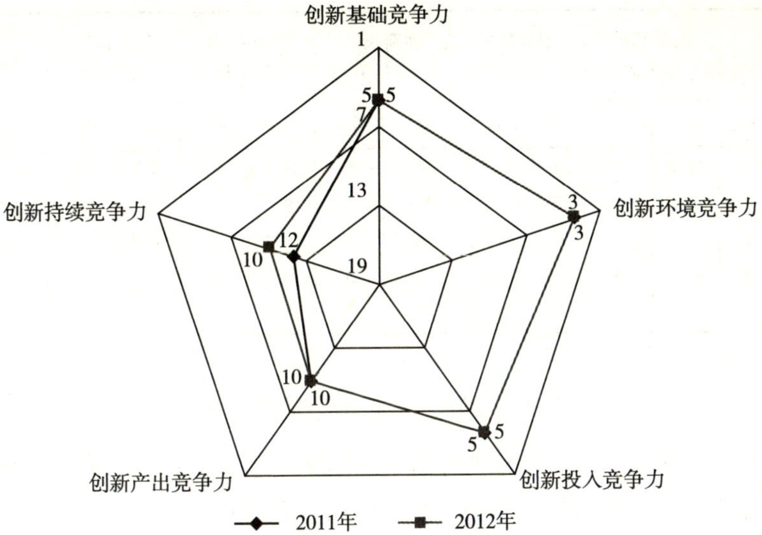

图 4－1　加拿大国家创新竞争力二级指标排名雷达图

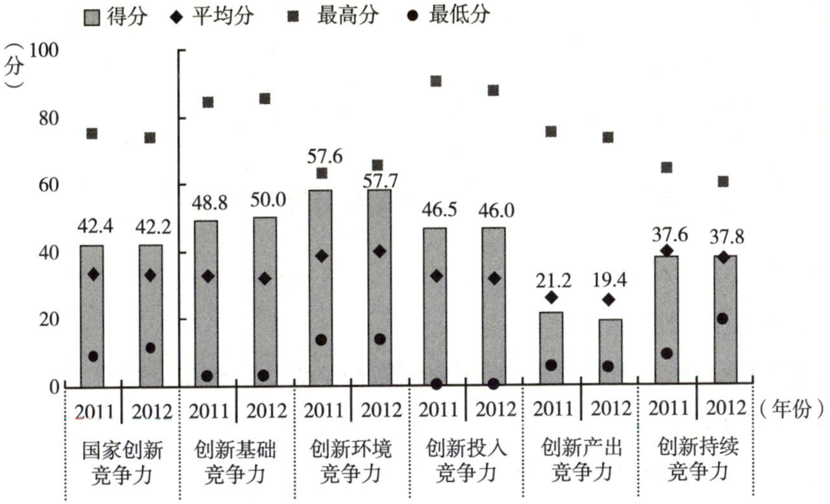

图 4－2　加拿大国家创新竞争力得分和排名变化趋势图

表 4－1　加拿大国家创新竞争力二级指标得分和排名表

项目 年份	创新基础竞争力		创新环境竞争力		创新投入竞争力		创新产出竞争力		创新持续竞争力		创新竞争力	
	得分	排名	得分	排名	得分	排名	得分	排名	得分	排名	得分	排名
2011	48.8	5	57.6	3	46.5	5	21.2	10	37.6	12	42.4	8
2012	50.0	5	57.7	3	46.0	5	19.4	10	37.8	10	42.2	9
得分变化	1.2		0.1		－0.5		－1.8		0.2		－0.2	
排名升降		0		0		0		0		2		－1
优劣度		强势		强势		强势		优势		优势		优势

（3）从指标所处区位看，2012 年加拿大国家创新竞争力的 5 个二级指标中，强势指标 3 个，为创新基础竞争力、创新环境竞争力、创新投入竞争力；优势指标 2 个，为创新持续竞争力和创新产出竞争力。

（4）从指标排位变化趋势看，在 5 个二级指标中，1 个指标的排位处于上升趋势，为创新持续竞争力，其余 4 个指标的排位均不变，分别为创新基础竞争力、创新环境竞争力、创新投入竞争力、创新产出竞争力。

（5）从指标排位变化的动因看，尽管 1 个二级指标的排位出现了上升，其余指标排位保持不变，但在其他因素的综合影响下，2012 年加拿大国家创新竞争力的综合排位下降了 1 位，在 G20 中排名第 9 位。

4.1.2　加拿大国家创新竞争力各级指标动态变化分析

2011～2012 年加拿大国家创新竞争力各级指标的动态变化及其结构，如图 4－3 和表 4－2 所示。

从图 4－3 可以看出，加拿大国家创新竞争力的三级指标中上升指标的数量大于下降指标，但保持不变的指标居于主导地位。表 4－2 中的数据进一步说明，加拿大国家创新竞争力的 37 个三级指标中，上升的指标有 7 个，占指标总数的 18.9%；保持的指标有 25 个，占指标总数的 67.6%；下降的指标有 5 个，占指标总数的 13.5%。虽然上升的指标数量大于下降指标的数量，但由于指标下降的幅度较大，上升的动力小于下降的拉力，2012 年加拿大国家创新竞争力排位下降了 1 位，在 G20 中居第 9 位。

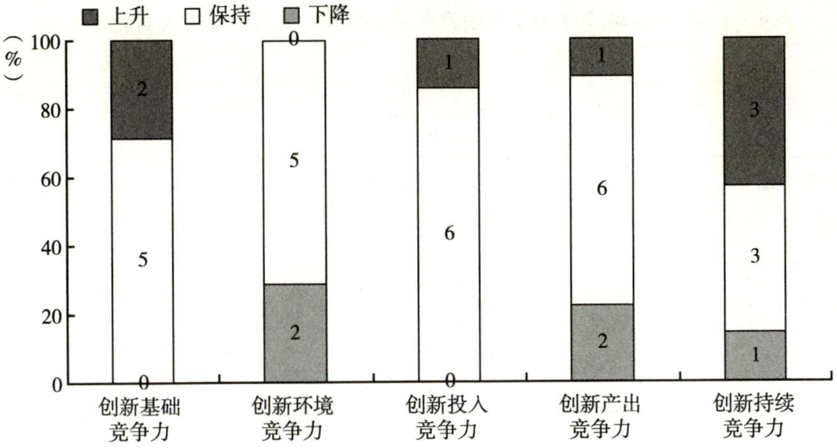

图 4－3　2011～2012 年加拿大国家创新竞争力指标动态变化结构图

表 4－2　2011～2012 年加拿大国家创新竞争力各级指标排位变化态势比较表

二级指标	三级指标个数	上升		保持		下降		变化趋势
		个数	比重(%)	个数	比重(%)	个数	比重(%)	
创新基础竞争力	7	2	28.6	5	71.4	0	0.0	保持
创新环境竞争力	7	0	0.0	5	71.4	2	28.6	保持
创新投入竞争力	7	1	14.3	6	85.7	0	0.0	保持
创新产出竞争力	9	1	11.1	6	66.7	2	22.2	保持
创新持续竞争力	7	3	42.9	3	42.9	1	14.2	上升
合　计	37	7	18.9	25	67.6	5	13.5	下降

4.1.3　加拿大国家创新竞争力各级指标优劣势结构分析

2011～2012 年加拿大国家创新竞争力各级指标的优劣势变化及其结构，如表 4－3 所示。

从表 4－3 中的数据可以看出，加拿大国家创新竞争力的 37 个三级指标中，强势指标 10 个，占指标总数的 27.0%；优势指标 18 个，占指标总数的 48.6%；中势指标 7 个，占指标总数的 18.9%；劣势指标 2 个，占指标总数的 5.4%；强势指标和优势指标的数量之和约占指标总数的 75.7%，远远大于中

表 4-3　2011~2012 年加拿大国家创新竞争力各级指标排位优劣势比较表

二级指标	三级指标个数	强势		优势		中势		劣势		优劣度
		个数	比重(%)	个数	比重(%)	个数	比重(%)	个数	比重(%)	
创新基础竞争力	7	2	28.6	3	42.9	2	28.6	0	0.0	强势
创新环境竞争力	7	4	57.1	1	14.3	1	14.3	1	14.3	强势
创新投入竞争力	7	1	14.3	4	57.1	2	28.6	0	0.0	强势
创新产出竞争力	9	1	11.1	7	77.8	1	11.1	0	0.0	优势
创新持续竞争力	7	2	28.6	3	42.9	1	14.3	1	14.3	优势
合　计	37	10	27.0	18	48.6	7	18.9	2	5.4	优势

势指标和劣势指标所占比重。从二级指标来看，强势指标 3 个，占二级指标总数的 60%；优势指标 2 个，占二级指标总数的 40%。由于强势指标和优势指标在指标体系中居于绝对主导地位，2011~2012 年加拿大国家创新竞争力处于优势地位。

4.2　加拿大国家创新基础竞争力评价分析

4.2.1　加拿大国家创新基础竞争力评价结果

2011~2012 年加拿大国家创新基础竞争力及其下属 7 个三级指标的排位和排位变化情况，如表 4-4 所示。

表 4-4　加拿大 2011~2012 年国家创新基础竞争力指标组排位及趋势

项目/年份	GDP		人均 GDP		财政收入		人均财政收入		外国直接投资净值		受高等教育人员比重		全社会劳动生产率		创新基础竞争力	
	得分	排名	得分	排名	得分	排名	得分	排名	得分	排名	得分	排名	得分	排名	得分	排名
2011	9.4	11	99.1	2	7.5	12	47.0	7	15.9	8	87.9	2	74.7	7	48.8	5
2012	9.4	11	98.4	2	8.4	12	52.8	6	20.2	8	87.9	2	72.7	6	50.0	5
得分变化	0.0		-0.7		0.9		5.8		4.3		0.0		-2.0		1.2	
排名升降		0		0		0		1		0		0		1		0
优劣度		中势		强势		中势		优势		优势		强势		优势		强势

（1）从排位变化比较看，2012 年加拿大国家创新基础竞争力排名第 5 位，与 2011 年相比，排位没有发生变化，处于强势地位。

（2）从指标所处区位来看，7 个三级指标中强势指标 2 个，为人均 GDP 和受高等教育人员比重；3 个优势指标，为人均财政收入、外国直接投资净值、全社会劳动生产率；中势指标 2 个，为 GDP 和财政收入。

（3）从指标排位变化趋势看，在 7 个三级指标中，有 2 个指标处于上升趋势，为人均财政收入、全社会劳动生产率；其余 5 个指标均保持不变。

（4）从指标排位变化的动因看，由于指标排位升降的幅度较小，且大部分指标排位保持不变，加拿大创新基础竞争力的综合排位也保持不变，在 G20 中排名第 5 位。

（5）从三级指标结构特征看，在创新基础竞争力指标组的 7 个三级指标中，强势指标 2 个，占指标总数的 28.6%；优势指标 3 个，占指标总数的 42.9%；中势指标 2 个，占指标总数的 28.6%；强势和优势指标所占比重远远大于中势指标的比重；上升指标 2 个，占指标总数的 28.6%；其余 5 个指标均保持不变。由于指标排位升降的幅度较小，且排位不变的指标居多，2012 年加拿大国家创新基础竞争力综合排位保持不变。

4.2.2　加拿大国家创新基础竞争力比较分析

图 4－4 反映了 2011～2012 年加拿大国家创新基础竞争力与 G20 最高水平和平均水平的比较情况。

由图 4－4 可知，评价期内加拿大国家创新基础竞争力得分基本高于平均分，说明加拿大国家创新基础竞争力处于较高水平。从创新基础竞争力的整体得分比较来看，2011 年，加拿大国家创新基础竞争力得分与 G20 最高分相比还有 35.8 分的差距，比 G20 平均分高 15.7 分；到 2012 年，加拿大国家创新基础竞争力得分与 G20 最高分的差距为 35.3 分，比 G20 平均分高 17.7 分。总的来说，2011～2012 年加拿大国家创新基础竞争力与最高分和平均分的差距变化不大，其创新基础竞争力保持稳定。

从具体指标得分比较和变化趋势来看，加拿大国家创新基础竞争力处于强势地位，且整体水平基本稳定，GDP、财政收入两个指标排位偏低，

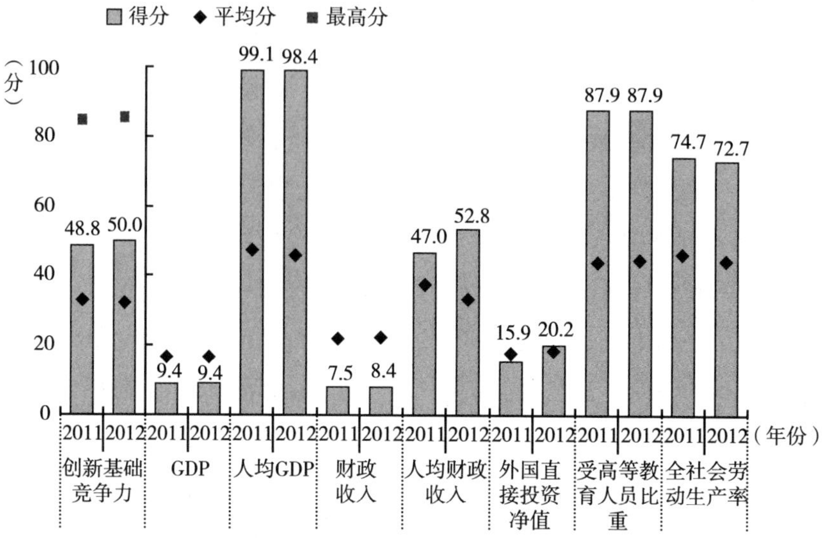

图 4－4　2011～2012 年加拿大国家创新基础竞争力指标得分比较

2012 年这两个指标的得分低于 G20 平均分，其余均高于平均水平。在下一步的科技创新活动中，加拿大要继续加快经济增长，为国家创新夯实基础；合理规划财政规模，提高财政收入，为国家创新发展提供资金支持；进一步加强国际科技交流与合作，积极参与国际直接投资，制定更加优惠的政策吸引外商直接投资，借鉴和引进国际科技前沿技术，巩固和增强国家创新基础竞争力。

4.3　加拿大国家创新环境竞争力评价分析

4.3.1　加拿大国家创新环境竞争力评价结果

2011～2012 年加拿大国家创新环境竞争力及其下属 7 个三级指标的排位和排位变化情况，如表 4－5 所示。

（1）从排位变化比较看，2012 年加拿大国家创新环境竞争力排名第 3 位，与 2011 年相比，排位没有发生变化，处于强势地位。

表4-5　加拿大2011~2012年国家创新环境竞争力指标组排位及趋势表

项目 年份	每千人因特网用户数		每千人手机用户数		企业开业程序		企业平均税负水平		入境留学生比重		小额贷款占GDP比重		ISO 9001质量体系认证数		创新环境竞争力	
	得分	排名	得分	排名	得分	排名	得分	排名	得分	排名	得分	排名	得分	排名	得分	排名
2011	96.8	3	6.0	16	100.0	1	87.6	2	16.6	8	92.8	2	3.5	14	57.6	3
2012	94.0	4	8.6	18	100.0	1	89.2	2	15.9	8	92.8	2	3.3	14	57.7	3
得分变化	-2.8		2.6		0.0		1.6		-0.7		0.0		-0.2		0.1	
排名升降		-1		-2		0		0		0		0		0		0
优劣度		强势		劣势		强势		强势		优势		强势		中势		强势

（2）从指标所处区位来看，7个三级指标中有4个强势指标，分别为每千人因特网用户数、企业开业程序、企业平均税负水平、小额贷款占GDP比重；优势指标1个，为入境留学生比重；中势指标1个，为ISO 9001质量体系认证数；劣势指标1个，为每千人手机用户数。

（3）从指标排位变化趋势看，在7个三级指标中，有2个指标处于下降趋势，分别为每千人因特网用户数和每千人手机用户数；其余指标均保持不变。

（4）从指标排位变化的动因看，尽管2个三级指标的排位出现了下降，但大部分指标排位保持不变，受此影响，加拿大创新环境竞争力的综合排位保持不变，在G20中处于第3位。

（5）从三级指标结构特征看，在创新环境竞争力指标组的7个三级指标中，强势指标4个，占指标总数的57.1%；优势指标1个，占指标总数的14.3%；中势指标1个，占指标总数的14.3%；劣势指标1个，占指标总数的14.3%；强势指标居于主导地位。下降指标2个，占指标总数的28.6%；保持指标5个，占指标总数的71.4%；没有上升指标。虽然指标排位上升的数量小于排位下降的数量，但大部分指标排位保持不变，受此综合影响，2012年加拿大国家创新环境竞争力综合排位与2011年相比保持不变。

4.3.2　加拿大国家创新环境竞争力比较分析

图4-5反映了2011~2012年加拿大国家创新环境竞争力与G20最高水平和平均水平的比较情况。

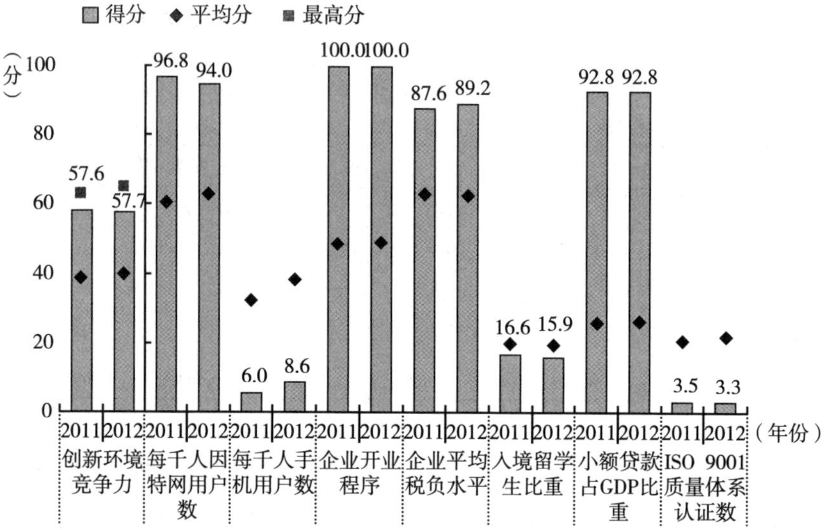

图 4－5　2011～2012 年加拿大国家创新环境竞争力指标得分比较

由图 4－5 可知，评价期内加拿大国家创新环境竞争力得分高于 57 分，处于较高水平。从创新环境竞争力的整体得分比较来看，2011 年，加拿大国家创新环境竞争力得分与 G20 最高分相比还有 5.3 分的差距，与 G20 平均分相比，高出 18.9 分；2012 年，加拿大国家创新环境竞争力得分与 G20 最高分的差距为 7.4 分，高于 G20 平均分 17.7 分。总的来说，2011～2012 年加拿大国家创新环境竞争力与最高分的差距呈扩大趋势，排位保持不变。

从具体指标得分比较和变化趋势来看，加拿大国家创新环境竞争力整体水平较高，仍处于强势地位，这主要是由于每千人因特网用户数、企业开业程序、企业平均税负水平、小额贷款占 GDP 比重等指标处于强势地位。但是每千人手机用户数、入境留学生比重、ISO 9001 质量体系认证数等指标均低于 G20 平均水平，这限制了其创新环境竞争力的进一步提升。因此，为巩固和提升加拿大国家创新环境竞争力，应针对存在的这些问题，进一步推进数字经济战略，鼓励中小企业使用数字技术，加快信息高速公路建设，重视创新人才的外引内育，加强知识产权保护，加强政府与企业的合作，强化对创新型企业的政策扶持力度，营造良好的创新氛围，不断优化国家创新环境，显著增强国家创新环境竞争力。

4.4　加拿大国家创新投入竞争力评价分析

4.4.1　加拿大国家创新投入竞争力评价结果

2011～2012年加拿大国家创新投入竞争力及其下属7个三级指标的排位和排位变化情况，如表4－6所示。

表4－6　加拿大2011～2012年国家创新投入竞争力指标组排位及趋势表

项目 年份	R&D经费支出总额		R&D经费支出占GDP比重		人均R&D经费支出		R&D人员		研究人员占从业人员比重		企业研发投入比重		风险资本交易占GDP比重		创新投入竞争力	
	得分	排名	得分	排名	得分	排名	得分	排名	得分	排名	得分	排名	得分	排名	得分	排名
2011	5.7	12	43.2	8	52.6	7	7.6	11	68.7	7	55.0	8	92.8	2	46.5	5
2012	5.4	12	39.7	8	49.7	7	6.9	11	65.2	7	55.4	8	100	1	46.0	5
得分变化	-0.3		-3.5		-2.9		-0.7		-3.5		0.4		7.2		-0.5	
排名升降		0		0		0		0		0		0		1		0
优劣度		中势		优势		优势		中势		优势		优势		强势		强势

（1）从排位变化比较看，2012年加拿大国家创新投入竞争力排名第5位，与2011年相比，排位保持不变，处于强势地位。

（2）从指标所处区位来看，7个三级指标中强势指标1个，为风险资本交易占GDP比重；优势指标4个，分别为R&D经费支出占GDP比重、人均R&D经费支出、研究人员占从业人员比重、企业研发投入比重；有两个指标是中势指标，分别为R&D人员和R&D经费支出总额。

（3）从指标排位变化趋势看，在7个三级指标中，只有1个指标排位出现上升，为风险资本交易占GDP比重，其余6个指标排位保持不变。

（4）从指标排位变化的动因看，由于有6个三级指标的排位保持不变，加拿大创新投入竞争力的综合排位也保持不变，在G20中排名第5位。

（5）从三级指标结构特征看，在创新投入竞争力指标组的7个三级指标中，强势指标1个，占指标总数的14.3%；优势指标4个，占指标总数的57.1%；

中势指标 2 个，占指标总数的 28.6%。上升指标 1 个，占指标总数的 14.3%；没有下降指标；保持指标 6 个，占指标总数的 85.7%。由于大部分指标排位保持不变，2012 年加拿大国家创新投入竞争力综合排位仍保持不变。

4.4.2 加拿大国家创新投入竞争力比较分析

图 4－6 反映了 2011～2012 年加拿大国家创新投入竞争力与 G20 最高水平和平均水平的比较情况。

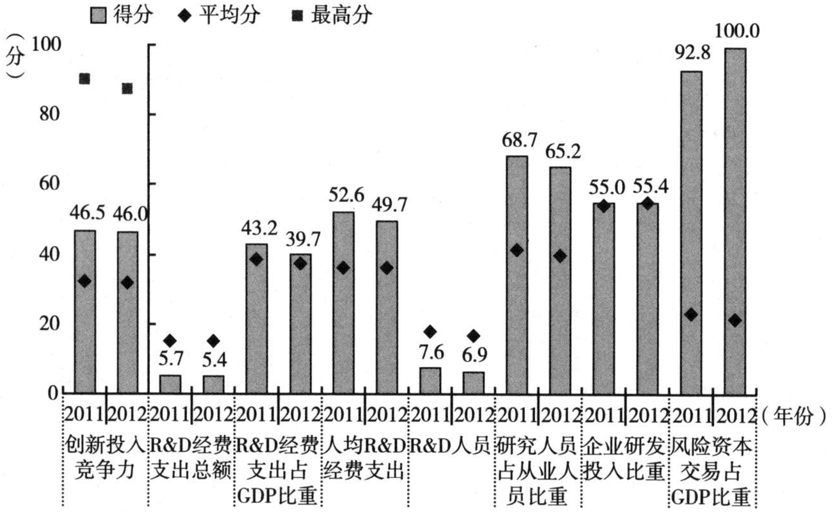

图 4－6 2011～2012 年加拿大国家创新投入竞争力指标得分比较

由图 4－6 可知，评价期内加拿大国家创新投入竞争力得分高于 45 分，说明加拿大国家创新投入竞争力处于较高水平。从创新投入竞争力的整体得分比较来看，2011 年，加拿大国家创新投入竞争力得分与 G20 最高分相比还有 43.6 分的差距，与 G20 平均分相比，则高了 14.1 分；到 2012 年，加拿大国家创新投入竞争力得分与 G20 最高分的差距为 41 分，高于 G20 平均分 14.3 分。总的来说，2011～2012 年加拿大国家创新投入竞争力与最高分的差距呈缩小趋势，国家创新投入竞争力的排位均保持不变。

从具体指标得分比较和变化趋势来看，加拿大国家创新投入竞争力处于强势地位，且整体水平较为稳定，这主要是由于大部分指标得分较高，尤其是人均R&D经费支出、研究人员占从业人员比重、风险资本交易占GDP比重三个指标的得分很高。但是R&D经费支出总额、R&D人员两个指标偏低，这两个指标的得分都低于G20平均分，这是其创新投入竞争力中较为薄弱的环节。因此，加拿大要继续加大科技研发经费投入，鼓励多元化的创新研发投入，加大研发人员培养力度，高度重视研发人才队伍建设，加大力度培育和引进创新人才，提供更加全面、系统、国际化的人才服务，保障科技创新活动的智力支撑，从而不断增加国家创新投入，进一步增强国家创新投入竞争力。

4.5　加拿大国家创新产出竞争力评价分析

4.5.1　加拿大国家创新产出竞争力评价结果

2011~2012年加拿大国家创新产出竞争力及其下属9个三级指标的排位和排位变化情况，如表4-7所示。

表4-7　加拿大2011~2012年国家创新产出竞争力指标组排位及趋势表

项目/年份	专利授权数		科技人员平均专利授权数		科技论文发表数		科技人员平均发表论文数		专利和许可收入	
	得分	排名	得分	排名	得分	排名	得分	排名	得分	排名
2011	8.6	6	30.7	6	13.8	7	41.7	4	2.7	8
2012	7.9	6	27.5	6	13.8	7	40.7	4	3.0	7
得分变化	-0.7		-3.2		0.0		-1.0		0.3	
排名升降		0		0		0		0		1
优劣度		优势		优势		优势		强势		优势

项目/年份	高技术产品净出口额		高技术产品净出口比重		注册商标数		创意产品出口比重		创新产出竞争力	
	得分	排名	得分	排名	得分	排名	得分	排名	得分	排名
2011	13.5	10	50.1	9	12.9	15	17.2	9	21.2	10
2012	11.6	10	45.1	10	10.9	15	14.4	10	19.4	10
得分变化	-1.9		-5.0		-2.0		-2.8		-1.8	
排名升降		0		-1		0		-1		0
优劣度		优势		优势		中势		优势		优势

（1）从排位变化比较看，2012 年加拿大国家创新产出竞争力排名第 10 位，与 2011 年相比，排位保持不变，处于优势地位。

（2）从指标所处区位来看，9 个三级指标中只有 1 个强势指标，为科技人员平均发表论文数；1 个指标是中势指标，为注册商标数；其余 7 个指标均为优势指标。

（3）从指标排位变化趋势看，在 9 个三级指标中，有 1 个指标处于上升趋势，为专利和许可收入；有 2 个指标处于下降趋势，为高技术产品净出口比重和创意产品出口比重；其余 6 个指标的排位均保持不变。

（4）从指标排位变化的动因看，1 个三级指标的排位出现了上升，2 个三级指标的排位出现了下降，但大部分指标的排位保持不变。在指标升降的综合作用下，加拿大创新产出竞争力的综合排位保持不变，在 G20 中排名第 10 位。

（5）从三级指标结构特征看，在创新产出竞争力指标组的 9 个三级指标中，强势指标 1 个，占指标总数的 11.1%；优势指标 7 个，占指标总数的 77.8%；中势指标 1 个，占指标总数的 11.1%；强势和优势指标所占比重远远大于中势指标的比重；上升指标 1 个，占指标总数的 11.1%；下降指标 2 个，占指标总数的 22.2%；保持指标 6 个，占指标总数的 66.7%。指标排位上升的数量略小于排位下降的数量，但受其他因素的综合影响，2012 年加拿大国家创新产出竞争力综合排位与 2011 年相比保持不变。

4.5.2 加拿大国家创新产出竞争力比较分析

图 4－7 反映了 2011～2012 年加拿大国家创新产出竞争力与 G20 最高水平和平均水平的比较情况。

由图 4－7 可知，评价期内加拿大国家创新产出竞争力得分基本在 G20 平均分上下，说明加拿大国家创新产出竞争力处于中等偏上的水平。从创新产出竞争力的整体得分比较来看，2011 年，加拿大国家创新产出竞争力得分与 G20 最高分相比还有 53.6 分的差距，低于 G20 平均分 4.6 分；到 2012 年，加拿大国家创新产出竞争力得分与 G20 最高分的差距为 53.7 分，低于 G20 平均分 5.5 分。总的来说，2011～2012 年加拿大国家创新产出竞争力与最高分、平均分的差距变化不大，排位保持不变。

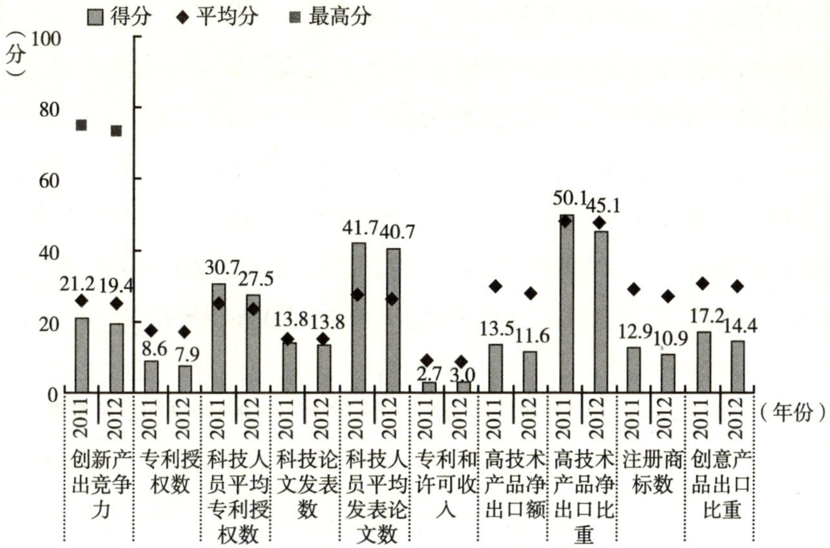

图4－7　2011～2012年加拿大国家创新产出竞争力指标得分比较

从具体指标得分比较和变化趋势来看，加拿大国家创新产出竞争力整体水平没有发生明显变化，这主要是由于各三级指标均未发生较大波动，但是加拿大的专利授权数、科技论文发表数、专利和许可收入、高技术产品净出口额、注册商标数、创意产品出口比重等指标得分偏低，均低于G20平均水平。因此，加拿大要进一步完善知识产权激励机制，提高企业和个人的专利水平和运用能力，提升加拿大的专利申请和授权量；要健全科技成果转化机制，大力提升科技成果转化率，促进专利和许可收入增长；注重提升基础研究能力，提高科技论文等创新产出的数量和质量；优化出口贸易结构，加大高技术产品出口比重，突出高技术产品在对外贸易中的地位。通过一系列的创新措施，切实提高国家创新产出，增强国家创新产出竞争力。

4.6　加拿大国家创新持续竞争力评价分析

4.6.1　加拿大国家创新持续竞争力评价结果

2011～2012年加拿大国家创新持续竞争力及其下属7个三级指标的排位

和排位变化情况，如表 4 - 8 所示。

（1）从排位变化比较看，2012 年加拿大国家创新持续竞争力排名第 10 位，比 2011 年上升了 2 位，处于优势地位。

（2）从指标所处区位来看，7 个三级指标中有 2 个强势指标，分别是公共教育经费支出占 GDP 比重和人均公共教育经费支出额；3 个优势指标，为公共教育经费支出总额、高等教育毛入学率、高校科技工程毕业生比重；1 个中势指标，为科技人员增长率；1 个劣势指标，为科技经费增长率。

表 4 - 8 加拿大 2011 ~ 2012 年国家创新持续竞争力指标组排位及趋势表

项目 年份	公共教育经费支出总额		公共教育经费支出占 GDP 比重		人均公共教育经费支出额		高等教育毛入学率	
	得分	排名	得分	排名	得分	排名	得分	排名
2011	8.0	8	32.8	3	74.3	7	51.9	7
2012	9.7	8	29.0	2	86.5	5	50.7	7
得分变化	1.7		-3.8		12.2		-1.2	
排名升降		0		1		2		0
优劣度		优势		强势		强势		优势

项目 年份	科技人员增长率		科技经费增长率		高校科技工程毕业生比重		创新持续竞争力	
	得分	排名	得分	排名	得分	排名	得分	排名
2011	5.4	16	47.4	16	43.8	6	37.6	12
2012	26.6	12	19.9	17	42.1	6	37.8	10
得分变化	21.2		-27.5		-1.7		0.2	
排名升降		4		-1		0		2
优劣度		中势		劣势		优势		优势

（3）从指标排位变化趋势看，在 7 个三级指标中，有 3 个指标处于上升趋势，为公共教育经费支出占 GDP 比重、人均公共教育经费支出额、科技人员增长率，其中人均公共教育经费支出额、科技人员增长率指标上升的幅度较大，这些是加拿大创新持续竞争力的上升动力所在；有 1 个指标处于下降趋势，为科技经费增长率，其余 3 个指标排位保持不变。

（4）从指标排位变化的动因看，有 3 个三级指标的排位出现了上升，受指标排位上升幅度较大的影响，加拿大创新持续竞争力的综合排位上升了 2

位，在 G20 中排名第 10 位。

（5）从三级指标结构特征看，在创新持续竞争力指标组的 7 个三级指标中，强势指标 2 个，占指标总数的 28.6%；优势指标 3 个，占指标总数的 42.9%；中势指标 1 个，占指标总数的 14.3%；劣势指标 1 个，占指标总数的 14.3%；强势指标和优势指标所占比重明显大于中势指标和劣势指标的比重；上升指标 3 个，占指标总数的 42.9%；下降指标 1 个，占指标总数 14.3%。由于指标排位下降的数量明显小于排位上升的数量，且指标上升的幅度较大，2012 年加拿大国家创新持续竞争力综合排位比 2011 年上升了 2 位。

4.6.2　加拿大国家创新持续竞争力比较分析

图 4－8 反映了 2011～2012 年加拿大国家创新持续竞争力与 G20 最高水平和平均水平的比较情况。

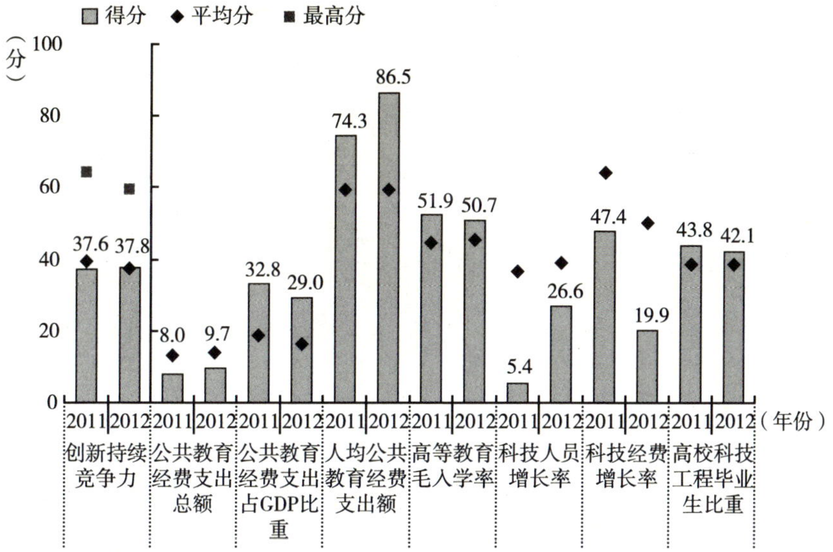

图 4－8　2011～2012 年加拿大国家创新持续竞争力指标得分比较

由图 4－8 可知，评价期内加拿大国家创新持续竞争力得分处于上升趋势，说明加拿大国家创新持续竞争力水平有所上升。从创新持续竞争力的整体得分比较来看，2011 年，加拿大国家创新持续竞争力得分与 G20 最高分相比还有

26.6 分的差距，低于 G20 平均分 1.8 分；到 2012 年，加拿大国家创新持续竞争力得分与 G20 最高分的差距缩小为 21.5 分，且高于 G20 平均分 0.2 分。总的来说，2011 ~2012 年加拿大国家创新持续竞争力与最高分、平均分的差距均呈缩小趋势，排位处于上升趋势。

从具体指标得分比较和变化趋势来看，加拿大国家创新持续竞争力整体水平出现了上升，这主要是由于人均公共教育经费支出额的大幅度增加与科技人员增长率的迅速增长。但加拿大的公共教育经费支出总额、科技人员增长率、科技经费增长率均低于 G20 平均水平，这是加拿大创新持续竞争力提升的阻碍因素。针对这些问题，加拿大要持续增加教育经费投入，尤其是公共教育方面的经费投入，保障教育质量和水平；要进一步加大科技经费投入，提升科学家和工程师的待遇，加大培养科学家和工程师的力度，为国家创新发展培育大批优秀的后备科技人才，实现国家创新能力的可持续发展，进一步增强国家创新持续竞争力。

Y.6

第 5 章
中国国家创新竞争力评价分析报告

中国位于亚洲大陆的东部、太平洋西岸，国土面积约 960 万平方公里，陆地边界长达 2.28 万公里，海域面积 473 万平方公里，大陆海岸线长约 1.8 万公里。2012 年全国年末总人口为 135070 万人，实现国内生产总值 83584 亿美元。本部分通过对中国 2011 ~ 2012 年国家创新竞争力以及创新竞争力中各要素在 G20 中的排名变化分析，从中找出中国国家创新竞争力的推动点及影响因素。

5.1 中国国家创新竞争力总体评价分析

2011 ~ 2012 年，中国的国家创新竞争力排名略有上升。其中，2011 年中国国家创新竞争力在 G20 中排名第 9 位，到了 2012 年，排名第 8 位，排位上升了 1 位。

5.1.1 中国国家创新竞争力概要分析

中国国家创新竞争力在 G20 中所处的位置及 5 个二级指标的得分和排位变化如图 5 - 1、图 5 - 2 和表 5 - 1 所示。

（1）从综合排位变化看，2012 年中国国家创新竞争力综合排名在 G20 中处于第 8 位，与 2011 年相比，排位上升了 1 位。

（2）从指标得分看，2012 年中国国家创新竞争力得分为 42.2 分，比 G20 最高分低 31.8 分，比平均分高 8.9 分；与 2011 年相比，中国国家创新竞争力得分上升了 2.5 分，与当年最高分的差距缩小了 3.8 分，与 G20 平均分的差距扩大了 3.0 分。

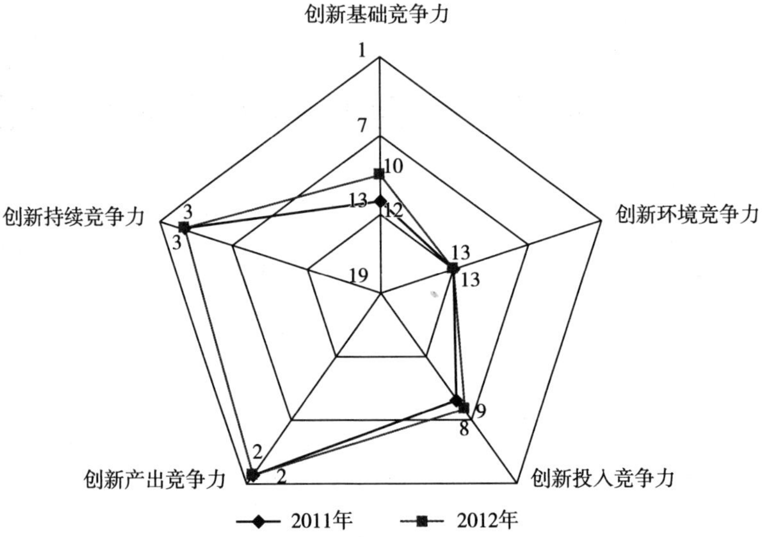

图 5－1　中国国家创新竞争力二级指标排名雷达图

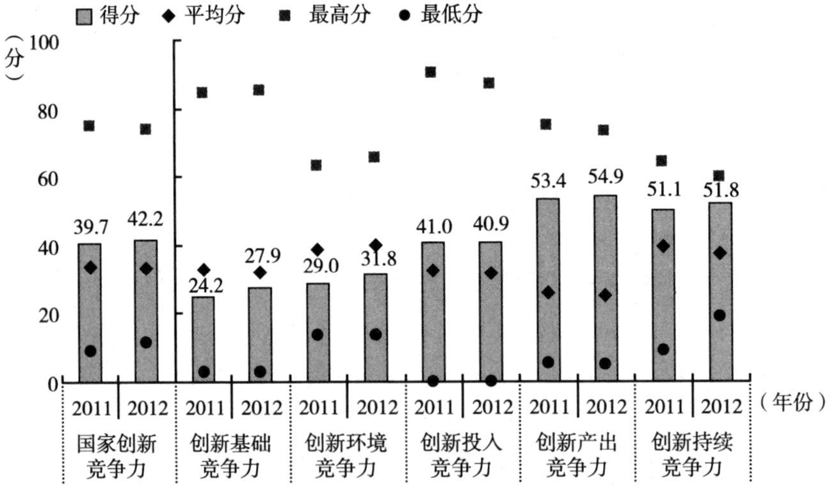

图 5－2　中国国家创新竞争力得分和排名变化趋势图

表5－1　中国国家创新竞争力二级指标得分和排名表

项目/年份	创新基础竞争力		创新环境竞争力		创新投入竞争力		创新产出竞争力		创新持续竞争力		创新竞争力	
	得分	排名	得分	排名	得分	排名	得分	排名	得分	排名	得分	排名
2011	24.2	12	29.0	13	41.0	9	53.4	2	51.1	3	39.7	9
2012	27.9	10	31.8	13	40.9	8	54.9	2	51.8	3	42.2	8
得分变化	3.7		2.8		－0.1		1.5		0.7		2.5	
排名升降		2		0		1		0		0		1
优劣度		优势		中势		优势		强势		强势		优势

（3）从指标所处区位看，2012年中国国家创新竞争力的5个二级指标中，强势指标2个，为创新产出竞争力和创新持续竞争力；优势指标2个，为创新基础竞争力和创新投入竞争力；中势指标1个，为创新环境竞争力。

（4）从指标排位变化趋势看，在5个二级指标中，有2个指标的排位处于上升趋势，分别为创新基础竞争力和创新投入竞争力，这些是中国国家创新竞争力的上升动力所在；有3个指标的排位处于保持趋势，分别为创新环境竞争力、创新产出竞争力和创新持续竞争力。

（5）从指标排位变化的动因看，2个二级指标的排位出现了上升，没有排位下降的二级指标。受指标排位上升的影响，2012年中国国家创新竞争力的综合排位上升了1位，在G20中排名第8位。

5.1.2　中国国家创新竞争力各级指标动态变化分析

2011～2012年中国国家创新竞争力各级指标的动态变化及其结构，如图5－3和表5－2所示。

从图5－3可以看出，中国国家创新竞争力的三级指标中保持指标的数量大于上升指标，但上升指标仍居于主导地位。表5－2中的数据进一步说明，中国国家创新竞争力的37个三级指标中，上升的指标有7个，占指标总数的18.9%；保持的指标有28个，占指标总数的75.7%；下降的指标有2个，占指标总数的5.4%。虽然保持指标的数量大于上升指标的数量，但由于指标上升的幅度较大，2012年中国国家创新竞争力排位上升了1位，在G20中居第8位。

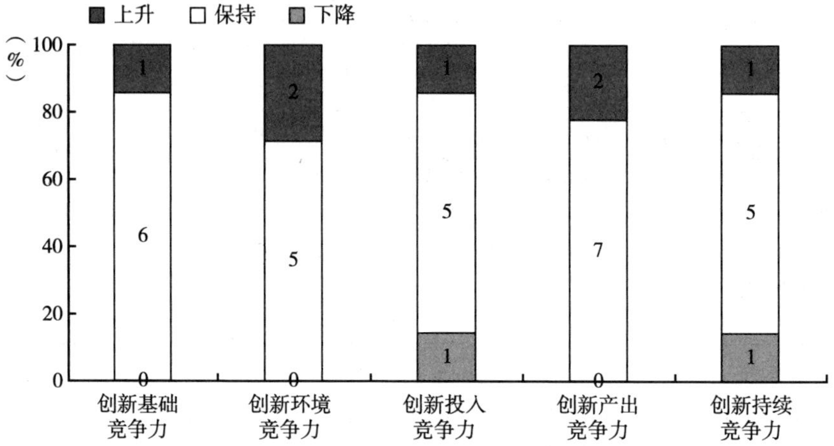

图 5－3　2011～2012 年中国国家创新竞争力指标动态变化结构图

表 5－2　2011～2012 年中国国家创新竞争力各级指标排位变化态势比较表

二级指标	三级指标个数	上升		保持		下降		变化趋势
		个数	比重(%)	个数	比重(%)	个数	比重(%)	
创新基础竞争力	7	1	14.3	6	85.7	0	0.0	上升
创新环境竞争力	7	2	28.6	5	71.4	0	0.0	保持
创新投入竞争力	7	1	14.3	5	71.4	1	14.3	上升
创新产出竞争力	9	2	22.2	7	77.8	0	0.0	保持
创新持续竞争力	7	1	14.3	5	71.4	1	14.3	保持
合　计	37	7	18.9	28	75.7	2	5.4	上升

5.1.3　中国国家创新竞争力各级指标优劣势结构分析

2011～2012 年中国国家创新竞争力各级指标的优劣势变化及其结构，如表 5－3 所示。

从表 5－3 中的数据可以看出，中国国家创新竞争力的 37 个三级指标中，强势指标 17 个，占指标总数的 45.9%；优势指标 5 个，占指标总数的 13.5%；中势指标 7 个，占指标总数的 18.9%；劣势指标 8 个，占指标总数的 21.6%；强势指标和优势指标的数量之和约占指标总数的 59.5%，大于中势

表 5－3　2011～2012 年中国国家创新竞争力各级指标排位优劣势比较表

二级指标	三级指标个数	强势		优势		中势		劣势		优劣度
		个数	比重(%)	个数	比重(%)	个数	比重(%)	个数	比重(%)	
创新基础竞争力	7	3	42.9	0	0.0	1	14.3	3	42.9	优势
创新环境竞争力	7	1	14.3	1	14.3	3	42.9	2	28.6	中势
创新投入竞争力	7	3	42.9	2	28.6	2	28.6	0	0.0	优势
创新产出竞争力	9	6	66.7	2	22.2	0	0.0	1	11.1	强势
创新持续竞争力	7	4	57.1	0	0.0	1	14.3	2	28.6	强势
合　计	37	17	45.9	5	13.5	7	18.9	8	21.6	优势

指标和劣势指标所占比重。从二级指标来看，强势指标 2 个，占二级指标总数的 40%；优势指标 2 个，占二级指标总数的 40%；中势指标 1 个，占二级指标总数的 20%。由于强势指标和优势指标在指标体系中居于主导地位，2011～2012 年中国国家创新竞争力处于优势地位。

5.2　中国国家创新基础竞争力评价分析

5.2.1　中国国家创新基础竞争力评价结果

2011～2012 年中国国家创新基础竞争力及其下属 7 个三级指标的排位和排位变化情况，如表 5－4 所示。

表 5－4　中国 2011～2012 年国家创新基础竞争力指标组排位及趋势表

项目 年份	GDP		人均 GDP		财政收入		人均财政收入		外国直接投资净值		受高等教育人员比重		全社会劳动生产率		创新基础竞争力	
	得分	排名	得分	排名	得分	排名	得分	排名	得分	排名	得分	排名	得分	排名	得分	排名
2011	47.4	2	7.7	17	61.5	2	5.6	17	32.5	2	11.0	17	3.4	17	24.2	12
2012	52.1	2	9.1	17	70.4	2	7.9	13	40.2	2	11.0	17	4.3	17	27.9	10
得分变化	4.7		1.4		8.9		2.3		7.7		0.0		0.9		3.7	
排名升降		0		0		0		4		0		0		0		2
优劣度		强势		劣势		强势		中势		强势		劣势		劣势		优势

（1）从排位变化比较看，2012 年中国国家创新基础竞争力排名第 10 位，与 2011 年相比，排位上升 2 位，处于优势地位。

（2）从指标所处区位来看，7 个三级指标中有 3 个强势指标，为 GDP、财政收入和外国直接投资净值；有 1 个中势指标，为人均财政收入；人均 GDP、受高等教育人员比重和全社会劳动生产率 3 个指标是劣势指标；没有优势指标。

（3）从指标排位变化趋势看，在 7 个三级指标中，有 1 个指标处于上升趋势，为人均财政收入；其余 6 个指标均保持不变。

（4）从指标排位变化的动因看，由于指标排位上升的幅度较大，且大部分指标排位保持不变，中国创新基础竞争力的综合排位上升 2 位，在 G20 中排名第 10 位。

（5）从三级指标结构特征看，在创新基础竞争力指标组的 7 个三级指标中，有 3 个强势指标，占指标总数的 42.9%；中势指标 1 个，占指标总数的 14.3%；有 3 个劣势指标，占指标总数的 42.9%；没有优势指标；上升指标 1 个，占指标总数的 14.3%；保持指标 6 个，占指标总数的 85.7%。排位上升指标的数量大于排位下降的数量，2012 年中国国家创新基础竞争力综合排位上升 2 位。

5.2.2　中国国家创新基础竞争力比较分析

图 5－4 反映了 2011～2012 年中国国家创新基础竞争力与 G20 最高水平和平均水平的比较情况。

由图 5－4 可知，评价期内中国国家创新基础竞争力得分均低于 28 分，说明中国国家创新基础竞争力处于较低水平。从创新基础竞争力的整体得分比较来看，2011 年，中国国家创新基础竞争力得分与 G20 最高分相比还有 60.4 分的差距，比 G20 平均分低 8.9 分；到 2012 年，中国国家创新基础竞争力得分与 G20 最高分的差距为 57.4 分，比 G20 平均分低 4.4 分。总的来说，2011～2012 年中国国家创新基础竞争力与最高分和平均分的差距逐渐缩小，其创新基础竞争力排位上升。

从具体指标得分比较和变化趋势来看，中国国家创新基础竞争力整体水平

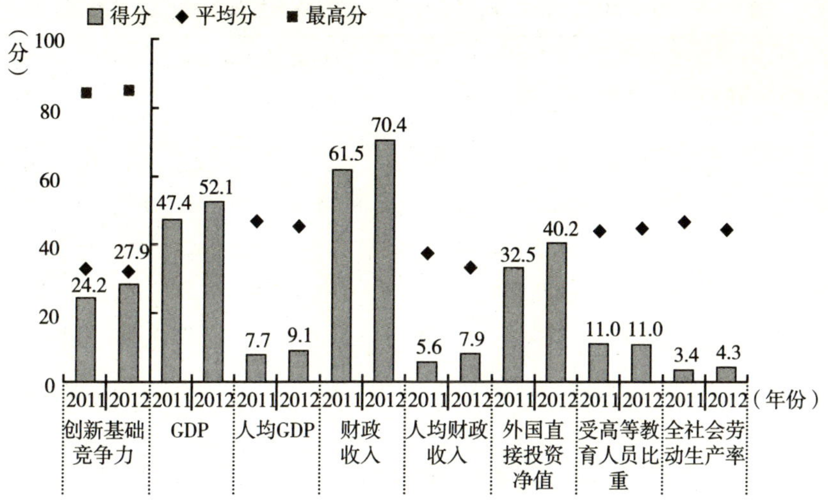

图5-4　2011~2012年中国国家创新基础竞争力指标得分比较

有所上升，但人均GDP、受高等教育人员比重和全社会劳动生产率等指标排位偏低且得分普遍低于G20平均分，创新基础竞争力上升的动力不足。在下一步的科技创新活动中，要特别关注这些问题，继续加大教育和科技的财政投入，提高全社会劳动生产率，促进产业技术的创新升级，加快企业的升级转型，增加人均国民收入，进一步增强国家创新基础竞争力。

5.3　中国国家创新环境竞争力评价分析

5.3.1　中国国家创新环境竞争力评价结果

2011~2012年中国国家创新环境竞争力及其下属7个三级指标的排位和排位变化情况，如表5-5所示。

（1）从排位变化比较看，2012年中国国家创新环境竞争力排名第13位，与2011年相比，排位保持不变，处于中势地位。

（2）从指标所处区位来看，7个三级指标中有1个强势指标，为ISO 9001质量体系认证数；有1个优势指标，为入境留学生比重；有3个中势指标，分

表 5－5　中国 2011～2012 年国家创新环境竞争力指标组排位及趋势表

项目 / 年份	每千人因特网用户数		每千人手机用户数		企业开业程序		企业平均税负水平		人境留学生比重		小额贷款占 GDP 比重		ISO 9001 质量体系认证数		创新环境竞争力	
	得分	排名	得分	排名	得分	排名	得分	排名	得分	排名	得分	排名	得分	排名	得分	排名
2011	37.5	15	0.0	19	0.0	18	47.4	15	10.8	9	7.4	12	100	1	29.0	13
2012	39.7	15	9.2	17	7.7	17	47.3	15	11.6	9	7.4	12	100	1	31.8	13
得分变化	2.2		9.2		7.7		-0.1		0.8		0.0		0.0		2.8	
排名升降		0		2		1		0		0		0		0		0
优劣度		中势		劣势		劣势		中势		优势		中势		强势		中势

别为每千人因特网用户数、企业平均税负水平和小额贷款占 GDP 比重；其余 2 个指标为劣势指标。

（3）从指标排位变化趋势看，在 7 个三级指标中，有 2 个指标处于上升趋势，分别为每千人手机用户数和企业开业程序；其余 5 个指标均保持不变。

（4）从指标排位变化的动因看，有 5 个三级指标的排位呈现保持趋势，受其影响，中国创新环境竞争力的综合排位处于保持趋势，在 G20 中处于第 13 位。

（5）从三级指标结构特征看，在创新环境竞争力指标组的 7 个三级指标中，强势指标 1 个，占指标总数的 14.3%；优势指标 1 个，占指标总数的 14.3%；中势指标 3 个，占指标总数的 42.9%；劣势指标 2 个，占指标总数的 28.6%，保持指标居于主导地位；上升指标 2 个，占指标总数的 28.6%；保持指标 5 个，占指标总数的 71.4%；没有下降指标。由于指标排位保持的数量大于排位上升的数量，受其影响，2012 年中国国家创新环境竞争力综合排位与 2011 年相比保持不变。

5.3.2　中国国家创新环境竞争力比较分析

图 5－5 反映了 2011～2012 年中国国家创新环境竞争力与 G20 最高水平和平均水平的比较情况。

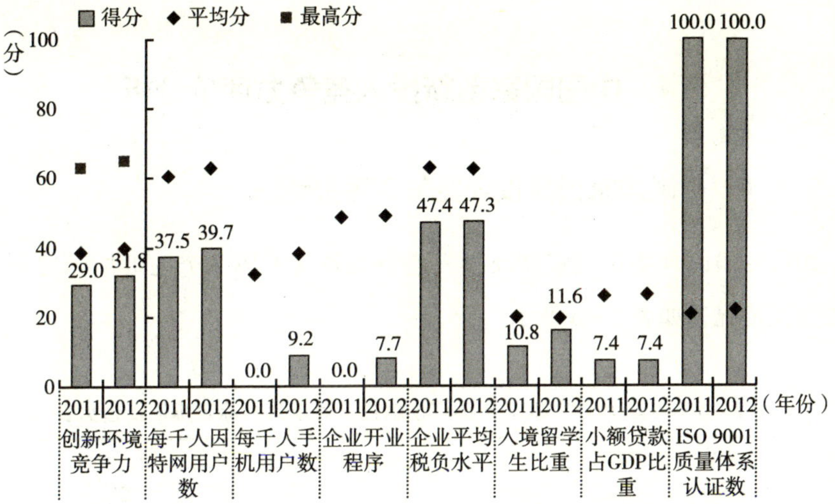

图5－5 2011～2012年中国国家创新环境竞争力指标得分比较

由图5－5可知，评价期内中国国家创新环境竞争力得分均低于32分，处于较低水平。从创新环境竞争力的整体得分比较来看，2011年，中国国家创新环境竞争力得分与G20最高分相比还有33.9分的差距，比G20平均分低9.7分；2012年，中国国家创新环境竞争力得分与G20最高分的差距为33.2分，低于G20平均分8.2分。总的来说，2011～2012年中国国家创新环境竞争力与最高分的差距变化不大，排位呈现保持趋势。

从具体指标得分比较和变化趋势来看，中国国家创新环境竞争力整体水平较低，这主要是由于每千人因特网用户数、企业平均税负水平和小额贷款占GDP比重等指标处于中势地位；而每千人因特网用户数、每千人手机用户数、企业开业程序、企业平均税负水平、入境留学生比重和小额贷款占GDP比重等指标得分均低于G20平均分，这限制了其创新环境竞争力的进一步提升。因此，为巩固和提升中国国家创新环境竞争力，应针对存在的这些问题，加大网络建设财政投入，着力提高网络使用效率，加快电子信息技术设备的普及应用，促进信息高速公路建设，简化企业开业程序，加大对创新型企业的科技和资金扶持力度，降低企业平均税负水平，重视创新人才的外引内育，营造有利于企业健康有序发展的良好创新氛围，不断优化国家创新环境，增强国家创新环境竞争力。

5.4 中国国家创新投入竞争力评价分析

5.4.1 中国国家创新投入竞争力评价结果

2011~2012年中国国家创新投入竞争力及其下属7个三级指标的排位和排位变化情况，如表5-6所示。

表5-6 中国2011~2012年国家创新投入竞争力指标组排位及趋势表

项目 / 年份	R&D经费支出总额		R&D经费支出占GDP比重		人均R&D经费支出		R&D人员		研究人员占从业人员比重		企业研发投入比重		风险资本交易占GDP比重		创新投入竞争力	
	得分	排名	得分	排名	得分	排名	得分	排名	得分	排名	得分	排名	得分	排名	得分	排名
2011	47.8	2	44.5	7	10.8	12	67.7	2	12.5	13	90.5	3	13.3	9	41.0	9
2012	53.6	2	45.8	7	12.2	11	59.7	2	12.2	13	93.6	3	8.8	10	40.9	8
得分变化	5.8		1.3		1.4		-8.0		-0.3		3.1		-4.5		-0.1	
排名升降		0		0		1		0		0		0		-1		1
优劣度		强势		优势		中势		强势		中势		强势		优势		优势

（1）从排位变化比较看，2012年中国国家创新投入竞争力排名第8位，与2011年相比，排位上升1位，处于优势地位。

（2）从指标所处区位来看，7个三级指标中有3个强势指标，分别为R&D经费支出总额、R&D人员和企业研发投入比重；有2个优势指标，分别为R&D经费支出占GDP比重和风险资本交易占GDP比重；有2个中势指标，分别为人均R&D经费支出和研究人员占从业人员比重；没有劣势指标。

（3）从指标排位变化趋势看，在7个三级指标中，有5个指标排位保持不变，分别为R&D经费支出总额、R&D经费支出占GDP比重、R&D人员、研究人员占从业人员比重和企业研发投入比重；有1个指标处于上升趋势，为人均R&D经费支出；有1个指标处于下降趋势，为风险资本交易占GDP比重。

（4）从指标排位变化的动因看，虽然有5个三级指标的排位保持不变，但受其他外部因素的综合影响，中国创新投入竞争力的综合排位上升1位，在

G20 中排名第 8 位。

（5）从三级指标结构特征看，在创新投入竞争力指标组的 7 个三级指标中，强势指标 3 个，占指标总数的 42.9%；优势指标 2 个，占指标总数的 28.6%；中势指标 2 个，占指标总数的 28.6%；没有劣势指标；上升指标 1 个，占指标总数的 14.3%；保持指标 5 个，占指标总数的 71.4%；下降指标 1 个，占指标总数的 14.3%。由于指标排位上升的动力大于指标排位下降的拉力，2012 年中国国家创新投入竞争力综合排位上升 1 位。

5.4.2　中国国家创新投入竞争力比较分析

图 5－6 反映了 2011～2012 年中国国家创新投入竞争力与 G20 最高水平和平均水平的比较情况。

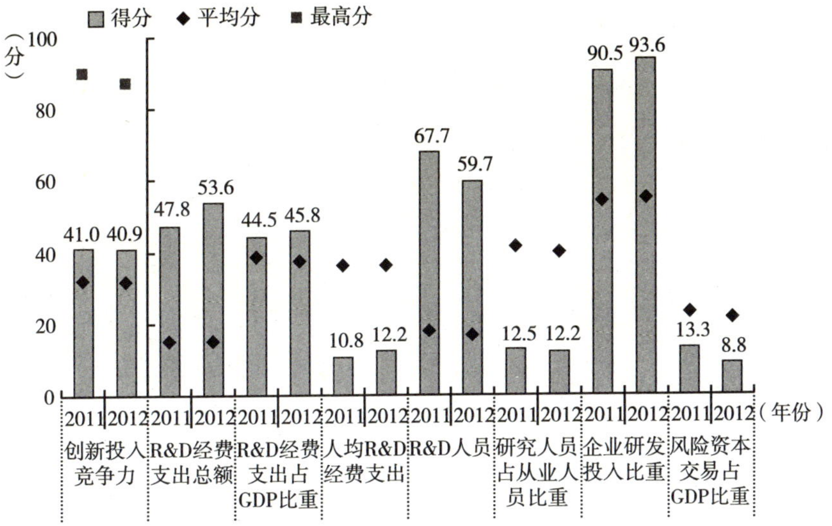

图 5－6　2011～2012 年中国国家创新投入竞争力指标得分比较

由图 5－6 可知，评价期内中国国家创新投入竞争力得分均高于 40 分，说明中国国家创新投入竞争力处于较高水平。从创新投入竞争力的整体得分比较来看，2011 年，中国国家创新投入竞争力得分与 G20 最高分相比还有 49.1 分的差距，与 G20 平均分相比，则高了 8.7 分；到 2012 年，中国国家创新投入竞争力得分与 G20 最高分的差距为 46.2 分，高于 G20 平均分 9.2 分。总的来说，2011～2012 年中国国家创新投入竞争力与最高分的差距逐渐缩小，国家创新投入竞争力的排位上升。

从具体指标得分比较和变化趋势来看，中国国家创新投入竞争力整体水平较为稳定，仍处于优势地位，但人均 R&D 经费支出、研究人员占从业人员比重、风险资本交易占 GDP 比重得分均低于 G20 平均分，可见，其创新投入竞争力仍存在薄弱环节。今后要特别关注这些问题，不断加大科技研发经费投入，加大科研人员培养力度，促进合理的资本流动，加强科技人才队伍建设，拓宽社会科技投入的融资渠道，切实增强国家创新投入竞争力。

5.5 中国国家创新产出竞争力评价分析

5.5.1 中国国家创新产出竞争力评价结果

2011～2012 年中国国家创新产出竞争力及其下属 9 个三级指标的排位和排位变化情况，如表 5－7 所示。

表 5－7 中国 2011～2012 年国家创新产出竞争力指标组排位及趋势表

项目 / 年份	专利授权数		科技人员平均专利授权数		科技论文发表数		科技人员平均发表论文数		专利和许可收入	
	得分	排名	得分	排名	得分	排名	得分	排名	得分	排名
2011	42.8	3	18.9	8	23.8	2	9.2	17	0.6	10
2012	42.6	3	19.0	8	23.8	2	8.0	17	0.8	9
得分变化	－0.2		0.1		0.0		－1.2		0.2	
排名升降		0		0		0		0		1
优劣度		强势		优势		强势		劣势		优势

项目 / 年份	高技术产品净出口额		高技术产品净出口比重		注册商标数		创意产品出口比重		创新产出竞争力	
	得分	排名	得分	排名	得分	排名	得分	排名	得分	排名
2011	85.7	2	100	1	100	1	100	1	53.4	2
2012	100.0	1	100	1	100	1	100	1	54.9	2
得分变化	14.3		0.0		0.0		0.0		1.5	
排名升降		1		0		0		0		0
优劣度		强势		强势		强势		强势		强势

（1）从排位变化比较看，2012 年中国国家创新产出竞争力排名第 2 位，与 2011 年相比，排位保持不变，处于强势地位。

（2）从指标所处区位来看，9 个三级指标中有 6 个强势指标，分别为专利授权数、科技论文发表数、高技术产品净出口额、高技术产品净出口比重、注册商标数和创意产品出口比重；有 2 个优势指标，分别为科技人员平均专利授权数与专利和许可收入；有 1 个劣势指标，为科技人员平均发表论文数；没有中势指标。

（3）从指标排位变化趋势看，在 9 个三级指标中，有 2 个指标处于上升趋势，分别为专利和许可收入与高技术产品净出口额；其余 7 个指标均处于保持趋势。

（4）从指标排位变化的动因看，7 个三级指标的排位呈现保持趋势，在其影响下，中国创新产出竞争力的综合排位保持不变，在 G20 中排名第 2 位。

（5）从三级指标结构特征看，在创新产出竞争力指标组的 9 个三级指标中，强势指标 6 个，占指标总数的 66.7%；优势指标 2 个，占指标总数的 22.2%；没有中势指标；劣势指标 1 个，占指标总数的 11.1%；强势和优势指标所占比重远远大于劣势指标的比重；上升指标 2 个，占指标总数的 22.2%；保持指标 7 个，占指标总数的 77.8%，没有下降指标。由于指标排位保持的数量大于排位上升的数量，2012 年中国国家创新产出竞争力综合排位与 2011 年相比，保持不变。

5.5.2　中国国家创新产出竞争力比较分析

图 5－7 反映了 2011～2012 年中国国家创新产出竞争力与 G20 最高水平和平均水平的比较情况。

由图 5－7 可知，评价期内中国国家创新产出竞争力得分均高于 53 分，说明中国国家创新产出竞争力处于较高水平。从创新产出竞争力的整体得分比较来看，2011 年，中国国家创新产出竞争力得分与 G20 最高分相比还有 21.4 分的差距，高于 G20 平均分 27.6 分；到 2012 年，中国国家创新产出竞争力得分与 G20 最高分的差距为 18.2 分，高于 G20 平均分 30.0 分。总的来说，2011～2012 年中国国家创新产出竞争力与最高分的差距呈缩小趋势，与平均分差距呈扩大趋势，但排位保持不变。

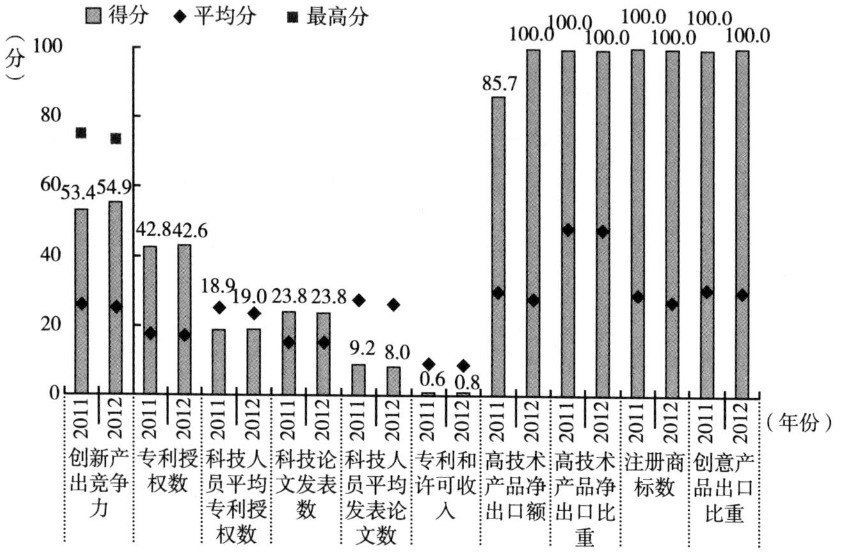

图 5－7　2011～2012 年中国国家创新产出竞争力指标得分比较

从具体指标得分比较和变化趋势来看，中国国家创新产出竞争力整体水平没有发生明显变化，仍处于强势地位，这主要是专利授权数、科技论文发表数、高技术产品净出口额、高技术产品净出口比重、注册商标数和创意产品出口比重等强势指标作用的结果；但也应该看到，中国科技人员平均发表论文数指标得分和排位明显偏低，且科技人员平均专利授权数、专利和许可收入等指标得分均低于 G20 平均分。因此，在重视这些问题的基础上，中国要继续加大对科技和教育的财政投入，加强科技人才队伍建设，培养科研技术骨干，切实提高科研人员科研能力；完善知识产权保护的法律制度建设，保障科研成果的独立性和收益，进一步增强国家创新产出竞争力。

5.6　中国国家创新持续竞争力评价分析

5.6.1　中国国家创新持续竞争力评价结果

2011～2012 年中国国家创新持续竞争力及其下属 7 个三级指标的排位和

排位变化情况，如表5－8所示。

（1）从排位变化比较看，2012年中国国家创新持续竞争力排名第3位，与2011年相比，排位保持不变，处于强势地位。

（2）从指标所处区位来看，7个三级指标中有4个强势指标，分别是公共教育经费支出总额、科技人员增长率、科技经费增长率和高校科技工程毕业生比重；有1个中势指标，为人均公共教育经费支出额；有2个劣势指标，分别为公共教育经费支出占GDP比重和高等教育毛入学率。

表5－8　中国2011～2012年国家创新持续竞争力指标组排位及趋势表

项目 年份	公共教育经费支出总额		公共教育经费支出占GDP比重		人均公共教育经费支出额		高等教育毛入学率	
	得分	排名	得分	排名	得分	排名	得分	排名
2011	28.7	2	1.9	17	32.3	15	8.5	17
2012	33.6	2	1.8	17	29.7	15	2.7	17
得分变化	4.9		-0.1		-2.6		-5.8	
排名升降		0		0		0		0
优劣度		强势		劣势		中势		劣势

项目 年份	科技人员增长率		科技经费增长率		高校科技工程毕业生比重		创新持续竞争力	
	得分	排名	得分	排名	得分	排名	得分	排名
2011	86.1	4	100	1	100	1	51.1	3
2012	98.4	2	100	1	96.3	2	51.8	3
得分变化	12.3		0.0		-3.7		0.7	
排名升降		2		0		-1		0
优劣度		强势		强势		强势		强势

（3）从指标排位变化趋势看，在7个三级指标中，有1个指标处于上升趋势，为科技人员增长率；有1个下降指标，为高校科技工程毕业生比重；其余5个指标均处于保持趋势。

（4）从指标排位变化的动因看，有5个指标的排位保持不变，受指标排位保持的影响，中国创新持续竞争力的综合排位保持不变，在G20中排名第3位。

（5）从三级指标结构特征看，在创新持续竞争力指标组的7个三级指标中，强势指标 4 个，占指标总数的 57.1%；中势指标 1 个，占指标总数的 14.3%；劣势指标 2 个，占指标总数的 28.6%；没有优势指标；上升指标 1 个，占指标总数的 14.3%；下降指标 1 个，占指标总数 14.3%；保持指标 5 个，占指标总数的 71.4%。排位保持的指标数量大于排位上升的数量，2012 年中国国家创新持续竞争力综合排位与 2011 年保持不变。

5.6.2 中国国家创新持续竞争力比较分析

图 5－8 反映了 2011～2012 年中国国家创新持续竞争力与 G20 最高水平和平均水平的比较情况。

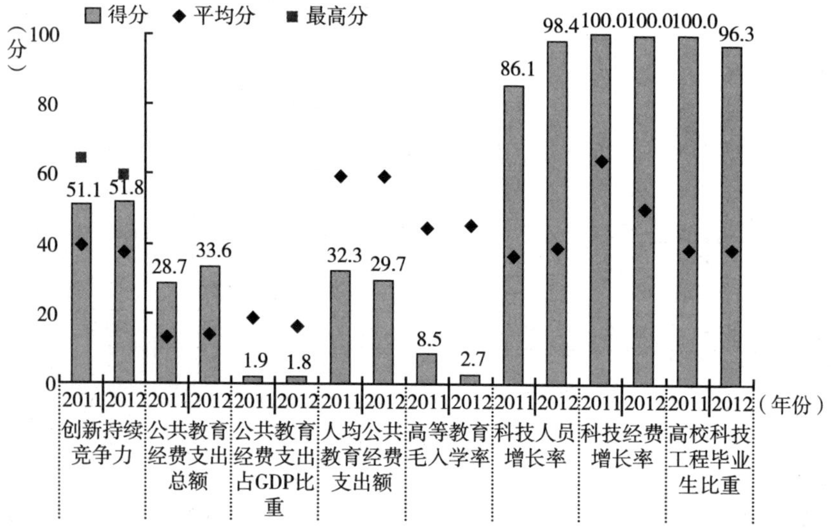

图 5－8 2011～2012 年中国国家创新持续竞争力指标得分比较

由图 5－8 可知，评价期内中国国家创新持续竞争力得分均高于 51 分，说明中国国家创新持续竞争力水平整体较高。从创新持续竞争力的整体得分比较来看，2011 年，中国国家创新持续竞争力得分与 G20 最高分相比还有 13.2 分的差距，高于 G20 平均分 11.7 分；到 2012 年，中国国家创新持续竞争力得分与 G20 最高分的差距缩小为 7.5 分，高于 G20 平均分 14.2 分。总的来说，2011～2012 年中国国家创新持续竞争力与最高分的差距呈缩小趋势，但排位处于保持趋势。

从具体指标得分比较和变化趋势来看，中国国家创新持续竞争力整体水平呈保持趋势，处于强势地位，这是公共教育经费支出总额、科技人员增长率、科技经费增长率和高校科技工程毕业生比重等强势指标综合作用的结果，但也应该看到，公共教育经费支出占 GDP 比重、人均公共教育经费支出额和高等教育毛入学率等指标的得分有所下降，且均低于 G20 平均分。因此，针对这些问题，中国要进一步加大对公共教育和科研的投入力度，扩大教育经费和科研经费的融资渠道，提高高等教育的教学水平和科研水平，显著增强国家创新持续竞争力。

Y. 7

第 6 章 法国国家创新竞争力评价分析报告

法国位于欧洲西部，与比利时、卢森堡、德国、瑞士、意大利、摩纳哥、安道尔和西班牙接壤，与英国隔英吉利海峡相望。国土面积约 55 万平方公里，海岸线长约 7000 公里。2012 年全国年末总人口为 6568 万人，实现国内生产总值 26129 亿美元。本部分通过对法国 2011 ~2012 年国家创新竞争力以及创新竞争力中各要素在 G20 中的排名变化分析，从中找出法国国家创新竞争力的推动点及影响因素。

6.1 法国国家创新竞争力总体评价分析

2011 ~2012 年，法国的国家创新竞争力排名保持不变。2011 年法国国家创新竞争力在 G20 中排名第 7 位，2012 年也排名第 7 位，排位没有变动。

6.1.1 法国国家创新竞争力概要分析

法国国家创新竞争力在 G20 中所处的位置及 5 个二级指标的得分和排位变化如图 6 -1、图 6 -2 和表 6 -1 所示。

（1）从综合排位变化看，2012 年法国国家创新竞争力综合排名在 G20 中处于第 7 位，与 2011 年相比，排位保持不变。

（2）从指标得分看，2012 年法国国家创新竞争力得分为 42. 5 分，比 G20 最高分低 31. 4 分，比平均分高 9. 2 分；与 2011 年相比，法国国家创新竞争力得分下降了 1. 2 分，与当年最高分的差距缩小了 0. 2 分，与 G20 平均分的差距也缩小了 0. 6 分。

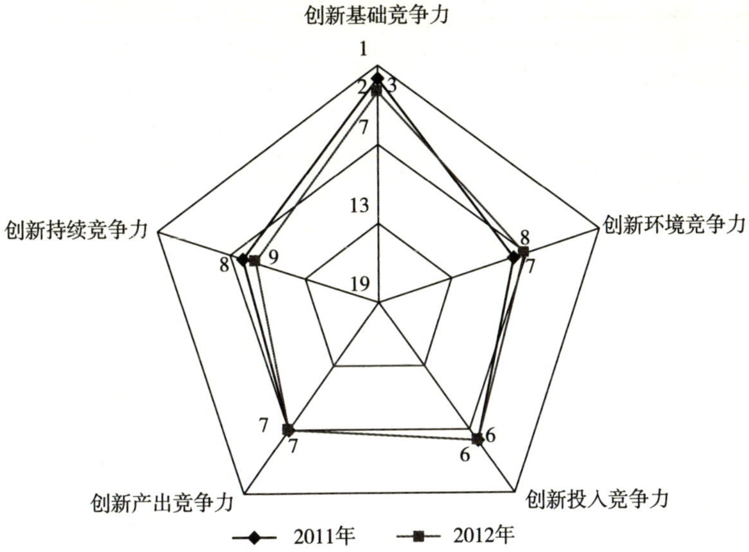

图6-1 法国国家创新竞争力二级指标排名雷达图

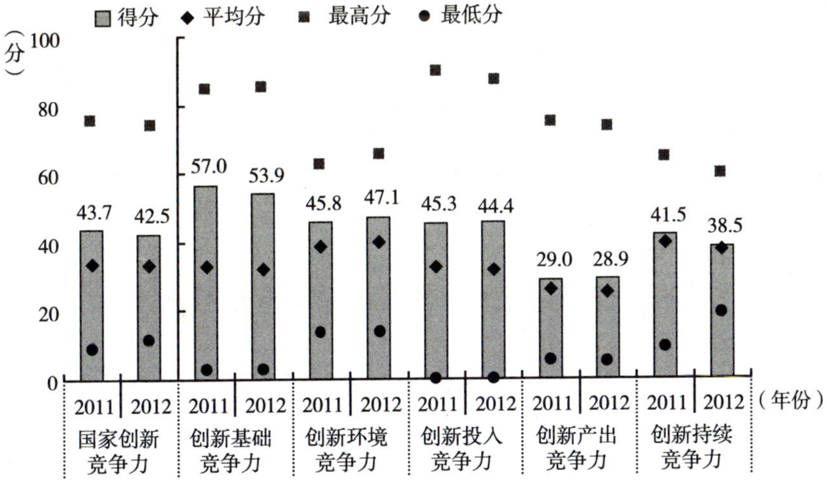

图6-2 法国国家创新竞争力得分和排名变化趋势图

表 6-1　法国国家创新竞争力二级指标得分和排名表

年份＼项目	创新基础竞争力		创新环境竞争力		创新投入竞争力		创新产出竞争力		创新持续竞争力		创新竞争力	
	得分	排名	得分	排名	得分	排名	得分	排名	得分	排名	得分	排名
2011	57.0	2	45.8	8	45.3	6	29.0	7	41.5	8	43.7	7
2012	53.9	3	47.1	7	44.4	6	28.9	7	38.5	9	42.5	7
得分变化	-3.1		1.3		-0.9		-0.1		-3.0		-1.2	
排名升降		-1		1		0		0		-1		0
优劣度		强势		优势		优势		优势		优势		优势

（3）从指标所处区位看，2012 年法国国家创新竞争力的 5 个二级指标中，强势指标 1 个，为创新基础竞争力；其余 4 个为优势指标，没有劣势指标。

（4）从指标排位变化趋势看，在 5 个二级指标中，有 1 个指标的排位处于上升趋势，为创新环境竞争力；有 2 个指标的排位处于下降趋势，分别为创新基础竞争力和创新持续竞争力；有 2 个指标的排位处于保持趋势，分别为创新投入竞争力和创新产出竞争力，这些是法国国家创新竞争力保持稳定的重要因素。

（5）从指标排位变化的动因看，2 个二级指标的排位呈保持趋势，受其影响，2012 年法国国家创新竞争力的综合排位保持不变，在 G20 中排名第 7 位。

6.1.2　法国国家创新竞争力各级指标动态变化分析

2011～2012 年法国国家创新竞争力各级指标的动态变化及其结构，如图 6-3和表 6-2 所示。

从图 6-3 可以看出，法国国家创新竞争力的三级指标中保持指标的数量大于上升指标，居于主导地位。表 6-2 中的数据进一步说明，法国国家创新竞争力的 37 个三级指标中，上升的指标有 7 个，占指标总数的 18.9%；保持的指标有 25 个，占指标总数的 67.6%；下降的指标有 5 个，

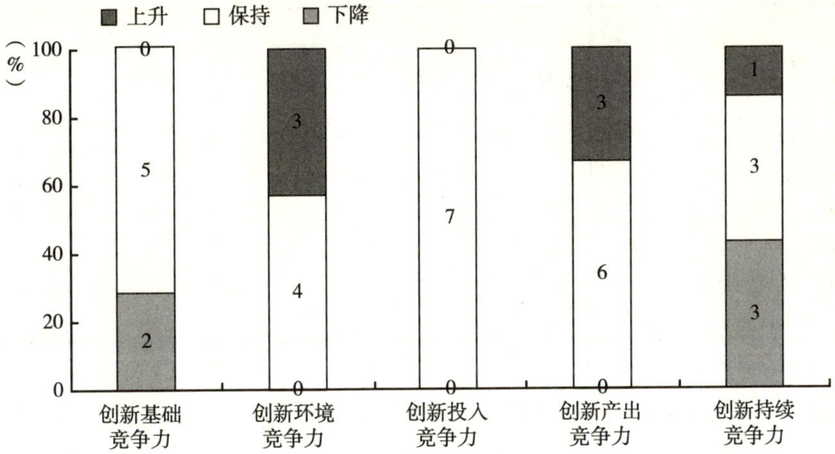

图6-3 2011~2012年法国国家创新竞争力指标动态变化结构图

表6-2 2011~2012年法国国家创新竞争力各级指标排位变化态势比较表

二级指标	三级指标个数	上升		保持		下降		变化趋势
		个数	比重(%)	个数	比重(%)	个数	比重(%)	
创新基础竞争力	7	0	0.0	5	71.4	2	28.6	下降
创新环境竞争力	7	3	42.9	4	57.1	0	0.0	上升
创新投入竞争力	7	0	0.0	7	100.0	0	0.0	保持
创新产出竞争力	9	3	33.3	6	66.7	0	0.0	保持
创新持续竞争力	7	1	14.3	3	42.9	3	42.9	下降
合　计	37	7	18.9	25	67.6	5	13.5	保持

占指标总数的13.5%。由于保持的指标数量大于上升的指标数量，2012年法国国家创新竞争力排位保持不变，在G20中居第7位。

6.1.3 法国国家创新竞争力各级指标优劣势结构分析

2011~2012年法国国家创新竞争力各级指标的优劣势变化及其结构，如表6-3所示。

表 6-3　2011~2012 年法国国家创新竞争力各级指标排位优劣势比较表

二级指标	三级指标个数	强势		优势		中势		劣势		优劣度
		个数	比重(%)	个数	比重(%)	个数	比重(%)	个数	比重(%)	
创新基础竞争力	7	4	57.1	3	42.9	0	0.0	0	0.0	强势
创新环境竞争力	7	3	42.9	2	28.6	1	14.3	1	14.3	优势
创新投入竞争力	7	2	28.6	5	71.4	0	0.0	0	0.0	优势
创新产出竞争力	9	2	22.2	5	55.6	1	11.1	1	11.1	优势
创新持续竞争力	7	3	42.9	1	14.3	3	42.9	0	0.0	优势
合　计	37	14	37.8	16	43.2	5	13.5	2	5.4	优势

从表 6-3 中的数据可以看出，法国国家创新竞争力的 37 个三级指标中，强势指标 14 个，占指标总数的 37.8%；优势指标 16 个，占指标总数的 43.2%；中势指标 5 个，占指标总数的 13.5%；劣势指标 2 个，占指标总数的 5.4%；强势指标和优势指标的数量之和约占指标总数的 81.1%，远远大于中势指标和劣势指标之和所占比重。从二级指标来看，强势指标 1 个，占二级指标总数的 20.0%；优势指标 4 个，占二级指标总数的 80.0%；没有中势指标和劣势指标。由于强势指标和优势指标在指标体系中居于主导地位，2011~2012 年法国国家创新竞争力处于优势地位。

6.2　法国国家创新基础竞争力评价分析

6.2.1　法国国家创新基础竞争力评价结果

2011~2012 年法国国家创新基础竞争力及其下属 7 个三级指标的排位和排位变化情况，如表 6-4 所示。

（1）从排位变化比较看，2012 年法国国家创新基础竞争力排名第 3 位，与 2011 年相比，排位下降 1 位，处于强势地位。

（2）从指标所处区位来看，7 个三级指标中有 4 个强势指标，分别为 GDP、财政收入、人均财政收入和全社会劳动生产率；有 3 个优势指标，分别为人均 GDP、外国直接投资净值和受高等教育人员比重；没有中势指标和劣势指标。

表 6-4　法国 2011～2012 年国家创新基础竞争力指标组排位及趋势表

项目 年份	GDP		人均 GDP		财政收入		人均财政收入		外国直接投资净值		受高等教育人员比重		全社会劳动生产率		创新基础竞争力	
	得分	排名	得分	排名	得分	排名	得分	排名	得分	排名	得分	排名	得分	排名	得分	排名
2011	16.3	5	81.2	6	44.2	3	100	1	16.1	7	52.1	9	89.0	3	57.0	2
2012	14.6	5	74.3	6	41.4	3	100	1	12.7	9	54.9	9	79.1	5	53.9	3
得分变化	-1.7		-6.9		-2.8		0.0		-3.4		2.8		-9.9		-3.1	
排名升降		0		0		0		0		-2		0		-2		-1
优劣度		强势		优势		强势		强势		优势		优势		强势		强势

（3）从指标排位变化趋势看，在 7 个三级指标中，没有指标处于上升趋势；有 2 个指标处于下降趋势，分别为外国直接投资净值和全社会劳动生产率；其余 5 个指标均保持不变。

（4）从指标排位变化的动因看，没有上升指标，指标排位下降的幅度较大，法国创新基础竞争力的综合排位下降 1 位，在 G20 中排名第 3 位。

（5）从三级指标结构特征看，在创新基础竞争力指标组的 7 个三级指标中，有 4 个强势指标，占指标总数的 57.1%；优势指标 3 个，占指标总数的 42.9%；没有中势指标和劣势指标；保持指标 5 个，占指标总数的 71.4%；下降指标 2 个，占指标总数的 28.6%；没有上升指标。虽然指标排位保持的数量大于排位下降的数量，但受指标排位下降和其他客观因素的综合影响，2012 年法国国家创新基础竞争力综合排位下降 1 位。

6.2.2　法国国家创新基础竞争力比较分析

图 6-4 反映了 2011～2012 年法国国家创新基础竞争力与 G20 最高水平和平均水平的比较情况。

由图 6-4 可知，评价期内法国国家创新基础竞争力得分均高于 53 分，说明法国的国家创新基础竞争力处于较高水平。从创新基础竞争力的整体得分比较来看，2011 年，法国国家创新基础竞争力得分与 G20 最高分相比还有 27.6 分的差距，比 G20 平均分高 23.9 分；到 2012 年，法国国家创新基础竞争力得分与 G20 最高分的差距为 31.4 分，比 G20 平均分高 21.6 分。总的来

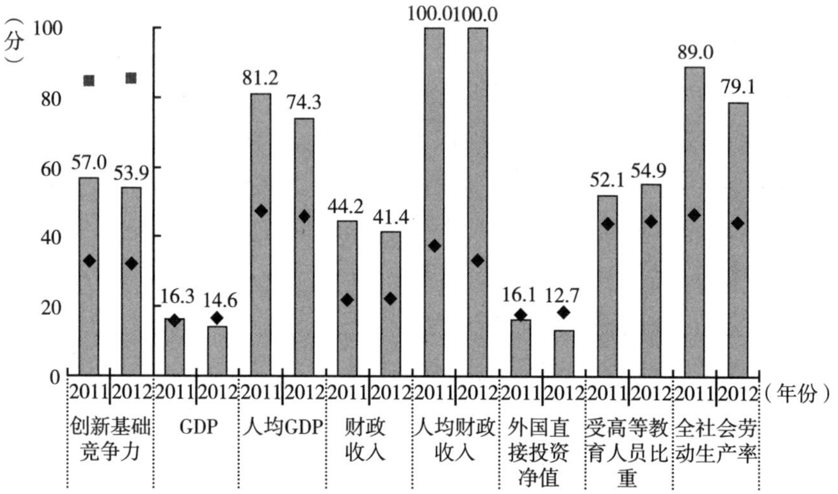

图 6－4　2011～2012 年法国国家创新基础竞争力指标得分比较

说，2011～2012 年法国国家创新基础竞争力与最高分的差距有所扩大，其创新基础竞争力略有下降。

从具体指标得分比较和变化趋势来看，法国国家创新基础竞争力整体水平基本稳定，但外国直接投资净值和全社会劳动生产率等指标排位偏低，且 GDP 等指标得分低于 G20 平均分，创新基础竞争力上升动力不足。在下一步的科技创新活动中，要特别关注这些问题，拓宽外国直接投资渠道，促进全社会劳动生产率的提高，鼓励和支持企业的创新研发活动，从整体上提升国家经济实力，切实增强国家创新基础竞争力。

6.3　法国国家创新环境竞争力评价分析

6.3.1　法国国家创新环境竞争力评价结果

2011～2012 年法国国家创新环境竞争力及其下属 7 个三级指标的排位和排位变化情况，如表 6－5 所示。

表 6-5　法国 2011~2012 年国家创新环境竞争力指标组排位及趋势表

项目 / 年份	每千人因特网用户数		每千人手机用户数		企业开业程序		企业平均税负水平		入境留学生比重		小额贷款占 GDP 比重		ISO 9001 质量体系认证数		创新环境竞争力	
	得分	排名	得分	排名	得分	排名	得分	排名	得分	排名	得分	排名	得分	排名	得分	排名
2011	90.0	7	18.1	14	69.2	3	46.1	16	37.5	3	42.1	5	17.6	7	45.8	8
2012	91.9	6	23.4	13	69.2	3	46.2	16	36.3	3	42.1	5	20.8	6	47.1	7
得分变化	1.9		5.3		0.0		0.1		-1.2		0.0		3.2		1.3	
排名升降		1		1		0		0		0		0		1		1
优劣度		优势		中势		强势		劣势		强势		强势		优势		优势

（1）从排位变化比较看，2012 年法国国家创新环境竞争力排名第 7 位，与 2011 年相比，排位上升了 1 位，仍处于优势地位。

（2）从指标所处区位来看，7 个三级指标中有 3 个强势指标，分别为企业开业程序、入境留学生比重和小额贷款占 GDP 比重；有 2 个优势指标，分别为每千人因特网用户数和 ISO 9001 质量体系认证数；有 1 个中势指标，为每千人手机用户数；有 1 个劣势指标，为企业平均税负水平。

（3）从指标排位变化趋势看，在 7 个三级指标中，有 3 个指标处于上升趋势，分别为每千人因特网用户数、每千人手机用户数和 ISO 9001 质量体系认证数；其余 4 个指标处于保持趋势。

（4）从指标排位变化的动因看，尽管 4 个三级指标的排位呈保持趋势，但受指标排位上升的综合影响，法国创新环境竞争力的综合排位处于上升趋势，在 G20 中处于第7 位。

（5）从三级指标结构特征看，在创新环境竞争力指标组的 7 个三级指标中，强势指标 3 个，占指标总数的 42.9%；优势指标 2 个，占指标总数的 28.6%；中势指标 1 个，占指标总数的 14.3%；劣势指标 1 个，占指标总数的 14.3%；强势和优势指标居于主导地位；上升指标 3 个，占指标总数的 42.9%；保持指标 4 个，占指标总数的 57.1%；没有下降指标。虽然排位保持的指标数量大于排位上升的数量，但受其他因素的综合影响，2012 年法国国家创新环境竞争力综合排位与 2011 年相比上升了 1 位。

6.3.2 法国国家创新环境竞争力比较分析

图 6－5 反映了 2011～2012 年法国国家创新环境竞争力与 G20 最高水平和平均水平的比较情况。

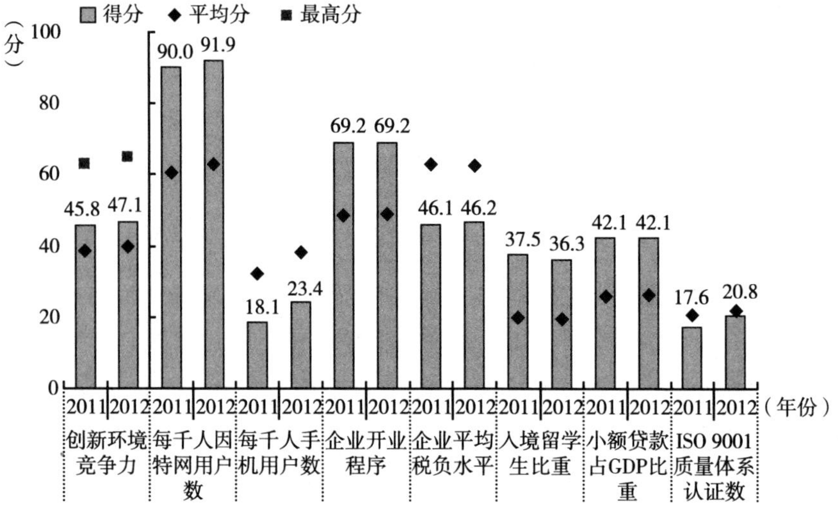

图 6－5　2011～2012 年法国国家创新环境竞争力指标得分比较

由图 6－5 可知，评价期内法国国家创新环境竞争力得分均高于 45 分，处于较高水平。从创新环境竞争力的整体得分比较来看，2011 年，法国国家创新环境竞争力得分与 G20 最高分相比还有 17.1 分的差距，与 G20 平均分相比，高出 7.1 分；2012 年，法国国家创新环境竞争力得分与 G20 最高分的差距为 18.0 分，高于 G20 平均分 7.1 分。总的来说，2011～2012 年法国国家创新环境竞争力与最高分的差距变化不大，排位呈现略微上升趋势。

从具体指标得分比较和变化趋势来看，法国国家创新环境竞争力整体水平较高，仍处于优势地位，这主要是受企业开业程序、入境留学生比重和小额贷款占 GDP 比重等强势指标的影响；而每千人手机用户数、企业平均税负水平和 ISO 9001 质量体系认证数等指标得分均低于 G20 平均分，这限制了其创新环境竞争力的进一步提升。因此，为巩固和提升法国国家创新环境竞争力，应针对存在的这些问题，加大对创新型企业的扶持力度，科学安排创新型企业的税收负担；推动电子信息设备的普及和升级，规范创新市场，保护创新型知识产权和专利技术，优化社会创新风气，进一步增强国家创新环境竞争力。

6.4　法国国家创新投入竞争力评价分析

6.4.1　法国国家创新投入竞争力评价结果

2011～2012年法国国家创新投入竞争力及其下属7个三级指标的排位和排位变化情况，如表6－6所示。

表6－6　法国2011～2012年国家创新投入竞争力指标组排位及趋势表

项目 年份	R&D经费支出总额		R&D经费支出占GDP比重		人均R&D经费支出		R&D人员		研究人员占从业人员比重		企业研发投入比重		风险资本交易占GDP比重		创新投入竞争力	
	得分	排名	得分	排名	得分	排名	得分	排名	得分	排名	得分	排名	得分	排名	得分	排名
2011	12.3	6	54.9	6	61.5	6	13.5	7	73.0	5	59.7	7	42.1	4	45.3	6
2012	12.0	6	52.5	6	59.8	6	12.1	7	70.0	5	66.0	7	38.2	4	44.4	6
得分变化	-0.3		-2.4		-1.7		-1.4		-3.0		6.3		-3.9		-0.9	
排名升降		0		0		0		0		0		0		0		0
优劣度		优势		优势		优势		优势		强势		优势		强势		优势

（1）从排位变化比较看，2012年法国国家创新投入竞争力排名第6位，与2011年相比，排位保持不变，处于优势地位。

（2）从指标所处区位来看，7个三级指标中有2个强势指标，分别为研究人员占从业人员比重、风险资本交易占GDP比重；其余5个均为优势指标。

（3）从指标排位变化趋势看，7个三级指标排位均保持不变。

（4）从指标排位变化的动因看，由于7个三级指标的排位均保持不变，法国创新投入竞争力的综合排位也保持不变，在G20中排名第6位。

（5）从三级指标结构特征看，在创新投入竞争力指标组的 7 个三级指标中，强势指标有 2 个，占指标总数的 28.6%；优势指标 5 个，占指标总数的 71.4%；没有中势指标和劣势指标；保持指标 7 个，占指标总数的 100%。由于全部指标排位保持不变，2012 年法国国家创新投入竞争力综合排位保持不变。

6.4.2 法国国家创新投入竞争力比较分析

图 6－6 反映了 2011～2012 年法国国家创新投入竞争力与 G20 最高水平和平均水平的比较情况。

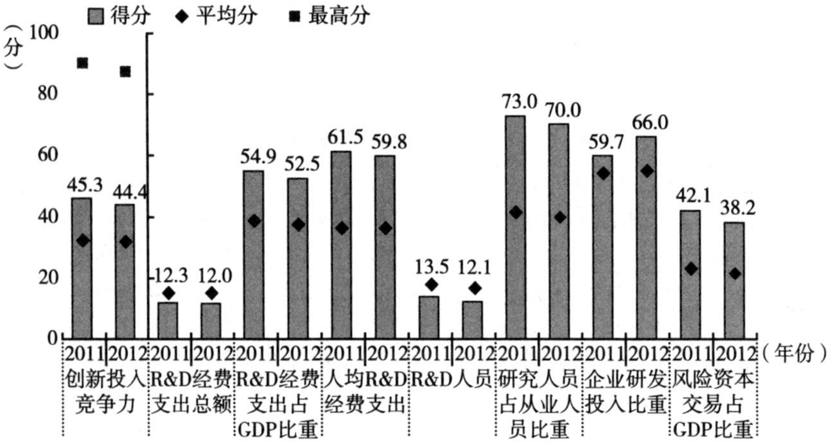

图 6－6 2011～2012 年法国国家创新投入竞争力指标得分比较

由图 6－6 可知，评价期内法国国家创新投入竞争力得分均高于 44 分，说明法国国家创新投入竞争力处于较高水平。从创新投入竞争力的整体得分比较来看，2011 年，法国国家创新投入竞争力得分与 G20 最高分相比还有 44.8 分的差距，与 G20 平均分相比，则高了 12.9 分；到 2012 年，法国国家创新投入竞争力得分与 G20 最高分的差距为 42.7 分，高于 G20 平均分 12.7 分。总的来说，2011～2012 年法国国家创新投入竞争力与平均分的差距变化不大，国家创新投入竞争力的排位保持不变。

从具体指标得分比较和变化趋势来看，法国国家创新投入竞争力整体水平较为稳定，仍处于优势地位，这主要是由于全部指标均为强势指标和优势指标。但也应该看到，R&D 经费支出总额和 R&D 人员等三级指标的得分仍低于 G20 平均分，可见，其创新投入竞争力仍有上升空间。今后要特别关注这些问题，不断加大创新和科研经费投入，加大财政支持研发力度，重点加强研发人员的培养和人才队伍建设，显著增强国家创新投入竞争力。

6.5　法国国家创新产出竞争力评价分析

6.5.1　法国国家创新产出竞争力评价结果

2011～2012 年法国国家创新产出竞争力及其下属 9 个三级指标的排位和排位变化情况，如表 6－7 所示。

表 6－7　法国 2011～2012 年国家创新产出竞争力指标组排位及趋势表

项目/年份	专利授权数		科技人员平均专利授权数		科技论文发表数		科技人员平均发表论文数		专利和许可收入	
	得分	排名	得分	排名	得分	排名	得分	排名	得分	排名
2011	4.2	10	6.0	13	15.1	6	25.4	9	12.2	4
2012	4.6	8	7.5	11	15.1	6	24.9	9	11.1	3
得分变化	0.4		1.5		0.0		-0.5		-1.1	
排名升降		2		2		0		0		1
优劣度		优势		中势		优势		优势		强势

项目/年份	高技术产品净出口额		高技术产品净出口比重		注册商标数		创意产品出口比重		创新产出竞争力	
	得分	排名	得分	排名	得分	排名	得分	排名	得分	排名
2011	57.3	6	91.7	3	0.9	18	47.9	7	29.0	7
2012	52.6	6	96.6	3	0.8	18	46.6	7	28.9	7
得分变化	-4.7		4.9		-0.1		-1.3		-0.1	
排名升降		0		0		0		0		0
优劣度		优势		强势		劣势		优势		优势

（1）从排位变化比较看，2012 年法国国家创新产出竞争力排名第 7 位，与 2011 年相比，排位保持不变，处于优势地位。

（2）从指标所处区位来看，9 个三级指标中有 2 个强势指标，分别为专利和许可收入和高技术产品净出口比重；有 1 个中势指标，为科技人员平均专利授权数；有 1 个劣势指标，为注册商标数；其余 5 个指标均为优势指标。

（3）从指标排位变化趋势看，在 9 个三级指标中，有 3 个指标处于上升趋势，分别为专利授权数、科技人员平均专利授权数与专利和许可收入；其余 6 个指标均处于保持趋势。

（4）从指标排位变化的动因看，3 个三级指标的排位出现了上升，6 个三级指标的排位呈现保持趋势，在指标升降的综合作用下，法国创新产出竞争力的综合排位保持不变，在 G20 中排名第 7 位。

（5）从三级指标结构特征看，在创新产出竞争力指标组的 9 个三级指标中，强势指标 2 个，占指标总数的 22.2%；优势指标 5 个，占指标总数的 55.6%；中势指标 1 个，占指标总数的 11.1%；劣势指标 1 个，占指标总数的 11.1%，强势和优势指标所占比重远远大于中势指标和劣势指标的比重；上升指标 3 个，占指标总数的 33.3%；保持指标 6 个，占指标总数的 66.7%；没有下降指标。大部分指标排位保持不变，受其影响，2012 年法国国家创新产出竞争力综合排位与 2011 年相比，保持不变。

6.5.2　法国国家创新产出竞争力比较分析

图 6－7 反映了 2011～2012 年法国国家创新产出竞争力与 G20 最高水平和平均水平的比较情况。

由图 6－7 可知，评价期内法国国家创新产出竞争力得分均高于 28 分，说明法国国家创新产出竞争力处于较高水平。从创新产出竞争力的整体得分比较来看，2011 年，法国国家创新产出竞争力得分与 G20 最高分相比还有 45.9 分的差距，高于 G20 平均分 3.1 分；到 2012 年，法国国家创新产出竞争力得分与 G20 最高分的差距为 44.3 分，高于 G20 平均分 4.0 分。总的来说，2011～2012 年法国国家创新产出竞争力与最高分的差距变动不大，其排位处于保持趋势。

从具体指标得分比较和变化趋势来看，法国国家创新产出竞争力整体水

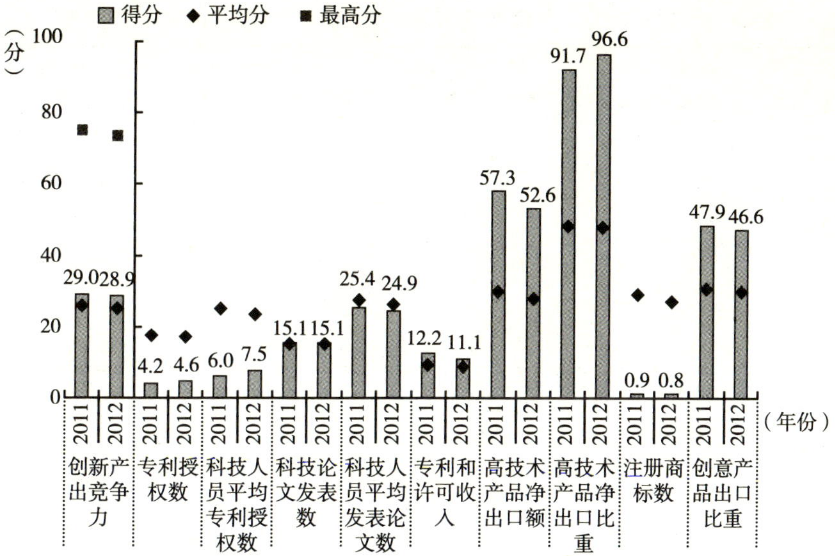

图 6-7 2011~2012 年法国国家创新产出竞争力指标得分比较

平没有发生明显变化，仍处于优势地位，这主要是受专利和许可收入、高技术产品净出口比重等强势指标的影响。但也应该看到，专利授权数、科技人员平均专利授权数、科技人员平均发表论文数和注册商标数等指标得分均低于 G20 平均分。因此，法国的国家创新产出竞争力仍有进一步上升的空间，法国要不断完善专利授权机制，鼓励技术发明和专利创造，加大对科研人员的培养力度，增加研发投入，提升科技人员的专业素质和研发能力，鼓励企业自主研发和自主创新，切实提高国家创新产出，增强国家创新产出竞争力。

6.6 法国国家创新持续竞争力评价分析

6.6.1 法国国家创新持续竞争力评价结果

2011~2012 年法国国家创新持续竞争力及其下属 7 个三级指标的排位和排位变化情况，如表 6-8 所示。

表 6－8　法国 2011～2012 年国家创新持续竞争力指标组排位及趋势表

项目 年份	公共教育经费支出总额		公共教育经费支出占 GDP 比重		人均公共教育经费支出额		高等教育毛入学率	
	得分	排名	得分	排名	得分	排名	得分	排名
2011	14.7	5	28.4	4	82.9	6	45.7	11
2012	15.5	5	22.6	4	91.9	3	45.2	12
得分变化	0.8		－5.8		9.0		－0.5	
排名升降		0		0		3		－1
优劣度		强势		强势		强势		中势
项目 年份	科技人员增长率		科技经费增长率		高校科技工程毕业生比重		创新持续竞争力	
	得分	排名	得分	排名	得分	排名	得分	排名
2011	12.9	13	63.3	11	42.6	7	41.5	8
2012	22.5	14	30.3	15	41.2	7	38.5	9
得分变化	9.6		－33.0		－1.4		－3.0	
排名升降		－1		－4		0		－1
优劣度		中势		中势		优势		优势

（1）从排位变化比较看，2012 年法国国家创新持续竞争力排名第 9 位，比 2011 年下降了 1 位，处于优势地位。

（2）从指标所处区位来看，7 个三级指标中有 3 个强势指标，分别是公共教育经费支出总额、公共教育经费支出占 GDP 比重和人均公共教育经费支出额；有 1 个优势指标，为高校科技工程毕业生比重；其余 3 个指标均为中势指标，没有劣势指标。

（3）从指标排位变化趋势看，在 7 个三级指标中，有 1 个指标处于上升趋势，为人均公共教育经费支出额；有 3 个指标处于保持趋势，分别为公共教育经费支出总额、公共教育经费支出占 GDP 比重和高校科技工程毕业生比重；有 3 个指标处于下降趋势，分别为高等教育毛入学率、科技人员增长率和科技经费增长率，这些是法国创新持续竞争力的下降拉力所在。

（4）从指标排位变化的动因看，有 3 个三级指标的排位出现下降，受其影响，法国创新持续竞争力的综合排位下降 1 位，在 G20 中排名第 9 位。

（5）从三级指标结构特征看，在创新持续竞争力指标组的 7 个三级指标中，强势指标 3 个，占指标总数的 42.9%；优势指标 1 个，占指标总数的 14.3%；中势指标 3 个，占指标总数的 42.9%，没有劣势指标；上升指标 1 个，占指标总数的 14.3%；下降指标 3 个，占指标总数 42.9%。由于指标排位下降的数量大于排位上升的数量，且指标下降的幅度较大，2012 年法国国家创新持续竞争力综合排位比 2011 年下降了 1 位。

6.6.2　法国国家创新持续竞争力比较分析

图 6－8 反映了 2011～2012 年法国国家创新持续竞争力与 G20 最高水平和平均水平的比较情况。

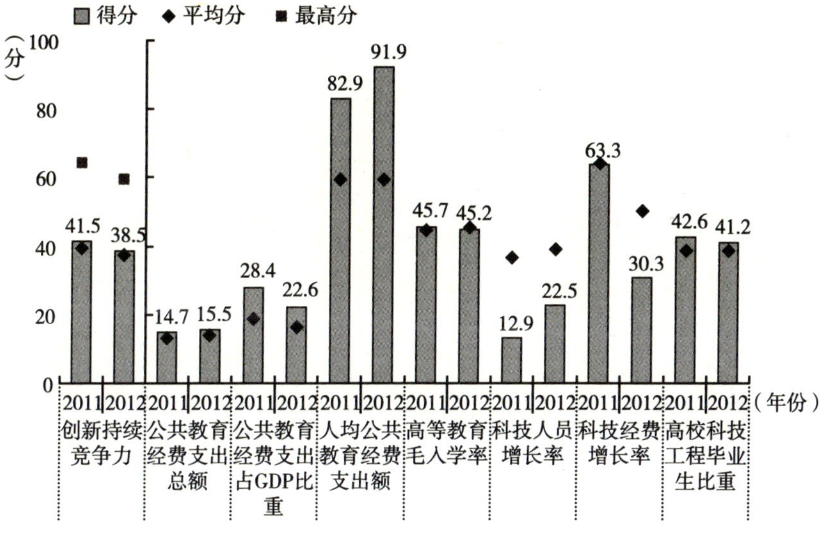

图 6－8　2011～2012 年法国国家创新持续竞争力指标得分比较

由图 6－8 可知，评价期内法国国家创新持续竞争力得分处于下降趋势，说明法国国家创新持续竞争力水平有所下降。从创新持续竞争力的整体得分比较来看，2011 年，法国国家创新持续竞争力得分与 G20 最高分相比还有 22.8 分的差距，高于 G20 平均分 2.1 分；到 2012 年，法国国家创新持续竞争力得分与 G20 最高分的差距为 20.8 分，高于 G20 平均分 0.8 分。总的来说，2011～2012 年法国国家创新持续竞争力与最高分、平均分的差距有所缩小，但排位处于下降趋势。

从具体指标得分比较和变化趋势来看，法国国家创新持续竞争力整体水平略微下降，这主要是由于高校科技工程毕业生比重和公共教育经费支出占GDP 比重等指标的得分有所降低，且科技人员增长率、科技经费增长率等指标的得分均低于 G20 平均分。针对这些问题，法国应继续增加公共教育经费和科研经费，重视高校科研能力和重点学科建设，加强科技队伍培养，提升科学家和工程师的待遇，继续引进创新型人才，不断增强国家创新持续竞争力。

Y. 8

第 7 章 德国国家创新竞争力评价分析报告

德国位于欧洲中部，东邻波兰、捷克，南接奥地利、瑞士，西接荷兰、比利时、卢森堡、法国，北与丹麦相连并邻北海和波罗的海与北欧国家隔海相望。国土面积约 35.7 万平方公里，海岸线长 2389 公里。2012 年全国年末总人口为 8043 万人，实现国内生产总值 33996 亿美元。本部分通过对德国 2011 ~2012 年国家创新竞争力以及创新竞争力中各要素在 G20 中的排名变化分析，从中找出德国国家创新竞争力的推动点及影响因素。

7.1 德国国家创新竞争力总体评价分析

2011 ~2012 年，德国的国家创新竞争力排名略有下降。其中，2011 年德国国家创新竞争力在 G20 中排名第 2 位，2012 年排名第 3 位，排位下降了 1 位。

7.1.1 德国国家创新竞争力概要分析

德国国家创新竞争力在 G20 中所处的位置及 5 个二级指标的得分和排位变化如图 7 -1、图 7 -2 和表 7 -1 所示。

(1) 从综合排位变化看，2012 年德国国家创新竞争力综合排名在 G20 中处于第 3 位，与 2011 年相比，排位下降了 1 位。

(2) 从指标得分看，2012 年德国国家创新竞争力得分为 44.3 分，比 G20 最高分低 29.7 分，比平均分高 11.0 分；与 2011 年相比，德国国家创新竞争力得分下降了 3.1 分，与当年最高分的差距扩大了 1.8 分，与 G20 平均分的差距缩小了 2.6 分。

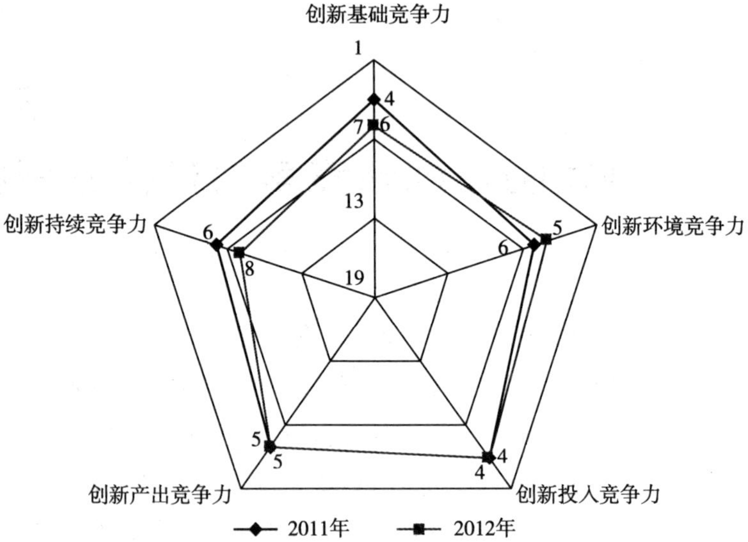

图 7-1 德国国家创新竞争力二级指标排名雷达图

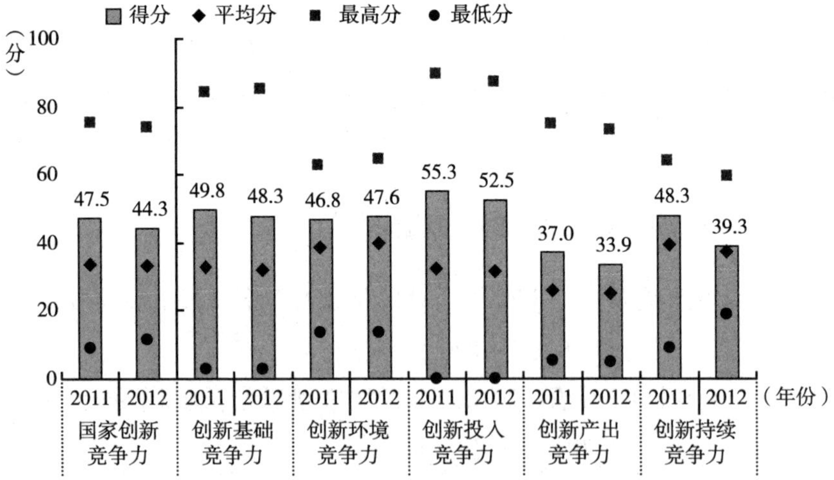

图 7-2 德国国家创新竞争力得分和排名变化趋势图

表 7-1　德国国家创新竞争力二级指标得分和排名表

项目 年份	创新基础竞争力		创新环境竞争力		创新投入竞争力		创新产出竞争力		创新持续竞争力		创新竞争力	
	得分	排名	得分	排名	得分	排名	得分	排名	得分	排名	得分	排名
2011	49.8	4	46.8	6	55.3	4	37.0	5	48.3	6	47.5	2
2012	48.3	6	47.6	5	52.5	4	33.9	5	39.3	8	44.3	3
得分变化	-1.5		0.8		-2.9		-3.1		-9.1		-3.1	
排名升降		-2		1		0		0		-2		-1
优劣度		优势		强势		强势		强势		优势		强势

（3）从指标所处区位看，2012 年德国国家创新竞争力的 5 个二级指标中，强势指标 3 个，为创新环境竞争力、创新投入竞争力和创新产出竞争力，优势指标 2 个，为创新基础竞争力和创新持续竞争力，没有劣势指标。

（4）从指标排位变化趋势看，在 5 个二级指标中，有 1 个指标排位处于上升趋势，为创新环境竞争力，有 2 个指标处于下降趋势，为创新基础竞争力和创新持续竞争力，而创新投入竞争力和创新产出竞争力指标排位没有发生变化。

（5）从指标排位变化的动因看，2 个二级指标的排位出现了下降，1 个二级指标的排位出现上升。受指标排位下降的影响，2012 年德国国家创新竞争力的综合排位下降了 1 位，在 G20 中排名第 3 位。

7.1.2　德国国家创新竞争力各级指标动态变化分析

2011～2012 年德国国家创新竞争力各级指标的动态变化及其结构，如图 7-3和表 7-2 所示。

从图 7-3 可以看出，德国国家创新竞争力的三级指标中上升指标的数量小于下降指标，但保持不变的指标居于主导地位。表 7-2 中的数据进一步说明，德国国家创新竞争力的 37 个三级指标中，上升的指标有 4 个，占指标总数的 10.8%；保持的指标有 24 个，占指标总数的 64.9%；下降的指标有 9 个，占指标总数的 24.3%。下降指标的数量大于上升指标的数量，2012 年德国国家创新竞争力排位下降了 1 位，在 G20 中居第 3 位。

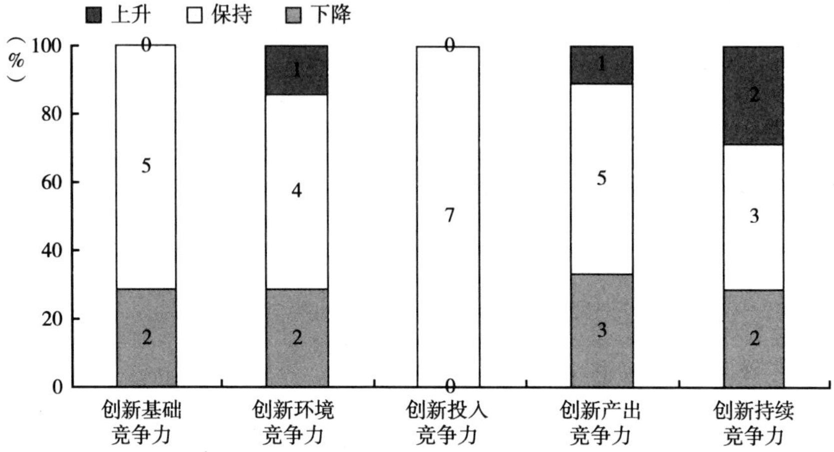

图 7－3　2011～2012 年德国国家创新竞争力指标动态变化结构图

表 7－2　2011～2012 年德国国家创新竞争力各级指标排位变化态势比较表

二级指标	三级指标个数	上升		保持		下降		变化趋势
		个数	比重(％)	个数	比重(％)	个数	比重(％)	
创新基础竞争力	7	0	0.0	5	71.4	2	28.6	下降
创新环境竞争力	7	1	14.3	4	57.1	2	28.6	上升
创新投入竞争力	7	0	0.0	7	100	0	0.0	保持
创新产出竞争力	9	1	11.1	5	55.6	3	33.3	保持
创新持续竞争力	7	2	28.6	3	42.9	2	28.6	下降
合　计	37	4	10.8	24	64.9	9	24.3	下降

7.1.3　德国国家创新竞争力各级指标优劣势结构分析

2011～2012 年德国国家创新竞争力各级指标的优劣势变化及其结构，如表 7－3 所示。

从表 7－3 中的数据可以看出，德国国家创新竞争力的 37 个三级指标中，强势指标 20 个，占指标总数的 54.1%；优势指标 13 个，占指标总数的 35.1%；中势指标 4 个，占指标总数的 10.8%；没有劣势指标；强势指标和优势指标的数量之和占指标总数的 89.2%，远远大于中势指标和劣势指标之和所占的比重。从二级指标来看，强势指标 3 个，占二级指标总数的60%；优势指标2 个，占二级指标的 40%；没有劣势指标和中势指标。由于强势指

表 7－3　2011～2012 年德国国家创新竞争力各级指标排位优劣势比较表

二级指标	三级指标个数	强势		优势		中势		劣势		优劣度
		个数	比重（%）	个数	比重（%）	个数	比重（%）	个数	比重（%）	
创新基础竞争力	7	4	57.1	3	42.9	0	0.0	0	0.0	优势
创新环境竞争力	7	3	42.9	3	42.9	1	14.3	0	0.0	强势
创新投入竞争力	7	6	85.7	1	14.3	0	0.0	0	0.0	强势
创新产出竞争力	9	4	44.4	4	44.4	1	11.1	0	0.0	强势
创新持续竞争力	7	3	42.9	2	28.6	2	28.6	0	0.0	优势
合　计	37	20	54.1	13	35.1	4	10.8	0	0.0	强势

标和优势指标在指标体系中居于主导地位，2011～2012 年德国国家创新竞争力处于强势地位。

7.2　德国国家创新基础竞争力评价分析

7.2.1　德国国家创新基础竞争力评价结果

2011～2012 年德国国家创新基础竞争力及其下属 7 个三级指标的排位和排位变化情况，如表 7－4 所示。

表 7－4　德国 2011～2012 年国家创新基础竞争力指标组排位及趋势表

项目 / 年份	GDP		人均 GDP		财政收入		人均财政收入		外国直接投资净值		受高等教育人员比重		全社会劳动生产率		创新基础竞争力	
	得分	排名	得分	排名	得分	排名	得分	排名	得分	排名	得分	排名	得分	排名	得分	排名
2011	21.9	4	84.2	5	38.4	4	70.3	5	16.9	6	41.7	10	75.3	6	49.8	4
2012	19.7	4	77.6	5	35.3	4	69.6	5	23.7	7	43.0	10	69.2	7	48.3	6
得分变化	-2.2		-6.5		-3.1		-0.7		6.8		1.3		-6.0		-1.5	
排名升降		0		0		0		0		-1		0		-1		-2
优劣度		强势		强势		强势		强势		优势		优势		优势		优势

（1）从排位变化比较看，2012 年德国国家创新基础竞争力排名第 6 位，与 2011 年相比，排位下降了 2 位，处于优势地位。

（2）从指标所处区位来看，7 个三级指标中有 4 个强势指标，为 GDP、人均 GDP、财政收入和人均财政收入；有 3 个优势指标，为外国直接投资净值、受高等教育人员比重和全社会劳动生产率；没有中势指标和劣势指标。

（3）从指标排位变化趋势看，在 7 个三级指标中，没有指标处于上升趋势；有 2 个指标处于下降趋势，分别为外国直接投资净值和全社会劳动生产率；其余 5 个指标均保持不变。

（4）从指标排位变化的动因看，2 个指标排位出现了下降趋势，其余指标均保持不变。受指标排位下降的影响，德国创新基础竞争力的综合排位出现下降趋势，在 G20 中排名第 6 位。

（5）从三级指标结构特征看，在创新基础竞争力指标组的 7 个三级指标中，有 4 个强势指标，占指标总数的 57.1%；优势指标 3 个，占指标总数的 42.9%；没有中势指标和劣势指标；没有上升指标；下降指标 2 个，占指标总数的 28.6%，其余指标排名均保持不变。由于排名下降的指标数量大于排名上升的指标数量，2012 年德国国家创新基础竞争力综合排位呈下降趋势。

7.2.2 德国国家创新基础竞争力比较分析

图 7－4 反映了 2011～2012 年德国国家创新基础竞争力与 G20 最高水平和平均水平的比较情况。

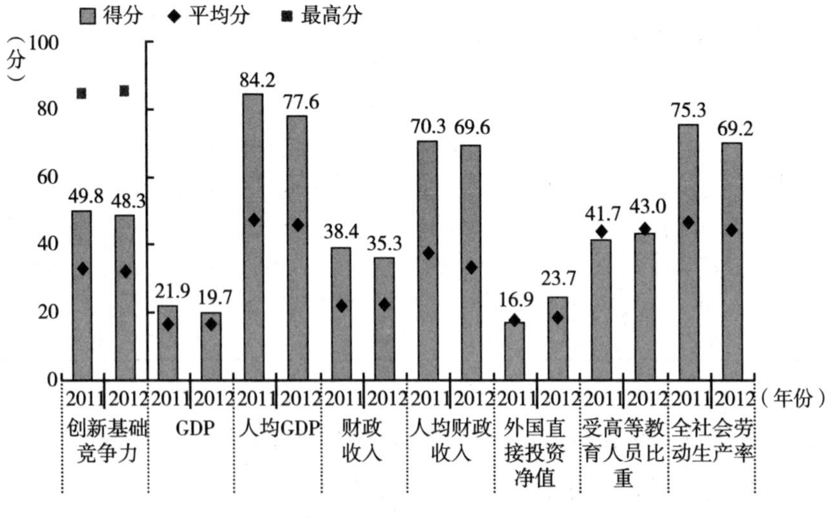

图 7－4 2011～2012 年德国国家创新基础竞争力指标得分比较

由图7-4可知，评价期内德国国家创新基础竞争力得分均高于48分，说明德国国家创新基础竞争力处于较高水平。从创新基础竞争力的整体得分比较来看，2011年，德国国家创新基础竞争力得分与G20最高分相比还有34.7分的差距，比G20平均分高16.7分；到2012年，德国国家创新基础竞争力得分与G20最高分的差距为36.9分，比G20平均分高16.0分。总的来说，2011～2012年德国国家创新基础竞争力与最高分的差距呈扩大趋势，创新基础竞争力排名呈下降趋势。

从具体指标得分比较和变化趋势来看，一方面由于外国直接投资净值和全社会劳动生产率2个指标排名有所降低，另一方面由于受高等教育人员比重指标的得分低于G20平均分，德国国家创新基础竞争力整体水平有所下降。为此，德国应加大高等教育投入力度，夯实国家创新基础，不断增强国家创新基础竞争力。

7.3　德国国家创新环境竞争力评价分析

7.3.1　德国国家创新环境竞争力评价结果

2011～2012年德国国家创新环境竞争力及其下属7个三级指标的排位和排位变化情况，如表7-5所示。

表7-5　德国2011～2012年国家创新环境竞争力指标组排位及趋势表

项目 / 年份	每千人因特网用户数		每千人手机用户数		企业开业程序		企业平均税负水平		入境留学生比重		小额贷款占GDP比重		ISO 9001质量体系认证数		创新环境竞争力	
	得分	排名	得分	排名	得分	排名	得分	排名	得分	排名	得分	排名	得分	排名	得分	排名
2011	94.5	4	31.0	8	38.5	13	66.6	8	28.9	5	37.2	6	30.6	4	46.8	6
2012	93.2	5	35.5	9	38.5	13	66.3	8	27.6	5	37.2	6	35.0	3	47.6	5
得分变化	-1.4		4.5		0.0		-0.3		-1.3		0.0		4.4		0.8	
排名升降		-1		-1		0		0		0		0		1		1
优劣度		强势		优势		中势		优势		强势		优势		强势		强势

（1）从排位变化比较看，2012 年德国国家创新环境竞争力排名第 5 位，与 2011 年相比，排位上升了 1 位，处于强势地位。

（2）从指标所处区位来看，7 个三级指标中有 3 个强势指标，分别为每千人因特网用户数、入境留学生比重和 ISO 9001 质量体系认证数；有 3 个优势指标，为每千人手机用户数、企业平均税负水平和小额贷款占 GDP 比重；1 个中势指标，为企业开业程序。

（3）从指标排位变化趋势看，在 7 个三级指标中，有 1 个指标处于上升趋势，为 ISO 9001 质量体系认证数；2 个指标处于下降趋势，分别为每千人因特网用户数和每千人手机用户数；其余指标均保持不变。

（4）从指标排位变化的动因看，尽管 2 个三级指标的排位出现了下降，1 个指标出现了上升，但受指标排位升降的综合影响，德国创新环境竞争力的综合排位处于上升趋势，在 G20 中处于第 5 位。

（5）从三级指标结构特征看，在创新环境竞争力指标组的 7 个三级指标中，强势指标 3 个，占指标总数的 42.9%；优势指标 3 个，占指标总数的 42.9%；中势指标 1 个，占指标总数的 14.3%；没有劣势指标，强势和优势指标居于主导地位；上升指标 1 个，占指标总数的 14.3%；保持指标 4 个，占指标总数的 57.1%；下降指标 2 个，占指标总数的 28.6%。虽然指标排位下降的数量大于排位上升的数量，但受升降幅度以及得分变化等因素的综合影响，2012 年德国国家创新环境竞争力综合排位与 2011 年相比上升了 1 位。

7.3.2 德国国家创新环境竞争力比较分析

图 7－5 反映了 2011～2012 年德国国家创新环境竞争力与 G20 最高水平和平均水平的比较情况。

由图 7－5 可知，评价期内德国国家创新环境竞争力得分均高于 46 分，处于较高水平。从创新环境竞争力的整体得分比较来看，2011 年，德国国家创新环境竞争力得分与 G20 最高分相比还有 16.1 分的差距，与 G20 平均分相比，高出 8.1 分；2012 年，德国国家创新环境竞争力得分与 G20 最高分的差距为 17.5 分，高于 G20 平均分 7.6 分。总的来说，尽管 2011～2012 年德国国

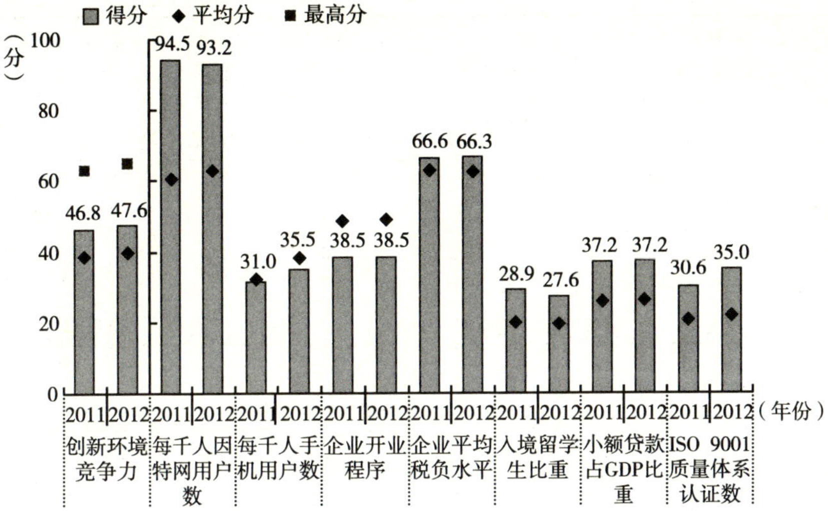

图7－5 2011～2012年德国国家创新环境竞争力指标得分比较

家创新环境竞争力与最高分的差距有所扩大，但排位呈现上升趋势。

从具体指标得分比较和变化趋势来看，德国国家创新环境竞争力整体水平有所上升，这主要是因为企业平均税负水平、小额贷款占GDP比重和入境留学生比重等指标保持了强优势地位，ISO 9001质量体系认证数指标排位有所上升。但需要指出的是，每千人手机用户数和企业开业程序等指标的得分还低于G20平均分。因此，为保持德国国家创新环境竞争力的强势地位，应提高手机普及程度，为创新型企业提供更加优惠的扶持政策，改革企业审批制度，提高审批效率，进一步优化国家创新环境，稳固提升国家创新环境竞争力。

7.4 德国国家创新投入竞争力评价分析

7.4.1 德国国家创新投入竞争力评价结果

2011～2012年德国国家创新投入竞争力及其下属7个三级指标的排位和排位变化情况，如表7－6所示。

表 7－6　德国 2011～2012 年国家创新投入竞争力指标组排位及趋势表

项目 年份	R&D经费支出总额		R&D经费支出占GDP比重		人均R&D经费支出		R&D人员		研究人员占从业人员比重		企业研发投入比重		风险资本交易占GDP比重		创新投入竞争力	
	得分	排名	得分	排名	得分	排名	得分	排名	得分	排名	得分	排名	得分	排名	得分	排名
2011	22.5	4	71.1	3	85.8	3	19.3	5	67.4	8	84.0	4	37.2	5	55.3	4
2012	22.0	4	68.3	3	84.7	3	17.1	5	64.4	8	84.4	4	26.5	5	52.5	4
得分变化	-0.5		-2.9		-1.1		-2.2		-3.0		0.4		-10.8		-2.9	
排名升降		0		0		0		0		0		0		0		0
优劣度		强势		强势		强势		强势		优势		强势		强势		强势

（1）从排位变化比较看，2012 年德国国家创新投入竞争力排名第 4 位，与 2011 年相比，排位保持不变，处于强势地位。

（2）从指标所处区位来看，7 个三级指标中有 1 个优势指标，为研究人员占从业人员比重；其余 6 个均为强势指标。

（3）从指标排位变化趋势看，在 7 个三级指标中，所有指标排位均保持不变。

（4）从指标排位变化的动因看，由于所有三级指标的排位均保持不变，德国创新投入竞争力的综合排位也保持不变，在 G20 中排名第 4 位。

（5）从三级指标结构特征看，在创新投入竞争力指标组的 7 个三级指标中，有 6 个强势指标，占指标总数的 85.7%；有 1 个优势指标，占指标总数的 14.3%；没有中势指标和劣势指标。由于全部三级指标排位保持不变，2012 年德国国家创新投入竞争力综合排位仍保持不变。

7.4.2　德国国家创新投入竞争力比较分析

图 7－6 反映了 2011～2012 年德国国家创新投入竞争力与 G20 最高水平和平均水平的比较情况。

由图 7－6 可知，评价期内德国国家创新投入竞争力得分均高于 52 分，说明德国国家创新投入竞争力处于较高水平。从创新投入竞争力的整体得分比较来看，2011 年，德国国家创新投入竞争力得分与 G20 最高分相比还有 34.8 分的差距，与 G20 平均分相比，则高了 22.9 分；到 2012 年，德国国家创新投入

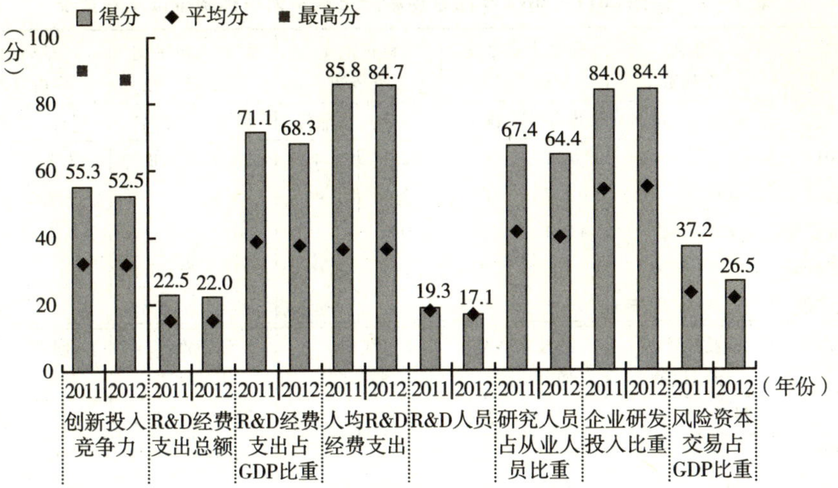

图7-6　2011~2012年德国国家创新投入竞争力指标得分比较

竞争力得分与G20最高分的差距为34.6分，高于G20平均分20.8分。总的来说，2011~2012年德国国家创新投入竞争力与平均分的差距呈扩大趋势，国家创新投入竞争力的排位保持不变。

从具体指标得分比较和变化趋势来看，德国国家创新投入竞争力整体水平较为稳定，仍处于强势地位，这主要是由于所有指标排名均保持不变；且所有三级指标的得分都高于G20平均分，但R&D人员指标得分仅略高于平均分，仍有较大提升空间。为此，应继续加大研发人员培养力度，高度重视研发人才队伍建设，不断增加国家创新投入，增强国家创新投入竞争力。

7.5　德国国家创新产出竞争力评价分析

7.5.1　德国国家创新产出竞争力评价结果

2011~2012年德国国家创新产出竞争力及其下属9个三级指标的排位和排位变化情况，如表7-7所示。

表 7－7　德国 2011～2012 年国家创新产出竞争力指标组排位及趋势表

项目 年份	专利授权数		科技人员平均专利授权数		科技论文发表数		科技人员平均发表论文数		专利和许可收入	
	得分	排名	得分	排名	得分	排名	得分	排名	得分	排名
2011	4.8	8	4.1	14	22.1	4	26.0	8	13.3	3
2012	4.0	10	3.7	14	22.1	4	25.8	7	9.9	5
得分变化	－0.8		－0.4		0.0		－0.2		－3.4	
排名升降		－2		0		0		1		－2
优劣度		优势		中势		强势		优势		强势

项目 年份	高技术产品净出口额		高技术产品净出口比重		注册商标数		创意产品出口比重		创新产出竞争力	
	得分	排名	得分	排名	得分	排名	得分	排名	得分	排名
2011	100.0	1	56.3	8	26.1	9	80.4	3	37.0	5
2012	89.1	2	58.6	8	23.6	9	67.9	3	33.9	5
得分变化	－10.9		2.3		－2.4		－12.5		－3.1	
排名升降		－1		0		0		0		0
优劣度		强势		优势		优势		强势		强势

（1）从排位变化比较看，2012 年德国国家创新产出竞争力排名第 5 位，与 2011 年相比，排位保持不变，处于强势地位。

（2）从指标所处区位来看，9 个三级指标中有 4 个强势指标，为科技论文发表数、专利和许可收入、高技术产品净出口额、创意产品出口比重；4 个指标是优势指标，为专利授权数、科技人员平均发表论文数、高技术产品净出口比重、注册商标数；有 1 个中势指标，为科技人员平均专利授权数。

（3）从指标排位变化趋势看，在 9 个三级指标中，有 1 个指标处于上升趋势，为科技人员平均发表论文数；有 3 个指标处于下降趋势，为专利授权数、专利和许可收入和高技术产品净出口额。

（4）从指标排位变化的动因看，1 个三级指标的排位出现了上升，3 个三级指标的排位出现了下降，虽然下降指标的数量大于上升指标的数量，但在指标升降的综合作用下，德国创新产出竞争力的综合排位保持不变，在 G20 中排名第 5 位。

（5）从三级指标结构特征看，在创新产出竞争力指标组的 9 个三级指标中，有 4 个强势指标，占指标总数的 44.4%；4 个优势指标，占指标总数的

44.4%；1个中势指标，占指标总数的11.1%；没有劣势指标，强势和优势指标所占比重远远大于劣势指标的比重；上升指标1个，占指标总数的11.1%；下降指标3个，占指标总数的33.3%。虽然指标排位下降的数量大于排位上升的数量，但受其他因素的综合影响，2012年德国国家创新产出竞争力综合排位与2011年相比保持不变。

7.5.2　德国国家创新产出竞争力比较分析

图7－7反映了2011～2012年德国国家创新产出竞争力与G20最高水平和平均水平的比较情况。

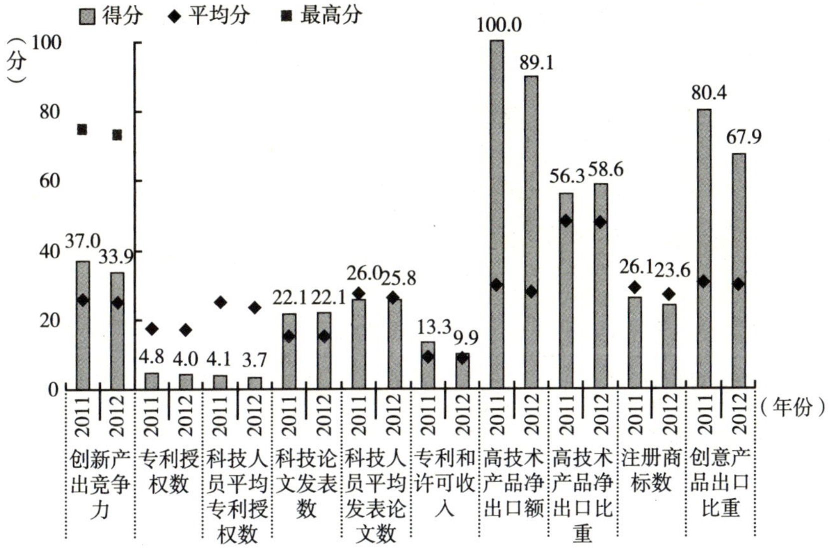

图7－7　2011～2012年德国国家创新产出竞争力指标得分比较

由图7－7可知，评价期内德国国家创新产出竞争力得分均高于33分，说明德国国家创新产出竞争力处于较高水平。从创新产出竞争力的整体得分比较来看，2011年，德国国家创新产出竞争力得分与G20最高分相比有37.8分的差距，高于G20平均分11.2分；到2012年，德国国家创新产出竞争力得分与G20最高分的差距为39.2分，高于G20平均分9.0分。总的来说，2011～2012年德国国家创新产出竞争力与最高分的差距呈扩大趋势，但排位保持不变。

从具体指标得分比较和变化趋势来看，德国国家创新产出竞争力整体水平没有发生明显变化，这主要是由于科技人员平均专利授权数、科技论文发表数、高技术产品净出口比重、注册商标数、创意产品出口比重等指标排位保持不变；但专利授权数、科技人员平均专利授权数、注册商标数等得分均低于 G20 平均分。因此，要进一步提升德国的专利申请和授权量，增强企业和个人的专利水平和运用能力；推动实施商标战略，打造国际知名品牌。通过一系列的创新措施，切实提高国家创新产出，增强国家创新产出竞争力。

7.6 德国国家创新持续竞争力评价分析

7.6.1 德国国家创新持续竞争力评价结果

2011～2012 年德国国家创新持续竞争力及其下属 7 个三级指标的排位和排位变化情况，如表 7－8 所示。

表 7－8 德国 2011～2012 年国家创新持续竞争力指标组排位及趋势表

项目 年份	公共教育经费支出总额		公共教育经费支出占 GDP 比重		人均公共教育经费支出额		高等教育毛入学率	
	得分	排名	得分	排名	得分	排名	得分	排名
2011	18.6	4	27.9	5	73.4	8	45.7	11
2012	17.4	4	20.3	5	83.8	6	50.7	7
得分变化	-1.2		-7.6		10.4		5.0	
排名升降		0		0		2		4
优劣度		强势		强势		优势		优势

项目 年份	科技人员增长率		科技经费增长率		高校科技工程毕业生比重		创新持续竞争力	
	得分	排名	得分	排名	得分	排名	得分	排名
2011	35.5	8	80.7	5	56.6	5	48.3	6
2012	14.6	15	33.9	14	54.1	5	39.3	8
得分变化	-20.9		-46.8		-2.5		-9.0	
排名升降		-7		-9		0		-2
优劣度		中势		中势		强势		优势

（1）从排位变化比较看，2012 年德国国家创新持续竞争力排名第 8 位，比 2011 年下降了 2 位，处于优势地位。

（2）从指标所处区位来看，7 个三级指标中有 3 个强势指标，分别是公共教育经费支出总额、公共教育经费支出占 GDP 比重和高校科技工程毕业生比重；2 个优势指标，为人均公共教育经费支出额和高等教育毛入学率；2 个中势指标，为科技人员增长率和科技经费增长率；没有劣势指标。

（3）从指标排位变化趋势看，在 7 个三级指标中，有 2 个指标处于上升趋势，为人均公共教育经费支出额和高等教育毛入学率；有 2 个指标处于下降趋势，分别为科技人员增长率和科技经费增长率。

（4）从指标排位变化的动因看，有 2 个三级指标的排位出现了下降，2 个三级指标的排位出现了上升，但指标下降的幅度较大。受指标排位下降的影响，德国创新持续竞争力的综合排位下降了 2 位，在 G20 中排名第 8 位。

（5）从三级指标结构特征看，在创新持续竞争力指标组的 7 个三级指标中，强势指标 3 个，占指标总数的 42.9%；优势指标 2 个，占指标总数的 28.6%；中势指标 2 个，占指标总数的 28.6%；上升指标 2 个，占指标总数的 28.6%；下降指标 2 个，占指标总数 28.6%。尽管指标排位下降的数量与排位上升的数量相当，但指标下降的幅度较大，2012 年德国国家创新持续竞争力综合排位比 2011 年下降了 2 位。

7.6.2　德国国家创新持续竞争力比较分析

图 7－8 反映了 2011～2012 年德国国家创新持续竞争力与 G20 最高水平和平均水平的比较情况。

由图 7－8 可知，评价期内德国国家创新持续竞争力得分均高于 39 分，说明德国国家创新持续竞争力处于较高水平。从创新持续竞争力的整体得分比较来看，2011 年，德国国家创新持续竞争力得分与 G20 最高分相比还有 16.0 分的差距，高于 G20 平均分 8.9 分；到 2012 年，德国国家创新持续竞争力得分与 G20 最高分的差距扩大为 20.0 分，高于 G20 平均分 1.7 分。总的来说，2011～2012 年德国国家创新持续竞争力与最高分的差距呈扩大趋势，排位处于下降趋势。

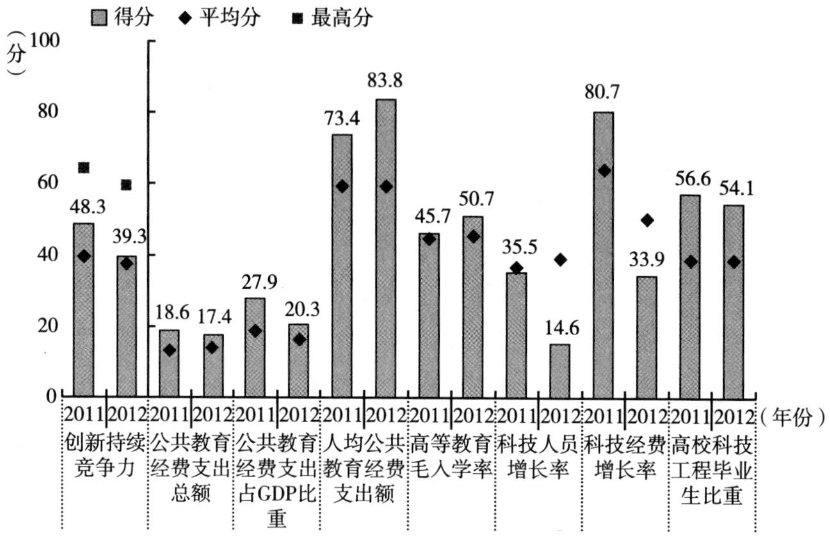

图 7-8　2011～2012 年德国国家创新持续竞争力指标得分比较

从具体指标得分比较和变化趋势来看，德国国家创新持续竞争力整体水平出现了下降，这主要是由于科技人员增长率和科技经费增长率等指标得分明显下降所致。科技人员增长率和科技经费增长率等指标的得分在 2012 年明显低于 G20 平均分，是德国国家创新持续竞争力整体水平提升的短板。针对这些问题，德国应着力增加科技经费和教育经费，保持科技经费的稳定增长，实现国家创新能力的可持续发展，增强国家创新持续竞争力。

Y.9

第8章

印度国家创新竞争力评价分析报告

印度位于亚洲南部，是南亚次大陆最大的国家，与孟加拉国、缅甸、中国、不丹、尼泊尔和巴基斯坦等国家接壤，与斯里兰卡和马尔代夫等国隔海相望。国土面积约328.76万平方公里，从北到南全长3214公里，从东到西全长2993公里，海岸线长7000多公里。2012年全国年末总人口为123669万人，实现国内生产总值18417亿美元。本部分通过对印度2011～2012年国家创新竞争力以及创新竞争力中各要素在G20中的排名变化分析，从中找出印度国家创新竞争力的推动点及影响因素。

8.1 印度国家创新竞争力总体评价分析

2011～2012年，印度的国家创新竞争力排名保持不变。2011年印度国家创新竞争力在G20中排名第18位，2012年也排名第18位，排位保持不变。

8.1.1 印度国家创新竞争力概要分析

印度国家创新竞争力在G20中所处的位置及5个二级指标的得分和排位变化如图8－1、图8－2和表8－1所示。

（1）从综合排位变化看，2012年印度国家创新竞争力综合排名在G20中处于第18位，与2011年相比，排位保持不变。

（2）从指标得分看，2012年印度国家创新竞争力得分为15.9分，比G20最高分低58.1分，比平均分低17.5分；与2011年相比，印度国家创新竞争力得分下降了3.0分，与当年最高分的差距扩大了1.7分，与G20平均分的差距也扩大了2.5分。

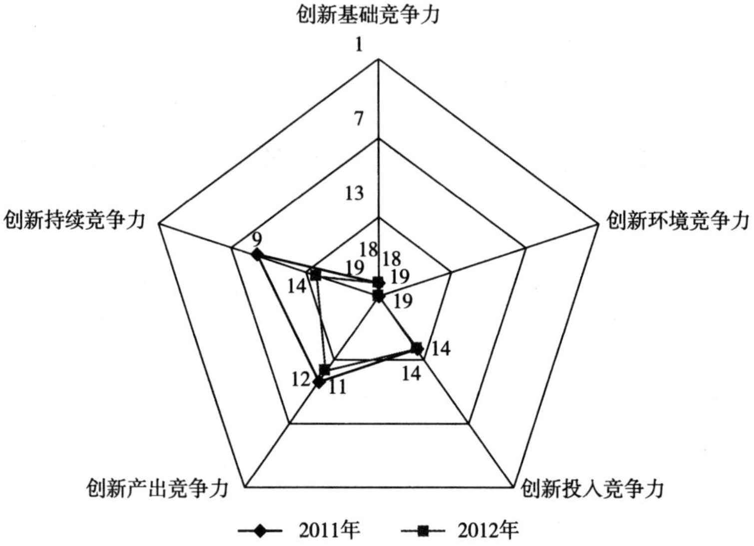

图 8－1　印度国家创新竞争力二级指标排名雷达图

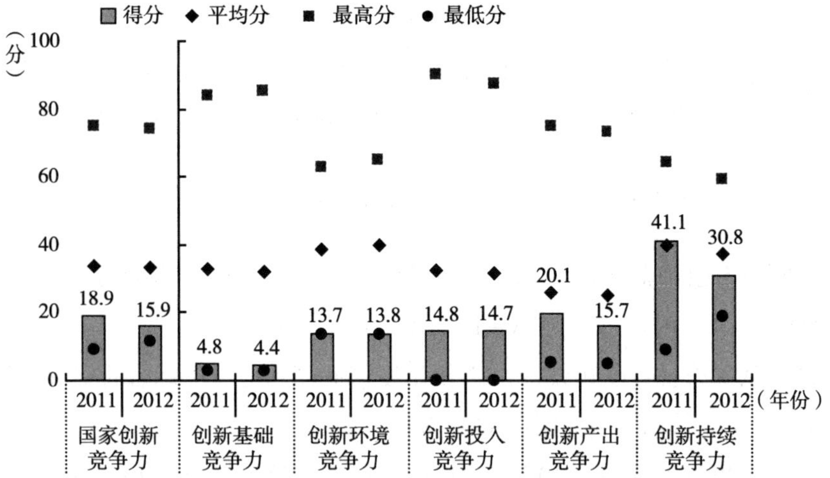

图 8－2　印度国家创新竞争力得分和排名变化趋势图

表8－1　印度国家创新竞争力二级指标得分和排名表

年份＼项目	创新基础竞争力		创新环境竞争力		创新投入竞争力		创新产出竞争力		创新持续竞争力		创新竞争力	
	得分	排名	得分	排名	得分	排名	得分	排名	得分	排名	得分	排名
2011	4.8	18	13.7	19	14.8	14	20.1	11	41.1	9	18.9	18
2012	4.4	18	13.8	19	14.7	14	15.7	12	30.8	14	15.9	18
得分变化	－0.4		0.1		－0.1		－4.4		－10.3		－3.0	
排名升降		0		0		0		－1		－5		0
优劣度		劣势		劣势		中势		中势		中势		劣势

（3）从指标所处区位看，2012年印度国家创新竞争力的5个二级指标中，没有强势指标和优势指标，劣势指标2个，为创新基础竞争力和创新环境竞争力；中势指标3个，为创新投入竞争力、创新产出竞争力和创新持续竞争力。

（4）从指标排位变化趋势看，在5个二级指标中，没有指标的排位处于上升趋势，有2个指标的排位处于下降趋势，分别为创新产出竞争力和创新持续竞争力，而创新基础竞争力、创新环境竞争力和创新投入竞争力指标排位没有发生变化。

（5）从指标排位变化的动因看，2个二级指标的排位出现了下降，没有排位上升的二级指标，但受指标排位变化的综合影响，2012年印度国家创新竞争力的综合排位保持不变，在G20中排名第18位。

8.1.2　印度国家创新竞争力各级指标动态变化分析

2011～2012年印度国家创新竞争力各级指标的动态变化及其结构，如图8－3和表8－2所示。

从图8－3可以看出，印度国家创新竞争力的三级指标中上升指标的数量小于下降指标，但保持不变的指标居于主导地位。表8－2中的数据进一步说明，印度国家创新竞争力的37个三级指标中，上升的指标有5个，占指标总数的13.5%；保持的指标有22个，占指标总数的59.5%；下降的指标有10

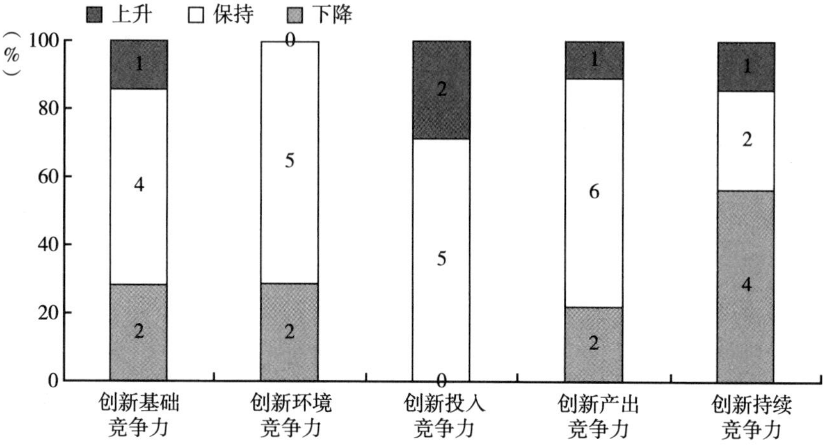

图 8－3　2011～2012 年印度国家创新竞争力指标动态变化结构图

表 8－2　2011～2012 年印度国家创新竞争力各级指标排位变化态势比较表

二级指标	三级指标个数	上升		保持		下降		变化趋势
		个数	比重(%)	个数	比重(%)	个数	比重(%)	
创新基础竞争力	7	1	14.3	4	57.1	2	28.6	保持
创新环境竞争力	7	0	0.0	5	71.4	2	28.6	保持
创新投入竞争力	7	2	28.6	5	71.4	0	0.0	保持
创新产出竞争力	9	1	11.1	6	66.7	2	22.2	下降
创新持续竞争力	7	1	14.3	2	28.6	4	57.1	下降
合　计	37	5	13.5	22	59.5	10	27.0	保持

个，占指标总数的 27.0%。虽然指标上升的数量小于下降的数量，但上升的动力与下降的拉力基本持平，2012 年印度国家创新竞争力排位保持不变，在 G20 中居第 18 位。

8.1.3　印度国家创新竞争力各级指标优劣势结构分析

2011～2012 年印度国家创新竞争力各级指标的优劣势变化及其结构，如表 8－3 所示。

表8-3　2011~2012年印度国家创新竞争力各级指标排位优劣势比较表

二级指标	三级指标个数	强势		优势		中势		劣势		优劣度
		个数	比重(%)	个数	比重(%)	个数	比重(%)	个数	比重(%)	
创新基础竞争力	7	0	0.0	2	28.6	1	14.3	4	57.1	劣势
创新环境竞争力	7	0	0.0	1	14.3	3	42.9	3	42.9	劣势
创新投入竞争力	7	0	0.0	3	42.9	2	28.6	2	28.6	中势
创新产出竞争力	9	1	11.1	2	22.2	4	44.4	2	22.2	中势
创新持续竞争力	7	2	28.6	1	14.3	1	14.3	3	42.9	中势
合　计	37	3	8.1	9	24.3	11	29.7	14	37.8	劣势

从表8-3中的数据可以看出，印度国家创新竞争力的37个三级指标中，强势指标3个，占指标总数的8.1%；优势指标9个，占指标总数的24.3%；中势指标11个，占指标总数的29.7%；劣势指标14个，占指标总数的37.8%；强势指标和优势指标的数量之和占指标总数的32.4%，远远小于中势指标和劣势指标之和所占的比重。从二级指标来看，没有强势指标和优势指标；中势指标3个，占二级指标总数的60%；劣势指标2个，占二级指标总数的40%。由于中势指标和劣势指标在指标体系中居于主导地位，2011~2012年印度国家创新竞争力处于劣势地位。

8.2　印度国家创新基础竞争力评价分析

8.2.1　印度国家创新基础竞争力评价结果

2011~2012年印度国家创新基础竞争力及其下属7个三级指标的排位和排位变化情况，如表8-4所示。

（1）从排位变化比较看，2012年印度国家创新基础竞争力排名第18位，与2011年相比，排位没有发生变化，处于劣势地位。

（2）从指标所处区位来看，7个三级指标中没有强势指标；有2个优势指标，为GDP和外国直接投资净值；1个中势指标，为人均财政收入；4个劣势指标，为人均GDP、财政收入、受高等教育人员比重和全社会劳动生产率。

表 8 -4　印度 2011 ~2012 年国家创新基础竞争力指标组排位及趋势表

项目 年份	GDP		人均 GDP		财政收入		人均财政收入		外国直接投资净值		受高等教育人员比重		全社会劳动生产率		创新基础竞争力	
	得分	排名	得分	排名	得分	排名	得分	排名	得分	排名	得分	排名	得分	排名	得分	排名
2011	10.1	10	0.0	19	4.3	15	0.0	19	14.4	9	5.1	18	0.0	19	4.8	18
2012	9.5	10	0.0	19	4.7	16	1.0	14	10.7	10	5.1	18	0.0	19	4.4	18
得分变化	-0.6		0.0		0.4		1.0		-3.8		0.0		0.0		-0.4	
排名升降		0		0		-1		5		-1		0		0		0
优劣度		优势		劣势		劣势		中势		优势		劣势		劣势		劣势

（3）从指标排位变化趋势看，在 7 个三级指标中，有 1 个指标处于上升趋势，为人均财政收入；有 2 个指标处于下降趋势，分别为财政收入和外国直接投资净值；其余 4 个指标均保持不变。

（4）从指标排位变化的动因看，由于指标排位升降的幅度较小，且大部分指标排位保持不变，印度创新基础竞争力的综合排位也保持不变，在 G20 中排名第 18 位。

（5）从三级指标结构特征看，在创新基础竞争力指标组的 7 个三级指标中，没有强势指标；优势指标 2 个，占指标总数的 28.6%；劣势指标 4 个，占指标总数的 57.1%，强势和优势指标所占比重小于劣势指标的比重；上升指标 1 个，占指标总数的 14.3%；下降指标 2 个，占指标总数的 28.6%。由于排位上升的指标数量与排位下降的数量基本相当，且排位不变的指标较多，2012 年印度国家创新基础竞争力综合排位保持不变。

8.2.2　印度国家创新基础竞争力比较分析

图 8 -4 反映了 2011 ~2012 年印度国家创新基础竞争力与 G20 最高水平和平均水平的比较情况。

由图 8 -4 可知，评价期内印度国家创新基础竞争力得分均低于 5 分，说明印度国家创新基础竞争力处于较低水平。从创新基础竞争力的整体得分比较来看，2011 年，印度国家创新基础竞争力得分与 G20 最高分相比还有 79.7 分的差距，比 G20 平均分低 28.3 分；到 2012 年，印度国家创新基础竞争力得分与 G20 最高分的差距为 80.8 分，比 G20 平均分低 27.9 分。总的来说，2011 ~

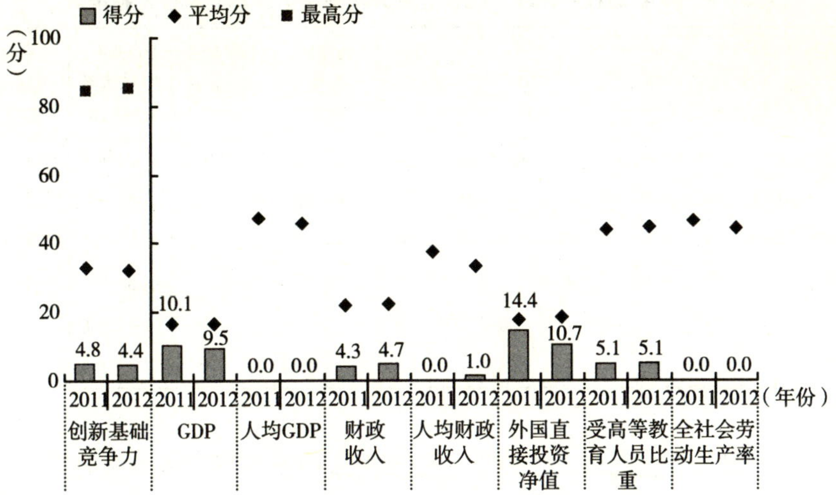

图 8－4　2011～2012 年印度国家创新基础竞争力指标得分比较

2012 年印度国家创新基础竞争力与最高分、平均分的差距变化不大，其创新基础竞争力保持稳定。

从具体指标得分比较和变化趋势来看，印度国家创新基础竞争力整体水平基本稳定，处于较低水平，这是由于人均 GDP、受高等教育人员比重和全社会劳动生产率等指标排位靠后且保持不变；且 7 个指标的得分普遍低于 G20 平均分，创新基础竞争力缺乏上升的动力。在下一步的科技创新活动中，要特别关注这些问题，继续扩大生产和加快企业战略转型、加大教育和科技财政投入，积极参与国际直接投资，借鉴和引进国际前沿技术，提高全社会劳动生产率，夯实国家创新基础，不断增强国家创新基础竞争力。

8.3　印度国家创新环境竞争力评价分析

8.3.1　印度国家创新环境竞争力评价结果

2011～2012 年印度国家创新环境竞争力及其下属 7 个三级指标的排位和排位变化情况，如表 8－5 所示。

表 8－5　印度 2011～2012 年国家创新环境竞争力指标组排位及趋势表

项目 年份	每千人因特网用户数		每千人手机用户数		企业开业程序		企业平均税负水平		入境留学生比重		小额贷款占 GDP 比重		ISO 9001 质量体系认证数		创新环境竞争力	
	得分	排名	得分	排名	得分	排名	得分	排名	得分	排名	得分	排名	得分	排名	得分	排名
2011	0.0	19	0.9	18	15.4	16	48.1	14	3.4	15	10.3	11	17.8	6	13.7	19
2012	0.0	19	0.0	19	15.4	16	48.2	14	3.8	15	9.9	11	19.2	7	13.8	19
得分变化	0.0		-0.9		0.0		0.2		0.4		-0.4		1.3		0.1	
排名升降		0		-1		0		0		0		0		-1		0
优劣度		劣势		劣势		劣势		中势		中势		中势		优势		劣势

（1）从排位变化比较看，2012 年印度国家创新环境竞争力排名第 19 位，与 2011 年相比，排位保持不变，处于劣势地位。

（2）从指标所处区位来看，7 个三级指标中，没有强势指标；有 1 个优势指标，为 ISO 9001 质量体系认证数；3 个劣势指标，分别为每千人因特网用户数、每千人手机用户数、企业开业程序，其余 3 个指标为中势指标。

（3）从指标排位变化趋势看，在 7 个三级指标中，有 2 个指标处于下降趋势，分别为每千人手机用户数和 ISO 9001 质量体系认证数；其余指标均保持不变。

（4）从指标排位变化的动因看，尽管 2 个三级指标的排位出现了下降，但已经处于 G20 最末位，因此印度创新环境竞争力的综合排位保持不变，处于第 19 位。

（5）从三级指标结构特征看，在创新环境竞争力指标组的 7 个三级指标中，优势指标 1 个，占指标总数的 14.3%；中势指标 3 个，占指标总数的 42.9%；劣势指标 3 个，占指标总数的 42.9%，没有强势指标，中势指标和劣势指标居于主导地位；没有上升指标；有 2 个下降指标，占指标总数的 28.6%；保持指标 5 个，占指标总数的 71.4%。虽然指标排位下降的数量大于排位上升的数量，但已经处于 G20 的最末位，因此 2012 年印度国家创新环境竞争力综合排位与 2011 年相比没有发生变化。

8.3.2　印度国家创新环境竞争力比较分析

图 8 – 5 反映了 2011 ~ 2012 年印度国家创新环境竞争力与 G20 最高水平和平均水平的比较情况。

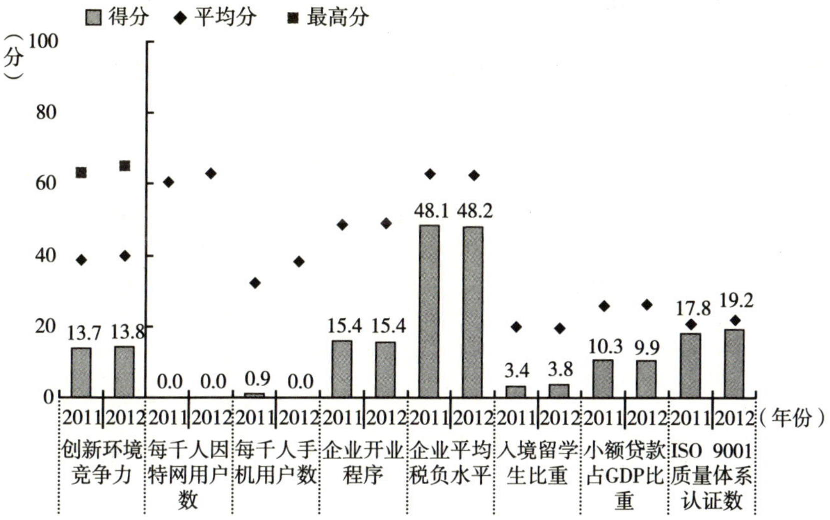

图 8 – 5　2011 ~ 2012 年印度国家创新环境竞争力指标得分比较

由图 8 – 5 可知，评价期内印度国家创新环境竞争力得分均低于 14 分，处于较低水平。从创新环境竞争力的整体得分比较来看，2011 年，印度国家创新环境竞争力得分与 G20 最高分相比还有 49.2 分的差距，低于 G20 平均分 25.0 分；2012 年，印度国家创新环境竞争力得分与 G20 最高分的差距为 51.3 分，低于 G20 平均分 26.2 分。总的来说，2011 ~ 2012 年印度国家创新环境竞争力与最高分的差距呈扩大趋势。

从具体指标得分比较和变化趋势来看，印度国家创新环境竞争力整体水平基本稳定，仍处于劣势地位，这主要是由于大部分指标排位保持不变且排位靠后；7 个指标得分均低于 G20 平均分，这限制了其创新环境竞争力的进一步提升。为改变印度国家创新环境竞争力的落后状态，应针对存在的这些问题，加快信息高速公路建设，加大对创新型企业的科技扶持力度和资金扶持力度，加强知识产权保护，营造有利于企业健康有序发展的良好创新氛围，不断优化国家创新环境，显著增强国家创新环境竞争力。

8.4 印度国家创新投入竞争力评价分析

8.4.1 印度国家创新投入竞争力评价结果

2011～2012 年印度国家创新投入竞争力及其下属 7 个三级指标的排位和排位变化情况，如表 8－6 所示。

表 8－6 印度 2011～2012 年国家创新投入竞争力指标组排位及趋势表

项目/年份	R&D经费支出总额		R&D经费支出占GDP比重		人均R&D经费支出		R&D人员		研究人员占从业人员比重		企业研发投入比重		风险资本交易占GDP比重		创新投入竞争力	
	得分	排名	得分	排名	得分	排名	得分	排名	得分	排名	得分	排名	得分	排名	得分	排名
2011	8.3	8	18.5	15	2.0	17	16.8	6	1.9	17	35.0	15	21.0	7	14.8	14
2012	8.8	7	17.8	15	2.1	17	15.4	6	1.8	17	36.3	15	20.6	6	14.7	14
得分变化	0.4		-0.8		0.1		-1.4		-0.1		1.2		-0.4		-0.1	
排名升降		1		0		0		0		0		0		1		0
优劣度		优势		中势		劣势		优势		劣势		中势		优势		中势

（1）从排位变化比较看，2012 年印度国家创新投入竞争力排名第 14 位，与 2011 年排位相同，处于中势地位。

（2）从指标所处区位来看，7 个三级指标中没有强势指标；有 3 个优势指标，分别为 R&D 经费支出总额、R&D 人员和风险资本交易占 GDP 比重；有 2 个中势指标，分别为 R&D 经费支出占 GDP 比重和企业研发投入比重；2 个劣势指标，分别为人均 R&D 经费支出和研究人员占从业人员比重。

（3）从指标排位变化趋势看，在 7 个三级指标中，有 5 个指标排位保持不变，分别为 R&D 经费支出占 GDP 比重、人均 R&D 经费支出、R&D 人员、研究人员占从业人员比重和企业研发投入比重；有 2 个指标处于上升趋势，分别为 R&D 经费支出总额和风险资本交易占 GDP 比重。

（4）从指标排位变化的动因看，由于有 5 个三级指标的排位保持不变，印度创新投入竞争力的综合排位也保持不变，在 G20 中排名第 14 位。

（5）从三级指标结构特征看，在创新投入竞争力指标组的 7 个三级指标中，没有强势指标；有 3 个优势指标，占指标总数的 42.9%；2 个中势指标，占指标总数的 28.6%；2 个劣势指标，占指标总数的 28.6%。上升指标 2 个，占指标总数的 28.6%；没有下降指标，保持指标 5 个，占指标总数的 71.4%。大部分指标排位保持不变，受此影响，2012 年印度国家创新投入竞争力综合排位保持不变。

8.4.2　印度国家创新投入竞争力比较分析

图 8－6 反映了 2011～2012 年印度国家创新投入竞争力与 G20 最高水平和平均水平的比较情况。

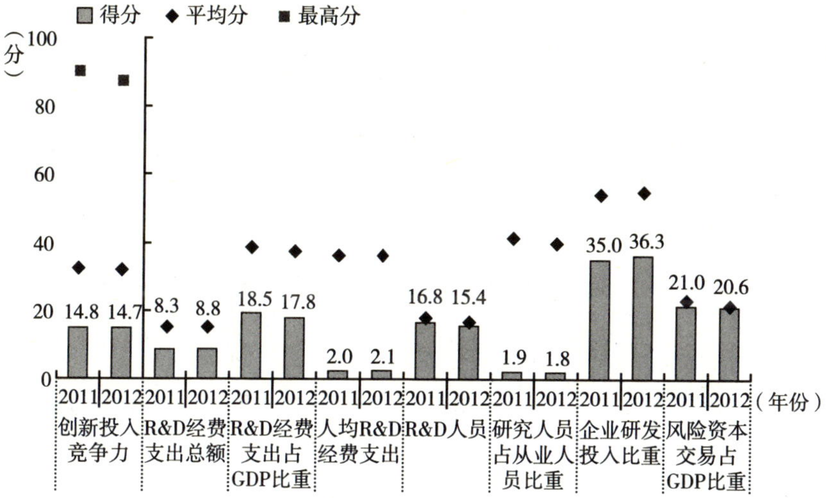

图 8－6　2011～2012 年印度国家创新投入竞争力指标得分比较

由图 8－6 可知，评价期内印度国家创新投入竞争力得分均低于 15 分，说明印度国家创新投入竞争力处于较低水平。从创新投入竞争力的整体得分比较来看，2011 年，印度国家创新投入竞争力得分与 G20 最高分相比还有 75.3 分的差距，与 G20 平均分相比，则低了 17.6 分；到 2012 年，印度国家创新投入竞争力得分与 G20 最高分的差距为 72.4 分，低于 G20 平均分 17.0 分。总的来说，2011～2012 年印度国家创新投入竞争力与平均分的差距呈缩小趋势，但受多种因素影响，国家创新投入竞争力排位保持不变。

从具体指标得分比较和变化趋势来看，印度国家创新投入竞争力整体水平较为稳定，仍处于中势地位，这主要是由于大部分指标排位保持不变；且所有三级指标的得分都低于 G20 平均分，可见，其创新投入竞争力比较薄弱。今后要特别关注这些问题，继续加大科研投入，鼓励多元化的创新研发投入，加大研发人员培养力度，高度重视研发人才队伍建设，不断增加国家创新投入，增强国家创新投入竞争力。

8.5 印度国家创新产出竞争力评价分析

8.5.1 印度国家创新产出竞争力评价结果

2011 ~2012 年印度国家创新产出竞争力及其下属 9 个三级指标的排位和排位变化情况，如表 8 -7 所示。

表 8 -7 印度 2011 ~2012 年国家创新产出竞争力指标组排位及趋势表

项目/年份	专利授权数		科技人员平均专利授权数		科技论文发表数		科技人员平均发表论文数		专利和许可收入	
	得分	排名	得分	排名	得分	排名	得分	排名	得分	排名
2011	2.1	14	0.3	18	10.7	10	13.9	16	0.2	15
2012	1.5	14	0.0	19	10.7	10	13.3	15	0.2	15
得分变化	-0.6		-0.3		0.0		-0.6		0.0	
排名升降		0		-1		0		1		0
优劣度		中势		劣势		优势		中势		中势

项目/年份	高技术产品净出口额		高技术产品净出口比重		注册商标数		创意产品出口比重		创新产出竞争力	
	得分	排名	得分	排名	得分	排名	得分	排名	得分	排名
2011	6.9	11	23.7	16	68.7	3	54.1	5	20.1	11
2012	6.0	11	22.3	16	26.1	8	61.0	5	15.7	12
得分变化	-1.0		-1.4		-42.6		6.9		-4.4	
排名升降		0		0		-5		0		-1
优劣度		中势		劣势		优势		强势		中势

（1）从排位变化比较看，2012 年印度国家创新产出竞争力排名第 12 位，与 2011 年相比，排位下降了 1 位，处于中势地位。

（2）从指标所处区位来看，9 个三级指标中，有 1 个强势指标，为创意产品出口比重；2 个优势指标，分别为科技论文发表数和注册商标数；4 个中势指标，分别为专利授权数、科技人员平均发表论文数、专利和许可收入、高技术产品净出口额；2 个劣势指标，分别为科技人员平均专利授权数和高技术产品净出口比重。

（3）从指标排位变化趋势看，在 9 个三级指标中，有 1 个指标处于上升趋势，为科技人员平均发表论文数；有 2 个指标处于下降趋势，分别为科技人员平均专利授权数和注册商标数。

（4）从指标排位变化的动因看，1 个三级指标的排位出现了上升，2 个三级指标的排位出现了下降。下降指标的数量大于上升指标的数量，使得印度创新产出竞争力的综合排位下降了 1 位，在 G20 中排名第 12 位。

（5）从三级指标结构特征看，在创新产出竞争力指标组的 9 个三级指标中，有 1 个强势指标，占指标总数的 11.1%；有 2 个优势指标，占指标总数的 22.2%；4 个中势指标，占指标总数的 44.4%；2 个劣势指标，占指标总数的 22.2%，中势指标占主导地位；上升指标 1 个，占指标总数的 11.1%；下降指标 2 个，占指标总数的 22.2%。由于指标排位上升的数量小于排位下降的数量，2012 年印度国家创新产出竞争力综合排位与 2011 年相比，下降了 1 位。

8.5.2 印度国家创新产出竞争力比较分析

图 8－7 反映了 2011～2012 年印度国家创新产出竞争力与 G20 最高水平和平均水平的比较情况。

由图 8－7 可知，评价期内印度国家创新产出竞争力得分均低于 21 分，说明印度国家创新产出竞争力处于较低水平。从创新产出竞争力的整体得分比较来看，2011 年，印度国家创新产出竞争力得分与 G20 最高分相比还有 54.7 分的差距，低于 G20 平均分 5.7 分；到 2012 年，印度国家创新产出竞争力得分与 G20 最高分的差距为 57.4 分，低于 G20 平均分 9.2 分。总的来说，2011～2012 年印度国家创新产出竞争力与最高分和平均分的差距均呈扩大趋势，排

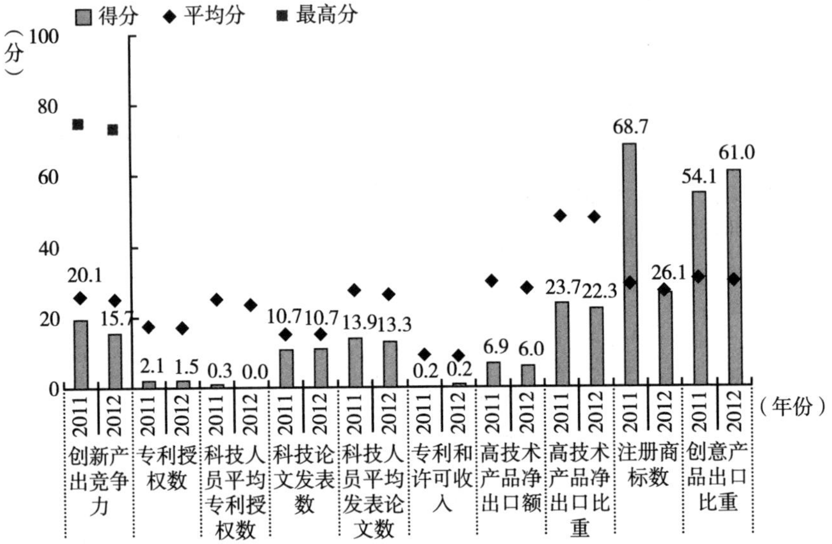

图 8－7　2011～2012 年印度国家创新产出竞争力指标得分比较

位呈现下降状态。

从具体指标得分比较和变化趋势来看，印度国家创新产出竞争力整体水平没有发生明显变化，这主要是由于大部分指标排位不变，而且除了注册商标数和创意产品出口比重 2 个指标外，其他 7 个指标得分均低于 G20 平均分。因此，要进一步提升印度的专利申请和授权量，增强企业和个人专利运用能力；完善知识产权激励机制，促进专利和许可收入增长；注重提升基础研究能力，提高科技论文等创新产出的数量和质量；优化出口贸易结构，加大高技术产品出口比重，突出高技术产品在对外贸易中的地位。通过一系列的创新措施，切实提高国家创新产出，增强国家创新产出竞争力。

8.6　印度国家创新持续竞争力评价分析

8.6.1　印度国家创新持续竞争力评价结果

2011～2012 年印度国家创新持续竞争力及其下属 7 个三级指标的排位和

排位变化情况，如表8－8所示。

（1）从排位变化比较看，2012年印度国家创新持续竞争力排名第14位，比2011年下降了5位，处于中势地位。

（2）从指标所处区位来看，7个三级指标中有2个强势指标，分别是科技经费增长率和高校科技工程毕业生比重；科技人员增长率为优势指标；公共教育经费支出总额为中势指标；其余3个指标为劣势指标。

表8－8　印度2011～2012年国家创新持续竞争力指标组排位及趋势表

项目 / 年份	公共教育经费支出总额		公共教育经费支出占GDP比重		人均公共教育经费支出额		高等教育毛入学率	
	得分	排名	得分	排名	得分	排名	得分	排名
2011	4.5	12	0.0	19	17.1	17	3.7	18
2012	4.4	14	0.0	19	13.5	18	0.0	18
得分变化	－0.1		0.0		－3.6		－3.7	
排名升降		－2		0		－1		0
优劣度		中势		劣势		劣势		劣势
项目 / 年份	**科技人员增长率**		**科技经费增长率**		**高校科技工程毕业生比重**		**创新持续竞争力**	
	得分	排名	得分	排名	得分	排名	得分	排名
2011	89.0	3	79.1	6	94.1	2	41.1	9
2012	38.7	10	68.0	4	90.6	3	30.8	14
得分变化	－50.3		－11.1		－3.5		－10.3	
排名升降		－7		2		－1		－5
优劣度		优势		强势		强势		中势

（3）从指标排位变化趋势看，在7个三级指标中，有1个指标处于上升趋势，为科技经费增长率；有4个指标处于下降趋势，分别为公共教育经费支出总额、人均公共教育经费支出额、科技人员增长率和高校科技工程毕业生比重，其中科技人员增长率指标下降的幅度较大，这些是印度创新持续竞争力的下降拉力所在。

（4）从指标排位变化的动因看，有4个三级指标的排位出现了下降，受指标排位下降的影响，印度创新持续竞争力的综合排位大幅度下降，在G20中排名第14位。

（5）从三级指标结构特征看，在创新持续竞争力指标组的 7 个三级指标中，强势指标 2 个，占指标总数的 28.6%；优势指标 1 个，占指标总数的 14.3%；劣势指标 3 个，占指标总数的 42.9%，强势指标和优势指标所占比重与劣势指标比重相当；上升指标 1 个，占指标总数的 14.3%；下降指标 4 个，占指标总数的 57.1%。指标排位下降的数量大于排位上升的数量，且指标下降的幅度较大，2012 年印度国家创新持续竞争力综合排位比 2011 年下降了 5 位。

8.6.2 印度国家创新持续竞争力比较分析

图 8－8 反映了 2011～2012 年印度国家创新持续竞争力与 G20 最高水平和平均水平的比较情况。

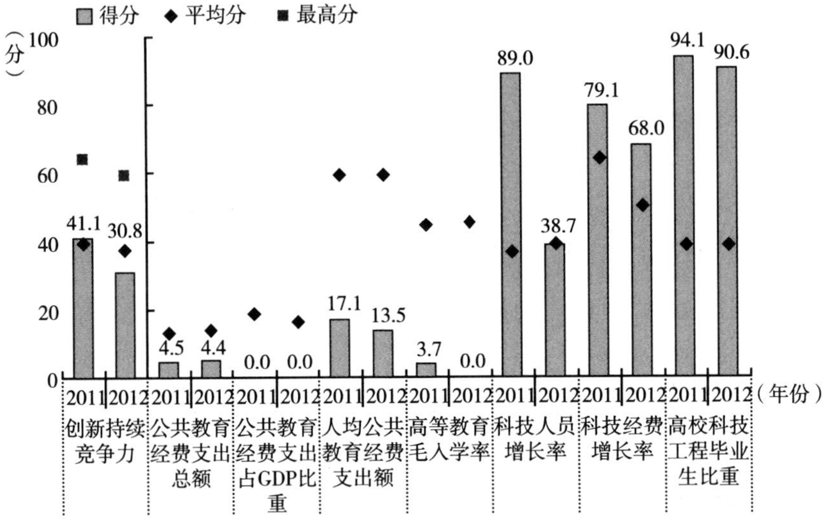

图 8－8　2011～2012 年印度国家创新持续竞争力指标得分比较

由图 8－8 可知，评价期内印度国家创新持续竞争力得分处于下降趋势，说明印度国家创新持续竞争力水平有所降低。从创新持续竞争力的整体得分比较来看，2011 年，印度国家创新持续竞争力得分与 G20 最高分相比还有 23.2 分的差距，高于 G20 平均分 1.7 分；到 2012 年，印度国家创新持续竞争力得分与 G20 最高分的差距扩大为 28.5 分，低于 G20 平均分 6.8 分。总的来说，

2011 ~2012 年印度国家创新持续竞争力与最高分、平均分的差距均呈扩大趋势，排位呈现下降状态。

从具体指标得分比较和变化趋势来看，印度国家创新持续竞争力整体水平下降，这主要是由于公共教育经费支出总额、人均公共教育经费支出额、科技人员增长率、高校科技工程毕业生比重等指标得分明显下降；此外，公共教育经费支出总额、公共教育经费支出占 GDP 比重、人均公共教育经费支出额、高等教育毛入学率等指标的得分还低于 G20 平均分，其国家创新持续竞争力水平较低。针对这些问题，印度要不断增加教育经费投入，提升科学家和工程师的待遇，加大培养科学家和工程师的力度，实现国家创新能力的可持续发展，增强国家创新持续竞争力。

Y. 10

第 9 章 印度尼西亚国家创新竞争力评价分析报告

印度尼西亚为东南亚国家，由上万个岛屿组成，是全世界最大的群岛国家，疆域横跨亚洲及大洋洲。国土面积约 191.1 万平方公里；海岸线长 3.5 万公里。2012 年全国年末总人口为 24686 万人，实现国内生产总值 8782 亿美元。本部分通过对印度尼西亚 2011～2012 年国家创新竞争力以及创新竞争力中各要素在 G20 中的排名变化分析，从中找出印度尼西亚国家创新竞争力的推动点及影响因素。

9.1 印度尼西亚国家创新竞争力总体评价分析

2011～2012 年，印度尼西亚的国家创新竞争力排名没有变化。2011 年和 2012 年印度尼西亚国家创新竞争力在 G20 中排名第 19 位。

9.1.1 印度尼西亚国家创新竞争力概要分析

印度尼西亚国家创新竞争力在 G20 集团中所处的位置及 5 个二级指标的得分和排位变化如图 9－1、图 9－2 和表 9－1 所示。

（1）从综合排位变化看，2012 年印度尼西亚国家创新竞争力综合排名在 G20 中处于第 19 位，与 2011 年相比，排位没有变化。

（2）从指标得分看，2012 年印度尼西亚国家创新竞争力得分为 11.5 分，比 G20 最高分低 62.5 分，比平均分低 21.8 分；与 2011 年相比，印度尼西亚国家创新竞争力得分上升了 2.3 分，与当年最高分的差距缩小了 3.7 分，与 G20 平均分的差距也缩小了 2.8 分。

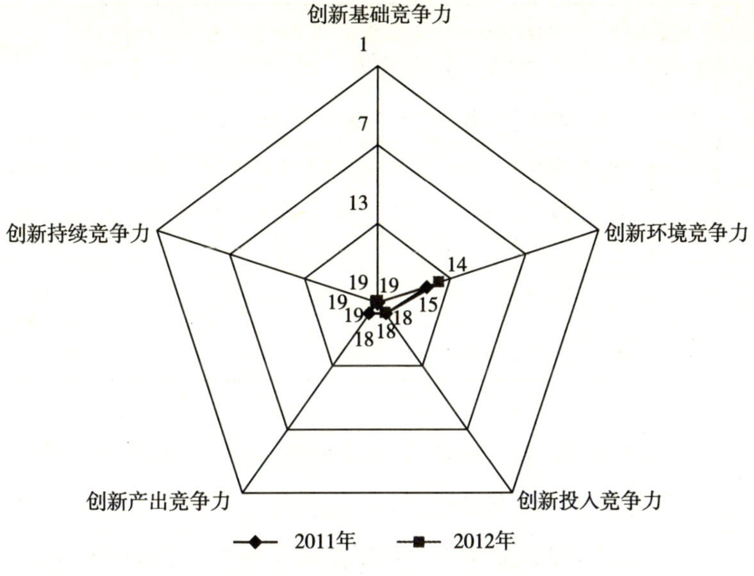

图 9-1　印度尼西亚国家创新竞争力二级指标排名雷达图

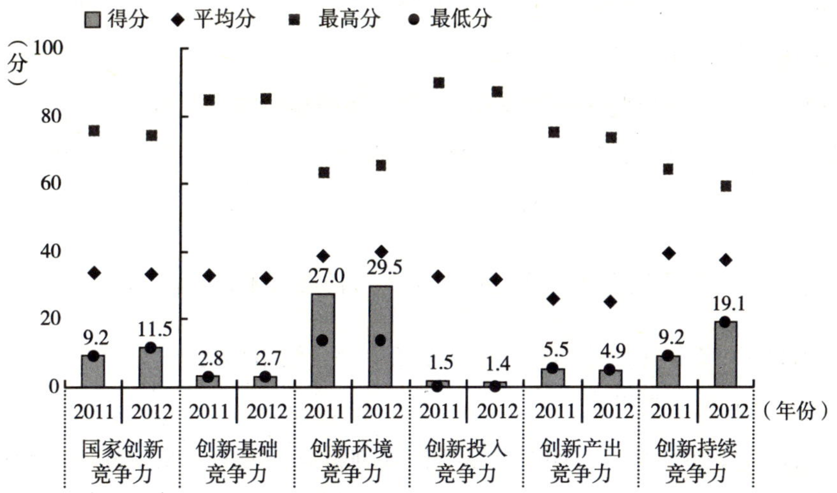

图 9-2　印度尼西亚国家创新竞争力得分和排名变化趋势图

表 9-1　印度尼西亚国家创新竞争力二级指标得分和排名表

项目 年份	创新基础竞争力		创新环境竞争力		创新投入竞争力		创新产出竞争力		创新持续竞争力		创新竞争力	
	得分	排名	得分	排名	得分	排名	得分	排名	得分	排名	得分	排名
2011	2.8	19	27.0	15	1.5	18	5.5	18	9.2	19	9.2	19
2012	2.7	19	29.5	14	1.4	18	4.9	19	19.1	19	11.5	19
得分变化	-0.1		2.5		-0.1		-0.6		9.9		2.3	
排名升降		0		1		0		-1		0		0
优劣度		劣势		中势		劣势		劣势		劣势		劣势

（3）从指标所处区位看，2012 年印度尼西亚国家创新竞争力的 5 个二级指标中，没有强势指标，没有优势指标，中势指标 1 个，为创新环境竞争力，劣势指标 4 个，为创新基础竞争力、创新投入竞争力、创新产出竞争力和创新持续竞争力。

（4）从指标排位变化趋势看，在 5 个二级指标中，创新环境竞争力指标的排位处于上升趋势，创新产出竞争力的排位处于下降趋势，而创新基础竞争力、创新投入竞争力和创新持续竞争力等 3 个指标排位没有发生变化，印度尼西亚国家创新竞争力排名没有变化。

（5）从指标排位变化的动因看，1 个二级指标的排位出现了下降，1 个二级指标的排位出现了上升。受指标排位升降的综合影响，2012 年印度尼西亚国家创新竞争力的综合排位保持不变，在 G20 中排名第 19 位。

9.1.2　印度尼西亚国家创新竞争力各级指标动态变化分析

2011～2012 年印度尼西亚国家创新竞争力各级指标的动态变化及其结构，如图 9-3 和表 9-2 所示。

从图 9-3 可以看出，印度尼西亚国家创新竞争力的三级指标中上升指标的数量等于下降指标，但保持不变的指标居于主导地位。表 9-2 中的数据进一步说明，印度尼西亚国家创新竞争力的 37 个三级指标中，上升的指标有 7 个，占指标总数的 18.9%；保持的指标有 25 个，占指标总数的 67.6%；下降

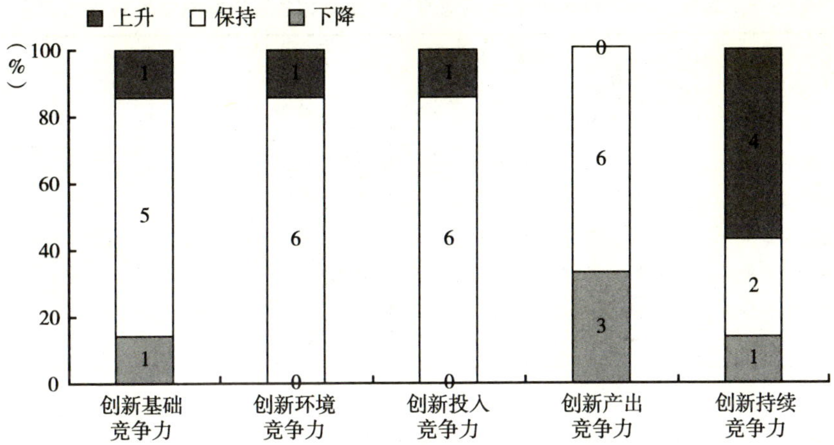

图 9－3　2011～2012 年印度尼西亚国家创新竞争力指标动态变化结构图

表 9－2　2011～2012 年印度尼西亚国家创新竞争力各级指标排位变化态势比较表

二级指标	三级指标个数	上升		保持		下降		变化趋势
		个数	比重(%)	个数	比重(%)	个数	比重(%)	
创新基础竞争力	7	1	14.3	5	71.4	1	14.3	保持
创新环境竞争力	7	1	14.3	6	85.7	0	0.0	上升
创新投入竞争力	7	1	14.3	6	85.7	0	0.0	保持
创新产出竞争力	9	0	0.0	6	66.7	3	33.3	下降
创新持续竞争力	7	4	57.1	2	28.6	1	14.3	保持
合　计	37	7	18.9	25	67.6	5	13.5	保持

的指标有 5 个，占指标总数的 13.5%。指标排位上升的数量略多于指标排位下降的数量，但受其他因素的综合影响，2012 年印度尼西亚的国家创新竞争力排位在 G20 中仍居第 19 位。

9.1.3　印度尼西亚国家创新竞争力各级指标优劣势结构分析

2011～2012 年印度尼西亚国家创新竞争力各级指标的优劣势变化及其结构，如表 9－3 所示。

表 9-3　2011～2012 年印度尼西亚国家创新竞争力各级指标排位优劣势比较表

二级指标	三级指标个数	强势		优势		中势		劣势		优劣度
		个数	比重（%）	个数	比重（%）	个数	比重（%）	个数	比重（%）	
创新基础竞争力	7	0	0.0	0	0.0	2	28.6	5	71.4	劣势
创新环境竞争力	7	2	28.6	1	14.3	1	14.3	3	42.9	中势
创新投入竞争力	7	0	0.0	0	0.0	0	0.0	7	100.0	劣势
创新产出竞争力	9	0	0.0	0	0.0	4	44.4	5	55.6	劣势
创新持续竞争力	7	0	0.0	1	14.3	2	28.6	4	57.1	劣势
合　计	37	2	5.4	2	5.4	9	24.3	24	64.9	劣势

从表 9-3 中的数据可以看出，印度尼西亚国家创新竞争力的 37 个三级指标中，强势指标 2 个，占指标总数的 5.4%；优势指标 2 个，占指标总数的 5.4%；中势指标 9 个，占指标总数的 24.3%；劣势指标 24 个，占指标总数的 64.9%；强势指标和优势指标的数量之和占指标总数的 10.8%，远远小于中势指标和劣势指标之和所占的比重。从二级指标来看，没有强势指标和优势指标；中势指标 1 个，占二级指标总数的 20%；劣势指标 4 个，占二级指标总数的 80%。由于劣势指标在指标体系中居于主导地位，2011～2012 年印度尼西亚国家创新竞争力处于劣势地位。

9.2　印度尼西亚国家创新基础竞争力评价分析

9.2.1　印度尼西亚国家创新基础竞争力评价结果

2011～2012 年印度尼西亚国家创新基础竞争力及其下属 7 个三级指标的排位和排位变化情况，如表 9-4 所示。

（1）从排位变化比较看，2012 年印度尼西亚国家创新基础竞争力排名第 19 位，与 2011 年相比，排位没有发生变化，处于劣势地位。

（2）从指标所处区位来看，7 个三级指标中没有强势指标和优势指标；GDP 和外国直接投资净值 2 个指标是中势指标；人均 GDP、财政收入和人均财政收入等 5 个指标是劣势指标。

表9－4 印度尼西亚2011～2012年国家创新基础竞争力指标组排位及趋势表

项目 年份	GDP		人均GDP		财政收入		人均财政收入		外国直接投资净值		受高等教育人员比重		全社会劳动生产率		创新基础竞争力	
	得分	排名	得分	排名	得分	排名	得分	排名	得分	排名	得分	排名	得分	排名	得分	排名
2011	3.0	15	3.8	18	0.9	18	2.1	18	7.6	13	0.0	19	2.0	18	2.8	19
2012	3.2	15	4.0	18	1.2	18	0.0	19	8.5	11	0.0	19	2.2	18	2.7	19
得分变化	0.2		0.2		0.4		-2.1		0.9		0.0		0.2		-0.1	
排名升降		0		0		0		-1		2		0		0		0
优劣度		中势		劣势		劣势		劣势		中势		劣势		劣势		劣势

（3）从指标排位变化趋势看，在7个三级指标中，有1个指标处于上升趋势，为外国直接投资净值；1个指标处于下降趋势，为人均财政收入；其余5个指标均保持不变。

（4）从指标排位变化的动因看，由于指标排位升降的幅度较小，且大部分指标排位保持不变，印度尼西亚创新基础竞争力的综合排位也保持不变，在G20中排名第19位。

（5）从三级指标结构特征看，在创新基础竞争力指标组的7个三级指标中，没有强势指标和优势指标；中势指标2个，占指标总数的28.6%；劣势指标5个，占指标总数的71.4%，劣势指标的比重较大；上升指标1个，占指标总数的14.3%；下降指标1个，占指标总数的14.3%。排位保持不变的指标占主导地位，使得2012年印度尼西亚的国家创新基础竞争力保持在第19位。

9.2.2 印度尼西亚国家创新基础竞争力比较分析

图9－4反映了2011～2012年印度尼西亚国家创新基础竞争力与G20最高水平和平均水平的比较情况。

由图9－4可知，评价期内印度尼西亚国家创新基础竞争力得分均低于3分，说明印度尼西亚国家创新基础竞争力处于较低水平。从创新基础竞争力的整体得分比较来看，2011年，印度尼西亚国家创新基础竞争力得分与G20最高分相比还有81.8分的差距，比G20平均分低30.3分；到2012年，印度尼西亚国家创新基础竞争力得分与G20最高分的差距为82.5分，比

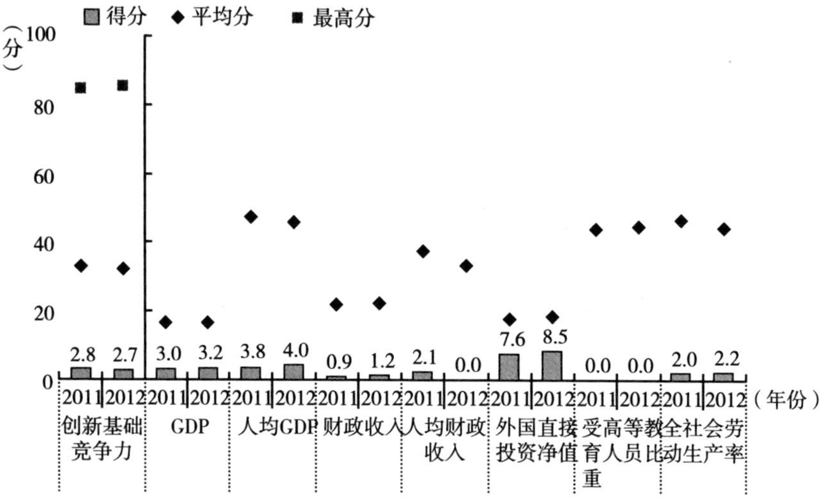

图 9－4　2011～2012 年印度尼西亚国家创新基础竞争力指标得分比较

G20 平均分低 29.5 分。总的来说，2011～2012 年印度尼西亚国家创新基础竞争力与最高分、平均分的差距变化不大，其创新基础竞争力变化幅度较小。

从具体指标得分比较和变化趋势来看，印度尼西亚国家创新基础竞争力整体水平没有太大变化，人均 GDP、财政收入、人均财政收入等指标排位偏低，且 7 个三级指标的得分普遍低于 G20 平均分，创新基础竞争力缺乏上升的动力。为此，印度尼西亚应继续扩大生产，加快企业战略转型，加大教育和科技投入，借鉴和引进国际科技前沿技术，提高全社会劳动生产率，夯实国家创新基础，不断增强国家创新基础竞争力。

9.3　印度尼西亚国家创新环境竞争力评价分析

9.3.1　印度尼西亚国家创新环境竞争力评价结果

2011～2012 年印度尼西亚国家创新环境竞争力及其下属 7 个三级指标的排位和排位变化情况，如表 9－5 所示。

表 9－5　印度尼西亚 2011～2012 年国家创新环境竞争力指标组排位及趋势表

项目 \ 年份	每千人因特网用户数		每千人手机用户数		企业开业程序		企业平均税负水平		入境留学生比重		小额贷款占 GDP 比重		ISO 9001 质量体系认证数		创新环境竞争力	
	得分	排名	得分	排名	得分	排名	得分	排名	得分	排名	得分	排名	得分	排名	得分	排名
2011	1.4	18	25.0	11	30.8	15	81.0	4	0.5	17	48.9	4	1.5	17	27.0	15
2012	2.8	18	37.7	8	30.8	15	81.0	4	0.5	17	51.4	4	2.3	17	29.5	14
得分变化	1.4		12.7		0.0		0.0		0.0		2.5		0.8		2.5	
排名升降		0		3		0		0		0		0		0		1
优劣度		劣势		优势		中势		强势		劣势		强势		劣势		中势

（1）从排位变化比较看，2012 年印度尼西亚国家创新环境竞争力排名第 14 位，与 2011 年相比，排位上升了 1 位，处于中势地位。

（2）从指标所处区位来看，7 个三级指标中有 2 个强势指标，分别为企业平均税负水平和小额贷款占 GDP 比重；有 1 个优势指标，为每千人手机用户数；有 1 个中势指标，为企业开业程序；其余 3 个指标为劣势指标。

（3）从指标排位变化趋势看，在 7 个三级指标中，有 1 个指标处于上升趋势，为每千人手机用户数；其余指标均保持不变。

（4）从指标排位变化的动因看，1 个三级指标的排位出现了上升，受指标排位上升的影响，印度尼西亚创新环境竞争力的综合排位处于上升趋势，在 G20 中处于第 14 位。

（5）从三级指标结构特征看，在创新环境竞争力指标组的 7 个三级指标中，强势指标 2 个，占指标总数的 28.6%；优势指标 1 个，占指标总数的 14.3%；中势指标 1 个，占指标总数的 14.3%；劣势指标 3 个，占指标总数的 42.9%；上升指标 1 个，占指标总数的 14.3%；保持指标 6 个，占指标总数的 85.7%；没有下降指标。指标排位上升的数量大于排位下降的数量，在上升指标的推动下，2012 年印度尼西亚国家创新环境竞争力综合排位与 2011 年相比上升了 1 位。

9.3.2 印度尼西亚国家创新环境竞争力比较分析

图 9-5 反映了 2011~2012 年印度尼西亚国家创新环境竞争力与 G20 最高水平和平均水平的比较情况。

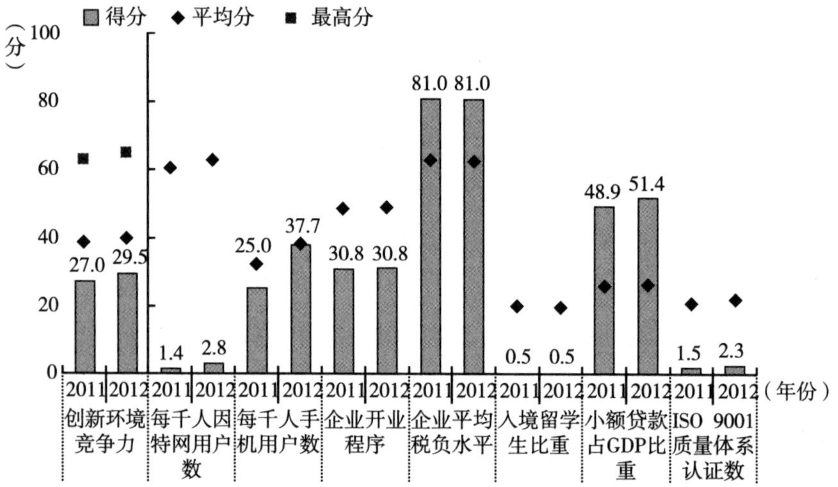

图 9-5　2011~2012 年印度尼西亚国家创新环境竞争力指标得分比较

由图 9-5 可知，评价期内印度尼西亚国家创新环境竞争力得分高于 25 分，处于中等水平。从创新环境竞争力的整体得分比较来看，2011 年，印度尼西亚国家创新环境竞争力得分与 G20 最高分相比还有 35.9 分的差距，与 G20 平均分相比还有 11.7 分的差距；2012 年，印度尼西亚国家创新环境竞争力得分与 G20 最高分的差距为 35.6 分，与 G20 平均分相比还有 10.5 分的差距。总的来说，2011~2012 年印度尼西亚国家创新环境竞争力与最高分的差距呈缩小趋势，排位呈现上升趋势。

从具体指标得分比较和变化趋势来看，印度尼西亚国家创新环境竞争力整体水平仍处于中势地位。为巩固和提升印度尼西亚国家创新环境竞争力，应针对存在的这些问题，着力提高网络使用率，加快信息高速公路建设，加大对创新型企业的科技和资金扶持力度，加强知识产权保护，重视创新人才的外引内育，营造有利于企业健康有序发展的良好创新氛围，不断优化国家创新环境，进一步增强国家创新环境竞争力。

9.4　印度尼西亚国家创新投入竞争力评价分析

9.4.1　印度尼西亚国家创新投入竞争力评价结果

2011～2012年印度尼西亚国家创新投入竞争力及其下属7个三级指标的排位和排位变化情况，如表9－6所示。

表9－6　印度尼西亚2011～2012年国家创新投入竞争力指标组排位及趋势表

项目 \ 年份	R&D经费支出总额		R&D经费支出占GDP比重		人均R&D经费支出		R&D人员		研究人员占从业人员比重		企业研发投入比重		风险资本交易占GDP比重		创新投入竞争力	
	得分	排名	得分	排名	得分	排名	得分	排名	得分	排名	得分	排名	得分	排名	得分	排名
2011	0.0	18	0.3	18	0.0	19	2.0	17	0.3	18	6.9	18	1.1	17	1.5	18
2012	0.0	18	0.2	18	0.0	19	1.8	17	0.3	18	7.1	18	0.0	16	1.4	18
得分变化	0.0		－0.1		0.0		－0.2		0.0		0.2		－1.1		－0.2	
排名升降		0		0		0		0		0		0		1		0
优劣度		劣势		劣势		劣势		劣势		劣势		劣势		劣势		劣势

（1）从排位变化比较看，2012年印度尼西亚国家创新投入竞争力排名第18位，与2011年相同，处于劣势地位。

（2）从指标所处区位来看，7个三级指标中没有强势指标和优势指标；7个指标均是劣势指标。

（3）从指标排位变化趋势看，在7个三级指标中，有1个指标排位处于上升趋势，为风险资本交易占GDP比重；其余6个指标均保持不变。

（4）从指标排位变化的动因看，由于排位上升的三级指标动力有限，印度尼西亚创新投入竞争力的综合排位保持不变，在G20中排名第18位。

（5）从三级指标结构特征看，在创新投入竞争力指标组的7个三级指标中，没有强势指标和优势指标；劣势指标7个，占指标总数的100%。由于大部分指标排位保持不变，2012年印度尼西亚国家创新投入竞争力综合排位保持不变。

9.4.2 印度尼西亚国家创新投入竞争力比较分析

图 9－6 反映了 2011～2012 年印度尼西亚国家创新投入竞争力与 G20 最高水平和平均水平的比较情况。

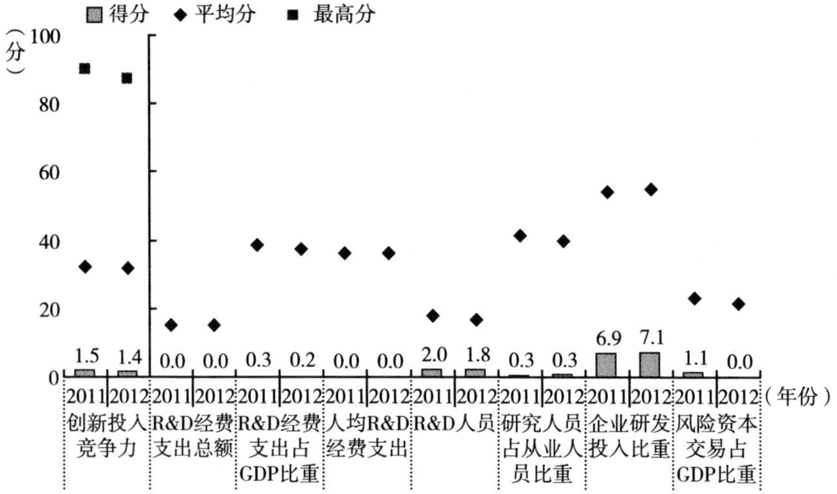

图 9－6 2011～2012 年印度尼西亚国家创新投入竞争力指标得分比较

由图 9－6 可知，评价期内印度尼西亚国家创新投入竞争力得分均低于 2 分，说明印度尼西亚国家创新投入竞争力处于较低水平。从创新投入竞争力的整体得分比较来看，2011 年，印度尼西亚国家创新投入竞争力得分与 G20 最高分相比还有 88.6 分的差距，与 G20 平均分相比，则低了 30.8 分；到 2012 年，印度尼西亚国家创新投入竞争力得分与 G20 最高分的差距为 85.7 分，低于 G20 平均分 30.3 分。总的来说，2011～2012 年印度尼西亚国家创新投入竞争力与平均分的差距有所缩小，但并没能提升国家创新投入竞争力的得分和排位。

从具体指标得分比较和变化趋势来看，印度尼西亚国家创新投入竞争力整体水平没有明显提升，仍处于劣势地位，这主要是由于大部分指标得分偏低，且所有三级指标的得分都低于 G20 平均分，可见，其创新投入竞争力确实较为薄弱。为此，印度尼西亚今后应继续加大研发经费投入，鼓励多元化的创新投入，加大研发人员培养力度，高度重视研发人才队伍建设，不断增加国家创新投入，显著增强国家创新投入竞争力。

9.5　印度尼西亚国家创新产出竞争力评价分析

9.5.1　印度尼西亚国家创新产出竞争力评价结果

2011～2012 年印度尼西亚国家创新产出竞争力及其下属 9 个三级指标的排位和排位变化情况，如表 9－7 所示。

（1）从排位变化比较看，2012 年印度尼西亚国家创新产出竞争力排名第 19 位，与 2011 年相比，排位下降了 1 位，处于劣势地位。

（2）从指标所处区位来看，9 个三级指标中没有强势指标和优势指标；有 4 个中势指标，分别为科技人员平均专利授权数、高技术产品净出口额、高技术产品净出口比重和创意产品出口比重；其余 5 个指标均为劣势指标。

表 9－7　印度尼西亚 2011～2012 年国家创新产出竞争力指标组排位及趋势表

项目 / 年份	专利授权数		科技人员平均专利授权数		科技论文发表数		科技人员平均发表论文数		专利和许可收入	
	得分	排名	得分	排名	得分	排名	得分	排名	得分	排名
2011	0.7	16	6.8	12	0.0	19	0.0	19	0.0	18
2012	0.6	16	6.1	12	0.0	19	0.0	19	0.0	19
得分变化	－0.1		－0.7		0.0		0.0		0.0	
排名升降		0		0		0		0		－1
优劣度		劣势		中势		劣势		劣势		劣势

项目 / 年份	高技术产品净出口额		高技术产品净出口比重		注册商标数		创意产品出口比重		创新产出竞争力	
	得分	排名	得分	排名	得分	排名	得分	排名	得分	排名
2011	3.0	13	29.5	12	3.3	16	6.5	13	5.5	18
2012	2.3	14	24.9	14	3.3	16	6.8	13	4.9	19
得分变化	－0.7		－4.6		0.0		0.3		－0.7	
排名升降		－1		－2		0		0		－1
优劣度		中势		中势		劣势		中势		劣势

（3）从指标排位变化趋势看，在 9 个三级指标中，没有上升指标，有 6 个指标处于保持趋势；有 3 个指标处于下降趋势，分别为专利和许可收入、高技术产品净出口额和高技术产品净出口比重。

（4）从指标排位变化的动因看，6 个三级指标的排位保持不变，3 个三级指标的排位出现了下降，使得印度尼西亚创新产出竞争力的综合排位下降了 1 位，在 G20 中排名第 19 位。

（5）从三级指标结构特征看，在创新产出竞争力指标组的 9 个三级指标中，没有强势指标和优势指标；中势指标 4 个，占指标总数的 44.4%；劣势指标 5 个，占指标总数的 55.6%；没有上升指标，下降指标 3 个，占指标总数的 33.3%。由于排位下降的指标数量占据主导地位，2012 年印度尼西亚国家创新产出竞争力综合排位与 2011 年相比，下降了 1 位。

9.5.2　印度尼西亚国家创新产出竞争力比较分析

图 9－7 反映了 2011～2012 年印度尼西亚国家创新产出竞争力与 G20 最高水平和平均水平的比较情况。

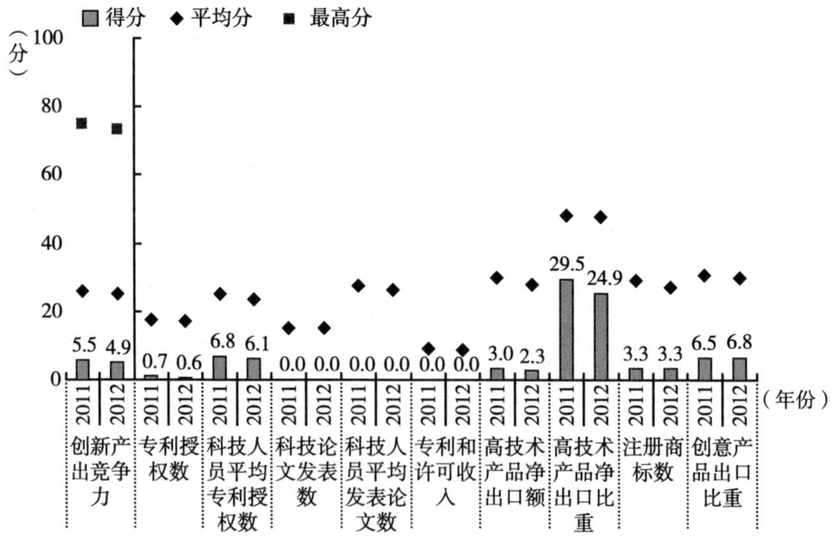

图 9－7　2011～2012 年印度尼西亚国家创新产出竞争力指标得分比较

由图 9 –7 可知，评价期内印度尼西亚国家创新产出竞争力得分均低于 6 分，说明印度尼西亚国家创新产出竞争力处于较低水平。从创新产出竞争力的整体得分比较来看，2011 年，印度尼西亚国家创新产出竞争力得分与 G20 最高分相比还有 69.3 分的差距，低于 G20 平均分 20.3 分；到 2012 年，印度尼西亚国家创新产出竞争力得分与 G20 最高分的差距为 68.3 分，低于 G20 平均分 20.0 分。总的来说，2011 ~2012 年印度尼西亚国家创新产出竞争力与最高分和平均分的差距呈缩小趋势，但排位处于下降趋势。

从具体指标得分比较和变化趋势来看，印度尼西亚国家创新产出竞争力整体水平呈现下降趋势，这主要是由于专利授权数、科技人员平均专利授权数、科技论文发表数、专利和许可收入等指标得分和排位偏低，且 9 个三级指标的得分均低于 G20 平均分。因此，要进一步提升印度尼西亚的专利申请和授权量，增强企业和个人专利运用能力；完善知识产权激励机制，促进专利和许可收入增长；注重提升基础研究能力，提高科技论文等创新产出的数量和质量；优化出口贸易结构，加大高技术产品出口比重，突出高技术产品在对外贸易中的重要性；推动实施商标战略，打造国际知名品牌。通过一系列的创新措施，切实提高国家创新产出，增强国家创新产出竞争力。

9.6　印度尼西亚国家创新持续竞争力评价分析

9.6.1　印度尼西亚国家创新持续竞争力评价结果

2011 ~2012 年印度尼西亚国家创新持续竞争力及其下属 7 个三级指标的排位和排位变化情况，如表 9 –8 所示。

（1）从排位变化比较看，2012 年印度尼西亚国家创新持续竞争力排名第 19 位，与 2011 年相比排名保持不变，处于劣势地位。

（2）从指标所处区位来看，7 个三级指标中没有强势指标，有 1 个优势指标，为科技经费增长率；高等教育毛入学率和科技人员增长率为中势指标；其余 4 个指标为劣势指标。

表 9－8　印度尼西亚 2011～2012 年国家创新持续竞争力指标组排位及趋势表

项目＼年份	公共教育经费支出总额		公共教育经费支出占 GDP 比重		人均公共教育经费支出额		高等教育毛入学率	
	得分	排名	得分	排名	得分	排名	得分	排名
2011	0.1	18	0.5	18	0.0	19	8.6	16
2012	1.0	17	0.7	18	18.9	17	9.6	15
得分变化	0.8		0.2		18.9		0.9	
排名升降		1		0		2		1
优劣度		劣势		劣势		劣势		中势
项目＼年份	科技人员增长率		科技经费增长率		高校科技工程毕业生比重		创新持续竞争力	
	得分	排名	得分	排名	得分	排名	得分	排名
2011	20.3	11	20.6	18	14.2	17	9.2	19
2012	25.7	13	63.9	6	13.6	17	19.1	19
得分变化	5.3		43.3		-0.5		9.9	
排名升降		-2		12		0		0
优劣度		中势		优势		劣势		劣势

（3）从指标排位变化趋势看，在 7 个三级指标中，有 4 个指标处于上升趋势，为公共教育经费支出总额、人均公共教育经费支出、高等教育毛入学率和科技经费增长率；有 2 个指标保持不变，分别为公共教育经费支出占 GDP 比重和高校科技工程毕业生比重；有 1 个指标处于下降趋势，为科技人员增长率，这是印度尼西亚创新持续竞争力的下降拉力所在。

（4）从指标排位变化的动因看，有 1 个三级指标的排位出现了下降，有 4 个三级指标排位出现了上升，但上升的动力不足以弥补下降的拉力，印度尼西亚创新持续竞争力的综合排位保持不变，在 G20 中排名第 19 位。

（5）从三级指标结构特征看，在创新持续竞争力指标组的 7 个三级指标中，没有强势指标；优势指标 1 个，占指标总数的 14.3%；劣势指标 4 个，占指标总数的 57.1%，强势指标和优势指标所占比重小于劣势指标的比重；上升指标 4 个，占指标总数的 57.1%；下降指标 1 个，占指标总数 14.3%。虽然排位上升的指标数量大于排位下降的指标数量，但受其他外部因素的综合影响，2012 年印度尼西亚国家创新持续竞争力排位与 2011 年相比保持不变，在 G20 中排名第 19 位。

9.6.2　印度尼西亚国家创新持续竞争力比较分析

图 9－8 反映了 2011～2012 年印度尼西亚国家创新持续竞争力与 G20 最高水平和平均水平的比较情况。

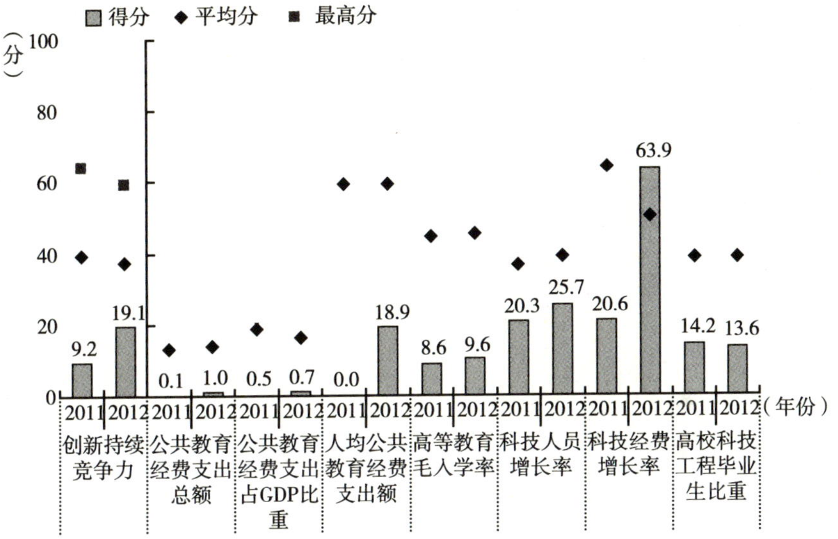

图 9－8　2011～2012 年印度尼西亚国家创新持续竞争力指标得分比较

由图 9－8 可知，评价期内印度尼西亚国家创新持续竞争力得分处于上升趋势，说明印度尼西亚国家创新持续竞争力水平有所上升。从创新持续竞争力的整体得分比较来看，2011 年，印度尼西亚国家创新持续竞争力得分与 G20 最高分相比还有 55.1 分的差距，低于 G20 平均分 30.2 分；到 2012 年，印度尼西亚国家创新持续竞争力得分与 G20 最高分的差距缩小为 40.2 分，低于 G20 平均分 18.6 分。总的来说，2011～2012 年印度尼西亚国家创新持续竞争力与最高分的差距明显缩小，但与平均分的差距有所扩大，其国家创新持续竞争力排位保持不变。

从具体指标得分比较和变化趋势来看，印度尼西亚国家创新持续竞争力得分有所上升，但排位没有发生变化，仍处于第 19 位，这主要是由于该国的公共教育经费支出总额、公共教育经费支出占 GDP 比重、人均公共教育经费支出额以及高校科技工程毕业生比重等三级指标仍处于劣势地位。为此，印度尼西亚应不断增加公共教育经费投入，提升科学家和工程师待遇，加大培养科学家和工程师的力度，实现国家创新能力的可持续发展，增强国家创新持续竞争力。

Y. 11

第 10 章

意大利国家创新竞争力评价分析报告

意大利位于欧洲南部，主要由靴子形的亚平宁半岛和两个地中海中的大岛西西里岛和萨丁岛组成。国土面积约 30.13 万平方公里，80% 的国界线为海界，海岸线长 7200 多公里。2012 年全国年末总人口为 5954 万人，实现国内生产总值 20133 亿美元，与上年同期相比有所下降。从 2011 年第四季度开始，意大利连续 5 个季度负增长，这表明意大利经济在不断恶化，且恶化程度呈现出不断加强的趋势。本部分通过对意大利 2011 ~2012 年国家创新竞争力以及创新竞争力中各要素在 G20 中的排名变化分析，从中找出意大利国家创新竞争力的推动点及影响因素。

10.1 意大利国家创新竞争力总体评价分析

受意大利政治乱局和经济形势低迷的影响，2011 ~2012 年，意大利的国家创新竞争力排名并没有提高。2011 年和 2012 年意大利国家创新竞争力在 G20 中排名都位居第 10 位。

10.1.1 意大利国家创新竞争力概要分析

意大利国家创新竞争力在 G20 中所处的位置及 5 个二级指标的得分和排位变化如图 10 -1、图 10 -2 和表 10 -1 所示。

（1）从综合排位变化看，2012 年意大利国家创新竞争力综合排名在 G20 中处于第 10 位，与 2011 年相比，排位没有变化。

（2）从指标得分看，2012 年意大利国家创新竞争力得分为 32.4 分，比 G20 最高分低 41.5 分，比平均分低 0.9 分；与 2011 年相比，意大利国家创新

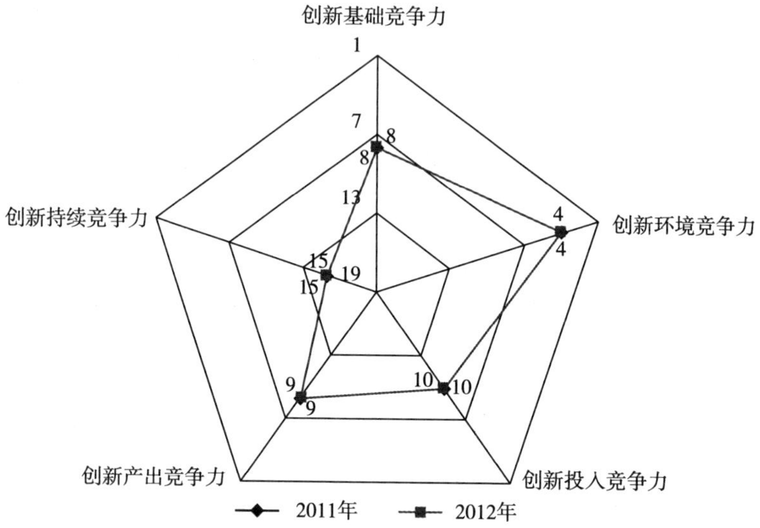

图 10－1　意大利国家创新竞争力二级指标排名雷达图

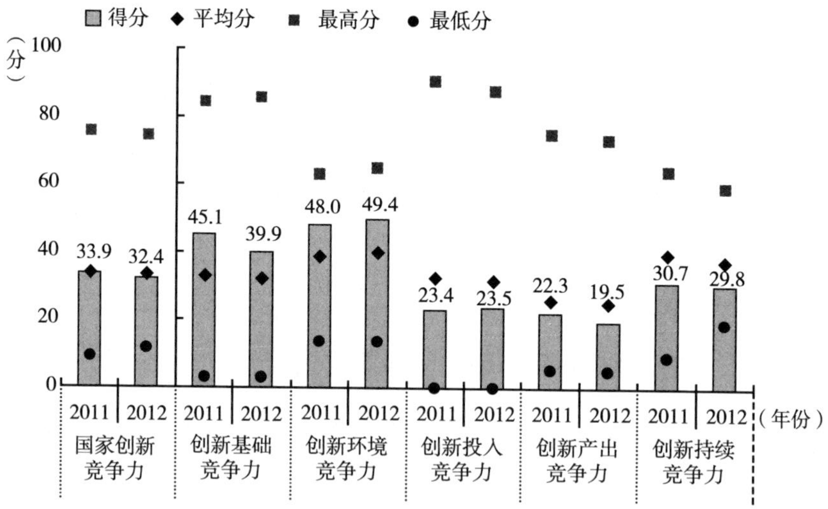

图 10－2　意大利国家创新竞争力得分和排名变化趋势图

表 10－1　意大利国家创新竞争力二级指标得分和排名表

项目 年份	创新基础竞争力		创新环境竞争力		创新投入竞争力		创新产出竞争力		创新持续竞争力		创新竞争力	
	得分	排名	得分	排名	得分	排名	得分	排名	得分	排名	得分	排名
2011	45.1	8	48.0	4	23.4	10	22.3	9	30.7	15	33.9	10
2012	39.9	8	49.4	4	23.5	10	19.5	9	29.8	15	32.4	10
得分变化	－5.1		1.4		0.2		－2.8		－0.9		－1.5	
排名升降		0		0		0		0		0		0
优劣度		优势		强势		优势		优势		中势		优势

竞争力得分下降了 1.5 分，与当年最高分的差距扩大了 0.1 分。

（3）从指标所处区位看，2012 年意大利国家创新竞争力的 5 个二级指标中，强势指标 1 个，为创新环境竞争力；优势指标 3 个，分别为创新基础竞争力、创新投入竞争力和创新产出竞争力；中势指标 1 个，为创新持续竞争力；没有劣势指标。

（4）从指标排位变化趋势看，在 5 个二级指标中，5 个指标的排位都保持不变，其中排位较为靠前的是创新环境竞争力，紧接着是创新基础竞争力、创新产出竞争力、创新投入竞争力和创新持续竞争力。5 个二级指标排位不变，而创新环境竞争力和创新基础竞争力排位较为靠前也表明意大利创新环境和创新基础良好，从而有力地支撑了 2012 年意大利国家创新竞争力在 G20 中的排位。

（5）从指标排位变化的动因看，尽管意大利国家经济增长速度有所萎缩，但 5 个二级指标的排位都保持不变，受二级指标排位的综合影响，2012 年意大利国家创新竞争力的综合排位保持不变，在 G20 中排名保持在第 10 位，排位比较稳定。

10.1.2　意大利国家创新竞争力各级指标动态变化分析

2011～2012 年意大利国家创新竞争力各级指标的动态变化及其结构，如图 10－3 和表 10－2 所示。

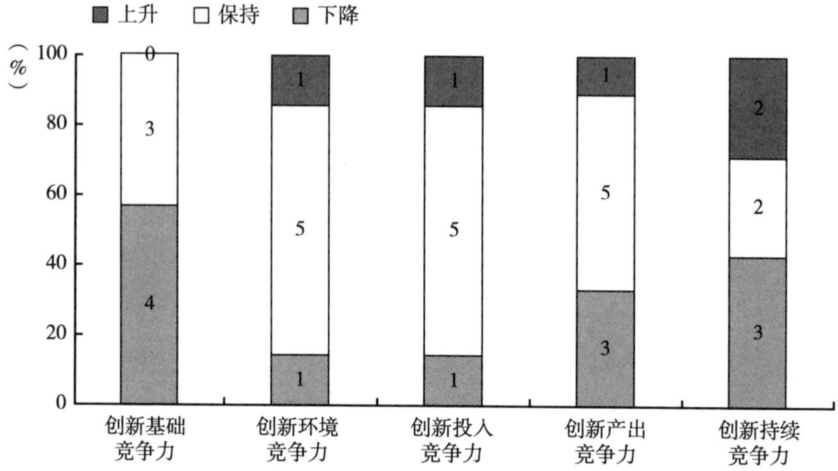

图 10－3　2011～2012 年意大利国家创新竞争力指标动态变化结构图

表 10－2　2011～2012 年意大利国家创新竞争力各级指标排位变化态势比较表

二级指标	三级指标个数	上升		保持		下降		变化趋势
		个数	比重(%)	个数	比重(%)	个数	比重(%)	
创新基础竞争力	7	0	0.0	3	42.9	4	57.1	保持
创新环境竞争力	7	1	14.3	5	71.4	1	14.3	保持
创新投入竞争力	7	1	14.3	5	71.4	1	14.3	保持
创新产出竞争力	9	1	11.1	5	55.6	3	33.3	保持
创新持续竞争力	7	2	28.6	2	28.6	3	42.9	保持
合　计	37	5	13.5	20	54.1	12	32.4	保持

从图 10－3 可以看出，意大利国家创新竞争力的三级指标中上升指标的数量小于下降指标，但保持不变的指标仍居于主导地位。表 10－2 中的数据进一步说明，意大利国家创新竞争力的 37 个三级指标中，上升的指标有 5 个，占指标总数的 13.5%；保持的指标有 20 个，占指标总数的 54.1%；下降的指标有 12 个，占指标总数的 32.4%。由于指标上升的数量小于指标下降的数量，保持不变的指标居于主导地位，2012 年意大利国家创新竞争力排位保持不变，在 G20 中稳居第 10 位。

10.1.3 意大利国家创新竞争力各级指标优劣势结构分析

2011~2012年意大利国家创新竞争力各级指标的优劣势变化及其结构，如表10-3所示。

表10-3 2011~2012年意大利国家创新竞争力各级指标排位优劣势比较表

二级指标	三级指标个数	强势		优势		中势		劣势		优劣度
		个数	比重(%)	个数	比重(%)	个数	比重(%)	个数	比重(%)	
创新基础竞争力	7	2	28.6	3	42.9	1	14.3	1	14.3	优势
创新环境竞争力	7	2	28.6	3	42.9	1	14.3	1	14.3	强势
创新投入竞争力	7	0	0.0	3	42.9	4	57.1	0	0.0	优势
创新产出竞争力	9	2	22.2	3	33.3	4	44.4	0	0.0	优势
创新持续竞争力	7	0	0.0	3	42.9	3	42.9	1	14.3	中势
合　计	37	6	16.2	15	40.5	13	35.1	3	8.1	优势

从表10-3中的数据可以看出，意大利国家创新竞争力的37个三级指标中，强势指标6个，占指标总数的16.2%；优势指标15个，占指标总数的40.5%；中势指标13个，占指标总数的35.1%；劣势指标3个，占指标总数的8.1%；强势指标和优势指标的数量之和约占指标总数的56.8%，远远大于中势指标和劣势指标之和所占比重。从二级指标来看，强势指标1个，为创新环境竞争力；优势指标3个，分别为创新基础竞争力、创新投入竞争力和创新产出竞争力；中势指标1个，为创新持续竞争力；没有劣势指标。由于优势指标在指标体系中居于主导地位，2011~2012年意大利国家创新竞争力处于优势地位。

10.2 意大利国家创新基础竞争力评价分析

10.2.1 意大利国家创新基础竞争力评价结果

2011~2012年意大利国家创新基础竞争力及其下属7个三级指标的排位和排位变化情况，如表10-4所示。

（1）从排位变化比较看，2012 年意大利国家创新基础竞争力排名第 8 位，与 2011 年相比，排位没有发生变化，处于优势地位。

（2）从指标所处区位来看，7 个三级指标中强势指标有 2 个，为人均财政收入和全社会劳动生产率；优势指标有 3 个，分别为 GDP、人均 GDP 和财政收入；中势指标 1 个，为受高等教育人员比重；劣势指标 1 个，为外国直接投资净值。

表 10－4　意大利 2011～2012 年国家创新基础竞争力指标组排位及趋势表

项目 / 年份	GDP		人均 GDP		财政收入		人均财政收入		外国直接投资净值		受高等教育人员比重		全社会劳动生产率		创新基础竞争力	
	得分	排名	得分	排名	得分	排名	得分	排名	得分	排名	得分	排名	得分	排名	得分	排名
2011	12.3	8	68.5	8	29.2	6	74.5	4	11.1	11	19.9	13	100	1	45.1	8
2012	10.6	9	61.2	8	26.7	6	73.4	4	2.1	16	21.4	14	84.1	2	39.9	8
得分变化	-1.7		-7.3		-2.5		-1.1		-9.0		1.5		-15.9		-5.2	
排名升降		-1		0		0		0		-5		-1		-1		0
优劣度		优势		优势		优势		强势		劣势		中势		强势		优势

（3）从指标排位变化趋势看，在 7 个三级指标中，没有指标处于上升趋势；4 个指标处于下降趋势，为 GDP、外国直接投资净值、受高等教育人员比重和全社会劳动生产率；其余 3 个指标均保持不变。

（4）从指标排位变化的动因看，有 1 个三级指标的排位出现了较大幅度的下降，下降了 5 位，且该指标为劣势指标；有 3 个三级指标的排位下降了 1 位；其他 3 个三级指标的排位保持不变。由于优势指标和强势指标排位基本保持不变，意大利创新基础竞争力的综合排位也保持不变，在 G20 中排名第 8 位。

（5）从三级指标结构特征看，在创新基础竞争力指标组的 7 个三级指标中，强势指标 2 个；优势指标有 3 个，分别为 GDP、人均 GDP 和财政收入；中势指标 1 个，占指标总数的 14.3%；劣势指标 1 个，强势和优势指标所占比重大于劣势指标的比重。没有上升指标；下降指标 4 个，占指标总数的 57.1%。由于指标排位下降幅度不大，且强势指标和优势指标排位基本稳定，2012 年意大利国家创新基础竞争力综合排位保持不变。

10.2.2 意大利国家创新基础竞争力比较分析

图 10－4 反映了 2011～2012 年意大利国家创新基础竞争力与 G20 最高水平和平均水平的比较情况。

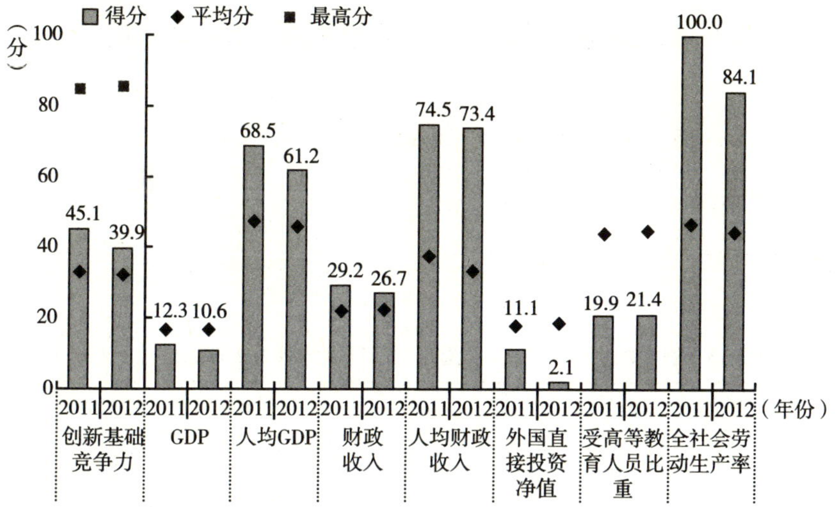

图 10－4 2011～2012 年意大利国家创新基础竞争力指标得分比较

由图 10－4 可知，评价期内意大利国家创新基础竞争力得分均高于 G20 平均分，说明意大利国家创新基础竞争力处于较高水平。从创新基础竞争力的整体得分比较来看，2011 年，意大利国家创新基础竞争力得分与 G20 最高分相比还有 39.5 分的差距，比 G20 平均分高 12 分；到 2012 年，意大利国家创新基础竞争力得分与 G20 最高分的差距为 45.3 分，比 G20 平均分高 7.7 分。总的来说，2011～2012 年意大利国家创新基础竞争力与最高分的差距拉大，与平均分的差距缩小，创新基础竞争力总体保持稳定。

从具体指标得分比较和变化趋势来看，意大利国家创新基础竞争力整体水平基本稳定，这是因为 GDP、外国直接投资净值和受高等教育人员比重 3 个指标排位偏低，普遍低于 G20 平均分，特别是 2012 年外国直接投资净值指标得分与 2011 年差距较大，而人均 GDP、人均财政收入、全社会劳动生产率 3 个指标的得分高于 G20 平均分，总的来说，意大利国家创新基础竞争力缺乏上升的动力。在下一步的科技创新活动中，要特别关注这些问题，继续扩大生产和加快生产投资、借鉴和引进国际前沿技术、重视高等教育和人才资源，夯实国家创新基础，不断增强国家创新基础竞争力。

10.3 意大利国家创新环境竞争力评价分析

10.3.1 意大利国家创新环境竞争力评价结果

2011～2012 年意大利国家创新环境竞争力及其下属 7 个三级指标的排位和排位变化情况，如表 10－5 所示。

表 10－5 意大利 2011～2012 年国家创新环境竞争力指标组排位及趋势表

项目 / 年份	每千人因特网用户数		每千人手机用户数		企业开业程序		企业平均税负水平		入境留学生比重		小额贷款占 GDP 比重		ISO 9001 质量体系认证数		创新环境竞争力	
	得分	排名	得分	排名	得分	排名	得分	排名	得分	排名	得分	排名	得分	排名	得分	排名
2011	58.9	9	70.9	2	61.5	6	42.9	18	9.9	10	1.8	15	90.4	2	48.0	4
2012	57.7	10	76.4	2	61.5	6	43.0	17	10.0	10	1.8	15	95.3	2	49.4	4
得分变化	-1.1		5.5		0.0		0.1		0.1		0.0		5.0		1.4	
排名升降		-1		0		0		1		0		0		0		0
优劣度		优势		强势		优势		劣势		优势		中势		强势		强势

（1）从排位变化比较看，2012 年意大利国家创新环境竞争力排名第 4 位，与 2011 年相比，排位保持不变，处于强势地位。

（2）从指标所处区位来看，7 个三级指标中有 2 个强势指标，分别为每千人手机用户数和 ISO 9001 质量体系认证数；有 3 个优势指标，为每千人因特网用户数、企业开业程序和入境留学生比重；有 1 个中势指标，为小额贷款占 GDP 比重；有 1 个劣势指标，为企业平均税负水平。

（3）从指标排位变化趋势看，在 7 个三级指标中，有 1 个指标处于上升趋势，为企业平均税负水平；有 5 个指标保持不变；有 1 个指标处于下降趋势，为每千人因特网用户数。

（4）从指标排位变化的动因看，1个三级指标的排位出现了上升，1个三级指标排位下降，5个指标排位保持不变，排位不变的指标占据主导地位。受指标排位升降的综合影响，意大利创新环境竞争力的综合排位保持不变，在G20中处于第4位。

（5）从三级指标结构特征看，在创新环境竞争力指标组的7个三级指标中，强势指标2个，占指标总数的28.6%；优势指标3个，占指标总数的42.9%；中势指标1个，占指标总数的14.3%；劣势指标1个，占指标总数的14.3%，强势指标和优势指标所占比重大于劣势指标的比重。上升指标1个，占指标总数的14.3%；保持指标5个，占指标总数的71.4%；下降指标1个。指标排位上升的数量等于排位下降的数量，且排位不变的指标占据主导地位，2012年意大利国家创新环境竞争力综合排位与2011年相比保持不变。

10.3.2　意大利国家创新环境竞争力比较分析

图10－5反映了2011～2012年意大利国家创新环境竞争力与G20最高水平和平均水平的比较情况。

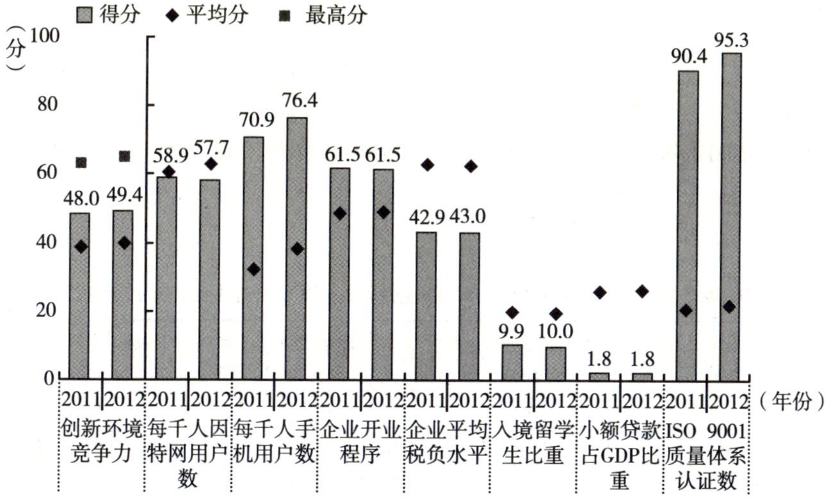

图10－5　2011～2012年意大利国家创新环境竞争力指标得分比较

由图10－5可知，评价期内意大利国家创新环境竞争力得分均高于G20平均分，说明意大利国家创新环境竞争力处于较高水平。从创新环境竞争力的整体得分比较来看，2011 年，意大利国家创新环境竞争力得分与 G20 最高分相比还有 14.9 分的差距，高于 G20 平均分 9.3 分；2012 年，意大利国家创新环境竞争力得分与 G20 最高分的差距为 15.7 分，高于 G20 平均分 9.4 分。总的来说，2011 ~2012 年意大利国家创新环境竞争力与最高分、平均分的差距变化不大，排位保持不变。

从具体指标得分比较和变化趋势来看，意大利国家创新环境竞争力整体水平较高，仍处于优势地位，这主要是由于每千人手机用户数和 ISO 9001 质量体系认证数指标处于强势地位，入境留学生比重和小额贷款占 GDP 比重指标均低于 G20 平均分，这限制了其创新环境竞争力的进一步提升。因此，为巩固和提升意大利国家创新环境竞争力，应针对存在的这些问题，重视创新人才的外引内育，着力提高入境留学生比重和质量，提高小额贷款比例，加大对创新型企业的科技和资金扶持力度，营造有利于企业健康有序发展的良好创新氛围，不断优化国家创新环境，进一步增强国家创新环境竞争力。

10.4 意大利国家创新投入竞争力评价分析

10.4.1 意大利国家创新投入竞争力评价结果

2011 ~2012 年意大利国家创新投入竞争力及其下属 7 个三级指标的排位和排位变化情况，如表 10 -6 所示。

表 10 -6 意大利 2011 ~2012 年国家创新投入竞争力指标组排位及趋势表

项目 / 年份	R&D 经费支出总额		R&D 经费支出占 GDP 比重		人均 R&D 经费支出		R&D 人员		研究人员占从业人员比重		企业研发投入比重		风险资本交易占 GDP 比重		创新投入竞争力	
	得分	排名	得分	排名	得分	排名	得分	排名	得分	排名	得分	排名	得分	排名	得分	排名
2011	5.9	11	29.8	10	31.0	9	7.6	12	35.9	10	51.6	10	1.8	16	23.4	10
2012	5.7	11	28.6	10	30.1	9	6.8	12	35.0	10	52.7	11	5.9	12	23.5	10
得分变化	-0.2		-1.2		-0.9		-0.8		-0.9		1.1		4.1		0.1	
排名升降		0		0		0		0		0		-1		4		0
优劣度		中势		优势		优势		中势		优势		中势		中势		优势

（1）从排位变化比较看，2012 年意大利国家创新投入竞争力排名第 10 位，与 2011 年相比，排位保持不变，处于优势地位。

（2）从指标所处区位来看，7 个三级指标中没有强势指标；优势指标 3 个，中势指标 4 个，没有劣势指标。

（3）从指标排位变化趋势看，在 7 个三级指标中，有 1 个指标排位处于上升趋势，为风险资本交易占 GDP 比重；1 个指标排位处于下降趋势，为企业研发投入比重，其余 5 个指标均保持不变。

（4）从指标排位变化的动因看，由于有 5 个三级指标的排位保持不变，意大利创新投入竞争力的综合排位也保持不变，在 G20 中排名第 10 位。

（5）从三级指标结构特征看，在创新投入竞争力指标组的 7 个三级指标中，没有强势指标，优势指标 3 个，中势指标 4 个，没有劣势指标。由于大部分指标排位保持不变，2012 年意大利国家创新投入竞争力综合排位仍保持不变。

10.4.2 意大利国家创新投入竞争力比较分析

图 10－6 反映了 2011～2012 年意大利国家创新投入竞争力与 G20 最高水平和平均水平的比较情况。

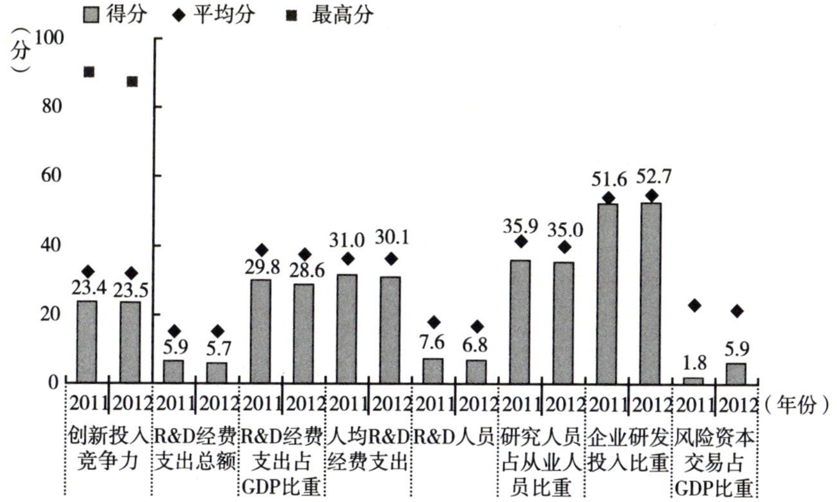

图 10－6 2011～2012 年意大利国家创新投入竞争力指标得分比较

由图 10－6 可知，评价期内意大利国家创新投入竞争力得分均低于 G20 平均分，说明意大利国家创新投入竞争力处于较低水平。从创新投入竞争力的整体得分比较来看，2011 年，意大利国家创新投入竞争力得分与 G20 最高分相比还有 66.7 分的差距，与 G20 平均分相比，则低了 9 分；到 2012 年，意大利国家创新投入竞争力得分与 G20 最高分的差距为 63.5 分，低于 G20 平均分 8.2 分。总的来说，2011～2012 年意大利国家创新投入竞争力与最高分的差距缩小，与平均分的差距基本不变，国家创新投入竞争力的排位保持不变。

从具体指标得分比较和变化趋势来看，意大利国家创新投入竞争力整体水平保持稳定，处于优势地位，这主要是由于企业研发投入比重、研究人员占从业人员比重、人均 R&D 经费支出得分高于 30 分，处于较高水平，但全部三级指标的得分都低于 G20 平均分，其创新投入竞争力仍有待加强。今后要特别关注这些问题，继续加大科技研发经费投入，鼓励多元化的创新研发投入，加大研究人员培养力度，高度重视研发人才队伍建设，不断增加国家创新投入，显著增强国家创新投入竞争力。

10.5 意大利国家创新产出竞争力评价分析

10.5.1 意大利国家创新产出竞争力评价结果

2011～2012 年意大利国家创新产出竞争力及其下属 9 个三级指标的排位和排位变化情况，如表 10－7 所示。

表 10－7 意大利 2011～2012 年国家创新产出竞争力指标组排位及趋势表

项目 年份	专利授权数		科技人员平均专利授权数		科技论文发表数		科技人员平均发表论文数		专利和许可收入	
	得分	排名	得分	排名	得分	排名	得分	排名	得分	排名
2011	2.6	12	6.9	11	12.6	8	38.1	5	3.2	7
2012	2.0	13	5.1	13	12.6	8	37.1	5	3.2	6
得分变化	-0.6		-1.7		0.0		-1.0		0.0	
排名升降		-1		-2		0		0		1
优劣度		中势		中势		优势		强势		优势

续表

年份＼项目	高技术产品净出口额		高技术产品净出口比重		注册商标数		创意产品出口比重		创新产出竞争力	
	得分	排名	得分	排名	得分	排名	得分	排名	得分	排名
2011	16.9	9	25.7	15	28.4	8	66.0	4	22.3	9
2012	13.3	9	24.0	15	16.3	13	61.7	4	19.5	9
得分变化	-3.6		-1.8		-12.1		-4.3		-2.8	
排名升降		0		0		-5		0		0
优劣度		优势		中势		中势		强势		优势

（1）从排位变化比较看，2012年意大利国家创新产出竞争力排名第9位，与2011年相比，排位保持不变，处于优势地位。

（2）从指标所处区位来看，9个三级指标中有2个强势指标，分别是科技人员平均发表论文数和创意产品出口比重；3个优势指标，分别是科技论文发表数、专利和许可收入和高技术产品净出口额；4个指标是中势指标，分别为专利授权数、科技人员平均专利授权数、高技术产品净出口比重和注册商标数；没有劣势指标。

（3）从指标排位变化趋势看，在9个三级指标中，有1个指标处于上升趋势，为专利和许可收入；有5个指标处于保持趋势，分别为科技论文发表数、科技人员平均发表论文数、高技术产品净出口额、高技术产品净出口比重和创意产品出口比重；有3个指标处于下降趋势，分别为专利授权数、科技人员平均专利授权数和注册商标数。

（4）从指标排位变化的动因看，1个三级指标的排位上升，5个三级指标的排位保持不变，3个三级指标的排位出现了下降，在指标升降的综合作用下，意大利创新产出竞争力的综合排位保持不变，在G20中排名第9位。

（5）从三级指标结构特征看，在创新产出竞争力指标组的9个三级指标中，强势指标2个，占指标总数的22.2%；优势指标3个，占指标总数的33.3%；中势指标4个，占指标总数的44.4%；没有劣势指标，强势和优势指标所占比重远远大于劣势指标的比重。上升指标1个，下降指标3个，保持指标5个，占指标总数的55.6%。指标排位保持不变的数量占据主导地位，2012年意大利国家创新产出竞争力综合排位与2011年相比保持不变。

10.5.2　意大利国家创新产出竞争力比较分析

图 10－7 反映了 2011～2012 年意大利国家创新产出竞争力与 G20 最高水平和平均水平的比较情况。

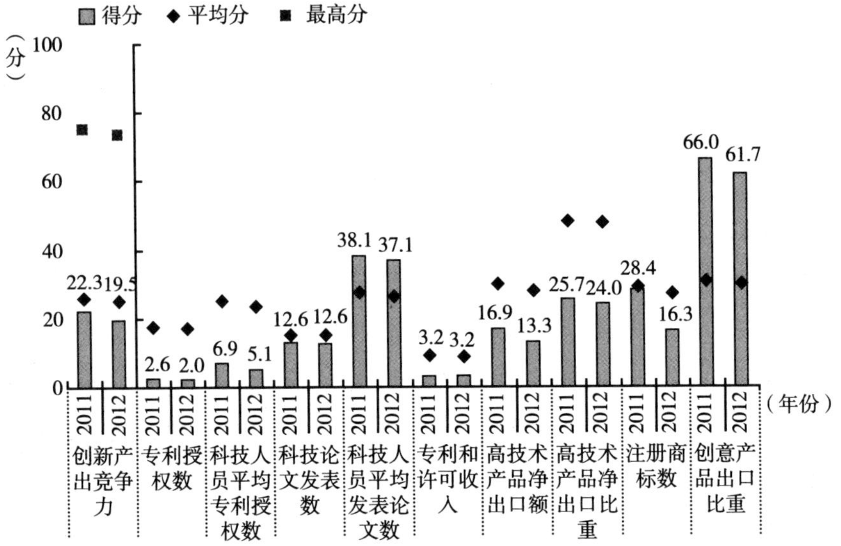

图 10－7　2011～2012 年意大利国家创新产出竞争力指标得分比较

由图 10－7 可知，评价期内意大利国家创新产出竞争力得分略低于 G20 平均分，意大利国家创新产出竞争力处于中等水平。从创新产出竞争力的整体得分比较来看，2011 年，意大利国家创新产出竞争力得分与 G20 最高分相比还有 52.6 分的差距，低于 G20 平均分 3.5 分；到 2012 年，意大利国家创新产出竞争力得分与 G20 最高分的差距为 53.7 分，低于 G20 平均分 5.4 分。总的来说，2011～2012 年意大利国家创新产出竞争力与 G20 最高分、平均分的差距扩大，但排位保持不变。

从具体指标得分比较和变化趋势来看，意大利国家创新产出竞争力整体水平没有发生明显变化，这主要是由于专利授权数、科技人员平均专利授权数、高技术产品净出口比重等指标得分和排位偏低，且有 7 个三级指标的得分低于 G20 平均分。因此，要进一步增加意大利的专利申请和授权量，增强企业和个人专利的运用能力；完善知识产权激励机制，促进专利和许可收入增长；注重提升基础研究能力，提高科技论文等创新产出的数量和质量；优化出口贸易结构，提高高技术产品出口比重，突出高技术产品在对外贸易中的地位；推动实施商标战略，打造国际知名品牌。通过一系列的创新措施，切实提高国家创新产出，增强国家创新产出竞争力。

10.6　意大利国家创新持续竞争力评价分析

10.6.1　意大利国家创新持续竞争力评价结果

2011～2012 年意大利国家创新持续竞争力及其下属 7 个三级指标的排位和排位变化情况，如表 10－8 所示。

表 10－8　意大利 2011～2012 年国家创新持续竞争力指标组排位及趋势表

项目 年份	公共教育经费支出总额		公共教育经费支出占 GDP 比重		人均公共教育经费支出额		高等教育毛入学率	
	得分	排名	得分	排名	得分	排名	得分	排名
2011	7.8	9	18.4	8	42.9	13	54.3	6
2012	8.3	9	14.8	9	54.1	13	50.7	7
得分变化	0.5		－3.6		11.2		－3.6	
排名升降		0		－1		0		－1
优劣度		优势		优势		中势		优势

项目 年份	科技人员增长率		科技经费增长率		高校科技工程毕业生比重		创新持续竞争力	
	得分	排名	得分	排名	得分	排名	得分	排名
2011	12.6	14	54.8	14	24.3	13	30.7	15
2012	27.2	11	28.3	16	25.7	12	29.8	15
得分变化	14.6		－26.6		1.3		－0.9	
排名升降		3		－2		1		0
优劣度		中势		劣势		中势		中势

（1）从排位变化比较看，2012 年意大利国家创新持续竞争力排名第 15 位，和 2011 年排名相同，处于中势地位。

（2）从指标所处区位来看，7 个三级指标中没有强势指标，有 3 个优势指标，为公共教育经费支出总额、公共教育经费支出占 GDP 比重和高等教育毛入学率；中势指标 3 个，为人均公共教育经费支出额、科技人员增长率和高校科技工程毕业生比重；劣势指标 1 个，为科技经费增长率。

（3）从指标排位变化趋势看，在 7 个三级指标中，有 2 个指标处于上升趋势，为科技人员增长率和高校科技工程毕业生比重；有 2 个指标保持不变，分别为公共教育经费支出总额和人均公共教育经费支出额；有 3 个指标处于下降趋势，为公共教育经费支出占 GDP 比重、高等教育毛入学率和科技经费增长率，这些是意大利创新持续竞争力的下降拉力所在。

（4）从指标排位变化的动因看，有 2 个三级指标的排位出现了上升，有 2 个指标保持不变，有 3 个三级指标的排位出现了下降，受指标排位升降的综合影响，意大利创新持续竞争力的综合排位保持不变，在 G20 中排名第 15 位。

（5）从三级指标结构特征看，在创新持续竞争力指标组的 7 个三级指标中，没有强势指标；优势指标 3 个，占指标总数的 42.9%；中势指标 3 个，占指标总数的 42.9%；劣势指标 1 个，占指标总数的 14.3%；优势指标所占比重大于劣势指标的比重。上升指标 2 个，占指标总数的 28.6%；保持不变的指标 2 个，占指标总数的 28.6%；下降指标 3 个，占指标总数的 42.3%。受指标排位升降的综合影响，2012 年意大利国家创新持续竞争力综合排位保持不变，在 G20 中排名第 15 位。

10.6.2 意大利国家创新持续竞争力比较分析

图 10－8 反映了 2011～2012 年意大利国家创新持续竞争力与 G20 最高水平和平均水平的比较情况。

由图 10－8 可知，评价期内意大利国家创新持续竞争力得分保持不变，说明意大利国家创新持续竞争力水平保持不变。从创新持续竞争力的整体得分比较来看，2011 年，意大利国家创新持续竞争力得分与 G20 最高分相比还有 33.5 分的差距，低于 G20 平均分 8.7 分；到 2012 年，意大利国家创新持续竞争力得分与 G20 最高分的差距缩小为 29.5 分，低于 G20 平均分 7.8 分。总的来说，2011～2012 年意大利国家创新持续竞争力与最高分、平均分的差距缩

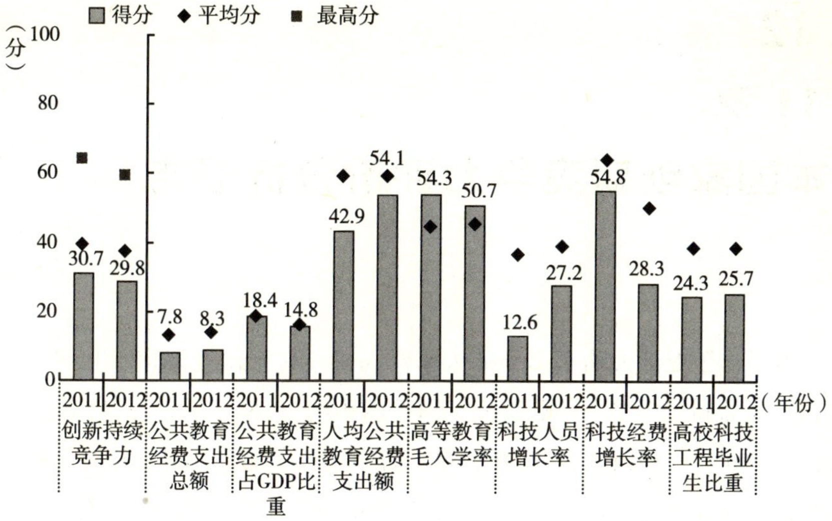

图 10－8　2011～2012 年意大利国家创新持续竞争力指标得分比较

小，总体排位保持不变。

从具体指标得分比较和变化趋势来看，意大利国家创新持续竞争力整体水平保持不变，这主要是由于高等教育毛入学率、高校科技工程毕业生比重等指标得分变化幅度较小。因此，意大利要不断增加公共教育经费投入，提升科学家和工程师的待遇，加大培养科学家和工程师的力度，实现国家创新能力的可持续发展，显著增强国家创新持续竞争力。

Y. 12

第 11 章 日本国家创新竞争力评价分析报告

日本是位于亚洲大陆东岸外的太平洋岛国，领土由北海道、本州、四国、九州四个大岛和三千多个小岛组成。国土面积约 37.8 万平方公里，约 70% 为山地，国土狭长，南北总长 3800 公里，海岸线长 33889 公里，领海面积 31 万平方公里。2012 年全国年末总人口为 12756 万人，实现国内生产总值 59597 亿美元，与上年同期相比有所增长，这主要得益于日本政府的财政刺激政策和货币宽松政策。本部分通过对日本 2011 ~2012 年国家创新竞争力以及创新竞争力中各要素在 G20 中的排名变化分析，从中找出日本国家创新竞争力的推动点及影响因素。

11.1 日本国家创新竞争力总体评价分析

在政府相关经济刺激政策的引导下，日本经济得到缓慢复苏，国家创新能力也不断提升。2011 ~2012 年，日本国家创新竞争力排名略有上升。其中，2011 年日本国家创新竞争力在 G20 中排名第 4 位，到了 2012 年，排名第 2 位，排位上升了 2 位。

11.1.1 日本国家创新竞争力概要分析

日本国家创新竞争力在 G20 中所处的位置及 5 个二级指标的得分和排位变化如图 11 -1、图 11 -2 和表 11 -1 所示。

（1）从综合排位变化看，2012 年日本国家创新竞争力综合排名在 G20 中处于第 2 位，与 2011 年相比，排位上升了 2 位。

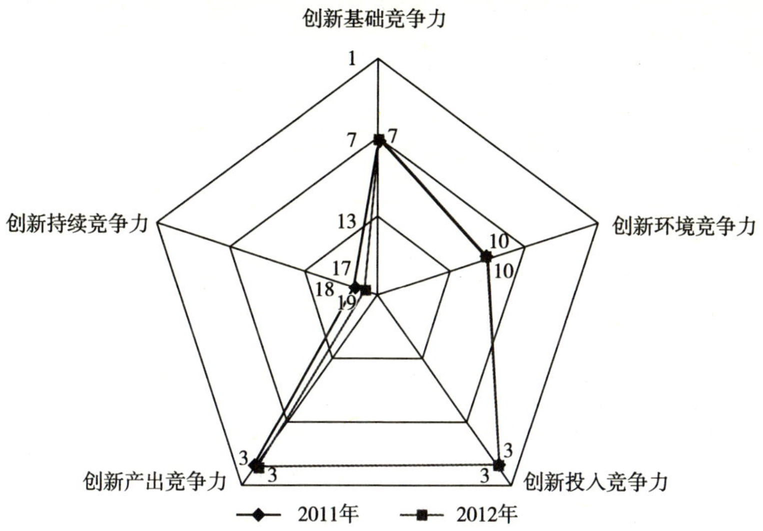

图 11－1　日本国家创新竞争力二级指标排名雷达图

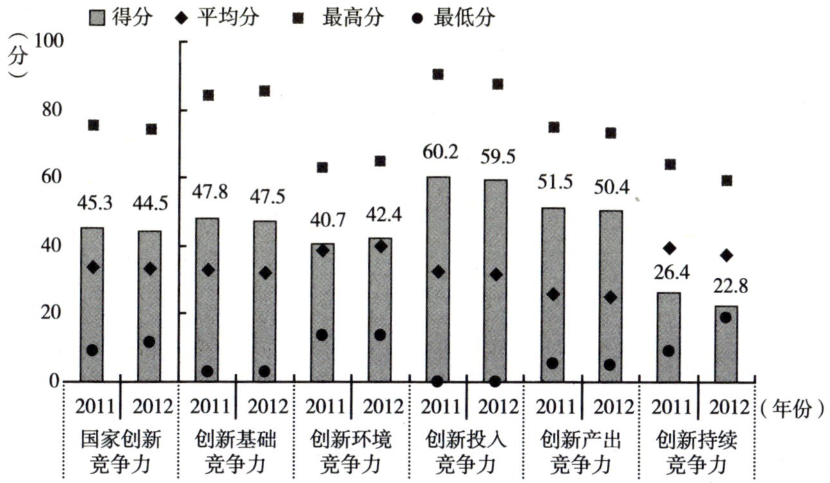

图 11－2　日本国家创新竞争力得分和排名变化趋势图

表 11-1 日本国家创新竞争力二级指标得分和排名表

项目/年份	创新基础竞争力		创新环境竞争力		创新投入竞争力		创新产出竞争力		创新持续竞争力		创新竞争力	
	得分	排名	得分	排名	得分	排名	得分	排名	得分	排名	得分	排名
2011	47.8	7	40.7	10	60.2	3	51.5	3	26.4	17	45.3	4
2012	47.5	7	42.4	10	59.5	3	50.4	3	22.8	18	44.5	2
得分变化	-0.3		1.7		-0.7		-1.1		-3.6		-0.8	
排名升降		0		0		0		0		-1		2
优劣度		优势		优势		强势		强势		劣势		强势

（2）从指标得分看，2012 年日本国家创新竞争力得分为 44.5 分，比 G20 最高分低 29.4 分，比平均分高 11.2 分；与 2011 年相比，日本国家创新竞争力得分下降了 0.8 分，与当年最高分的差距缩小了 10.6 分。

（3）从指标所处区位看，2012 年日本国家创新竞争力的 5 个二级指标中，强势指标 2 个，为创新投入竞争力和创新产出竞争力；优势指标 2 个，为创新基础竞争力和创新环境竞争力；劣势指标 1 个，为创新持续竞争力。

（4）从指标排位变化趋势看，在 5 个二级指标中，没有指标的排位处于上升趋势，有 1 个指标的排位处于下降趋势，为创新持续竞争力，其余指标排位没有发生变化。其中排位较为靠前的指标是创新投入竞争力和创新产出竞争力，紧接着是创新基础竞争力、创新环境竞争力和创新持续竞争力。创新投入竞争力和创新产出竞争力排名靠前，表明日本注重创新，将有限的资源集中到重点发展的产业，实现了创新投入和创新产出的增长。

（5）从指标排位变化的动因看，只有 1 个二级指标的排位出现了下降，其余 4 个指标排位没有变化，受其他因素的综合影响，2012 年日本国家创新竞争力的综合排位上升了 2 位，在 G20 中排名第 2 位。

11.1.2 日本国家创新竞争力各级指标动态变化分析

2011～2012 年日本国家创新竞争力各级指标的动态变化及其结构，如图 11-3 和表 11-2 所示。

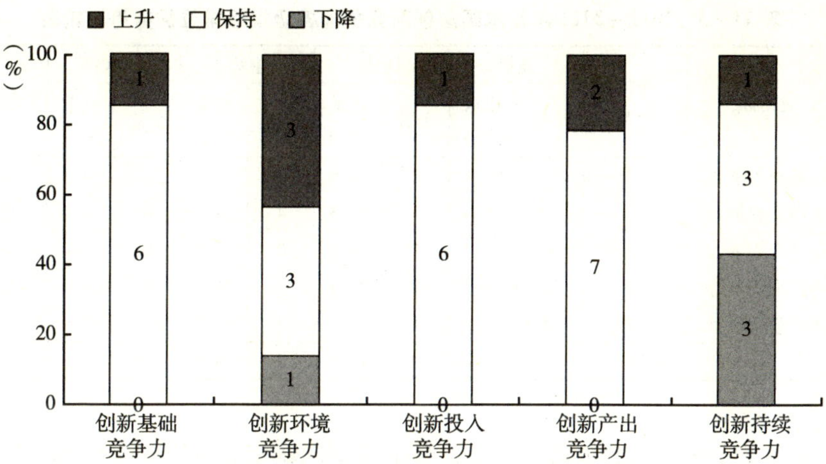

图 11－3　2011～2012 年日本国家创新竞争力指标动态变化结构图

表 11－2　2011～2012 年日本国家创新竞争力各级指标排位变化态势比较表

二级指标	三级指标个数	上升		保持		下降		变化趋势
		个数	比重(%)	个数	比重(%)	个数	比重(%)	
创新基础竞争力	7	1	14.3	6	85.7	0	0.0	保持
创新环境竞争力	7	3	42.9	3	42.9	1	14.3	保持
创新投入竞争力	7	1	14.3	6	85.7	0	0.0	保持
创新产出竞争力	9	2	22.2	7	77.8	0	0.0	保持
创新持续竞争力	7	1	14.3	3	42.9	3	42.9	下降
合　计	37	8	21.6	25	67.6	4	10.8	上升

从图 11－3 可以看出，日本国家创新竞争力的三级指标中上升指标的数量大于下降指标，但保持不变的指标仍居于主导地位。表 11－2 中的数据进一步说明，日本国家创新竞争力的 37 个三级指标中，上升的指标有 8 个，占指标总数的 21.6%；保持的指标有 25 个，占指标总数的 67.6%；下降的指标有 4 个，占指标总数的 10.8%。指标上升的数量大于指标下降的数量，上升的动力大于下降的拉力，使得 2012 年日本国家创新竞争力排位上升了 2 位，在 G20 中居第 2 位。

11.1.3　日本国家创新竞争力各级指标优劣势结构分析

2011～2012 年日本国家创新竞争力各级指标的优劣势变化及其结构，如表 11－3 所示。

表 11－3 2011～2012 年日本国家创新竞争力各级指标排位优劣势比较表

二级指标	三级指标个数	强势		优势		中势		劣势		优劣度
		个数	比重（%）	个数	比重（%）	个数	比重（%）	个数	比重（%）	
创新基础竞争力	7	4	57.1	2	28.6	0	0.0	1	14.3	优势
创新环境竞争力	7	2	28.6	1	14.3	4	57.1	0	0.0	优势
创新投入竞争力	7	6	85.7	1	14.3	0	0.0	0	0.0	强势
创新产出竞争力	9	6	66.7	2	22.2	1	11.1	0	0.0	强势
创新持续竞争力	7	1	14.3	1	14.3	2	28.6	3	42.9	劣势
合 计	37	19	51.4	7	18.9	7	18.9	4	10.8	强势

从表 11－3 中的数据可以看出，日本国家创新竞争力的 37 个三级指标中，强势指标 19 个，占指标总数的 51.4%；优势指标 7 个，占指标总数的 18.9%；中势指标 7 个，占指标总数的 18.9%；劣势指标 4 个，占指标总数的 10.8%；强势指标和优势指标的数量之和约占指标总数的 70.3%，远远大于中势指标和劣势指标之和所占比重。从二级指标来看，强势指标 2 个，占二级指标总数的 40%；优势指标 2 个，占二级指标总数的 40%；劣势指标 1 个，占二级指标总数的 20%。由于强势指标和优势指标在指标体系中居主导地位，2011～2012 年日本国家创新竞争力处于强势地位。

11.2 日本国家创新基础竞争力评价分析

11.2.1 日本国家创新基础竞争力评价结果

2011～2012 年日本国家创新基础竞争力及其下属 7 个三级指标的排位和排位变化情况，如表 11－4 所示。

（1）从排位变化比较看，2012 年日本国家创新基础竞争力排名第 7 位，与 2011 年相比，排位没有发生变化，仍处于优势地位。

（2）从指标所处区位来看，7 个三级指标中有 4 个强势指标，为 GDP、人均 GDP、受高等教育人员比重和全社会劳动生产率；有 2 个优势指标，为财政收入和人均财政收入；外国直接投资净值 1 个指标是劣势指标。

表 11-4 日本 2011~2012 年国家创新基础竞争力指标组排位及趋势表

项目 \ 年份	GDP		人均 GDP		财政收入		人均财政收入		外国直接投资净值		受高等教育人员比重		全社会劳动生产率		创新基础竞争力	
	得分	排名	得分	排名	得分	排名	得分	排名	得分	排名	得分	排名	得分	排名	得分	排名
2011	37.7	3	88.4	4	22.8	7	28.1	9	0.0	19	76.7	3	81.2	4	47.8	7
2012	36.4	3	87.7	4	22.3	7	30.1	8	0.0	19	76.7	3	79.3	4	47.5	7
得分变化	-1.3		-0.7		-0.5		2.0		0.0		0.0		-1.9		-0.3	
排名升降		0		0		0		1		0		0		0		0
优劣度		强势		强势		优势		优势		劣势		强势		强势		优势

（3）从指标排位变化趋势看，在 7 个三级指标中，有 1 个指标处于上升趋势，为人均财政收入；其余 6 个指标均保持不变。

（4）从指标排位变化的动因看，由于指标排位升降的幅度较小，且大部分指标排位保持不变，日本创新基础竞争力的综合排位也保持不变，在 G20 中排名第 7 位。

（5）从三级指标结构特征看，在创新基础竞争力指标组的 7 个三级指标中，有 4 个强势指标，占指标总数的 57.1%；优势指标 2 个，占指标总数的 28.6%；劣势指标 1 个，占指标总数的 14.3%，强势和优势指标所占比重远大于劣势指标的比重。上升指标 1 个，占指标总数的 14.3%；其余指标排位不变。由于排位不变的指标占主导地位，2012 年日本国家创新基础竞争力综合排位保持不变。

11.2.2 日本国家创新基础竞争力比较分析

图 11-4 反映了 2011~2012 年日本国家创新基础竞争力与 G20 最高水平和平均水平的比较情况。

由图 11-4 可知，评价期内日本国家创新基础竞争力得分均高于 G20 平均分，说明日本国家创新基础竞争力处于较高水平。从创新基础竞争力的整体得分比较来看，2011 年，日本国家创新基础竞争力得分与 G20 最高分相比还有 36.7 分的差距，比 G20 平均分高 14.7 分；到 2012 年，日本国家创新基础竞争力得分与 G20 最高分的差距为 37.7 分，比 G20 平均分高 15.2 分。总的

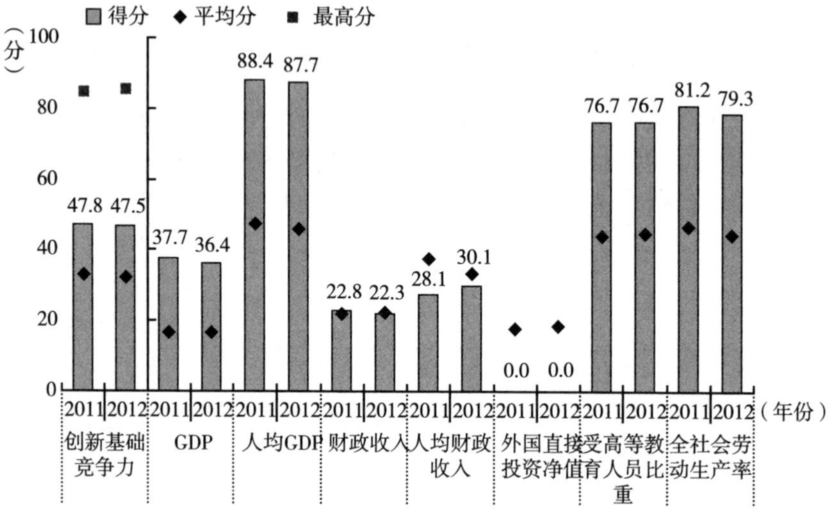

图 11－4　2011～2012 年日本国家创新基础竞争力指标得分比较

来说，2011～2012 年日本国家创新基础竞争力与 G20 最高分、平均分的差距基本不变，其创新基础竞争力保持稳定。

从具体指标得分比较和变化趋势来看，日本国家创新基础竞争力整体水平保持稳定，这主要是由于 GDP、人均 GDP、受高等教育人员比重和全社会劳动生产率等 4 个指标得分变化幅度不大。另外，人均财政收入和外国直接投资净值等指标得分低于 G20 平均分。在下一步的科技工作中，要努力提高财政收入水平，积极参与国际直接投资，创造良好的国内投资环境，借鉴和引进国际前沿技术，提高劳动生产率，夯实国家创新基础，不断增强国家创新基础竞争力。

11.3　日本国家创新环境竞争力评价分析

11.3.1　日本国家创新环境竞争力评价结果

2011～2012 年日本国家创新环境竞争力及其下属 7 个三级指标的排位和排位变化情况，如表 11－5 所示。

表11-5 日本2011~2012年国家创新环境竞争力指标组排位及趋势表

项目 年份	每千人因特网用户数		每千人手机用户数		企业开业程序		企业平均税负水平		入境留学生比重		小额贷款占GDP比重		ISO 9001质量体系认证数		创新环境竞争力	
	得分	排名	得分	排名	得分	排名	得分	排名	得分	排名	得分	排名	得分	排名	得分	排名
2011	91.6	6	24.7	12	46.2	11	63.6	12	20.9	7	2.6	14	35.3	3	40.7	10
2012	98.4	2	33.0	11	46.2	11	62.6	11	19.9	7	2.6	14	33.9	4	42.4	10
得分变化	6.8		8.3		0.0		-1.0		-1.0		0.0		-1.4		1.7	
排名升降		4		1		0		1		0		0		-1		0
优劣度		强势		中势		中势		中势		优势		中势		强势		优势

（1）从排位变化比较看，2012年日本国家创新环境竞争力排名第10位，与2011年相比，排位保持不变，仍处于优势地位。

（2）从指标所处区位来看，7个三级指标中有2个强势指标，分别为每千人因特网用户数和ISO 9001质量体系认证数；有1个优势指标，为入境留学生比重；其余4个指标为中势指标。

（3）从指标排位变化趋势看，在7个三级指标中，有3个指标处于上升趋势，分别为每千人因特网用户数、每千人手机用户数和企业平均税负水平；有1个指标处于下降趋势，为ISO 9001质量体系认证数；其余3个指标均保持不变。

（4）从指标排位变化的动因看，尽管上升的三级指标数量大于下降的三级指标数量，但受指标排位升降的综合影响，日本创新环境竞争力的综合排位保持不变，在G20中处于第10位。

（5）从三级指标结构特征看，在创新环境竞争力指标组的7个三级指标中，强势指标2个，占指标总数的28.6%；优势指标1个，占指标总数的14.3%；中势指标4个，占指标总数的57.1%；没有劣势指标，中势指标居于主导地位。上升指标3个，占指标总数的42.9%；保持不变的指标3个，占指标总数的42.9%；下降指标1个，占指标总数的14.3%。虽然指标排位上升的数量大于排位下降的数量，但受外部因素的综合影响，2012年日本国家创新环境竞争力综合排位与2011年相比保持不变。

11.3.2 日本国家创新环境竞争力比较分析

图 11－5 反映了 2011～2012 年日本国家创新环境竞争力与 G20 最高水平和平均水平的比较情况。

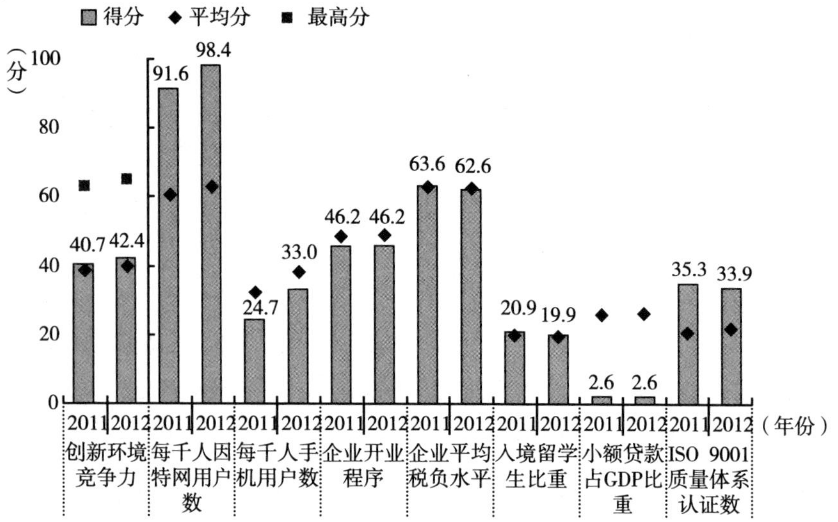

图 11－5　2011～2012 年日本国家创新环境竞争力指标得分比较

由图 11－5 可知，评价期内日本国家创新环境竞争力得分与 G20 平均分大体相当，说明日本国家创新环境竞争力处于平均水平。从创新环境竞争力的整体得分比较来看，2011 年，日本国家创新环境竞争力得分与 G20 最高分相比还有 22.2 分的差距，与 G20 平均分相比，高出 2.0 分；2012 年，日本国家创新环境竞争力得分与 G20 最高分的差距为 22.7 分，高于 G20 平均分 2.4 分。总的来说，2011～2012 年日本国家创新环境竞争力与 G20 最高分、平均分的差距变化不大，其创新环境竞争力排位保持不变。

从具体指标得分比较和变化趋势来看，日本国家创新环境竞争力整体水平略有提升，但排位仍保持不变，处于优势地位，这主要是每千人因特网用户数和每千人手机用户数得分上升的影响。但 ISO 9001 质量体系认证数的排位出现下降，而且每千人手机用户数和小额贷款占 GDP 比重指标得分远低于 G20 平均分。因此，为提升日本国家创新环境竞争力水平，应针对存在的这些问题，加快建设信息高速公路，加大对创新型企业的扶持力度，加强知识产权保护，营造有利于企业健康有序发展的良好创新氛围，不断优化国家创新环境，显著增强国家创新环境竞争力。

11.4　日本国家创新投入竞争力评价分析

11.4.1　日本国家创新投入竞争力评价结果

2011 ~2012 年日本国家创新投入竞争力及其下属 7 个三级指标的排位和排位变化情况，如表 11 -6 所示。

表 11 -6　日本 2011 ~2012 年国家创新投入竞争力指标组排位及趋势表

项目＼年份	R&D 经费支出总额		R&D 经费支出占 GDP 比重		人均 R&D 经费支出		R&D 人员		研究人员占从业人员比重		企业研发投入比重		风险资本交易占 GDP 比重		创新投入竞争力	
	得分	排名	得分	排名	得分	排名	得分	排名	得分	排名	得分	排名	得分	排名	得分	排名
2011	34.5	3	83.6	2	85.5	4	29.3	3	85.5	2	100.0	1	2.6	15	60.2	3
2012	33.8	3	80.3	2	84.4	4	25.8	3	80.2	2	100.0	1	11.8	9	59.5	3
得分变化	-0.7		-3.3		-1.1		-3.5		-5.3		0.0		9.1		-0.7	
排名升降		0		0		0		0		0		0		6		0
优劣度		强势		强势		强势		强势		强势		强势		优势		强势

（1）从排位变化比较看，2012 年日本国家创新投入竞争力排名第 3 位，与 2011 年相比，排位保持不变，仍处于强势地位。

（2）从指标所处区位来看，7 个三级指标都是强势指标或优势指标；其中风险资本交易占 GDP 比重 1 个指标为优势指标，其余 6 个指标均为强势指标。

（3）从指标排位变化趋势看，在 7 个三级指标中，有 6 个指标排位保持不变，分别为 R&D 经费支出总额、R&D 经费支出占 GDP 比重、人均 R&D 经费支出、R&D 人员、研究人员占从业人员比重、企业研发投入比重；有 1 个指标处于上升趋势，为风险资本交易占 GDP 比重。

（4）从指标排位变化的动因看，由于有 6 个三级指标的排位保持不变，日本创新投入竞争力的综合排位也保持不变，在 G20 中排名第 3 位。

（5）从三级指标结构特征看，创新投入竞争力指标组的 7 个三级指标全为强势指标或优势指标；强势指标 6 个，占指标总数的 85.7%；上升指标 1 个，占指标总数的 14.3%，没有下降指标，保持指标 6 个，占指标总数的 85.7%。由于大部分指标排位保持不变，2012 年日本国家创新投入竞争力综合排位仍保持不变。

11.4.2 日本国家创新投入竞争力比较分析

图 11－6 反映了 2011～2012 年日本国家创新投入竞争力与 G20 最高水平和平均水平的比较情况。

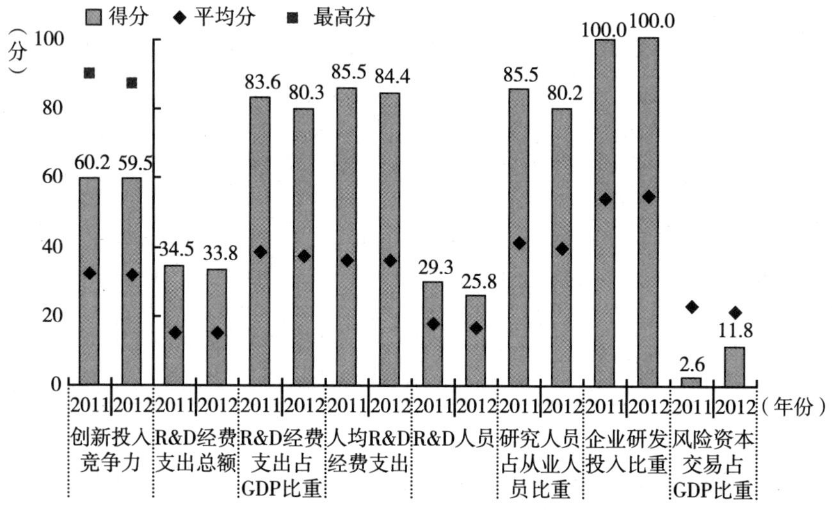

图 11－6 2011～2012 年日本国家创新投入竞争力指标得分比较

由图 11－6 可知，评价期内日本国家创新投入竞争力得分均高于 G20 平均分，说明日本国家创新投入竞争力处于较高水平。从创新投入竞争力的整体得分比较来看，2011 年，日本国家创新投入竞争力得分与 G20 最高分相比还有 30.0 分的差距，与 G20 平均分相比，则高了 27.8 分；到 2012 年，日本国家创新投入竞争力得分与 G20 最高分的差距为 27.6 分，高于 G20 平均分 27.8 分。总的来说，2011～2012 年日本国家创新投入竞争力与最高分的差距缩小，国家创新投入竞争力的得分略微下降，但排位保持不变。

从具体指标得分比较和变化趋势来看，日本国家创新投入竞争力整体处于较高水平，这主要是由于R&D经费支出总额、R&D经费支出占GDP比重、人均R&D经费支出、R&D人员、研究人员占从业人员比重和企业研发投入比重等指标得分和排位均较高；风险资本交易占GDP比重指标的得分虽出现大幅上升，但仍远低于G20平均分。在下一步的科技工作中，要特别关注这些问题，继续加大科技研发经费投入，加大力度培养研发人员，不断增加国家创新投入，显著增强国家创新投入竞争力。

11.5　日本国家创新产出竞争力评价分析

1.5.1　日本国家创新产出竞争力评价结果

2011～2012年日本国家创新产出竞争力及其下属9个三级指标的排位和排位变化情况，如表11－7所示。

表11－7　日本2011～2012年国家创新产出竞争力指标组排位及趋势表

项目＼年份	专利授权数		科技人员平均专利授权数		科技论文发表数		科技人员平均发表论文数		专利和许可收入	
	得分	排名	得分	排名	得分	排名	得分	排名	得分	排名
2011	100.0	1	100.0	1	22.5	3	17.0	14	24.0	2
2012	100.0	1	100.0	1	22.5	3	17.0	13	25.6	2
得分变化	0.0		0.0		0.0		0.0		1.7	
排名升降		0		0		0		1		0
优劣度		强势		强势		强势		中势		强势

项目＼年份	高技术产品净出口额		高技术产品净出口比重		注册商标数		创意产品出口比重		创新产出竞争力	
	得分	排名	得分	排名	得分	排名	得分	排名	得分	排名
2011	68.9	4	66.3	6	41.5	4	23.5	8	51.5	3
2012	60.0	4	64.9	6	46.0	3	17.9	8	50.4	3
得分变化	－9.0		－1.4		4.5		－5.6		－1.1	
排名升降		0		0		1		0		0
优劣度		强势		优势		强势		优势		强势

（1）从排位变化比较看，2012 年日本国家创新产出竞争力排名第 3 位，与 2011 年相比，排位保持不变，仍处于强势地位。

（2）从指标所处区位来看，9 个三级指标中没有劣势指标；6 个指标是强势指标，分别专利授权数、科技人员平均专利授权数、科技论文发表数、专利和许可收入、高技术产品净出口额和注册商标数；2 个指标是优势指标，为高技术产品净出口比重和创意产品出口比重；1 个中势指标为科技人员平均发表论文数。

（3）从指标排位变化趋势看，在 9 个三级指标中，有 2 个指标处于上升趋势，分别为科技人员平均发表论文数和注册商标数；其余 7 个指标均保持不变。

（4）从指标排位变化的动因看，2 个三级指标的排位出现了上升，其余 7 个三级指标均保持不变，在指标升降的综合作用下，日本创新产出竞争力的综合排位保持不变，在 G20 中排名保持在第 3 位。

（5）从三级指标结构特征看，在创新产出竞争力指标组的 9 个三级指标中，有 6 个强势指标，占指标总数的 66.7%；优势指标 2 个，占指标总数的 22.2%；中势指标 1 个，占指标总数的 11.1%，强势和优势指标所占比重远大于劣势指标的比重。上升指标 2 个，占指标总数的 22.2%，其余指标保持不变。由于排位保持不变的指标占主导地位，2012 年日本国家创新产出竞争力综合排位与 2011 年相比没有发生变化。

11.5.2　日本国家创新产出竞争力比较分析

图 11－7 反映了 2011～2012 年日本国家创新产出竞争力与 G20 最高水平和平均水平的比较情况。

由图 11－7 可知，评价期内日本国家创新产出竞争力得分均高于 G20 平均分，说明日本国家创新产出竞争力处于较高水平。从创新产出竞争力的整体得分比较来看，2011 年，日本国家创新产出竞争力得分与 G20 最高分相比还有 23.3 分的差距，高于 G20 平均分 25.7 分；到 2012 年，日本国家创新产出竞争力得分与 G20 最高分的差距为 22.7 分，高于 G20 平均分 25.5 分。总的来说，2011～2012 年日本国家创新产出竞争力与最高分的差距略有缩小，但

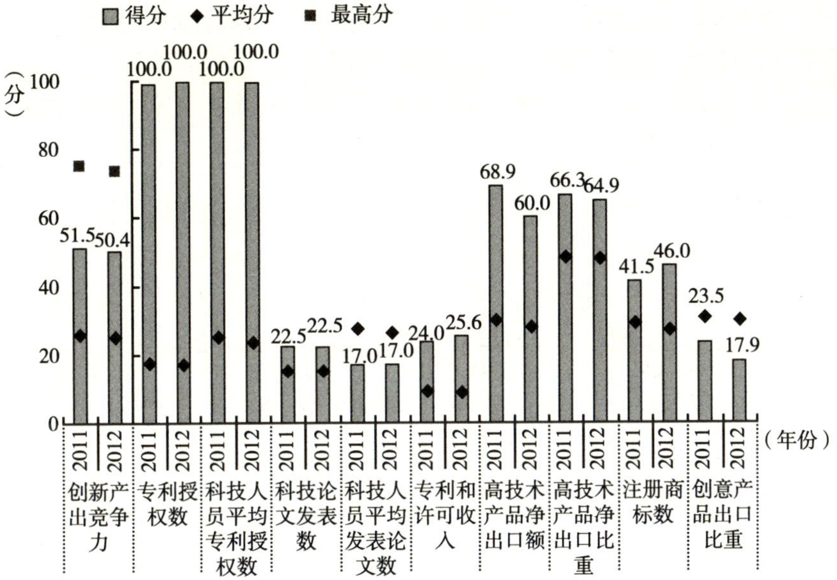

图11－7　2011～2012年日本国家创新产出竞争力指标得分比较

排位保持不变。

从具体指标得分比较和变化趋势来看，日本国家创新产出竞争力整体水平没有发生显著变化，这主要是由于专利授权数、科技人员平均专利授权数、科技论文发表数、专利和许可证收入、高技术产品净出口额、高技术产品净出口比重和创意产品出口比重指标排位保持不变；但有2个三级指标的得分均低于G20平均分，分别是科技人员平均发表论文数和创意产品出口比重。因此，要完善知识产权激励机制，提升日本专利产出的数量和质量，促进专利和许可收入增长；注重提升基础研究能力，提高科技论文等创新产出的数量和质量。

11.6　日本国家创新持续竞争力评价分析

11.6.1　日本国家创新持续竞争力评价结果

2011～2012年日本国家创新持续竞争力及其下属7个三级指标的排位和排位变化情况，如表11－8所示。

表 11-8 日本 2011～2012 年国家创新持续竞争力指标组排位及趋势表

项目 年份	公共教育经费支出总额		公共教育经费支出占 GDP 比重		人均公共教育经费支出额		高等教育毛入学率	
	得分	排名	得分	排名	得分	排名	得分	排名
2011	21.8	3	20.4	7	28.6	16	49.4	10
2012	22.9	3	16.3	8	27.0	16	49.3	11
得分变化	1.0		-4.1		-1.5		-0.1	
排名升降		0		-1		0		-1
优劣度		强势		优势		劣势		中势

项目 年份	科技人员增长率		科技经费增长率		高校科技工程毕业生比重		创新持续竞争力	
	得分	排名	得分	排名	得分	排名	得分	排名
2011	0.0	19	64.6	10	0.0	19	26.4	17
2012	9.1	17	35.0	13	0.0	19	22.8	18
得分变化	9.1		-29.6		0.0		-3.6	
排名升降		2		-3		0		-1
优劣度		劣势		中势		劣势		劣势

（1）从排位变化比较看，2012 年日本国家创新持续竞争力排名第 18 位，比 2011 年下降了 1 位，处于劣势地位。

（2）从指标所处区位来看，7 个三级指标中有 1 个强势指标，为公共教育经费支出总额；1 个优势指标，为公共教育经费支出占 GDP 比重；2 个中势指标，为高等教育毛入学率和科技经费增长率；其余 3 个指标为劣势指标。

（3）从指标排位变化趋势看，在 7 个三级指标中，有 1 个指标处于上升趋势，为科技人员增长率；有 3 个指标处于下降趋势，分别为公共教育经费支出占 GDP 比重、高等教育毛入学率和科技经费增长率，其中科技经费增长率指标下降的幅度较大，这些是日本创新持续竞争力的下降拉力所在。

（4）从指标排位变化的动因看，有 3 个三级指标的排位出现了下降，受指标排位下降的影响，日本创新持续竞争力的综合排位小幅度下降 1 位，在 G20 中排名第 18 位。

（5）从三级指标结构特征看，在创新持续竞争力指标组的 7 个三级指标中，强势指标 1 个，占指标总数的 14.3%；优势指标 1 个，占指标总数的 14.3%；劣势指标 3 个，占指标总数的 42.9%，劣势指标所占比重大于强势指标和优势指标所占比重；上升指标 1 个，占指标总数的 14.3%；下降指标 3 个，占指标总数的 42.9%。由于指标排位下降的数量大于排位上升的数量，2012 年日本国家创新持续竞争力综合排位比 2011 年下降了 1 位。

11.6.2　日本国家创新持续竞争力比较分析

图 11－8 反映了 2011～2012 年日本国家创新持续竞争力与 G20 最高水平和平均水平的比较情况。

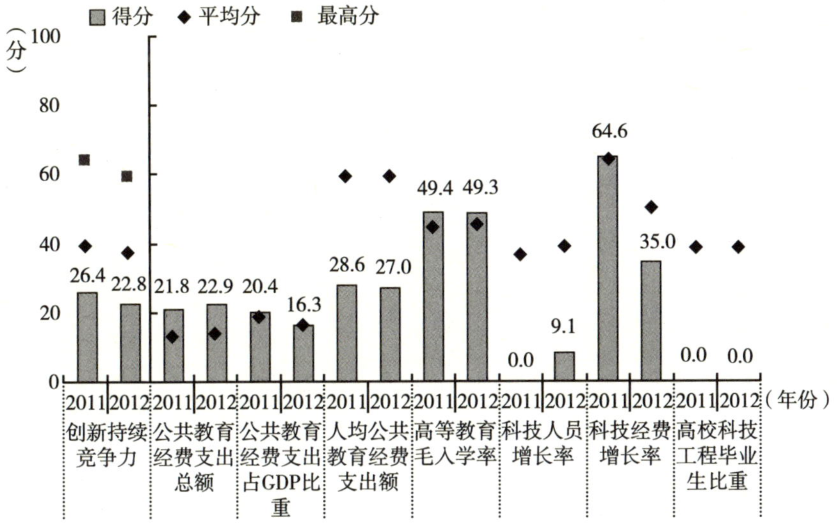

图 11－8　2011～2012 年日本国家创新持续竞争力指标得分比较

由图 11－8 可知，评价期内日本国家创新持续竞争力得分处于下降趋势，说明日本国家创新持续竞争力水平有所降低。从创新持续竞争力的整体得分比较来看，2011 年，日本国家创新持续竞争力得分与 G20 最高分相比还有 37.9 分的差距，低于 G20 平均分 13.0 分；到 2012 年，日本国家创新持续竞争力得分与 G20 最高分的差距缩小为 36.5 分，低于 G20 平均分 14.8 分。总的来说，2011～2012 年日本国家创新持续竞争力与最高分、平均分的差距均呈扩大趋势，排位处于下降趋势。

从具体指标得分比较和变化趋势来看，日本国家创新持续竞争力整体水平出现了小幅下降，这主要是由于公共教育经费支出占 GDP 比重、高等教育毛入学率和科技经费增长率的排位出现下降，而且人均公共教育经费支出额、科技经费增长率、科技人员增长率和高校科技工程毕业生比重等指标的得分还低于 G20 平均分。因此，要不断增加教育经费投入，提升科学家和工程师待遇，加大培养科学家和工程师的力度，实现国家创新能力的可持续发展，显著增强国家创新持续竞争力。

Y. 13

第12章 韩国国家创新竞争力评价分析报告

韩国是位于东北亚朝鲜半岛南半部的国家，其三面环海，西南濒临黄海（韩国称“西海”），东南是朝鲜海峡，东边是日本海（韩国称“东海”）。国土面积99646平方公里；海岸线长度大约为5259公里。2012年全国年末总人口为5000万人，实现国内生产总值11296亿美元，与上年同期相比有所上升，但增幅较小，这主要是因为低迷的出口和内需市场。本部分通过对韩国2011～2012年国家创新竞争力以及创新竞争力中各要素在G20中的排名变化分析，从中找出韩国国家创新竞争力的推动点及影响因素。

12.1 韩国国家创新竞争力总体评价分析

受国际国内双重因素的影响，韩国总体经济增长缓慢，使得国家创新活动深受影响。2011～2012年，韩国的国家创新竞争力排名略有下降。其中，2011年韩国国家创新竞争力在G20中排名第3位，到了2012年，排名第4位，排位下降了1位。

12.1.1 韩国国家创新竞争力概要分析

韩国国家创新竞争力在G20中所处的位置及5个二级指标的得分和排位变化如图12－1、图12－2和表12－1所示。

（1）从综合排位变化看，2012年韩国国家创新竞争力综合排名在G20中处于第4位，与2011年相比，排位下降了1位。

（2）从指标得分看，2012年韩国国家创新竞争力得分为44.2分，比G20最高分低29.7分，比平均分高10.9分；与2011年相比，韩国国家创新竞争

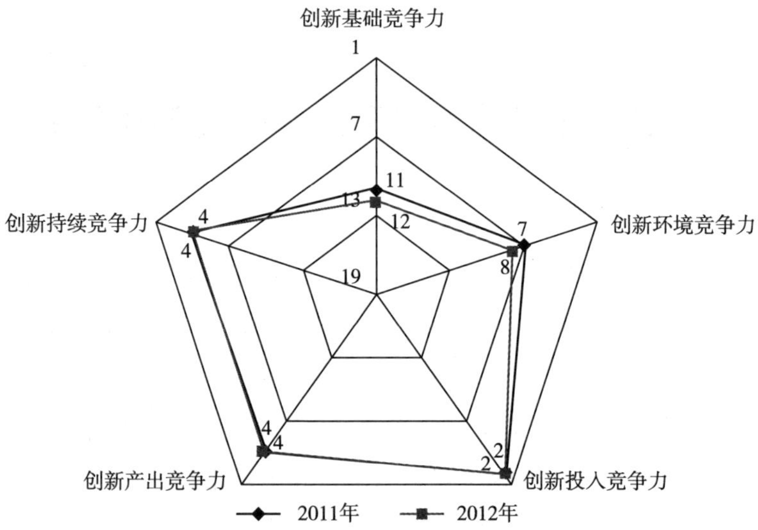

图 12－1　韩国国家创新竞争力二级指标排名雷达图

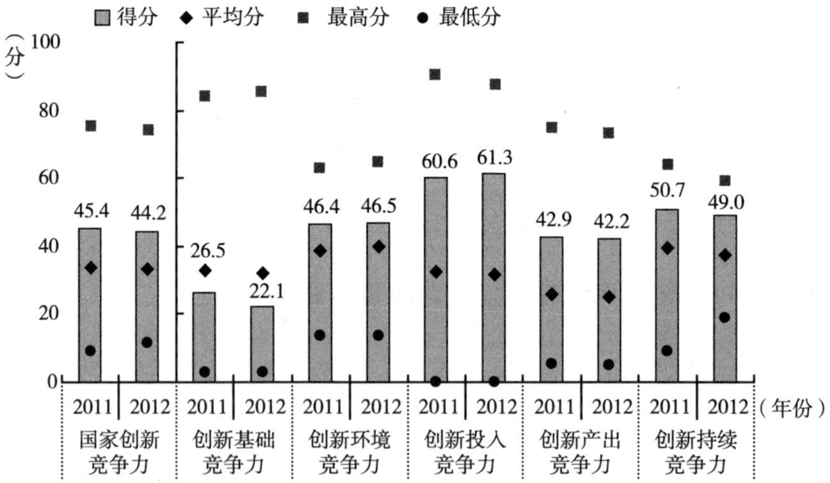

图 12－2　韩国国家创新竞争力得分和排名变化趋势图

表12-1　韩国国家创新竞争力二级指标得分和排名表

年份＼项目	创新基础竞争力		创新环境竞争力		创新投入竞争力		创新产出竞争力		创新持续竞争力		创新竞争力	
	得分	排名	得分	排名	得分	排名	得分	排名	得分	排名	得分	排名
2011	26.5	11	46.4	7	60.6	2	42.9	4	50.7	4	45.4	3
2012	22.1	12	46.5	8	61.3	2	42.2	4	49.0	4	44.2	4
得分变化	-4.3		0.1		0.7		-0.7		-1.6		-1.2	
排名升降		-1		-1		0		0		0		-1
优劣度		中势		优势		强势		强势		强势		强势

力得分下降了1.2分，与当年最高分的差距缩小了0.2分，与G20平均分的差距也缩小了0.6分。

（3）从指标所处区位看，2012年韩国国家创新竞争力的5个二级指标中，强势指标3个，为创新投入竞争力、创新产出竞争力和创新持续竞争力；优势指标1个，为创新环境竞争力；中势指标1个，为创新基础竞争力；没有劣势指标。

（4）从指标排位变化趋势看，在5个二级指标中，没有处于上升趋势的指标，有2个指标的排位处于下降趋势，分别为创新基础竞争力和创新环境竞争力，这些是韩国国家创新竞争力的下降拉力所在，其余指标排位没有发生变化。在二级指标排位中，创新投入竞争力排名最靠前，紧接着是创新产出竞争力、创新持续竞争力、创新环境竞争力和创新基础竞争力，创新投入竞争力排名靠前凸显了韩国政府对创新活动的高度重视，而且创新活动也取得了可观的成果，表现为竞争力排名靠前的创新产出竞争力和创新持续竞争力，这也是韩国国家创新竞争力排名靠前的主要因素。

（5）从指标排位变化的动因看，2个二级指标的排位出现了下降，没有排位上升的二级指标。受指标排位下降的影响，2012年韩国国家创新竞争力的综合排位下降了1位，在G20中排名第4位。

12.1.2　韩国国家创新竞争力各级指标动态变化分析

2011～2012年韩国国家创新竞争力各级指标的动态变化及其结构，如图12-3和表12-2所示。

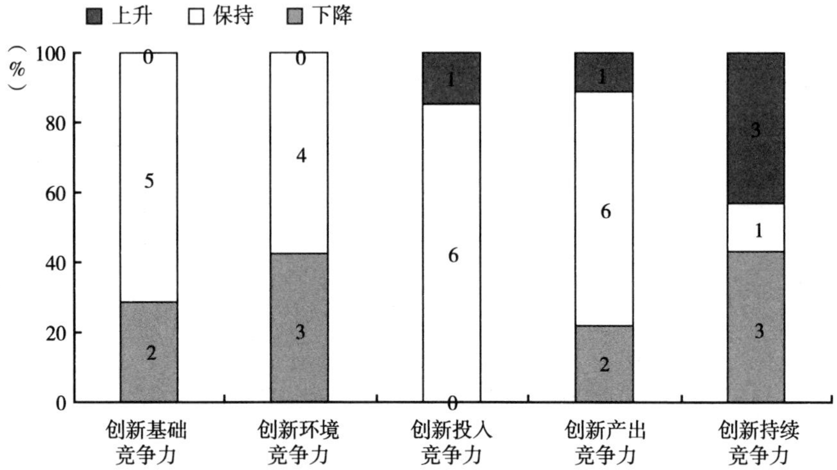

图 12－3　2011～2012 年韩国国家创新竞争力指标动态变化结构图

表 12－2　2011～2012 年韩国国家创新竞争力各级指标排位变化态势比较表

二级指标	三级指标个数	上升		保持		下降		变化趋势
		个数	比重(%)	个数	比重(%)	个数	比重(%)	
创新基础竞争力	7	0	0.0	5	71.4	2	28.6	下降
创新环境竞争力	7	0	0.0	4	57.1	3	42.9	下降
创新投入竞争力	7	1	14.3	6	85.7	0	0.0	保持
创新产出竞争力	9	1	11.1	6	66.7	2	22.2	保持
创新持续竞争力	7	3	42.9	1	14.3	3	42.9	保持
合　计	37	5	13.5	22	59.5	10	27.0	下降

从图 12－3 可以看出，韩国国家创新竞争力的三级指标中下降指标的数量大于上升指标数量，但保持不变的指标居于主导地位。表 12－2 中的数据进一步说明，韩国国家创新竞争力的 37 个三级指标中，上升的指标有 5 个，占指标总数的 13.5%；保持不变的指标有 22 个，占指标总数的 59.5%；下降的指标有 10 个，占指标总数的 27.0%。由于指标下降的数量大于指标上升的数量，上升的动力小于下降的拉力，2012 年韩国国家创新竞争力排位下降了 1 位，在 G20 中位居第 4 位。

12.1.3　韩国国家创新竞争力各级指标优劣势结构分析

2011～2012 年韩国国家创新竞争力各级指标的优劣势变化及其结构，如表 12－3 所示。

表 12－3　2011～2012 年韩国国家创新竞争力各级指标排位优劣势比较表

二级指标	三级指标个数	强势		优势		中势		劣势		优劣度
		个数	比重（%）	个数	比重（%）	个数	比重（%）	个数	比重（%）	
创新基础竞争力	7	1	14.3	2	28.6	2	28.6	2	28.6	中势
创新环境竞争力	7	3	42.9	3	42.9	1	14.3	0	0.0	优势
创新投入竞争力	7	5	71.4	2	28.6	0	0.0	0	0.0	强势
创新产出竞争力	9	5	55.6	2	22.2	2	22.2	0	0.0	强势
创新持续竞争力	7	3	42.9	3	42.9	1	14.3	0	0.0	强势
合　计	37	17	45.9	12	32.4	6	16.2	2	5.4	强势

从表 12－3 中的数据可以看出，韩国国家创新竞争力的 37 个三级指标中，强势指标 17 个，占指标总数的 45.9%；优势指标 12 个，占指标总数的 32.4%；中势指标 6 个，占指标总数的 16.2%；劣势指标 2 个，占指标总数的 5.4%；强势指标和优势指标的数量之和占指标总数的 78.4%，远远大于中势指标和劣势指标之和所占比重。从二级指标来看，强势指标 3 个，占二级指标总数的 60%；优势指标 1 个占二级指标总数的 20%；中势指标 1 个，占二级指标总数的 20%；没有劣势指标。由于强势指标在指标体系中居于主导地位，2011～2012 年韩国国家创新竞争力处于强势地位。

12.2　韩国国家创新基础竞争力评价分析

12.2.1　韩国国家创新基础竞争力评价结果

2011～2012 年韩国国家创新基础竞争力及其下属 7 个三级指标的排位和排位变化情况，如表 12－4 所示。

表 12-4　韩国 2011～2012 年国家创新基础竞争力指标组排位及趋势表

项目 年份	GDP		人均 GDP		财政收入		人均财政收入		外国直接投资净值		受高等教育人员比重		全社会劳动生产率		创新基础竞争力	
	得分	排名	得分	排名	得分	排名	得分	排名	得分	排名	得分	排名	得分	排名	得分	排名
2011	4.9	14	41.3	10	5.9	14	28.0	10	1.9	17	66.6	5	36.7	10	26.5	11
2012	4.9	14	40.9	10	6.1	15	0.3	16	1.2	17	66.6	5	34.9	10	22.1	12
得分变化	0.0		-0.4		0.2		-27.7		-0.7		0.0		-1.7		-4.3	
排名升降		0		0		-1		-6		0		0		0		-1
优劣度		中势		优势		中势		劣势		劣势		强势		优势		中势

（1）从排位变化比较看，2012 年韩国国家创新基础竞争力排名第 12 位，与 2011 年相比，排位下降 1 位，处于中势地位。

（2）从指标所处区位来看，7 个三级指标中，有 1 个强势指标，为受高等教育人员比重；2 个优势指标，为人均 GDP 和全社会劳动生产率；GDP 和财政收入 2 个指标是中势指标；人均财政收入、外国直接投资净值 2 个指标是劣势指标。

（3）从指标排位变化趋势看，在 7 个三级指标中，没有指标处于上升趋势；有 2 个指标处于下降趋势，分别为财政收入和人均财政收入；其余 5 个指标均保持不变。

（4）从指标排位变化的动因看，由于有 2 个指标排位下降，且人均财政收入排位下降幅度很大，韩国创新基础竞争力的综合排位下降 1 位，在 G20 中排名第 12 位。

（5）从三级指标结构特征看，在创新基础竞争力指标组的 7 个三级指标中，强势指标 1 个，占指标总数的 14.3%；优势指标 2 个，占指标总数的 28.6%；中势指标 2 个，占指标总数的 28.6%；劣势指标 2 个，占指标总数的 28.6%。没有上升的指标；下降指标 2 个，占指标总数的 28.6%。由于指标排位下降的数量大于上升的数量，2012 年韩国国家创新基础竞争力综合排位下降了 1 位。

12.2.2　韩国国家创新基础竞争力比较分析

图 12－4 反映了 2011～2012 年韩国国家创新基础竞争力与 G20 最高水平和平均水平的比较情况。

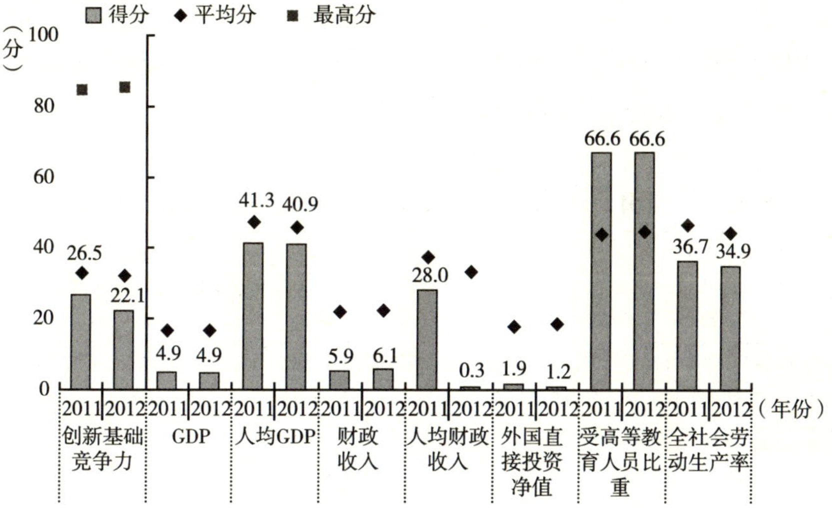

图 12－4　2011～2012 年韩国国家创新基础竞争力指标得分比较

由图 12－4 可知，评价期内韩国国家创新基础竞争力得分均低于 G20 平均分，说明韩国国家创新基础竞争力处于较低水平。从创新基础竞争力的整体得分比较来看，2011 年，韩国国家创新基础竞争力得分与 G20 最高分相比有 58.1 分的差距，比 G20 平均分低 6.6 分；到 2012 年，韩国国家创新基础竞争力得分与 G20 最高分的差距扩大为 63.1 分，比 G20 平均分低 10.1 分。总的来说，2011～2012 年韩国国家创新基础竞争力与 G20 最高分、平均分的差距在扩大，其创新基础竞争力有所下降。

从具体指标得分比较和变化趋势来看，韩国国家创新基础竞争力整体水平有了一定程度的下降，这主要是由于人均财政收入指标得分明显下降，且除受高等教育人员比重之外的其他指标得分普遍低于 G20 平均分。在下一步的科技工作中，要继续扩大生产和加快企业战略转型，加大教育和科技投入，积极吸引国际直接投资，借鉴和引进国际科技前沿技术，夯实国家创新基础，不断增强国家创新基础竞争力。

12.3 韩国国家创新环境竞争力评价分析

12.3.1 韩国国家创新环境竞争力评价结果

2011～2012 年韩国国家创新环境竞争力及其下属 7 个三级指标的排位和排位变化情况，如表 12－5 所示。

表 12－5 韩国 2011～2012 年国家创新环境竞争力指标组排位及趋势表

项目 年份	每千人因特网用户数		每千人手机用户数		企业开业程序		企业平均税负水平		入境留学生比重		小额贷款占 GDP 比重		ISO 9001 质量体系认证数		创新环境竞争力	
	得分	排名	得分	排名	得分	排名	得分	排名	得分	排名	得分	排名	得分	排名	得分	排名
2011	97.8	2	29.4	9	69.2	3	84.8	3	8.4	12	18.8	9	16.6	9	46.4	7
2012	95.5	3	33.6	10	69.2	3	84.5	3	7.6	12	18.8	9	16.6	10	46.5	8
得分变化	-2.3		4.2		0.0		-0.3		-0.8		0.0		0.0		0.1	
排名升降		-1		-1		0		0		0		0		-1		-1
优劣度		强势		优势		强势		强势		中势		优势		优势		优势

（1）从排位变化比较看，2012 年韩国国家创新环境竞争力排名第 8 位，与 2011 年相比，排位下降了 1 位，但仍处于优势地位。

（2）从指标所处区位来看，7 个三级指标中有 3 个强势指标，分别为每千人因特网用户数、企业开业程序和企业平均税负水平；有 3 个优势指标，为每千人手机用户数、小额贷款占 GDP 比重和 ISO 9001 质量体系认证数；1 个指标为中势指标，为入境留学生比重。

（3）从指标排位变化趋势看，在 7 个三级指标中，没有上升指标；有 3 个指标处于下降趋势，为每千人因特网用户数、每千人手机用户数和 ISO 9001 质量体系认证数；其余指标保持不变。

（4）从指标排位变化的动因看，有 3 个三级指标的排位出现了下降，韩国创新环境竞争力的综合排位处于下降趋势，在 G20 中处于第 8 位。

（5）从三级指标结构特征看，在创新环境竞争力指标组的 7 个三级指标中，强势指标3个，占指标总数的42.9%；优势指标3个，占指标总数的42.9%；中势指标1个，占指标总数的14.3%；没有劣势指标，强势和优势指标居于主导地位。下降指标3个，占指标总数的42.9%；其余指标保持不变。受指标排位下降的影响，2012年韩国国家创新环境竞争力综合排位与2011年相比下降了1位。

12.3.2　韩国国家创新环境竞争力比较分析

图12－5反映了2011～2012年韩国国家创新环境竞争力与G20最高水平和平均水平的比较情况。

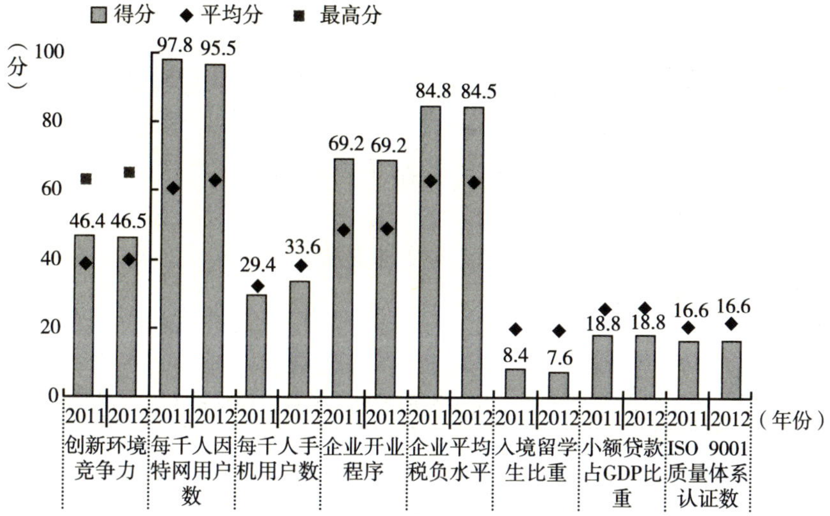

图12－5　2011～2012年韩国国家创新环境竞争力指标得分比较

由图12－5可知，评价期内韩国国家创新环境竞争力得分均高于G20平均分，说明韩国国家创新环境竞争力处于较高水平。从创新环境竞争力的整体得分比较来看，2011年，韩国国家创新环境竞争力得分与G20最高分相比还有16.5分的差距，与G20平均分相比，高出7.7分；2012年，韩国国家创新环境竞争力得分与G20最高分的差距为18.6分，高于G20平均分6.5分。总的来说，2011～2012年韩国国家创新环境竞争力与最高分的差距呈扩大趋势，总体排位呈现下降趋势。

从具体指标得分比较和变化趋势来看，韩国国家创新环境竞争力整体水平较高，仍处于优势地位，这主要是由于除入境留学生比重外，其他指标均为强势或优势指标；但每千人手机用户数、入境留学生比重、小额贷款占GDP比重、ISO 9001质量体系认证数等指标均低于G20平均分，这限制了其创新环境竞争力的进一步提升。因此，为巩固和提升韩国国家创新环境竞争力，应针对存在的这些问题，加大对创新型企业的科技和资金扶持力度，加强知识产权保护，重视创新人才的外引内育，营造有利于企业健康有序发展的良好创新氛围，不断优化国家创新环境，进一步增强国家创新环境竞争力。

12.4 韩国国家创新投入竞争力评价分析

12.4.1 韩国国家创新投入竞争力评价结果

2011～2012年韩国国家创新投入竞争力及其下属7个三级指标的排位和排位变化情况，如表12－6所示。

表12－6 韩国2011～2012年国家创新投入竞争力指标组排位及趋势表

项目＼年份	R&D经费支出总额		R&D经费支出占GDP比重		人均R&D经费支出		R&D人员		研究人员占从业人员比重		企业研发投入比重		风险资本交易占GDP比重		创新投入竞争力	
	得分	排名	得分	排名	得分	排名	得分	排名	得分	排名	得分	排名	得分	排名	得分	排名
2011	13.5	5	100	1	87.9	2	12.1	8	100	1	92.2	2	18.7	8	60.6	2
2012	14.1	5	100	1	92.3	2	11.5	8	100	1	93.8	2	17.6	7	61.3	2
得分变化	0.6		0.0		4.4		-0.6		0.0		1.6		-1.1		0.7	
排名升降		0		0		0		0		0		0		1		0
优劣度		强势		强势		强势		优势		强势		强势		优势		强势

（1）从排位变化比较看，2012年韩国国家创新投入竞争力排名第2位，与2011年相比，排位保持不变，处于强势地位。

（2）从指标所处区位来看，7个三级指标中，没有中势指标和劣势指标；

有5个指标是强势指标，分别为R&D经费支出总额、R&D经费支出占GDP比重、人均R&D经费支出、研究人员占从业人员比重、企业研发投入比重；其余2个指标均是优势指标。

（3）从指标排位变化趋势看，在7个三级指标中，有1个指标排位上升，为风险资本交易占GDP比重；其余6个指标保持不变。

（4）从指标排位变化的动因看，由于有6个三级指标的排位保持不变，韩国创新投入竞争力的综合排位也保持不变，在G20中排名第2位。

（5）从三级指标结构特征看，在创新投入竞争力指标组的7个三级指标中，没有中势指标和劣势指标；强势指标5个，占指标总数的71.4%。上升指标1个，占指标总数的14.3%，没有下降指标，保持指标6个，占指标总数的85.7%。由于大部分指标排位保持不变，2012年韩国国家创新投入竞争力综合排位仍保持不变。

12.4.2　韩国国家创新投入竞争力比较分析

图12－6反映了2011～2012年韩国国家创新投入竞争力与G20最高水平和平均水平的比较情况。

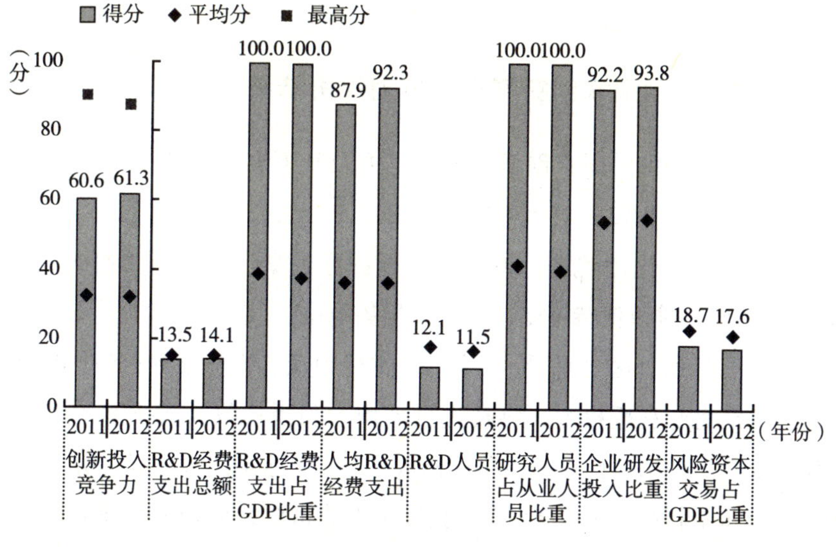

图12－6　2011～2012年韩国国家创新投入竞争力指标得分比较

由图 12 -6 可知，评价期内韩国国家创新投入竞争力得分均高于 G20 平均分，说明韩国国家创新投入竞争力处于较高水平。从创新投入竞争力的整体得分比较来看，2011 年，韩国国家创新投入竞争力得分与 G20 最高分相比还有 29.5 分的差距，与 G20 平均分相比，则高了 28.3 分；到 2012 年，韩国国家创新投入竞争力得分与 G20 最高分的差距为 25.7 分，高于 G20 平均分 29.6 分。总的来说，2011 ~2012 年韩国国家创新投入竞争力与 G20 最高分的差距缩小，国家创新投入竞争力的得分上升，但排位保持不变。

从具体指标得分比较和变化趋势来看，韩国国家创新投入竞争力整体水平处于强势地位并保持稳定，这主要是由于 R&D 经费支出占 GDP 比重、人均 R&D 经费支出、研究人员占从业人员比重、企业研发投入比重等指标得分较高，但 R&D 经费支出总额、R&D 人员和风险资本交易占 GDP 比重等指标的得分低于 G20 平均分。在下一步的科技工作中，要继续加大科技研发经费投入，加大力度培养研发人员，不断加大国家创新投入和金融支持力度，显著增强国家创新投入竞争力。

12.5 韩国国家创新产出竞争力评价分析

12.5.1 韩国国家创新产出竞争力评价结果

2011 ~2012 年韩国国家创新产出竞争力及其下属 9 个三级指标的排位和排位变化情况，如表 12 -7 所示。

(1) 从排位变化比较看，2012 年韩国国家创新产出竞争力排名第 4 位，与 2011 年相比，排位保持不变，仍处于强势地位。

(2) 从指标所处区位来看，9 个三级指标中没有劣势指标；5 个指标是强势指标，分别为专利授权数、科技人员平均专利授权数、高技术产品净出口额、高技术产品净出口比重和注册商标数；2 个指标是优势指标，分别为科技论文发表数和专利和许可收入；2 个指标是中势指标，分别为科技人员平均发表论文数和创意产品出口比重。

表12－7　韩国2011～2012年国家创新产出竞争力指标组排位及趋势表

项目/年份	专利授权数		科技人员平均专利授权数		科技论文发表数		科技人员平均发表论文数		专利和许可收入	
	得分	排名	得分	排名	得分	排名	得分	排名	得分	排名
2011	39.7	4	95.2	2	12.2	9	22.6	11	3.5	6
2012	41.2	4	91.4	2	12.2	9	20.8	11	2.7	8
得分变化	1.5		－3.8		0.0		－1.8		－0.8	
排名升降		0		0		0		0		－2
优劣度		强势		强势		优势		中势		优势

项目/年份	高技术产品净出口额		高技术产品净出口比重		注册商标数		创意产品出口比重		创新产出竞争力	
	得分	排名	得分	排名	得分	排名	得分	排名	得分	排名
2011	66.5	5	99.7	2	32.2	6	14.5	10	42.9	4
2012	58.9	5	99.6	2	39.4	4	13.2	11	42.2	4
得分变化	－7.6		－0.1		7.2		－1.3		－0.7	
排名升降		0		0		2		－1		0
优劣度		强势		强势		强势		中势		强势

（3）从指标排位变化趋势看，在9个三级指标中，有1个指标处于上升趋势，为注册商标数；2个指标处于下降趋势，分别为专利和许可收入和创意产品出口比重；其余指标保持不变。

（4）从指标排位变化的动因看，2个三级指标的排位出现了下降，1个三级指标的排位出现了上升，在指标升降的综合作用下，韩国创新产出竞争力的综合排位保持不变，在G20中排名保持在第4位。

（5）从三级指标结构特征看，在创新产出竞争力指标组的9个三级指标中，没有劣势指标；强势指标5个，占指标总数的55.6%；优势指标2个，占指标总数的22.2%，强势和优势指标所占比重远远大于中势指标的比重。下降指标2个，占指标总数的22.2%；上升指标1个，占指标总数的11.1%。虽然指标排位上升的数量小于排位下降的数量，但受其他因素的综合影响，2012年韩国国家创新产出竞争力综合排位与2011年相比保持不变。

12.5.2　韩国国家创新产出竞争力比较分析

图12－7反映了2011～2012年韩国国家创新产出竞争力与G20最高水平和平均水平的比较情况。

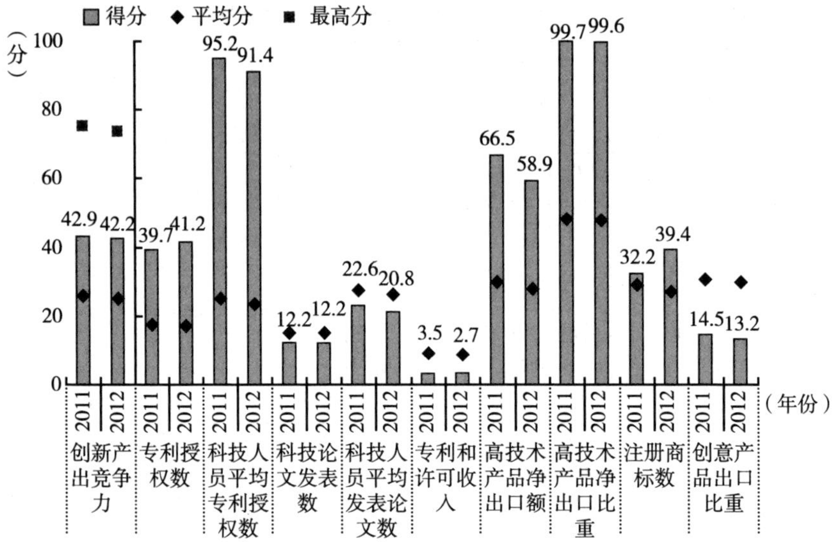

图 12－7　2011～2012 年韩国国家创新产出竞争力指标得分比较

由图 12－7 可知，评价期内韩国国家创新产出竞争力得分均高于 G20 平均分，说明韩国国家创新产出竞争力处于较高水平。从创新产出竞争力的整体得分比较来看，2011 年，韩国国家创新产出竞争力得分与 G20 最高分相比还有 31.9 分的差距，高于 G20 平均分 17.1 分；到 2012 年，韩国国家创新产出竞争力得分与 G20 最高分的差距为 31.0 分，高于 G20 平均分 17.3 分。总的来说，2011～2012 年韩国国家创新产出竞争力与 G20 最高分、平均分的差距基本保持不变，韩国国家创新产出竞争力排位仍保持不变。

从具体指标得分比较和变化趋势来看，韩国国家创新产出竞争力整体水平没有发生明显变化，这主要是由于专利授权数、科技人员平均专利授权数、科技论文发表数、科技人员平均发表论文数、高技术产品净出口额、高技术产品净出口比重等指标排位保持不变，但科技论文发表数、科技人员平均发表论文数、专利和许可收入和创意产品出口比重等指标的得分均低于 G20 平均分。因此，要进一步提升韩国国家创新产出竞争力，需要不断增强企业和个人专利运用能力；完善知识产权激励机制，促进专利和许可收入增长；注重提升基础研究能力，提高科技论文等创新产出的数量和质量；优化出口贸易结构，加大高技术产品出口比重，突出高技术产品在对外贸易中的地位；推动实施商标战略，打造国际知名品牌。通过上述一系列的创新措施，切实提高国家创新产出能力，增强国家创新产出竞争力。

12.6 韩国国家创新持续竞争力评价分析

12.6.1 韩国国家创新持续竞争力评价结果

2011～2012 年韩国国家创新持续竞争力及其下属 7 个三级指标的排位和排位变化情况，如表 12－8 所示。

表 12－8 韩国 2011～2012 年国家创新持续竞争力指标组排位及趋势表

年份 \ 项目	公共教育经费支出总额		公共教育经费支出占 GDP 比重		人均公共教育经费支出额		高等教育毛入学率	
	得分	排名	得分	排名	得分	排名	得分	排名
2011	4.3	13	14.4	9	68.6	9	100	1
2012	8.2	10	17.6	7	62.2	10	100	1
得分变化	3.9		3.2		-6.4		0.0	
排名升降		3		2		-1		0
优劣度		优势		优势		优势		强势

年份 \ 项目	科技人员增长率		科技经费增长率		高校科技工程毕业生比重		创新持续竞争力	
	得分	排名	得分	排名	得分	排名	得分	排名
2011	56.5	5	86.0	4	24.8	12	50.7	4
2012	66.7	3	65.6	5	23.0	13	49.0	4
得分变化	10.2		-20.4		-1.8		-1.7	
排名升降		2		-1		-1		0
优劣度		强势		强势		中势		强势

（1）从排位变化比较看，2012 年韩国国家创新持续竞争力排名第 4 位，与 2011 年相比排位保持不变，处于强势地位。

（2）从指标所处区位来看，7 个三级指标中有 3 个强势指标，分别是高等教育毛入学率、科技人员增长率、科技经费增长率；3 个指标是优势指标，分别为公共教育经费支出总额、公共教育经费支出占 GDP 比重和人均公共教育经费支出额；1 个指标为中势指标，为高校科技工程毕业生比重。

（3）从指标排位变化趋势看，在 7 个三级指标中，有 3 个指标处于上升趋势，为公共教育经费支出总额、公共教育经费支出占 GDP 比重和科技人员增长率，其中科技人员增长率上升幅度较大；有 3 个指标处于下降趋势，为人均公共教育经费支出额、科技经费增长率和高校科技工程毕业生比重。

（4）从指标排位变化的动因看，有 3 个指标排位上升，3 个指标排位下降，受指标排位升降的综合影响，韩国创新持续竞争力的综合排位保持不变，在 G20 中排名第 4 位。

（5）从三级指标结构特征看，在创新持续竞争力指标组的 7 个三级指标中，强势指标 3 个，占指标总数的 42.9%；优势指标 3 个，占指标总数的 42.9%；中势指标 1 个，占指标总数的 14.3%；没有劣势指标，强势指标和优势指标占主导地位。上升指标 3 个，占指标总数的 42.9%；下降指标 3 个，占指标总数的 43.9%。由于指标排位上升的数量与排位下降的数量相当，2012 年韩国国家创新持续竞争力综合排位与 2011 年相比保持不变。

12.6.2 韩国国家创新持续竞争力比较分析

图 12－8 反映了 2011～2012 年韩国国家创新持续竞争力与 G20 最高水平和平均水平的比较情况。

由图 12－8 可知，评价期内韩国国家创新持续竞争力得分均高于 G20 平均分，说明韩国国家创新持续竞争力处于较高水平。从创新持续竞争力的整体得分比较来看，2011 年，韩国国家创新持续竞争力得分与 G20 最高分相比还有 13.6 分的差距，比 G20 平均分高了 11.3 分；到 2012 年，韩国国家创新持续竞争力得分与 G20 最高分的差距缩小为 10.3 分，高于 G20 平均分 11.4 分。总的来说，韩国国家创新持续竞争力与最高分的差距呈缩小趋势，但排位保持不变。

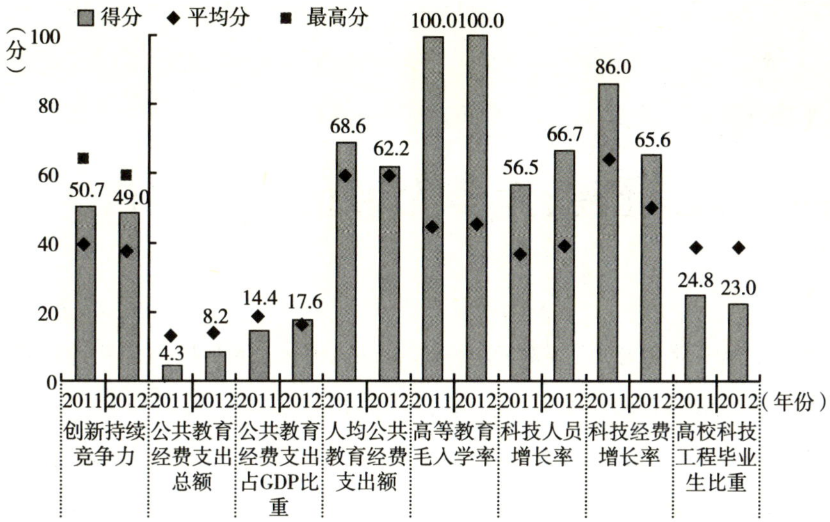

图 12－8　2011～2012 年韩国国家创新持续竞争力指标得分比较

从具体指标得分比较和变化趋势来看，韩国国家创新持续竞争力整体水平基本保持不变；另外，韩国的公共教育经费支出总额、高校科技工程毕业生比重等指标的得分还低于 G20 平均分。在下一步的国家创新实践中，要不断增加教育经费投入，提升科学家和工程师的待遇，加大培养科学家和工程师的力度，实现国家创新能力的可持续发展，显著增强韩国国家创新持续竞争力。

Y. 14

第 13 章 墨西哥国家创新竞争力评价分析报告

墨西哥位于北美洲，北部与美国接壤，东南与危地马拉与伯利兹相邻，西部是太平洋，东部有墨西哥湾与加勒比海的阻隔。国土面积约 197 万平方公里，海岸线长 9330 公里。2012 年末总人口为 1.2 亿人，实现国内生产总值 11780 亿美元，与上年同期相比有所增加，但受国际金融危机影响，墨西哥国内生产总值增长有所放缓。本部分通过对墨西哥 2011 ~2012 年国家创新竞争力以及创新竞争力中各要素在 G20 中的排名变化分析，从中找出墨西哥国家创新竞争力的推动点及影响因素。

13.1 墨西哥国家创新竞争力总体评价分析

在财政政策和扩张型货币政策等一系列因素的影响下，墨西哥经济稳定增长，创新活动有了一定程度的发展。2011 ~2012 年，墨西哥的国家创新竞争力排名略有上升。其中，2011 年墨西哥国家创新竞争力在 G20 中排名第 17 位，到了 2012 年，排名第 15 位，排位上升了 2 位。

13.1.1 墨西哥国家创新竞争力概要分析

墨西哥国家创新竞争力在 G20 中所处的位置及 5 个二级指标的得分和排位变化如图 13 -1、图 13 -2 和表 13 -1 所示。

（1）从综合排位变化看，2012 年墨西哥国家创新竞争力综合排名在 G20 中处于第 15 位，与 2011 年相比，排位上升了 2 位。

（2）从指标得分看，2012 年墨西哥国家创新竞争力得分为 20.5 分，比 G20 最高分低 53.5 分，比平均分低 12.9 分；与 2011 年相比，墨西哥国家创

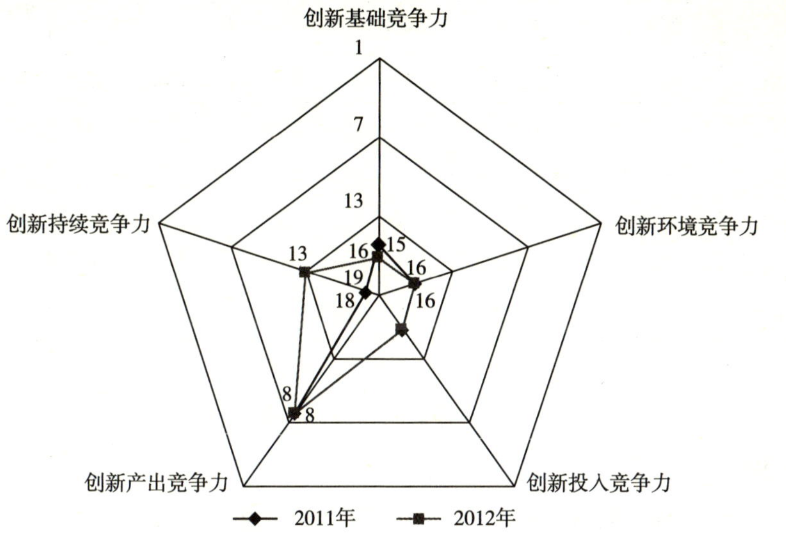

图 13－1　墨西哥国家创新竞争力二级指标排名雷达图

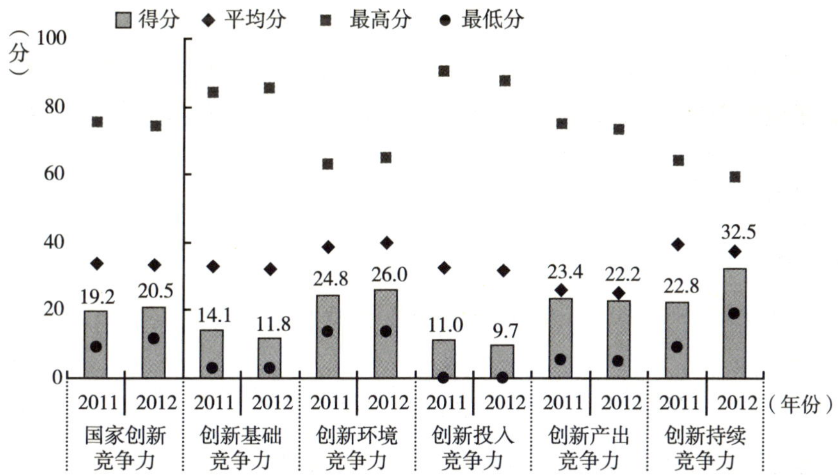

图 13－2　墨西哥国家创新竞争力得分和排名变化趋势图

表 13－1 墨西哥国家创新竞争力二级指标得分和排名表

项目 年份	创新基础竞争力		创新环境竞争力		创新投入竞争力		创新产出竞争力		创新持续竞争力		创新竞争力	
	得分	排名	得分	排名	得分	排名	得分	排名	得分	排名	得分	排名
2011	14.1	15	24.8	16	11.0	16	23.4	8	22.8	18	19.2	17
2012	11.8	16	26.0	16	9.7	16	22.2	8	32.5	13	20.5	15
得分变化	－2.3		1.2		－1.3		－1.2		9.7		1.3	
排名升降		－1		0		0		0		5		2
优劣度		劣势		劣势		劣势		优势		中势		中势

新竞争力得分上升了1.3分，与当年最高分的差距缩小了2.6分，与G20平均分的差距也缩小了1.8分。

（3）从指标所处区位看，2012年墨西哥国家创新竞争力的5个二级指标中，没有强势指标；优势指标1个，为创新产出竞争力；劣势指标3个，为创新基础竞争力、创新环境竞争力和创新投入竞争力。

（4）从指标排位变化趋势看，在5个二级指标中，有1个指标的排位处于上升趋势，为创新持续竞争力，这是墨西哥国家创新竞争力的上升动力所在；有1个指标的排位处于下降趋势，为创新基础竞争力，而创新环境竞争力、创新投入竞争力和创新产出竞争力指标排位没有发生变化。

（5）从指标排位变化的动因看，1个二级指标的排位出现了下降，1个二级指标排位上升，受指标排位变化的综合影响，2012年墨西哥国家创新竞争力的综合排位上升了2位，在G20中排名第15位。

13.1.2 墨西哥国家创新竞争力各级指标动态变化分析

2011～2012年墨西哥国家创新竞争力各级指标的动态变化及其结构，如图13－3和表13－2所示。

从图13－3可以看出，墨西哥国家创新竞争力的三级指标中上升指标的数量大于下降指标，但保持不变的指标仍居于主导地位。表13－2中的数据进一

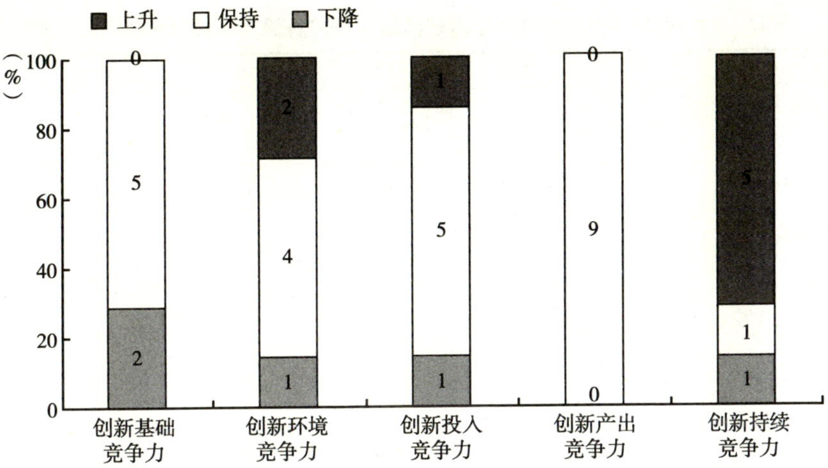

图 13-3　2011~2012 年墨西哥国家创新竞争力指标动态变化结构图

表 13-2　2011~2012 年墨西哥国家创新竞争力各级指标排位变化态势比较表

二级指标	三级指标个数	上升		保持		下降		变化趋势
		个数	比重(%)	个数	比重(%)	个数	比重(%)	
创新基础竞争力	7	0	0.0	5	71.4	2	28.6	下降
创新环境竞争力	7	2	28.6	4	57.1	1	14.3	保持
创新投入竞争力	7	1	14.3	5	71.4	1	14.3	保持
创新产出竞争力	9	0	0.0	9	100.0	0	0.0	保持
创新持续竞争力	7	5	71.4	1	14.3	1	14.3	上升
合　计	37	8	21.6	24	64.9	5	13.5	上升

步说明，墨西哥国家创新竞争力的 37 个三级指标中，上升的指标有 8 个，占指标总数的 21.6%；保持不变的指标有 24 个，占指标总数的 64.9%；下降的指标有 5 个，占指标总数的 13.5%。由于指标上升的数量大于指标下降的数量，上升的动力大于下降的拉力，2012 年墨西哥国家创新竞争力排位上升了 2 位，在 G20 中位居第 15 位。

13.1.3　墨西哥国家创新竞争力各级指标优劣势结构分析

2011~2012 年墨西哥国家创新竞争力各级指标的优劣势变化及其结构，如表 13-3 所示。

表 13 –3　2011 ~2012 年墨西哥国家创新竞争力各级指标排位优劣势比较表

二级指标	三级指标个数	强势		优势		中势		劣势		优劣度
		个数	比重(%)	个数	比重(%)	个数	比重(%)	个数	比重(%)	
创新基础竞争力	7	0	0.0	0	0.0	6	85.7	1	14.3	劣势
创新环境竞争力	7	0	0.0	2	28.6	1	14.3	4	57.1	劣势
创新投入竞争力	7	0	0.0	0	0.0	4	57.1	3	42.9	劣势
创新产出竞争力	9	2	22.2	3	33.3	3	33.3	1	11.1	优势
创新持续竞争力	7	1	14.3	2	28.6	2	28.6	2	28.6	中势
合　计	37	3	8.1	7	18.9	16	43.2	11	29.7	中势

从表 13 –3 中的数据可以看出，墨西哥国家创新竞争力的 37 个三级指标中，强势指标 3 个，占指标总数的 8.1%；优势指标 7 个，占指标总数的 18.9%；中势指标 16 个，占指标总数的 43.2%；劣势指标 11 个，占指标总数的 29.7%；强势指标和优势指标的数量之和占指标总数的 27%，远远小于中势指标和劣势指标之和所占比重。从二级指标来看，没有强势指标；优势指标 1 个，占二级指标总数的 20%；中势指标 1 个，占二级指标总数的 20%；劣势指标 3 个，占二级指标总数的 60%。由于中势指标和劣势指标在指标体系中居于主导地位，2011 ~2012 年墨西哥国家创新竞争力处于中势地位。

13.2　墨西哥国家创新基础竞争力评价分析

13.2.1　墨西哥国家创新基础竞争力评价结果

2011 ~2012 年墨西哥国家创新基础竞争力及其下属 7 个三级指标的排位和排位变化情况，如表 13 –4 所示。

（1）从排位变化比较看，2012 年墨西哥国家创新基础竞争力排名第 16 位，与 2011 年相比，排位下降了 1 位，处于劣势地位。

表 13－4　墨西哥 2011～2012 年国家创新基础竞争力指标组排位及趋势表

项目 年份	GDP		人均 GDP		财政收入		人均财政收入		外国直接投资净值		受高等教育人员比重		全社会劳动生产率		创新基础竞争力	
	得分	排名	得分	排名	得分	排名	得分	排名	得分	排名	得分	排名	得分	排名	得分	排名
2011	5.2	13	16.2	15	6.2	13	11.5	16	9.3	12	32.8	11	17.2	15	14.1	15
2012	5.2	13	16.0	15	6.4	14	0.1	18	6.4	12	32.8	11	15.7	15	11.8	16
得分变化	0.0		－0.2		0.2		－11.4		－2.9		0.0		－1.5		－2.3	
排名升降		0		0		－1		－2		0		0		0		－1
优劣度		中势		中势		中势		劣势		中势		中势		中势		劣势

（2）从指标所处区位来看，7 个三级指标中没有强势指标，也没有优势指标；GDP、人均 GDP、财政收入、外国直接投资净值、受高等教育人员比重和全社会劳动生产率等 6 个指标是中势指标；人均财政收入 1 个指标是劣势指标。

（3）从指标排位变化趋势看，在 7 个三级指标中，没有指标处于上升趋势；有 2 个指标处于下降趋势，分别为财政收入和人均财政收入；其余 5 个指标均保持不变。

（4）从指标排位变化的动因看，由于指标排位大部分保持不变，其余均呈现下降趋势，墨西哥创新基础竞争力的综合排位略有下降，在 G20 中排名第 16 位。

（5）从三级指标结构特征看，在创新基础竞争力指标组的 7 个三级指标中，没有强势指标和优势指标；劣势指标 1 个，占指标总数的 14.3%，强势和优势指标所占比重小于劣势指标的比重。没有上升指标；下降指标 2 个，占指标总数的 28.6%。指标排位上升的数量小于排位下降的数量，使得 2012 年墨西哥国家创新基础竞争力综合排位略有下降。

13.2.2　墨西哥国家创新基础竞争力比较分析

图 13－4 反映了 2011～2012 年墨西哥国家创新基础竞争力与 G20 最高水平和平均水平的比较情况。

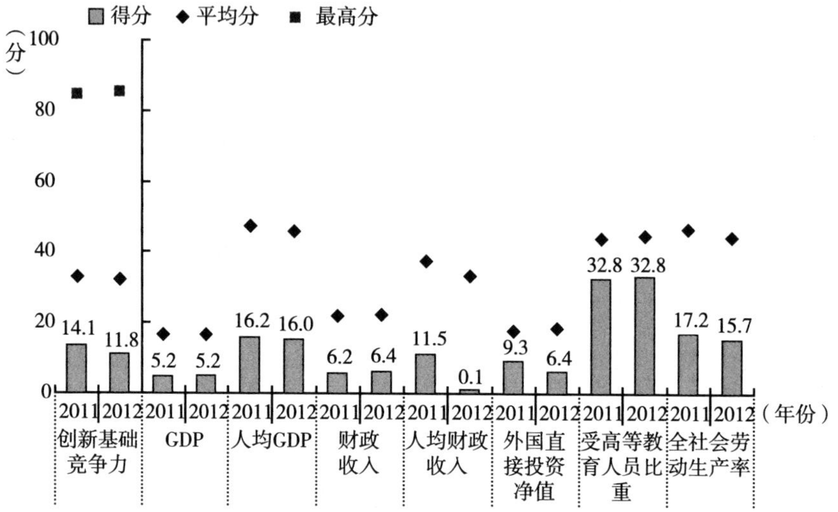

图 13－4　2011～2012 年墨西哥国家创新基础竞争力指标得分比较

由图 13－4 可知，评价期内墨西哥国家创新基础竞争力得分均低于 G20 平均分，说明墨西哥国家创新基础竞争力处于较低水平。从创新基础竞争力的整体得分比较来看，2011 年，墨西哥国家创新基础竞争力得分与 G20 最高分相比还有 70.4 分的差距，比 G20 平均分低 19 分；到 2012 年，墨西哥国家创新基础竞争力得分与 G20 最高分的差距为 73.4 分，比 G20 平均分低 20.5 分。总的来说，2011～2012 年墨西哥国家创新基础竞争力与 G20 最高分、平均分的差距呈扩大趋势，其创新基础竞争力呈现出下降趋势。

从具体指标得分比较和变化趋势来看，墨西哥国家创新基础竞争力整体水平略有下降，各项指标排位普遍偏低，且 7 个指标的得分均低于 G20 平均分，创新基础竞争力缺乏上升的动力。在下一步的科技创新活动中，要特别关注这些问题，继续扩大生产和加快企业战略转型、加大教育和科技财政投入，积极参与国际直接投资，借鉴和引进国际科技前沿技术，提高全社会劳动生产率，夯实国家创新基础，不断增强国家创新基础竞争力。

13.3　墨西哥国家创新环境竞争力评价分析

13.3.1　墨西哥国家创新环境竞争力评价结果

2011～2012年墨西哥国家创新环境竞争力及其下属7个三级指标的排位和排位变化情况，如表13－5所示。

表13－5　墨西哥2011～2012年国家创新环境竞争力指标组排位及趋势表

项目 年份	每千人因特网用户数		每千人手机用户数		企业开业程序		企业平均税负水平		入境留学生比重		小额贷款占GDP比重		ISO 9001质量体系认证数		创新环境竞争力	
	得分	排名	得分	排名	得分	排名	得分	排名	得分	排名	得分	排名	得分	排名	得分	排名
2011	33.1	16	5.9	17	61.5	6	59.0	13	0.0	19	12.3	10	1.9	16	24.8	16
2012	34.5	17	11.4	16	61.5	6	59.3	12	0.0	19	13.1	10	2.3	16	26.0	16
得分变化	1.4		5.5		0.0		0.3		0.0		0.8		0.4		1.2	
排名升降		－1		1		0		1		0		0		0		0
优劣度		劣势		劣势		优势		中势		劣势		优势		劣势		劣势

（1）从排位变化比较看，2012年墨西哥国家创新环境竞争力排名第16位，与2011年相比，排位没有变化，仍处于劣势地位。

（2）从指标所处区位来看，7个三级指标中没有强势指标；有2个优势指标，为企业开业程序和小额贷款占GDP比重；有1个中势指标，为企业平均税负水平，其余4个为劣势指标。

（3）从指标排位变化趋势看，在7个三级指标中，有2个指标处于上升趋势，分别为每千人手机用户数和企业平均税负水平；有1个指标处于下降趋势，为每千人因特网用户数；其余指标均保持不变。

（4）从指标排位变化的动因看，尽管2个三级指标的排位出现了上升，但排位不变的指标仍占了大多数，受此影响，墨西哥创新环境竞争力的综合排位不变，在G20中仍处于第16位。

（5）从三级指标结构特征看，在创新环境竞争力指标组的7个三级指标中，没有强势指标；优势指标 2 个，占指标总数的 28.6%；劣势指标 4 个，占指标总数的 57.1%；劣势指标居于主导地位。上升指标 2 个，占指标总数的 28.6%；保持指标 4 个，占指标总数的 57.1%；下降指标 1 个，占指标总数的 14.3%。虽然指标排位上升的数量大于排位下降的数量，但受其他外部因素的综合影响，2012 年墨西哥国家创新环境竞争力综合排位与 2011 年相比没有变化。

13.3.2 墨西哥国家创新环境竞争力比较分析

图 13－5 反映了 2011～2012 年墨西哥国家创新环境竞争力与 G20 最高水平和平均水平的比较情况。

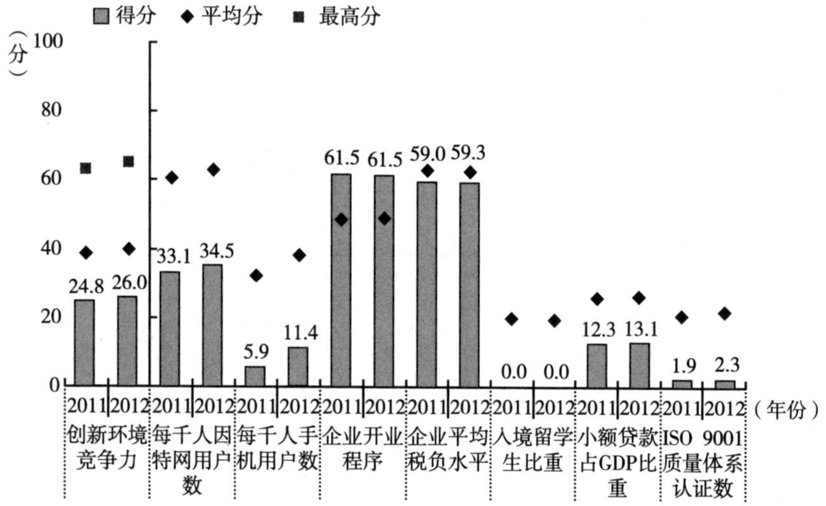

图 13－5 2011～2012 年墨西哥国家创新环境竞争力指标得分比较

由图 13－5 可知，评价期内墨西哥国家创新环境竞争力得分均低于 G20 平均分，说明墨西哥国家创新环境竞争力处于较低水平。从创新环境竞争力的整体得分比较来看，2011 年，墨西哥国家创新环境竞争力得分与 G20 最高分相比还有 38.1 分的差距，与 G20 平均分相比，也有 13.9 分的差距；2012 年，墨西哥国家创新环境竞争力得分与 G20 最高分的差距为 39.1 分，低于 G20 平均分 14 分。总的来说，2011～2012 年墨西哥国家创新环境竞争力与G20最高分、平均分的差距变化不大，其创新环境竞争力排位也没有发生变化。

从具体指标得分比较和变化趋势来看，墨西哥国家创新环境竞争力整体水平较低，仍处于劣势地位，这主要是由于每千人因特网用户数、每千人手机用户数、入境留学生比重和ISO 9001质量体系认证数等指标处于劣势地位，而每千人因特网用户数、每千人手机用户数、入境留学生比重、小额贷款占GDP比重和ISO 9001质量体系认证数等指标均低于G20平均分，这限制了其创新环境竞争力的进一步提升。因此，为了巩固和提升墨西哥国家创新环境竞争力，应针对存在的这些问题，加快信息高速公路建设，加大对创新型企业的科技和资金扶持力度，加强知识产权保护，重视创新人才的外引内育，营造有利于企业健康有序发展的良好创新氛围，不断优化国家创新环境，进一步增强国家创新环境竞争力。

13.4 墨西哥国家创新投入竞争力评价分析

13.4.1 墨西哥国家创新投入竞争力评价结果

2011~2012年墨西哥国家创新投入竞争力及其下属7个三级指标的排位和排位变化情况，如表13-6所示。

表13-6 墨西哥2011~2012年国家创新投入竞争力指标组排位及趋势表

项目/年份	R&D经费支出总额		R&D经费支出占GDP比重		人均R&D经费支出		R&D人员		研究人员占从业人员比重		企业研发投入比重		风险资本交易占GDP比重		创新投入竞争力	
	得分	排名	得分	排名	得分	排名	得分	排名	得分	排名	得分	排名	得分	排名	得分	排名
2011	1.8	15	9.0	17	4.8	15	2.5	15	6.4	16	51.5	11	0.7	18	11.0	16
2012	1.8	15	8.7	17	4.9	15	2.4	15	6.3	16	44.2	14	0.0	16	9.7	16
得分变化	0.0		-0.3		0.1		-0.1		-0.1		-7.3		-0.7		-1.3	
排名升降		0		0		0		0		0		-3		2		0
优劣度		中势		劣势		中势		中势		劣势		中势		劣势		劣势

（1）从排位变化比较看，2012 年墨西哥国家创新投入竞争力排名第 16 位，与 2011 年相比，排位保持不变，处于劣势地位。

（2）从指标所处区位来看，7 个三级指标中没有强势指标和优势指标；有 4 个指标是中势指标，分别为 R&D 经费支出总额、人均 R&D 经费支出、R&D 人员和企业研发投入比重；其余 3 个指标均是劣势指标。

（3）从指标排位变化趋势看，在 7 个三级指标中，有 5 个指标排位保持不变，分别为 R&D 经费支出总额、R&D 经费支出占 GDP 比重、人均 R&D 经费支出、R&D 人员和研究人员占从业人员比重；有 1 个指标处于上升趋势，是风险资本交易占 GDP 比重。

（4）从指标排位变化的动因看，由于有 5 个三级指标的排位保持不变，墨西哥创新投入竞争力的综合排位也保持不变，在 G20 中排名第 16 位。

（5）从三级指标结构特征看，在创新投入竞争力指标组的 7 个三级指标中，没有强势指标和优势指标；劣势指标 3 个，占指标总数的 42.9%。上升指标 1 个，占指标总数的 14.3%；下降指标 1 个，占指标总数的 14.3%；保持指标 5 个，占指标总数的 71.4%。由于大部分指标排位保持不变，2012 年墨西哥国家创新投入竞争力综合排位仍保持不变。

13.4.2　墨西哥国家创新投入竞争力比较分析

图 13－6 反映了 2011～2012 年墨西哥国家创新投入竞争力与 G20 最高水平和平均水平的比较情况。

由图 13－6 可知，评价期内墨西哥国家创新投入竞争力得分均低于 G20 平均分，说明墨西哥国家创新投入竞争力处于较低水平。从创新投入竞争力的整体得分比较来看，2011 年，墨西哥国家创新投入竞争力得分与 G20 最高分相比还有 79.1 分的差距，与 G20 平均分相比，则低了 21.4 分；到 2012 年，墨西哥国家创新投入竞争力得分与 G20 最高分的差距为 77.4 分，低于 G20 平均分 22 分。总的来说，2011～2012 年墨西哥国家创新投入竞争力的得分与最高分的差距呈现出缩小趋势，与平均分的差距呈

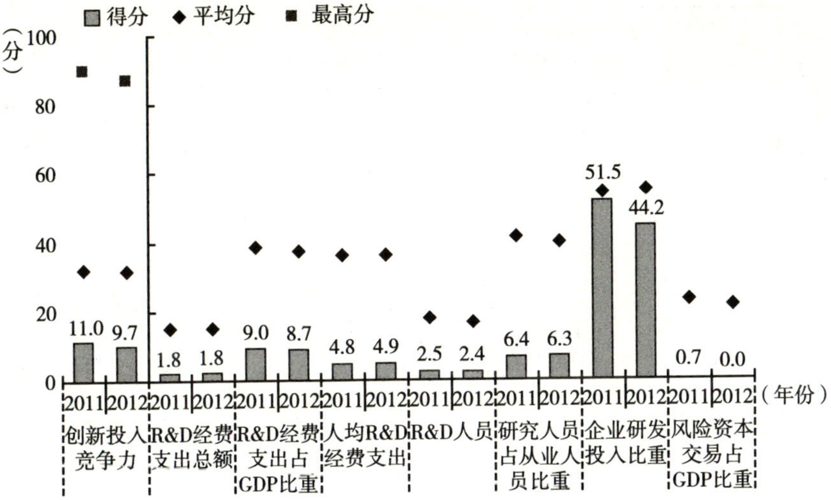

图 13-6　2011~2012 年墨西哥国家创新投入竞争力指标得分比较

现出扩大趋势，受多种因素的综合影响，国家创新投入竞争力的排位保持不变。

从具体指标得分比较和变化趋势来看，墨西哥国家创新投入竞争力整体水平较为稳定，仍处于劣势地位，这主要是由于大部分指标得分偏低，且所有三级指标的得分都低于 G20 平均分，可见，其创新投入竞争力较为薄弱。今后要特别关注这些问题，继续加大科技研发经费投入，鼓励多元化的创新研发投入，加大研发人员的培养力度，高度重视研发人才队伍建设，不断增加国家创新投入，显著增强国家创新投入竞争力。

13.5　墨西哥国家创新产出竞争力评价分析

13.5.1　墨西哥国家创新产出竞争力评价结果

2011~2012 年墨西哥国家创新产出竞争力及其下属 9 个三级指标的排位和排位变化情况，如表 13-7 所示。

表 13－7　墨西哥 2011～2012 年国家创新产出竞争力指标组排位及趋势表

项目 年份	专利授权数		科技人员平均专利授权数		科技论文发表数		科技人员平均发表论文数		专利和许可收入	
	得分	排名	得分	排名	得分	排名	得分	排名	得分	排名
2011	4.7	9	51.2	4	2.3	15	20.7	12	0.0	17
2012	4.4	9	45.0	4	2.3	15	19.4	12	0.0	17
得分变化	-0.3		-6.1		0.0		-1.3		0.0	
排名升降		0		0		0		0		0
优劣度		优势		强势		中势		中势		劣势

项目 年份	高技术产品净出口额		高技术产品净出口比重		注册商标数		创意产品出口比重		创新产出竞争力	
	得分	排名	得分	排名	得分	排名	得分	排名	得分	排名
2011	22.2	8	62.5	7	36.3	5	10.6	12	23.4	8
2012	21.3	8	60.7	7	36.4	5	10.2	12	22.2	8
得分变化	-0.9		-1.8		0.1		-0.4		-1.2	
排名升降		0		0		0		0		0
优劣度		优势		优势		强势		中势		优势

（1）从排位变化比较看，2012 年墨西哥国家创新产出竞争力排名第 8 位，与 2011 年相比，排位没有发生变化，处于优势地位。

（2）从指标所处区位来看，9 个三级指标中，强势指标 2 个，分别为科技人员平均专利授权数和注册商标数；优势指标 3 个，分别为专利授权数、高技术产品净出口额和高技术产品净出口比重；中势指标 3 个，分别为科技论文发表数、科技人员平均发表论文数和创意产品出口比重；其余 1 个指标为劣势指标。

（3）从指标排位变化趋势看，9 个三级指标的排位均未发生变化。

（4）从指标排位变化的动因看，9 个指标排位均未发生变化，墨西哥创新产出竞争力的综合排位不变，在 G20 中排名第 8 位。

（5）从三级指标结构特征看，在创新产出竞争力指标组的 9 个三级指标中，强势指标 2 个，占指标总数的 22.2%；优势指标 3 个，占指标总数的 33.3%；劣势指标 1 个，占指标总数的 11.1%，强势和优势指标所占比重远远大于劣势指标的比重。三级指标排位均保持不变，受此影响，2012 年墨西哥国家创新产出竞争力综合排位与 2011 年相比保持不变。

13.5.2 墨西哥国家创新产出竞争力比较分析

图13－7反映了2011～2012年墨西哥国家创新产出竞争力与G20最高水平和平均水平的比较情况。

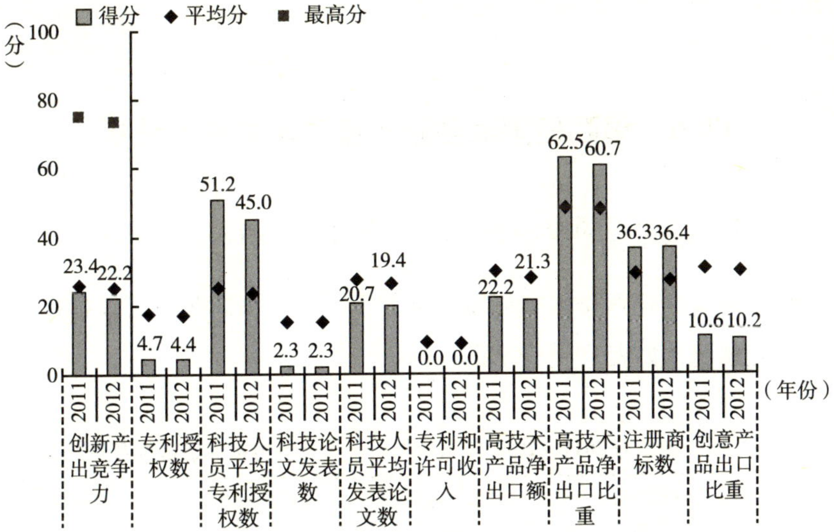

图13－7 2011～2012年墨西哥国家创新产出竞争力指标得分比较

由图13－7可知，评价期内墨西哥国家创新产出竞争力得分略低于G20平均分，从总体上看，墨西哥国家创新产出竞争力处于G20平均水平以下。从创新产出竞争力的整体得分比较来看，2011年，墨西哥国家创新产出竞争力得分与G20最高分相比还有51.4分的差距，低于G20平均分2.4分；到2012年，墨西哥国家创新产出竞争力得分与G20最高分的差距为50.9分，低于G20平均分2.7分。总的来说，2011～2012年墨西哥国家创新产出竞争力与最高分的差距呈现出缩小趋势，与平均分的差距变化不大，墨西哥创新产出竞争力排位保持不变。

从具体指标得分比较和变化趋势来看，墨西哥国家创新产出竞争力整体水平没有发生明显变化，这主要是由于专利授权数、科技论文发表数、专利和许可收入等指标得分和排位保持不变，专利授权数、科技论文发表数、科技人员平均发表论文数、高技术产品净出口额、创意产品出口比重等指标的得分均低于 G20 平均分，这限制了墨西哥创新产出竞争力的进一步提升。因此，要继续增加墨西哥的专利申请和授权量，增强企业和个人专利运用能力；完善知识产权激励机制，促进专利和许可收入增长；注重提升基础研究能力，提高科技论文等创新产出的数量和质量。通过上述一系列的创新措施，切实提高国家创新产出能力，增强国家创新产出竞争力。

13.6 墨西哥国家创新持续竞争力评价分析

13.6.1 墨西哥国家创新持续竞争力评价结果

2011 ~2012 年墨西哥国家创新持续竞争力及其下属 7 个三级指标的排位和排位变化情况，如表 13 –8 所示。

表 13 –8 墨西哥 2011 ~2012 年国家创新持续竞争力指标组排位及趋势表

项目 年份	公共教育经费支出总额		公共教育经费支出占 GDP 比重		人均公共教育经费支出额		高等教育毛入学率	
	得分	排名	得分	排名	得分	排名	得分	排名
2011	4.1	14	5.5	14	68.6	9	9.9	15
2012	5.6	13	5.1	13	89.2	4	5.5	16
得分变化	1.5		-0.4		20.6		-4.4	
排名升降		1		1		5		-1
优劣度		中势		中势		强势		劣势

项目 年份	科技人员增长率		科技经费增长率		高校科技工程毕业生比重		创新持续竞争力	
	得分	排名	得分	排名	得分	排名	得分	排名
2011	3.1	18	54.0	15	14.3	16	22.8	18
2012	52.9	6	55.4	9	13.9	16	32.5	13
得分变化	49.8		1.4		-0.4		9.7	
排名升降		12		6		0		5
优劣度		优势		优势		劣势		中势

（1）从排位变化比较看，2012 年墨西哥国家创新持续竞争力排名第 13 位，比 2011 年上升了 5 位，处于中势地位。

（2）从指标所处区位来看，7 个三级指标中有 1 个强势指标，为人均公共教育经费支出额；优势指标 2 个，为科技人员增长率和科技经费增长率；中势指标 2 个，为公共教育经费支出总额和公共教育经费支出占 GDP 比重；其余 2 个指标为劣势指标。

（3）从指标排位变化趋势看，在 7 个三级指标中，有 1 个指标处于下降趋势，为高等教育毛入学率；有 5 个指标处于上升趋势，分别为公共教育经费支出总额、公共教育经费支出占 GDP 比重、人均公共教育经费支出额、科技人员增长率和科技经费增长率，这些是墨西哥创新持续竞争力的上升动力所在。

（4）从指标排位变化的动因看，有 5 个三级指标的排位出现了上升，受指标排位上升的影响，墨西哥创新持续竞争力的综合排位呈现上升趋势，在 G20 中排名第 13 位。

（5）从三级指标结构特征看，在创新持续竞争力指标组的 7 个三级指标中，强势指标 1 个，占指标总数的 14.3%；优势指标 2 个，占指标总数的 28.6%；劣势指标 2 个，占指标总数的 28.6%，强势指标和优势指标所占比重大于劣势指标的比重。上升指标 5 个，占指标总数的 71.4%；下降指标 1 个，占指标总数 14.3%。指标排位下降的数量小于排位上升的数量，且指标上升的幅度较大，2012 年墨西哥国家创新持续竞争力综合排位比 2011 年上升了 5 位。

13.6.2　墨西哥国家创新持续竞争力比较分析

图 13－8 反映了 2011～2012 年墨西哥国家创新持续竞争力与 G20 最高水平和平均水平的比较情况。

由图 13－8 可知，评价期内墨西哥国家创新持续竞争力得分处于上升趋势，说明墨西哥国家创新持续竞争力水平有所提高。从创新持续竞争力的整体得分比较来看，2011 年，墨西哥国家创新持续竞争力得分与 G20 最高分相比还有 41.5 分的差距，低于 G20 平均分 16.6 分；到 2012 年，墨西哥国家创新持续竞争力得分与 G20 最高分的差距缩小为 26.8 分，低于 G20 平均分 5.1 分。总的来说，2011～2012 年墨西哥国家创新持续竞争力与 G20 最高分、平

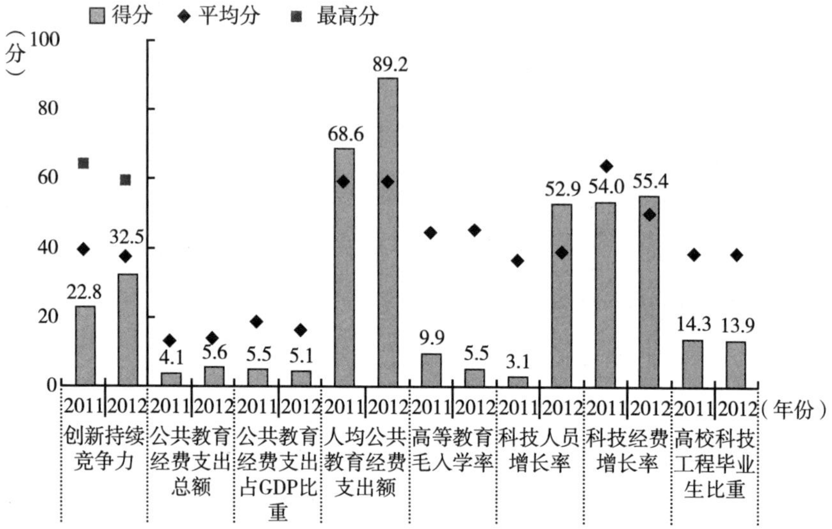

图 13-8 2011~2012 年墨西哥国家创新持续竞争力指标得分比较

均分的差距均呈现出缩小趋势，创新持续竞争力排位处于上升趋势。

从具体指标得分比较和变化趋势来看，墨西哥国家创新持续竞争力整体水平呈上升趋势，这主要是由于人均公共教育经费支出额、科技人员增长率和科技经费增长率等指标得分明显上升，但是，墨西哥的公共教育经费支出总额、公共教育经费支出占 GDP 比重、高等教育毛入学率、高校科技工程毕业生比重等指标得分仍然明显低于平均分。针对这些问题，墨西哥要不断增加教育经费投入，提升科学家和工程师的待遇，加大培养科学家和工程师的力度，实现国家创新能力的可持续发展，显著增强国家创新持续竞争力。

Y. 15

第14章 俄罗斯国家创新竞争力评价分析报告

俄罗斯是世界上国土面积最大的国家，地域跨越欧亚两个大洲，与多个国家接壤。绵延的海岸线从北冰洋一直伸展到北太平洋，还包括了内陆海黑海和里海。国土面积约1707万平方公里，东西最长为9000公里，南北最宽为4000公里；海岸线长37653公里。2012年全国年末总人口为14318万人，实现国内生产总值20148亿美元。本部分通过对俄罗斯2011～2012年国家创新竞争力以及创新竞争力中各要素在G20中的排名变化分析，从中找出俄罗斯国家创新竞争力的推动点及影响因素。

14.1 俄罗斯国家创新竞争力总体评价分析

2011～2012年，俄罗斯的国家创新竞争力排名没有发生变化，在G20中排名第11位。

14.1.1 俄罗斯国家创新竞争力概要分析

俄罗斯国家创新竞争力在G20中所处的位置及5个二级指标的得分和排位变化如图14－1、图14－2和表14－1所示。

（1）从综合排位变化看，2012年俄罗斯国家创新竞争力综合排名在G20中处于第11位，与2011年相比，排位没有变化。

（2）从指标得分看，2012年俄罗斯国家创新竞争力得分为25.7分，比G20最高分低48.3分，比平均分低7.6分；与2011年相比，俄罗斯国家创新竞争力得分没有变化，与当年最高分的差距缩小了1.3分，与G20平均分的差距也缩小了0.5分。

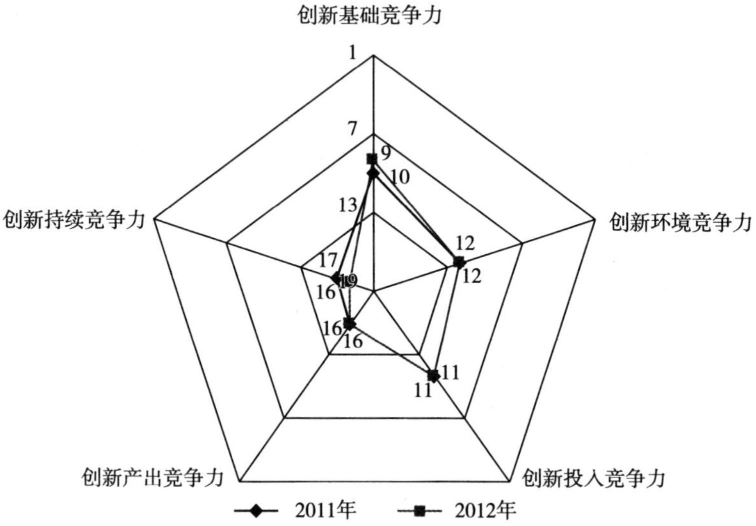

图 14－1　俄罗斯国家创新竞争力二级指标排名雷达图

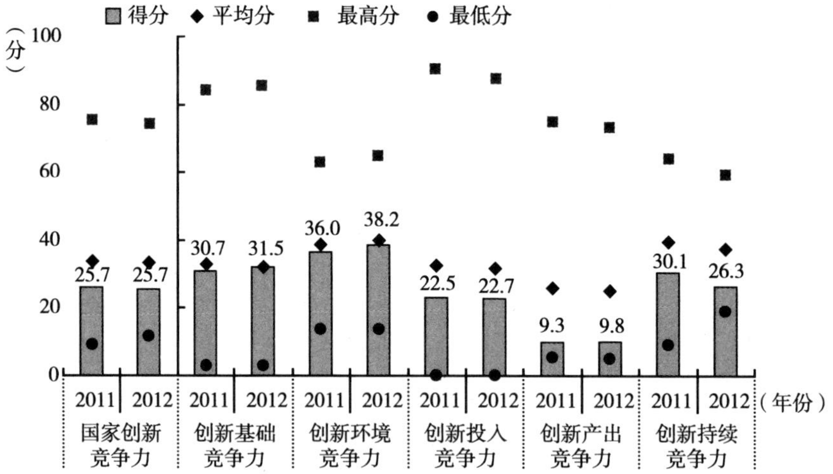

图 14－2　俄罗斯国家创新竞争力得分和排名变化趋势图

表 14－1 俄罗斯国家创新竞争力二级指标得分和排名表

项目 年份	创新基础竞争力		创新环境竞争力		创新投入竞争力		创新产出竞争力		创新持续竞争力		创新竞争力	
	得分	排名	得分	排名	得分	排名	得分	排名	得分	排名	得分	排名
2011	30.7	10	36.0	12	22.5	11	9.3	16	30.1	16	25.7	11
2012	31.5	9	38.2	12	22.7	11	9.8	16	26.3	17	25.7	11
得分变化	0.8		2.2		0.2		0.5		－3.9		0.0	
排名升降		1		0		0		0		－1		0
优劣度		优势		中势		中势		劣势		劣势		中势

（3）从指标所处区位看，2012 年俄罗斯国家创新竞争力的 5 个二级指标中，没有强势指标，优势指标 1 个，为创新基础竞争力；劣势指标 2 个，分别为创新产出竞争力和创新持续竞争力。

（4）从指标排位变化趋势看，在 5 个二级指标中，有 1 个指标的排位处于上升趋势，为创新基础竞争力；有 1 个指标的排位处于下降趋势，为创新持续竞争力；其余指标排位没有发生变化。

（5）从指标排位变化的动因看，二级指标排位上升的数量与下降的数量相当，2012 年俄罗斯国家创新竞争力的综合排位没有发生变化，在 G20 中排名第 11 位。

14.1.2 俄罗斯国家创新竞争力各级指标动态变化分析

2011～2012 年俄罗斯国家创新竞争力各级指标的动态变化及其结构，如图 14－3 和表 14－2 所示。

从图 14－3 可以看出，俄罗斯国家创新竞争力的三级指标中上升指标的数量大于下降指标，保持不变的指标居于主导地位。表 14－2 中的数据进一步说明，俄罗斯国家创新竞争力的 37 个三级指标中，上升的指标有 11 个，占指标总数的 29.7%；保持的指标有 20 个，占指标总数的 54.1%；下降的指标有 6 个，占指标总数的 16.2%。上升指标的数量大于下降的数量，但由于保持不变的指标仍居主导地位，2012 年俄罗斯国家创新竞争力排位没有发生变化，在 G20 中居第 11 位。

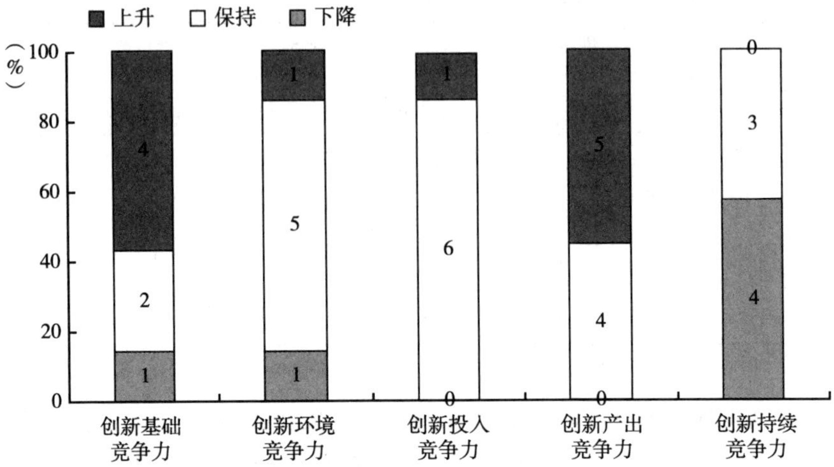

图 14－3　2011～2012 年俄罗斯国家创新竞争力指标动态变化结构图

表 14－2　2011～2012 年俄罗斯国家创新竞争力各级指标排位变化态势比较表

二级指标	三级指标个数	上升		保持		下降		变化趋势
		个数	比重(%)	个数	比重(%)	个数	比重(%)	
创新基础竞争力	7	4	57.1	2	28.6	1	14.3	上升
创新环境竞争力	7	1	14.3	5	71.4	1	14.3	保持
创新投入竞争力	7	1	14.3	6	85.7	0	0.0	保持
创新产出竞争力	9	5	55.6	4	44.4	0	0.0	保持
创新持续竞争力	7	0	0.0	3	42.9	4	57.1	下降
合　计	37	11	29.7	20	54.1	6	16.2	保持

14.1.3　俄罗斯国家创新竞争力各级指标优劣势结构分析

2011～2012 年俄罗斯国家创新竞争力各级指标的优劣势变化及其结构，如表 14－3 所示。

从表 14－3 中的数据可以看出，俄罗斯国家创新竞争力的 37 个三级指标中，强势指标 5 个，占指标总数的 13.5%；优势指标 12 个，占指标总数的 32.4%；中势指标 16 个，占指标总数的 43.2%；劣势指标 4 个，占指标总数的 10.8%；强势指标和优势指标的数量之和约占指标总数的 45.9%，小于中

表 14-3　2011～2012 年俄罗斯国家创新竞争力各级指标排位优劣势比较表

二级指标	三级指标个数	强势		优势		中势		劣势		优劣度
		个数	比重(%)	个数	比重(%)	个数	比重(%)	个数	比重(%)	
创新基础竞争力	7	1	14.3	4	57.1	2	28.6	0	0.0	优势
创新环境竞争力	7	1	14.3	2	28.6	3	42.9	1	14.3	中势
创新投入竞争力	7	1	14.3	4	57.1	1	14.3	1	14.3	中势
创新产出竞争力	9	1	11.1	1	11.1	6	66.7	1	11.1	劣势
创新持续竞争力	7	1	14.3	1	14.3	4	57.1	1	14.3	劣势
合　计	37	5	13.5	12	32.4	16	43.2	4	10.8	中势

势指标和劣势指标之和所占比重。从二级指标来看，没有强势指标；优势指标1个，占二级指标总数的20%；中势指标2个，占二级指标总数的40%；劣势指标2个，占二级指标总数的40%。由于中势指标在指标体系中居于主导地位，2011～2012年俄罗斯国家创新竞争力处于中势地位。

14.2　俄罗斯国家创新基础竞争力评价分析

14.2.1　俄罗斯国家创新基础竞争力评价结果

2011～2012年俄罗斯国家创新基础竞争力及其下属7个三级指标的排位和排位变化情况，如表14-4所示。

表 14-4　俄罗斯 2011～2012 年国家创新基础竞争力指标组排位及趋势表

年份＼项目	GDP		人均 GDP		财政收入		人均财政收入		外国直接投资净值		受高等教育人员比重		全社会劳动生产率		创新基础竞争力	
	得分	排名	得分	排名	得分	排名	得分	排名	得分	排名	得分	排名	得分	排名	得分	排名
2011	10.3	9	23.3	11	19.8	9	22.2	11	21.8	5	100	1	17.8	14	30.7	10
2012	10.7	8	24.3	11	19.5	8	24.0	9	23.9	6	100	1	18.4	12	31.5	9
得分变化	0.4		1.0		-0.3		1.8		2.1		0.0		0.6		0.8	
排名升降		1		0		1		2		-1		0		2		1
优劣度		优势		中势		优势		优势		优势		强势		中势		优势

（1）从排位变化比较看，2012 年俄罗斯国家创新基础竞争力排名第 9 位，与 2011 年相比，排位上升了 1 位，处于优势地位。

（2）从指标所处区位来看，在 7 个三级指标中，有 1 个强势指标，为受高等教育人员比重；4 个优势指标，分别为 GDP、财政收入、人均财政收入和外国直接投资净值；人均 GDP 和全社会劳动生产率 2 个指标是中势指标；没有劣势指标。

（3）从指标排位变化趋势看，在 7 个三级指标中，有 4 个指标处于上升趋势，分别为 GDP、财政收入、人均财政收入和全社会劳动生产率；有 1 个指标处于下降趋势，为外国直接投资净值；其余 2 个指标保持不变。

（4）从指标排位变化的动因看，由于指标排位上升的数量大于下降的数量，俄罗斯创新基础竞争力的综合排位略有上升，在 G20 中排名第 9 位。

（5）从三级指标结构特征看，在创新基础竞争力指标组的 7 个三级指标中，强势指标 1 个，占指标总数的 14.3%；优势指标 4 个，占指标总数的 57.1%；中势指标 2 个，占指标总数的 28.6%，没有劣势指标，强势和优势指标所占比重大于劣势指标的比重；上升指标 4 个，占指标总数的 57.1%；下降指标 1 个，占指标总数的 14.3%。由于指标排位上升的数量大于排位下降的数量，2012 年俄罗斯国家创新基础竞争力综合排位呈上升趋势。

14.2.2 俄罗斯国家创新基础竞争力比较分析

图 14－4 反映了 2011～2012 年俄罗斯国家创新基础竞争力与 G20 最高水平和平均水平的比较情况。

由图 14－4 可知，评价期内俄罗斯国家创新基础竞争力得分均高于 30 分，说明俄罗斯国家创新基础竞争力处于较高水平。从创新基础竞争力的整体得分比较来看，2011 年，俄罗斯国家创新基础竞争力得分与 G20 最高分相比还有 53.8 分的差距，比 G20 平均分低 2.4 分；到 2012 年，俄罗斯国家创新基础竞争力得分与 G20 最高分的差距为 53.7 分，比

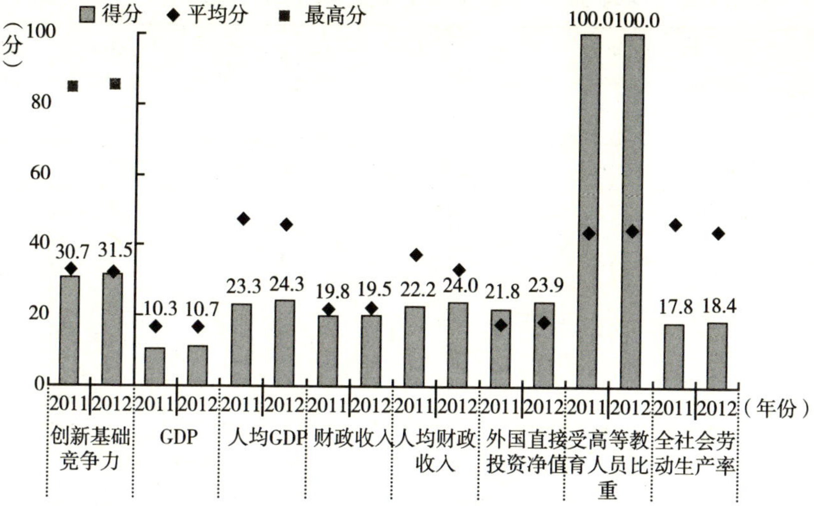

图 14－4　2011～2012 年俄罗斯国家创新基础竞争力指标得分比较

G20 平均分低 0.7 分。总的来说，2011～2012 年俄罗斯国家创新基础竞争力与最高分和平均分的差距都呈现缩小趋势，其创新基础竞争力有所上升。

从具体指标得分比较和变化趋势来看，俄罗斯国家创新基础竞争力整体水平呈上升趋势，但人均 GDP 和全社会劳动生产率等指标排位仍偏低，且 7 个三级指标中有 5 个的得分低于 G20 平均分，创新基础竞争力缺乏上升的动力。在下一步的科技创新活动中，要继续扩大生产、加快企业转型升级，引进国际前沿技术，提高全社会劳动生产率，夯实国家创新基础，进一步增强国家创新基础竞争力。

14.3　俄罗斯国家创新环境竞争力评价分析

14.3.1　俄罗斯国家创新环境竞争力评价结果

2011～2012 年俄罗斯国家创新环境竞争力及其下属 7 个三级指标的排位和排位变化情况，如表 14－5 所示。

表 14－5　俄罗斯 2011～2012 年国家创新环境竞争力指标组排位及趋势表

项目 年份	每千人因特网用户数		每千人手机用户数		企业开业程序		企业平均税负水平		入境留学生比重		小额贷款占 GDP 比重		ISO 9001 质量体系认证数		创新环境竞争力	
	得分	排名	得分	排名	得分	排名	得分	排名	得分	排名	得分	排名	得分	排名	得分	排名
2011	51.7	11	57.7	4	46.2	11	65.2	10	23.0	6	0.8	16	7.4	11	36.0	12
2012	68.4	9	64.2	4	46.2	11	57.6	13	23.1	6	0.8	16	7.3	11	38.2	12
得分变化	16.7		6.5		0.0		-7.6		0.1		0.0		-0.1		2.2	
排名升降		2		0		0		-3		0		0		0		0
优劣度		优势		强势		中势		中势		优势		劣势		中势		中势

（1）从排位变化比较看，2012 年俄罗斯国家创新环境竞争力排名第 12 位，与 2011 年相比，排位没有发生变化，仍处于中势地位。

（2）从指标所处区位来看，7 个三级指标中有 1 个强势指标，为每千人手机用户数；有 2 个优势指标，分别为每千人因特网用户数和入境留学生比重；小额贷款占 GDP 比重为劣势指标；其余 3 个指标为中势指标。

（3）从指标排位变化趋势看，在 7 个三级指标中，有 1 个指标处于上升趋势，为每千人因特网用户数；有 1 个指标处于下降趋势，为企业平均税负水平；其余指标均保持不变。

（4）从指标排位变化的动因看，有 1 个三级指标的排位出现了上升，1 个三级指标的排位出现了下降，受指标排位升降的综合影响，俄罗斯创新环境竞争力的综合排位没有发生变化，在 G20 中处于第 12 位。

（5）从三级指标结构特征看，在创新环境竞争力指标组的 7 个三级指标中，强势指标 1 个，占指标总数的 14.3%；优势指标 2 个，占指标总数的 28.6%；劣势指标 1 个，占指标总数的 14.3%；上升指标 1 个，占指标总数的 14.3%；保持指标 5 个，占指标总数的 71.4%；下降指标 1 个，占指标总数的 14.3%。由于指标排位上升的数量等于排位下降的数量，且排位保持的指标居主导地位，2012 年俄罗斯国家创新环境竞争力综合排位与 2011 年相比没有发生变化。

14.3.2　俄罗斯国家创新环境竞争力比较分析

图14－5反映了2011～2012年俄罗斯国家创新环境竞争力与G20最高水平和平均水平的比较情况。

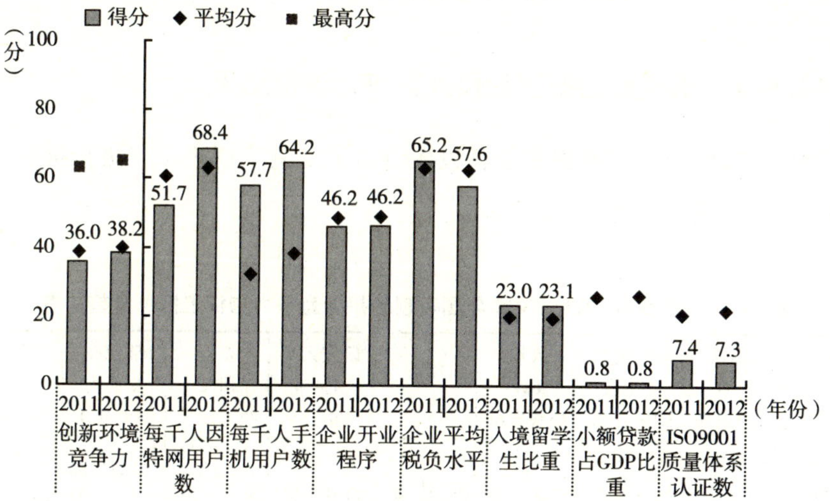

图14－5　2011～2012年俄罗斯国家创新环境竞争力指标得分比较

由图14－5可知，评价期内俄罗斯国家创新环境竞争力得分均低于39分，处于中等水平。从创新环境竞争力的整体得分比较来看，2011年，俄罗斯国家创新环境竞争力得分与G20最高分相比还有26.9分的差距，与平均分相比，低了2.7分；2012年，俄罗斯国家创新环境竞争力得分与G20最高分的差距为26.9分，低于平均分1.8分。总的来说，2011～2012年俄罗斯国家创新环境竞争力与最高分的差距不变，与平均分的差距缩小，排位没有发生变化。

从具体指标得分比较和变化趋势来看，俄罗斯国家创新环境竞争力整体水平居中，仍处于中势地位，企业开业程序和ISO 9001质量体系认证数等指标低于平均水平，这限制了其创新环境竞争力的进一步提升。因此，为巩固和提升俄罗斯国家创新环境竞争力，应针对存在的这些问题，加大对创新型企业的资金扶持力度，加强质量体系认证管理，优化企业开业程序，营造有利于企业健康持续发展的良好创新氛围，不断增强国家创新环境竞争力。

14.4 俄罗斯国家创新投入竞争力评价分析

14.4.1 俄罗斯国家创新投入竞争力评价结果

2011～2012 年俄罗斯国家创新投入竞争力及其下属 7 个三级指标的排位和排位变化情况，如表 14－6 所示。

表 14－6 俄罗斯 2011～2012 年国家创新投入竞争力指标组排位及趋势表

项目/年份	R&D经费支出总额		R&D经费支出占GDP比重		人均R&D经费支出		R&D人员		研究人员占从业人员比重		企业研发投入比重		风险资本交易占GDP比重		创新投入竞争力	
	得分	排名	得分	排名	得分	排名	得分	排名	得分	排名	得分	排名	得分	排名	得分	排名
2011	8.1	9	25.8	12	17.8	10	28.3	4	50.0	9	24.3	16	3.0	14	22.5	11
2012	8.2	9	25.0	12	18.3	10	24.6	4	47.1	9	26.9	16	8.8	10	22.7	11
得分变化	0.1		-0.8		0.5		-3.7		-2.8		2.5		5.9		0.2	
排名升降		0		0		0		0		0		0		4		0
优劣度		优势		中势		优势		强势		优势		劣势		优势		中势

（1）从排位变化比较看，2012 年俄罗斯国家创新投入竞争力排名第 11 位，与 2011 年相比，排位保持不变，处于中势地位。

（2）从指标所处区位来看，7 个三级指标中有 1 个强势指标，为 R&D 人员；有 4 个优势指标，分别为 R&D 经费支出总额、人均 R&D 经费支出、研究人员占从业人员比重和风险资本交易占 GDP 比重；有 1 个指标是中势指标，为 R&D 经费支出占 GDP 比重；企业研发投入比重为劣势指标。

（3）从指标排位变化趋势看，在 7 个三级指标中，有 1 个指标排位处于上升趋势，为风险资本交易占 GDP 比重；其余 6 个指标排位均保持不变。

（4）从指标排位变化的动因看，有 6 个三级指标的排位保持不变，俄罗斯创新投入竞争力的综合排位也保持不变，在 G20 中排名第 11 位。

（5）从三级指标结构特征看，在创新投入竞争力指标组的7个三级指标中，有1个强势指标，占指标总数的14.3%；有4个优势指标，占指标总数的57.1%；劣势指标1个，占指标总数的14.3%；上升指标1个，占指标总数的14.3%，没有下降指标，保持指标6个，占指标总数的85.7%。由于大部分指标排位保持不变，2012年俄罗斯国家创新投入竞争力综合排位仍保持不变。

14.4.2　俄罗斯国家创新投入竞争力比较分析

图14－6反映了2011～2012年俄罗斯国家创新投入竞争力与G20最高水平和平均水平的比较情况。

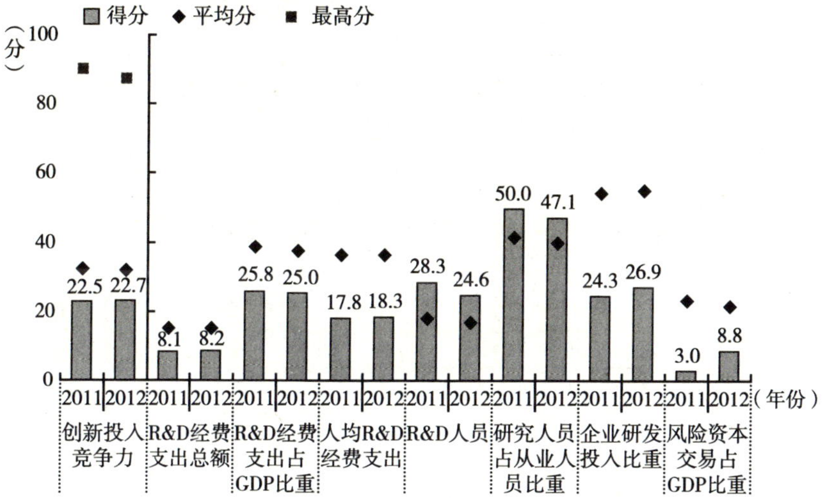

图14－6　2011～2012年俄罗斯国家创新投入竞争力指标得分比较

由图14－6可知，评价期内俄罗斯国家创新投入竞争力得分均低于23分，说明俄罗斯国家创新投入竞争力处于较低水平。从创新投入竞争力的整体得分比较来看，2011年，俄罗斯国家创新投入竞争力得分与G20最高分相比还有67.6分的差距，与平均分相比低了9.9分；到2012年，俄罗斯国家创新投入竞争力得分与G20最高分的差距为64.4分，低于平均分9分。总的来说，2011～2012年俄罗斯国家创新投入竞争力与最高分和平均分的差距均呈现缩小趋势，国家创新投入竞争力的得分略有上升，排位保持不变。

从具体指标得分比较和变化趋势来看，俄罗斯国家创新投入竞争力整体水平较为稳定，仍处于中势地位，这主要是由于大部分指标得分变化不大，且大部分三级指标的得分低于 G20 平均分，可见，其创新投入竞争力有待进一步提高。因此，俄罗斯要特别关注这些问题，继续加大科技研发经费投入，尤其要强调企业的创新主体作用，鼓励企业加大创新研发投入，进一步发挥风险资本在创新发展中的作用，增强国家创新投入竞争力。

14.5 俄罗斯国家创新产出竞争力评价分析

14.5.1 俄罗斯国家创新产出竞争力评价结果

2011～2012 年俄罗斯国家创新产出竞争力及其下属 9 个三级指标的排位和排位变化情况，如表 14－7 所示。

表 14－7 俄罗斯 2011～2012 年国家创新产出竞争力指标组排位及趋势表

项目 年份	专利授权数		科技人员平均专利授权数		科技论文发表数		科技人员平均发表论文数		专利和许可收入	
	得分	排名	得分	排名	得分	排名	得分	排名	得分	排名
2011	12.5	5	9.9	10	6.7	12	4.3	18	0.4	14
2012	11.9	5	10.2	10	6.7	12	4.4	18	0.5	11
得分变化	－0.6		0.3		0.0		0.1		0.1	
排名升降		0		0		0		0		3
优劣度		强势		优势		中势		劣势		中势

项目 年份	高技术产品净出口额		高技术产品净出口比重		注册商标数		创意产品出口比重		创新产出竞争力	
	得分	排名	得分	排名	得分	排名	得分	排名	得分	排名
2011	2.9	14	28.1	13	16.2	12	2.9	15	9.3	16
2012	3.4	13	29.2	12	18.7	11	3.4	14	9.8	16
得分变化	0.5		1.1		2.5		0.5		0.5	
排名升降		1		1		1		1		0
优劣度		中势		中势		中势		中势		劣势

（1）从排位变化比较看，2012 年俄罗斯国家创新产出竞争力排名第 16 位，与 2011 年相比，排位没有变化，处于劣势地位。

（2）从指标所处区位来看，9 个三级指标中有 1 个强势指标，为专利授权数；有 1 个优势指标，为科技人员平均专利授权数；6 个指标是中势指标，分别为科技论文发表数、专利和许可收入、高技术产品净出口额、高技术产品净出口比重、注册商标数和创意产品出口比重；科技人员平均发表论文数为劣势指标。

（3）从指标排位变化趋势看，在 9 个三级指标中，有 5 个指标处于上升趋势，分别为专利和许可收入、高技术产品净出口额、高技术产品净出口比重、注册商标数和创意产品出口比重；没有指标处于下降趋势。

（4）从指标排位变化的动因看，5 个三级指标的排位出现了上升，没有指标排位出现下降，但受其他因素影响，俄罗斯创新产出竞争力的综合排位没有发生变化，在 G20 中排名第 16 位。

（5）从三级指标结构特征看，在创新产出竞争力指标组的 9 个三级指标中，有 1 个强势指标，占指标总数的 11.1%；有 1 个优势指标，占指标总数的 11.1%；劣势指标 1 个，占指标总数的 11.1%；多数指标为中势指标；上升指标 5 个，占指标总数的 55.6%；没有下降指标。虽然排位上升的指标数量大于排位下降的数量，但受其他外部因素的综合影响，2012 年俄罗斯国家创新产出竞争力综合排位与 2011 年相比没有发生变化。

14.5.2　俄罗斯国家创新产出竞争力比较分析

图 14－7 反映了 2011～2012 年俄罗斯国家创新产出竞争力与 G20 最高水平和平均水平的比较情况。

由图 14－7 可知，评价期内俄罗斯国家创新产出竞争力得分均低于 10 分，说明俄罗斯国家创新产出竞争力处于较低水平。从创新产出竞争力的整体得分比较来看，2011 年，俄罗斯国家创新产出竞争力得分与 G20 最高分相比还有 65.5 分的差距，低于平均分 16.5 分；到 2012 年，俄罗斯国家创新产出竞争力得分与 G20 最高分的差距为 63.3 分，低于平均分 15.1 分。总的来说，2011～2012 年俄罗斯国家创新产出竞争力与最高分和平均分的差距呈缩小趋势，但

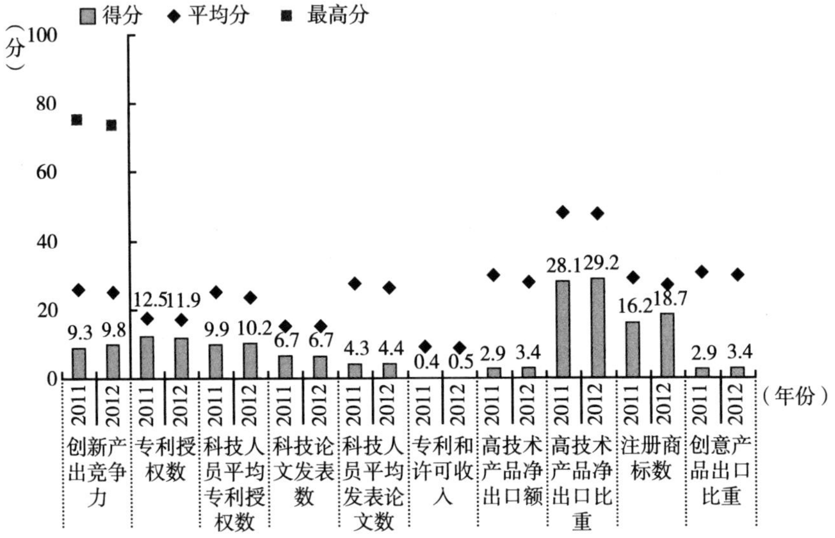

图 14－7　2011～2012 年俄罗斯国家创新产出竞争力指标得分比较

排位没有发生变化。

从具体指标得分比较和变化趋势来看，俄罗斯国家创新产出竞争力整体水平没有发生明显变化，这主要是由于科技人员平均发论文数、专利和许可收入、高技术产品净出口额、创意产品出口比重等指标得分和排位偏低，且 9 个三级指标的得分均低于 G20 平均分。因此，要进一步完善知识产权激励机制，促进专利和许可收入增长；注重提升基础研究能力，提高科技论文等创新产出的数量和质量；优化出口贸易结构，加大高技术产品出口比重，突出高技术产品在对外贸易中的地位。通过上述一系列的创新措施，切实提高国家创新产出，增强国家创新产出竞争力。

14.6　俄罗斯国家创新持续竞争力评价分析

14.6.1　俄罗斯国家创新持续竞争力评价结果

2011～2012 年俄罗斯国家创新持续竞争力及其下属 7 个三级指标的排位和排位变化情况，如表 14－8 所示。

表 14-8　俄罗斯 2011～2012 年国家创新持续竞争力指标组排位及趋势表

年份 \ 项目	公共教育经费支出总额		公共教育经费支出占 GDP 比重		人均公共教育经费支出额		高等教育毛入学率	
	得分	排名	得分	排名	得分	排名	得分	排名
2011	6.0	10	5.9	13	37.1	14	70.4	5
2012	6.6	12	4.9	14	32.4	14	69.9	5
得分变化	0.5		-1.0		-4.7		-0.5	
排名升降		-2		-1		0		0
优劣度		中势		中势		中势		强势
年份 \ 项目	科技人员增长率		科技经费增长率		高校科技工程毕业生比重		创新持续竞争力	
	得分	排名	得分	排名	得分	排名	得分	排名
2011	5.2	17	67.8	9	18.4	15	30.1	16
2012	0.0	19	52.2	10	17.9	15	26.3	17
得分变化	-5.2		-15.6		-0.5		-3.8	
排名升降		-2		-1		0		-1
优劣度		劣势		优势		中势		劣势

（1）从排位变化比较看，2012 年俄罗斯国家创新持续竞争力排名第 17 位，比 2011 年下降了 1 位，处于劣势地位。

（2）从指标所处区位来看，7 个三级指标中有 1 个强势指标，为高等教育毛入学率；科技经费增长率为优势指标；科技人员增长率为劣势指标；其余 4 个指标为中势指标。

（3）从指标排位变化趋势看，在 7 个三级指标中，没有指标处于上升趋势；有 4 个指标处于下降趋势，分别为公共教育经费支出总额、公共教育经费支出占 GDP 比重、科技人员增长率和科技经费增长率，这些都是俄罗斯创新持续竞争力的下降拉力所在。

（4）从指标排位变化的动因看，有 4 个三级指标的排位出现了下降，受指标排位下降的影响，俄罗斯创新持续竞争力的综合排位出现了下降，在 G20 中排名第 17 位。

（5）从三级指标结构特征看，在创新持续竞争力指标组的 7 个三级指标中，强势指标 1 个，占指标总数的 14.3%；优势指标 1 个，占指标总数的 14.3%；劣势指标 1 个，占指标总数的 14.3%；没有上升指标；下降指标4个，占指标总数的57.1%。由于指标排位下降的数量大于排位上升的数量，2012年俄罗斯国家创新持续竞争力综合排位比2011年下降了1位。

14.6.2 俄罗斯国家创新持续竞争力比较分析

图14－8反映了2011～2012年俄罗斯国家创新持续竞争力与G20最高水平和平均水平的比较情况。

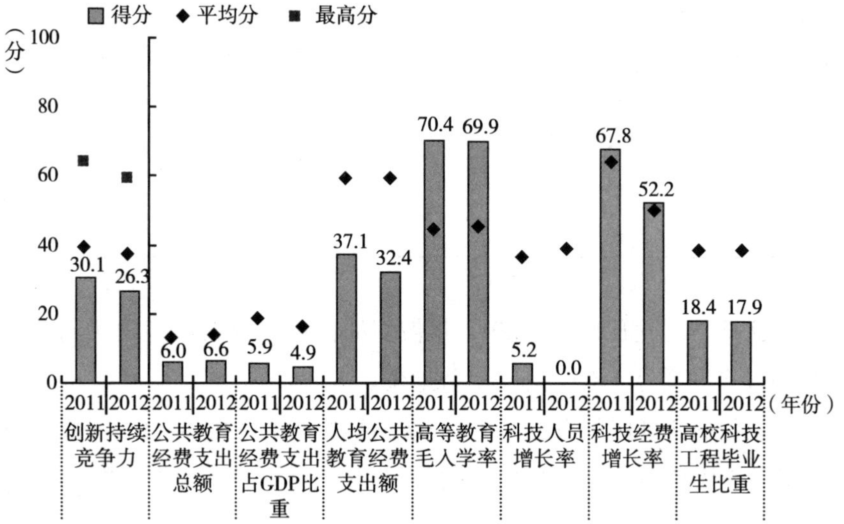

图14－8　2011～2012年俄罗斯国家创新持续竞争力指标得分比较

由图14－8可知，评价期内俄罗斯国家创新持续竞争力得分处于下降趋势，说明俄罗斯国家创新持续竞争力水平有所降低。从创新持续竞争力的整体得分比较来看，2011年，俄罗斯国家创新持续竞争力得分与G20最高分相比还有34.2分的差距，比平均分低9.3分；到2012年，俄罗斯国家创新持续竞争力得分与G20最高分的差距为33分，低于G20平均分11.3分。总的来说，2011～2012年俄罗斯国家创新持续竞争力与最高分的差距略有缩小，与平均分的差距呈扩大趋势，排位处于下降趋势。

从具体指标得分比较和变化趋势来看，俄罗斯国家创新持续竞争力整体水平出现了下降，这主要是由于人均公共教育经费支出额、科技人员增长率和科技经费增长率等指标得分明显下降，而且在 7 个三级指标中，除了高等教育毛入学率和科技经费增长率外，其余指标的得分均低于 G20 平均分。针对这些问题，俄罗斯要不断增加教育经费投入，大力培养科学家和工程师，完善科技创新的人才支撑体系，保障科技创新发展的持续动力，有效增强国家创新持续竞争力。

Y. 16

第 15 章 沙特阿拉伯国家创新竞争力评价分析报告

沙特阿拉伯位于亚洲西南部的阿拉伯半岛，东濒海湾，西临红海，同约旦、伊拉克、科威特、阿联酋、阿曼、也门等国接壤，是名副其实的“石油王国”，石油储量和产量均居世界首位。国土面积约 225 万平方公里，海岸线长 2437 公里。2012 年全国年末总人口为 2829 万人，实现国内生产总值 7110 亿美元。本部分通过对沙特阿拉伯 2011～2012 年国家创新竞争力以及创新竞争力中各要素在 G20 中的排名变化分析，从中找出沙特阿拉伯国家创新竞争力的推动点及影响因素。

15.1 沙特阿拉伯国家创新竞争力总体评价分析

2011～2012 年，沙特阿拉伯的国家创新竞争力排名没有变化，在 G20 中排名第 12 位。

15.1.1 沙特阿拉伯国家创新竞争力概要分析

沙特阿拉伯国家创新竞争力在 G20 中所处的位置及 5 个二级指标的得分和排位变化如图 15－1、图 15－2 和表 15－1 所示。

（1）从综合排位变化看，2012 年沙特阿拉伯国家创新竞争力综合排名在 G20 中处于第 12 位，与 2011 年相比，排位保持不变。

（2）从指标得分看，2012 年沙特阿拉伯国家创新竞争力得分为 24.2 分，比 G20 最高分低 49.8 分，比平均分低 9.2 分；与 2011 年相比，沙特阿拉伯国家创新竞争力得分上升了 0.5 分，与当年最高分的差距缩小了 1.8 分，与平均分的差距也缩小了 1.0 分。

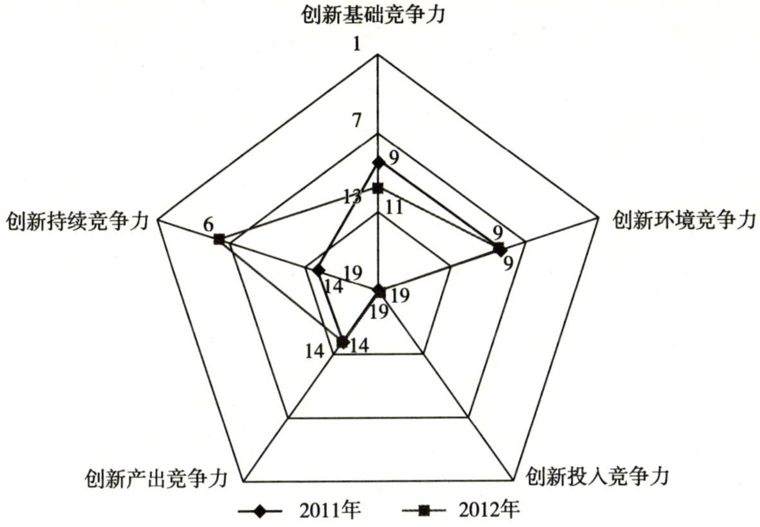

图15－1　沙特阿拉伯国家创新竞争力二级指标排名雷达图

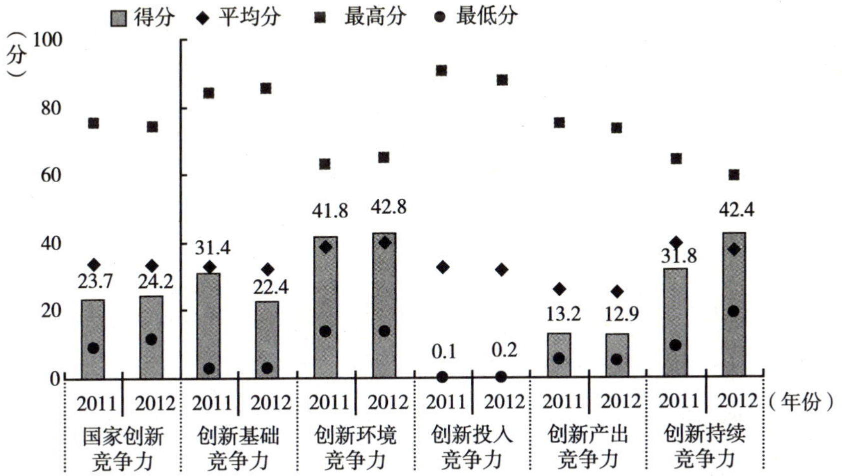

图15－2　沙特阿拉伯国家创新竞争力得分和排名变化趋势图

表 15-1 沙特阿拉伯国家创新竞争力二级指标得分和排名表

年份 \ 项目	创新基础竞争力		创新环境竞争力		创新投入竞争力		创新产出竞争力		创新持续竞争力		创新竞争力	
	得分	排名	得分	排名	得分	排名	得分	排名	得分	排名	得分	排名
2011	31.4	9	41.8	9	0.1	19	13.2	14	31.8	14	23.7	12
2012	22.4	11	42.8	9	0.2	19	12.9	14	42.4	6	24.2	12
得分变化	-9.0		1.0		0.1		-0.3		10.6		0.5	
排名升降		-2		0		0		0		8		0
优劣度		中势		优势		劣势		中势		优势		中势

（3）从指标所处区位看，2012 年沙特阿拉伯国家创新竞争力的 5 个二级指标中，没有强势指标，优势指标 2 个，分别为创新环境竞争力和创新持续竞争力；中势指标 2 个，分别为创新基础竞争力和创新产出竞争力；劣势指标 1 个，为创新投入竞争力。

（4）从指标排位变化趋势看，在 5 个二级指标中，创新持续竞争力排位处于上升趋势，创新基础竞争力排位处于下降趋势，其余 3 个指标排位保持不变。

（5）从指标排位变化的动因看，排位上升和下降的二级指标各有 1 个，其他 3 个二级指标的排位保持不变。受指标排位升降的综合影响，2012 年沙特阿拉伯国家创新竞争力的综合排位保持不变，在 G20 中排名第 12 位。

15.1.2 沙特阿拉伯国家创新竞争力各级指标动态变化分析

2011～2012 年沙特阿拉伯国家创新竞争力各级指标的动态变化及其结构，如图 15-3 和表 15-2 所示。

从图 15-3 可以看出，沙特阿拉伯国家创新竞争力的三级指标中上升指标的数量略小于下降指标，保持不变的指标居于主导地位。表 15-2 中的数据进一步说明，沙特阿拉伯国家创新竞争力的 37 个三级指标中，上升的指标有 3 个，占指标总数的 8.1%；保持的指标有 30 个，占指标总数的 81.1%；下降的指标有 4 个，占指标总数的 10.8%。虽然指标上升的数量小于指标下降的数量，但由于保持不变的指标居于主导地位，2012 年沙特阿拉伯国家创新竞争力排位保持不变，在 G20 中居第 12 位。

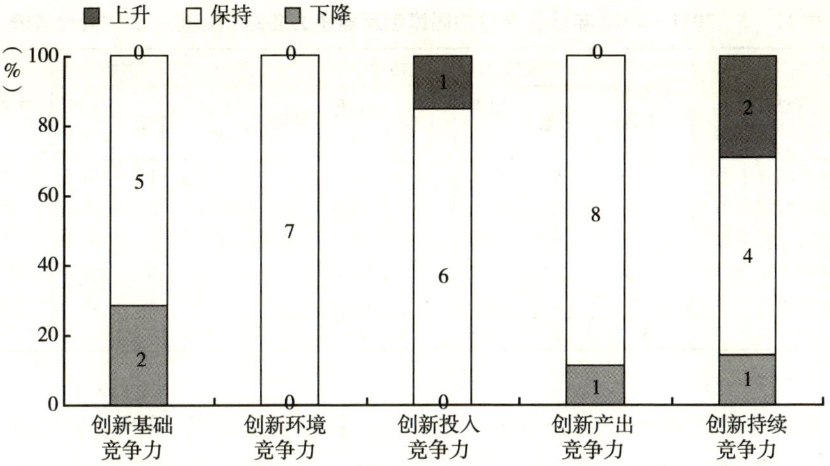

图 15－3 2011～2012 年沙特阿拉伯国家创新竞争力指标动态变化结构图

表 15－2 2011～2012 年沙特阿拉伯国家创新竞争力各级指标排位变化态势比较表

二级指标	三级指标个数	上升		保持		下降		变化趋势
		个数	比重(%)	个数	比重(%)	个数	比重(%)	
创新基础竞争力	7	0	0.0	5	71.4	2	28.6	下降
创新环境竞争力	7	0	0.0	7	100.0	0	0.0	保持
创新投入竞争力	7	1	14.3	6	85.7	0	0.0	保持
创新产出竞争力	9	0	0.0	8	88.9	1	11.1	保持
创新持续竞争力	7	2	28.6	4	57.1	1	14.3	上升
合　计	37	3	8.1	30	81.1	4	10.8	保持

15.1.3 沙特阿拉伯国家创新竞争力各级指标优劣势结构分析

2011～2012 年沙特阿拉伯国家创新竞争力各级指标的优劣势变化及其结构，如表 15－3 所示。

从表 15－3 中的数据可以看出，沙特阿拉伯国家创新竞争力的 37 个三级指标中，强势指标 5 个，占指标总数的 13.5%；优势指标 4 个，占指标总数的 10.8%；劣势指标 18 个，占指标总数的 48.6%；强势指标和优势指标的数量之和约占指标总数的 24.3%，远远小于劣势指标比重。从二级指标来看，没有强势指标；优势指标 2 个，占二级指标总数的 40%；中势指标 2 个，占

表 15-3　2011～2012 年沙特阿拉伯国家创新竞争力各级指标排位优劣势比较表

二级指标	三级指标个数	强势		优势		中势		劣势		优劣度
		个数	比重（%）	个数	比重（%）	个数	比重（%）	个数	比重（%）	
创新基础竞争力	7	0	0.0	2	28.6	4	57.1	1	14.3	中势
创新环境竞争力	7	2	28.6	0	0.0	3	42.9	2	28.6	优势
创新投入竞争力	7	0	0.0	0	0.0	0	0.0	7	100.0	劣势
创新产出竞争力	9	1	11.1	1	11.1	1	11.1	6	66.7	中势
创新持续竞争力	7	2	28.6	1	14.3	2	28.6	2	28.6	优势
合　计	37	5	13.5	4	10.8	10	27.0	18	48.6	中势

二级指标总数的 40%；劣势指标 1 个，占二级指标总数的 20%。中势指标和劣势指标在指标体系中居于主导地位，2011～2012 年沙特阿拉伯国家创新竞争力处于中势地位。

15.2　沙特阿拉伯国家创新基础竞争力评价分析

15.2.1　沙特阿拉伯国家创新基础竞争力评价结果

2011～2012 年沙特阿拉伯国家创新基础竞争力及其下属 7 个三级指标的排位和排位变化情况，如表 15-4 所示。

表 15-4　沙特阿拉伯 2011～2012 年国家创新基础竞争力指标组排位及趋势表

项目 / 年份	GDP		人均 GDP		财政收入		人均财政收入		外国直接投资净值		受高等教育人员比重		全社会劳动生产率		创新基础竞争力	
	得分	排名	得分	排名	得分	排名	得分	排名	得分	排名	得分	排名	得分	排名	得分	排名
2011	1.8	17	44.7	9	8.3	10	62.7	6	6.4	14	28.0	12	68.1	8	31.4	9
2012	2.1	17	45.9	9	9.1	11	0.7	15	4.8	14	28.0	12	66.6	8	22.4	11
得分变化	0.3		1.2		0.8		-62.0		-1.6		0.0		-1.5		-9.0	
排名升降		0		0		-1		-9		0		0		0		-2
优劣度		劣势		优势		中势		中势		中势		中势		优势		中势

（1）从排位变化比较看，2012 年沙特阿拉伯国家创新基础竞争力排名第 11 位，与 2011 年相比，排位下降 2 位，处于中势地位。

（2）从指标所处区位来看，7 个三级指标中没有强势指标；有 2 个优势指标，分别为人均 GDP 和全社会劳动生产率；财政收入、人均财政收入、外国直接投资净值和受高等教育人员比重 4 个指标是中势指标；GDP 是劣势指标。

（3）从指标排位变化趋势看，在 7 个三级指标中，没有指标处于上升趋势；有 2 个指标处于下降趋势，分别为财政收入和人均财政收入；其余 5 个指标均保持不变。

（4）从指标排位变化的动因看，财政收入和人均财政收入 2 个指标的排位出现下降，这些是沙特阿拉伯创新基础竞争力排位下降的拉力。

（5）从三级指标结构特征看，在创新基础竞争力指标组的 7 个三级指标中，没有强势指标；优势指标 2 个，占指标总数的 28.6%；劣势指标 1 个，占指标总数的 14.3%；中势指标占主导地位。没有上升指标；下降指标 2 个，占指标总数的 28.6%；保持不变的指标 5 个，占指标总数的 71.4%。受指标排位下降的影响，2012 年沙特阿拉伯国家创新基础竞争力综合排位下降了 2 位。

15.2.2　沙特阿拉伯国家创新基础竞争力比较分析

图 15－4 反映了 2011～2012 年沙特阿拉伯国家创新基础竞争力与 G20 最高水平和平均水平的比较情况。

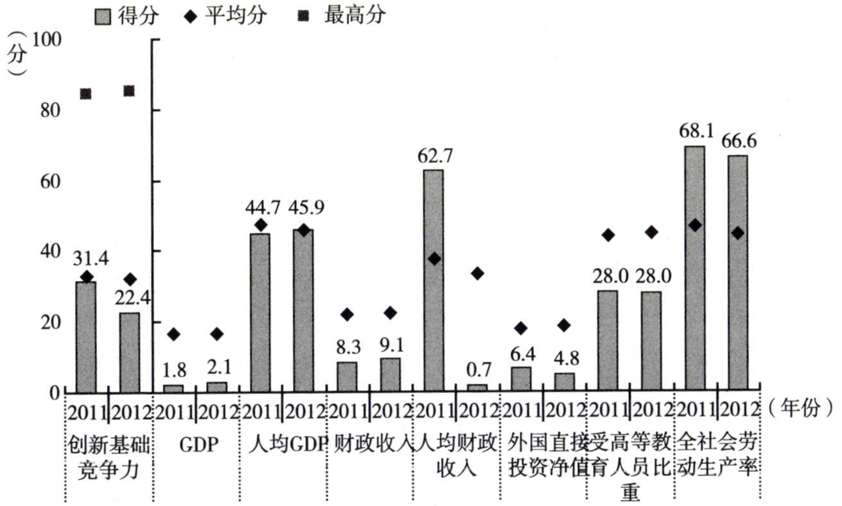

图 15－4　2011～2012 年沙特阿拉伯国家创新基础竞争力指标得分比较

由图 15 -4 可知，评价期内沙特阿拉伯国家创新基础竞争力得分有所降低，处于中等水平。从创新基础竞争力的整体得分比较来看，2011 年，沙特阿拉伯国家创新基础竞争力得分与 G20 最高分相比还有 53.1 分的差距，比平均分低 1.7 分；到 2012 年，沙特阿拉伯国家创新基础竞争力得分与 G20 最高分的差距为 62.8 分，比 G20 平均分低 9.8 分。总的来说，2011 ~2012 年沙特阿拉伯国家创新基础竞争力与最高分和平均分的差距都扩大了，其创新基础竞争力下降了。

从具体指标得分比较和变化趋势来看，沙特阿拉伯国家创新基础竞争力整体水平呈下降趋势，GDP、人均财政收入、外国直接投资净值等指标排位偏低，且多数指标的得分低于 G20 平均分，创新基础竞争力缺乏上升的动力。在下一步的科技创新活动中，沙特阿拉伯要更加注重发展经济，提高国内生产总值，增加财政收入，夯实科技创新基础，同时还要积极参与国际直接投资，提高资本要素贡献率，加快发展高等教育事业，为实施创新驱动战略提供人才支撑，不断增强国家创新基础竞争力。

15.3 沙特阿拉伯国家创新环境竞争力评价分析

15.3.1 沙特阿拉伯国家创新环境竞争力评价结果

2011 ~2012 年沙特阿拉伯国家创新环境竞争力及其下属 7 个三级指标的排位和排位变化情况，如表 15 -5 所示。

表 15 -5 沙特阿拉伯 2011 ~2012 年国家创新环境竞争力指标组排位及趋势表

项目 年份	每千人因特网用户数		每千人手机用户数		企业开业程序		企业平均税负水平		入境留学生比重		小额贷款占 GDP 比重		ISO 9001 质量体系认证数		创新环境竞争力	
	得分	排名	得分	排名	得分	排名	得分	排名	得分	排名	得分	排名	得分	排名	得分	排名
2011	49.7	12	100	1	38.5	13	100	1	4.4	13	0.0	18	0.0	19	41.8	9
2012	55.3	12	100	1	38.5	13	100	1	5.8	13	0.0	18	0.0	19	42.8	9
得分变化	5.6		0.0		0.0		0.0		1.4		0.0		0.0		1.0	
排名升降		0		0		0		0		0		0		0		0
优劣度		中势		强势		中势		强势		中势		劣势		劣势		优势

（1）从排位变化比较看，2012 年沙特阿拉伯国家创新环境竞争力排名第 9 位，与 2011 年相比，排位保持不变，仍处于优势地位。

（2）从指标所处区位来看，7 个三级指标中，有 2 个强势指标，分别为每千人手机用户数和企业平均税负水平；有 2 个劣势指标，分别为小额贷款占 GDP 比重和 ISO 9001 质量体系认证数；其余为中势指标。

（3）从指标排位变化趋势看，7 个三级指标均保持不变。

（4）从指标排位变化的动因看，7 个三级指标均保持不变，沙特阿拉伯创新环境竞争力的综合排位也保持不变，在 G20 中处于第 9 位。

（5）从三级指标结构特征看，在创新环境竞争力指标组的 7 个三级指标中，强势指标 2 个，占指标总数的 28.6%；中势指标 3 个，占指标总数的 42.9%；劣势指标 2 个，占指标总数的 28.6%；由于所有三级指标排位均保持不变，2012 年沙特阿拉伯国家创新环境竞争力综合排位没有发生变化。

15.3.2　沙特阿拉伯国家创新环境竞争力比较分析

图 15－5 反映了 2011～2012 年沙特阿拉伯国家创新环境竞争力与 G20 最高水平和平均水平的比较情况。

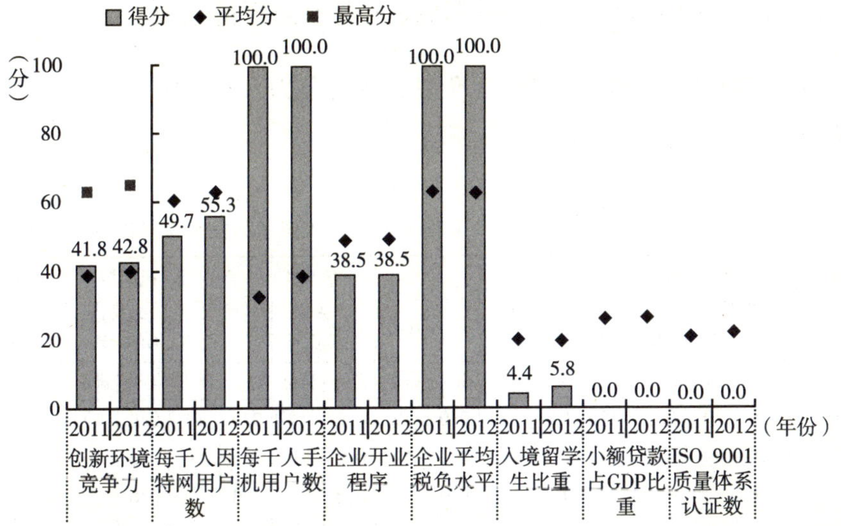

图 15－5　2011～2012 年沙特阿拉伯国家创新环境竞争力指标得分比较

由图 15 -5 可知，评价期内沙特阿拉伯国家创新环境竞争力得分均高于 41 分，处于较高水平。从创新环境竞争力的整体得分比较来看，2011 年，沙特阿拉伯国家创新环境竞争力得分与 G20 最高分相比还有 21.1 分的差距，与平均分相比，高出 3.1 分；2012 年，沙特阿拉伯国家创新环境竞争力得分与 G20 最高分的差距为 22.3 分，高于平均分 2.8 分。总的来说，2011 ~2012 年沙特阿拉伯国家创新环境竞争力与最高分的差距略有扩大，但排位依然保持不变。

从具体指标得分比较和变化趋势来看，沙特阿拉伯国家创新环境竞争力整体水平较高，仍处于优势地位，这主要是由于每千人手机用户数和企业平均税负水平等指标处于强势地位；但其他 5 个三级指标均低于 G20 平均分，这限制了其创新环境竞争力的进一步提升。因此，为有效提升沙特阿拉伯国家创新环境竞争力，应针对存在的这些问题，着力提高网络使用率，加快信息高速公路建设，加大对创新型企业的扶持力度，营造有利于企业健康发展的良好氛围，不断优化国家创新环境，进一步增强国家创新环境竞争力。

15.4 沙特阿拉伯国家创新投入竞争力评价分析

15.4.1 沙特阿拉伯国家创新投入竞争力评价结果

2011 ~2012 年沙特阿拉伯国家创新投入竞争力及其下属 7 个三级指标的排位和排位变化情况，如表 15 -6 所示。

表 15 -6 沙特阿拉伯 2011 ~2012 年国家创新投入竞争力指标组排位及趋势表

项目 年份	R&D 经费支出总额		R&D 经费支出占 GDP 比重		人均 R&D 经费支出		R&D 人员		研究人员占从业人员比重		企业研发投入比重		风险资本交易占 GDP 比重		创新投入竞争力	
	得分	排名	得分	排名	得分	排名	得分	排名	得分	排名	得分	排名	得分	排名	得分	排名
2011	0.0	19	0.0	19	1.0	18	0.0	19	0.0	19	0.0	19	0.0	19	0.1	19
2012	0.0	19	0.0	19	1.1	18	0.0	19	0.0	19	0.0	19	0.0	16	0.2	19
得分变化	0.0		0.0		0.1		0.0		0.0		0.0		0.0		0.1	
排名升降		0		0		0		0		0		0		3		0
优劣度		劣势		劣势		劣势		劣势		劣势		劣势		劣势		劣势

（1）从排位变化比较看，2012年沙特阿拉伯国家创新投入竞争力排名第19位，与2011年相比，排位保持不变，仍处于劣势地位。

（2）从指标所处区位来看，7个三级指标均为劣势指标。

（3）从指标排位变化趋势看，7个三级指标中，只有1个指标处于上升趋势，为风险资本交易占GDP比重；其余6个指标排位均保持不变。

（4）从指标排位变化的动因看，7个三级指标中，只有风险资本交易占GDP比重的排位上升了3位，其余指标均保持不变，且排位都比较靠后，因此沙特阿拉伯创新投入竞争力的上升动力不足，在G20中仍排名第19位。

（5）从三级指标结构特征看，在创新投入竞争力指标组的7个三级指标中，劣势指标为100%。排位上升的指标1个，占指标总数的14.3%；排位保持不变的指标6个，占指标总数的85.7%。由于大部分三级指标排位保持不变，2012年沙特阿拉伯国家创新投入竞争力综合排位也保持不变。

15.4.2 沙特阿拉伯国家创新投入竞争力比较分析

图15－6反映了2011～2012年沙特阿拉伯国家创新投入竞争力与G20最高水平和平均水平的比较情况。

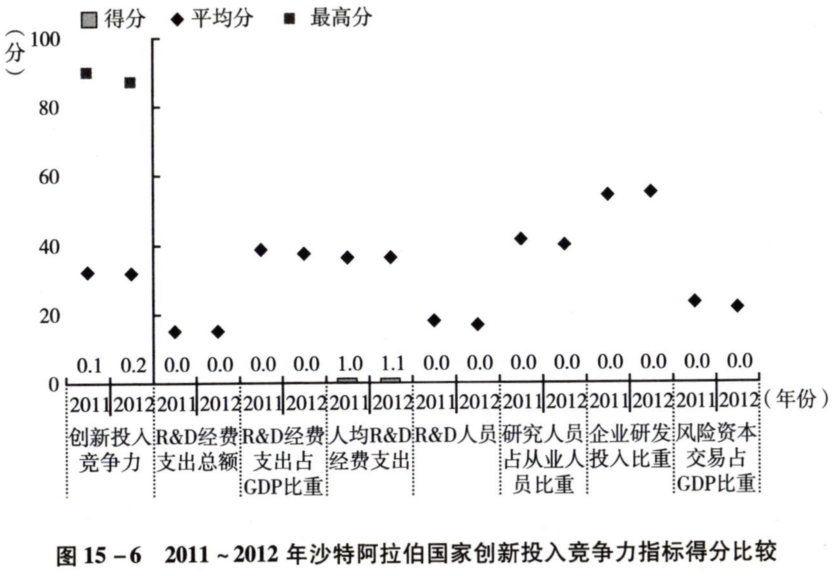

图15－6 2011～2012年沙特阿拉伯国家创新投入竞争力指标得分比较

由图 15 -6 可知，评价期内沙特阿拉伯国家创新投入竞争力得分均低于 1 分，说明沙特阿拉伯国家创新投入竞争力处于非常低的水平。从创新投入竞争力的整体得分比较来看，2011 年，沙特阿拉伯国家创新投入竞争力得分与 G20 最高分相比还有 90.0 分的差距，与 G20 平均分相比，则低了 32.2 分；到 2012 年，沙特阿拉伯国家创新投入竞争力得分与 G20 最高分的差距为 86.9 分，低于 G20 平均分 31.5 分。总的来说，2011 ~2012 年沙特阿拉伯国家创新投入竞争力得分与最高分和平均分的差距有所缩小，但是国家创新投入竞争力的排位依然保持不变。

从具体指标得分比较和变化趋势来看，沙特阿拉伯国家创新投入竞争力整体水平非常低，仍处于劣势地位，这主要是由于其所有三级指标的得分和排位都很低。为了摆脱这一落后局面，沙特阿拉伯应努力加大科技研发经费投入，加强对研发人员的培养和引进，切实提升创新投入水平，逐渐增强国家创新投入竞争力。

15.5 沙特阿拉伯国家创新产出竞争力评价分析

15.5.1 沙特阿拉伯国家创新产出竞争力评价结果

2011 ~2012 年沙特阿拉伯国家创新产出竞争力及其下属 9 个三级指标的排位和排位变化情况，如表 15 -7 所示。

（1）从排位变化比较看，2012 年沙特阿拉伯国家创新产出竞争力排名第 14 位，与 2011 年相比，排位保持不变，仍处于中势地位。

（2）从指标所处区位来看，9 个三级指标中，强势、优势和中势指标各一个，分别为科技人员平均发表论文数、科技人员平均专利授权数及专利和许可收入；其余 6 个指标均为劣势指标。

（3）从指标排位变化趋势看，在 9 个三级指标中，有 1 个指标处于下降趋势，为专利和许可收入；其余指标保持不变。

（4）从指标排位变化的动因看，只有 1 个指标排位下降了 1 位，其他指标排位均保持不变，沙特阿拉伯创新产出竞争力的综合排位也保持不变，在 G20 中排名第 14 位。

表 15－7　沙特阿拉伯 2011～2012 年国家创新产出竞争力指标组排位及趋势表

项目 年份	专利授权数		科技人员平均专利授权数		科技论文发表数		科技人员平均发表论文数		专利和许可收入	
	得分	排名	得分	排名	得分	排名	得分	排名	得分	排名
2011	0.0	19	15.4	9	0.6	18	100	1	0.5	11
2012	0.0	19	13.7	9	0.6	18	100	1	0.5	12
得分变化	0.0		－1.7		0.0		0.0		0.0	
排名升降		0		0		0		0		－1
优劣度		劣势		优势		劣势		强势		中势

项目 年份	高技术产品净出口额		高技术产品净出口比重		注册商标数		创意产品出口比重		创新产出竞争力	
	得分	排名	得分	排名	得分	排名	得分	排名	得分	排名
2011	0.0	19	0.0	19	0.0	19	1.9	16	13.2	14
2012	0.0	19	0.0	19	0.0	19	1.7	16	12.9	14
得分变化	0.0		0.0		0.0		－0.2		－0.3	
排名升降		0		0		0		0		0
优劣度		劣势		劣势		劣势		劣势		中势

（5）从三级指标结构特征看，在创新产出竞争力指标组的 9 个三级指标中，强势指标 1 个，占指标总数的 11.1%；优势指标 1 个，占指标总数的 11.1%；劣势指标 6 个，占指标总数的 66.7%，强势和优势指标所占比重远远小于劣势指标的比重。下降指标 1 个，占指标总数的 11.1%；无上升指标。虽然有 1 个指标排位出现了下降，但大部分指标排位保持不变，2012 年沙特阿拉伯国家创新产出竞争力综合排位与 2011 年相比保持不变。

15.5.2　沙特阿拉伯国家创新产出竞争力比较分析

图 15－7 反映了 2011～2012 年沙特阿拉伯国家创新产出竞争力与 G20 最高水平和平均水平的比较情况。

由图 15－7 可知，评价期内沙特阿拉伯国家创新产出竞争力得分均低于 14 分，说明沙特阿拉伯国家创新产出竞争力处于较低水平。从创新产

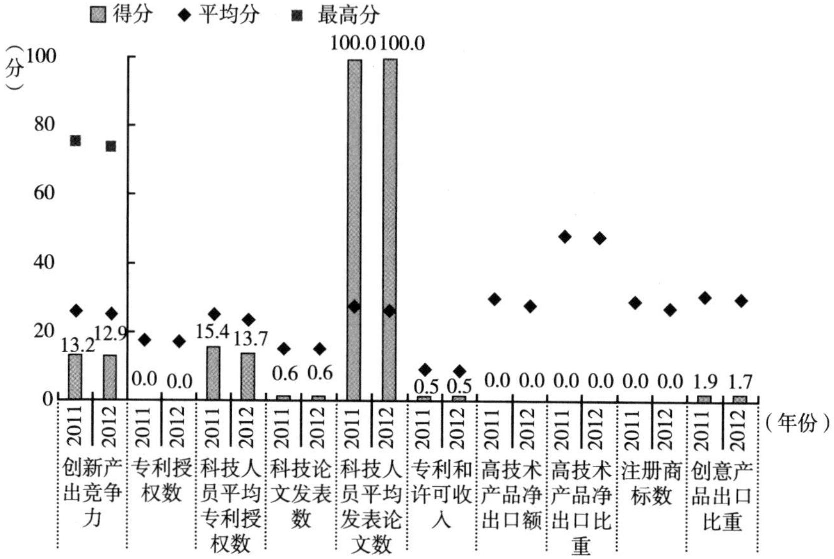

图 15-7　2011～2012 年沙特阿拉伯国家创新产出竞争力指标得分比较

出竞争力的整体得分比较来看，2011 年，沙特阿拉伯国家创新产出竞争力得分与 G20 最高分相比还有 61.7 分的差距，低于平均分 12.7 分；到 2012 年，沙特阿拉伯国家创新产出竞争力得分与 G20 最高分的差距为 60.2 分，低于平均分 12 分。总的来说，2011～2012 年沙特阿拉伯国家创新产出竞争力与最高分和平均分的差距呈缩小趋势，但排位仍保持不变。

从具体指标得分比较和变化趋势来看，沙特阿拉伯国家创新产出竞争力整体水平没有发生明显变化，这主要是由于专利授权数、科技论文发表数、高技术产品净出口额、高技术产品净出口比重和注册商标数等指标得分和排位偏低，且有 8 个三级指标的得分低于 G20 平均分。因此，要进一步提高沙特阿拉伯的创新产出水平，鼓励有条件的企业和个人申请专利，增强企业和个人专利运用能力；优化出口贸易结构，加大高新技术产品出口比重，突出高新技术产品在对外贸易中的地位；推动实施商标战略，打造商标品牌。通过一系列的创新措施，切实提高国家创新产出，增强国家创新产出竞争力。

15.6　沙特阿拉伯国家创新持续竞争力评价分析

15.6.1　沙特阿拉伯国家创新持续竞争力评价结果

2011～2012年沙特阿拉伯国家创新持续竞争力及其下属7个三级指标的排位和排位变化情况，如表15－8所示。

表15－8　沙特阿拉伯2011～2012年国家创新持续竞争力指标组排位及趋势表

项目 \ 年份	公共教育经费支出总额		公共教育经费支出占GDP比重		人均公共教育经费支出额		高等教育毛入学率	
	得分	排名	得分	排名	得分	排名	得分	排名
2011	1.3	16	14.1	10	65.7	11	28.4	13
2012	1.6	16	11.7	10	59.5	11	35.6	13
得分变化	0.3		-2.4		-6.2		7.2	
排名升降		0		0		0		0
优劣度		劣势		优势		中势		中势

项目 \ 年份	科技人员增长率		科技经费增长率		高校科技工程毕业生比重		创新持续竞争力	
	得分	排名	得分	排名	得分	排名	得分	排名
2011	5.8	15	35.1	17	72.2	3	31.8	14
2012	9.1	18	79.5	3	100	1	42.4	6
得分变化	3.3		44.4		27.8		10.6	
排名升降		-3		14		2		8
优劣度		劣势		强势		强势		优势

（1）从排位变化比较看，2012年沙特阿拉伯国家创新持续竞争力排名第6位，比2011年上升了8位，处于优势地位。

（2）从指标所处区位来看，7个三级指标中有2个强势指标，分别是科技经费增长率和高校科技工程毕业生比重；公共教育经费支出占GDP比重为优势指标；人均公共教育经费支出额和高等教育毛入学率为中势指标；其余2个指标为劣势指标。

（3）从指标排位变化趋势看，在7个三级指标中，有1个指标处于下降趋势，为科技人员增长率；有 2 个指标处于上升趋势，分别为科技经费增长率和高校科技工程毕业生比重，其中科技经费增长率指标上升的幅度较大，这些是沙特阿拉伯创新持续竞争力排位上升的动力所在。

（4）从指标排位变化的动因看，有 2 个三级指标的排位出现了上升，1 个三级指标的排位出现了下降，上升的动力大于下降的拉力。

（5）从三级指标结构特征看，在创新持续竞争力指标组的 7 个三级指标中，强势指标 2 个，占指标总数的 28.6%；优势指标 1 个，占指标总数的 14.3%；劣势指标 2 个，占指标总数的 28.6%，强势和优势指标所占比重大于劣势指标的比重；上升指标 2 个，占指标总数的 28.6%；下降指标 1 个，占指标总数的 14.3%。由于指标排位上升的数量大于排位下降的数量，且指标上升的幅度较大，2012 年沙特阿拉伯国家创新持续竞争力综合排位比 2011 年上升了 8 位，排名第 6 位。

15.6.2 沙特阿拉伯国家创新持续竞争力比较分析

图 15－8 反映了 2011～2012 年沙特阿拉伯国家创新持续竞争力与 G20 最高水平和平均水平的比较情况。

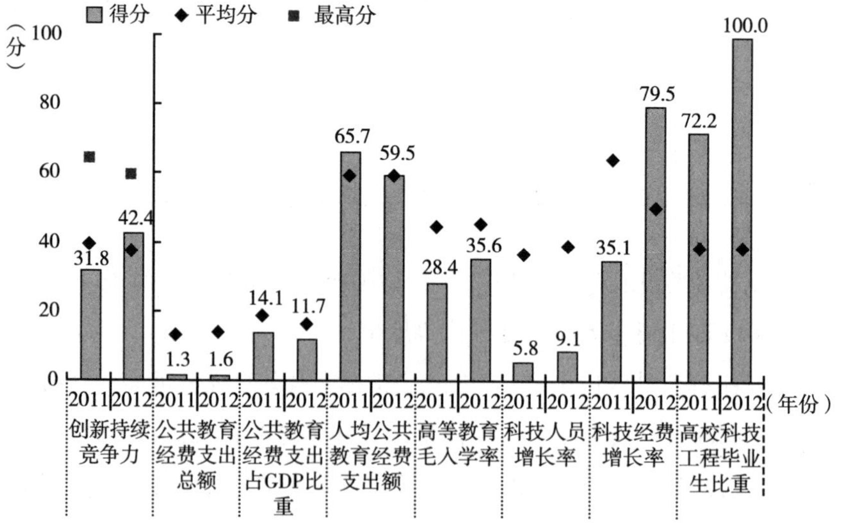

图 15－8　2011～2012 年沙特阿拉伯国家创新持续竞争力指标得分比较

由图 15－8 可知，评价期内沙特阿拉伯国家创新持续竞争力得分处于上升趋势，其国家创新持续竞争力水平已处于较高水平。从创新持续竞争力的整体得分比较来看，2011 年，沙特阿拉伯国家创新持续竞争力得分与 G20 最高分相比还有 32.5 分的差距，低于平均分 7.6 分；到 2012 年，沙特阿拉伯国家创新持续竞争力得分与 G20 最高分的差距缩小为 16.9 分，高于 G20 平均分 4.8 分。总的来说，2011～2012 年沙特阿拉伯国家创新持续竞争力与最高分的差距呈缩小趋势，排位大幅上升。

从具体指标得分比较和变化趋势来看，沙特阿拉伯国家创新持续竞争力整体水平上升，这主要是由于科技经费增长率、高校科技工程毕业生比重等指标得分明显上升，且人均公共教育经费支出额、科技经费增长率和高校科技工程毕业生比重等指标的得分均高于 G20 平均分。因此，为巩固创新持续竞争力水平，沙特阿拉伯应继续增加教育经费投入，提升科学家和工程师的待遇，加大培养科学家和工程师的力度，实现国家创新能力的可持续发展，显著增强国家创新持续竞争力。

Y. 17

第 16 章

南非国家创新竞争力评价分析报告

南非位于非洲大陆的最南端，东、西、南三面分别濒临印度洋、大西洋和南极洲，海岸线长 3000 公里。2012 年全国年末总人口为 5227 万人，实现国内生产总值 3843 亿美元。本部分通过对南非 2011 ~2012 年国家创新竞争力以及创新竞争力中各要素在 G20 中的排名变化分析，从中找出南非国家创新竞争力的推动点及影响因素。

16.1 南非国家创新竞争力总体评价分析

2011 ~2012 年，南非的国家创新竞争力排名略有下降。其中，2011 年南非国家创新竞争力在 G20 中排名第 14 位，到了 2012 年，排名第 16 位，排位下降了 2 位。

16.1.1 南非国家创新竞争力概要分析

南非国家创新竞争力在 G20 中所处的位置及 5 个二级指标的得分和排位变化如图 16 -1、图 16 -2 和表 16 -1 所示。

（1）从综合排位变化看，2012 年南非国家创新竞争力综合排名在 G20 中处于第 16 位，与 2011 年相比，排位下降了 2 位。

（2）从指标得分看，2012 年南非国家创新竞争力得分为 20.2 分，比 G20 集团最高分低 53.8 分，比平均分低 13.1 分；与 2011 年相比，南非国家创新竞争力得分下降了 1.2 分，与当年最高分的差距缩小了 0.1 分，与 G20 平均分的差距扩大了 0.7 分。

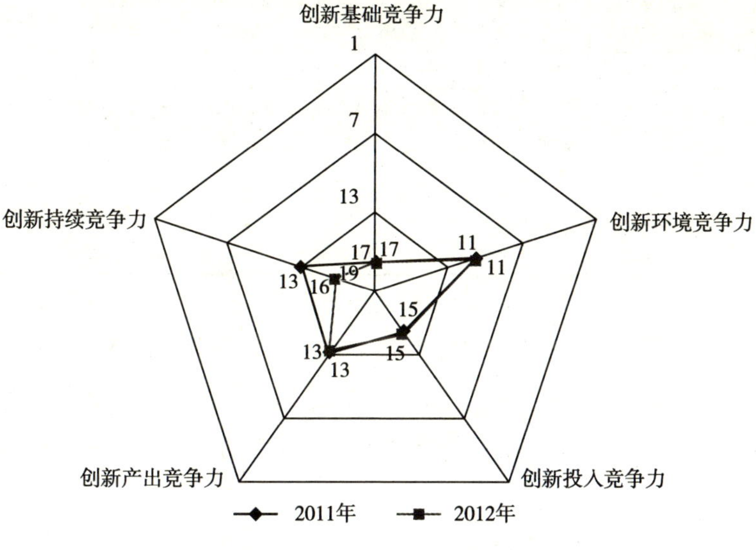

图 16－1　南非国家创新竞争力二级指标排名雷达图

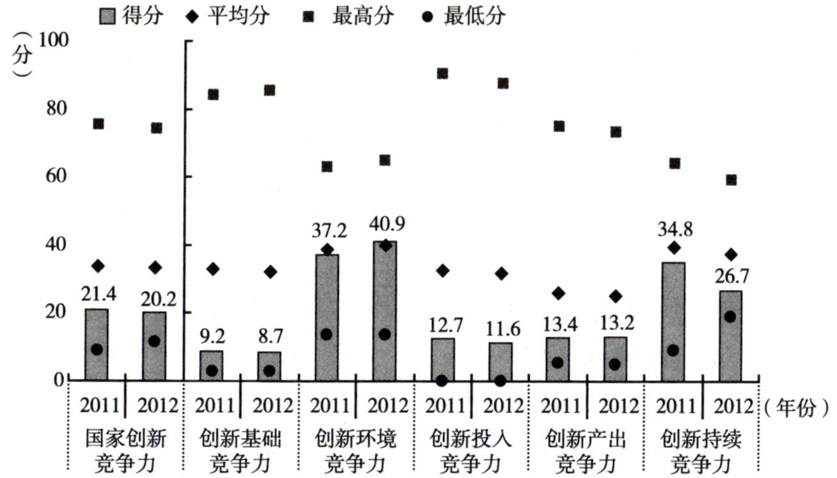

图 16－2　南非国家创新竞争力得分和排名变化趋势图

表 16 -1　南非国家创新竞争力二级指标得分和排名表

项目 年份	创新基础竞争力		创新环境竞争力		创新投入竞争力		创新产出竞争力		创新持续竞争力		创新竞争力	
	得分	排名	得分	排名	得分	排名	得分	排名	得分	排名	得分	排名
2011	9.2	17	37.2	11	12.7	15	13.4	13	34.8	13	21.4	14
2012	8.7	17	40.9	11	11.6	15	13.2	13	26.7	16	20.2	16
得分变化	-0.5		3.7		-1.1		-0.2		-8.1		-1.2	
排名升降		0		0		0		0		-3		-2
优劣度		劣势		中势		中势		中势		劣势		劣势

（3）从指标所处区位看，2012 年南非国家创新竞争力的 5 个二级指标中，没有强势指标和优势指标；中势指标 3 个，分别为创新环境竞争力、创新投入竞争力和创新产出竞争力；劣势指标 2 个，分别为创新基础竞争力和创新持续竞争力。

（4）从指标排位变化趋势看，在 5 个二级指标中，没有指标的排位处于上升趋势，有 1 个指标的排位处于下降趋势，为创新持续竞争力，这是南非国家创新竞争力的下降拉力所在。

（5）从指标排位变化的动因看，没有排位上升的指标，有 1 个二级指标的排位出现了下降，受此影响，2012 年南非国家创新竞争力的综合排位下降了 2 位，在 G20 中排名第 16 位。

16.1.2　南非国家创新竞争力各级指标动态变化分析

2011 ~2012 年南非国家创新竞争力各级指标的动态变化及其结构，如图 16 -3 和表 16 -2 所示。

从图 16 -3 可以看出，南非国家创新竞争力的三级指标中上升指标的数量大于下降指标，但保持不变的指标仍居于主导地位。表 16 -2 中的数据进一步说明，南非国家创新竞争力的 37 个三级指标中，上升的指标有 8 个，占指标总数的 21.6%；保持的指标有 25 个，占指标总数的 67.6%；下降的指标有 4 个，占指标总数的 10.8%。指标上升的数量大于指标下降的数量，但由于指标下降的幅度较大，上升的动力小于下降的拉力，2012 年南非国家创新竞争力排位下降了 2 位，在 G20 中居第 16 位。

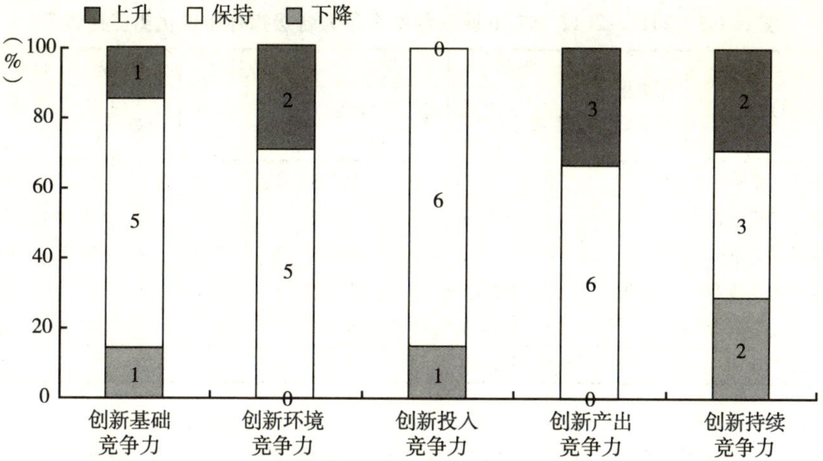

图 16-3　2011～2012 年南非国家创新竞争力指标动态变化结构图

表 16-2　2011～2012 年南非国家创新竞争力各级指标排位变化态势比较表

二级指标	三级指标个数	上升		保持		下降		变化趋势
		个数	比重(%)	个数	比重(%)	个数	比重(%)	
创新基础竞争力	7	1	14.3	5	71.4	1	14.3	保持
创新环境竞争力	7	2	28.6	5	71.4	0	0.0	保持
创新投入竞争力	7	0	0.0	6	85.7	1	14.3	保持
创新产出竞争力	9	3	33.3	6	66.7	0	0.0	保持
创新持续竞争力	7	2	28.6	3	42.9	2	28.6	下降
合　计	37	8	21.6	25	67.6	4	10.8	下降

16.1.3　南非国家创新竞争力各级指标优劣势结构分析

2011～2012 年南非国家创新竞争力各级指标的优劣势变化及其结构，如表 16-3 所示。

从表 16-3 中的数据可以看出，南非国家创新竞争力的 37 个三级指标中，强势指标 5 个，占指标总数的 13.5%；优势指标 4 个，占指标总数的 10.8%；劣势指标 19 个，占指标总数的 51.4%；强势指标和优势指标的数量之和占指标总数的 24.3%，远远小于劣势指标所占比重。从二级指标来看，没有强势指标和优势指标；中势指标 3 个，占二级指标总数的 60%；劣势指标 2 个，占

表 16－3　2011～2012 年南非国家创新竞争力各级指标排位优劣势比较表

二级指标	三级指标个数	强势		优势		中势		劣势		优劣度
		个数	比重（%）	个数	比重（%）	个数	比重（%）	个数	比重（%）	
创新基础竞争力	7	0	0.0	0	0.0	2	28.6	5	71.4	劣势
创新环境竞争力	7	3	42.9	1	14.3	1	14.3	2	28.6	中势
创新投入竞争力	7	0	0.0	0	0.0	3	42.9	4	57.1	中势
创新产出竞争力	9	1	11.1	1	11.1	2	22.2	5	55.6	中势
创新持续竞争力	7	1	14.3	2	28.6	1	14.3	3	42.9	劣势
合　计	37	5	13.5	4	10.8	9	24.3	19	51.4	劣势

二级指标总数的 40%。由于劣势指标在指标体系中居于主导地位，2011～2012 年南非国家创新竞争力处于劣势地位。

16.2　南非国家创新基础竞争力评价分析

16.2.1　南非国家创新基础竞争力评价结果

2011～2012 年南非国家创新基础竞争力及其下属 7 个三级指标的排位和排位变化情况，如表 16－4 所示。

表 16－4　南非 2011～2012 年国家创新基础竞争力指标组排位及趋势表

项目 / 年份	GDP		人均 GDP		财政收入		人均财政收入		外国直接投资净值		受高等教育人员比重		全社会劳动生产率		创新基础竞争力	
	得分	排名	得分	排名	得分	排名	得分	排名	得分	排名	得分	排名	得分	排名	得分	排名
2011	0.0	19	12.7	16	0.0	19	11.8	15	1.6	18	18.4	16	19.6	12	9.2	17
2012	0.0	19	11.7	16	0.0	19	12.6	12	1.1	18	18.4	16	17.1	14	8.7	17
得分变化	0.0		-1.0		0.0		0.8		-0.5		0.0		-2.5		-0.5	
排名升降		0		0		0		3		0		0		-2		0
优劣度		劣势		劣势		劣势		中势		劣势		劣势		中势		劣势

（1）从排位变化比较看，2012 年南非国家创新基础竞争力排名第 17 位，与 2011 年相比，排位没有发生变化，处于劣势地位。

（2）从指标所处区位来看，7个三级指标中没有强势指标和优势指标；有2个中势指标，分别为人均财政收入和全社会劳动生产率；其余5个指标是劣势指标。

（3）从指标排位变化趋势看，在7个三级指标中，有1个指标处于上升趋势，为人均财政收入；有1个指标处于下降趋势，为全社会劳动生产率；其余5个指标均保持不变。

（4）从指标排位变化的动因看，排位上升的指标和下降的指标各1个，且升降的幅度相当，南非创新基础竞争力的综合排位没有发生变化。

（5）从三级指标结构特征看，在创新基础竞争力指标组的7个三级指标中，没有强势指标和优势指标；劣势指标5个，占指标总数的71.4%，居于主导地位；上升指标1个，占指标总数的14.3%；下降指标1个，占指标总数的14.3%。指标排位上升的数量与排位下降的数量相当，且排位不变的指标较多，2012年南非国家创新基础竞争力综合排位保持不变。

16.2.2　南非国家创新基础竞争力比较分析

图16－4反映了2011～2012年南非国家创新基础竞争力与G20最高水平和平均水平的比较情况。

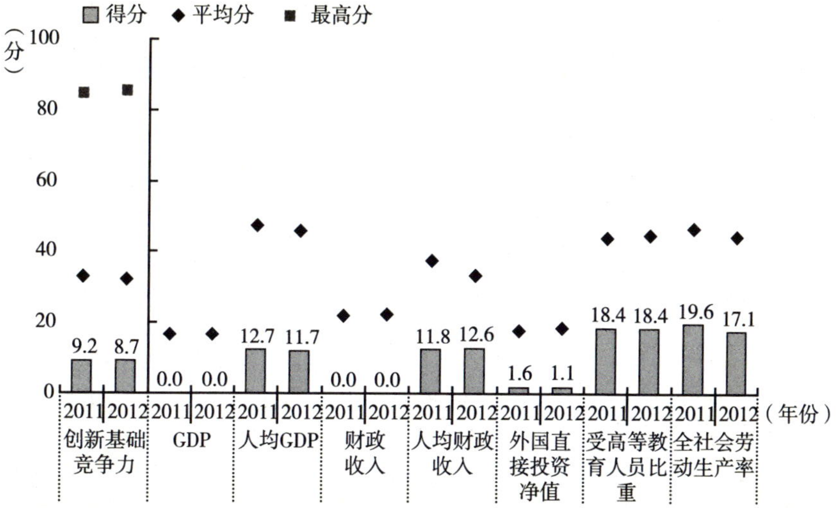

图16－4　2011～2012年南非国家创新基础竞争力指标得分比较

由图 16 -4 可知，评价期内南非国家创新基础竞争力得分均低于 10 分，说明南非国家创新基础竞争力处于较低水平。从创新基础竞争力的整体得分比较来看，2011 年，南非国家创新基础竞争力得分与 G20 最高分相比还有 75.4 分的差距，比 G20 平均分低 23.9 分；到 2012 年，南非国家创新基础竞争力得分与 G20 最高分的差距为 76.5 分，比 G20 平均分低 23.6 分。总的来说，2011 ~ 2012 年南非国家创新基础竞争力与平均分的差距基本不变，其创新基础竞争力保持稳定。

从具体指标得分比较和变化趋势来看，南非国家创新基础竞争力整体水平基本稳定，GDP、人均 GDP、财政收入、外国直接投资净值等指标排位偏低，且 7 个指标的得分普遍低于 G20 平均分，创新基础竞争力缺乏上升的动力。为提升国家创新基础竞争力，南非应进一步增强国家经济综合实力，加快经济转型和产业升级，努力提升教育水平和质量，提高全社会劳动生产率，为推动国家创新打下良好基础，有效增强国家创新基础竞争力。

16.3 南非国家创新环境竞争力评价分析

16.3.1 南非国家创新环境竞争力评价结果

2011 ~2012 年南非国家创新环境竞争力及其下属 7 个三级指标的排位和排位变化情况，如表 16 -5 所示。

表 16 -5 南非 2011 ~2012 年国家创新环境竞争力指标组排位及趋势表

项目 / 年份	每千人因特网用户数		每千人手机用户数		企业开业程序		企业平均税负水平		入境留学生比重		小额贷款占 GDP 比重		ISO 9001 质量体系认证数		创新环境竞争力	
	得分	排名	得分	排名	得分	排名	得分	排名	得分	排名	得分	排名	得分	排名	得分	排名
2011	31.7	17	42.1	6	69.2	3	80.8	5	9.5	11	25.9	7	1.1	18	37.2	11
2012	37.9	16	51.6	5	69.2	3	80.5	5	9.1	11	36.6	7	1.2	18	40.9	11
得分变化	6.2		9.5		0.0		-0.3		-0.4		10.7		0.1		3.7	
排名升降		1		1		0		0		0		0		0		0
优劣度		劣势		强势		强势		强势		中势		优势		劣势		中势

（1）从排位变化比较看，2012年南非国家创新环境竞争力排名第11位，与2011年相比，排位保持不变，仍处于中势地位。

（2）从指标所处区位来看，7个三级指标中有3个强势指标，分别为每千人手机用户数、企业开业程序和企业平均税负水平；有1个优势指标，为小额贷款占GDP比重；有1个中势指标，为入境留学生比重；其余2个指标为劣势指标。

（3）从指标排位变化趋势看，在7个三级指标中，有2个指标处于上升趋势，分别为每千人因特网用户数和每千人手机用户数；其余指标均保持不变。

（4）从指标排位变化的动因看，尽管2个三级指标的排位出现了上升，但由于上升幅度较小，且大部分指标排位保持不变，南非创新环境竞争力缺乏上升的动力，综合排位没有发生变化。

（5）从三级指标结构特征看，在创新环境竞争力指标组的7个三级指标中，强势指标3个，占指标总数的42.9%；优势指标1个，占指标总数的14.3%；劣势指标2个，占指标总数的28.6%；强势和优势指标居主导地位；上升指标2个，占指标总数的28.6%；保持指标5个，占指标总数的71.4%；没有下降指标。虽然指标排位上升的数量大于排位下降的数量，但受其他外部因素的综合影响，2012年南非国家创新环境竞争力综合排位与2011年相比保持不变。

16.3.2　南非国家创新环境竞争力比较分析

图16－5反映了2011～2012年南非国家创新环境竞争力与G20最高水平和平均水平的比较情况。

由图16－5可知，评价期内南非国家创新环境竞争力得分都在40分左右，处于中等水平。从创新环境竞争力的整体得分比较来看，2011年，南非国家创新环境竞争力得分与G20最高分相比还有25.7分的差距，与G20平均分相比，低了1.5分；2012年，南非国家创新环境竞争力得分与G20最高分的差距为24.2分，高于G20平均分0.9分。总的来说，2011～2012年南非国家创新环境竞争力与最高分的差距呈缩小趋势，但排位依然保持

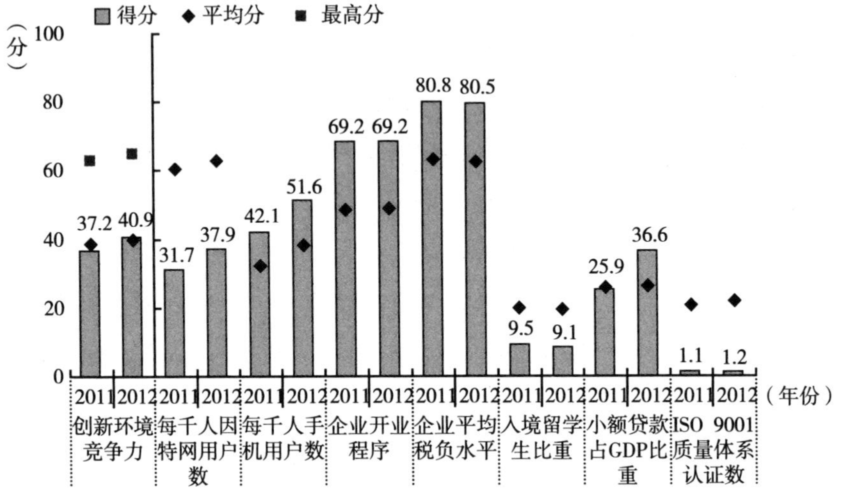

图 16-5　2011～2012 年南非国家创新环境竞争力指标得分比较

不变。

从具体指标得分比较和变化趋势来看，南非国家创新环境竞争力整体处于中等水平，这主要是由于每千人因特网用户数、入境留学生比重、ISO 9001质量体系认证数等指标均低于 G20 平均分，这限制了其创新环境竞争力的进一步提升。因此，为提升南非国家创新环境竞争力，应针对存在的这些问题，着力提高网络普及率和使用率，加快推进信息化建设，营造良好的环境吸引国内外人才，为创新型企业发展提供保障，进一步增强国家创新环境竞争力。

16.4　南非国家创新投入竞争力评价分析

16.4.1　南非国家创新投入竞争力评价结果

2011～2012 年南非国家创新投入竞争力及其下属 7 个三级指标的排位和排位变化情况，如表 16-6 所示。

（1）从排位变化比较看，2012 年南非国家创新投入竞争力排名第 15 位，与2011年相比，排位保持不变，处于中势地位。

（2）从指标所处区位来看，7个三级指标中没有强势指标和优势指标；有3个指标是中势指标，分别为R&D经费支出占GDP比重、研究人员占从业人员比重和企业研发投入比重；其余4个指标均是劣势指标。

表16－6　南非2011～2012年国家创新投入竞争力指标组排位及趋势表

项目 年份	R&D经费支出总额		R&D经费支出占GDP比重		人均R&D经费支出		R&D人员		研究人员占从业人员比重		企业研发投入比重		风险资本交易占GDP比重		创新投入竞争力	
	得分	排名	得分	排名	得分	排名	得分	排名	得分	排名	得分	排名	得分	排名	得分	排名
2011	0.7	16	19.7	14	4.7	16	1.0	18	8.0	15	47.9	13	6.7	10	12.7	15
2012	0.6	16	18.6	14	4.2	16	0.9	18	7.6	15	49.3	13	0.0	16	11.6	15
得分变化	-0.1		-1.1		-0.5		-0.1		-0.4		1.4		-6.7		-1.1	
排名升降		0		0		0		0		0		0		-6		0
优劣度		劣势		中势		劣势		劣势		中势		中势		劣势		中势

（3）从指标排位变化趋势看，在7个三级指标中，只有1个指标处于下降趋势，为风险资本交易占GDP比重；其余6个指标保持不变。

（4）从指标排位变化的动因看，由于有6个三级指标的排位保持不变，南非创新投入竞争力的综合排位也保持不变，在G20中排名第15位。

（5）从三级指标结构特征看，在创新投入竞争力指标组的7个三级指标中，没有强势指标和优势指标；中势指标3个，占指标总数的42.9%；劣势指标4个，占指标总数的57.1%；下降指标1个，占指标总数的14.3%；没有上升指标；保持指标6个，占指标总数的85.7%。由于大部分指标排位保持不变，2012年南非国家创新投入竞争力综合排位仍保持不变。

16.4.2　南非国家创新投入竞争力比较分析

图16－6反映了2011～2012年南非国家创新投入竞争力与G20最高水平和平均水平的比较情况。

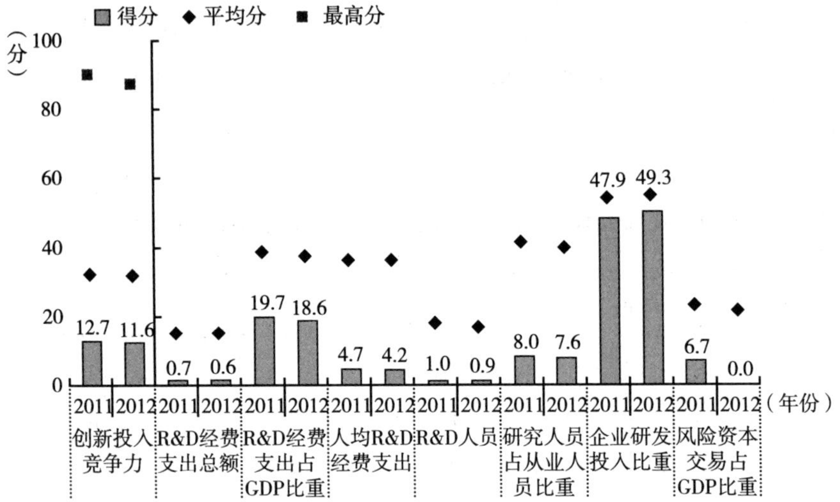

图 16－6　2011～2012 年南非国家创新投入竞争力指标得分比较

由图 16－6 可知，评价期内南非国家创新投入竞争力得分均低于 13 分，说明南非国家创新投入竞争力处于较低水平。从创新投入竞争力的整体得分比较来看，2011 年，南非国家创新投入竞争力得分与 G20 最高分相比还有 77.4 分的差距，与 G20 平均分相比，则低了 19.7 分；到 2012 年，南非国家创新投入竞争力得分与 G20 最高分的差距为 75.5 分，低于 G20 平均分 20.1 分。总的来说，2011～2012 年南非国家创新投入竞争力与最高分的差距缩小了，与平均分的差距扩大了，国家创新投入竞争力的排位保持不变。

从具体指标得分比较和变化趋势来看，南非国家创新投入竞争力整体水平较为稳定，仍处于中势地位，这主要是由于大部分指标得分偏低，且所有三级指标的得分都低于 G20 平均分，可见，其创新投入竞争力较为薄弱。今后要特别关注这些问题，继续加大科技研发经费投入，鼓励多元化的创新研发投入，加大研发人员培养力度，高度重视研发人才队伍建设，不断增加国家创新投入，提升国家创新投入竞争力。

16.5 南非国家创新产出竞争力评价分析

16.5.1 南非国家创新产出竞争力评价结果

2011～2012年南非国家创新产出竞争力及其下属9个三级指标的排位和排位变化情况，如表16－7所示。

表16－7 南非2011～2012年国家创新产出竞争力指标组排位及趋势表

项目/年份	专利授权数		科技人员平均专利授权数		科技论文发表数		科技人员平均发表论文数		专利和许可收入	
	得分	排名	得分	排名	得分	排名	得分	排名	得分	排名
2011	2.1	13	55.4	3	1.4	17	29.9	6	0.0	19
2012	2.2	12	54.0	3	1.4	17	28.5	6	0.0	18
得分变化	0.1		－1.4		0.0		－1.4		0.0	
排名升降		1		0		0		0		1
优劣度		中势		强势		劣势		优势		劣势

项目/年份	高技术产品净出口额		高技术产品净出口比重		注册商标数		创意产品出口比重		创新产出竞争力	
	得分	排名	得分	排名	得分	排名	得分	排名	得分	排名
2011	0.9	18	16.6	17	14.2	14	0.4	18	13.4	13
2012	0.8	17	17.9	17	13.3	14	0.4	18	13.2	13
得分变化	－0.1		1.3		－0.9		0.0		－0.2	
排名升降		1		0		0		0		0
优劣度		劣势		劣势		中势		劣势		中势

（1）从排位变化比较看，2012年南非国家创新产出竞争力排名第13位，与2011年相比，排位保持不变，仍处于中势地位。

（2）从指标所处区位来看，9个三级指标中，有1个强势指标，为科技人员平均专利授权数；有1个优势指标，为科技人员平均发表论文数；有2个指标是中势指标，分别为专利授权数和注册商标数；其余5个指标均为劣势指标。

（3）从指标排位变化趋势看，在9个三级指标中，有3个指标处于上升趋势，分别为专利授权数、专利和许可收入以及高技术产品净出口额；其余 6 个指标保持不变。

（4）从指标排位变化的动因看，3 个三级指标的排位出现了上升，但上升的幅度较小，且其余指标排位保持不变，南非创新产出竞争力的上升动力不足，综合排位保持不变。

（5）从三级指标结构特征看，在创新产出竞争力指标组的 9 个三级指标中，强势指标 1 个，占指标总数的 11.1%；优势指标 1 个，占指标总数的 11.1%；劣势指标 5 个，占指标总数的 55.6%，强势和优势指标所占比重远远小于劣势指标的比重；上升指标 3 个，占指标总数的 33.3%；没有下降指标。虽然指标排位上升的数量大于排位下降的数量，但受其他外部因素的综合影响，2012 年南非国家创新产出竞争力综合排位与 2011 年相比没有发生变化。

16.5.2 南非国家创新产出竞争力比较分析

图 16 – 7 反映了 2011 ~2012 年南非国家创新产出竞争力与 G20 最高水平和平均水平的比较情况。

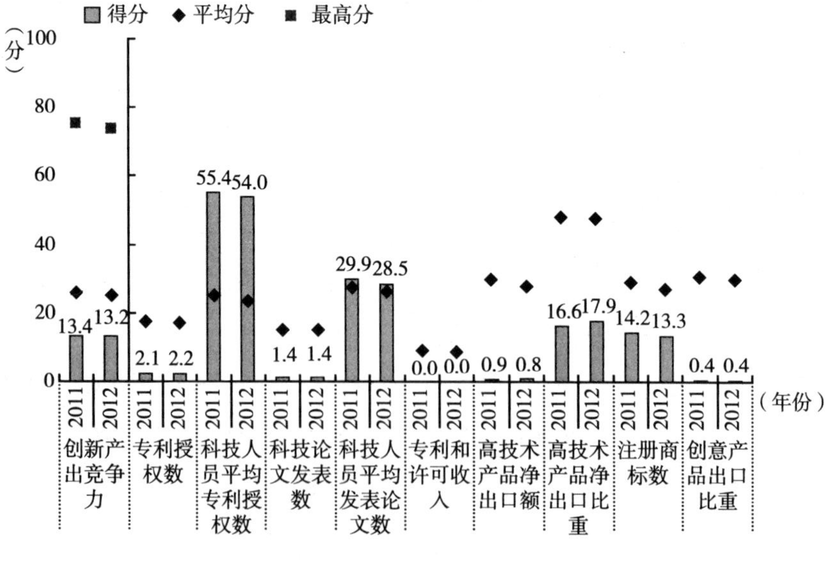

图 16 – 7　2011 ~2012 年南非国家创新产出竞争力指标得分比较

由图16－7可知，评价期内南非国家创新产出竞争力得分均低于14分，说明南非国家创新产出竞争力处于较低水平。从创新产出竞争力的整体得分比较来看，2011年，南非国家创新产出竞争力得分与G20最高分相比还有61.4分的差距，低于G20平均分12.4分；到2012年，南非国家创新产出竞争力得分与G20最高分的差距为60.0分，低于G20平均分11.7分。总的来说，2011～2012年南非国家创新产出竞争力与最高分和平均分的差距呈缩小趋势，但排位保持不变。

从具体指标得分比较和变化趋势来看，南非国家创新产出竞争力整体水平没有发生明显变化，这主要是由于专利授权数、科技论文发表数、专利和许可收入、高技术产品净出口额、创意产品出口比重等指标得分和排位偏低，且9个三级指标多数得分低于G20平均分。因此，要进一步提升南非的专利产出，增加专利和许可收入；注重基础研究能力建设，提高科技论文等创新产出的数量和质量；优化出口贸易结构，加大高技术产品和创意产品等出口比重。采取有效措施，切实提高国家创新产出，增强国家创新产出竞争力。

16.6　南非国家创新持续竞争力评价分析

16.6.1　南非国家创新持续竞争力评价结果

2011～2012年南非国家创新持续竞争力及其下属7个三级指标的排位和排位变化情况，如表16－8所示。

（1）从排位变化比较看，2012年南非国家创新持续竞争力排名第16位，比2011年下降了3位，处于中势地位。

（2）从指标所处区位来看，7个三级指标中有1个强势指标，为人均公共教育经费支出额；2个优势指标，分别为科技人员增长率和高校科技工程毕业生比重；公共教育经费支出占GDP比重为中势指标；其余3个指标为劣势指标。

表 16-8 南非 2011~2012 年国家创新持续竞争力指标组排位及趋势表

项目/年份	公共教育经费支出总额		公共教育经费支出占 GDP 比重		人均公共教育经费支出额		高等教育毛入学率	
	得分	排名	得分	排名	得分	排名	得分	排名
2011	0.3	17	5.2	15	97.1	2	0.0	19
2012	0.3	18	4.0	15	100	1	0.0	18
得分变化	0.0		-1.2		2.9		0.0	
排名升降		-1		0		1		1
优劣度		劣势		中势		强势		劣势

项目/年份	科技人员增长率		科技经费增长率		高校科技工程毕业生比重		创新持续竞争力	
	得分	排名	得分	排名	得分	排名	得分	排名
2011	100	1	0.0	19	40.8	8	34.8	13
2012	43.2	7	0.0	19	39.3	8	26.7	16
得分变化	-56.8		0.0		-1.5		-8.1	
排名升降		-6		0		0		-3
优劣度		优势		劣势		优势		劣势

（3）从指标排位变化趋势看，在 7 个三级指标中，有 2 个指标处于上升趋势，分别为人均公共教育经费支出额和高等教育毛入学率；有 2 个指标处于下降趋势，分别为公共教育经费支出总额、科技人员增长率，其中科技人员增长率指标下降的幅度较大。

（4）从指标排位变化的动因看，排位上升和下降的指标各有 2 个，但指标下降的幅度大于上升的幅度，下降的拉力大于上升的动力，南非创新持续竞争力的综合排位出现下降，在 G20 中排名第 16 位。

（5）从三级指标结构特征看，在创新持续竞争力指标组的 7 个三级指标中，强势指标 1 个，占指标总数的 14.3%；优势指标 2 个，占指标总数的 28.6%；劣势指标 3 个，占指标总数的 42.9%，强势指标和优势指标所占比重与劣势指标的比重相当；上升指标 2 个，占指标总数的 28.6%；下降指标 2 个，占指标总数 28.6%。虽然指标排位下降的数量等于排位上升的数量，但指标下降的幅度较大，2012 年南非国家创新持续竞争力综合排位比 2011 年下降了 3 位。

16.6.2 南非国家创新持续竞争力比较分析

图 16-8 反映了 2011~2012 年南非国家创新持续竞争力与 G20 最高水平和平均水平的比较情况。

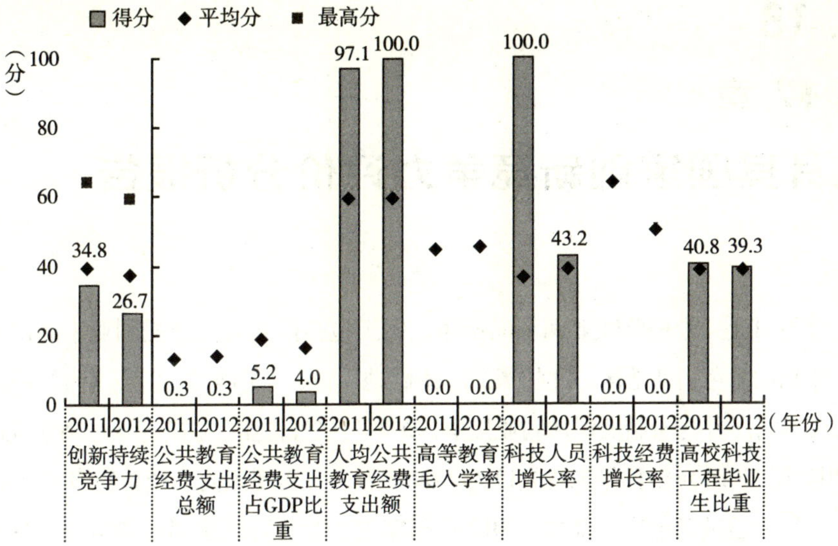

图 16－8 2011～2012 年南非国家创新持续竞争力指标得分比较

由图 16－8 可知，评价期内南非国家创新持续竞争力得分处于下降趋势，说明南非国家创新持续竞争力水平有所降低。从创新持续竞争力的整体得分比较来看，2011 年，南非国家创新持续竞争力得分与 G20 最高分相比还有 29. 5 分的差距，低于 G20 平均分 4. 6 分；到 2012 年，南非国家创新持续竞争力得分与 G20 最高分的差距扩大为 32. 6 分，低于 G20 平均分 10. 9 分。总的来说，2011～2012 年南非国家创新持续竞争力与最高分、平均分的差距均呈扩大趋势，排位处于下降趋势。

从具体指标得分比较和变化趋势来看，南非国家创新持续竞争力整体水平出现了下降，这主要是由于公共教育经费支出占 GDP 比重、科技人员增长率等指标得分明显下降，且公共教育经费支出总额、公共教育经费支出占 GDP 比重、高等教育毛入学率和科技经费增长率等指标的得分还低于 G20 平均分。因此，针对这些问题，南非要不断增加教育和科技经费投入，提高高等教育质量，尤其要注重提升对科学家和工程师的培养力度，实现国家创新能力的可持续发展，有效提升国家创新持续竞争力。

Y.18

第 17 章 土耳其国家创新竞争力评价分析报告

土耳其是一个横跨欧亚两洲的国家，国土包括西亚的安纳托利亚半岛以及巴尔干半岛的东色雷斯地区。北临黑海，南临地中海，东南与叙利亚、伊拉克接壤，西临爱琴海，并与希腊及保加利亚接壤，东部与格鲁吉亚、亚美尼亚、阿塞拜疆和伊朗接壤。2012 年全国年末总人口为 7399.7 万人，实现国内生产总值 7892.6 亿美元。本部分通过对土耳其 2011 ~2012 年国家创新竞争力以及创新竞争力中各要素在 G20 中的排名变化分析，从中找出土耳其国家创新竞争力的推动点及影响因素。

17.1 土耳其国家创新竞争力总体评价分析

2011 ~2012 年，土耳其的国家创新竞争力排名略有上升。其中，2011 年土耳其国家创新竞争力在 G20 中排名第 15 位，到了 2012 年，排名第 13 位，排位上升了 2 位。

17.1.1 土耳其国家创新竞争力概要分析

土耳其国家创新竞争力在 G20 中所处的位置及 5 个二级指标的得分和排位变化如图 17 －1、图 17 －2 和表 17 －1 所示。

（1）从综合排位变化看，2012 年土耳其国家创新竞争力综合排名在 G20 中处于第 13 位，与 2011 年相比，排位上升了 2 位。

（2）从指标得分看，2012 年土耳其国家创新竞争力得分为 21.8 分，比 G20 最高分低 52.1 分，比平均分低 11.5 分；与 2011 年相比，土耳其国家创新竞争力得分上升了 1 分，与当年最高分的差距缩小了 2.4 分，与 G20 平均分的差距扩大了 1.5 分。

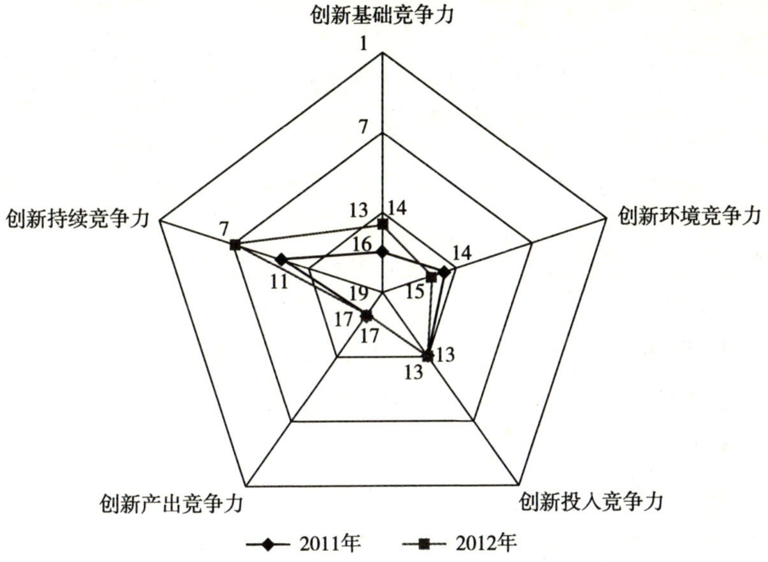

图 17－1　土耳其国家创新竞争力二级指标排名雷达图

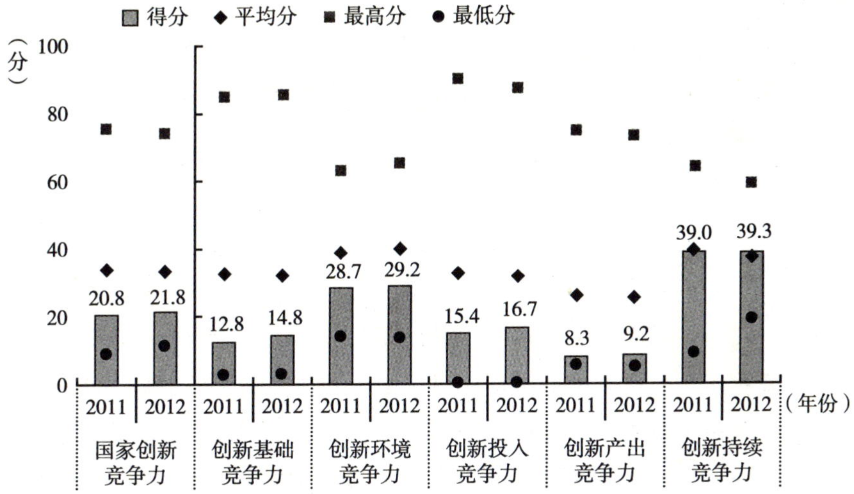

图 17－2　土耳其国家创新竞争力得分和排名变化趋势图

表 17－1　土耳其国家创新竞争力二级指标得分和排名表

年份＼项目	创新基础竞争力		创新环境竞争力		创新投入竞争力		创新产出竞争力		创新持续竞争力		创新竞争力	
	得分	排名	得分	排名	得分	排名	得分	排名	得分	排名	得分	排名
2011	12.8	16	28.7	14	15.4	13	8.3	17	39.0	11	20.8	15
2012	14.8	14	29.2	15	16.7	13	9.2	17	39.3	7	21.8	13
得分变化	1.9		0.5		1.3		0.9		0.2		1.0	
排名升降		2		-1		0		0		4		2
优劣度		中势		中势		中势		劣势		优势		中势

（3）从指标所处区位看，2012 年土耳其国家创新竞争力的 5 个二级指标中，没有强势指标；优势指标 1 个，为创新持续竞争力；劣势指标 1 个，为创新产出竞争力；其余为中势指标。

（4）从指标排位变化趋势看，在 5 个二级指标中，有 2 个指标的排位处于上升趋势，分别为创新基础竞争力和创新持续竞争力，这些是土耳其国家创新竞争力的上升动力所在；有 1 个指标的排位处于下降趋势，为创新环境竞争力。

（5）从指标排位变化的动因看，1 个二级指标的排位出现了下降，2 个二级指标的排位出现了上升，上升的动力大于下降的拉力，使得 2012 年土耳其国家创新竞争力的综合排位上升了 2 位，在 G20 中排名第 13 位。

17.1.2　土耳其国家创新竞争力各级指标动态变化分析

2011～2012 年土耳其国家创新竞争力各级指标的动态变化及其结构，如图 17－3 和表 17－2 所示。

从图 17－3 可以看出，土耳其国家创新竞争力的三级指标中上升指标的数量大于下降指标，保持不变的指标仍居于主导地位。表 17－2 中的数据进一步说明，土耳其国家创新竞争力的 37 个三级指标中，上升的指标有 14 个，占指标总数的 37.8%；保持的指标有 17 个，占指标总数的 45.9%；下降的指标有 6 个，占指标总数的 16.2%。指标上升的数量大于指标下降的数量，上升的动力大于下降的拉力，2012 年土耳其国家创新竞争力排位上升了 2 位，在 G20 中居第 13 位。

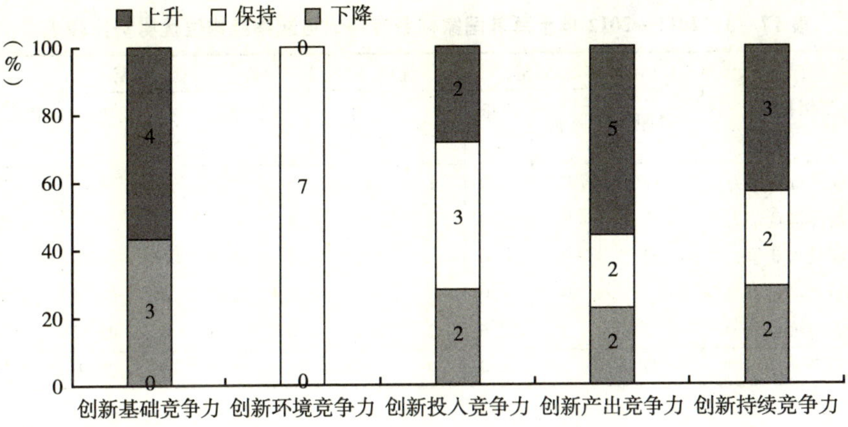

图 17－3　2011～2012 年土耳其国家创新竞争力指标动态变化结构图

表 17－2　2011～2012 年土耳其国家创新竞争力各级指标排位变化态势比较表

二级指标	三级指标个数	上升		保持		下降		变化趋势
		个数	比重(%)	个数	比重(%)	个数	比重(%)	
创新基础竞争力	7	4	57.1	3	42.9	0	0.0	上升
创新环境竞争力	7	0	0.0	7	100.0	0	0.0	下降
创新投入竞争力	7	2	28.6	3	42.9	2	28.6	保持
创新产出竞争力	9	5	55.6	2	22.2	2	22.2	保持
创新持续竞争力	7	3	42.9	2	28.6	2	28.6	上升
合　计	37	14	37.8	17	45.9	6	16.2	上升

17.1.3　土耳其国家创新竞争力各级指标优劣势结构分析

2011～2012 年土耳其国家创新竞争力各级指标的优劣势变化及其结构，如表 17－3 所示。

从表 17－3 中的数据可以看出，土耳其国家创新竞争力的 37 个三级指标中，强势指标 2 个，占指标总数的 5.4%；优势指标 9 个，占指标总数的 24.3%；劣势指标 9 个，占指标总数的 24.3%；强势指标和优势指标的数量之和占指标总数的 29.7%，略大于劣势指标比重，中势指标占主导地位。从二级指标来看，没有强势指标；优势指标 1 个，占二级指标总数的 20%；中势指标 3 个，占二级指标总数的 60%；劣势指标 1 个，占二级指标总数的 20%。

表 17－3 2011～2012 年土耳其国家创新竞争力各级指标排位优劣势比较表

二级指标	三级指标个数	强势		优势		中势		劣势		优劣度
		个数	比重（%）	个数	比重（%）	个数	比重（%）	个数	比重（%）	
创新基础竞争力	7	0	0.0	1	14.3	5	71.4	1	14.3	中势
创新环境竞争力	7	0	0.0	2	28.6	4	57.1	1	14.3	中势
创新投入竞争力	7	0	0.0	1	14.3	6	85.7	0	0.0	中势
创新产出竞争力	9	0	0.0	3	33.3	2	22.2	4	44.4	劣势
创新持续竞争力	7	2	28.6	2	28.6	0	0.0	3	42.9	优势
合　计	37	2	5.4	9	24.3	17	45.9	9	24.3	中势

由于中势指标在指标体系中居于主导地位，2011～2012 年土耳其国家创新竞争力处于中势地位。

17.2 土耳其国家创新基础竞争力评价分析

17.2.1 土耳其国家创新基础竞争力评价结果

2011～2012 年土耳其国家创新基础竞争力及其下属 7 个三级指标的排位和排位变化情况，如表 17－4 所示。

表 17－4 土耳其 2011～2012 年国家创新基础竞争力指标组排位及趋势表

项目／年份	GDP		人均 GDP		财政收入		人均财政收入		外国直接投资净值		受高等教育人员比重		全社会劳动生产率		创新基础竞争力	
	得分	排名	得分	排名	得分	排名	得分	排名	得分	排名	得分	排名	得分	排名	得分	排名
2011	2.6	16	18.0	14	2.5	16	12.4	14	6.3	15	19.1	15	28.9	11	12.8	16
2012	2.6	16	17.8	14	6.5	13	21.3	10	5.0	13	22.2	13	28.0	11	14.8	14
得分变化	0.0		－0.2		4.0		8.9		－1.3		3.1		－0.9		2.0	
排名升降		0		0		3		4		2		2		0		2
优劣度		劣势		中势		中势		优势		中势		中势		中势		中势

（1）从排位变化比较看，2012 年土耳其国家创新基础竞争力排名第 14 位，与 2011 年相比，排位上升了 2 位，处于中势地位。

（2）从指标所处区位来看，7 个三级指标中没有强势指标；有 1 个优势指标，为人均财政收入；有 1 个劣势指标，为 GDP；其余 5 个指标是中势指标。

（3）从指标排位变化趋势看，在 7 个三级指标中，有 4 个指标处于上升趋势，分别为财政收入、人均财政收入、外国直接投资净值和受高等教育人员比重；其余 3 个指标保持不变。

（4）从指标排位变化的动因看，由于有 4 个指标排位出现了上升，土耳其创新基础竞争力的综合排位上升了 2 位，在 G20 中排名第 14 位。

（5）从三级指标结构特征看，在创新基础竞争力指标组的 7 个三级指标中，没有强势指标；优势指标 1 个，占指标总数的 14.3%；劣势指标 1 个，占指标总数的 14.3%，强势和优势指标所占比重等于劣势指标的比重，中势指标居于主导地位；上升指标 4 个，占指标总数的 57.1%；没有下降指标。在指标排位上升的作用下，2012 年土耳其国家创新基础竞争力综合排位上升了 2 位。

17.2.2　土耳其国家创新基础竞争力比较分析

图 17－4 反映了 2011～2012 年土耳其国家创新基础竞争力与 G20 最高水平和平均水平的比较情况。

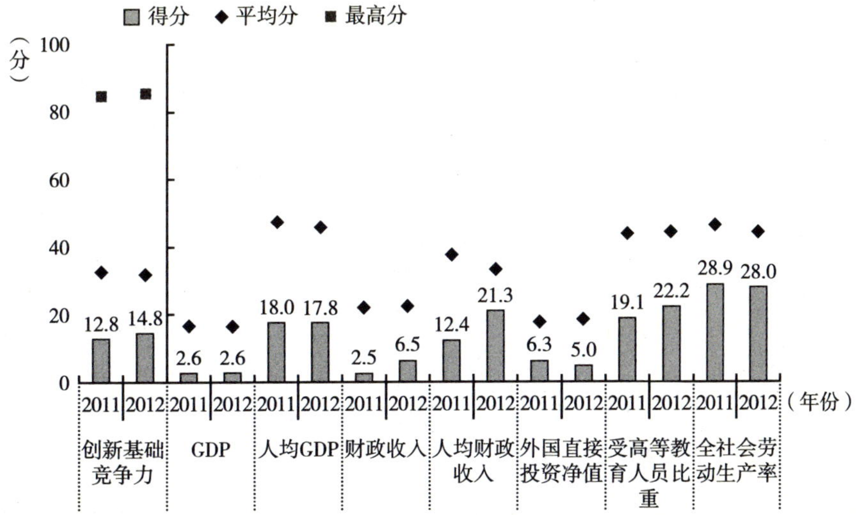

图 17－4　2011～2012 年土耳其国家创新基础竞争力指标得分比较

由图 17－4 可知，评价期内土耳其国家创新基础竞争力得分均低于 15 分，说明土耳其国家创新基础竞争力处于较低水平。从创新基础竞争力的整体得分比较来看，2011 年，土耳其国家创新基础竞争力得分与 G20 最高分相比还有 71.7 分的差距，比 G20 平均分低 20.3 分；到 2012 年，土耳其国家创新基础竞争力得分与 G20 最高分的差距为 70.5 分，比 G20 平均分低 17.5 分。总的来说，2011～2012 年土耳其国家创新基础竞争力与最高分和平均分的差距都缩小了，分别缩小了 1.2 分和 2.8 分。

从具体指标得分比较和变化趋势来看，土耳其国家创新基础竞争力整体水平有所上升，但 GDP、人均 GDP、财政收入等指标排位仍然偏低，且 7 个指标的得分普遍低于 G20 平均分，创新基础竞争力还有待进一步提升。在今后的科技创新活动中，土耳其要着力夯实经济基础，继续扩大生产，提高居民收入，借鉴主要发达国家经验，加大教育和科技投入，提高全社会劳动生产率，巩固和增强国家创新基础竞争力。

17.3　土耳其国家创新环境竞争力评价分析

17.3.1　土耳其国家创新环境竞争力评价结果

2011～2012 年土耳其国家创新环境竞争力及其下属 7 个三级指标的排位和排位变化情况，如表 17－5 所示。

表 17－5　土耳其 2011～2012 年国家创新环境竞争力指标组排位及趋势表

项目 年份	每千人因特网用户数		每千人手机用户数		企业开业程序		企业平均税负水平		入境留学生比重		小额贷款占 GDP 比重		ISO 9001 质量体系认证数		创新环境竞争力	
	得分	排名	得分	排名	得分	排名	得分	排名	得分	排名	得分	排名	得分	排名	得分	排名
2011	43.8	14	14.3	15	61.5	6	72.6	7	3.9	14	0.0	18	5.0	13	28.7	14
2012	43.5	14	18.3	15	61.5	6	72.7	7	4.7	14	0.0	18	3.9	13	29.2	15
得分变化	-0.3		4.0		0.0		0.1		0.8		0.0		-1.1		0.5	
排名升降		0		0		0		0		0		0		0		-1
优劣度		中势		中势		优势		优势		中势		劣势		中势		中势

（1）从排位变化比较看，2012 年土耳其国家创新环境竞争力排名第 15 位，与 2011 年相比，排位下降了 1 位，仍处于中势地位。

（2）从指标所处区位来看，7 个三级指标中没有强势指标；有 2 个优势指标，分别为企业开业程序和企业平均税负水平；有 1 个劣势指标，为小额贷款占 GDP 比重；其余 4 个指标为中势指标。

（3）从指标排位变化趋势看，7 个三级指标排位均保持不变。

（4）从指标排位变化的动因看，尽管三级指标排位都没有发生变化，但受外部因素的综合影响，土耳其创新环境竞争力的综合排位下降了 1 位，在 G20 中处于第 15 位。

（5）从三级指标结构特征看，在创新环境竞争力指标组的 7 个三级指标中，没有强势指标；优势指标 2 个，占指标总数的 28.6%；劣势指标 1 个，占指标总数的 14.3%；中势指标居于主导地位；所有指标排位均保持不变。虽然三级指标排位没有发生变化，但受外部因素的综合影响，2012 年土耳其国家创新环境竞争力综合排位与 2011 年相比下降了 1 位。

17.3.2　土耳其国家创新环境竞争力比较分析

图 17－5 反映了 2011～2012 年土耳其国家创新环境竞争力与 G20 最高水平和平均水平的比较情况。

由图 17－5 可知，评价期内土耳其国家创新环境竞争力得分均低于 30 分，处于较低水平。从创新环境竞争力的整体得分比较来看，2011 年，土耳其国家创新环境竞争力得分与 G20 最高分相比还有 34.2 分的差距，低于平均分 10 分；2012 年，土耳其国家创新环境竞争力得分与 G20 最高分的差距为 35.8 分，低于 G20 平均分 10.8 分。总的来说，2011～2012 年土耳其国家创新环境竞争力与最高分和平均分的差距都有所扩大，排位下降了 1 位。

从具体指标得分比较和变化趋势来看，土耳其国家创新环境竞争力整体水平较低，仍处于中势地位，这主要是由于小额贷款占 GDP 比重等指标处于劣势地位，且每千人因特网用户数、每千人手机用户数、入境留学生比重、小额贷款占 GDP 比重、ISO 9001 质量体系认证数等指标均低于 G20 平均分，这限

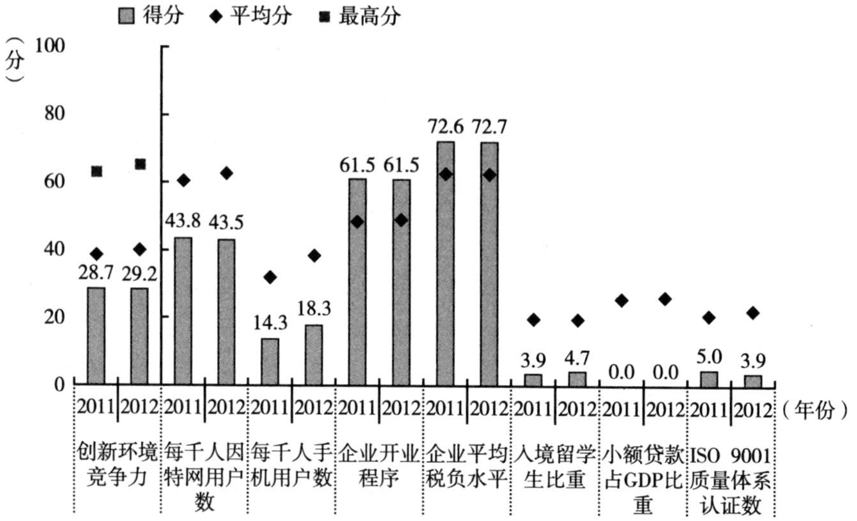

图 17-5　2011～2012 年土耳其国家创新环境竞争力指标得分比较

制了其创新环境竞争力提升。因此，土耳其应加快信息高速公路建设，积极推进互联网经济发展，加大对创新型企业的科技和资金扶持力度，创造优越的环境吸引人才，营造良好的创新氛围，优化国家创新环境，切实增强国家创新环境竞争力。

17.4　土耳其国家创新投入竞争力评价分析

17.4.1　土耳其国家创新投入竞争力评价结果

2011～2012 年土耳其国家创新投入竞争力及其下属 7 个三级指标的排位和排位变化情况，如表 17-6 所示。

（1）从排位变化比较看，2012 年土耳其国家创新投入竞争力排名第 13 位，与 2011 年相比，排位保持不变，处于中势地位。

（2）从指标所处区位来看，7 个三级指标中没有强势指标和劣势指标；优势指标 1 个，为企业研发投入比重；其余 6 个指标都是中势指标。

表 17-6　土耳其 2011~2012 年国家创新投入竞争力指标组排位及趋势表

项目 \ 年份	R&D经费支出总额		R&D经费支出占GDP比重		人均R&D经费支出		R&D人员		研究人员占从业人员比重		企业研发投入比重		风险资本交易占GDP比重		创新投入竞争力	
	得分	排名	得分	排名	得分	排名	得分	排名	得分	排名	得分	排名	得分	排名	得分	排名
2011	2.5	14	19.9	13	11.2	11	3.0	14	22.4	12	45.5	14	3.1	13	15.4	13
2012	2.7	14	19.8	13	12.0	12	3.0	14	23.2	11	53.3	10	2.9	14	16.7	13
得分变化	0.2		-0.1		0.8		0.0		0.8		7.8		-0.2		1.3	
排名升降		0		0		-1		0		1		4		-1		0
优劣度		中势		中势		中势		中势		中势		优势		中势		中势

（3）从指标排位变化趋势看，在 7 个三级指标中，有 2 个指标处于上升趋势，分别为研究人员占从业人员比重和企业研发投入比重；有 2 个指标处于下降趋势，分别为人均 R&D 经费支出和风险资本交易占 GDP 比重；其余指标保持不变。

（4）从指标排位变化的动因看，各有 2 个三级指标的排位出现了上升和下降，上升的动力和下降的拉力相当。

（5）从三级指标结构特征看，在创新投入竞争力指标组的 7 个三级指标中，没有强势指标和劣势指标；优势指标 1 个，占指标总数的 14.3%；中势指标居于主导地位；上升指标 2 个，占指标总数的 28.6%；下降指标 2 个，占指标总数的 28.6%；保持指标 3 个，占指标总数的 42.9%。受指标排位升降的综合影响，2012 年土耳其国家创新投入竞争力综合排位与 2011 年相比没有发生变化。

17.4.2　土耳其国家创新投入竞争力比较分析

图 17-6 反映了 2011~2012 年土耳其国家创新投入竞争力与 G20 最高水平和平均水平的比较情况。

由图 17-6 可知，评价期内土耳其国家创新投入竞争力得分均低于 17 分，说明土耳其国家创新投入竞争力处于较低水平。从创新投入竞争力的整体得分比较来看，2011 年，土耳其国家创新投入竞争力得分与 G20 最高分相比还有 74.7 分的差距，与平均分相比，则低了 17 分；到 2012 年，土耳其国家创新

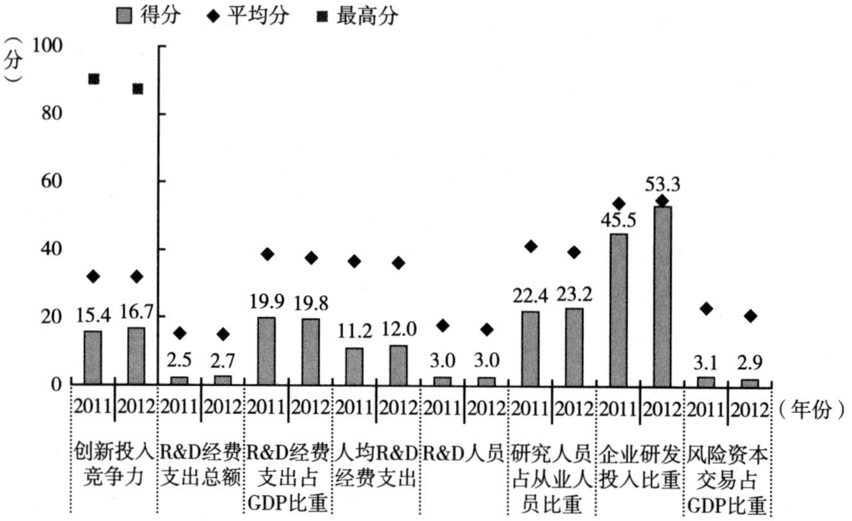

图 17-6 2011~2012 年土耳其国家创新投入竞争力指标得分比较

投入竞争力得分与 G20 最高分的差距为 70.3 分，低于 G20 平均分 15 分。总的来说，2011~2012 年土耳其国家创新投入竞争力与最高分和平均分的差距有所缩小，但国家创新投入竞争力的排位保持不变。

从具体指标得分比较和变化趋势来看，土耳其国家创新投入竞争力整体水平较为稳定，仍处于中势地位，这主要是由于大部分指标排位偏低，且所有三级指标的得分都低于 G20 平均分，可见，其创新投入竞争力还有较大的提升空间。今后土耳其要特别关注这些问题，继续加大科技创新投入和研发人员培养力度，高度重视研发人才队伍建设，不断增加国家创新投入，有效增强国家创新投入竞争力。

17.5 土耳其国家创新产出竞争力评价分析

17.5.1 土耳其国家创新产出竞争力评价结果

2011~2012 年土耳其国家创新产出竞争力及其下属 9 个三级指标的排位和排位变化情况，如表 17-7 所示。

表 17－7　土耳其 2011～2012 年国家创新产出竞争力指标组排位及趋势表

项目 年份	专利授权数		科技人员平均专利授权数		科技论文发表数		科技人员平均发表论文数		专利和许可收入	
	得分	排名	得分	排名	得分	排名	得分	排名	得分	排名
2011	0.3	18	0.0	19	3.9	14	29.1	7	0.4	12
2012	0.3	17	0.4	17	3.9	14	25.7	8	0.4	13
得分变化	0.0		0.4		0.0		-3.6		0.0	
排名升降		1		2		0		-1		-1
优劣度		劣势		劣势		中势		优势		中势

项目 年份	高技术产品净出口额		高技术产品净出口比重		注册商标数		创意产品出口比重		创新产出竞争力	
	得分	排名	得分	排名	得分	排名	得分	排名	得分	排名
2011	0.9	17	3.4	18	22.0	10	14.2	11	8.3	17
2012	0.9	16	3.3	18	31.0	6	17.0	9	9.2	17
得分变化	0.0		-0.1		9.0		2.8		0.9	
排名升降		1		0		4		2		0
优劣度		劣势		劣势		优势		优势		劣势

（1）从排位变化比较看，2012 年土耳其国家创新产出竞争力排名第 17 位，与 2011 年相比，排位没有发生变化，处于劣势地位。

（2）从指标所处区位来看，9 个三级指标中没有强势指标；优势指标 3 个，分别为科技人员平均发表论文数、注册商标数和创意产品出口比重；2 个指标是中势指标，分别为专利和许可收入及科技论文发表数；其余 4 个指标均为劣势指标。

（3）从指标排位变化趋势看，在 9 个三级指标中，有 5 个指标处于上升趋势，分别为专利授权数、科技人员平均专利授权数、高技术产品净出口额、注册商标数和创意产品出口比重；有 2 个指标处于下降趋势，分别为科技人员平均发表论文数及专利和许可收入。

（4）从指标排位变化的动因看，5 个三级指标的排位出现了上升，2 个三级指标的排位出现了下降，尽管指标排位上升的数量大于下降的数量，但受其他因素的综合影响，上升的动力与下降的拉力基本相当。

（5）从三级指标结构特征看，在创新产出竞争力指标组的 9 个三级指标中，没有强势指标；优势指标 3 个，占指标总数的 33.3%；劣势指标 4 个，占指标总数的 44.4%，强势和优势指标所占比重小于劣势指标的比重；上升指标 5 个，占指标总数的 55.6%；下降指标 2 个，占指标总数的 22.2%。虽然指标排位上升的数量大于排位下降的数量，但受其他外部因素的综合影响，2012 年土耳其国家创新产出竞争力综合排位与 2011 年相比没有发生变化。

17.5.2 土耳其国家创新产出竞争力比较分析

图 17 – 7 反映了 2011 ~2012 年土耳其国家创新产出竞争力与 G20 最高水平和平均水平的比较情况。

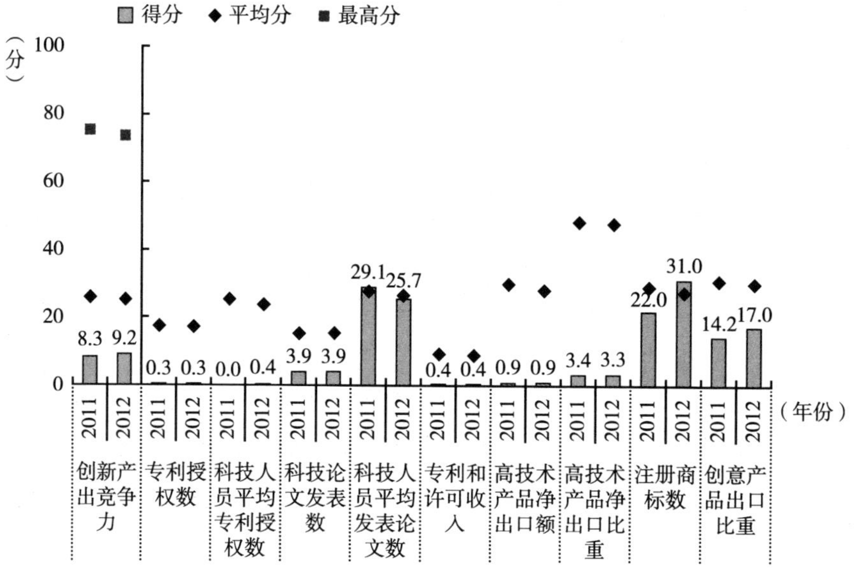

图 17 – 7　2011 ~2012 年土耳其国家创新产出竞争力指标得分比较

由图 17 – 7 可知，评价期内土耳其国家创新产出竞争力得分均低于 10 分，说明土耳其国家创新产出竞争力水平很低。从创新产出竞争力的整体得分比较来看，2011 年，土耳其国家创新产出竞争力得分与 G20 最高分相比还有 66.6 分的差距，低于 G20 平均分 17.6 分；到 2012 年，土耳其国家创新产出竞争力得分与 G20 最高分的差距为 63.9 分，低于 G20 平均分 15.7 分。总的来说，2011 ~2012 年土耳其国家创新产出竞争力与最高分和平均分的差距呈缩小趋势，但排位没有发生变化。

从具体指标得分比较和变化趋势来看，土耳其国家创新产出竞争力整体水平没有发生明显变化，这主要是由于专利授权数、科技人员平均专利授权数、高技术产品净出口额和高技术产品净出口比重等指标得分和排位偏低，且 9 个三级指标的得分均低于 G20 平均分。因此，要进一步着力提升土耳其的科技创新产出水平，完善知识产权激励机制，鼓励专利申请，促进专利和许可收入增长，积极开展基础研究，进一步提高科技论文等创新产出的数量和质量，优化出口贸易结构，推动高技术产品和创意产品出口，提升国际市场竞争力。通过上述一系列的创新措施，切实提高国家创新产出，增强国家创新产出竞争力。

17.6　土耳其国家创新持续竞争力评价分析

17.6.1　土耳其国家创新持续竞争力评价结果

2011 ~ 2012 年土耳其国家创新持续竞争力及其下属 7 个三级指标的排位和排位变化情况，如表 17 - 8 所示。

表 17 - 8　土耳其 2011 ~ 2012 年国家创新持续竞争力指标组排位及趋势表

项目 年份	公共教育经费支出总额		公共教育经费支出占 GDP 比重		人均公共教育经费支出额		高等教育毛入学率	
	得分	排名	得分	排名	得分	排名	得分	排名
2011	0.0	19	3.1	16	2.9	18	50.6	8
2012	0.0	19	2.4	16	0.0	19	60.3	6
得分变化	0.0		-0.7		-2.9		9.7	
排名升降		0		0		-1		2
优劣度		劣势		劣势		劣势		优势

项目 年份	科技人员增长率		科技经费增长率		高校科技工程毕业生比重		创新持续竞争力	
	得分	排名	得分	排名	得分	排名	得分	排名
2011	89.7	2	94.7	3	32.4	9	39.0	11
2012	100	1	80.9	2	31.3	10	39.3	7
得分变化	10.3		-13.8		-1.1		0.3	
排名升降		1		1		-1		4
优劣度		强势		强势		优势		优势

（1）从排位变化比较看，2012 年土耳其国家创新持续竞争力排名第 7 位，比 2011 年上升了 4 位，处于优势地位。

（2）从指标所处区位来看，7 个三级指标中有 2 个强势指标，分别是科技人员增长率和科技经费增长率；有 2 个优势指标，分别为高等教育毛入学率和高校科技工程毕业生比重；其余 3 个指标为劣势指标。

（3）从指标排位变化趋势看，在 7 个三级指标中，有 3 个指标处于上升趋势，分别为高等教育毛入学率、科技人员增长率和科技经费增长率，这些是土耳其创新持续竞争力的上升动力所在；有 2 个指标处于下降趋势，分别为人均公共教育经费支出额和高校科技工程毕业生比重。

（4）从指标排位变化的动因看，有 3 个三级指标的排位出现了上升，2 个三级指标的排位出现了下降，上升的动力大于下降的拉力。

（5）从三级指标结构特征看，在创新持续竞争力指标组的 7 个三级指标中，强势指标 2 个，占指标总数的 28.6%；优势指标 2 个，占指标总数的 28.6%；劣势指标 3 个，占指标总数的 42.9%，强势指标和优势指标所占比重大于劣势指标的比重；上升指标 3 个，占指标总数的 42.9%；下降指标 2 个，占指标总数的 28.6%。由于指标排位上升的数量大于排位下降的数量，且指标上升的幅度较大，2012 年土耳其国家创新持续竞争力综合排位比 2011 年上升了 4 位。

17.6.2　土耳其国家创新持续竞争力比较分析

图 17－8 反映了 2011～2012 年土耳其国家创新持续竞争力与 G20 最高水平和平均水平的比较情况。

由图 17－8 可知，评价期内土耳其国家创新持续竞争力得分处于上升趋势，说明土耳其国家创新持续竞争力水平有所提升。从创新持续竞争力的整体得分比较来看，2011 年，土耳其国家创新持续竞争力得分与 G20 最高分相比还有 25.2 分的差距，低于 G20 平均分 0.4 分；到 2012 年，土耳其国家创新持续竞争力得分与 G20 最高分的差距缩小为 20 分，高于 G20 平均分 1.7 分。总的来说，2011～2012 年土耳其国家创新持续竞争力与最高分、平均分的差距均呈缩小趋势，排位处于上升趋势。

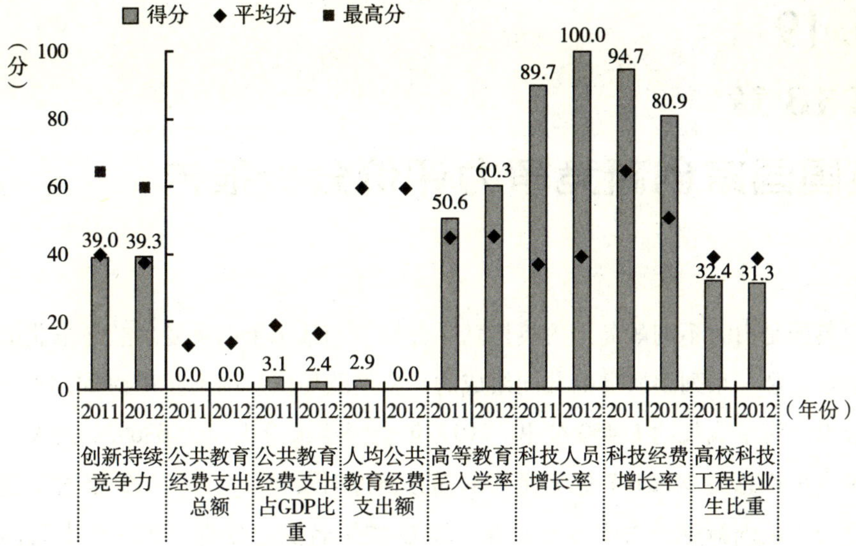

图 17－8　2011～2012 年土耳其国家创新持续竞争力指标得分比较

从具体指标得分比较和变化趋势来看，土耳其国家创新持续竞争力整体水平出现了上升，这主要是由于高等教育毛入学率、科技人员增长率等指标得分明显上升，但公共教育经费支出总额、公共教育经费支出占 GDP 比重、人均公共教育经费支出额和高校科技工程毕业生比重等指标的得分还低于 G20 平均分，这些是土耳其国家创新持续竞争力的短板。为填补这些短板，土耳其要不断增加教育投入，完善高等教育制度，鼓励高校培养更多的科学家和工程师等实用创新人才，为国家创新发展提供持续动力，进一步增强国家创新持续竞争力。

Y. 19

第 18 章 英国国家创新竞争力评价分析报告

英国是由大不列颠岛上的英格兰、苏格兰和威尔士以及爱尔兰岛东北部的北爱尔兰和一系列附属岛屿共同组成的一个西欧岛国。国土面积约 24.48 万平方公里，海岸线长约 11450 公里。2012 年全国年末总人口为 6369.6 万人，实现国内生产总值 24351.7 亿美元。本部分通过对英国 2011 ~2012 年国家创新竞争力以及创新竞争力中各要素在 G20 中的排名变化分析，从中找出英国国家创新竞争力的推动点及影响因素。

18.1 英国国家创新竞争力总体评价分析

2011 ~2012 年，英国的国家创新竞争力排名略有下降。其中，2011 年英国国家创新竞争力在 G20 中排名第 5 位，到了 2012 年，排名第 6 位，排位下降了 1 位。

18.1.1 英国国家创新竞争力概要分析

英国国家创新竞争力在 G20 中所处的位置及 5 个二级指标的得分和排位变化如图 18 -1、图 18 -2 和表 18 -1 所示。

（1）从综合排位变化看，2012 年英国国家创新竞争力综合排名在 G20 中处于第 6 位，与 2011 年相比，排位下降了 1 位。

（2）从指标得分看，2012 年英国国家创新竞争力得分为 43.1 分，比 G20 最高分低 30.9 分，比平均分高 9.8 分；与 2011 年相比，得分下降了 1.9 分，与当年最高分的差距扩大了 0.6 分，与 G20 平均分的差距缩小了 1.4 分。

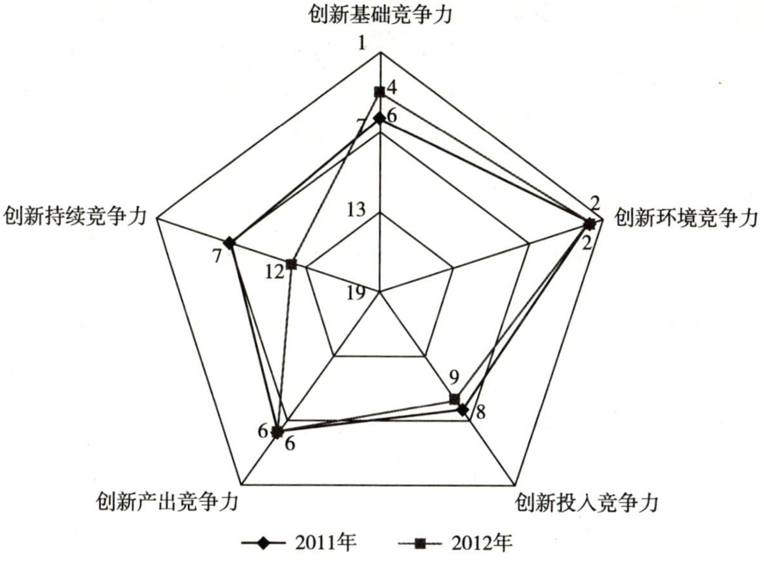

图 18－1　英国国家创新竞争力二级指标排名雷达图

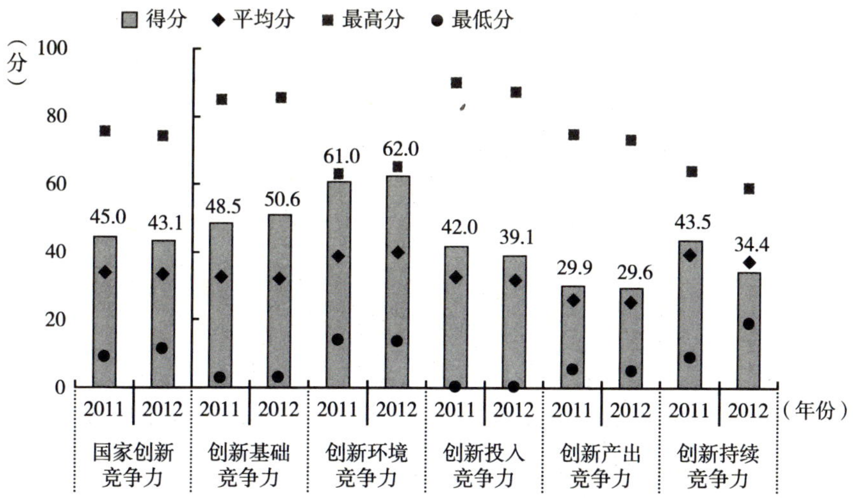

图 18－2　英国国家创新竞争力得分和排名变化趋势图

表 18－1　英国国家创新竞争力二级指标得分和排名表

项目 年份	创新基础竞争力		创新环境竞争力		创新投入竞争力		创新产出竞争力		创新持续竞争力		创新竞争力	
	得分	排名	得分	排名	得分	排名	得分	排名	得分	排名	得分	排名
2011	48.5	6	61.0	2	42.0	8	29.9	6	43.5	7	45.0	5
2012	50.6	4	62.0	2	39.1	9	29.6	6	34.4	12	43.1	6
得分变化	2.1		1.0		－2.9		－0.3		－9.1		－1.9	
排名升降		2		0		－1		0		－5		－1
优劣度		强势		强势		优势		优势		中势		优势

（3）从指标所处区位看，2012 年英国国家创新竞争力的 5 个二级指标中，强势指标 2 个，分别为创新基础竞争力和创新环境竞争力；优势指标 2 个，分别为创新投入竞争力和创新产出竞争力；中势指标 1 个，为创新持续竞争力。

（4）从指标排位变化趋势看，在 5 个二级指标中，只有创新基础竞争力 1 个指标的排位处于上升趋势，有 2 个指标的排位处于下降趋势，分别为创新投入竞争力和创新持续竞争力，这些是英国国家创新竞争力的下降拉力所在，创新环境竞争力和创新产出竞争力指标排位没有发生变化。

（5）从指标排位变化的动因看，2 个二级指标的排位出现了下降，1 个二级指标的排位出现了上升，且创新持续竞争力排位下降幅度较大，2012 年英国国家创新竞争力的综合排位下降了 1 位，在 G20 中排名第 6 位。

18.1.2　英国国家创新竞争力各级指标动态变化分析

2011～2012 年英国国家创新竞争力各级指标的动态变化及其结构，如图 18－3 和表 18－2 所示。

从图 18－3 可以看出，英国国家创新竞争力的三级指标中上升指标的数量大于下降指标，但保持不变的指标仍居于主导地位。表 18－2 中的数据进一步说明，英国国家创新竞争力的 37 个三级指标中，上升的指标有 8 个，占指标总数的 21.6%；保持的指标有 22 个，占指标总数的 59.5%；下降的指标有 7 个，占指标总数的 18.9%。虽然上升的指标数量大于下降的数量，但由于指标下降的幅度较大，上升的动力小于下降的拉力，2012 年英国国家创新竞争力排位下降了 1 位，在 G20 中居第 6 位。

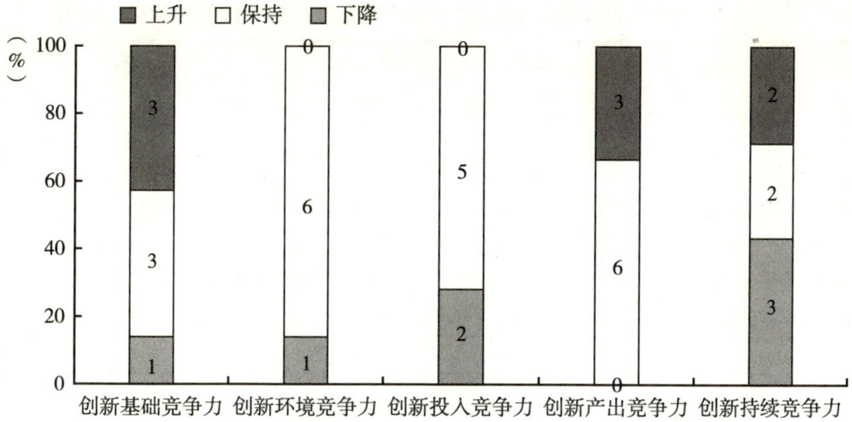

图 18－3　2011～2012 年英国国家创新竞争力指标动态变化结构图

表 18－2　2011～2012 年英国国家创新竞争力各级指标排位变化态势比较表

二级指标	三级指标个数	上升		保持		下降		变化趋势
		个数	比重(%)	个数	比重(%)	个数	比重(%)	
创新基础竞争力	7	3	42.9	3	42.9	1	14.3	上升
创新环境竞争力	7	0	0.0	6	85.7	1	14.3	保持
创新投入竞争力	7	0	0.0	5	71.4	2	28.6	下降
创新产出竞争力	9	3	33.3	6	66.7	0	0.0	保持
创新持续竞争力	7	2	28.6	2	28.6	3	42.9	下降
合　计	37	8	21.6	22	59.5	7	18.9	下降

18.1.3　英国国家创新竞争力各级指标优劣势结构分析

2011～2012 年英国国家创新竞争力各级指标的优劣势变化及其结构，如表 18－3 所示。

从表 18－3 中的数据可以看出，英国国家创新竞争力的 37 个三级指标中，强势指标 13 个，占指标总数的 35.1%；优势指标 18 个，占指标总数的 48.6%；中势指标 4 个，占指标总数的 10.8%；劣势指标 2 个，占指标总数的 5.4%；强势指标和优势指标的数量之和占指标总数的 83.8%，远远大于中势指标和劣势指标之和所占比重。从二级指标来看，强势指标 2 个，占二级指标总数的 40%；优势指标 2 个，占二级指标总数的 40%；中势指标 1 个，占二

表 18－3　2011～2012 年英国国家创新竞争力各级指标排位优劣势比较表

二级指标	三级指标个数	强势		优势		中势		劣势		优劣度
		个数	比重(%)	个数	比重(%)	个数	比重(%)	个数	比重(%)	
创新基础竞争力	7	3	42.9	4	57.1	0	0.0	0	0.0	强势
创新环境竞争力	7	4	57.1	3	42.9	0	0.0	0	0.0	强势
创新投入竞争力	7	1	14.3	5	71.4	1	14.3	0	0.0	优势
创新产出竞争力	9	4	44.4	2	22.2	3	33.3	0	0.0	优势
创新持续竞争力	7	1	14.3	4	57.1	0	0.0	2	28.6	中势
合　计	37	13	35.1	18	48.6	4	10.8	2	5.4	优势

级指标总数的20%；没有劣势指标。由于强势指标和优势指标在指标体系中居于主导地位，2011～2012 年英国国家创新竞争力处于优势地位。

18.2　英国国家创新基础竞争力评价分析

18.2.1　英国国家创新基础竞争力评价结果

2011～2012 年英国国家创新基础竞争力及其下属 7 个三级指标的排位和排位变化情况，如表 18－4 所示。

表 18－4　英国 2011～2012 年国家创新基础竞争力指标组排位及趋势表

项目/年份	GDP		人均 GDP		财政收入		人均财政收入		外国直接投资净值		受高等教育人员比重		全社会劳动生产率		创新基础竞争力	
	得分	排名	得分	排名	得分	排名	得分	排名	得分	排名	得分	排名	得分	排名	得分	排名
2011	14.0	7	74.2	7	32.3	5	78.8	2	14.3	10	61.2	7	64.5	9	48.5	6
2012	13.4	6	71.8	7	32.9	5	84.6	3	26.6	5	64.2	6	60.7	9	50.6	4
得分变化	-0.6		-2.4		0.6		5.8		12.3		3.0		-3.8		2.1	
排名升降		1		0		0		-1		5		1		0		2
优劣度		优势		优势		强势		强势		强势		优势		优势		强势

（1）从排位变化比较看，2012 年英国国家创新基础竞争力排名第 4 位，与 2011 年相比，排位上升了 2 位，处于强势地位。

（2）从指标所处区位来看，7个三级指标中强势指标3个，分别为财政收入、人均财政收入和外国直接投资净值；优势指标4个，分别为GDP、人均GDP、受高等教育人员比重和全社会劳动生产率；没有中势指标和劣势指标。

（3）从指标排位变化趋势看，在7个三级指标中，有3个指标处于上升趋势，分别为GDP、外国直接投资净值和受高等教育人员比重；有1个指标处于下降趋势，为人均财政收入；其余3个指标排位均保持不变。

（4）从指标排位变化的动因看，由于部分指标排位上升的幅度较大，英国创新基础竞争力的综合排位上升了2位，在G20中排名第4位。

（5）从三级指标结构特征看，在创新基础竞争力指标组的7个三级指标中，强势指标3个，占指标总数的42.9%；优势指标4个，占指标总数的57.1%；没有劣势指标；强势和优势指标所占比重远远大于劣势指标的比重；上升指标3个，占指标总数的42.9%。由于指标排位上升的数量大于排位下降的数量，2012年英国国家创新基础竞争力综合排位上升了2位。

18.2.2　英国国家创新基础竞争力比较分析

图18－4反映了2011～2012年英国国家创新基础竞争力与G20最高水平和平均水平的比较情况。

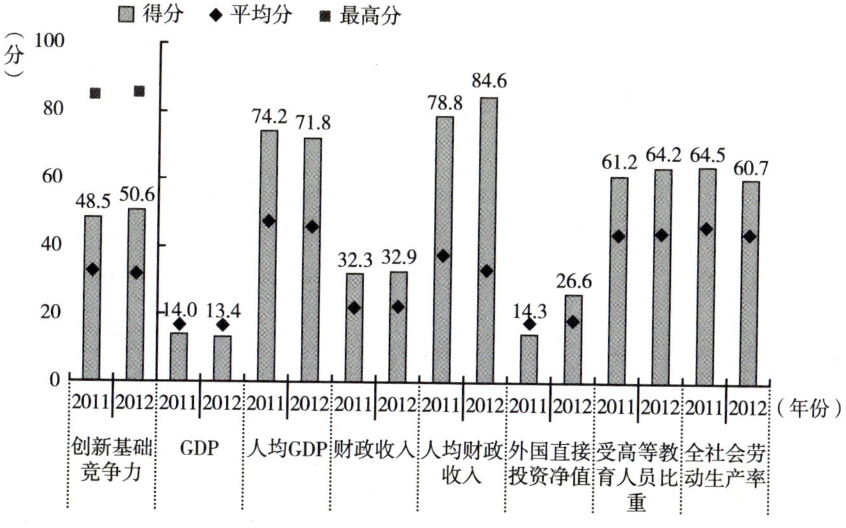

图18－4　2011～2012年英国国家创新基础竞争力指标得分比较

由图 18－4 可知，评价期内英国国家创新基础竞争力得分均高于 48 分，说明英国国家创新基础竞争力处于较高水平。从创新基础竞争力的整体得分比较来看，2011 年，英国国家创新基础竞争力得分与 G20 最高分相比还有 36.1 分的差距，比 G20 平均分高 15.4 分；到 2012 年，英国国家创新基础竞争力得分与 G20 最高分的差距为 34.6 分，比平均分高 18.3 分。总的来说，2011～2012 年英国国家创新基础竞争力与最高分和平均分的差距变化不大，其创新基础竞争力保持稳定。

从具体指标得分比较和变化趋势来看，英国国家创新基础竞争力整体水平保持稳定，财政收入、人均财政收入与外国直接投资净值等指标排位偏高，且除 GDP 外的 6 个指标得分普遍高于 G20 平均分。在下一步的科技创新活动中，要注重夯实经济基础，积极吸引外国直接投资，增加科技创新资源，提高全社会劳动生产率，夯实国家创新基础，不断增强国家创新基础竞争力。

18.3 英国国家创新环境竞争力评价分析

18.3.1 英国国家创新环境竞争力评价结果

2011～2012 年英国国家创新环境竞争力及其下属 7 个三级指标的排位和排位变化情况，如表 18－5 所示。

表 18－5 英国 2011～2012 年国家创新环境竞争力指标组排位及趋势表

项目＼年份	每千人因特网用户数		每千人手机用户数		企业开业程序		企业平均税负水平		入境留学生比重		小额贷款占 GDP 比重		ISO 9001 质量体系认证数		创新环境竞争力	
	得分	排名	得分	排名	得分	排名	得分	排名	得分	排名	得分	排名	得分	排名	得分	排名
2011	100	1	42.5	5	61.5	6	76.8	6	59.0	2	60.4	3	26.8	5	61.0	2
2012	100	1	46.7	7	61.5	6	78.0	6	57.5	2	60.3	3	29.9	5	62.0	2
得分变化	0.0		4.2		0.0		1.2		－1.4		－0.1		3.2		1.0	
排名升降		0		－2		0		0		0		0		0		0
优劣度		强势		优势		优势		优势		强势		强势		强势		强势

（1）从排位变化比较看，2012 年英国国家创新环境竞争力排名第 2 位，与 2011 年相比，排位没有发生变化，但仍处于强势地位。

（2）从指标所处区位来看，7 个三级指标中有 3 个优势指标，分别为每千人手机用户数、企业开业程序和企业平均税负水平；有 4 个强势指标，为每千人因特网用户数、入境留学生比重、小额贷款占 GDP 比重、ISO 9001 质量体系认证数。

（3）从指标排位变化趋势看，在 7 个三级指标中，没有指标处于上升趋势，有 1 个指标处于下降趋势，为每千人手机用户数，其余指标均保持不变。

（4）从指标排位变化的动因看，受指标排位升降的综合影响，英国创新环境竞争力的综合排位保持不变，在 G20 中处于第 2 位。

（5）从三级指标结构特征看，在创新环境竞争力指标组的 7 个三级指标中，强势指标 4 个，占指标总数的 57.1%；优势指标 3 个，占指标总数的 42.9%；没有劣势指标，强势和优势指标居于主导地位；从指标排位变化来看，没有上升的指标，保持指标有 6 个，占指标总数的 85.7%；下降指标 1 个，占指标总数的 14.3%。虽然指标排位上升的数量大于排位下降的数量，但受其他外部因素的综合影响，2012 年英国国家创新环境竞争力综合排位与 2011 年相比没有变化。

18.3.2 英国国家创新环境竞争力比较分析

图 18－5 反映了 2011～2012 年英国国家创新环境竞争力与 G20 最高水平和平均水平的比较情况。

由图 18－5 可知，评价期内英国国家创新环境竞争力得分均高于 60 分，处于较高水平。从创新环境竞争力的整体得分比较来看，2011 年，英国国家创新环境竞争力得分与 G20 最高分相比还有 1.9 分的差距，与 G20 平均分相比，高出 22.3 分；2012 年，英国国家创新环境竞争力得分与 G20 最高分的差距为 3.1 分，高于 G20 平均分 22 分。总的来说，2011～2012 年英国国家创新环境竞争力与最高分的差距呈扩大趋势，排位维持稳定。

从具体指标得分比较和变化趋势来看，英国国家创新环境竞争力整体水平较高，仍处于强势地位，这主要是由于每千人因特网用户数、入境留学生比重、小额贷款占 GDP 比重和 ISO 9001 质量体系认证数等指标处于强势地位，

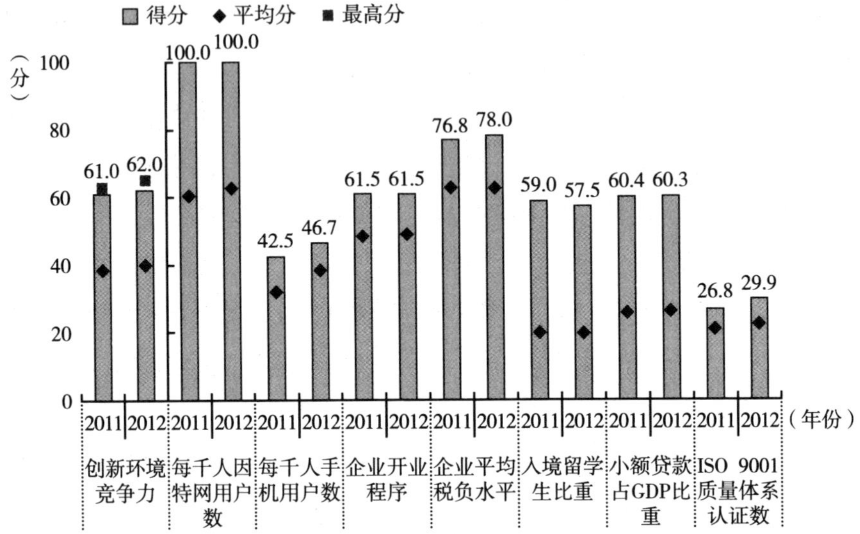

图 18－5　2011～2012 年英国国家创新环境竞争力指标得分比较

同时 7 个指标均高于 G20 平均分，这促进了其创新环境竞争力的进一步提升。为巩固和提升英国国家创新环境竞争力，应加快信息高速公路建设，加强知识产权保护，加强创新产品质量体系认证，营造有利于企业健康有序发展的良好创新氛围，不断优化国家创新环境，进一步增强国家创新环境竞争力。

18.4　英国国家创新投入竞争力评价分析

18.4.1　英国国家创新投入竞争力评价结果

2011～2012 年英国国家创新投入竞争力及其下属 7 个三级指标的排位和排位变化情况，如表 18－6 所示。

（1）从排位变化比较看，2012 年英国国家创新投入竞争力排名第 9 位，与 2011 年相比，排位下降了 1 位，处于优势地位。

（2）从指标所处区位来看，7 个三级指标中，有 1 个强势指标，为风险资本交易占 GDP 比重；有 5 个优势指标，分别为 R&D 经费支出总额、R&D 经费支出占 GDP 比重、人均 R&D 经费支出、R&D 人员和研究人员占从业人员比

表18－6　英国2011～2012年国家创新投入竞争力指标组排位及趋势表

项目 年份	R&D经费支出总额		R&D经费支出占GDP比重		人均R&D经费支出		R&D人员		研究人员占从业人员比重		企业研发投入比重		风险资本交易占GDP比重		创新投入竞争力	
	得分	排名	得分	排名	得分	排名	得分	排名	得分	排名	得分	排名	得分	排名	得分	排名
2011	9.0	7	43.1	9	46.0	8	11.9	9	71.3	6	51.9	9	60.4	3	42.0	8
2012	8.5	8	39.5	9	43.5	8	10.5	9	68.9	6	52.5	12	50.0	3	39.1	9
得分变化	-0.5		-3.6		-2.5		-1.4		-2.4		0.6		-10.4		-2.9	
排名升降		-1		0		0		0		0		-3		0		-1
优劣度		优势		优势		优势		优势		优势		中势		强势		优势

重；有1个指标是中势指标，为企业研发投入比重；没有劣势指标。

（3）从指标排位变化趋势看，在7个三级指标中，有5个指标排位保持不变，分别为R&D经费支出占GDP比重、人均R&D经费支出、R&D人员、研究人员占从业人员比重和风险资本交易占GDP比重；有2个指标处于下降趋势，分别为R&D经费支出总额和企业研发投入比重。

（4）从指标排位变化的动因看，由于有2个三级指标的排位出现了下降，英国创新投入竞争力的综合排位也下降了1位，在G20中排名第9位。

（5）从三级指标结构特征看，在创新投入竞争力指标组的7个三级指标中，强势指标1个，占指标总数的14.3%；优势指标5个，占指标总数的71.4%；没有劣势指标；从指标排位变化来看，没有上升指标，下降指标2个，占指标总数的28.6%；保持指标5个，占指标总数的71.4%。虽然大部分指标排位保持不变，但受其他外部因素的综合影响，2012年英国国家创新投入竞争力综合排位下降了1位。

18.4.2　英国国家创新投入竞争力比较分析

图18－6反映了2011～2012年英国国家创新投入竞争力与G20最高水平和平均水平的比较情况。

由图18－6可知，评价期内英国国家创新投入竞争力得分均高于39分，说明英国国家创新投入竞争力处于较高水平。从创新投入竞争力的整体得分比较来看，2011年，英国国家创新投入竞争力得分与G20最高分相比还有48.1

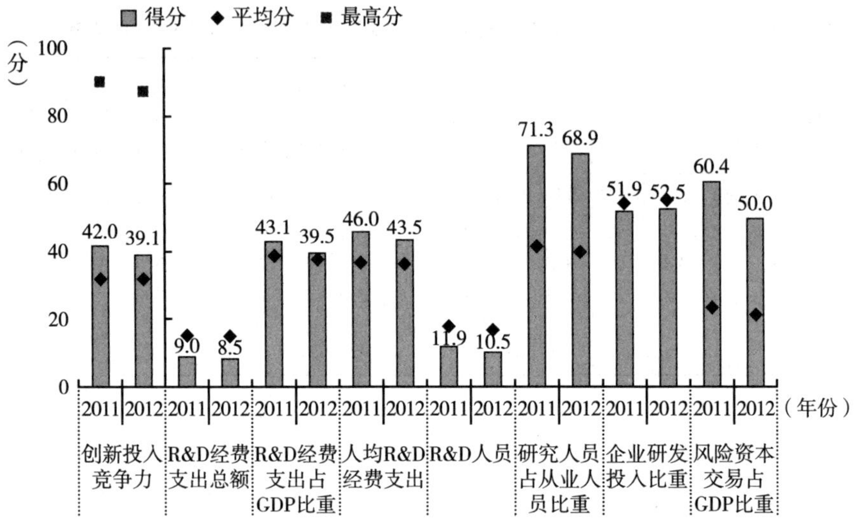

图 18－6　2011～2012 年英国国家创新投入竞争力指标得分比较

分的差距，高于 G20 平均分 9.6 分；到 2012 年，英国国家创新投入竞争力得分与 G20 最高分的差距为 48 分，高于 G20 平均分 7.4 分。总的来说，2011～2012 年英国国家创新投入竞争力与平均分的差距缩小，国家创新投入竞争力的得分和排位均出现下降。

从具体指标得分比较和变化趋势来看，英国国家创新投入竞争力整体水平较为稳定，仍处于中等地位，这主要是由于大部分指标得分较高，但仍有 3 个三级指标的得分低于 G20 平均分，可见，其创新投入竞争力仍有不足。今后要特别关注这些问题，继续加大科技研发经费投入，鼓励多元化的创新研发投入，加大研发人员培养力度，重视研发人才队伍建设，不断增加国家创新投入，显著增强国家创新投入竞争力。

18.5　英国国家创新产出竞争力评价分析

18.5.1　英国国家创新产出竞争力评价结果

2011～2012 年英国国家创新产出竞争力及其下属 9 个三级指标的排位和排位变化情况，如表 18－7 所示。

表 18－7　英国 2011～2012 年国家创新产出竞争力指标组排位及趋势表

项目 年份	专利授权数		科技人员平均专利授权数		科技论文发表数		科技人员平均发表论文数		专利和许可收入	
	得分	排名	得分	排名	得分	排名	得分	排名	得分	排名
2011	2.9	11	4.0	15	22.0	5	42.5	3	11.6	5
2012	2.4	11	3.5	15	22.0	5	42.3	2	10.0	4
得分变化	-0.5		-0.4		0.0		-0.2		-1.6	
排名升降		0		0		0		1		1
优劣度		中势		中势		强势		强势		强势

项目 年份	高技术产品净出口额		高技术产品净出口比重		注册商标数		创意产品出口比重		创新产出竞争力	
	得分	排名	得分	排名	得分	排名	得分	排名	得分	排名
2011	37.7	7	82.3	4	15.1	13	50.5	6	29.9	6
2012	32.9	7	82.1	4	17.0	12	54.5	6	29.6	6
得分变化	-4.8		-0.2		1.9		4.0		-0.3	
排名升降		0		0		1		0		0
优劣度		优势		强势		中势		优势		优势

（1）从排位变化比较看，2012 年英国国家创新产出竞争力排名第 6 位，与 2011 年相比，排位没有发生变化，处于优势地位。

（2）从指标所处区位来看，9 个三级指标中，强势指标 4 个，分别为科技论文发表数、科技人员平均发表论文数、专利和许可收入和高技术产品净出口比重；优势指标 2 个，分别为高技术产品净出口额和创意产品出口比重；中势指标 3 个，分别为专利授权数、科技人员平均专利授权数和注册商标数；没有劣势指标。

（3）从指标排位变化趋势看，在 9 个三级指标中，有 3 个指标处于上升趋势，分别为科技人员平均发表论文数、专利和许可收入和注册商标数；没有指标处于下降趋势。

（4）从指标排位变化的动因看，3 个三级指标的排位出现了上升，没有三级指标的排位出现下降，在指标升降的综合作用下，英国创新产出竞争力的综合排位保持不变，在 G20 中排名第 6 位。

（5）从三级指标结构特征看，在创新产出竞争力指标组的 9 个三级指标中，强势指标 4 个，占指标总数的 44.4%；优势指标 2 个，占指标总数的

22.2%；没有劣势指标，强势和优势指标所占比重远远大于劣势指标的比重；上升指标 3 个，占指标总数的 33.3%；没有下降指标。虽然指标排位上升的数量大于排位下降的数量，但受其他外部因素的综合影响，2012 年英国国家创新产出竞争力综合排位与 2011 年相比，没有发生变化。

18.5.2 英国国家创新产出竞争力比较分析

图 18－7 反映了 2011～2012 年英国国家创新产出竞争力与 G20 最高水平和平均水平的比较情况。

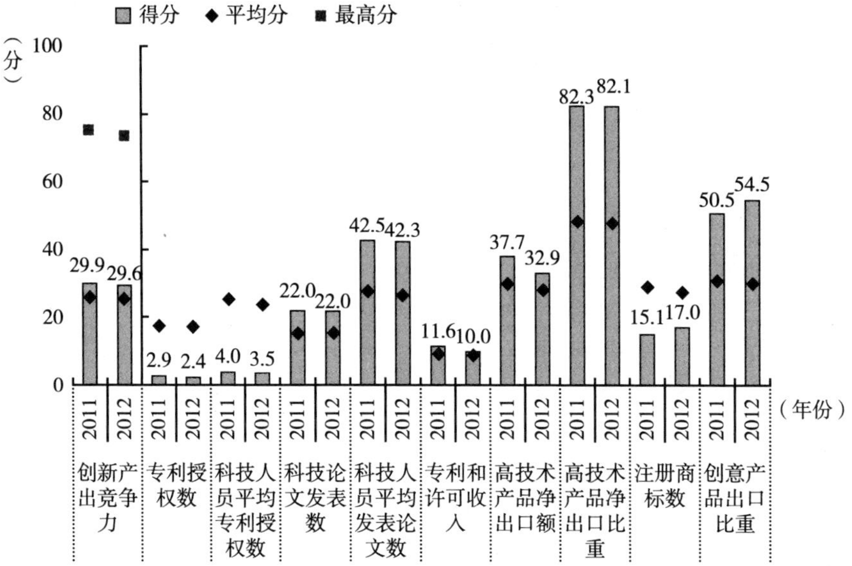

图 18－7　2011～2012 年英国国家创新产出竞争力指标得分比较

由图 18－7 可知，评价期内英国国家创新产出竞争力得分均高于 29 分，说明英国国家创新产出竞争力处于较高水平。从创新产出竞争力的整体得分比较来看，2011 年，英国国家创新产出竞争力得分与 G20 最高分相比还有 45 分的差距，高于 G20 平均分 4 分；到 2012 年，英国国家创新产出竞争力得分与 G20 最高分的差距为 43.5 分，高于 G20 平均分 4.7 分。总的来说，2011～2012 年英国国家创新产出竞争力与最高分的差距呈缩小趋势，但排位没有发生变化。

从具体指标得分比较和变化趋势来看，英国国家创新产出竞争力整体水平没有发生明显变化，这主要是由于专利授权数、科技人员平均专利授权数和科技论文发表数等多数指标得分和排位保持稳定，另外，专利授权数、科技人员平均专利授权数和注册商标数等3个三级指标的得分低于G20平均分。因此，要进一步提升英国的专利申请和授权量，增强企业和个人专利运用能力；完善知识产权激励机制，促进专利和许可收入增长。通过上述一系列的创新措施，切实提高国家创新产出，增强国家创新产出竞争力。

18.6　英国国家创新持续竞争力评价分析

18.6.1　英国国家创新持续竞争力评价结果

2011～2012年英国国家创新持续竞争力及其下属7个三级指标的排位和排位变化情况，如表18－8所示。

表18－8　英国2011～2012年国家创新持续竞争力指标组排位及趋势表

项目 年份	公共教育经费支出总额		公共教育经费支出占GDP比重		人均公共教育经费支出额		高等教育毛入学率	
	得分	排名	得分	排名	得分	排名	得分	排名
2011	13.0	7	26.3	6	85.1	5	50.6	8
2012	12.6	6	19.5	6	73.0	8	50.7	7
得分变化	－0.4		－6.8		－12.1		0.1	
排名升降		1		0		－3		1
优劣度		优势		优势		优势		优势

项目 年份	科技人员增长率		科技经费增长率		高校科技工程毕业生比重		创新持续竞争力	
	得分	排名	得分	排名	得分	排名	得分	排名
2011	15.5	12	55.9	13	58.2	4	43.5	7
2012	12.6	16	17.9	18	54.5	4	34.4	12
得分变化	－2.9		－38.0		－3.7		－9.1	
排名升降		－4		－5		0		－5
优劣度		劣势		劣势		强势		中势

（1）从排位变化比较看，2012 年英国国家创新持续竞争力排名第 12 位，比 2011 年下降了 5 位，处于中势地位。

（2）从指标所处区位来看，7 个三级指标中有 1 个强势指标，为高校科技工程毕业生比重；有 4 个优势指标，分别为公共教育经费支出总额、公共教育经费支出占 GDP 比重、人均公共教育经费支出额和高等教育毛入学率；其余 2 个指标为劣势指标。

（3）从指标排位变化趋势看，在 7 个三级指标中，有 2 个指标处于上升趋势，为公共教育经费支出总额、高等教育毛入学率；有 3 个指标处于下降趋势，分别为人均公共教育经费支出额、科技人员增长率和科技经费增长率，其科技人员增长率和科技经费增长率指标下降的幅度较大，这些是英国创新持续竞争力的下降拉力所在。

（4）从指标排位变化的动因看，有 3 个三级指标的排位出现了下降，受指标排位下降的影响，英国创新持续竞争力的综合排位大幅度下降，在 G20 中排名第 12 位。

（5）从三级指标结构特征看，在创新持续竞争力指标组的 7 个三级指标中，强势指标 1 个，占指标总数的 14.3%；优势指标 4 个，占指标总数的 57.1%；劣势指标 2 个，占指标总数的 28.6%，强势指标和优势指标所占比重大于劣势指标的比重；上升指标 2 个，占指标总数的 28.6%；下降指标 3 个，占指标总数的 42.9%。指标排位下降的数量大于排位上升的数量，且指标下降的幅度较大，2012 年英国国家创新持续竞争力综合排位比 2011 年下降了 5 位。

18.6.2 英国国家创新持续竞争力比较分析

图 18－8 反映了 2011～2012 年英国国家创新持续竞争力与 G20 最高水平和平均水平的比较情况。

由图 18－8 可知，评价期内英国国家创新持续竞争力得分处于下降趋势，说明英国国家创新持续竞争力水平有所降低。从创新持续竞争力的整体得分比较来看，2011 年，英国国家创新持续竞争力得分与 G20 最高分相比还有 20.8 分的差距，高于 G20 平均分 4.1 分；到 2012 年，英国国家创新持续竞争力得

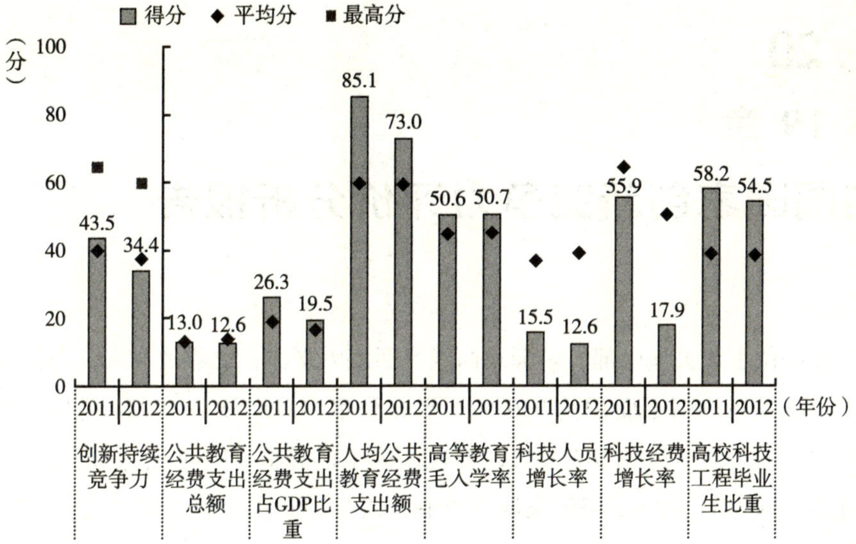

图 18－8　2011～2012 年英国国家创新持续竞争力指标得分比较

分与 G20 最高分的差距扩大为 24.9 分，低于 G20 平均分 3.2 分。总的来说，2011～2012 年英国国家创新持续竞争力与最高分的差距均呈扩大趋势，排位处于下降趋势。

从具体指标得分比较和变化趋势来看，英国国家创新持续竞争力整体水平出现了下降，这主要是由于人均公共教育经费支出额、科技人员增长率、科技经费增长率等指标得分明显下降，且公共教育经费支出总额、科技经费增长率等指标的得分还低于 G20 平均分。针对这些问题，英国要不断增加教育经费投入，保持科技经费的稳定增长，为科技创新营造良好的环境，实现国家创新能力的可持续发展，显著增强国家创新持续竞争力。

Y. 20

第 19 章 美国国家创新竞争力评价分析报告

美国位于北美洲中部，东濒大西洋，西滨太平洋，北靠加拿大，南接墨西哥及墨西哥湾。国土面积约 936.4 万平方公里，海岸线长 19924 公里。2012 年全国年末总人口为 31387 万人，实现国内生产总值 156848 亿美元。本部分通过对美国 2011 ~2012 年国家创新竞争力以及创新竞争力中各要素在 G20 中的排名变化分析，从中找出美国国家创新竞争力的推动点及影响因素。

19.1 美国国家创新竞争力总体评价分析

2011 ~2012 年，美国的国家创新竞争力排名稳居榜首。2011 年美国国家创新竞争力在 G20 中排名第 1 位，到了 2012 年，排名仍居第 1 位，排位保持不变。

19.1.1 美国国家创新竞争力概要分析

美国国家创新竞争力在 G20 中所处的位置及 5 个二级指标的得分和排位变化如图 19 -1、图 19 -2 和表 19 -1 所示。

（1）从综合排位变化看，2012 年美国国家创新竞争力综合排名在 G20 中处于第 1 位，与 2011 年相比，排位保持不变。

（2）从指标得分看，2012 年美国国家创新竞争力得分为 74 分，是 G20 最高分，比平均分高 40.6 分；与 2011 年相比，美国国家创新竞争力得分下降了 1.4 分，与当年最高分的差距保持不变，与 G20 平均分的差距缩小了 0.8 分。

（3）从指标所处区位看，2012 年美国国家创新竞争力的 5 个二级指标中，强势指标 5 个，没有优势指标、中势指标和劣势指标。

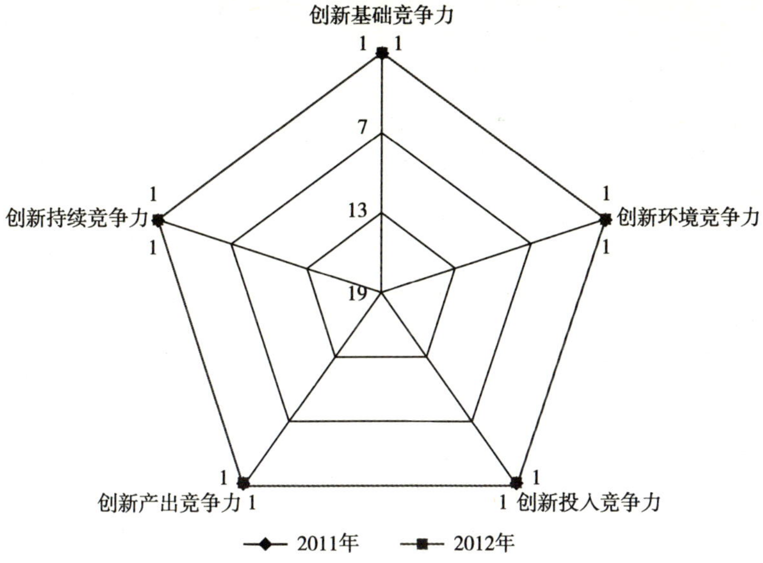

图 19－1　美国国家创新竞争力二级指标排名雷达图

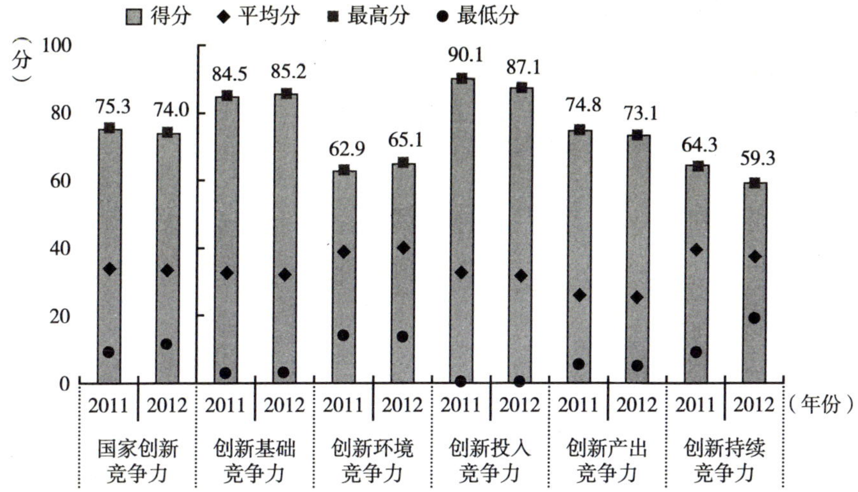

图 19－2　美国国家创新竞争力得分和排名变化趋势图

表 19 -1 美国国家创新竞争力二级指标得分和排名表

项目 年份	创新基础竞争力		创新环境竞争力		创新投入竞争力		创新产出竞争力		创新持续竞争力		创新竞争力	
	得分	排名	得分	排名	得分	排名	得分	排名	得分	排名	得分	排名
2011	84.5	1	62.9	1	90.1	1	74.8	1	64.3	1	75.3	1
2012	85.2	1	65.1	1	87.1	1	73.1	1	59.3	1	74.0	1
得分变化	0.7		2.2		-3.0		-1.7		-5.0		-1.4	
排名升降		0		0		0		0		0		0
优劣度		强势		强势		强势		强势		强势		强势

（4）从指标排位变化趋势看，在 5 个二级指标中，所有指标排位都保持不变，这是美国国家创新竞争力排位保持不变的原因所在。

（5）从指标排位变化的动因看，5 个二级指标的排位均保持第 1 位，没有排位上升或下降的二级指标。2012 年美国国家创新竞争力的综合排位保持不变，在 G20 中排名第 1 位。

19.1.2 美国国家创新竞争力各级指标动态变化分析

2011 ~2012 年美国国家创新竞争力各级指标的动态变化及其结构，如图 19 -3 和表 19 -2 所示。

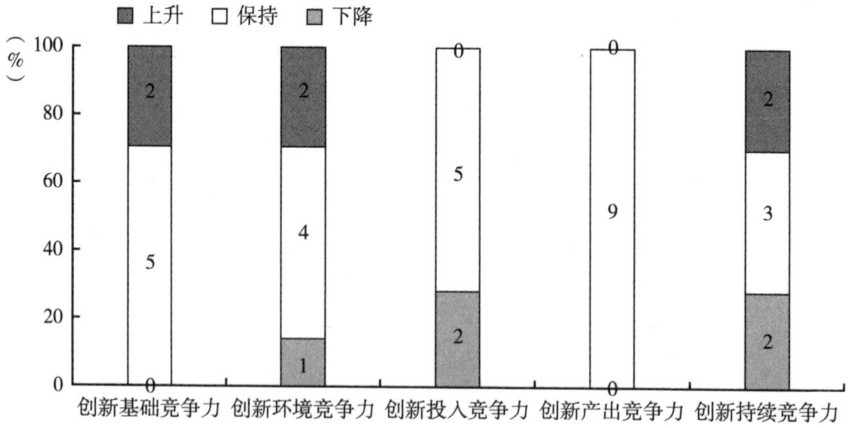

图 19 -3 2011 ~2012 年美国国家创新竞争力指标动态变化结构图

表 19－2　2011～2012 年美国国家创新竞争力各级指标排位变化态势比较

二级指标	三级指标个数	上升		保持		下降		变化趋势
		个数	比重(%)	个数	比重(%)	个数	比重(%)	
创新基础竞争力	7	2	28.6	5	71.4	0	0.0	保持
创新环境竞争力	7	2	28.6	4	57.1	1	14.3	保持
创新投入竞争力	7	0	0.0	5	71.4	2	28.6	保持
创新产出竞争力	9	0	0.0	9	100.0	0	0.0	保持
创新持续竞争力	7	2	28.6	3	42.9	2	28.6	保持
合　计	37	6	16.2	26	70.3	5	13.5	保持

从图 19－3 可以看出，美国国家创新竞争力的三级指标中上升指标的数量大于下降指标，但保持不变的指标仍居于主导地位。表 19－2 中的数据进一步说明，美国国家创新竞争力的 37 个三级指标中，上升的指标有 6 个，占指标总数的 16.2%；保持的指标有 26 个，占指标总数的 70.3%；下降的指标有 5 个，占指标总数的 13.5%。虽然指标上升的数量大于下降的数量，上升的动力大于下降的拉力，2012 年美国国家创新竞争力排位保持不变，在 G20 中居第 1 位。

19.1.3　美国国家创新竞争力各级指标优劣势结构分析

2011～2012 年美国国家创新竞争力各级指标的优劣势变化及其结构，如表 19－3 所示。

表 19－3　2011～2012 年美国国家创新竞争力各级指标排位优劣势比较表

二级指标	三级指标个数	强势		优势		中势		劣势		优劣度
		个数	比重(%)	个数	比重(%)	个数	比重(%)	个数	比重(%)	
创新基础竞争力	7	6	85.7	1	14.3	0	0.0	0	0.0	强势
创新环境竞争力	7	2	28.6	4	57.1	1	14.3	0	0.0	强势
创新投入竞争力	7	6	85.7	1	14.3	0	0.0	0	0.0	强势
创新产出竞争力	9	7	77.8	2	22.2	0	0.0	0	0.0	强势
创新持续竞争力	7	3	42.9	3	42.9	1	14.3	0	0.0	强势
合　计	37	24	64.9	11	29.7	2	5.4	0	0.0	强势

从表 19 - 3 中的数据可以看出，美国国家创新竞争力的 37 个三级指标中，强势指标 24 个，占指标总数的 64.9%；优势指标 11 个，占指标总数的 29.7%；中势指标 2 个，占指标总数的 5.4%；没有劣势指标；强势指标和优势指标的数量之和占指标总数的 94.6%，远远大于中势指标和劣势指标之和所占比重。从二级指标来看，5 个二级指标全是强势指标，强势指标在指标体系中居于主导地位，2011 ~2012 年美国国家创新竞争力处于强势地位。

19.2 美国国家创新基础竞争力评价分析

19.2.1 美国国家创新基础竞争力评价结果

2011 ~2012 年美国国家创新基础竞争力及其下属 7 个三级指标的排位和排位变化情况，如表 19 - 4 所示。

表 19 - 4 美国 2011 ~2012 年国家创新基础竞争力指标组排位及趋势表

项目 年份	GDP		人均 GDP		财政收入		人均财政收入		外国直接投资净值		受高等教育人员比重		全社会劳动生产率		创新基础竞争力	
	得分	排名	得分	排名	得分	排名	得分	排名	得分	排名	得分	排名	得分	排名	得分	排名
2011	100	1	92.3	3	100	1	44.4	8	100	1	74.6	4	80.6	5	84.5	1
2012	100	1	94.0	3	100	1	47.6	7	100	1	74.6	4	80.5	3	85.2	1
得分变化	0.0		1.7		0.0		3.3		0.0		0.0		-0.1		0.7	
排名升降		0		0		0		1		0		0		2		0
优劣度		强势		强势		强势		优势		强势		强势		强势		强势

（1）从排位变化比较看，2012 年美国国家创新基础竞争力排名第 1 位，与 2011 年相比，排位没有发生变化，处于强势地位。

（2）从指标所处区位来看，7 个三级指标中有 6 个强势指标，为 GDP、人均 GDP、财政收入、外国直接投资净值、受高等教育人员比重和全社会劳动生产率；只有 1 个优势指标，为人均财政收入。

（3）从指标排位变化趋势看，在 7 个三级指标中，有 2 个指标处于上升趋势，为人均财政收入和全社会劳动生产率；其余 5 个指标排位均保持不变。

（4）从指标排位变化的动因看，由于指标排位升降的幅度较小，且大部分指标排位保持不变，美国创新基础竞争力的综合排位也保持不变，在G20中排名第1位。

（5）从三级指标结构特征看，在创新基础竞争力指标组的7个三级指标中，有6个强势指标，占指标总数的85.7%，强势和优势指标所占比重大于劣势指标的比重；上升指标2个，占指标总数的28.6%；没有下降指标。指标排位上升的数量大于排位下降的数量，2012年美国国家创新基础竞争力综合排位持续保持首位。

19.2.2　美国国家创新基础竞争力比较分析

图19－4反映了2011～2012年美国国家创新基础竞争力与G20最高水平和平均水平的比较情况。

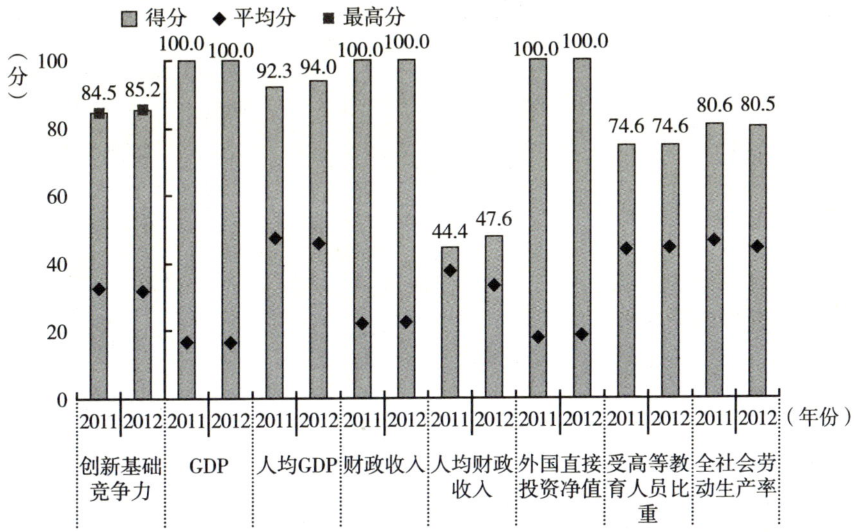

图19－4　2011～2012年美国国家创新基础竞争力指标得分比较

由图19－4可知，评价期内美国国家创新基础竞争力得分均高于84分，说明美国国家创新基础竞争力处于较高水平。从创新基础竞争力的整体得分比较来看，2011年，美国国家创新基础竞争力得分是G20最高分，比G20平均分高51.4分；到2012年，美国国家创新基础竞争力得分仍为G20最高分，比

G20 平均分高 53 分。总的来说，2011 ~2012 年美国国家创新基础竞争力与平均分的差距扩大了 1.5 分，其创新基础竞争力保持稳定。

从具体指标得分比较和变化趋势来看，美国国家创新基础竞争力整体水平基本稳定，且 7 个指标的得分普遍高于 G20 平均分，但人均财政收入指标排位偏低。

19.3 美国国家创新环境竞争力评价分析

19.3.1 美国国家创新环境竞争力评价结果

2011 ~2012 年美国国家创新环境竞争力及其下属 7 个三级指标的排位和排位变化情况，如表 19 -5 所示。

表 19 -5 美国 2011 ~2012 年国家创新环境竞争力指标组排位及趋势表

项目 \ 年份	每千人因特网用户数		每千人手机用户数		企业开业程序		企业平均税负水平		入境留学生比重		小额贷款占 GDP 比重		ISO 9001 质量体系认证数		创新环境竞争力	
	得分	排名	得分	排名	得分	排名	得分	排名	得分	排名	得分	排名	得分	排名	得分	排名
2011	79.2	8	18.4	13	61.5	6	65.7	9	100	1	100	1	15.4	10	62.9	1
2012	89.1	7	22.2	14	61.5	6	65.8	9	100	1	100	1	16.9	8	65.1	1
得分变化	9.9		3.8		0.0		0.1		0.0		0.0		1.5		2.2	
排名升降		1		-1		0		0		0		0		2		0
优劣度		优势		中势		优势		优势		强势		强势		优势		强势

（1）从排位变化比较看，2012 年美国国家创新环境竞争力排名第 1 位，与 2011 年相比，排位保持不变，仍处于强势地位。

（2）从指标所处区位来看，7 个三级指标中有 2 个强势指标，分别为入境留学生比重和小额贷款占 GDP 比重；有 4 个优势指标，为每千人因特网用户数、企业开业程序、企业平均税负水平和 ISO 9001 质量体系认证数；其余 1 个指标为中势指标。

（3）从指标排位变化趋势看，在 7 个三级指标中，有 2 个指标处于上升趋势，分别为每千人因特网用户数和 ISO 9001 质量体系认证数；有 1 个指标处于下降趋势，为每千人手机用户数；其余指标均保持不变。

（4）从指标排位变化的动因看，尽管 2 个三级指标的排位出现了上升，但受指标排位升降的综合影响，美国创新环境竞争力的综合排位处于保持趋势，在 G20 中处于第 1 位。

（5）从三级指标结构特征看，在创新环境竞争力指标组的 7 个三级指标中，强势指标 2 个，占指标总数的 28.6%；优势指标 4 个，占指标总数的 57.2%；没有劣势指标，强势和优势指标居于主导地位；上升指标 2 个，占指标总数的 28.6%；保持指标 4 个，占指标总数的 57.1%；有 1 个下降指标。虽然指标排位上升的数量大于排位下降的数量，但受其他外部因素的综合影响，2012 年美国国家创新环境竞争力综合排位与 2011 年相比保持不变。

19.3.2　美国国家创新环境竞争力比较分析

图 19－5 反映了 2011～2012 年美国国家创新环境竞争力与 G20 最高水平和平均水平的比较情况。

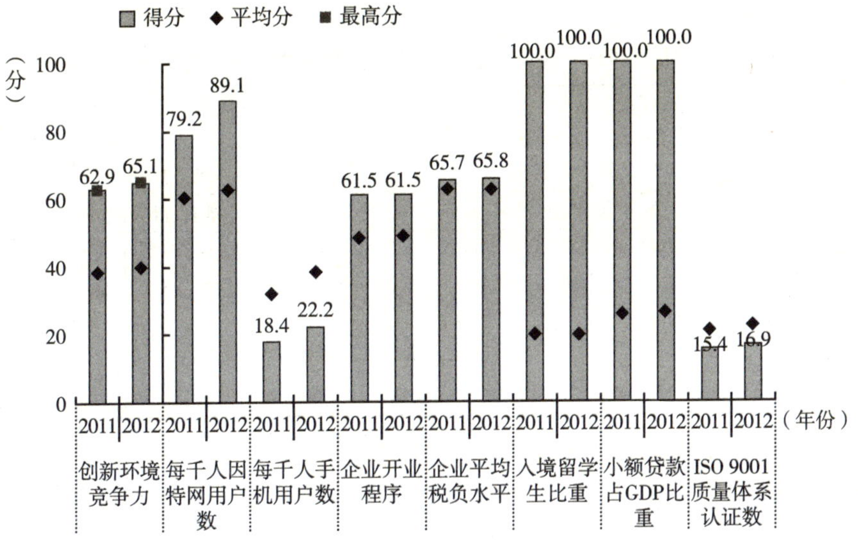

图 19－5　2011～2012 年美国国家创新环境竞争力指标得分比较

由图 19－5 可知，评价期内美国国家创新环境竞争力得分均高于 60 分，处于高水平。从创新环境竞争力的整体得分比较来看，2011 年，美国国家创新环境竞争力得分居 G20 最高分，与 G20 平均分相比，高出 24.2 分；2012 年，美国国家创新环境竞争力得分居 G20 最高分，高于 G20 平均分 25.1 分。总的来说，2011 ~ 2012 年美国国家创新环境竞争力与平均分的差距变化不大，排位也保持不变。

从具体指标得分比较和变化趋势来看，美国国家创新环境竞争力整体水平较高，仍处于强势地位。为巩固和提升美国国家创新环境竞争力，应继续加快信息高速公路建设，加强创新产品质量认证，营造有利于企业健康有序发展的良好创新氛围，不断优化国家创新环境，进一步增强国家创新环境竞争力。

19.4 美国国家创新投入竞争力评价分析

19.4.1 美国国家创新投入竞争力评价结果

2011 ~2012 年美国国家创新投入竞争力及其下属 7 个三级指标的排位和排位变化情况，如表 19 -6 所示。

表 19 -6 美国 2011 ~2012 年国家创新投入竞争力指标组排位及趋势表

项目 / 年份	R&D 经费支出总额		R&D 经费支出占 GDP 比重		人均 R&D 经费支出		R&D 人员		研究人员占从业人员比重		企业研发投入比重		风险资本交易占 GDP 比重		创新投入竞争力	
	得分	排名	得分	排名	得分	排名	得分	排名	得分	排名	得分	排名	得分	排名	得分	排名
2011	100	1	67.8	4	100	1	100	1	78.9	3	84.0	4	100	1	90.1	1
2012	100	1	65.2	4	100	1	100	1	74.2	3	75.9	6	94.1	2	87.1	1
得分变化	0.0		-2.6		0.0		0.0		-4.7		-8.1		-5.9		-3.0	
排名升降		0		0		0		0		0		-2		-1		0
优劣度		强势		强势		强势		强势		强势		优势		强势		强势

（1）从排位变化比较看，2012 年美国国家创新投入竞争力排名第 1 位，与 2011 年相比，排位保持不变，处于强势地位。

（2）从指标所处区位来看，7 个三级指标中没有中势指标和劣势指标；有 1 个指标是优势指标，为企业研发投入比重；其余 6 个指标均是强势指标。

（3）从指标排位变化趋势看，在 7 个三级指标中，有 5 个指标排位保持不变，分别为 R&D 经费支出总额、R&D 经费支出占 GDP 比重、人均 R&D 经费支出、R&D 人员和研究人员占从业人员比重；有 2 个指标处于下降趋势，分别为企业研发投入比重和风险资本交易占 GDP 比重。

（4）从指标排位变化的动因看，由于有 5 个三级指标的排位保持不变，美国创新投入竞争力的综合排位也保持不变，在 G20 中排名第 1 位。

（5）从三级指标结构特征看，在创新投入竞争力指标组的 7 个三级指标中，没有中势指标和劣势指标；强势指标 6 个，占指标总数的 85.7%；下降指标 2 个，占指标总数的 28.6%，没有上升指标，保持指标 5 个，占指标总数的 71.4%。由于大部分指标排位保持不变，2012 年美国国家创新投入竞争力综合排位仍保持不变。

19.4.2　美国国家创新投入竞争力比较分析

图 19－6 反映了 2011～2012 年美国国家创新投入竞争力与 G20 最高水平和平均水平的比较情况。

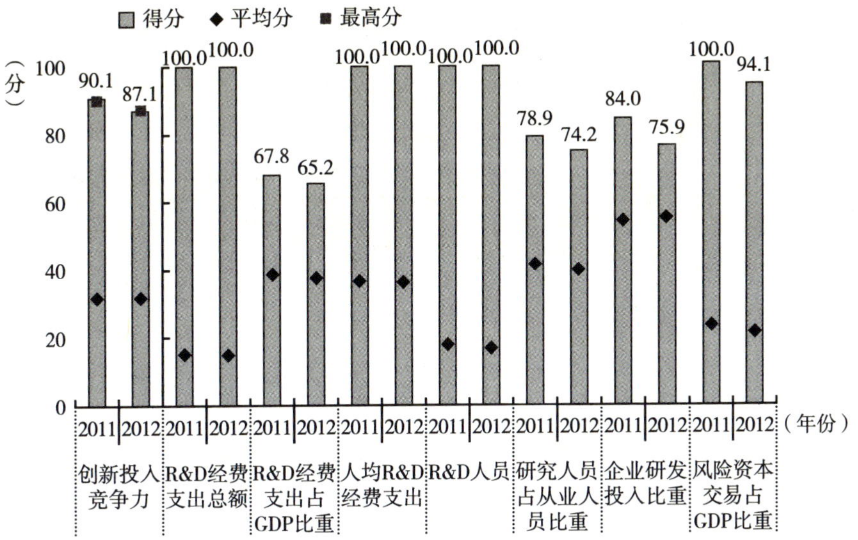

图 19－6　2011～2012 年美国国家创新投入竞争力指标得分比较

由图 19－6 可知，评价期内美国国家创新投入竞争力得分均高于 85 分，说明美国国家创新投入竞争力处于高水平。从创新投入竞争力的整体得分比较来看，2011 年，美国国家创新投入竞争力得分居 G20 最高分，与 G20 平均分相比，则高了57.7分；到2012年，美国国家创新投入竞争力得分居G20最高分，高于G20平均分55.4分。总的来说，2011～2012年美国国家创新投入竞争力与平均分的差距略有缩小，国家创新投入竞争力的排位保持不变。

从具体指标得分比较和变化趋势来看，美国国家创新投入竞争力整体水平较为稳定，仍处于强势地位，这主要是由于大部分指标得分较高，且所有三级指标的得分都高于G20平均分，可见，其创新投入竞争力水平较高。今后要继续加大科技研发经费投入，鼓励多元化的创新研发投入，加大研发人员培养力度，高度重视研发人才队伍建设，不断增加国家创新投入，保持国家创新投入竞争力的领先地位。

19.5 美国国家创新产出竞争力评价分析

19.5.1 美国国家创新产出竞争力评价结果

2011～2012年美国国家创新产出竞争力及其下属9个三级指标的排位和排位变化情况，如表19－7所示。

表19－7 美国2011～2012年国家创新产出竞争力指标组排位及趋势表

项目 年份	专利授权数		科技人员平均专利授权数		科技论文发表数		科技人员平均发表论文数		专利和许可收入	
	得分	排名	得分	排名	得分	排名	得分	排名	得分	排名
2011	94.2	2	28.3	7	100	1	25.3	10	100	1
2012	92.1	2	26.1	7	100	1	23.4	10	100	1
得分变化	-2.1		-2.2		0.0		-1.8		0.0	
排名升降		0		0		0		0		0
优劣度		强势		优势		强势		优势		强势

项目 年份	高技术产品净出口额		高技术产品净出口比重		注册商标数		创意产品出口比重		创新产出竞争力	
	得分	排名	得分	排名	得分	排名	得分	排名	得分	排名
2011	79.2	3	68.9	5	88.9	2	88.7	2	74.8	1
2012	72.3	3	66.6	5	88.1	2	89.6	2	73.1	1
得分变化	-6.9		-2.3		-0.8		0.9		-1.7	
排名升降		0		0		0		0		0
优劣度		强势		强势		强势		强势		强势

（1）从排位变化比较看，2012 年美国国家创新产出竞争力排名第 1 位，处于 G20 首位，与 2011 年相比，排位保持不变，处于强势地位。

（2）从指标所处区位来看，9 个三级指标中没有中势指标和劣势指标；2 个指标是优势指标，分别为科技人员平均专利授权数和科技人员平均发表论文数；其余 7 个指标均为强势指标。

（3）从指标排位变化趋势看，9 个指标全部处于保持趋势。

（4）从指标排位变化的动因看，9 个三级指标的排位保持不变，美国创新产出竞争力的综合排位保持不变，在 G20 中排名第 1 位。

（5）从三级指标结构特征看，在创新产出竞争力指标组的 9 个三级指标中，没有中势指标和劣势指标；强势指标 7 个，占指标总数的 77.8%，强势和优势指标所占比重远远大于劣势指标的比重；保持指标 9 个，占指标总数的 100%。2012 年美国国家创新产出竞争力综合排位与 2011 年相比保持不变。

19.5.2　美国国家创新产出竞争力比较分析

图 19－7 反映了 2011～2012 年美国国家创新产出竞争力与 G20 最高水平和平均水平的比较情况。

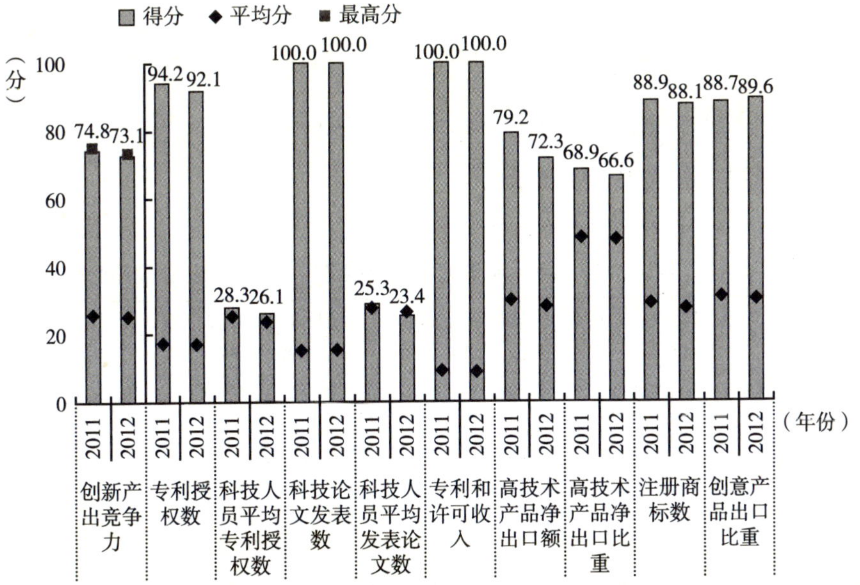

图 19－7　2011～2012 年美国国家创新产出竞争力指标得分比较

由图 19 - 7 可知，评价期内美国国家创新产出竞争力得分均高于 70 分，说明美国国家创新产出竞争力处于很高水平。从创新产出竞争力的整体得分比较来看，2011 年，美国国家创新产出竞争力得分居 G20 最高分，高于 G20 平均分 49 分；到 2012 年，美国国家创新产出竞争力得分居 G20 最高分，高于 G20 平均分 48.2 分。总的来说，2011 ~2012 年美国国家创新产出竞争力与平均分的差距缩小，但排位保持不变。

从具体指标得分比较和变化趋势来看，美国国家创新产出竞争力整体水平没有发生明显变化，且 9 个三级指标中有 8 个的得分高于 G20 平均分。专利授权数、科技论文发表数、专利和许可收入、高技术产品净出口额、注册商标数等指标得分和排位较高，但是，科技人员平均专利授权数和科技人员平均发表论文数指标得分和排位居中。因此，要进一步提升美国的专利授权量，增强企业和个人的专利运用能力；完善知识产权激励机制，促进专利和许可收入增长；注重提升基础研究能力，提高科技论文等创新产出的数量和质量等。

19.6 美国国家创新持续竞争力评价分析

19.6.1 美国国家创新持续竞争力评价结果

2011 ~2012 年美国国家创新持续竞争力及其下属 7 个三级指标的排位和排位变化情况，如表 19 - 8 所示。

表 19 - 8 美国 2011 ~2012 年国家创新持续竞争力指标组排位及趋势表

项目 年份	公共教育经费支出总额		公共教育经费支出占 GDP 比重		人均公共教育经费支出额		高等教育毛入学率	
	得分	排名	得分	排名	得分	排名	得分	排名
2011	100	1	35.7	2	94.3	3	92.6	2
2012	100	1	27.0	3	77.3	7	94.5	2
得分变化	0.0		-8.7		-17.0		1.9	
排名升降		0		-1		-4		0
优劣度		强势		强势		优势		强势

续表

项目 年份	科技人员增长率		科技经费增长率		高校科技工程毕业生比重		创新持续竞争力	
	得分	排名	得分	排名	得分	排名	得分	排名
2011	32.6	9	62.3	12	32.4	10	64.3	1
2012	39.6	8	44.0	12	32.8	9	59.3	1
得分变化	7.0		-18.3		0.4		-5.0	
排名升降		1		0		1		0
优劣度		优势		中势		优势		强势

（1）从排位变化比较看，2012 年美国国家创新持续竞争力排名第 1 位，与 2011 年排位相同，处于强势地位。

（2）从指标所处区位来看，7 个三级指标中有 3 个强势指标，分别是公共教育经费支出总额、公共教育经费支出占 GDP 比重和高等教育毛入学率；科技经费增长率为中势指标；其余 3 个指标为优势指标。

（3）从指标排位变化趋势看，在 7 个三级指标中，有 2 个指标处于上升趋势，为科技人员增长率和高校科技工程毕业生比重；有 2 个指标处于下降趋势，分别为公共教育经费支出占 GDP 比重和人均公共教育经费支出额，上升和下降指标的数量相当，美国创新持续竞争力保持不变。

（4）从指标排位变化的动因看，有 2 个三级指标的排位出现了下降，2 个出现上升，受指标排位变化的综合影响，美国创新持续竞争力的综合排位保持不变，在 G20 中排名第 1 位。

（5）从三级指标结构特征看，在创新持续竞争力指标组的 7 个三级指标中，强势指标 3 个，占指标总数的 42.9%；优势指标 3 个，占指标总数的 42.9%；中势指标 1 个，占指标总数的 14.3%，强势指标和优势指标所占比重远大于劣势指标的比重；上升指标 2 个，占指标总数的 28.6%；下降指标 2 个，占指标总数 28.6%。指标排位下降的数量与排位上升的数量相当，2012 年美国国家创新持续竞争力综合排位与 2011 年相同，继续保持首位。

19.6.2　美国国家创新持续竞争力比较分析

图 19-8 反映了 2011～2012 年美国国家创新持续竞争力与 G20 最高水平

和平均水平的比较情况。

由图 19－8 可知，评价期内美国国家创新持续竞争力得分处于下降趋势，说明美国国家创新持续竞争力水平有所降低。从创新持续竞争力的整体得分比较来看，2011 年，美国国家创新持续竞争力得分居 G20 最高分，高于 G20 平均分 24.9 分；到 2012 年，美国国家创新持续竞争力得分居 G20 最高分，高于 G20 平均分 21.7 分。总的来说，2011～2012 年美国国家创新持续竞争力与平均分的差距缩小，排位处于保持趋势。

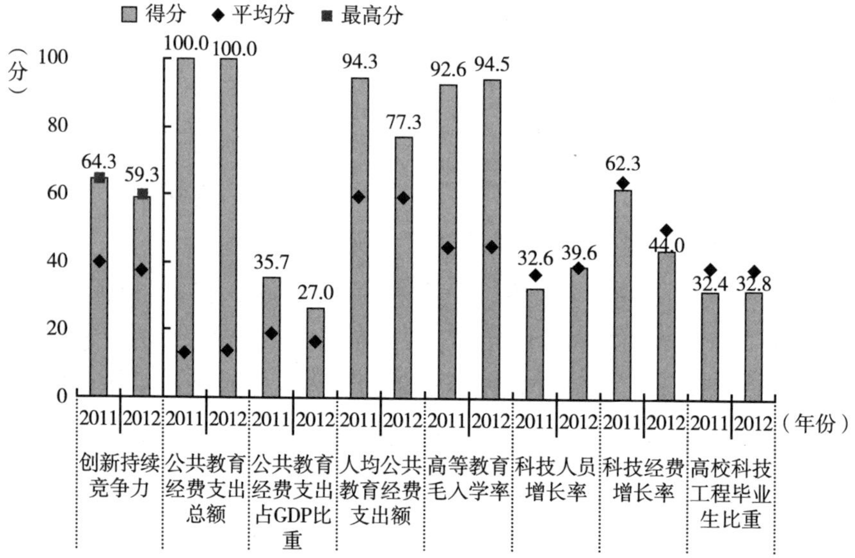

图 19－8　2011～2012 年美国国家创新持续竞争力指标得分比较

从具体指标得分比较和变化趋势来看，美国国家创新持续竞争力整体水平保持不变，这主要是由于公共教育经费支出总额、高等教育毛入学率等指标得分始终保持较高水平，但科技经费增长率、高校科技工程毕业生比重等指标的得分低于 G20 平均分。针对这些问题，要不断增加科研经费投入，加大培养科学家和工程师的力度，实现国家创新能力的可持续发展，显著增强国家创新持续竞争力。

Y Ⅲ 专题报告

Special Reports

Y.21

第 1 章

G20 科技创新人才资源比较分析与启示

工业革命以来，全球科技中心转移经历了从 18 世纪的英国，到 20 世纪初的德国，再到第二次世界大战以后的美国，三次转移都是以人才培养和集聚为基本特征并通过重大科技创新来驱动。当前，在全球经济结构面临深度调整的背景下，世界各国纷纷实施创新驱动战略，而科技创新人才是实施创新驱动战略最关键的因素。为了加速推进创新驱动战略，积极抢占科技创新高地，世界各国都高度重视科技创新人才的培养和引进，人才竞争愈演愈烈。本专题首先阐述了科技创新人才在国家创新发展战略中的重要地位，并对 G20 科技创新人才资源的总体情况进行比较分析，接着以 G20 为研究对象，实证考察了科技创新人才资源与经济发展之间的关系，在此基础上总结了主要发达国家科技创新人才资源开发的成功经验，最后提出了中国加快科技创新人才资源开发的战略途径。开展本专题的研究，对于加快我国科技创新人才队伍建设、提高我国自主创新能力、推进创新型国家建设具有重要的战略意义和理论价值。

1.1 科技创新人才在国家创新发展战略中的重要地位

1.1.1 科技创新人才的内涵及特征

科技创新人才是高层次人才，是知识经济时代的核心资源，也是提高自主创新能力的关键所在。从一般意义上理解，科技创新人才就是掌握现代科学知识和高新技术并具有创新能力的人才。国内外专家学者从不同角度对科技创新人才的内涵进行界定，通常认为科技创新人才应包含三个基本要素：一要从事科技活动，二要具备创新性或创造性，三要产生良好的经济社会效益。概括来讲，本文认为科技创新人才是指在科学技术领域内经过专门的训练，具备丰富的专业知识，具有较高学术造诣和科技创新能力，长期稳定从事创造性劳动，并且能够为经济社会发展和科学技术进步作出突出贡献的人才。

科技创新人才具有以下显著的特征。第一，思想观念新。科技创新人才一般都接受过高等教育，思想开放，视野开阔，敢于创新、善于创新、勤于创新，勇于探索与实践，易于接受新事物、新观点、新看法，具备敏锐的观察力，能够从本源上发现重大问题，准确把握科技发展趋势和动向。第二，思维能力强。科技创新人才对专业知识和技能的掌握达到一定的深度、高度和难度，具备严谨的科学思维能力和对事物作出系统综合分析与准确判断的能力。第三，知识结构优。具备合理的知识结构是人才作用充分发挥的关键。科技创新人才既要有深厚而扎实的基础理论知识，精通本专业的最新动态和前沿趋势，还要把握相邻学科及必要的横向学科相关知识，以适应多学科联合攻关、跨学科融合创新的科技发展新趋势。第四，心理素质好。科技创新人才所承担的科研工作与任务要求充分体现创新性，其成果存在较大不确定性，因此需要具备较强的抗压能力和受挫能力，而且要对科研工作有一定的热情，“耐得住寂寞，坐得住冷板凳”。第五，创造价值高。科技创新人才能够通过理论创新、方法创新或应用创新，创造出前所未有的科学理论、生产技术及实用产品，价值重大，影响深远①。因此，其贡献十分卓越，包括经济贡献、社会贡献、科技贡献等各个方面。

1.1.2　科技创新人才的重要作用

当今世界人才资源是第一资源，科技创新人才在提高自主创新能力、推动实施国家创新发展战略中占据着重要的地位和作用，谁掌握着顶尖的科技创新人才，谁就将在竞争中获得主动权和制高点。《国家中长期人才发展规划纲要（2010～2020年）》提出，要“突出培养造就创新型科技人才”。《国家中长期科学和技术发展规划纲要（2006～2020年）》《国家中长期教育改革和发展规划纲要（2010～2020年）》等文件也把培养造就高层次创新型科技人才摆在突出重要的位置。这是我国人才队伍建设的核心任务，也是建设创新型国家和实施人才强国战略的重大举措。2014年6月9日，习近平在中国科学院第十七次院士大会、中国工程院第十二次院士大会上的讲话中强调指出，我国要在科技创新方面走在世界前列，必须在创新实践中发现人才、在创新活动中培育人才、在创新事业中凝聚人才。要把人才资源开发放在科技创新最优先的位置，改革人才培养、引进、使用等机制，努力造就一批世界水平的科学家、科技领军人才、工程师和高水平创新团队，注重培养一线创新人才和青年科技人才。可以断言，在全球科技创新活动日趋活跃、国家创新竞争日趋激烈的背景下，坚持以人才为本，大力实施科技人才战略，将培养和引进科技创新人才作为建设创新型国家的重要战略举措，已成为世界上大部分国家的共同诉求和一致选择。

（1）科技创新人才为创新型国家建设提供强大智力支撑。科技创新人才是从事创造性活动的主力军，建设创新型国家的关键在于提升自主创新能力，而提高自主创新能力的关键又在于科技创新人才。没有一支宏大的科技创新人才队伍为创新型国家建设提供智力支撑，创新驱动战略就无从实施。因此，必须大力培育和引进科技创新人才，营造良好的创新氛围，发展壮大科技创新人才队伍。

---

① 韩利红：《创新型科技人才的特征及其创新性管理》，《河北学刊》2012年第4期。

（2）科技创新人才资源开发是提升国家创新竞争力的重要着力点。科技创新人才数量和质量是体现国家创新竞争力的核心指标。科技创新人才的匮乏和低效是制约国家创新竞争力提升的重要因素和主要环节，加强科技创新人才资源开发对于提升国家创新竞争力具有重大意义。

（3）加强科技创新人才队伍建设有利于优化产业结构，促进经济发展方式转变。在当前全球经济结构面临深度调整的形势下，世界各国尤其是发展中国家都在抢抓转方式、调结构的重大历史机遇，在这一转变和调整过程中，科技创新人才发挥着核心要素和第一推动力的决定性作用，只有加强科技创新人才队伍建设，才能真正实现产业结构的优化和经济社会的可持续发展。

（4）加强科技创新人才资源开发是提升企业核心竞争力的关键所在。企业是国家创新发展中的微观主体，企业要想实现技术创新、产品创新、管理创新，提升核心竞争力，占据“微笑曲线”的高端，必须实施科技创新人才开发战略，吸引和留住各类科技创新人才，为企业发展壮大提供技术支持和人才保障。

1.2　G20 科技创新人才资源总体情况比较分析

1.2.1　G20 科技创新人才资源规模比较分析

科技创新人才是建设创新型国家的重要基础，是推动经济社会可持续发展的根本保证。一个国家是否拥有规模宏大、具备竞争力的科技创新人才队伍，直接决定了其创新战略能否顺利实施。表 1－1 通过 R&D 人员这一指标反映了 G20 科技创新人才资源规模的基本情况。由表 1－1 可以看出，2001～2012 年 G20 R&D 人员总体呈现稳定上升的趋势，且主要发达国家的 R&D 人员规模明显高于发展中国家。以 2011 年数据为例，每百万人 R&D 人员超过 3000 人年的国家依次包括韩国、日本、加拿大、德国、英国、美国、法国、俄罗斯，基本上为发达国家。澳大利亚的每百万人 R&D 人员在 2008 年就已经达到 4280.4 人年，欧盟作为一个实体，其指标 2011 年也达到 3223.8 人年。2001～2012 年

表1-1 2001~2012年G20 R&D人员（每百万人）基本情况

单位：人年

国家＼年份	2001	2002	2003	2004	2005	2006	2007	2008	2009	2010	2011	2012
阿根廷	688.3	693.2	720.7	769.3	824.6	898.7	983.5	1046.5	1092.3	1178.5	1236.0	—
澳大利亚	—	3711.6	—	4015.7	—	4179.2	—	4280.4	—	—	—	—
巴西	440.3	458.4	495.3	544.7	587.8	597.0	612.0	628.5	667.2	710.3	—	—
加拿大	3695.4	3706.7	3900.7	4085.3	4238.4	4313.3	4587.7	4710.8	4450.6	4578.9	4562.8	—
中国	576.7	625.7	661.7	706.8	848.7	922.8	1066.7	1186.0	852.8	890.4	963.2	1019.6
法国	2976.0	3104.5	3185.2	3317.5	3295.7	3405.1	3566.1	3639.8	3726.7	3851.5	3917.6	—
德国	3163.1	3176.3	3209.8	3222.6	3246.2	3341.5	3480.0	3627.6	3813.6	3950.4	4084.9	4138.9
印度	—	—	—	—	137.4	—	—	—	—	159.9	—	—
印度尼西亚	201.5	—	—	—	—	—	—	—	89.9	—	—	—
意大利	1166.1	1239.0	1215.4	1235.9	1405.9	1496.8	1563.4	1599.5	1691.1	1709.2	1747.9	1820.2
日本	5183.8	4935.0	5156.1	5156.8	5360.2	5387.0	5377.7	5157.7	5147.4	5151.3	5157.5	—
韩国	2951.5	3059.0	3246.4	3337.9	3823.1	4228.9	4665.0	4933.1	5067.5	5450.9	5928.3	—
墨西哥	222.0	291.7	310.6	363.2	396.7	323.4	334.1	327.4	369.1	382.1	386.4	—
俄罗斯	3460.2	3380.6	3364.7	3309.4	3227.7	3231.1	3265.4	3140.5	3077.9	3078.1	3120.4	3096.1
沙特阿拉伯	—	—	—	—	—	—	—	—	—	—	—	—
南非	311.6	—	301.5	376.7	358.7	379.7	389.5	385.6	388.9	363.8	—	—
土耳其	354.2	369.0	495.3	506.8	577.8	621.7	714.7	750.5	810.7	891.9	987.0	—
英国	3077.6	3334.3	3629.8	3817.2	4123.3	4190.1	4143.8	4107.6	4151.1	4134.0	4026.4	4024.2
美国	3524.1	3607.8	3845.4	3739.9	3692.8	3755.5	3731.4	3883.9	4042.1	3837.6	3978.7	—
欧盟	2379.7	2444.3	2545.2	2673.3	2771.7	2857.9	2920.5	3063.1	3124.8	3210.8	3223.8	3155.7

数据来源：世界银行数据库，http://data.worldbank.org/indicator，“—”表示数据缺失，下同。

中国、阿根廷、土耳其、巴西、墨西哥、南非、印度、印度尼西亚等新兴工业国家的每百万人 R&D 人员基本上都低于1000人年，阿根廷从2008年开始这一指标已超过1000人年，中国在2012年也突破1000人年。由此可见，发达国家之所以具有较强的国家创新竞争力，很重要的原因在于其具备强大的科技创新人才资源规模和实力。发展中国家要想提升创新竞争力，更好更快地推动实施国家创新战略，必须重视开发科技创新人才资源，加强科技创新人才队伍建设。

1.2.2 G20 科技创新人才资源投入比较分析

科技创新人才作用的充分发挥离不开必要的资源投入，尤其是研发资金的投入和教育经费的支持。研发投入强度是衡量国家创新竞争力的核心指标，也是培养和吸引科技创新人才的一个重要条件。表1-2反映了2001~2012年G20研发支出占GDP比例的基本情况。由表1-2可以看出，G20研发支出占GDP比例稳中有升，韩国、日本、德国、美国、法国等国家这一指标均已超过2%，中国、英国、加拿大的研发支出占GDP比例接近2%（中国在2013年已超过2%），而土耳其、印度、南非、阿根廷、墨西哥、印度尼西亚、沙特阿拉伯等国家的研发支出占GDP比例还不到1%，差距还比较明显。从教育投入来看，教育是培养科技创新人才最直接的途径，教育投入与科技创新人才资源的开发有着密切的关系。表1-3反映了2001~2012年G20教育公共支出占GDP比例的基本情况。由表1-3可以看出，近年来G20普遍重视公共教育投入，大部分国家的教育公共支出占GDP比例超过5%，投入水平比较低的国家也达到近4%，2012年中国的教育公共支出占GDP比例达到4.0933%，处于持续上升趋势。持续稳定的公共教育投入为培养科技创新人才提供了良好的保障。

1.2.3 G20 科技创新人才资源效益比较分析

充分发挥科技创新人才的作用，最大限度地创造经济社会效益是建设创新型国家的根本目标和主要任务。科技创新人才的培养、开发与投入，最终的目

表 1－2　2001～2012 年 G20 研发支出占 GDP 比例基本情况

单位：%

国家＼年份	2001	2002	2003	2004	2005	2006	2007	2008	2009	2010	2011	2012
阿根廷	0. 4246	0. 3889	0. 4101	0. 4376	0. 4608	0. 4946	0. 5079	0. 5238	0. 5951	0. 6175	0. 6470	—
澳大利亚	—	1. 7500	—	1. 8576	—	2. 1887	—	2. 4078	—	2. 3856	—	—
巴西	1. 0429	0. 9847	0. 9579	0. 8995	0. 9713	1. 0080	1. 0951	1. 1143	1. 1661	1. 1604	1. 2096	—
加拿大	2. 0877	2. 0415	2. 0352	2. 0667	2. 0398	2. 0049	1. 9634	1. 9182	1. 9705	1. 8601	1. 7850	1. 7280
中国	0. 9507	1. 0700	1. 1336	1. 2299	1. 3248	1. 3883	1. 3958	1. 4699	1. 7020	1. 7590	1. 8362	1. 9831
法国	2. 1990	2. 2378	2. 1770	2. 1559	2. 1087	2. 1080	2. 0831	2. 1243	2. 2715	2. 2445	2. 2498	2. 2626
德国	2. 4741	2. 5028	2. 5396	2. 5034	2. 5058	2. 5403	2. 5317	2. 6895	2. 8226	2. 8035	2. 8929	2. 9191
印度	0. 7232	0. 7132	0. 7069	0. 7439	0. 8104	0. 7972	0. 7908	0. 8411	0. 8188	0. 7972	0. 8060	—
印度尼西亚	0. 0476	—	—	—	—	—	—	—	0. 0833	—	—	—
意大利	1. 0808	1. 1214	1. 1006	1. 0913	1. 0860	1. 1273	1. 1730	1. 2058	1. 2640	1. 2646	1. 2535	1. 2657
日本	3. 0745	3. 1156	3. 1439	3. 1332	3. 3087	3. 4091	3. 4614	3. 4671	3. 3573	3. 2539	3. 3881	—
韩国	2. 4732	2. 4045	2. 4858	2. 6830	2. 7918	3. 0092	3. 2104	3. 3609	3. 5612	3. 7378	4. 0392	—
墨西哥	0. 3345	0. 3772	0. 3842	0. 3919	0. 4018	0. 3727	0. 3684	0. 4038	0. 4306	0. 4559	0. 4287	—
俄罗斯	1. 1769	1. 2478	1. 2860	1. 1513	1. 0680	1. 0729	1. 1161	1. 0444	1. 2519	1. 1302	1. 0940	1. 1180
沙特阿拉伯	—	—	0. 0627	0. 0532	0. 0423	0. 0425	0. 0452	0. 0490	0. 0734	—	—	—
南非	0. 7341	—	0. 7923	0. 8486	0. 9006	0. 9347	0. 9237	0. 9325	0. 8708	0. 7616	—	—
土耳其	0. 5378	0. 5259	0. 4831	0. 5183	0. 5910	0. 5802	0. 7224	0. 7252	0. 8490	0. 8434	0. 8595	—
英国	1. 7724	1. 7779	1. 7325	1. 6693	1. 6982	1. 7194	1. 7506	1. 7538	1. 8248	1. 7745	1. 7815	1. 7211
美国	2. 6375	2. 5491	2. 5525	2. 4895	2. 5057	2. 5497	2. 6264	2. 7665	2. 8159	2. 7383	2. 7626	2. 7920
欧盟	1. 8627	1. 8329	1. 8589	1. 8224	1. 8151	1. 8376	1. 8398	1. 9351	2. 0355	2. 0262	2. 0409	2. 0586

数据来源：世界银行数据库，http：//data. worldbank. org/indicator。

表 1-3　2001~2012 年 G20 教育公共支出占 GDP 比例基本情况

单位：%

国家＼年份	2001	2002	2003	2004	2005	2006	2007	2008	2009	2010	2011	2012
阿根廷	4.8337	4.0173	3.5351	3.7784	—	4.5159	4.9269	5.3927	6.0259	5.7820	6.2586	—
澳大利亚	—	—	—	—	4.9178	4.7572	4.6750	4.6456	5.1096	5.5883	5.1205	—
巴西	3.8849	3.7782	—	4.0078	4.5278	4.9528	5.0844	5.4037	5.6215	5.8223	—	—
加拿大	5.0887	5.1575	—	—	4.9313	—	4.9181	4.7715	5.0025	5.5047	5.3963	—
中国	—	—	—	—	—	—	2.8543	2.9967	3.0653	3.1281	3.4887	4.0933
法国	5.5948	5.5891	5.9015	5.8249	5.6725	5.6090	5.6151	5.6205	5.9006	5.8647	5.6754	—
德国	—	—	—	—	—	4.4261	4.4946	4.5663	5.0574	5.0812	—	—
印度	—	—	3.5511	3.2948	3.1338	3.0907	—	—	3.2108	3.3196	3.4293	3.3514
印度尼西亚	2.4600	2.6457	3.2180	2.7485	2.8728	—	3.0443	2.9019	3.5251	2.9943	2.7670	3.5620
意大利	4.8293	4.5972	4.7207	4.5565	4.4072	4.7063	4.2652	4.5622	4.6951	4.5000	4.2937	—
日本	3.5713	3.5851	3.6426	3.5986	3.4839	3.4627	3.4637	3.4402	—	3.7814	3.7783	3.8553
韩国	4.1173	4.0105	4.3684	4.3599	4.1474	4.2176	4.2289	4.8033	5.0499	—	5.2457	—
墨西哥	4.3755	4.5834	5.1230	4.7721	4.8861	4.7437	4.7318	4.8582	5.2174	5.2130	5.1913	—
俄罗斯	3.1060	3.8390	3.6785	3.5479	3.7719	3.8663	—	4.1018	—	—	—	—
沙特阿拉伯	7.7663	7.6796	7.1460	6.2775	5.4309	5.8912	—	5.1378	—	—	—	—
南非	5.2948	5.1960	5.0567	5.2809	5.2827	5.2927	5.1767	5.0912	5.5106	5.9625	6.1615	6.6034
土耳其	2.7119	2.8186	2.9604	3.1174	—	2.8625	—	—	—	—	—	—
英国	4.5720	5.1233	5.2895	5.1883	5.3755	5.4520	5.3717	5.3112	5.5181	6.2272	—	—
美国	5.4552	5.4044	5.5642	5.3085	5.0728	5.3881	5.2457	5.3026	5.2490	5.4203	—	—
欧盟	5.2406	5.3037	5.3056	5.1883	5.3755	5.3289	5.0021	5.2546	5.6673	5.5216	5.1981	—

数据来源：世界银行数据库，http：//data. worldbank. org/indicator，中国的数据通过《中国统计年鉴》计算所得。

的在于获取实实在在的效益，如社会生产效率的提高、高科技高附加值产品的创造、专利水平的提升、科技成果的产业化等。以专利申请量和知识产权使用费收入两个典型指标为例，专利申请量能够在一定程度上体现一个国家的创新能力，专利申请量越多，说明科技创新活动越活跃，科技创新人才的创新产出成果越显著。表1－4反映了2001～2012年G20国家居民专利申请量基本情况。由表1－4可以看出，日本、美国、韩国、德国等发达国家居民专利申请量总体上保持优势，而中国居民专利申请量表现十分抢眼，已跃居世界第一，说明新世纪以来中国全社会知识产权总体水平取得长足进步，创新型国家建设成效明显。但应该指出的是，与科技论文数等科研成果指标类似，中国目前的专利申请中确有一些比较优秀、有较高价值的专利成果，不过也存在很多低水平的专利申请。其中有相当数量的申请仅是出于评职称、评奖或争取申请科研经费等现实需要而申报的。一些企业申报的专利也仅是为了获得政府的某些优惠政策，而不是出于市场需要，市场效益并不突出。因此，应理性看待中国专利申请量居世界第一的地位。这一结论可以由G20国家知识产权使用费收入情况提供佐证。从表1－5可以看出，2005～2012年美国、日本、德国、英国、法国等主要发达国家的知识产权使用费收入稳居G20前列，2012年美国的知识产权使用费收入达到12418200万美元，远远超过其他国家和地区，而同期中国这一数据为104410.2万美元，仅为美国的0.84%、日本的3.27%、德国的7.53%、英国的8.36%、法国的8.41%，存在很大的差距。

1.2.4　G20科技创新人才政策环境比较分析

良好的政策环境对于培养和引进科技创新人才具有不可忽视的积极作用。创新竞争力位居世界前列的国家，无不是营造了满足创新人才发展需要的宽松政策环境。美国之所以能够成为举世瞩目的创新型超级大国，原因是多方面的，但良好的人才政策环境是其最重要的一方面。美国历来重视创新人才引育，制定一系列的政策措施占领世界创新人才高地。进入21世纪以来，美国连续修订、出台了《美国竞争力法案》《加强自然科学技术工程学及数学教育法案》等一系列有关国家未来科技人才发展规划的重要法案及政策，整体反映

表 1-4　2001～2012 年 G20 国家居民专利申请量基本情况

单位：件

国家 \ 年份	2001	2002	2003	2004	2005	2006	2007	2008	2009	2010	2011	2012
阿根廷	691	718	792	786	1054	1020	937	801	—	—	—	735
澳大利亚	2187	2364	2418	2559	2555	2837	2718	2821	2494	2409	2383	2627
巴西	3439	3481	3866	4044	4054	3956	4194	4280	4271	4228	4695	4804
加拿大	3963	3959	3929	5231	5183	5522	4998	5061	5067	4550	4754	4709
中国	30038	39806	56769	65786	93485	122318	153060	194579	229096	293066	415829	535313
法国	13499	13519	13511	14230	14327	14529	14722	14658	14100	14748	14655	14540
德国	49989	47598	47818	48448	48367	48012	47853	49240	47859	47047	46986	46620
印度	2379	2693	3425	4014	4721	5686	6296	6425	7262	8853	8841	9553
印度尼西亚	212	234	201	227	235	288	—	—	437	516	541	—
意大利	—	—	—	—	—	—	9255	8588	8814	8877	8794	8439
日本	382815	365204	358184	368416	367960	347060	333498	330110	295315	290081	287580	287013
韩国	73714	76570	90313	105250	122188	125476	128701	127114	127316	131805	138034	148136
墨西哥	534	526	468	565	584	574	629	685	822	951	1065	1294
俄罗斯	24777	23712	24969	22985	23644	27884	27505	27712	25598	28722	26495	28701
沙特阿拉伯	46	61	56	81	119	119	128	—	—	288	347	—
南非	966	983	922	956	1003	866	915	860	822	821	656	608
土耳其	337	414	489	682	928	1072	1810	2221	2555	3180	3885	4434
英国	21423	20624	20426	19178	17833	17484	17375	16523	15985	15490	15343	15370
美国	177513	184245	188941	189536	207867	221784	241347	231588	224912	241977	247750	268782
欧盟	107808	104566	103560	103752	101595	100995	111075	112210	110569	110555	108762	108606

数据来源：世界银行数据库，http：//data. worldbank. org/indicator，专利申请是指在世界范围通过《专利合作条约》程序或向国家专利部门提交的专利申请。

表1－5　2005～2012年G20国家知识产权使用费收入情况

单位：万美元

国家＼年份	2005	2006	2007	2008	2009	2010	2011	2012
阿根廷	5108	7132	10618	10477	10168.82	14469.93	17636.49	16108.57
澳大利亚	57375.62	64154.65	71364.6	74614.91	78982.35	97805.98	94833.35	86086.26
巴西	10166	15030.7	31941	46544.4	43380.78	39721.27	59076.96	51071.18
加拿大	287261.4	335902.3	383517.2	412985.8	360075.6	281379.5	334653.4	374495.7
中国	15740.18	20450.38	34263.41	57053.62	42945.25	83048.38	74330.17	104410.2
法国	621703.7	623010.2	884113.4	1104117	1405756	1372352	1612781	1240794
德国	713758.7	695954.6	846412.6	1086555	1800991	1503321	1478419	1387040
印度	20597.46	6091.326	16312.65	14781.54	19193.95	12737.82	30261.6	32144.52
印度尼西亚	26333	1344.505	3069	2721.196	3812.814	5956.069	7880.062	5804.949
意大利	112983.3	111550.6	104962.4	397258.3	392764.5	364308.5	397064	405955.5
日本	1765525	2009562	2322857	2570058	2169798	2668032	2898925	3189229
韩国	190840	204560	173510	238170	319910	314470	433560	343550
墨西哥	6950.763	8119.998	9461.058	9726.876	9439.512	8800.665	9653.589	9562.626
俄罗斯	25634	27329	35153	40637	38076	38622	55578	66420
沙特阿拉伯	—	—	—	—	—	—	—	—
南非	4530.206	4578.415	5291.36	5373.789	4772.584	5918.645	6576.72	6732.415
土耳其	—	—	—	—	—	—	—	—
英国	1330216	1454118	1606337	1475165	1292834	1382172	1408248	1248584
美国	7444800	8355000	9780200	10212600	9840600	10752200	12071800	12418200
欧盟	4104199	4284712	5084832	5822249	6851901	6942844	7538297	7100118

数据来源：世界银行数据库，http：//data. worldbank. org/indicator。

出美国政府的人才战略和强烈的忧患意识①。美国政府通过制定特殊的移民政策吸引急需的高端创新人才，如设立投资移民条款、引入外侨登记卡（绿卡）制度、实施H－1B②签证计划等。2013年美国国会参议院新出台了移民改革法案，实施了一系列针对“高科技人才”移民的优惠政策，展现了美国政府留住人才的决心。除了大幅增加H－1B类工作签证的数量外，还设立了一些

① 郑永彪、高洁玉、许睢宁：《世界主要发达国家吸引海外人才的政策及启示》，《科学学研究》2013年第2期。

② H－1B签证是针对专门技术人员的短期非移民工作签证。

新的签证类别，以吸引高科技人才。美国还通过设立各种基金、援助计划奖励高端创新人才，为人才提供优厚待遇，吸引优秀海外留学生。日本十分强调培养具有广阔视野和跨学科技能的人才，制定了“240 万科技人才开发与综合推进计划”“科学技术人才培养综合计划”等人才战略规划，倡导构建科技创新人才终身能力开发体系，努力培养既具备科学技术又适应社会需要的优秀科技创新人才。日本也重视引进国外科技创新人才，2013 年还借鉴其他西方国家实施了“高级人才积分制度”，招揽海外高级人才。韩国近年来的创新发展成效十分突出，也得益于其创新人才政策。韩国政府高度重视人才的创新能力培养，不断加大对科技创新人才的教育培训、科研经费支出、创新成果奖励等方面的投入。为了吸引人才回国，韩国政府专门制定了《技术开发促进法》，以各种优惠政策鼓励海外人才到韩国发展。德国通过“双元制”高等教育体系为社会培养大量的高水准创新人才，通过实行“欧盟蓝卡”等新移民政策重点吸引高层次创新人才移民入境，并且设立丰厚的科研奖项吸引国际顶级科学家。欧盟实施了著名的玛丽·居里行动计划、原始创新计划、科学签证以及伊拉斯谟计划等政策，加大力度培育和引进创新人才，英国、法国、德国等欧盟国家也是受益匪浅。英国对本土人才的外流不刻意限制，而是采取“来去自由”的宽松政策，以宽松的人才环境和优厚的创业条件吸引人才回流。法国主要也是通过制定移民法、提供奖励基金等措施吸引优秀创新人才。与主要发达国家在科技创新人才方面的政策相比，发展中国家的人才政策还比较滞后，创新环境较差，不仅高等教育人才培养水平相对落后，而且在人才引进上缺乏力度。巴西经济发展长期以来受到高层次创新人才匮乏的制约，从 2013 年开始才通过简化签证手续等手段来吸引海外高层次人才和巴西籍海归人才。南非也一直奉行比较保守的移民政策，2011 年之后才逐步放宽，以吸纳更多科技创新人才。为应对国际“人才战争”，中国近年来也日益重视科技创新人才的培养、引进和利用，制定了一系列的创新人才政策。2008 年起实施了吸引海外高层次人才的“千人计划”，2011 年又在此基础上推出“外专千人计划”，重点吸引非华裔外国专家。2010 年《国家中长期人才发展规划纲要（2010 ~ 2020)》提出，要实施创新人才推进计划、青年英才开发计划、海外高层次人才引进计划等重大人才工程，突出培养造就创新型科技人才。

1.3　G20科技创新人才资源与经济发展的实证分析

随着世界多极化、经济全球化的快速发展，科技创新人才日益成为一国经济发展的战略性资源，科技创新是经济发展的内在动力。因此，研究科技创新人才与经济发展之间的内在联系，探索科技创新人才对经济发展的影响程度，具有非常重要的现实意义。本文以G20为研究对象，结合1996～2011年G20科技创新人才与经济发展的面板数据①，运用面板协整检验和回归分析对科技创新人才与经济发展的相关关系进行实证研究。所有数据均来源于世界银行，本文将实际国内生产总值（用GDP表示）作为经济发展指标，将研发创新人员（用RDP表示）作为科技创新人才指标，为了增强数据的平稳性，对各个指标取自然对数。

1.3.1　面板单位根检验

面板数据单位根检验的方法多种多样，有时候各个检验所得到的结论难以做到完全一致。为了增强检验结果的稳健性，本文利用Levin，Lin和Chu的t统计量，Im，Pesaran和Shin的w统计量，ADF－Fisher Chi－square以及PP－Fisher Chi－square来对面板数据进行单位根检验。具体结果如表1－6所示。

表1－6　面板单位根检验结果

变量	LLC	IPS	ADF－Fisher	PP－Fisher
GDP	0.0014	0.5422	0.1962	0.0007
ΔGDP	0.0000	0.0000	0.0000	0.0000
RDP	0.8925	0.9980	0.9809	0.9039
ΔRDP	0.0000	0.0000	0.0000	0.0000

注：表格中数据为p值，用Δ表示变量的一阶差分。检验形式只带有个体截距项，根据SIC准则确定滞后阶数。

① 基于数据的可获得性，本处实证部分不包含澳大利亚、印度、印度尼西亚和沙特阿拉伯。

从表1-6可以看出，对变量GDP的水平值进行LLC、IPS、ADF-Fisher和PP-Fisher单位根检验时，LLC和PP-Fisher检验结果在1%显著水平上拒绝了“变量存在单位根”的原假设，但是IPS和ADF-Fisher检验结果无法拒绝原假设。对变量RDP的水平值进行LLC、IPS、ADF-Fisher和PP-Fisher单位根检验时，检验结果都无法拒绝存在单位根的原假设，这也意味着RDP变量是非平稳的时间序列。在对所有变量进行一阶差分处理后，两个指标均通过了1%的显著性水平检验，拒绝了原假设，这表明两个变量的一阶差分序列是平稳的，均为一阶单整序列。

1.3.2 面板协整检验

面板协整检验方法是将传统的时间序列的协整检验方法推广到面板数据。协整检验的基本思想是：如果不平稳的时间序列之间的线性组合可以构成平稳序列，那么这些时间序列之间存在着协整关系。常用的检验方法主要有Engle-Granger两步法和建立在向量自回归基础上的Johansen检验[①]。目前常用的面板协整检验方法主要是将这两种方法推广到面板数据，其中Pedroni和Kao是将Engle-Granger两步法推广到面板数据的协整检验，而Maddala和Wu、Larsson等人是将Johansen检验推广到面板数据的协整检验。为了保证检验结果的有效性和稳健性，在本文中，我们将分别采用Kao检验、Pedroni检验以及Fisher检验三种方法，来考察科技创新人才资源与经济增长之间是否存在长期的稳定关系，具体结果如表1-7、表1-8、表1-9所示。

表1-7 Kao检验结果

	t统计量	P值
ADF	-11.1153	0.0000
Residual variance	0.0036	—
HAC variance	0.0032	—

① Engle-Granger两步法一般用于两个变量之间的协整检验。当变量数量为三个或者三个以上时，变量间可能存在多个协整关系，此方法无法找到所有可能的协整向量，分析结果也不易解释。针对上述问题，Johansen于1988年提出运用极大似然估计法（MLE）进行协整检验，Gonzalo利用数据模拟分析的结果显示，Johansen检验方法优于Engle-Granger两步法。

表 1 - 8　Pedroni 检验结果

	t 统计量	*P* 值
Panel v - Statistic	4. 3310	0. 0000
Panel rho - Statistic	-2. 3576	0. 0092
Panel PP - Statistic	-2. 1309	0. 0165
Panel ADF - Statistic	-2. 4470	0. 0072
Group rho - Statistic	-0. 9349	0. 1750
Group PP - Statistic	-2. 8428	0. 0022
Group ADF - Statistic	-4. 2270	0. 0000

表 1 - 9　Fisher 检验结果

Hypothesized No. of CE(s)	Fisher Stat. * (trace test)	*P* 值	Fisher Stat. * (max - eigen test)	*P* 值
None	79. 75	0. 0000	72. 77	0. 0000
At most 1	43. 02	0. 0192	43. 02	0. 0192

根据表 1 - 7，Kao 检验结果显示，*P* 值为 0. 0000，说明在 1% 的显著性水平上，经济增长与科技创新人才资源之间存在显著的长期稳定关系。

根据表 1 - 8，Pedroni 检验中，Group rho 非常不显著，其他统计量均通过了 5% 的显著水平检验。由于在 Pedroni 检验中 Panel ADF 和 Group ADF 统计量较其他统计量有更好的小样本性质，而在科技创新人才资源与经济增长的协整检验中，Panel ADF 和 Group ADF 统计量都通过 1% 显著性水平的检验，因此可以判断，经济增长与科技创新人才资源之间存在长期的协整关系。

根据表 1 - 9，Fisher 检验时，该模型至少存在 1 个协整关系，这表明科技创新人才资源指标与经济增长指标之间存在长期的协整关系。

综合以上三种面板协整检验结果，可以得出结论：科技创新人才资源与经济增长之间存在长期的稳定均衡关系，而且这个结论非常稳健。此处的检验结果与现实观察是相吻合的。科技创新人才作为一种具备较高生产率的生产要素，对一国经济增长有显著的促进作用，与此同时，一国经济增长也会影响人才资源的开发，经济发展到一定程度，必然会加大科教投入，注重教育发展，提升整个人力资本的质量，最终推动经济更好更快地发展。

1.3.3 回归分析

由前文分析可知，经济增长和科技创新人才之间存在稳定协整关系，接下来本文将对这两组数据进行面板回归分析。在进行回归分析时，首先要采用 Hausman 检验来判断应该建立随机效应模型还是固定效应模型。Hausman 检验的原假设是个体效应与回归变量无关，不存在系统性差异，表现为随机效应。如果拒绝原假设，说明固定效应模型更好。根据 Hausman 检验得到 P 值为0.0000，可见采用固定效应模型更合适。G20 固定效应模型估计结果为：

$$GDP = \underset{(32.1143)}{9.3798} + \underset{(16.3917)}{0.6378}RDP$$

其中，常数项和回归系数的 t 统计量分别为32.1143和16.3917，均通过了1%显著性水平的检验。回归结果表明，科技创新人才资源与经济增长之间呈现正向变动关系，科技创新人才增加1%，经济增长提高0.64%。这意味着，科技创新人才资源的开发能够大大促进一国经济增长。从整个发达国家经济发展历程来看，20世纪初科学技术对发达国家GDP的贡献率为5%~10%，20世纪中期达到50%，20世纪末实现了70%~80%。如今发展中国家科技创新对经济增长的贡献率也日益突出，足以证明科技进步对整个国民经济增长的推动作用。历史经验也表明，经济危机往往伴随着重大的科技创新突破，依靠科技创新创造新的经济增长点成为摆脱危机的根本出路。目前各国都进入了必须依靠科技进步和创新来推动经济发展的重要阶段，国家间的竞争也从传统以资源和成本为主转向以科技为主，科技创新成为一国保持和提升国际竞争力的必然选择。因此，加快科技创新，培养和开发科技创新人员，在各国发展战略中都占据了非常重要的地位。各国政府也高度重视科技创新，并出台了一系列旨在促进科技创新的宏观发展战略，经过长期的研究与探索，最终累积了许多成功的推动科技创新的做法和经验。

1.4　世界主要发达国家科技创新人才资源开发的成功经验

科技是一国经济发展的关键力量，创新是一国竞争力的核心表现，科技创新人才成为一国经济发展和竞争力提高的决定性因素。人才竞争在综合国力竞争中占据举足轻重的地位，培养与开发科技创新人才也成为主要发达国家的共同选择。通过研究主要发达国家科技创新人才资源开发的主要做法，可以为我国建设创新型国家、实现经济结构转型升级、推动经济社会发展提供有效的人才智力支持。综观各主要发达国家科技创新人才资源开发的先进做法和成功经验，主要体现为以下几个方面。

1.4.1　政府高度重视科技创新人才的开发与培养

发达国家十分重视创新型科技人才在人才开发中的地位和作用，采取了各种措施开发和培养科技创新人才。20世纪90年代以来，知识经济快速崛起，为了适应知识经济发展的需求，各主要发达国家纷纷制定和实施了人才战略，明确提出科技立国的战略目标。英国政府在1994年首次发布《实现我们的潜能——科学、工程与技术战略》白皮书，明确提出将培养创新型人才作为国家发展的首要任务，2000年发布《卓越与机遇——面向21世纪的科学与创新政策》白皮书，明确提出加大对高层次人才的扶持，此后一直到2011年发布的《创新与研究发展战略》，英国政府白皮书都是以创新为主题。此外，英国政府还设立高等教育创新基金，鼓励大学生创新创业活动。美国政府高度重视科学技术和研发投入，研发经费占GDP的比重一直保持在3%左右，美国科学基金会也设立了多种奖励基金用于开发和培养青年人才。日本也实施了一系列人才开发计划，培养科技创新型人才。比如，2002年开始实施的《240万科技人才综合开发计划》、2003年推出的《科学技术人才培养综合计划》、2008年开始实施的《拔尖人才培养计划》、2012年实施的《领袖人才培养行动计划》等。韩国政府也非常重视高层次创新型人才的培养，制定了一系列人才培养计划，包括1999年开始实施的《21世纪脑力韩国计划》、2001年实施的《国家战略领域人才培养综合计划》、2003 年开始的《地方创新人力资源培养计划》、2009 年制定的《未来人才培养计划》等。

1.4.2 坚持“引进来”和“走出去”相结合的人才培养战略

开发科技创新人才资源，不仅要充分利用国内人才资源，还要充分利用国外人才资源，将自主培养科技创新人才和引进海外创新人才有效结合起来。美国通过制定灵活的移民政策、实施 H－1B 签证、推出“杰出人才绿卡”等，在吸引国外创新型人才方面取得较大进展。美国曾三度修改移民法，分别在1952 年、1965 年和 1990 年，为了吸引大量国外创新型人才，规定只要符合高层次人才条件，就可定居美国。根据经济合作与发展组织（OECD）统计，世界 62% 的顶尖科学家都居住在美国①，70% 的诺贝尔奖获得者在美国受到聘用。韩国通过实施科技计划、制定优惠政策吸引并留住海外创新型人才。比如，1991 年实施“先进国家计划”，计划投入 62.5 亿美元，攻破 14 项关键技术，该计划吸引了大量的科研人员；优惠政策包括为海外创新型人才提供免费住房、提供交通补贴、安排配偶和子女工作或教育等。

随着经济全球化程度的不断提高，主要发达国家纷纷在海外设立研发机构，通过高薪、技术入股等方式，聘请当地优秀的创新型人才进行高科技开发与研究。比如，美国 IBM、惠普、英特尔等都在海外建立研发中心，日本42% 的企业在海外都有研发基地。此外，日本跨国企业还通过兼并购买海外企业，充分利用当地创新型人才。

1.4.3 为科技创新人才营造优良的科研创新环境

英国人才发展战略的一个特色就是采取“来去自由”的宽松政策，吸收全球化人才，为科技人才创造良好的创新环境，一方面提高科技人员的待遇，另一方面培养有特色的科研环境和学术氛围，最终吸引来自全球各地的人才。比如，英国高度重视环境保护，提升城市质量；高度重视提高政府服务水平，为创新型人才办理相关手续提供“一站式”绿色服务；高度重视营造良好生

---

① 吴江：《登高望远方能赢得人才》，《中国组织人事报》2012 年 2 月 27 日第 6 版。

活环境，方便全球各地创新型人才融入本地生活，增强他们的归属感和主人翁意识。美国在科技创新人才管理方面强调民主竞争，充分发挥人才的创新精神。这主要体现在以下几个方面：一是美国劳动力不受户籍地域的约束，实现自由流动；二是美国建立了发达的劳动力市场，实现完全自由选择职业；三是美国职业分工非常细，不同级别不同岗位有着不同的职业要求，工资水平也不一样。2007 年美国国会通过了《美国 21 世纪竞争力法案》《不让一个孩子掉队法案》，目的在于采用更优惠的人才政策吸收更多创新型人才，同时注重培养本国年轻一代，形成人才竞争中的“马太效应”，可见营造吸引人才和人才成长的良好环境至关重要。与美国不同的是，日本更强调以人为本。众所周知，绝大多数日本企业实行的是终身就业制，这种制度最大的好处在于降低人员的流动性，增强就业稳定性，增加了员工的忠诚度。

1.4.4 为科技创新人才建立完善的实践体系

发达国家高度重视推进校企合作，整合优势资源，培养高层次、创新型、应用型人才。德国的创业型大学实现了政产学研的高度融合，根据学生的禀赋和兴趣制订合适的课程，将教学、科研与实践有机结合，强调专业的跨学科、跨领域性，加强国际合作与交流。通过这种方式，既能培养优秀的创新型人才，又能满足企业的人才需求。英国在 1994 年白皮书《实现我们的潜能——科学、工程与技术战略》中也强调通过校企合作培养创新型人才。韩国在其《产业技术开发计划》等人才培养计划中也注重推进产学研联合培养。科技创新型人才的培养，不仅要强调知识体系的完整，也要注重实践，使得科研与生产实践实现一体化，从而提高国家的整体创新实力和竞争力。

1.5 中国加快科技创新人才资源开发的战略途径

1.5.1 围绕建设创新型国家重大战略，确立科技创新人才战略地位

牢固树立“建设创新型国家，人才是关键”的理念，进一步确立人才优先战略布局，切实突出科技创新人才在创新型国家建设中的重要战略地位。围

绕提高自主创新能力、建设创新型国家的战略任务，着力抓好高层次创新型科技人才的培养、引进和使用。不断提高高层次人才的社会地位，真正把科技创新人才摆在国家发展的第一位。进一步加大对科技创新人才的投入力度，尤其是加大对高等教育、科技研发等资金投入力度。鼓励各级政府建立科技创新人才发展专项资金，纳入财政预算体系，保障科技创新人才发展重大项目的实施。组织实施创新人才推进计划，围绕建立以企业为主体、市场为导向、产学研相结合的技术创新体系，依托重要骨干企业和科技型企业，凝聚、培养科技创新人才，努力造就一批世界水平的科技领军人才和创新团队，培养一线创新创业人才，特别是青年优秀人才。

1.5.2 加快实施教育质量提升工程，强化科技创新人才培养质量

“百年大计，教育为本”，教育承载着培养科技创新人才的重任。在科技创新人才培养方面不仅要注重量的增加，更要强调质的提高。当前我国教育水平与发达国家相比还有较大差距，学生总体上缺乏创新精神，实践能力不足，制约了科技创新人才质量的提升。应加快推进教育改革与发展，推进教育治理体系和治理能力现代化，着重培养学生的创新性思维。按照“适应国家和社会发展需要，遵循教育规律和人才成长规律，深化教育教学改革，创新教育教学方法，探索多种培养方法”的创新人才培养模式，突出以用为本，建立政产学研用合作培养机制，形成完善的实践教育体系，增强创新人才培养的针对性和目的性，为创新、创业型高素质人才培养提供更广阔的空间，真正实现人才学有所用。借鉴国外继续教育的先进理念和经验，形成中国特色的终身教育体系，培养现代化复合型高素质科技创新人才。同时，还要加强与国外高水平大学的合作，建立教学科研合作平台，联合推进高水平基础科学研究和高新技术研究。着力培养具有国际视野、通晓国际规则、具备国际竞争力的科技创新人才。

1.5.3 建立健全人才引进体制机制，加大科技创新人才引进力度

随着我国改革开放的日益深入与国际人才竞争的日趋激烈，加强海外科技创新人才引进必然要成为实施人才强国战略、提升自主创新能力的重要战略选

择。长期以来，欧美发达国家推行的“绿卡”制度是其在全球范围内开展人才竞争、吸引和留住高层次人才的主要手段。为适应国家改革开放和创新型国家建设的需要，我国借鉴发达国家经验，从 2004 年 8 月开始实施《外国人在中国永久居留审批管理办法》，即中国的“绿卡”制度。但是多年来，我国绿卡因办理门槛高而有“世上最难拿”之称。因此，应考虑降低我国的“绿卡”门槛，设置更加灵活务实的申请条件，加大吸引海外科技创新人才的力度。建立健全海外高层次人才引进工作体制机制，制定完善的相关政策措施。在加快引进国外高层次人才的同时，还要高度重视本国外流的科技创新人才的回流问题，广泛宣传海外人才引进政策，采取多种措施促使他们回国效力，如建立海外高层次人才数据库、实施海外留学人才创新创业计划、开通海外高层次留学人才回国工作的绿色通道等。继续大力实施“千人计划”“外专千人计划”等高层次人才引进项目，为创新型国家建设提供强有力的人才智力支持。

1.5.4 积极营造良好宽松的政策环境，促进科技创新人才效益提升

营造有利于科技创新人才发展的良好政策环境是提升人才效益、推动自主创新的必要条件。要充分发挥政府的引导作用，在全社会形成鼓励创新、支持创新的文化氛围，激发创新创造的热情。加大对基础研究、前沿高技术研究和社会公益类科研机构的稳定支持力度，对科技领军人才和创新团队给予长期支持。建立有效的科技创新人才激励机制。提高科技创新人才的物质生活待遇，为其提供良好的科研环境、充足的科研经费、宽松的科研自主权和优厚的科研奖励，着力创造一种开放、公平、竞争、透明的制度环境，充分发挥科技创新人才的主观能动性，造就科技创新人才潜心研究和勤于创新的优秀品质。完善科技创新人才考核评价体系，遵循创新的内在周期规律，克服考核短期化、过度量化的倾向，坚持德才兼备原则，以创新能力和科研业绩作为人才评价的主要标准。

Y.22

第2章 G20科技创新效率比较分析与启示

2.1 引言

科技创新已经成为提升当今国际竞争力的焦点，成为增强区域竞争力，实现区域经济社会协调、均衡、可持续发展的重要手段（胡凯，2012）。面对全球金融危机的冲击，G20为了实现“强劲、可持续和平衡增长”的目标，把经济复兴的希望寄托于科技创新的道路上，许多国家将创新战略提升为国家战略。表2－1列出了金融危机以后，G20所采取的科技创新战略举措。如何更加合理地配置和运用有效的科技资源从而获得更多的产出，提高科技成果转化率，成为G20关注的热点问题。

表2－1　金融危机后G20主要科技创新战略举措

主要国家和经济体	金融危机后主要科技创新战略举措
发达国家经济体	
加拿大	加拿大联邦政府通过了2012年经济振兴计划，其中有关科技创新的内容提出，帮助企业成为创新的领跑者
法国	2009年法国政府通过运用新能源和科技创新迎接挑战，公布了一揽子旨在发展可再生能源的计划
德国	2011年，德国推出了《纳米技术2015行动计划》、“生物经济2030国家研究战略”、《可再生能源法》
意大利	2012年意大利通过法案促进科技创新节能
日本	2010年日本政府公布了“第四期科学技术基本计划”，把灾后重建、绿色创新和民主创新作为三大任务
英国	2011年发布了《促进增长的创新和研究战略》，提出要加强新兴技术的商业化转化能力，立志成为世界科技创新的领导者

续表

主要国家和经济体	金融危机后主要科技创新战略举措
美国	2011 年提出了《美国创新战略:确保我们的经济增长与繁荣》
澳大利亚	金融危机后澳大利亚将新兴产业纳入国家创新体系,通过管理创新、政策创新、规划创新大力推进新兴产业的发展
韩国	制定了云计算发展战略和建立在信息技术优势基础上的产业发展战略
金砖国家经济体	
中国	十八大、十八届三中全会多次突出强调了创新驱动发展战略对转变经济发展方式的重大战略意义
印度	把 2010 ~ 2020 年确定为"创新十年",希望通过低成本包容性创新将印度打造成创新热地
巴西	2014 年巴西科技创新政策聚焦于以移动互联网和云为平台的信息产业发展,投入 1.78 亿美元用于资助技术研究的基础设施建设,创建四个战略技术中心,推进巴西空间技术领域发展,支持巴西教育、创新和创业的融合发展①
俄罗斯	发布了《俄罗斯联邦 2020 年前创新发展战略》,将提高国家创新能力确立为重要战略目标,通过"预算战略""能源战略""运输战略"等实现"全系统创新"
南非	2010 年南非贸工部发布《2010/11 - 2012/13 工业政策行动计划》《南非国家航天战略》《十年创新规划》,通过绿色经济促就业、科技创新谋增长
其他发展中国家经济体	
阿根廷	2011 年阿根廷政府鼓励企业加大在科技创新和产业技术升级方面的投入,通过提高产品附加值实现国民经济的可持续增长
印度尼西亚	印度尼西亚把科技创新战略作为国家的发展战略
墨西哥	2011 年欧盟委员会与墨西哥签署协议,实施竞争力与创新规划(PROCEI),支持墨西哥中小企业通过使用技术增强竞争力和必要的创新进入欧洲市场
沙特阿拉伯	2014 年沙特阿拉伯召开的第 14 届高等教育和科学研究部长会议出台了一项新的"科技创新战略",即将从生物技术、纳米技术、信息技术、空间、资源与环境等 14 个领域对高等教育机构进行改革②
土耳其	2013 年土耳其政府计划投入数十亿美元用于科技创新,以提高本国国防工业的自主性和创新能力
欧盟	2010 年欧盟正式批准了《欧盟 2020 年战略——为实现灵巧增长、可持续增长和包容性增长的战略》;2011 年提出"欧盟地平线 2020"计划,知识和创新成为未来经济发展的主要推动力③

① 封颖:《巴西鼓足干劲要搞科技创新》,《光明日报》2014 年 7 月 20 日。

② 张玉娴:《阿拉伯国家出台创新科技战略》,《世界教育信息》2014 年 5 月 6 日。

③ 周武英:《欧盟:借全球外脑绘创新蓝图》,《经济参考报》2014 年 3 月 14 日。

2.2 文献综述

科技创新活动是一项多投入（人、财、物等）、多产出（论著、专利授权量、高技术产品出口额等）的复杂活动，并且投入与产出之间的关系很难用确切的函数关系来表示。因此，定性方法中评价科技创新的效率包括指标体系法、德尔菲法、层次分析法、模糊综合评价法等，这些方法指标权重的确定往往带有较大的主观性。定量方法中关于技术创新的主要有参数方法和非参数方法，其中参数方法主要有随机前沿法（SFA）、厚前沿法（TFA）和自由分布法（DFA），非参数方法包括数据包络方法（DEA）和自由处置包方法（FDH）。其中，DEA 不需要假定函数具体形式，模型的权重是由数学规划产生的，排除了很多主观因素的影响，具有较好的客观性，同时具有测量多投入、多产出决策单元相对效率的优势，更适合对科技创新效率的研究。但 DEA 方法在核算过程中针对的是决策单元整体的效率，而不是输入转化为输出的中间过程。除了关注科技投入与产出之外，还应该关注科技成果转化的两阶段 DEA 模型。

现有文献中，Diewert W. E.（1980）提出了运用 DEA 方法来估计 DMU 的技术进步情况。Wang，Gopal & Zionts（1997）提出了序列型的两阶段生产过程的 DEA 评价模型。Chen & Zhu（2004）考察了两个阶段中各个子系统的效率。严鹏飞和王兵（2004）运用 DEA 方法测度了 1978 ~ 2001 年中国 30 个省（自治区、直辖市）的技术效率、技术进步及曼奎斯特生产率指数。官建成和何颖（2005）采用两阶段 DEA 方法分别对创新活动的技术有效性、经济有效性以及综合有效性进行评价。Luis Diaz - Balteiro（2006），Akihiro Hashimoto（2008），V. J. Thomas（2010）分别运用不同的 DEA 模型测度了西班牙、日本和美国等不同国家和地区的技术创新效率。陈劲和陈玉芬（2006）剖析了技术创新绩效评价体系中存在的缺陷和不足，结合技术创新的特点和中国企业创新实际，设计新的企业技术创新绩效评价指标体系，该指标体系涵盖创新产出绩效和创新过程绩效两个方面

22 个指标，有效地改善了目前我国技术创新指标体系过于关注创新产出绩效而忽略创新过程绩效的情况。孙凯和李煜华（2007）运用 DEA 方法对各省份技术创新效率的相对有效性进行了评价。谢建国和周露昭（2007）运用 DEA 方法对我国 30 个省区技术创新活动的两个阶段进行分析，得出我国区域创新效率存在显著的地区差异和阶段差异。赵修渝和黄仕川（2008）采用数据包络法结合 Malmquist 指数对重庆成为直辖市后区县全要素生产率、技术水平与技术效率的变动进行了测算。官建成和陈凯华（2009）综合运用 DEA 方法测算中国高技术产业技术创新活动的技术效率、纯技术效率、规模效率和规模状态。陈伟等（2010）实证研究了中国区域创新系统的技术创新效率，主要集中于单一年份的分析。郑珊珊和樊一阳等（2010）运用 DEA 模型对高技术产业具体行业的技术创新资源配置效率进行了分析评价。王晓伟、登峰和魏佳（2012）采用 DEA – Malmquist 指数方法对新疆各地区的城市化效率进行了动态分析。钱丽、陈忠卫和肖仁桥（2012）基于两阶段价值链理论，构建规模报酬可变情形下的两阶段链式关联 DEA 模型，对 2005 ~ 2009 年 7 个省市高技术产业创新的整体效率和分阶段效率进行了评价。

现有文献对科技创新效率已经有诸多的研究成果，本文拟将 DEA 两阶段模型和 Malmquist 指数相互结合，从静态和动态视角刻画 G20 的科技创新效率情况。

2.3　DEA 两阶段模型以及 DEA – Malmquist 指数方法的理论模型构建

1. DEA 两阶段模型的构建

科技创新可分为两个阶段进行评价：第一阶段是从科技投入到科技产出，称为科技产出效率阶段，体现出在一定创新资源投入情况下科技成果的产出水平；第二阶段是从科技产出到经济产出，也称为经济社会转化效率阶段，这个阶段体现了区域创新过程的完整性和合理性，是科技成果转变为经济效益的过程。这种阶段性的划分解决了以往研究中技术创新的直接产出与间接转化产出部分的混乱局面，充分考虑了区域创新的阶段性，可以深层次地挖掘创新效率低的具体原因。参考毕功兵、梁樑和杨锋（2007）的做法，构建如下模型。

假设系统有 n 个决策单元 d DMU，（$i = 1,2,\cdots,n$），x_{di} 表示决策单元 DMU_d 消耗的投入 $i(i = 1,2,\cdots,m)$，z_{dr} 表示决策单元 DMU_d（$d=1，2，\cdots，n$）的中间产品 $r(r = 1,2,\cdots,q)$ 的水平，y_{dp} 表示系统的最终产出 $p(p = 1,2,\cdots,l)$ 的水平，λ_{dsk} 表示决策单元 DMU_d（d=1，2…，n）中子单元 $s(s = 1,2)$ 赋予决策单元 DMU_k 中子单元 $s(s = 1,2)$ 的权重，则各个阶段的效率值如下所示：

$$\min\theta_{1k}$$

$$s.t\begin{cases}\sum_{d=1}^{n} x_{di}\lambda_{d1k} \leqslant \theta_{1k}x_{ki}0(i = 1,2,\cdots,m)\\ \sum_{d=1}^{n} z_{dr}\lambda_{d1k} = z_{kr}(r = 1,2,\cdots,q)\\ \lambda_{d1k},\theta_{1k} \geqslant 0(d = 1,2,\cdots,n)\end{cases} \tag{1}$$

其中，θ_{1k} 表示科技产出阶段的效率值，以科技产出阶段的产出 z_{dr} 作为经济社会转化效益阶段的投入变量，构建如下模型：

$$\min\theta_{2k}$$

$$s.t\begin{cases}\sum_{d=1}^{n} y_{dp}\lambda_{d2k} \geqslant \theta_{2k}x_{kp}(p = 1,2,\cdots,l)\\ \sum_{d=1}^{n} z_{dr}\lambda_{d2k} = z_{kr}(r = 1,2,\cdots,q)\\ \lambda_{d2k},\theta_{2k} \geqslant 0(d = 1,2,\cdots,n)\end{cases} \tag{2}$$

其中，θ_{2k} 表示经济社会转化阶段的效率值。

2. DEA－Malmquist 指数

全要素生产率是指扣除了资本投入和劳动投入的贡献之外，其他所有能够实现经济增长的因素贡献的总和，包括技术进步、资源配置效率的提高（主要体现为体制的不断完善）和随机因素等。Malmquist 指数利用距离函数的比率来计算投入产出效率的动态变动情况，其原理可以通过如下公式来说明：

$$M_{\mathrm{i}}(X^{t+1},Y^{t+1}X^{t},Y^{t}) = \left[\frac{D_i^t(X^t,Y^t)}{D_i^t(X^{t+1},Y^{t+1})} * \frac{D_i^{t+1}(X^t,Y^t)}{D_i^{t+1}(X^{t+1},Y^{t+1})}\right]^{\frac{1}{2}} \tag{3}$$

该指数涉及两个单期的距离函数 $D_i^{t+1}(X_i^t,Y_i^t)$ 和 $D_i^t(X_i^t,Y_i^t)$，两个跨期的距离函数 $D_i^{t+1}(X_i^{t+1},Y_i^{t+1})$ 和 $D_i^t(X_i^{t+1},Y_i^{t+1})$，$D_i^t(X_i^t,Y_i^t)$ 表示第 t 期的技术表示的第 $t+1$ 期效率水平，其他的以此类推。当 $M_{\mathrm{i}}(X^{t+1},Y^{t+1}X^{t},Y^{t}) > 1$ 时，表示生产率改善，反之则恶化。同时，该公式可以进一步分解为技术效率变化指数（EFFCH）和技术进步变化指数（TECHCH）的乘积，而技术效率变动可以进一步分解为纯技术效率变动（PECH）和规模效率变动（SECH），各个指标的值大于 1 表示效率改善，反之则表示恶化。

$$\begin{aligned} M_i(X^{t+1},Y^{t+1}X^{t},Y^{t}) = {} & \left[\frac{D_i^t(X^t,Y^t)}{D_i^{t+1}(X^{t+1},Y^{t+1})}\right]^{\frac{1}{2}} \times \left[\frac{D_i^{t+1}(X^t,Y^t)}{D_i^{t+1}(X^{t+1},Y^{t+1})}\right]^{\frac{1}{2}} \frac{D_i^t(X^t,Y^t)}{D_i^{t+1}(X^{t+1},Y^{t+1})} \\ & \left[\frac{D_i^{t+1}(X^t,Y^t)}{D_i^{t+1}(X^{t+1},Y^{t+1})}\right] \times \left[\frac{D_i^{t+1}(X^t,Y^t)}{D_i^{t+1}(X^t,Y^t)}\right]^{\frac{1}{2}} \end{aligned} \tag{4}$$

本文主要的思路是把每一个国家作为一个决策单元，构造每一年的最佳转化前沿面，计算出各个国家 DEA 两个阶段的效率指数以及 Malmquist 指数，进而反映科技创新效率的动态变动情况。

2.4　实证检验及结果分析

1. 指标选择

结合已有的研究成果，本文选取了相应的投入产出指标，第一阶段的投入主要是 R&D 经费、研究人员等，第一阶段的产出表现在专利授权数、科技论文数，将第一阶段的产出作为第二阶段的投入部分，第二阶段的产出值主要包括专利和许可收入、高技术产品出口额、国内生产总值以及劳动生产率等指标。为使数据与数据之间更具有可比性，本文所选择的指标均为相对性指标，具体说明如表 2－2 所示。

表 2－2　科技创新两阶段投入与产出指标及含义说明

指标类别	指标名称	指标含义及计算说明	数据年限
第一阶段投入指标	R&D 经费占 GDP 比重 X_1	研究经费是发挥知识创新与传播作用的基础，反映一个国家或地区对 R&D 的重视程度，即投入强度，R&D 经费/GDP	2001～2009
	研究人员占从业人员比重 X_2	研究人员是从事科技创新的主要活动者，反映一个国家或地区从事 R&D 活动的人员的比重，R&D 人员/从业人员	
	企业研发投入比重 X_3	企业是科技创新的主体，反映企业对研发投入的重视程度，企业研发投入/全部研发投入	
	教育经费支出占 GDP 比重 X_4	教育经费支出是进行科技创新的保障，反映一个国家或地区在教育经费方面的支出情况，教育经费支出总额/GDP	
第一阶段产出指标 第二阶段投入指标	R&D 人员平均专利授权数 Z_1	专利是发明人的重要智力劳动成果，对开发新产品、技术改造等有重要作用，能够较为全面地反映发明和创新信息，专利授权数/R&D 人员	2002～2010
	R&D 人员平均科技论文数 Z_2	论文是投入人力资源和财力资源进行研发的结果，反映创新主体的素质，科技论文数/R&D 人员	
第二阶段产出指标	R&D 人员平均专利和许可收入 Y_1	专利是发明人的重要智力劳动成果，对开发新产品、技术改造等有重要作用，能够较为全面地反映发明和创新信息，专利和许可收入/R&D 人员	2003～2011
	从业人员平均高技术产品出口额 Y_2	高技术产品出口额反映企业的专利技术在市场转化阶段所获得的成果，高技术产品出口额/从业人员	
	高技术产品出口额占制造业比重 Y_3	高技术产品出口额反映企业的专利技术在市场转化阶段所获得的成果，高技术产品出口额/制造业产值	
	人均 GDPY_4	衡量国家宏观经济状况的指标，GDP/人口数量（常住人口）	
	劳动生产率 Y_5	反映一定时期内创造的劳动成果与其对应的劳动消耗量的比值，GDP/从业人员	

资料来源：根据世界银行数据库、WIPO、联合国教科文组织、OECD 等网站上的相关原始数据计算整理。

2. 数据来源

考虑到从科技投入、科技产出到经济社会成果转化阶段存在着一定的时滞效应，参照已有的研究成果（刘顺忠和官建成，2002；史修松、赵曙东和吴福象，2009），将两阶段投入产出的延迟时间定为 1 年。即第一阶段投入指数的数据区间为 2001 ~ 2009 年，第一阶段产出指标的数据期间为 2002 ~ 2010 年，第二阶段产出指标的数据期间为 2003 ~ 2011 年。由于部分 G20 国家 2012 年的数据缺失，为了使实证研究更具有真实性，本文所选择的指标数据年限为 2001 ~ 2011 年，其中人口数量来自世界银行数据库，专利、商标原始数据来自世界知识产权组织（WIPO），科技论文数来自世界银行数据库，美国公共教育支出占 GDP 比重来自 http://www. usgovernmentspending. com/year_spending_ 2012USpn_ 15ps2n_ 20#usgs302，英国公共教育支出占 GDP 比重来自 http://www. ukpublicspending. co. uk/total_ spending_ 2012UKpn，其他数据来自联合国教科文组织网站、OECD 网站。

3. 实证结果分析

在以第一阶段中的 4 个指标作为投入指标、剩余的 7 个指标作为产出指标时，运用 Deap2. 1 软件运行后得出的结果显示，各个国家的综合效率值不具有明显的区分度，很多国家的效率值为 1。为更深入地反映国与国之间科技创新投入与产出之间的关系，本文引入了两阶段模型，第一个阶段为科技产出阶段，第二个阶段为经济成果转化阶段，基于两个阶段的分析更切合实际。

（1）不同经济体科技产出效率与经济社会转化阶段效率分析。

将 G20 国家分为发达国家经济体、金砖国家经济体以及其他发展中国家经济体，从表 2 - 3 可以看出，发达国家经济体的科技产出效率均值最高，为 0. 816，其次为金砖国家，为 0. 603，再次为其他发展中国家经济体，为 0. 588。从时间变化趋势来看，这三大经济体的科技产出效率值均处于波动上升的过程中，发达国家经济体科技产出效率值在 2009 年达到最大值，为 0. 888，之后有所下降。金砖国家经济体上升的幅度最大，从 2003 年的 0. 495 上升到 2011 年的 0. 724，2011 年达到最大值，说明金砖国家在近些年的发展中逐步增加科技投入，提高科技产出。其他发展中国家经济体在波动中上升，2006 年下降到最低点，为 0. 497，之后一路上升，到 2011 年达到 0. 726。

表 2-3　2003~2011 年 G20 不同类型经济体科技产出效率值

经济体*	2003 年	2004 年	2005 年	2006 年	2007 年	2008 年	2009 年	2010 年	2011 年	2003~2011 年均值
发达国家经济体	0.797	0.806	0.749	0.757	0.791	0.813	0.888	0.861	0.884	0.816
金砖国家经济体	0.495	0.552	0.585	0.570	0.564	0.605	0.659	0.675	0.724	0.603
其他发展中国家经济体	0.654	0.594	0.513	0.497	0.523	0.562	0.601	0.617	0.726	0.588

注：* 由于篇幅所限，以下具体国家分析中仅仅给出了 G20 中一些典型国家的数据分析，其中发达国家经济体包括加拿大、法国、德国、意大利、日本、英国、美国、澳大利亚、韩国；金砖国家经济体包括中国、印度、巴西、俄罗斯、南非；其他发展中国家经济体包括阿根廷、印度尼西亚、墨西哥、沙特阿拉伯以及土耳其。

在经济社会转化阶段，从表 2-4 中可以看出，发达国家经济体的经济社会转化效率值最高，为 0.927，高于其科技产出阶段效率值。其次为其他发展中国家经济体，为 0.556，低于科技产出阶段效率值；再次为金砖国家，为 0.391，低于科技产出阶段效率值。从时间变化趋势来看，尽管金砖国家的经济社会转化效率值低于科技产出效率值，但金砖国家经济体的经济社会转化阶段效率值有所上升，从 2003 年的 0.288 提高到 2011 年的 0.469，2007 年达到最大值，为 0.473，说明金砖国家在科技创新方面的社会转化能力不断提升。其他发展中国家经济体的经济社会转化效率值从 2003 年的 0.546 提高到 2011 年的 0.558，中间经过若干次的小幅度波动，其中 2007 年达到最大值，为 0.625。发达国家经济体的共同特征是极具创新力，在创新方面进行了较大的投入，同时在科技成果转化方面也有很多值得发展中国家借鉴的地方。尽管发达国家的经济社会转化效率值很高，但发达国家经济体在这些年的发展过程中也出现了一定的瓶颈，经济社会转化效率值略有下降。2003 年为 0.949，2011 年为 0.804，总体下降幅度不大。

表 2-4　2003~2011 年 G20 不同类型经济体经济社会转化效率

经济体	2003	2004	2005	2006	2007	2008	2009	2010	2011	2003~2011 年均值
发达国家经济体	0.949	0.945	0.929	0.945	0.981	0.930	0.930	0.930	0.804	0.927
金砖国家经济体	0.288	0.270	0.296	0.385	0.473	0.467	0.467	0.403	0.469	0.391
其他发展中国家经济体	0.546	0.543	0.550	0.571	0.625	0.518	0.522	0.576	0.558	0.556

综合分析表 2－3 和表 2－4 可以看出，发达国家经济体的科技产出效率值和经济社会转化效率值均高于 0.8，属于科技创新有效率的国家，而金砖国家经济体和其他发展中国家经济体的科技产出效率值和经济社会转化效率值均低于 0.8，说明这两大类型经济体两个阶段的效率值仍然有待进一步提升。

（2）G20 典型国家的科技产出效率值和经济社会转化阶段效率值分析。

在科技产出阶段，如表 2－5 所示，G20 科技产出效率的均值为 0.699，2003～2011 年科技产出效率值不断上升，2003 年为 0.68，到 2011 年达到 0.8。在发达国家经济体中，典型国家如意大利、韩国的科技产出效率均值大部分年份为 1，DEA 有效。其中，韩国作为新兴市场经济体国家，自 21 世纪以来，正以惊人的速度向前发展，通过考察发现，改革创新在韩国企业高速发展中起了至关重要的作用。其创新主要体现在经营机制的创新、管理模式的创新、特色文化的创新、营销模式的创新等方面①。2011 年，韩国的 R&D 投入占 GDP 比重在 G20 中位居第一位，达到 4.039%，从研究人员占从业人员比重来看，韩国从 2001 年的 6.02% 提升到 2011 年的 11.50%，在 G20 中居首位。2012 年意大利“国家创新日”聚焦于企业创新，发达的中小企业经济是意大利经济的一大特色，在意大利全国企业总数中，中小企业占了 95% 以上②。意大利拥有实力雄厚的科研团队，也有富于创新精神的优秀企业家，“意大利创新企业家行动”已经成为意大利创新产业走向世界的品牌活动。英国作为老牌的资本主义国家，创新的研究基础仍然居世界领先地位，包括知识资产、联系网络以及创业等方面都表现突出，尽管处于经济低迷期，英国公共和私营部门的研发投入仍然保持稳定增长，创新一直是企业发展的核心，2013 年英国政府发布报告支持不同类型企业的创新③。日本的创新被誉为“几十年如一日的专注＋慢创新＋大投入＋大公司平台”，在金融危机的背景下，日本的创新基础依然坚固，日本寄希望于 2025 年机器人产业的利润可以涨到 700 亿美元，日本的机器人工人数量已经超过了世界上其他任何一个国家，并且在

① 范锦文：《建立在改革创新之上的韩国经济》，《珠海特区报》2009 年 5 月 10 日。

② 马述强：《意大利鼓励创新》，《光明日报》1999 年 8 月 23 日。

③ 英国发布《创新年度报告 2014》，中国国际科技合作网，http：//www.cistc.gov.cn/introduction/info_ 4.asp? id＝84888，2014 年 7 月 2 日。

未来 15 年中很可能会增长到 100 万①。2011 年，日本的 R&D 投入占 GDP 比重在 G20 中始终位于前列，仅次于韩国，达到 3.388%；2011 年日本研究人员占从业人员比重为 9.86%，在 G20 中位居第 2 位。在金砖国家中，中国、印度、巴西的科技产出效率值随着时间变化处于不断上升趋势，这些国家正在以快速增长的态势影响着 G20 的科研与创新版图。其中，中国的科技产出效率值有了很明显的提升，从 2003 年的 0.227 提升到 2011 年的 0.705，这得益于创新环境、创新基础的夯实。中国近年来在科研和创新领域投入了更多的人力、物力和财力，从 2001 年到 2011 年，中国的 R&D 投入占 GDP 比重从 0.95% 提升到 1.83%，人均 R&D 经费支出从 2001 年的 247.15 美元增加到 2011 年的 1501 美元，研究人员占从业人员比重从 2001 年的 1.008% 提高到 2011 年的 1.586%，企业研发人员投入比重从 2001 年的 55.45% 提高到 2011 年的 71.7%，教育经费支出占 GDP 比重从 2001 年的 2.788% 提高到 2011 年的 3.93%，从而使得中国的科技产出成果逐步提升：在 R&D 人员平均专利授权数方面，效率值从 2001 年的 0.0056 提升到 2011 年的 0.03897，发表了更多的科技论文，获得了更多的专利授权，R&D 人员平均科技论文数效率值从 2001 年的 0.022 提升到 2011 年的 0.031。

表 2－5　2003～2011 年 G20 典型国家科技产出效率值

典型国家或地区	2003 年	2004 年	2005 年	2006 年	2007 年	2008 年	2009 年	2010 年	2011 年	2003～2011 年均值
意大利	1	1	0.922	0.942	1	1	1	1	1	0.985
日　本	0.916	0.923	0.882	0.719	0.609	0.716	0.994	1	1	0.862
英　国	0.848	0.84	0.797	0.846	0.99	0.962	1	1	1	0.920
韩　国	1	1	1	1	1	1	1	0.774	0.943	0.969
中　国	0.227	0.36	0.504	0.45	0.406	0.441	0.592	0.709	0.705	0.488
印　度	0.612	0.7	0.735	0.747	0.772	0.844	0.76	0.631	1	0.756
巴　西	0.386	0.379	0.378	0.381	0.405	0.479	0.55	0.514	0.485	0.440
G20 均值	0.68	0.68	0.64	0.64	0.66	0.69	0.75	0.75	0.8	0.699

在经济社会转化阶段，如表 2－6 所示，G20 经济社会转化效率的均值为 0.688，略低于科技产出效率值，2003～2011 年经济社会转化效率值没有太大

① 《日本：被低估的创新力》，《创业家》2009 年 12 月 11 日。

的变化，反而有所下降。在发达国家经济体中，加拿大、法国、德国、日本、英国、美国和韩国的经济社会转化效率值均比较高，大部分国家的效率值接近1。以美国为例，美国是一种典型的“科学—技术—生产”创新模式，企业将2/3的经费用于新产品发明上，更加重视基础科学、高新科技的研究与开发，另外1/3用于生产过程的改善，使其科技研究开发的成果可以迅速产业化。基于此，政府重视对企业科技创新的投入，同时在税收、金融、人才、外贸等方面给予大力扶持。美国的人均R&D经费从2001年的9760美元提高到2012年的14285美元，始终在G20中居领先地位。大部分金砖国家以及发展中国家经济体的经济社会转化阶段的效率值较低，如中国、印度、南非、阿根廷以及土耳其等，这主要是由于科技成果转化机制不完善、对中小企业研发与投入方面的经费补贴不足。

表2-6　2003~2011年G20典型国家经济社会转化效率值

典型国家或地区	2003年	2004年	2005年	2006年	2007年	2008年	2009年	2010年	2011年	2003~2011年均值
加拿大	1	1	1	1	1	1	1	1	0.878	0.986
法　国	0.95	0.913	0.924	0.939	0.987	1	1	1	0.985	0.966
德　国	1	1	1	1	1	1	1	1	1	1.000
日　本	0.94	0.953	0.939	1	1	1	1	1	0.923	0.973
英　国	1	1	1	1	1	1	1	1	1	1.000
美　国	1	1	1	1	1	1	1	0.988	0.789	0.975
韩　国	1	1	1	1	1	1	1	1	1	1.000
中　国	0.49	0.356	0.312	0.372	0.426	0.399	0.399	0.254	0.393	0.378
印　度	0.22	0.192	0.138	0.105	0.099	0.068	0.068	0.157	0.35	0.155
南　非	0.08	0.107	0.122	0.109	0.133	0.095	0.095	0.102	0.073	0.102
阿根廷	0.33	0.226	0.258	0.22	0.22	0.241	0.241	0.362	0.287	0.265
土耳其	0.22	0.299	0.291	0.504	0.885	0.281	0.281	0.347	0.271	0.375
G20均值	0.67	0.66	0.66	0.7	0.75	0.7	0.7	0.7	0.65	0.688

（3）基于Malmquist生产率指数的科技创新效率动态评价。

为了更动态地反映G20国家经济体的科技创新效率变动情况，结合Malmquist生产率指数计算了相应的技术效率变化指数、技术进步变化指数、纯技术效率指数以及规模效率变动指数。如表 2 -7 所示，从年度变化来看，2003 ~2004 年 G20 科技创新的 Malmquist 生产率指数为 1.015，主要得益于技术进步变化指数的改善。2004 ~2005 年 G20 科技创新的 Malmquist 生产率指数为 1.010，主要得益于技术进步变化指数以及纯技术效率的带动。2005 ~2006 年 G20 科技创新的 Malmquist 生产率指数为 0.984，技术进步效率值有所下降。2006 ~2007 年 G20 科技创新的 Malmquist 生产率指数为 1.017，主要得益于纯技术效率以及规模效率变动指数的带动。2007 ~ 2008 年 G20 科技创新的 Malmquist 生产率指数为 1.016，主要得益于规模效率变动指数以及技术进步变化指数的改善。2008 ~2009 年 G20 科技创新的 Malmquist 生产率指数为 0.977，有所下降，主要受到技术进步变化指数下降的影响。2009 ~2010 年 G20 科技创新的 Malmquist 生产率指数为 1.023，主要得益于纯技术效率、规模效率变动指数以及技术进步变化指数的带动。2010 ~ 2011 年 G20 科技创新的 Malmquist 生产率指数为 1.046，主要得益于技术进步变化指数的改善。

表 2 -7　2003 ~2011 年 G20 科技创新的 Malmquist 生产率指数及其分解

年份	技术效率变化指数 effch	技术进步变化指数 techch	纯技术效率 pech	规模效率变动指数 sech	全要素生产率指数 tfpch
编号	1 =3 * 4	2	3	4	5 =1 * 2
2003 ~2004	0.992	1.023	0.993	0.999	1.015
2004 ~2005	0.980	1.031	1.017	0.964	1.010
2005 ~2006	1.009	0.975	1.005	1.004	0.984
2006 ~2007	1.024	0.993	1.012	1.012	1.017
2007 ~2008	1.008	1.007	0.999	1.009	1.016
2008 ~2009	1.012	0.965	1.004	1.007	0.977
2009 ~2010	1.011	1.013	1.002	1.008	1.023
2010 ~2011	0.995	1.052	0.995	1.000	1.046
年均值	1.004	1.007	1.003	1.000	1.011

资料来源：根据软件计算结果整理。

2003 ~2011 年 G20 各国的 Malmquist 生产率指数及其分解指数如表 2 -8 所示。2003 ~2011 年 G20 全要素生产率指数为 1.011，表明 2011 年各国科技创新的 TFP 比 2003 年上升了 1.1%，总体上有所改善，主要得益于技术进步变化指数以及纯技术效率的改进，两者分别提升了 0.7% 和 0.3%。发达国家经济体全要素生产率指数为 1.040，是技术进步变化指数、纯技术效率以及规模效率变动指数综合作用的结果。金砖国家的规模效率变动指数为 0.995，使得其最终的全要素生产率指数为 0.976。2003～2011 年科技创新 TFP 涨幅最大的国家是沙特阿拉伯，为 23.7%，该国的 Malmquist 生产率指数为 1.237，得益于技术进步所带来的效应。此期间发达国家经济体的科技创新 TFP 均得到改善，发展中国家以及金砖国家的科技创新效率仍有待进一步提升。加拿大、法国、澳大利亚全要素生产率的提升是纯技术效率、规模效率变动指数以及技术进步变化指数综合作用的结果。德国、意大利、日本、韩国、英国主要得益于技术进步变化指数所带来的全要素生产率提升。俄罗斯是唯一一个全要素生产率指数低于 1 的 G8 国家，尽管其纯技术效率指数有所改善，但受限于规模效率变动指数以及技术进步变化指数，其最终的全要素生产率指数低于 1。新兴工业化国家中阿根廷、巴西、中国、印度、印度尼西亚、南非、土耳其这七个国家的全要素生产率指数值低于 1，其中印度尼西亚的值最低，仅为 0.891。阿根廷、印度、土耳其的技术进步变化指数均小于 1，使其最终的全要素生产率指数小于 1。尽管巴西的纯技术效率值大于 1，但是其规模效率变动指数和技术进步变化指数值均小于 1，使得其全要素生产率值低于 1。中国、印度尼西亚全要素生产率的提升主要受制于技术进步变化指数。

表 2－8 2003～2011 年 G20 各国 Malmquist 生产率指数及其分解

国家	技术效率变化指数 effch	技术进步变化指数 techch	纯技术效率 pech	规模效率变动指数 sech	全要素生产率指数 tfpch
编号	1＝3＊4	2	3	4	5＝1＊2
加拿大	1.03	1.039	1.022	1.008	1.07
法国	1.009	1.055	1.001	1.008	1.064
德国	1	1.058	1	1	1.058
意大利	1	1.036	1	1	1.036
日本	1	1.039	1	1	1.039
英国	1	1.005	1	1	1.005
美国	0.991	1.009	0.983	1.007	1

续表

国家	技术效率变化指数 effch	技术进步变化指数 techch	纯技术效率 pech	规模效率变动指数 sech	全要素生产率指数 tfpch
编号	1 = 3 * 4	2	3	4	5 = 1 * 2
澳 大 利 亚	1.029	1.052	1.022	1.006	1.083
韩　　国	1	1.008	1	1	1.008
发达国家经济体均值	1.007	1.033	1.003	1.003	1.040
中　　国	1	0.969	1	1	0.969
印　　度	1.017	0.97	1	1.017	0.986
巴　　西	1.021	0.977	1.024	0.997	0.997
俄 罗 斯	0.975	0.972	1.014	0.962	0.948
南　　非	1	0.98	1	1	0.98
金砖国家均值	1.003	0.974	1.008	0.995	0.976
阿 根 廷	1	0.951	1	1	0.951
印度尼西亚	1	0.891	1	1	0.891
墨 西 哥	1	1	1	1	1
沙特阿拉伯	1	1.237	1	1	1.237
土 耳 其	1	0.931	1	1	0.931
其他发展中国家均值	1	1.002	1	1	1.002
G20 均值	1.004	1.007	1.003	1	1.011

资料来源：根据软件计算结果整理。

2.5　G20 提升科技创新效率的对策分析

结合实证研究结果，G20 在未来发展中提升科技创新效率主要包括：提升科技产出阶段效率以及提升经济社会转化阶段效率值，围绕科技创新投入产出指标体系的构成，可着重从如下几个方面入手。

2.5.1　夯实创新基础设施体系

1. 完善政策法规体系

G20 尤其是发展中国家要坚持提高创新意识，始终把提高科技创新能力作为促进经济社会发展的重要动力。各个国家要加强科技创新规划，从国家和地区经济持续发展战略角度，制定科技创新发展的长远规划，而不仅仅是把科技创新作为应对短期经济波动的暂时性举措。把握科技发展趋势，做好有利于科技创新的体系建设和工作部署，超前部署基础研究和前沿技术研究，推动重大科学发现和新学科产生。结合经济社会发展的结构和特点，在重点领域和关键领域加快发展，满足经济社会发展重大需求。完善相关政策法规，积极推动相关政策、法规和标准的出台，形成强有力的推动企业开展创新活动的政策体系，特别是建立和完善一套完整的法律法规来保护知识产权，通过这些法律法规来强调对知识产权的重视，也激发科技创新的积极性。同时，政府要加大对中小企业创新的扶持力度，在促进中小企业创新方面出台相关的配套政策。加大法规政策的执行力度，使这些政策落实到位。只有坚持提高科技创新效率，才能保障科技创新的动力和潜力，才能更好地优化配置科技资源，提高整个社会资源的优化配置能力，从而不断提高生产力。

2. 加强科技基础设施建设

G20要通过加大社会通信、互联网等基础设施建设，促进通信产业链升级，促进信息网络企业竞争和发展，普及信息网络服务，提高服务水平。同时促进各类实验室建设，在重点领域和关键技术方面，加大政府的扶持力度，建设高水平的科学技术实验室，提高实验室建设的前瞻性和科学性，促进实验室在创新应用型人才培养和科学研究等方面发挥更大作用。引导企业建立各种技术研发中心、工程中心，强化基础性、前沿性技术和共性技术研究平台建设，通过共建共享等模式建设科技创新和应用推广的平台，支持面向企业的技术开发平台和技术创新服务平台建设，加强相互配套、开放共享和高效利用，提高实验室建设的水平和使用效益。

3. 重视教育，注重培养创新人才

教育是提高人民素质、增强综合国力的基础性因素，G20中尤其是发展中国家要高度重视教育工作，坚持把教育摆在优先发展的战略地位，在加大教育经费投入的同时，重视教师队伍的培养和提升，促进教师队伍不断发展壮大，特别是在高等教育领域，要重视引进和吸收高层次人才，创造良好的工作环境和氛围，使教师能够发挥专业特长，不断提高科研教学水平。加强学生的科学素质培养，更加注重学生科技技能的培养，优化科技教育体系。继续简化留学生的签证发放程序，降低语言等级要求，加大对留学生的政策优惠力度，提高高等院校的整体办学质量，力争吸引更多优秀的国际人才。在创新人才培养方面，继续加大对教育及人才培训的投入，坚持加强国内教育与加快人才引进相结合，结合经济社会发展需要和科技产业的需求，明确人才培养的重点领域，打造出高水平的科研人才队伍。

2.5.2 建立健全创新投入体系

G20 要逐步提高全社会的创新投入规模，优化投入结构，切实增加政府科技投入，大幅提高企业科技投入，多渠道筹措高校和科研机构科技投入，不断扩大社会科技投入，提高创新投入占国内生产总值的比重。

1. 加强政府的引导和投入

政府要通过采取增加财政投入、实施税收优惠等多种措施，加大对科技创新的扶持力度，充分发挥政府对科技创新的引导作用，增强政府调动和优化全社会科技资源配置的能力。政府预算中要把科技投入作为预算保障的重点，保障科技投入的增长速度，逐步提高财政性科技投入占地区生产总值的比例。保持财政科技经费投入稳定增长，加大政府对基础研究的投入，深化科研经费管理制度改革。

2. 实施各种激励政策，鼓励企业加大科技创新投入

G20 要认真实施有利于促进企业自主创新、促进高新技术企业发展、鼓励高新技术产品出口等方面的财税优惠政策，强化支持企业创新和科研成果产业化的财税政策。鼓励和支持企业自主创建或与高校、科研院所共建企业技术中心、联合实验室、博士后工作站、产业技术联盟等技术创新组织，加强对这类创新组织的扶持和监管，制定和实施必要的优惠政策措施，大力扶持发展民办科研机构，积极吸引跨国公司设立研发机构。鼓励和支持中小企业采取联合出资、共同委托等方式进行合作研究开发，建立可靠的技术依托平台。为中小企业打造更加安全的信息网络平台，推动中小企业的发展、创新和技术转移。

3. 大力吸引社会资本

G20 要积极鼓励各类基金、个人以及各种组织通过捐赠、合作等形式进入科技研发领域，鼓励社会团体或个人在高校院所设立创新活动基金。鼓励科研院所加强与金融机构合作，完善政银企会商制度，开展面向高新技术企业和科技型中小企业的科技贷款平台试点。对于很有价值的自主创新项目，引导金融机构支持科技研发，支持高新技术的引进、消化、吸收再创新及其产业化。鼓励社会资本建立健全风险投资基金，支持保险公司、证券公司依法合规开展企业科技创新保险服务试点与创业风险投资业务。

2.5.3　完善技术创新市场体系

1. 发挥企业在科技创新中的主体地位

企业直接面对市场，最了解市场的直接需求，最能把握科技产业的走向。G20 要引导和支持各类创新资源向企业集聚，加大对企业科技创新的支持力度，最大限度地减少对中小科技企业的审批和约束，尽可能缩短科技创新企业的注册成立时间，鼓励各类资金投向有活力的中小创新科技企业，营造有利于企业健康有序发展的良好创新氛围，不断优化国家创新环境，使企业真正成为研究开发投入、技术创新活动、创新成果应用的主体。

2. 发挥科技人才的创新积极性

G20 要鼓励各类优秀科技人才进入企业和各类研发机构，通过各种政策保障企业科技人才的利益和他们从事科研创新的积极性，为科技创新人才的培养、成长和工作创造良好的环境，发挥各类科研人才的最大潜能，发挥企业家和科技领军人才在科技创新中的重要作用。建立科技人才流动体制，使各类科技创新人才能充分自由流动，实现各类科技创新人才的最佳配置，提高科研机构的人才使用效率。

3. 建立科技创新成果交易市场

G20 要根据科技创新的不同层次，对各类基础性研究成果和应用性技术建立不同种类的交易市场，鼓励各类科研机构积极参与科技成果交易，建立和完善合理的科技成果评价体系，设定各种灵活的交易模式，为科技创新成果的交流创造良好的环境。

2.5.4　完善科技成果转化体系

1. 完善科技成果评价体系

不断完善高校和科研机构研究人员的分类评价制度，着力避免科技评价导向中重成果产出、轻成果转化的现象，不能过于重视在国内乃至国际的技术指标排名，或者把太多精力放在追求发表论文及其引用的数量，而应该强化科技成果的应用和经济社会效益，提高科技人员面向市场与产业需求开展科研和成果转化的积极性。

2. 提高企业的技术吸纳能力

在市场竞争中，企业越来越重视科技进步，积极吸纳先进适用技术。鼓励企业和科研机构加强合作，把市场和产业发展的技术需求与科研机构的研究项目对接起来，为企业提供系统集成水平高、市场应用广的成熟技术项目。同时鼓励企业加大人才的引进和培养，技术承接企业需要在研发人员、硬件条件和集成配套等方面有更高的技术能力，同时具备比较完备的技术管理能力，从而提高企业吸纳、运用和再创造新技术的能力，真正发挥技术创新的主体作用。对于一些创新型中小企业来说，要通过专业的咨询服务，提高对环境和技术的适应能力，避免在竞争中被淘汰。

3. 发展壮大科技中介服务组织

进一步规范发展技术转让交易、技术产权交易、科技信息交流、科技成果发布等行为，扶持技术中介服务企业发展。要适当鼓励科研人员参与科技中介服务，培养造就专业化的技术转移与成果推广人才队伍。要优先建设发展面向产学研结合的公共技术平台和中介服务机构，加强科技成果信息开放共享。

2.5.5 建立国际科技合作交流体系

1. 加强科技政策协调

G20 要加强科技政策的协调，对国际科技合作协调沟通机制进行顶层设计，通过国际组织或国际峰会，协调各国制定科技政策时坚持资源共享、发挥各自优势、合作共赢的原则。利用网络建立信息通报制度，提供一个信息交流的平台，用于相互沟通合作方面的需求和信息，根据每年工作需要与合作主题，召开不同层面的科技工作交流会。同时，发达国家要从长远角度，放松科技交流管制，促进技术外溢和共同提高。

2. 建立跨国科研战略联盟

G20 要大力推进各国的科技经贸合作，通过国际产业转移，重点加强各国在人才、教育、技术、资金等方面的合作与交流。充分利用市场机制，通过资金、技术入股等形式，建立各种跨国科研战略联盟，发挥不同国家的优势，通过共同创新和技术交流，实现风险分散和收益分享。加强人才的交流，为科技人才的国际流动提供更为便利的管理体制，加大国际间人才的培养与合作力度，实现科技教育资源的国际共享。

3. 建立和完善国际技术交易平台

G20 要建立和完善国际技术交易平台，促进研究机构和产业界的合作，加快科技成果转化，开展多元化的国际科技交流，鼓励各类企业参加技术交流展会和交易会，扶持国际间企业的技术交易活动。同时，要建立完善技术产权交易制度、机制和规范，在更大范围内聚集各类创新技术要素资源，完善技术产权融资等配套功能，带动国际技术市场发展。

Y.23

第3章 G20科技政策的比较分析与启示

经济发展历史表明，世界经济中心总是随着科技中心的转移而转移，这注定了当今世界各经济主体之间的竞争，在很大程度上是科学技术的竞争。而推进科学技术不断创新，是后发国家追赶世界先进水平的必经途径，也是发达国家保持科学技术领先的必然选择。尤其是在当前全球经济复苏乏力以及竞争环境日趋复杂的背景下，一国的科技创新能力与其经济发展和综合国力提升紧密相连。为此，各经济体尤其是G20各国，都将推进科技创新作为基本战略，并纷纷出台科技政策努力提升本国的科技创新能力，以在当今国际竞争中形成强大而持久的竞争优势。

3.1 世界经济新形势驱使G20各国强化政策引领科技创新

首先，推进科技创新，培育新经济增长点，成为应对金融危机、缓解经济压力的必然选择。历史经验表明，每一次重大的科技创新和技术变革都会带动经济的迅猛发展。从第一次工业革命到第二次工业革命，科技进步使欧美各国迅速发展为经济发达国家，而兴起于美国的第三次科技革命，更促使美国经济实现了长达10年之久的快速持续增长。创新支撑发展，科技引领未来，已成为当今的共识，科技创新推动社会经济发展成为当今时代的主要特征。2008年金融危机致使国际金融行业泡沫破裂、实体经济萎缩，对全球经济造成了严重影响。经济增长乏力与经济环境恶化，促使世界各国纷纷寻找重振经济增长的新动力。鉴于世界政治经济格局出现的新变化，世界主要发达国家都把科技创新作为重塑竞争优势和摆脱经济危机的重要手段。后危机时期，发达国家为了推进科技创新步伐，加大了对科技创新的投入，出台了多项科技政策。试图通过这些科技政策的引领，培育新兴产业，创造新的经济增长点，走出危机，并将这些科技创新优势迅速转化为经济竞争优势，从而抢占世界经济战略制高点。新兴市场经济体为了缓解经济下行压力，促进新兴科技与新兴产业深度融合，率先在某些产业领域迎头赶上发达国家，也主动或被动地出台相关科技政策，推进科技创新。

其次，推进科技创新，开发新能源，是应对气候变化挑战、缓解资源要素约束的必然选择。气候变化给自然生态系统和经济社会发展带来了全方位的严重影响，成为“当今时代的决定性议题”①。依靠科学技术应对气候变化是国际社会的共识，通过科技创新，使人类能够有效地突破在节能和清洁能源、可再生能源、先进核能、清洁汽车、碳捕集和封存等方面的低碳技术瓶颈，从而为减缓和适应气候变化提供有效的技术手段②。为此，各国政府，尤其是 G20 各国通过出台相应科技政策，致力于推进科技创新和技术开发，提高应对气候变化的能力。此外，传统严重依赖以石油、煤炭等化石能源为基础的工业文明体系，不仅造成了环境污染、大量的碳排放，而且这种不可再生能源的供给日渐难以满足当今世界经济发展的需要。为此，开发新能源、可再生能源成为众多国家经济发展的战略重点。有鉴于此，世界各国政府都致力于采用不同的科技政策来促进新能源和可再生能源的研究、开发、示范、使用和商业性利用等，加快培育和发展新能源和可再生能源。

再次，科技创新全球化的发展趋势，促使各国出台各项科技政策积极应对。在经济、科技日益全球化的今天，世界各国的科研人员、科研机构以及仪器、资料等基础设施的共享和信息流动，大幅度降低了研究开发的成本③。而科技创新要素在全球范围内的自由流动和合理配置、科技活动成果的全球共享，再加上科技促进经济发展的游戏规则在全球范围内的日趋一致，使得科技创新与以往的地域性不同，已具有了全球化的性质。基于创新全球化发展的趋势，争夺科技资源和市场，成为各主要经济体之间竞争的新形式。一方面，美

① 赵新力：《联合国与科技创新》，福建科学技术出版社，2014。

② 万钢：《依靠科学技术应对气候变化》，《中国科技产业》2008 年第 5 期。

③ 徐冠华：《当代科技发展趋势和我国的对策》，《中国软科学》2002 年第 5 期。

国、欧盟、日本等发达国家和地区为了在多数科技领域继续保持世界领先地位，在竞争中具有优势，纷纷出台政策加紧科技资源的争夺。另一方面，新兴市场国家近年来迅速崛起，为加速提升自身的科技实力，拉近与发达国家的差距，也出台各项科技政策，整合国际研发资源，推进本国科技创新。

3.2 科技创新行为需要政府的政策扶持、引导与规制

之所以强调政策对科技创新与发展的作用，原因如下。其一，科技创新离不开政府的政策扶持。科技一旦实现创新，全社会几乎都能免费使用，因而使得科技具有了公共品属性。科技创新活动极容易导致“搭便车”行为，此时市场的资源配置作用是失灵的。尤其是对社会进步意义更大的基础性创新研究，市场的失灵程度更高。为此，需要通过税收、财政支出等一系列创新扶持政策来激励科技创新。此外，技术创新具有不确定性和高风险性，使得科技创新成为高成本、高风险的经济行为。因此，尽管企业是市场体制下的科技创新主体，但在一定程度上仍需要政府的力量来推进科技创新。而且，科技创新具有较强的外溢性，这种正外部性的经济行为理应通过政策进行相应补偿。这些都离不开政府的支持与政策扶持。纵观当今世界，众多国家都将推进科技创新作为国家战略，通过制定一系列科技政策支持科技发展，来增强国家创新能力和国际竞争力。

其二，科技创新离不开政府的政策引导。科技政策是国家为实现一定历史时期的科技任务而规定的基本行动准则，是确定科技事业发展方向、指导整个科技事业的战略和策略原则。它反映了国家的需求和政府的意志，体现了政府对科技资源的直接支配作用。创新行为具有偶然性和随机性，创新的结果未必符合当前社会经济的迫切需要，而科技政策能够有效地引导有限的社会资源向更符合本国实际发展需要的科技创新方向进行配置，使创新成果能够迅速转化为社会生产力，推动社会经济的发展。历史发展表明，美欧各工业发达国家，之所以科技发展能够取得巨大成就，在很大程度上在于它们能够根据经济发展实际，及时调整并完善相应的科技政策。

当今世界经济发展环境复杂多变，G20 各国更加注重科技创新，通过出台

科技政策来推进科技发展，提升本国的创新能力和竞争优势。这些科技政策既有共同之处，也有各国根据自身的特点及发展方向，制定的侧重点不同的政策。因此，对各国的科技政策及其影响、成效进行简要分析，必将会对我国完善科技创新政策有所启示。

3.3　G20主要国家科技政策及其分析

在科技创新全球化的背景下，为了抢占研究与开发的国际市场和资源，G20各国，无论是发达国家还是新兴市场经济体，都通过出台政策引领科技创新，积极推进科技创新。

3.3.1　美国

重视科技，通过适时的科技政策调整引领科技创新，促进了美国科技的飞速发展，美国逐渐成为“世界科技中心”。同时，科技的发展也带动了经济的快速增长，使美国的经济长期处于世界领先地位。第二次世界大战中“曼哈顿计划”的成功实施，直接影响了美国政府与社会对科技研发活动的支持力度，投入研究经费不断增加，使美国进入了所谓的“大科学时代”[①]，一系列重大科技创新影响了美国的经济和社会生活。1958年通过的《国家国防教育法》扩大了对中小学教育等的资助，改进了科学和数学教育，推进了基础教育与未来科学研究人才的培养。1950年通过了建立国家科学基金会的议案，加大了对基础研究的支持力度，标志着美国现代科技政策的形成[②]。

两次石油危机以及经济滞涨，对美国经济造成了重大打击。为了缓解经济的不利形势，美国政府制定并出台了一系列的科技政策，通过科技创新来推进社会经济发展。1976年国会通过了第一部科技立法《国家科技政策、组织和优先法》。在美国，中小企业被称为“美国经济的脊梁”，是其技术创新的重要源泉[③]。为推进中小企业创新，国会又相继制定和通过了《史蒂文森—威德

① 黄创慧、郑彦宁等：《美国科技政策体系研究》，《科技管理研究》2013年第22期。
② 黄创慧、郑彦宁等：《美国科技政策体系研究》，《科技管理研究》2013年第22期。
③ 何英：《美日欧技术创新政策及对我国的建议》，哈尔滨理工大学硕士学位论文，2010。

勒技术创新法》(1980)、《中小企业技术创新促进法》(1982)、《联合研究开发法》(1984)、《联邦技术转让法》(1986)、《综合贸易和竞争法案》(1988)[①]。为支持美国中小企业制造业获得有关的制造生产技术的信息和知识，1988 年美国国会根据《技术竞争法》，指示商务部国家标准和技术研究院(NIST)，帮助美国中小制造企业采用不断改进的制造技术[②]。此外，1981 年通过了《经济复兴税收法》，规定企业在研究开发（R&D）方面超过三年平均水平的开支增加额即可享受 25% 的税收减免[③]，并先后在 1983 年和 1994 年设立了小企业技术创新奖励项目，激励中小企业开展技术创新。这一系列法案和措施的出台，使得政府逐步重视科技政策与国民经济发展的协调，产业界对研究开发的资金投入实现了持续增加，也激励了中小企业创新的积极性，提升了企业民用产品的竞争力，促进了美国经济的复苏与发展。

冷战结束后，美国科技创新领域更加侧重于民用科技。1993 年 2 月克林顿的《国情咨文》中提议，投资 4000 亿美元建设“信息高速公路”[④]。1993 年 9 月美国政府出台《国家信息基础结构：行动计划》，推进信息科技产业快速发展。1994 年 8 月，克林顿政府发布了报告《科学与国家利益》，强调“科学是一种无尽的资源”。1996 年发布的《技术与国家利益》提出，“只有私人部门具有管理新技术的开发并使之市场化这一复杂过程的技术和能力，同时承认政府在提高私人部门的能力方面发挥着极其重要的作用”。1997 年，美国总统科技政策办公室在科技发展报告《塑造 21 世纪的科学技术》中指出：创造新的知识和培养人才是掌握未来的关键，技术是经济增长的引擎，而科学是这个引擎的燃料。这一系列的科技政策促进了信息、生物及清洁能源和环境技术为导向的产业飞速发展，从而使第三次科技革命从美国兴起并快速席卷全球。

2007 ~ 2008 年美国爆发“次贷危机”，并迅速向全球蔓延，形成了重创全球经济的金融危机。美国金融行业以及实体经济都受到较大冲击。美国历史经

---

① 高卫东、周柏春：《美国科技政策发展简述》，《理论界》2006 年第 5 期。

② 吴彤、米运生：《发达国家支持中小企业科技创新的政策比较》，《陕西经贸学院学报》1999 年第 8 期。

③ 高卫东、周柏春：《美国科技政策发展简述》，《理论界》2006 年第 5 期。

④ 高卫东、周柏春：《美国科技政策发展简述》，《理论界》2006 年第 5 期。

验表明，经济危机往往孕育着重大的科技突破，因为历次大危机中政府往往会转而依靠科技创新“救市”，并取得了相应的成效①。因此，金融危机后，奥巴马政府将科技和教育领域设定为重点投资领域。奥巴马一再表示，“科学对于我们的繁荣、安全、健康、环境和生活质量来说，比以往更加重要”，并认为“基础研究是国家的资源”。为此，2009 年 2 月的《美国复兴与再投资法案》中进一步增加了教育与科研投入，已超过了 2000 亿美元②。2009 年 9 月又推出《美国创新战略：驱动可持续增长和高质量就业》，承诺要充分发挥创新潜力，促进新就业、新企业和新产业。在财政紧张时期，美国 2011 年度财政预算对创造新工业和新的就业机会、加快清洁能源研究、健康美国和国家安全等方面科技投入承诺的兑现，充分体现了美国重视科技创新、希望依靠科技创新来带动美国经济的思路。其中“新能源”是奥巴马政府经济发展的战略重点，根据美国能源部 2011 ~ 2013 年连续 3 年的能效与可再生能源领域的财政预算数据，美国政府非常重视开发新一代低温室气体排放的可再生和替代能源，从而帮助美国转型为低碳能源经济③。其中页岩气开采技术的突破，使美国成为世界上唯一实现页岩气大规模商业性开采的国家，从而带动了近期美国经济的迅速恢复。

3.3.2　欧盟

欧洲在 18 世纪发生了人类的第一次工业革命，使之迅速成为当时世界经济中心。但历经两次世界大战，开始逐渐衰落，欧洲的科技创新能力在第二次世界大战以后与美国的差距越拉越大，尤其是 20 世纪 90 年代开始的以网络经济为标志的新经济则让欧洲科学帝国的弱点暴露得真真切切④。为迎头赶上，欧盟开始着重考虑提升欧洲竞争力的科技创新战略与政策。

欧洲联盟的科技政策由来已久，20 世纪 50 年代初以科研合作为目标，促

---

① 高璐、李正风、丁大尉：《后危机时代美国科技政策与政府科学观转变的启示——以〈美国 2011 年度财政预算〉为例》，《实事求是》2014 年第 1 期。

② 高璐、李正风、丁大尉：《后危机时代美国科技政策与政府科学观转变的启示——以〈美国 2011 年度财政预算〉为例》，《实事求是》2014 年第 1 期。

③ 赵新力：《联合国与科技创新》，福建科学技术出版社，2014。

④ 洪晖：《里斯本战略以来的欧盟科技政策再思考》，《经济研究导刊》2012 年第 4 期。

进相关产业发展的欧洲煤钢共同体欧洲核子研究中心和欧洲原子能共同体，为欧洲战后的科技发展走向合作协调指明了方向。1986 年通过的欧洲单一法令和 1984 年开始制定的多年度框架方案在欧洲共同体层面上协调共同科技政策①。但这些科技政策并没能使欧洲在与美日等强国的科技竞争中迅速突起。为此，在 2000 年 3 月的里斯本首脑会议上，欧盟和成员国共同制定了“里斯本战略”，提出要在 2010 年以前将欧盟建设成为世界上最具竞争力和活力的知识经济体，在实现经济可持续增长的同时创造出更多更好的工作机会，并提出集中欧洲联盟科研资源的科研方案系统，旨在增强科研人力资源的流动性，深化多国科研项目的合作形式，增强欧洲研究机构的竞争力。在 2008 年金融危机以及财政状况日渐紧缩的情况下，欧盟于 2008 年提出了“欧洲经济复兴计划”，2010 年 3 月通过了“欧洲 2020 战略”。这些规划都强调了促进实现智能包容和可持续发展的增长模式，根据近年来欧盟各国的共识，这一模式最终能否取得事半功倍的成效，最关键之处还在于科技创新②。为此，欧盟定期发布《欧洲科学技术指标报告》《欧洲创新记分牌年度报告》等，旨在加强成员国政策的协调，加大对科研的投入，增强创新能力和科技成果转化能力。尽管在上述科技战略和政策的激励下，欧盟的科技创新活动有所增强，但一方面，目前成员国各自为政的分散科技政策还无法有效地形成合力，另一方面，任何一个欧盟成员国也无法在众多科研领域里单独承担起领导的重任，因此，欧盟在里斯本战略和“欧洲 2020 战略”中反复提到的创新和富有竞争力的知识经济社会的目标，还有待实现。为此，欧盟应进一步加强组织协调成员国的科技政策合作，增强科研团队的网络合作以及促进人员和创意的流动性，从而提升欧盟整体的科技创新能力。

此外，欧盟中的传统科技强国——英国、德国、法国，面对当今世界新技术迅速发展的现状，面对美、日等对手的有力竞争，以及新兴市场经济体的快速追赶，为了应对世界科技发展的新格局，保持科技优势，也出台了各自的科技政策，来推进本国的科技创新。

① 洪晖：《里斯本战略以来的欧盟科技政策再思考》，《经济研究导刊》2012 年第 4 期。

② 洪晖：《里斯本战略以来的欧盟科技政策再思考》，《经济研究导刊》2012 年第 4 期。

1. 英国

作为首先通过科技创新完成工业革命的国家，英国尽管在 20 世纪下半叶国力有所滑落，但仍是当今世界的经济、文化、军事和科技强国。为不断提升本国科技创新能力，加大科技创新投入，英国于 2004 年 7 月发布的《英国 10 年（2004～2014）科学与创新投入框架》指出：将优先安排科学和技术投入，承诺对科技投入的增长速度高于预计的经济增长速度（预测英国经济 2004～2014 年的增长幅度为年均 2.5%）[①]；同时宣布，2004～2014 年，政府通过贸工部和教育技能部对科技投入保持 5.8% 的年均实际增长率，确保政府 R&D 投入占 GDP 比重从 2004 年的 1.9% 增加到 2014 年的 2.5%[②]。2006 年 10 月，英国又发布了《英国研究与发展国际合作战略》，首次提出英国国际科技合作的四大目标和七大战略建议，逐步推进该国的国际科技合作步伐。

为成为一个“高生产力经济体”“健康社会”和“可持续世界”，英国 7 大研究理事会启动了“知识转移计划”，以支持对可能产生有商业价值的研究成果的后续资助。同时，2011 年 12 月，英国商业、创新与技能部发表了《以增长为目标的创新与研究战略》。该战略凸显了英国在未来几年内加强新兴技术商业转化的能力，尤其是私营部门的新兴技术创新和转化。《以增长为目标的创新与研究战略》提出，重启 SMART 计划支持企业创新。计划未来 3 年要投入 7500 万英镑支持小企业创新。SMART 计划将资助概念验证以及市场和原型开发活动，并激励更多小企业开发创新的技术产品和服务[③]。

2. 德国

很多学者认为，德国科技的崛起应归功于德国政府的科技政策、科研体制以及政府的科技投入[④]。进入新旧世纪之交，1999 年和 2000 年，德国政府先后发布了《技术政策——经济增长与就业之途》和《德国联邦政府创新资助政策及举措》两个科技政策纲领，确立了德国在科技资助与科技创新方面的

① “创新型国家支持科技创新的财政政策”课题组：《创新型国家支持科技创新的财政政策》，《经济研究参考》2007 年第 22 期。

② “创新型国家支持科技创新的财政政策”课题组：《创新型国家支持科技创新的财政政策》，《经济研究参考》2007 年第 22 期。

③ 中华人民共和国科学技术部：《2012 国际科学技术发展报告》，科学技术文献出版社，2012。

④ 胡小桃：《德国科技创新的政策体制分析》，《湖湘论坛》2014 年第 3 期。

指导方针及相应策略。为加强创新能力培养，2006 年 8 月，德国联邦政府又推出了历史上第一个涵盖所有政策范围的《德国高技术战略》。2010 年 7 月，德国政府又发布了《德国 2020 高技术战略》报告，出台了一系列高技术战略创新的整体方案和创新政策。2012 年，德国联邦教研部又推出“2020—创新伙伴计划”，计划在 2013 ~ 2019 年投入 5 亿欧元，以支持德国东西部研发创新合作，形成研发创新合作联合体和具有国际影响力的新型技术创新机构①。

3. 法国

进入 21 世纪以来，法国经济因缺乏科技创新，缺乏新的经济增长点支撑而发展无力，竞争力持续下降。为此，法国政府通过出台一系列政策措施，实施人才战略，稳定本国人才、吸引国外人才，来推进本国科技的快速发展，应对国际挑战。2006 年 4 月 18 日把原《科技导向和规划法》重新命名为《科研规划法》，提出了建立战略思路明晰、机能运转高效的“国家创新系统”，核心是通过增强原始创新能力来提高法国的国际竞争力与吸引力，并在法国掀起一场“科研复兴运动”②。此外，法国改革了科研税收信贷的激励政策，鼓励企业加大研发投入，包括激励已有研发投入的企业增加投入，鼓励没有研发投入的企业投入，鼓励跨国公司在法国本土开展研发活动。还将培养本土人才和吸收国外优秀人才特别是高层次优秀科技人才作为国家科技创新战略的实施要点，以使法国在 21 世纪的人才竞争中占据有利位置，从而保证其科技强国地位。

3.3.3 日本

日本作为从技术引进为主向强调一体化创新转变的成功典型，其科技政策的作用居功甚伟。从第二次世界大战结束一直到 70 年代末，日本科技发展走的是一条技术引进—技术改进—技术普及的道路。1949 年公布的《外汇法》和 1950 年公布的《外国投资法》，成为日本战后恢复经济以进口替代为主要发展模式的标志，也拉开了技术吸收的序幕③。为加强对引进技术的消化吸

① 胡小桃：《德国科技创新的政策体制分析》，《湖湘论坛》2014 年第 3 期。

② 黄宁燕、蒯强、孙玉明：《法国科技人才状况分析》，《科技进步与对策》2011 年第 2 期。

③ 姜柏岐：《日本科学技术政策初探》，《科学学与科学技术管理》1997 年第 4 期。

收，1956年日本《经济白皮书》提出以技术革新作为推动经济高速增长动力的构想①。

进入20世纪80年代后，日本已从追赶型工业国发展为资本主义大国，开始重视对科学技术的基础性研究，增强研发中的政府作用，强调形成和强化官产学模式，优化财政补贴措施，加强政府在政策制定中的绝对主导地位；通过加强官产学合作，充分发挥“民间科研力量”。从1990年开始，在泡沫经济崩溃的影响下，日本政府和企业界意识到自身原始创新的不足，认识到必须通过科技创新来挽救经济。1995年，日本首次提出“科技创造立国”，以法律的形式确定国家的科技发展战略，计划以5年为周期，通过增加政府和企业的科研投入、加强科技人才的培养和创新性研究，逐步提升日本的科技创新能力。2000年公布“科技创造立国”第二期，主要实行重点领域发展战略，2005年公布“科技创造立国”第三期，主要通过重视优秀科技创新人才的培养，创造知识与文化价值②。2011年公布“科技创造立国”第四期，列举了未来的经济发展支柱，包括环保、能源、医疗、护理健康，以及灾后恢复与重建等内容，并强调预计未来可再生能力开发的重要性。2009年，日本政府提出了“新成长战略”，提出将日本打造成全球创新中心的战略，到2020年要领导世界范围内的“绿色科技创新”和“生命科技创新”，实现日本一体化创新，推动经济新增长③。

3.3.4　韩国

通过技术立国，提高自身科研创新实力，使韩国从落后的农业国逐步转变成一个先进的工业国。通过适宜的科技政策引导，韩国迅速发展成为科技创新型国家。

20世纪60年代，韩国政府主要通过发展轻工业等进口替代工业来提高本国科技实力，对引进的技术进行消化吸收和再创新，逐步实现外来技术的本土化，以此来满足国内对科学技术的需求。此时的科技政策重点是建立技术培训

① 李建民：《战后日本科技政策演变：历史经验与启示》，《现代日本经济》2009年第4期。

② 马可：《日本科技政策的历史沿革》，《科技信息》2010年第27期。

③ 中华人民共和国科学技术部：《2012国际科学技术发展报告》，科学技术文献出版社，2012。

体系、健全科技发展的法律和组织架构等，颁布了《科技促进法》《外资引进法》。为适应当时由技术引进为主向强化自主开发阶段的转换，制定了《技术开发促进法》，促进国内研究与开发以满足工业发展需要。适合当时发展情况的科技政策为韩国经济腾飞打下了坚实的科技基础。

20 世纪 80 年代，为将韩国经济推向更高层次，摆脱对发达国家的技术依赖，韩国政府提出“技术立国”战略，开始将重心转移到基础研究上，开发高新技术。科技政策主要优先支持增强本土研发能力。通过加强研究生教育、吸引海外人才等办法，培养了一批高水平的科学家和工程师。1982 年启动的“国家研发项目”已经成为韩国本土研发的基础①。

20 世纪末期，为了迎接高科技和知识型产业的到来，韩国政府除了推动国内科研资源的分享外，更加重视国际科技潮流趋势。2003 年卢武铉就任韩国总统之后，明确提出第二次技术立国的口号，并从国家科技发展战略、宏观科技管理体制、科技研发投资体制等方面进行一系列改革，强力推进韩国的科技振兴政策，并加大了研发投入，加强自主开发与研究。2008 年金融危机后，韩国进一步强化科技创新，并作为引导本国未来经济发展的新动力。2010 年底，韩国提出了《2020 年产业技术创新战略思路》，提出要实现从“快速跟踪”战略到“领跑者”战略的转变，并且要实施韩国未来成长战略——“独一”战略②，目标是 2020 年要跻身世界五大科技强国之列。2011 年 4 月，为了加强国家科学技术综合调节能力，提高国家科学技术委员会的地位与作用，韩国国家科学技术委员会作为一个永久性的行政委员会成立，旨在推动国家科学技术管理上的创新。2011 年制定了《科学技术未来远景及战略（草案）》，从加大对新领域的创新型尖端技术研发投入、加强科学技术人才培养和知识系统性、加强国际合作构建全球开放创新体系等方面，进行战略性指导。

3.3.5 金砖国家

作为 G20 中的新兴经济体，金砖国家的经济发展取得了世人瞩目的成绩，

① 牟春光、刘云：《韩国科技政策的演变特点及其启示》，《国防技术基础》2008 年第 7 期。

② 中华人民共和国科学技术部：《2012 国际科学技术发展报告》，科学技术文献出版社，2012。

同时其科技创新成效明显，这与各国政府的科技政策密不可分。当然，与发达国家相比，它们的创新能力还比较低。因此，探寻金砖国家科技政策的经验与不足之处，可以为提升金砖国家创新竞争力提供依据。

1. 中国

新中国成立之初，中国的科技发展管理模式是高度集中型的，即强调政府计划、组织严密和政策统一的集中控制。通过政策倾斜，资源更多倾向于关系国计民生以及国防安全的重大科技项目，取得了相应成果。1978 年第二次全国科学技术大会召开，邓小平重申“科学技术是生产力”的观点，强调科学技术必须为经济建设服务，科学技术与经济社会协调发展的方针政策。以后的 30 年内，中国相继制定了一系列科技发展计划对科技发展进行指导，如每五年一次的全国科学技术发展规划纲要，20 世纪 80 年代的“星火计划”、“火炬计划”、国家高技术发展研究计划（即“863”计划）等，90 年代国务院颁发的《关于加强技术创新、发展高科技、实现产业化的决定》《国家重点基础研究发展计划》（简称“973”计划）。为加强科技人才培养，推进技术进步，1995 年 5 月 6 日发布了《中共中央、国务院关于加速科技进步的决定》，首次提出实施科教兴国战略①。这一系列政策与规划的颁布推动并引领了中国的科技发展。

20 世纪 90 年代末期，随着知识经济时代的到来，作为高新技术先导和源泉的基础研究发展重要性凸显，中国的科学政策转向政府主导的基础研究，政府作为主要的科研投入主体，大力发展高科技。从世界高技术发展的趋势和中国的需要与实际可能出发，国家“863”计划选定了 8 个高技术领域，即生物技术、航天技术、信息技术、激光技术、自动化技术、能源技术、新材料和海洋技术领域，作为高技术研究发展的重点。为改变中国的科技工作长期与企业经营和市场需求脱节，科研成果长期束之高阁，得不到转化和应用，同时企业技术落后，技术创新能力薄弱的现象，国家出台了一系列法规和政策，推进科技成果转化。其中法规有《科学技术进步法》《促进科技成果转化法》，国家政策

---

① 高建明：《新中国科技政策的演进及特色》，《长沙理工大学学报》（社会科学版）2014 年第 3 期。

文件有国务院发布的《关于促进科技成果转化的若干规定》(1999)、《关于以高新技术成果作价入股有关问题的通知》(1999) 等。

当前，发展的外部环境和内部条件发生了很大变化，加快转变经济发展方式、实现创新驱动成为中国经济的迫切选择。为此，在 2006 年的全国科学技术大会上，胡锦涛总书记指出，要坚持走中国特色自主创新道路，用 15 年左右的时间把我国建设成为创新型国家，并于当年提出了《关于建设创新型国家的战略决策》。这意味着中国将创新提高到战略层面，创新科技将逐渐取代改革开放初期的科学技术进口替代策略，更加强调独立自主地发展科技，减少对发达国家技术的依赖，要逐步形成自主创新能力。

2. 印度

作为全球重要的新兴经济体，适宜的科技政策对印度经济快速发展的作用巨大。早期印度主要采取政府干预的科技政策，以进口科技产品、模仿学习为主。为了提高本国科技成果的应用能力，印度从 20 世纪 50 年代起就通过限制使用国外技术和技术产品、限制外国直接投资领域、限制专利费用最高数量、设定专利协议期限、设定技术使用费税率等措施限制技术进口，促进企业使用本国科学技术，以此来保护本国薄弱的科研水平，并最终成长起来。20 世纪 80 年代，印度在科技政策方面开始注重市场原则，从政府主导干预为主的传统科技政策向以市场为主导，企业作为研发主体、科技成果市场化主体的新型科技政策转变，同时注重建立科技创新的科研生产体系。

2008 年金融危机后，印度进一步调整国内科技政策，希望通过低成本包容性创新将印度打造成创新热地，未来十年被印度确定为“创新十年”。2010 年印度成立了“国家创新委员会”，专门负责制定未来十年的创新路线图。根据国家创新委员会的设计，印度未来创新战略主要包括 5 个相互联系的方面：平台、包容、生态系统、推动因素以及讨论空间等。2013 年印度政府出台了《科学技术和创新政策》，该政策旨在通过推动创新和创业，以及加大对研发活动的投资等途径使印度能够于 2020 年跻身全球五大科技强国行列①。实现宏伟的目标，解决印度目前科研人才大量流失的问题也寄希望于人才政策的调

① 中华人民共和国科学技术部：《2012 国际科学技术发展报告》，科学技术文献出版社，2012。

整。2008 年，印度科学和技术部发起了“激励研究科学创新计划”。该计划投资 5 亿美元，用于资助大学理科生将创新构想付诸实践；加大在科学领域的投资，创造更多就业机会，《科学技术和创新政策》计划在 2017 年将投资从原来占 GDP 的 1%，提高到占 GDP 的 2%。

3. 巴西

早期巴西推行以政府为主导的进口替代型科技政策。第二次世界大战后，为强化发展本国民族工业，巴西明确提出科技为国家经济和社会发展服务的基本原则，并于 1951 年成立科学技术最高决策机构——国家研究委员会，决心借助科学技术满足巴西人民不断增长的物质文化需要，提高国家的科技能力和国际竞争力。

20 世纪 80 年代的巴西陷入政治经济危机，为寻求新的出路，新政府制定“新工业和外贸政策”，促进巴西经济由“替代进口”向“全面开放”转型。新政府更加重视发展科技，进一步明确了科技是发展经济的基础，尤其是自主发展科技，大规模增加科研经费投入。为全面推动科技政策的战略转变，1984 年巴西《科技进步法》规定，全国对科技的投入必须保持每年 5% 的增长率①，从 1990 年开始陆续制定了国家科技发展新 5 年计划，从提高国家技术能力、发展高技术产业、鼓励发展民族高科技等多方面进行政策调整。2003 年底巴西政府颁布的《产业、技术和对外贸易政策》规定，对于某些巴西需要重点发展但技术积累水平又很低的产业部门，包括光电子、生物技术等部门，将由政府拨款创立研究中心，进行基础与应用技术研究。为建立以企业为主的技术创新体系，巴西从 1990 年起，出台了一系列鼓励企业技术创新的法令，8248 号法令（1991）、8661 号法令（1993）、5798 号法令（2006）都作出了财政支持企业研发以及公司加大研发投入的相关规定②。

2008 年金融危机以来，巴西工业和出口受到较大影响。为提高国内制造业技术和产业竞争力，适应国际市场，巴西政府进一步强调科技创新的重要性。2011 年 8 月，巴西科技部正式更名为“科技与创新部”，更加突出创新在

① 卢立峰、李兆友：《巴西技术创新政策演化及启示》，《技术与创新管理》2010 年第 5 期。

② 卢立峰、李兆友：《巴西技术创新政策演化及启示》，《技术与创新管理》2010 年第 5 期。

巴西国家发展战略中的重要意义。为巩固科技创新的支柱地位，继《科技创新行动计划（2007～2010）》之后，2011 年巴西推出了《国际科技创新战略（2011～2014）》，相继成立“巴西科学未来委员会”和“巴西工业创新研究院”，推出“科学无国界”计划，培养科技工程精英①。

4. 俄罗斯

自 20 世纪 90 年代中期以来，俄罗斯联邦逐步对其科技体制进行改革，提出重走科技复兴之路，创新促进未来转型。1996 年俄罗斯颁布了《“关于科学和国家科学技术政策”联邦法》，是苏联解体后第一部有关科技政策的联邦法律，是其科技政策的总纲领，也是第一次以法律形式规定了“在联邦预算中民用科学研究与试验开发资金应占联邦预算支出的 4% 以上”。2002 年由普京总统批准的《俄罗斯联邦 2010 年以前及更长期科技发展政策原则》则代表了俄罗斯科技政策的新理念，即“科技发展要与国家社会经济发展任务相符合，并且与提高俄罗斯联邦的优先地位相关”。“俄罗斯联邦科技发展政策的目的是实现向国家发展的创新途径转化，保障本国研发产品的竞争力，加速使用这些产品对发展经济的效益，支持国防达到必备的水平，保卫个人、社会和国家的安全。”②

俄罗斯强调“科技创新”在未来转型发展中的作用。2002 年 3 月 8 日，俄罗斯颁布了由时任总统普京签发的《俄罗斯面向 2010 年及未来科学技术发展政策基础》，即“创新的宣言”③。2011 年 1 月，为进一步推动科技创新，俄罗斯经济发展部公布了《俄罗斯联邦 2020 年前创新发展战略（草案）》，草案提出将提高国家创新能力确立为重要战略目标，希望实现从原料出口型向创新型经济增长模式的过渡。2012 年 5 月，普京第三次就任总统上任当天，便签署总统令《关于落实科学教育领域国家政策的措施》，该措施明确强调要大幅度增加科学基金的投入，增加对俄罗斯著名大学研究开发的投入。此外，

① 中华人民共和国科学技术部：《2012 国际科学技术发展报告》，科学技术文献出版社，2012，第 176 页。

② 《俄罗斯联邦 2010 年以前及更长期科技发展政策原则》，http：//www. inr. troitsk. ru/rus/doc－nir/kri－tec. doc，2005－01－10。

③ 鲍鸥：《转型期俄罗斯科技政策分析》，《科学学研究》2005 年第 5 期 。

《科学和国家科技政策法》《俄罗斯联邦政府科学技术奖励条例》《俄罗斯联邦至 2030 年科学与技术发展长期预测》等一系列国家政策的颁布，使俄罗斯科学事业改革有了前行的目标①。

综上可见，尽管 G20 主要国家都通过科技政策来引领并推动本国的科技创新，进而期望提升国家的国际竞争力，创造新的经济增长点，但不同国家的国情不同，经济发展阶段不同，科技政策出台的背景也不同，因此制定的科技政策引领方向也会有所差异，进而造成科技政策的成效与影响也不尽相同。此外，有的国家是未雨绸缪，有计划地规划本国的科技发展方向，一步步引领科技创新向推动经济增长的方向发展；也有的国家是经济发展环境和国际竞争形势迫使其出台科技政策，以应对面临的众多问题，当然这些科技政策的效果也会呈现出差异。

3.4　G20 主要国家科技政策的成效与影响②

尽管 G20 各国的科技政策都在一定程度上起到了推动本国科技创新、促进经济发展的效果，但政策的侧重点不同、实施效果不同，其产生的效果也呈现出差异性。通过对这些国家的科技投入与科技产出状况进行分析，可以发现各国政策的影响及成效。

3.4.1　科技政策引导科技研发投入状况分析

1. 科技研发投入占 GDP 比重

科技投入强度是衡量一个国家或地区科技政策力度的重要内容，较高的 R&D 投入也是创新型国家的重要标志之一。从图 3 - 1 中可见，传统科技强国

① 宋兆杰、曾晓娟：《金融危机背景下的俄罗斯科技政策》，《科技管理研究》2013 年第 8 期。

② 本部分图表中的数据来源为：人口数量来自于世界银行数据库，专利、商标原始数据来自于世界知识产权组织（WIPO），科技论文数来自于世界银行数据库，美国公共教育支出占 GDP 比重来自于 http://www.usgovernmentspending.com/year_spending_2012USpn_15ps2n_20#usgs302，英国公共教育支出占 GDP 比重来自于 http://www.ukpublicspending.co.uk/total_spending_2012UKpn，其他数据来自于联合国教科文组织网站、OECD 网站。

美国、日本、德国、法国以及英国的 R&D 投入占 GDP 比重都保持在比较高的水平，较大的科技投入保证了这些国家在科技领域的领先地位。但同时应当看到，韩国与中国的增长速度明显高于其他国家，其中韩国自 2010 年后已经超越其他国家，连续 3 年成为 R&D 投入占 GDP 比重最高的国家，这是其长期以来重视科技投入、出台相关政策保障并不断加大基础研发投入等科技政策引领的结果。而中国，随着对科技创新重视程度的提高，各项政策都侧重于支持科技研发投入，近年来 R&D 投入占 GDP 比重迅速增加。印度的科技政策并没有着重强调快速提升科技研发投入比重，致使研发投入占 GDP 比重增势并不明显。而俄罗斯波动的情形表明，保障科技研发投入不断增长，实现创新来带动经济发展，仅依靠几个总统令难以实现根本性转变，必须通过出台长久有效的政策来引领科技投入的增加。

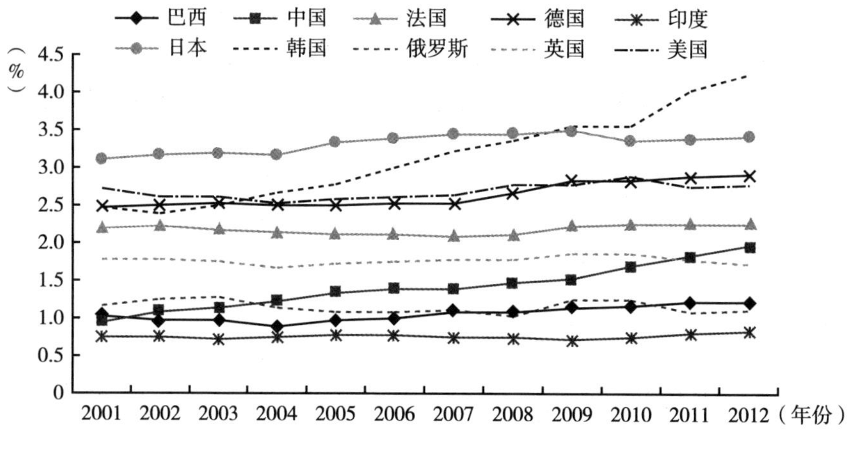

图 3-1　G20 主要国家 R&D 投入占 GDP 比重

2. 科技研发人员投入

由图 3-2 可见，美国的科研人员投入遥遥领先于其他国家，这与美国科技政策重视科研人员培养密不可分。从 1958 年通过的《国家国防教育法》到 2009 年《美国复兴与再投资法案》，提出进一步增加教育与科研投入，一贯重视科研人员培养与激励科研活动，是美国科研人员投入数量领先于他国的重要保障。中国自 1995 年提出实施科教兴国战略，到近年来出台的一系列激励人才的政策，如 1995 年人事部等七部门关于印发《“百千万人才工程”实施方案的通知》，以及 2002 年发布的《2002～2005 年全国人才队伍建设规划纲要》等政策文件①，在有效激发本国科研人才投入科研活动积极性的同时，也吸引了众多海外高级人才，使得中国的科研人才投入迅速增加。

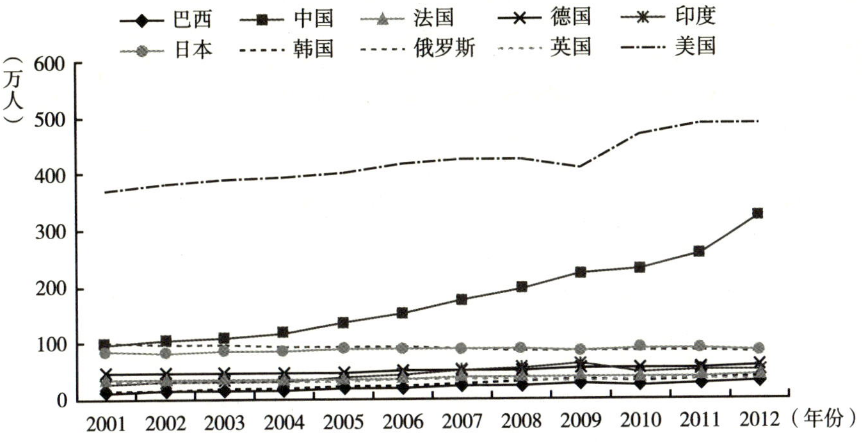

图 3－2　G20 主要国家科研人员投入情况

3. 企业研发投入所占比重

众所周知，在市场经济条件下，技术创新的市场需求状况如何，企业应当最为清楚。因为，企业与市场直接相连，了解市场需求状况，更应该能够把握技术创新方向。而且如果没有企业的运用，任何科技成果都难以成为现实生产力，所以企业应当作为技术创新的主体，要在技术创新的全过程中发挥主导作用。企业在技术创新中的主导作用集中体现为：它是研究开发投入的主体、技术创新活动的主体和创新成果应用的主体，是技术创新活动风险的承担者，同时也是利益的最大享用者②。由图 3－3 可见，发达经济体（除英国外）以及中国的企业研发投入所占比重均已超过 50%，表明这些国家的企业已经逐渐成为技术创新的主体。其中印度与中国的增长幅度最大，这是两国科技政策作用的显现。2006 年 2 月中国国务院发布的《国家中长期科学和技术发展规划

① 《中国科技人才政策分析》，新华网，http：//news. xinhuanet. com/ziliao/2005－09/13/content_3482970. htm。

② 李学勇：《确立企业在技术创新中的主体地位》，《求是》2007 年第 8 期。

纲要（2006～2020）》提出，把建立以企业为主体、产学研结合的技术创新体系作为国家创新体系建设的突破口，强调企业应当作为创新主体。而印度自20世纪80年代制定科技政策时就开始注重市场原则，强调了以市场为主导，企业作为研发主体、科技成果市场化的科技创新原则。

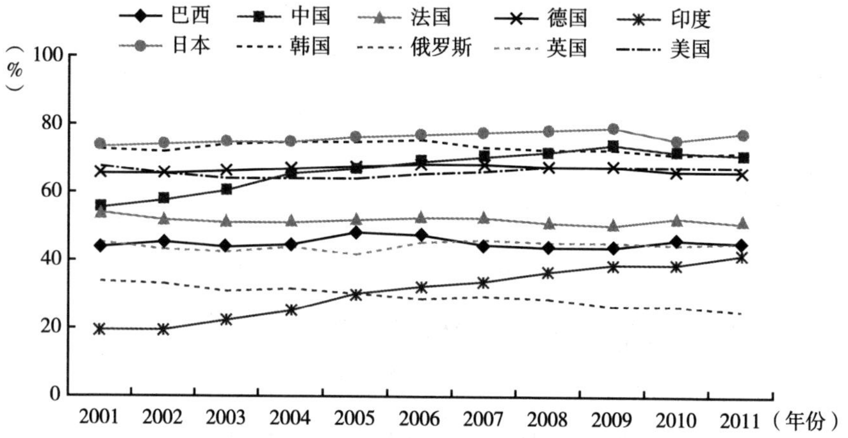

图 3－3　G20 主要国家企业研发投入所占比重

3.4.2　科技政策激励科技产出状况分析

国家专利授权数以及科技论文发表数，反映出该国企业科技创新成果量以及科技研究前沿成果状况，在一定程度上能够反映该国的科技产出状况。从图3－4可以看出，美、日两国专利授权数明显高于其他国家，这是两国科技政策注重强化创新投入与保护知识产权、激励企业创新的结果。对比图3－3可知，企业研发投入所占比重与专利授权数具有较强的相关性，因此，强化企业研发投入有助于提升本国专利授权数。图3－5中美国的科技论文发表数远远高于其他国家，是该国科技政策历来注重基础教育与未来科学研究、注重培养人才、强化科研人员投入的结果。而中国科技论文发表数量快速增长的迹象表明，中国激励创新、增强科研人员投入的效果已经显现出来。对比图3－2可知，科研人员投入状况与该国科技论文发表量之间存在密切关系，因此，要提升科技论文发表数量，增强中国科研人员投入是基础。

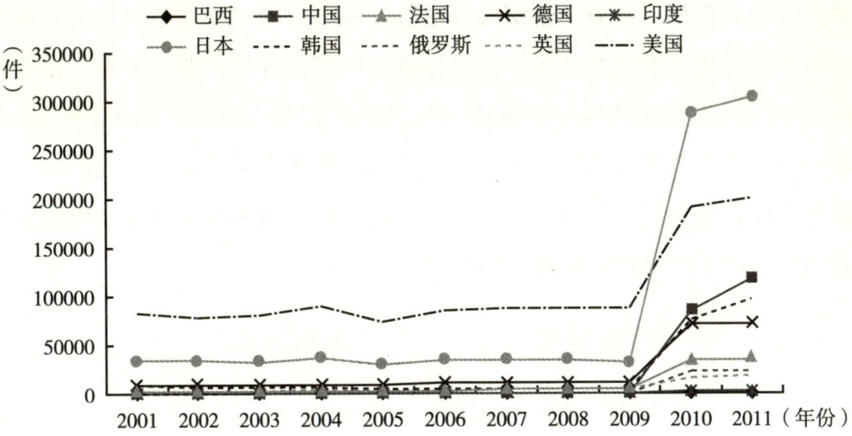

图 3－4　G20 主要国家专利授权数变化情况

注：* 其中美国 2001～2009 年为专利申请数。

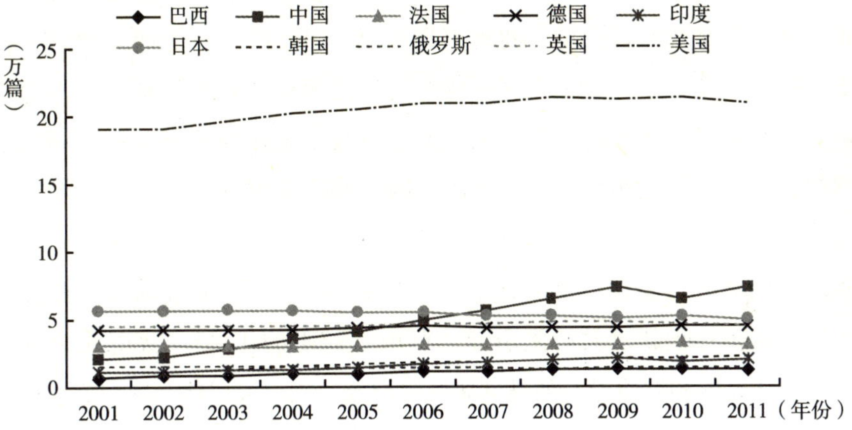

图 3－5　G20 主要国家科技论文发表量变化情况

综上所述，一国科技产出状况是该国科技投入的有效反映，而科技政策对该国的科技投入状况有着显著影响。因此，制定适宜本国国情和发展阶段，具有倾向性的科技政策，有助于快速改善一国的科技发展状况。

3.5　G20 主要国家科技政策对比启示

当前世界经济复苏乏力，南北差距有可能进一步拉大，气候变化给全球发展带来了巨大挑战。面对上述困难与挑战，各国政府希望通过科技创新来带动经济增长，并通过发展新技术来解决发展中的气候环境问题。为此，出台相应科技政策，推进科技发展与创新成为各国关注的重点所在。对上述 G20 主要国家的科技政策对比分析可见，它们的科技政策既有共同点，也有侧重点不同的差异，而且对科技发展的影响也不同。总结分析这些国家的科技政策，可以为我国科技政策的制定提供有益的经验借鉴与启示。

3.5.1 科技研发与创新离不开政府的财政支持

无论是美国、日本以及欧盟等传统的发达国家，还是新兴的发达国家韩国，抑或是新兴经济体金砖国家，通过政府财政支持科技创新与发展，是它们科技政策的共性。尽管一些发达国家的企业研发投入在国家研发投入中所占比例已超过了政府，但政府一直在采取措施保障科技投入并使其保持稳定增长，多数国家政府科技投入的增速均高于 GDP 增速[①]。之所以政府强化财政支持科技创新，一方面是因为科技的公共品属性，科技创新具有外部性与不确定性，使得市场机制调节出现失灵，财政政策作为政府调控市场的手段能够起到有效的补充作用；另一方面是因为政府的财政支持，通过增加科技研发投入、税收优惠、风险投资、政府采购等财政政策工具作用于科技创新链条的不同环节，能够起到事前激励，“四两拨千斤”地带动整个社会科技投入的增加，对创新研发起到引导、刺激和鼓励的作用[②]。尤其是外部性较强的科技研发的初始阶段，如基础研究阶段及应用研究阶段，财政支持的作用就显得更为重要。

3.5.2 科技政策应不断强化自主创新能力的提升

增强自主创新能力是提升国家核心竞争力、成为创新型国家的根本途径和必然选择。因此，当科技、经济发展到一定阶段后，不断强调自主创新能力提

---

① 卢学英：《西方创新型国家支持科技创新的财政政策及其启示》，《未来与发展》2008 年第 2 期。

② 李婷：《我国激励企业科技创新的财政政策研究》，山东财经大学硕士学位论文，2013，第 15 页。

升，成为科技赶超国家科技政策制定中的共同特征。自 20 世纪 90 年代中期开始，日本经济增速放缓，从而意识到单纯依靠技术转移和工程技术进步发展科技的方式已经不能为经济增长提供动力。为此，日本开始调整科技发展方式，将科技发展的重心转向基于自主创新的高技术产业，国家科技经费支出也开始向高技术产业倾斜①。2009 年，日本政府更是发布了《新成长战略》，明确提出将日本打造成全球创新中心的战略。韩国在 20 世纪 80 年代，为了摆脱对发达国家的技术依赖，推动本国经济向更高层次发展，提出了“技术立国”战略，开始将重心转移到基础研究上，开发高新技术。进入 20 世纪 90 年代，尤其是东南亚金融危机发生后，韩国传统产业面临更加严峻的国际竞争形势，为整体提升产业国际竞争力，韩国将高新技术的自主开发作为技术战略的重点②。科技政策也开始对本土研发能力给予优先权。1982 年启动的“国家研发项目”已经成为韩国本土研发的基础③。可见，在经济发展到一定阶段后，科技政策逐步引领科技发展向自主创新、强化自主创新能力转变，是向创新型国家发展的必经之路。

3.5.3　科技政策的有效引导推进了科技创新成效的显现

立足于本国国情与发展环境，通过科技政策引领，将有限的资源集中于某些领域的科技创新，并以此为带动，从而实现整体技术水平的快速提升与经济的快速发展。纵观德国的科技发展历程不难发现，德国政府始终把科技发展的重点放在能够引领社会与经济发展的前沿实用技术上④，使得该国经济能在短时间内恢复活力，并保持多年的快速增长。1990 年 7 月，德国颁布了《基因技术法》，这一法案规范了德国的遗传工程研究与生产管理，推动了德国生物技术的发展⑤。而日本自第二次世界大战结束到 20 世纪 90 年代初，经历了 40 多年的高速发展，科学技术发展在日本经济的快速崛起中发

① 韩凤芹、周斌等：《日本运用科技政策推动区域经济发展的实践及启示》，《经济研究参考》2012 年第 51 期。

② 曹丽燕：《韩国的科技自主创新模式》，《中国经济与管理科学》2009 年第 2 期。

③ 牟春光、刘云：《韩国科技政策的演变特点及其启示》，《国防技术基础》2008 年第 7 期。

④ 胡小桃：《德国科技创新的政策体制分析》，《湖湘论坛》2014 年第 3 期。

⑤ 获玉：《德国公布实施基因技术法》，《世界农业》1991 年第 3 期。

挥了重要的作用。其通过相关政策明确主要通过技术转移和工程技术进步等手段，集中力量实现技术产业化，以此推动经济增长，这种科技和产业政策取得了明显成功①。到20世纪80年代末，日本人均GDP超过了美国，经济达到鼎盛时期②。可以说，通过科技政策引领，能够保障科技创新满足本国社会经济发展最迫切的需求，从而能够将创新成果快速转化为社会生产力，推动社会经济发展。

3.5.4 科技政策应当重视教育与科研人员培养

科技进步与创新离不开科技人才，充足的科研人员投入是实现科技创新的基础。而“科学技术人才的培养，基础在教育”，教育不仅为科技的发展和创新提供知识积累，更对创新思维的培养与创新环境的营造起着重要的作用。美国从1958年的《国家国防教育法》扩大了对中小学教育等的资助以及改进科学和数学教育，到奥巴马政府将科技和教育领域设定为重点投资领域，都强调了基础教育与未来科学研究人才培养的重要性。日本自1995年首次提出“科技创造立国”，以法律的形式确定国家的科技发展战略，强调增加政府和企业的科研投入、加强科技人才的培养，到2005年发布“科技创造立国”第三期，进一步强调重视优秀科技创新人才的培养。这些国家都十分清楚，重视教育与科研人员培养对国家科技创新的持续发展有着至关重要的影响，为此，科技政策应当也要足够重视教育与科研人员培养。

3.5.5 科技政策需要强调市场化导向和企业是创新主体的理念

无论是发达国家还是新兴市场经济体都强调并重视企业的创新主体地位。美国为了推进中小企业创新，1982年制定并通过了《中小企业技术创新促进法》，强调中小企业的创新作用，使中小企业成为美国“技术创新的重要的源泉”③。当前

---

① 卢学英：《西方创新型国家支持科技创新的财政政策及其启示》，《未来与发展》2008年第2期。

② 卢学英：《西方创新型国家支持科技创新的财政政策及其启示》，《未来与发展》2008年第2期。

③ 何英：《美日欧技术创新政策及对我国的建议》，哈尔滨理工大学硕士学位论文，2010，第16页。

西方创新型国家企业的研发投入在国家研发投入中所占比例已超过了政府投入，是企业成为创新的主体的重要体现①。印度、巴西在制定科技政策时，也不断强调和突出了企业作为创新主体的理念。所以，需要强调指出的是，科技政策的支持与引领科技创新活动，只是强调政府提供宏观的发展规划和制度保障，并没有否定市场在科技发展与创新中的作用。市场尤其是技术市场作为科技信息、科技成果最活跃的要素市场，是促进科技与经济相结合的重要桥梁，是科技信息、技术商品的集散地，对促进科技成果的转化起到了积极作用。科技创新要想真正成为引领经济增长的动力，离不开创新成果的转化，离不开市场，尤其需要强调企业在技术创新中的主体地位。这是市场经济的必然要求，也是将科技成果有效转化为现实生产力的必然要求。

① 卢学英：《西方创新型国家支持科技创新的财政政策及其启示》，《未来与发展》2008 年第 2 期。

Y.24

第4章 G20绿色创新能力比较分析与启示

环境是人类赖以生存的基础和依托，是维系人类可持续发展的重要保证。当前的全球生态环境危机从本质上宣告了西方自第一次工业革命以来的高投入、高消耗、高污染排放的“黑色发展模式”是不可持续的。这一危机也预示着人类发展模式必须转型，必须通过一场全新的工业革命，寻求新的发展方式。

当前，可持续发展已经成为时代潮流，绿色、循环、低碳发展正成为新的趋向。与此紧密联系、高度契合，我国政府适时提出了建设生态文明和美丽中国的战略构想，要求从文明进步的新高度来把握和统筹解决资源环境等一系列问题，从经济、政治、文化、社会、科技等领域全方位着眼着力，在更高层次上实现人与自然、环境与经济、人与社会的和谐。国务院《关于加强环境保护重点工作的意见》提出，要不断强化并综合运用法律、经济、技术和必要的行政手段，以改革创新为动力，积极探索代价小、效益好、排放低、可持续的环保新道路。而探索环保新道路，需要用新的理念进一步深化对环境保护的认识，用新的视野把握好环境保护事业的发展机遇，用新的实践推动环境保护取得更大的实际成效，用新的体制机制保障环境保护的持续推进，用新的思路谋划环境保护的未来，这一切必须依靠创新。创新是发展的基因，在环境保护事业发展中发挥着引领和支撑的重大作用。时任国务院副总理李克强在第七次全国环保大会上强调，科学技术是解决环境问题的利器，要加强科技支撑，把科技创新放在突出位置。环保部部长周生贤指出，中国环保要着力构建强大坚实的科技支撑体系，尤其要构建环境科技创新体系，开展环保新道路的理论创新、技术创新和管理创新，增强环境科技创新和支撑能力。当前，环境创新（绿色创新）已经被视为解决一个国家生态环境问题的同时不减少相关经济活动的一个重要方式，环境创新的开发与扩散也成为以成本有效方式达到环境目标的一条黄金道路。

4.1　绿色创新和绿色创新能力的定义和内涵

广泛使用的绿色创新、环境创新等概念，是一种以能源节约、环境优化、创新发展为核心的发展理念，不管是对业界还是对学术界都是一个比较新的课题。从现有文献来看，大部分学者都将绿色创新、环境创新等同于一个概念，虽然从字面上的意思来看，两者有一些差别，但总体含义还是一样的。因此，我们也将绿色创新等同于环境创新。

环境创新最早出现在 Fussler & James（1997）的著作中，他们将环境创新定义为给客户和企业带来具有价值的新产品和新过程，而且这些新产品和新过程大大降低了对环境的影响。这个定义主要是针对企业的创新。Klemmer（1999）指出，环境创新是相关行为者发展、应用或引入新思想、新行为、新产品和新过程，有助于减少环境负担或实现具体的生态可持续发展目标的所有措施。目前，学术界普遍采用的是 Kemp 等（2002）给出的定义：环境创新包括因避免或减少环境损害而产生的新的或改良的工艺、技术、系统和产品。该定义在工艺、技术和产品创新之外提出了系统创新，实质上是一种系统性的组织创新和管理创新。中国环境与发展国际合作委员会（CCICED，2009）提出了“国际环境创新计划”的概念，将环境创新的概念扩展到社会和制度等领域，认为环境创新应该包括公众参与方式的创新、创新体系制度结构的创新、环境教育体系的创新等。陈鹏（2012）认为，绿色创新不仅包括环境技术创新，还包括绿色工艺、产品、服务和商业模式创新，以及相关的绿色组织创新、管理创新、制度创新等。

由此可见，绿色创新的含义非常广泛，它包括技术上的、经济上的、法律上的、制度上的、组织上的和行为上的任何一种创新，无论它出于何种其他的利益或动机，只要它能够带来生态环境质量的某种改善，就是一种绿色创新。绿色技术创新仅仅是绿色创新的一个部分。从宏观上来讲，绿色创新是创新与可持续发展的重要结合点，追求的是经济效益、环境效益和社会效益的三重目标。从微观上讲，绿色创新可以使企业的经济效益与生态效益协调一致，企业通过绿色创新可以获得绿色竞争优势，实现可持续发展。

需要指出的是，由于绿色创新涉及的范围过于广泛，如果全部都予以考虑，将不利于研究的深入开展，因此，我们将绿色创新的内容限定在三个方面：与环境相关的技术创新、产业创新和制度创新。通过这三个方面的作用来持续减少物料消耗和污染物排放量，用智力资源取代部分物质资源，实现经济发展模式由“资源驱动”向“创新驱动”转变，并且使经济增长与资源过度消耗、环境污染“脱钩”，最终实现发展观念和生产方式的根本性转变。

基于绿色创新的含义，绿色创新能力体现的应是一个国家或地区在绿色创新活动方面的内在能力，具体是指一个国家或地区在相当长的时间内，持续不断地推出或实施绿色创新的各项措施，从而实现经济效益、社会效益和环境效益的能力。对应绿色创新所包含的三个方面的主要内容，绿色创新能力也主要包含这三个方面的能力。

绿色创新能力综合反映了绿色创新促进环境保护、改善环境质量、提升竞争优势、推动环境与经济协调发展的能力，它是人们正确认识一个国家或地区的绿色创新水平、绿色创新潜力和竞争优势的重要参考，也是科学分析绿色创新与环境保护、经济发展之间相互作用关系的重要基础，更是政府调控绿色创新活动，强化创新引领和支撑作用，正确制定创新激励政策促进经济可持续发展的重要依据，因此对绿色创新能力进行分析具有非常重要的意义。

4.2 G20 绿色创新能力评价分析

4.2.1 G20 绿色创新能力评价指标体系的构建

由于现有关于绿色创新能力的研究文献还较少，而且绿色创新能力涉及的范围非常广泛，以至于当前学术界对绿色创新能力的衡量指标还未形成定论，学者们往往根据自己的研究目的、方法来选择指标，如华振（2012）将绿色创新能力分为创新投入、创新产出、创新环境三个指标。宋马林等（2010）在创新能力指标的基础上引进一些有关环境的指标，包括工业废水、工业废气、工业固体废物、能源消费量、石油、天然气和水电等指标来对绿色创新能力进行综合评价。

综合考虑现有的一些相关研究成果，以及绿色创新能力的定义和内涵，我们构建 G20 绿色创新能力的评价指标体系。构建评价指标体系的一个基本原则就是要尽量简化评价系统中所涉及的所有领域的复杂关系，用尽可能简洁的评价指标来获取尽可能多的评价信息。同时要充分考虑各评价对象的实际情况，兼顾数据的可得性、完整性和评价的可操作性，使得评价能够顺利进行，而评价结果又科学合理、具有说服力。

如前所述，绿色创新能力主要是技术创新、产业创新和制度创新三个方面的能力，因此我们主要围绕这三个方面来构建指标体系，对 G20 绿色创新能力进行评价分析。此外，由于绿色创新能力必须建立在一定的创新基础和投入之上，因此创新基础能力也是必不可少的内容。基于此，在一级指标绿色创新能力下面我们设了 4 个二级指标，分别是创新基础能力、技术创新能力、产业创新能力和制度创新能力。当然，在二级指标下面，还需要再设置可以直接测量或统计的基础指标。最终的评价指标体系如表 4－1 所示。

表 4－1　G20 绿色创新能力评价指标体系

一级指标	二级指标(4 个)	三级指标(27 个)	指标标识
绿色创新能力	创新基础能力	GDP	x_1
		人均 GDP	x_2
		外国直接投资额	x_3
		R&D 经费支出总额	x_4
		R&D 经费支出总额占 GDP 比重	x_5
		人均 R&D 经费支出额	x_6
		R&D 人员数	x_7
	技术创新能力	专利授权数	x_8
		全社会劳动生产率	x_9
		土地资源利用效率	x_{10}
		淡水资源利用效率	x_{11}
		单位 GDP 能源消耗量	x_{12}
		单位 GDP 二氧化碳排放量	x_{13}
		单位 GDP 二氧化硫排放量	x_{14}

续表

一级指标	二级指标(4 个)	三级指标(27 个)	指标标识
绿色创新能力	产业创新能力	高科技出口占制成品出口比重	x_{15}
		可替代能源和核能占能源消耗总量比重	x_{16}
		单位耕地化肥施用量	x_{17}
		单位工业增加值电耗	x_{18}
		单位工业增加值二氧化硫排放量	x_{19}
	制度创新能力	农药监管力度	x_{20}
		生物群落保护力度	x_{21}
		公共教育支出占 GDP 比重	x_{22}
		人均公共教育支出额	x_{23}
		知识产权保护力度	x_{24}
		政府采购先进技术产品力度	x_{25}
		宏观税负水平	x_{26}
		创办企业所需时间	x_{27}

创新基础能力包含 7 个三级指标，分别从经济规模、外国直接投资、R&D 经费和人员投入等几个方面来反映一个国家的创新基础和创新投入能力。

技术创新能力包含 7 个三级指标，分别从专利授权量、劳动生产率、土地和淡水资源利用效率、经济生产过程中的能耗和排放物等几个方面来反映一个国家的绿色技术创新能力和水平。

产业创新能力包含 5 个三级指标，分别从高科技产业、能源产业、农业和工业等几个方面来反映一个国家的绿色产业创新能力和水平。

制度创新能力包含 8 个三级指标，分别从政府对农药使用的监管、生物群落的保护、教育的支出、知识产权的保护、先进技术产品的采购、宏观税负水平和创办企业所需时间等几个方面来反映一个国家的制度政策对绿色创新活动的支持力度。

4.2.2　G20 绿色创新能力的评价分析

考虑到指标数据的可获得性和完整性，特别是各国的环境数据更新很慢，这里我们仅评价分析 2011 年 G20 绿色创新能力的状况和水平，各指标数据主要来源于世界银行、联合国教科文组织、世界知识产权组织和世界货币基金组

织等国际权威机构发布的统计数据，

当前比较通行的评价方法一般是多指标综合评价技术，运用比较广泛的有 AHP 法、主成分分析法等。由于 AHP 法需要人为地确定各指标的权重，主观性较大，同时也不能很好地反映系统的内在影响因素及其影响程度。而主成分分析法并不存在这些缺点，它是一种实用的多元统计分析方法，能够在保持样本主要信息的前提下，提取少量具有代表性的主成分来反映复杂现象的内在关系，既可以排除在指标选择和权重确定时的主观因素影响，又可以消除指标间相互重叠的信息影响，使得定量分析涉及的变量较少，而得到的信息量又较多，从而更容易抓住主要矛盾，使综合评价结果客观、合理。因此，我们用主成分分析法来对 G20 绿色创新能力进行评价，基本操作步骤如下：①将指标的原始数据进行标准化处理；②计算各指标标准值的相关系数矩阵；③求相关系数矩阵的特征根，大小排列后根据累计贡献率确定前几个主成分；④求各主成分与对应标准化指标的系数关系；⑤求出各对象主成分得分和排名；⑥分析主成分的经济意义，并进行综合评价。最后根据评价结果对各国绿色创新能力的状况和水平进行比较分析。具体主成分分析过程用 SPSS16.0 软件实现。

由于欧盟包含 28 个成员国，德国、英国、法国、意大利等 4 个成员国已经被包含在 G20 中，如果再对欧盟进行评价，这些国家会交叉重复，而且与其他国家相比，欧盟体量太大，与其他国家进行比较的意义不大，因此在评价时将欧盟剔除，仅对 G20 中的 19 个国家进行评价分析。主成分分析结果如表 4－2 和表 4－3 所示。表 4－2 为完全变量解释，可以看出前 7 个主成分的累积贡献率达到 87.321%，并且各主成分的特征根都大于 1，因此提取的主成分共有 7 个，主成分负荷矩阵如表 4－3 所示。

表 4－2　完全变量解释

主成分	初始特征值			提取平方载荷总和		
	特征根	方差贡献率	累计贡献率	特征根	方差贡献率	累计贡献率
1	9.958	36.882	36.882	9.958	36.882	36.882
2	4.775	17.686	54.568	4.775	17.686	54.568
3	2.375	8.795	63.363	2.375	8.795	63.363

续表

主成分	初始特征值			提取平方载荷总和		
	特征根	方差贡献率	累计贡献率	特征根	方差贡献率	累计贡献率
4	2. 173	8. 049	71. 412	2. 173	8. 049	71. 412
5	1. 814	6. 718	78. 130	1. 814	6. 718	78. 130
6	1. 398	5. 180	83. 310	1. 398	5. 180	83. 310
7	1. 083	4. 011	87. 321	1. 083	4. 011	87. 321
8	. 867	3. 210	90. 532			
……	……	……	……			
26	-1. 815E-16	-6. 721E-16	100. 000			
27	-3. 287E-16	-1. 217E-15	100. 000			

表 4-3　主成分负荷矩阵

指标 \ 主成分		1	2	3	4	5	6	7
GDP	x_1	0. 582	0. 690	0. 040	-0. 323	0. 147	-0. 087	0. 103
人均 GDP	x_2	0. 928	-0. 033	0. 302	0. 064	-0. 017	-0. 069	0. 045
外国直接投资额	x_3	0. 219	0. 831	0. 033	-0. 236	0. 248	0. 186	0. 006
R&D 经费支出总额	x_4	0. 617	0. 671	0. 027	-0. 303	0. 113	-0. 127	0. 107
R&D 经费支出总额占 GDP 比重	x_5	0. 782	0. 297	-0. 082	0. 142	-0. 387	0. 030	-0. 057
人均 R&D 经费支出额	x_6	0. 612	0. 197	0. 231	-0. 102	-0. 449	0. 116	0. 171
R&D 人员数	x_7	0. 353	0. 856	0. 008	-0. 289	0. 160	-0. 022	0. 034
专利授权数	x_8	0. 911	-0. 014	0. 282	-0. 094	-0. 053	-0. 108	-0. 102
全社会劳动生产率	x_9	0. 469	-0. 147	0. 020	-0. 026	-0. 034	0. 518	-0. 603
土地资源利用效率	x_{10}	0. 680	-0. 173	-0. 403	0. 316	-0. 359	-0. 099	0. 196
淡水资源利用效率	x_{11}	0. 639	-0. 271	0. 017	0. 378	-0. 116	0. 218	0. 268
单位 GDP 能源消耗量	x_{12}	-0. 791	0. 467	-0. 054	0. 241	0. 055	0. 076	-0. 041
单位 GDP 二氧化碳排放量	x_{13}	-0. 737	0. 531	-0. 034	0. 320	0. 058	0. 017	-0. 018
单位 GDP 二氧化硫排放量	x_{14}	-0. 743	0. 495	0. 205	0. 323	-0. 059	0. 033	0. 039
高科技出口占制成品出口比重	x_{15}	0. 578	0. 537	-0. 316	-0. 031	-0. 118	-0. 228	0. 149
可替代能源和核能占能源消耗总量比重	x_{16}	0. 608	0. 317	-0. 320	0. 206	-0. 240	0. 364	-0. 206
单位耕地化肥施用量	x_{17}	0. 235	0. 382	-0. 716	0. 368	-0. 182	0. 113	-0. 072
单位工业增加值电耗	x_{18}	-0. 581	0. 515	0. 330	0. 035	-0. 270	0. 284	-0. 063
单位工业增加值二氧化硫排放量	x_{19}	-0. 700	0. 407	0. 417	0. 229	-0. 230	0. 031	0. 075
农药监管力度	x_{20}	0. 495	-0. 334	-0. 329	-0. 169	0. 369	-0. 127	-0. 285
生物群落保护力度	x_{21}	0. 395	-0. 203	-0. 172	0. 372	0. 492	0. 234	0. 471
公共教育支出占 GDP 比重	x_{22}	0. 295	-0. 256	0. 473	-0. 055	0. 279	0. 436	0. 117

续表

指标 \ 主成分		1	2	3	4	5	6	7
人均公共教育支出额	x_{23}	0.828	-0.065	0.468	0.067	0.072	0.069	0.016
知识产权保护力度	x_{24}	0.695	0.077	0.372	0.484	0.075	0.097	-0.001
政府采购先进技术产品力度	x_{25}	0.429	0.474	-0.050	0.392	0.529	-0.095	-0.248
宏观税负水平	x_{26}	-0.102	-0.074	-0.242	-0.694	-0.280	0.415	0.180
创办企业所需时间	x_{27}	-0.374	0.052	-0.390	-0.104	0.359	0.490	0.220

由表 4-3 可知，第一主成分主要反映人均 GDP、R&D 经费支出总额占 GDP 比重、人均 R&D 经费支出额、R&D 人员数、专利授权数、土地资源利用效率、淡水资源利用效率、单位 GDP 能源消耗量、单位 GDP 二氧化碳排放量、单位 GDP 二氧化硫排放量、高科技出口占制成品出口比重、可替代能源和核能占能源消耗总量比重、单位工业增加值电耗、单位工业增加值二氧化硫排放量、农药监管力度、人均公共教育支出额、知识产权保护力度共 17 个指标的信息，涵盖了全部指标信息的 36.882%；第二主成分主要反映 GDP、外国直接投资额、R&D 经费支出总额共 3 个指标的信息，涵盖了全部指标信息的 17.686%；第三主成分主要反映单位耕地化肥施用量、公共教育支出占 GDP 比重共 2 个指标的信息，涵盖了全部指标信息的 8.795%；第四主成分主要反映宏观税负水平 1 个指标的信息，涵盖了全部指标信息的 8.049%；第五主成分主要反映生物群落保护力度、政府采购先进技术产品力度共 2 个指标的信息，涵盖了全部指标信息的 6.718%；第六主成分主要反映创办企业所需时间 1 个指标的信息，涵盖了全部指标信息的 5.180%；第七主成分主要反映全社会劳动生产率 1 个指标的信息，涵盖了全部指标信息的 4.011%。

通过因子载荷量和特征根可以求各个主成分的特征向量，并将之与各指标标准化后的值相乘，得到各主成分的得分函数，再以各主成分的贡献率为权重，用线性加权的方法求得综合主成分的得分函数，其综合主成分得分函数为：

$$F = 0.36882 \times F_1 + 0.17686 \times F_2 + 0.08795 \times F_3 + 0.08049 \times F_4 + 0.06718 \times F_5 + 0.0518 \times F_6 + 0.04011 \times F_7$$

最后求得绿色创新能力及各二级指标的综合评价得分，如表 4-4 所示。根据得分，可知 G20 绿色创新能力的排名情况，如表 4-5 所示。

表 4－4　G20 绿色创新能力评价得分

单位：分

国家＼指标	绿色创新能力	创新基础能力	技术创新能力	产业创新能力	制度创新能力
美　国	1.277	0.722	0.104	0.072	0.379
日　本	0.863	0.362	0.134	0.052	0.315
德　国	0.859	0.332	0.077	0.050	0.399
法　国	0.858	0.274	0.056	0.115	0.413
英　国	0.809	0.247	0.121	0.068	0.373
澳大利亚	0.722	0.263	0.023	0.054	0.381
加拿大	0.661	0.231	0.020	0.070	0.340
韩　国	0.606	0.245	0.086	0.078	0.197
中　国	0.606	0.288	0.037	0.074	0.207
意大利	0.479	0.216	0.029	0.023	0.210
沙特阿拉伯	0.424	0.055	0.001	0.004	0.364
巴　西	0.375	0.142	－0.050	0.046	0.236
南　非	0.337	0.119	－0.004	0.046	0.176
俄罗斯	0.278	0.109	0.022	0.055	0.093
墨西哥	0.241	0.086	－0.041	0.063	0.132
印度尼西亚	0.181	0.014	－0.030	0.031	0.167
印　度	0.175	0.093	－0.027	0.033	0.076
阿根廷	0.148	0.057	－0.028	0.032	0.087
土耳其	0.107	0.094	－0.023	0.014	0.022
标准差	0.310	0.157	0.055	0.025	0.123

表 4－5　G20 绿色创新能力排名

国家＼指标	绿色创新能力	创新基础能力	技术创新能力	产业创新能力	制度创新能力
美　国	1	1	3	4	4
日　本	2	2	1	10	8
德　国	3	3	5	11	2
法　国	4	5	6	1	1
英　国	5	7	2	6	5
澳大利亚	6	6	9	9	3
加拿大	7	9	11	5	7
韩　国	8	8	4	2	12
中　国	9	4	7	3	11
意大利	10	10	8	17	10

续表

国家＼指标	绿色创新能力	创新基础能力	技术创新能力	产业创新能力	制度创新能力
沙特阿拉伯	11	18	12	19	6
巴　　西	12	11	19	12	9
南　　非	13	12	13	13	13
俄 罗 斯	14	13	10	8	16
墨 西 哥	15	16	18	7	15
印度尼西亚	16	19	17	16	14
印　　度	17	15	15	14	18
阿 根 廷	18	17	16	15	17
土 耳 其	19	14	14	18	19

此外，把 7 个主成分 $F_1 \sim F_7$ 替换为各具体指标，则 F 也可由 27 个具体指标表示，表达式中 27 个指标的系数如表 4－6 所示。也就是说：

$$
\begin{aligned}
F = & 0.36882 \times F_1 + 0.17686 \times F_2 + 0.08795 \times F_3 + 0.08049 \times \\
& F_4 + 0.06718 \times F_5 + 0.0518 \times F_6 + 0.04011 \times F_7 \\
= & 0.1160x_1 + 0.1244x_2 + \cdots - 0.0585x_{26} - 0.0196x_{27}
\end{aligned}
$$

在该式中，指标的系数（绝对值）越大，说明这个指标对绿色创新能力得分的影响越大。如果指标的系数为负，说明这个指标与绿色创新能力的得分成负相关关系，指标值越大，绿色创新能力得分越低；如果指标的系数为正，说明这个指标与绿色创新能力得分是正相关关系，指标值越大，绿色创新能力得分越高。从该式就可以大概看出哪些指标是影响各国绿色创新能力差异的主要因素。

由表 4－4 和表 4－5 可知，从总体得分来看，美国的绿色创新能力遥遥领先，得分为 1.277 分，比第 2 名日本高了 0.414 分；日本、德国、法国、英国分列第 2 位至第 5 位，四国的得分差距不大，均在 0.8 分以上；澳大利亚得分为 0.722 分，排在第 6 位；加拿大、韩国、中国排在第 7 位至第 9 位，得分差距较小，均高于 0.6 分；其余 10 国的得分均低于 0.5 分，最低得分仅为 0.107 分，排位情况依次是意大利、沙特阿拉伯、巴西、南非、俄罗斯、墨西哥、印度尼西亚、印度、阿根廷、土耳其。绿色创新能力得分的标准差为 0.310，说明各国的绿色创新能力得分差距还是比较大的，这从美国和土耳其的得分差距中也可以看出，两者相差近 11 倍。

表 4-6　指标影响系数

一级指标	二级指标（4 个）	三级指标（27 个）	指标标识	指标影响系数	系数绝对值排序
绿色创新能力	创新基础能力	GDP	x_1	0.1160	5
		人均 GDP	x_2	0.1244	3
		外国直接投资额	x_3	0.1026	9
		R&D 经费支出总额	x_4	0.1156	6
		R&D 经费支出总额占 GDP 比重	x_5	0.0983	10
		人均 R&D 经费支出额	x_6	0.0844	14
		R&D 人员数	x_7	0.1035	8
	技术创新能力	专利授权数	x_8	0.0812	15
		全社会劳动生产率	x_9	0.1050	7
		土地资源利用效率	x_{10}	0.0450	18
		淡水资源利用效率	x_{11}	0.0885	12
		单位 GDP 能源消耗量	x_{12}	-0.0401	20
		单位 GDP 二氧化碳排放量	x_{13}	-0.0247	22
		单位 GDP 二氧化硫排放量	x_{14}	-0.0174	25
	产业创新能力	高科技出口占制成品出口比重	x_{15}	0.0857	13
		可替代能源和核能占能源消耗总量比重	x_{16}	0.0404	19
		单位耕地化肥施用量	x_{17}	0.0307	21
		单位工业增加值电耗	x_{18}	-0.0089	26
		单位工业增加值二氧化硫排放量	x_{19}	-0.0198	23
	制度创新能力	农药监管力度	x_{20}	0.0047	27
		生物群落保护力度	x_{21}	0.0932	11
		公共教育支出占 GDP 比重	x_{22}	0.0753	16
		人均公共教育支出额	x_{23}	0.1291	2
		知识产权保护力度	x_{24}	0.1431	1
		政府采购先进技术产品力度	x_{25}	0.1197	4
		宏观税负水平	x_{26}	-0.0585	17
		创办企业所需时间	x_{27}	-0.0196	24

从二级指标得分来看，美国的创新基础能力得分最高，达到 0.722 分，远高于其他国家，是排名第二的日本的近 2 倍，是排名最末位的印度尼西亚的 50 倍，这也是美国的综合得分与其他国家拉开差距的主要原因。创新基础能力的标准差比较大，这也说明各国的创新基础能力得分差距比较大。相对来说，各国技术创新能力和产业创新能力的得分差距非常小，标准差分别为

0.055 分和 0.025 分，从具体得分也可以看出这点。各国制度创新能力的得分差距较大，标准差为 0.123，法国的得分最高，为 0.413 分，是最低分土耳其的 18 倍多。总的来看，对综合得分影响较大的是创新基础能力和制度创新能力，这两个指标得分高的国家能够与其他国家拉开较大距离，而且各国在技术创新能力和产业创新能力上的差距并不明显。

从排名来看，绿色创新能力整体排名直接受到二级指标排名的影响，各个二级指标排名比较靠前的国家，它的整体排名一般也比较靠前。例如：美国的四个二级指标均排在前四位，使它的整体排名位列第一；法国的产业创新能力和制度创新能力均排在第 1 位，而且创新基础能力和技术创新能力分别排在第 5 位和第 6 位，最终使它的整体排名为第 4 位；南非的创新基础能力排在第 12 位，其余三个二级指标均排在第 13 位，使得它的整体排名为第 13 位。

由表 4 – 6 可知，创新基础能力下属各三级指标对绿色创新能力的影响作用最大，7 个三级指标中，有 6 个指标的系数排位在前 10 位，影响系数值均在 0.1 左右，最大的达到 0.1244，这说明雄厚的经济基础和对绿色创新活动的持续投入对绿色创新能力的提升有重要影响。制度创新能力下属各三级指标对绿色创新能力的影响作用也比较大，8 个三级指标中，有 3 个指标的系数排位在前 4 位，影响系数值均在 0.1 以上，系数最大的知识产权保护力度达到 0.1431，生物群落保护力度、公共教育支出占 GDP 比重、宏观税负水平的系数绝对值也比较大，均在 0.5 以上，排位处于中等水平，这说明政府对绿色创新活动的支持和保护政策对于提升绿色创新能力也有显著影响。相对而言，技术创新能力和产业创新能力下属各三级指标的影响系数相对较小，但并不是说它们不重要，有些指标的影响也比较大，如全社会劳动生产率、淡水资源利用效率的影响系数均在 0.1 左右，这说明生产效率和资源的使用效率对于提升绿色创新能力也是至关重要的。由于篇幅所限，这里不再一一对各个具体指标进行分析。

4.3 提升 G20 绿色创新能力的路径分析

提升绿色创新能力是一项系统工程，需要深化战略对策研究，特别是要从绿色创新投入、绿色产业升级、绿色创新要素完善、绿色消费宣传、绿色技术提升和绿色创新国际合作六个层面统筹开展，重点建设。

4.3.1 加大绿色创新投入，夯实绿色创新基础

绿色投入包括绿色创新经费投入和绿色人才投入。经费投入是绿色创新活动得以顺利进行的有效保障，各个国家要想有效提升绿色创新能力，必须有足够的绿色创新投入。而要实现这一目标，首先要发挥国家的政策引导作用，制定与绿色创新政策相匹配的法律及财政、金融、产业政策等，从法律和政策两个方面保证绿色创新活动的正常开展；其次要大力加强对绿色科研活动的资本投入，包括加大高校等基础研究投入、加强对企业创新的扶持和鼓励以及加强中介服务机构建设等；再次要多方位拓宽绿色创新资本的来源渠道，尝试利用资本市场创建多元化的投融资模式，建立市场化的技术交易平台。而绿色创新人才缺乏是未来绿色创新能力提升面临的另一大瓶颈。人才是绿色经济活动的关键要素，首先要为人才提供良好的环境，包括良好的工作环境、学习环境、创业环境和居住环境等，刺激人的创新潜力，提高创新能力，以此吸引和留住人才；其次要进一步加大人才培养的投入力度，改良人才培养结构，鼓励对外交流与合作；再次要加大创新成果的激励力度，激发人才的积极性、主动性和创造性。例如，政府可以通过吸引外商投资等政策间接吸引国外人才回流，企业可采用灵活多变的薪酬制度和奖励制度，高校科研院所可采用宽松的人才引进与培育政策。

4.3.2 加快绿色产业转型升级，实现科技成果产业化

绿色产业转型升级包括改造传统产业和发展新兴绿色产业。广义上的传统产业是相对于战略性新兴产业来说的，是指发展时间长、技术稳定、附加值低、具有资源依赖性或劳动密集型的产业。据统计，世界上 70% ~80% 的产业是传统产业。传统产业已经形成完备的产业配套体系，能够为新兴产业发展提供雄厚的产业支撑和广阔的市场需求。加快传统产业技术改造和产业升级步伐，应针对重点行业和领域，加强新材料、新能源等高新技术成果转化和推广应用，利用绿色高新技术创新，实现向新兴绿色产业的转变。特别是对传统高

耗能产业如钢铁、水泥、玻璃、化工、有色金属等，应加快用高新技术和先进适用技术改造和提升传统产业，使产品升级换代，实现绿色生产。当前，全球经济竞争格局正在发生深刻变革，新兴绿色产业代表着各国的科技实力和地位，发展新兴绿色产业是各国创新产业化的新途径，不仅是推动各国产业结构升级的重要途径，而且是提升产业竞争水平、抢占新一轮国际竞争新优势的重要机遇。因此，各个国家和地区要在大力提高自主创新能力、夯实新兴绿色产业国内基础的同时，更要以国际化的视野促进产业国际化发展，提高产业发展的国际化水平，将国内市场与国际市场有机结合起来，通过开展产业创新活动不断为经济发展注入动力和活力。

4.3.3　完善各项绿色创新要素，发挥企业主体作用

绿色产品、绿色技术、绿色服务等构成丰富多彩的庞大绿色市场，是未来企业竞争的重要领域。各类企业已成为绿色创新的实践者。经验表明，企业进行绿色创新有三大益处：一是在追求经济利益的同时，承担对社会的责任和义务，有利于提升企业形象；二是企业生存与发展所面临的资源和环境瓶颈凸显，必须转变发展模式，采用更为节能和环保的技术；三是提升绿色创新能力，有利于在上下游产业链中创造生态优势，获得持续竞争优势。然而，许多国家绿色创新相关法律法规制度的约束性不强，约束机制不健全，难以推动企业将绿色管理理念渗透到生产经营中。同时，绿色技术开发的周期长、费用昂贵，绿色投融资机制建设滞后，绿色技术服务网络和信息平台未普遍建立，绿色技术领域专业人才缺乏等都大大降低了企业进行绿色技术创新的动力。因此，对企业而言特别是对广大中小企业来说，面对新的挑战，应提升绿色创新能力，将绿色创新理念贯穿于生产的每一个环节，不失时机地进行产品、营销、服务和管理等各生产要素的升级与创新，积极履行企业公民的责任和义务。

4.3.4　大力宣传绿色生活方式，倡导绿色消费模式

绿色消费是推动经济增长方式转变和实现可持续发展的重要环节，有助于带动绿色经济的发展，促进产业结构的升级优化，形成生产与消费的良性

循环。它反对消费者凭借手中的技术和资金，采取耗竭资源、破坏生态、污染环境的方式求得发展，是对传统消费模式的深刻反思。在整个欧洲市场上，40%的人喜欢购买绿色商品，贴有绿色标志的商品更受青睐；在亚洲，日本消费者对普通饮用水和空气都以“绿色”为选择标准。要大力宣传绿色生活方式，合理引导消费行为，促进各行为主体改变消费意识和消费习惯，形成与本国国情相适应的绿色生活和消费模式。一要不断完善政府采购相关政策，推行政府绿色采购，优先采购再生利用、环境标志产品和通过清洁生产审核的产品，逐步提高节能节水产品和再生利用产品的比重；二要引导社会公众自觉选择节约、环保、低碳排放的绿色消费模式，鼓励消费者购买使用节能节水认证等绿色产品，从消费层“倒逼”企业进行绿色生产转型；三要发挥行业协会的作用，与环境监管部门一道共同督促企业加强环保自律，鼓励企业自主建立全流程的环境管理和自查制度，引导企业主动实践环境保护的社会责任。每个家庭、每个公民都应充分认识到资源环境问题的严峻性，从身边小事做起，让绿色消费贯穿日常生活的方方面面，从而有效促进经济社会的可持续发展。

4.3.5 建立政产学研用结合机制，提升绿色技术创新水平

绿色技术创新涉及多个行为主体，单靠一方来发展绿色经济是不可能的。政府、产业、高校、研发机构、企业等围绕技术创新，相互作用、相互协调、形成合力，促进知识和创新的生产、传播和应用，有利于最终提升国家绿色创新能力和综合实力。首先，进一步确定企业在绿色创新体系中的主体地位，高等院校和科研机构的重要辅助地位，高校、科研机构、企业三者要在基础研究、应用研究、试验发展方面发挥各自的创新优势，提高知识创新以及将知识创新转化为实际生产力的能力；其次，改进绿色创新评价体系，提升创新产出质量，重点考察知识创新的应用、开发程度和投入产出效益比；再次，发挥政府部门的组织和协调作用，既要发挥高校基础研究深厚的优势，促使其在关键绿色技术领域取得理论突破，又要引导其参与产业实践，提高绿色科研技术的成果转化率，既要发挥企业面向市场的优势，又要引导其与高校科研机构的交流合作，进一步密切高等院校、科研机构与企业的联系。

4.3.6　深化国际绿色创新合作，形成绿色创新合力

拓展和深化国际绿色创新合作，是促进全球可持续发展的必由之路。G20中的发达国家工业化完成较早，环保意识强，知识产权制度完善，在科技水平、人才储备和资金资源等方面长期处于垄断地位，也是最早响应绿色新政的主体，在国际绿色标准制定中拥有较大的话语权。因此，一方面，在环境与贸易、知识产权保护、环境技术转让等问题上，发达国家必须尊重发展中国家的发展需求与权利，不以环境保护为借口或假借绿色标准、保护知识产权之名对发展中国家的经济贸易发展和技术转让设置各种壁垒，变相实行贸易保护主义，而应该积极帮助发展中国家开展绿色创新活动，与其开展合作。另一方面，对 G20 中的发展中国家而言，当前正处于提升绿色创新能力的初级阶段，要加快形成和实施适合本国国情的可持续发展战略，以获得发达国家充分的支持，为更好地促进全球环境合作奠定基础。同时，国际合作的效果还取决于各个国家的合作诚意，各个国家应从全人类共同利益的角度出发，更多地让渡主权，坚守绿色创新合作的承诺，以长远利益和全球利益为重，同心协力，积极行动。积极参与国际科技组织和区域组织的多边绿色科技合作和重大科研项目，巩固和深化政府间的绿色科技合作，拓展合作领域，形成层次合理、重点突出的科技合作新格局，并在更加灵活完善的合作机制下开展核心关键技术的联合攻关，形成全球创新合力。

Y.25

第5章

全球主要科技智库对国家创新体系的影响与启示

21世纪是世界各国由工业经济向知识经济过渡的关键时期。在当今时代，国家的知识创造能力和技术创新能力成为全球各国综合竞争能力的决定性因素，知识创新已成为新时期经济增长的主要动力与源泉。当前，国际金融危机余波未尽，世界经济格局正发生着深刻变化与大幅度调整，全球治理机制改革正逐渐成为国际社会的广泛共识。国家创新系统的结构也必然反映这种经济发展趋势，全球治理不仅需要全球各国共同参与，更需要全球智库的共同推动发力，尤其是科技智库的决策咨询作用。

世界各国都有类似“智囊团”的科技智库，生产适应政府、企业各类社会团体决策者科学决策的智力产品和情报产品，是人类生产经验日益丰富和科学技术日益进步的结果。随着科学技术和信息技术的不断进步，科技智库所生产的智力产品和情报产品逐步向电子化、集成化和网络化的趋势发展，其种类和表征也在不断丰富。在美、日、英、德等经济发达国家中，由现代智库机构组成的咨询业已被列为高层次和知识产权的重要领域，在国家的重大经济决策中发挥着关键作用，同时也创造了巨大的社会经济效益。这些科技智库在长期的探索和工作过程中逐渐形成了一套成熟的情报产品体系、研究方法和机制，为高质量智力产品的产出奠定了坚实的基础。事实证明，科技智库已成为政府、行业、企业生存和发展不可或缺的一部分。当然，由于各国经济社会发展水平不同，政治文化传统也有所差异，科技智库在各个国家创新系统中的影响领域和程度水平不同。

5.1　全球主要科技智库的选择

5.1.1　科技智库建设的必要性

1. 科技智库是时代发展和社会分工的产物

科技智库首先是在服务现代经济和公司中衍生的，致力于长远性和宏观性的分析，并提出前瞻性的战略思路，是现代决策体制的产物，有助于推动政府决策的科学化、企业战略的一体化和公共政策的高效化。当今大部分科技智库越来越倾向于现实问题的研究，在信息时代的信息洪流中选择准确信息和有效信息参与决策，并对未来的发展趋势作出适当的预判，集中政界、金融界、学术界的智力与财力为政府和企业提供有效的决策支持。现代科技智库的建设与发展首先是对以往经济社会发展思路的有效继承和积极扬弃，是新时期一国软实力的重要表现，甚至有西方媒体的舆论称之为政府、立法、新闻后的“第四部门”，在现代国家中充当着十分重要的角色，特别是对经济、外交和军事等领域决策的科学性和主动性产生了更为广泛和深远的影响。进入知识经济时代，全球化、现代化、信息化进程不断加快，国家之间甚至地域之间的竞争更为激烈，竞争的领域和重心逐渐从资源和资本等领域转到科技和创新等领域，步入“智力经济”的竞争层面，而智力的竞争必然要依托专业性强的科技智库。在全球化、信息化的竞争中，各国在提升国家硬实力的同时，也需要加快建设科技智库进而提升国家软实力，才能在复杂多变的国际局势中立于不败之地。

2. 科技智库建设是争夺国际话语权的必要手段

为了适应不断变化且日益复杂的国际经济、政治等环境，世界各国都开始关注科技智库的建设与发展，将科技智库视为当下乃至未来机遇与挑战并存的新力量，成为各国维护国家利益和争取国际话语权的必要手段。随着全球化浪潮的进一步深入，全球性的问题层出不穷，仅靠一国政府的力量实现科学化的决策困难重重，容易陷入困境，需要世界各国的共同努力与通力合作，实际上也就是需要各国自身的科技智库参与全球治理并提供智力支撑。科技智库作为独立的研究机构，近年来其关注和研究的问题也突破了地域的壁垒，越来越多地开展全球性的经济社会问题研究，成为国际事务和全球治理的重要参与者，在世界和平发展的软环境建设中起着不可替代的作用。当今世界，国际舆论的制造和引导以及国际话语权的竞争已成为国际经济政治的重要领域。随着国家与国家之间、国家与国际组织之间的联系日益频繁与紧密，利益关联更加密切并有所趋同，科技智库在有关国际事务和全球治理的问题上有话语资源和话语能力，成为各国政府外交战略的重要智力支撑和软性资源，世界各国政府纷纷借助科技智库在有关的国际议题上形成于己有利的国际规则和方案。

3. 科技智库是实现可持续发展的智慧源泉

当前世界各国日益关注全球治理，其背后更深层的含义是关注全球可持续发展的问题，这是全球近半个多世纪以来各国的重要共识和追求的目标。国际上的智库不仅数量较为庞大，而且研究的范围也甚为宽广，涉及的领域日益扩大，已从传统的内政、外交、军事等简单政治层面扩展到经济、科技、文化、教育、人口、生态、资源、环境等多个层面，大至区域、国家甚至全球级别的问题，小至家庭或个人发展问题，所有问题的根本都在于如何实现人类未来的可持续发展。科技智库的作用体现在其前瞻性、战略性的认知和判断，在于思想的创新与引领，而这些充满前瞻性和战略性的认知和判断都必须是在可持续发展和全球治理的方针下予以考虑。因此，各国科技智库必须立足于更加宏观性和全局性的视野对当前的发展格局进行科学和准确的认知、判断并提出建议。从整体上看，科技智库的影响已经渗透到了世界的各个领域，充分体现了知识和智慧的力量，在全球面临普遍的可持续发展挑战的今天，科技智库终将在新的历史纪元中发挥充分的前瞻性、科学性的引领作用，从战略的高度，进一步深入研究人口、资源和环境三者之间更加合理的统筹协调模式，从而在日益复杂的国际竞争格局中实现真正的可持续发展。

5.1.2 全球主要科技智库的选择

2006 年，美国宾夕法尼亚大学詹姆斯·麦甘教授发起了“智库与公民社会研究项目”课题研究，次年，又率先启动了全球智库（又称思想库，Think Tank）调查，创建了全球第一个综合的顶级智库分类方法，最初报告主要依靠专家组提供分类和研究意见，自 2012 年开始课题组更关注数据的准确性和科学性，把专家组的主观能动性充分发挥在对已获得和修正后的数据进行系统性的把关，这种组织形式更加确保了报告的可信度，逐步形成了相对稳定的排名机制和流程。到 2014 年 1 月 22 日，美国宾夕法尼亚大学与公民项目共出版了 7 期智库排名报告，并且近年来报告逐步增加了新的顶级智库内容，智库分类更加细致，到 2013 年智库排名类别增加到 47 个。

本报告参考了智库与公民社会研究项目课题组发布的 2008 ~ 2013 年全球智库报告的相关对象目标作为本报告的研究对象，学科范围限定在“科技类”，综合考虑智库所涉及的研究领域和影响力，尤其考虑其对决策环境和公民社会的影响力，同时也顾及所选取资料的可靠性与科学性。《2013 年全球智库报告》采集了多达 1950 个同行机构和专家对相关智库的提名与分类意见，分为 7 个地区对全球 6826 个智库进行统计分类排名，这些智库涉及经济、政治、文化、科技、外交等研究领域。从图 5 - 1 全球智库地域分布来看，北美洲、欧洲、亚洲的智库数量超过 1000 家，分别达 1984 家、1818 家、1201 家，远高于其他地区。事实也证明，这三个地区不仅智库的数量占据优势，各具特

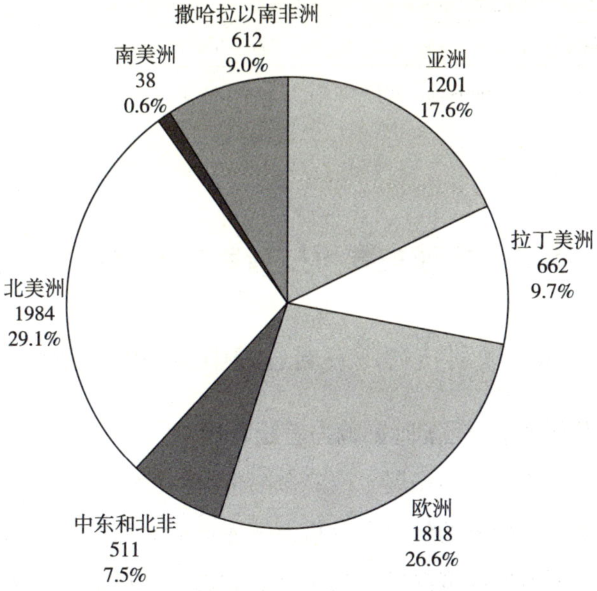

图 5 - 1　2013 年全球智库地域分布

数据来源：James G. Mc Gann，2013 Global Go to Think Tank Index and Abridged Report。

色，而且智库的质量也受到了广泛的认可，本报告所讲的科技智库主要分布在北美洲、欧洲、亚洲三个地区，其中每个地区各选择 3 家具有代表性的科技智库。根据《2013 年全球智库报告》中科技智库排名国家分布情况，本报告把科技智库样本选择主要定位于德国、美国、日本、英国、韩国 5 个国家的 8 个科技智库，作为重点研究对象，如表 5－1 所示。

表 5－1 全球主要科技智库排名情况

全球排名	机构名称	地区分布	隶属国家	成立时间
1	马克斯普朗克学会(Max Planck Institute)	欧洲	德国	1948
3	信息技术与创新基金会(Information and Technology and Innovation Foundation,ITIF)	北美	美国	2006
4	兰德公司(RAND Corporation)	北美	美国	1948
5	德国开发研究中心(Center for Development Research,ZEF)	欧洲	德国	1995
7	技术/娱乐/设计(Technology, Entertainment, Design,TED)	北美	美国	1984
8	未来工学研究所(Institute for Future Technology,IFTECH)	亚洲	日本	1971
10	科学与技术政策研究所(Science and Technology Policy Research,SPRU)	欧洲	英国	1966
33	韩国科技政策研究所(Science and Technology Policy Institute,STEPI)	亚洲	韩国	1987

资料来源：根据 James G. Mc Gann, 2013 Global Go to Think Tank Index and Abridged Report 整理。

5.2 全球主要科技智库的发展状况

5.2.1 全球主要科技智库发展过程中面临的瓶颈

1. 数量稳步增长，但国际影响力差距明显

随着信息革命的进一步拓展，政府垄断信息的时代已经快要结束，但社会公民依然亟须及时、简洁的信息和分析，智库便应运而生，成为连接知识与政策的桥梁，探讨国内外政策问题，为决策者和公众提供信息服务和建议。报告显示，20 世纪以来每年都会成立一定数量的新智库，尤其在 20 世纪 40 年代末 50 年代初智库数量增长速度越来越快，到 2013 年全球智库达 6826 家，与

2008年相比，增加了1361家，年均增长达20.82%①。当今全球各类智库的数量都在稳步增长，其中也包括科技智库，尤其是处于信息时代的今天，科技智库日益彰显出它的重要性。此外，各国科技智库国际影响的差距比较大，地区内部的差异也较为明显，在全球的分布存在结构性的差异。《2013年全球智库报告》显示，2013年世界各国科技智库排名前25位中，欧美国家占将近七成，其中美国有10家，德国4家，而英国、澳大利亚、南非等仅有2家科技智库进入前25名，日本与法国各有1家。就智库的影响力而言，欧美地区尤其是美国科技智库的影响力，是其他地区或国家所不及的。其中，2009～2013年全球科技智库排名前十名中，美国平均占五成，且地区内部排名相对比较稳定（如表5－2所示），MIT Science，Technology，and Society Program（STS），Information and Technology and Innovation Foundation（ITIF），Battelle Memorial Institute（United States），Technology，Entertainment，Design（TED）均榜上有名。

表5－2 全球科技智库中美国排名情况

单位：家

时间	全球	美国	全球	美国
2013年	TOP50	17	TOP10	5
2012年	TOP50	17	TOP10	5
2011年	TOP30	10	TOP10	5
2010年	TOP25	11	TOP10	4
2009年	TOP10	6	TOP10	6

数据来源：根据2009～2013年全球智库报告整理。

2. 资金来源隐性化，背离客观独立原则

独立性是每个科技智库机构追求的共同价值，但科技智库作为非营利性的机构，其生存和发展离不开稳定的资金支撑。同时，多元化的资金渠道也是科技智库拓展其影响力的重要因素。美国纽约城市大学安德鲁·里奇（Rich Andrew）教授和布鲁金斯研究所学者肯特·韦弗（Weaver R. Kent）教授通过

① James G. Mc Gann，《2013年全球智库报告》，University of Pennsylvania，January 22，2014。

定量分析和研究得出结论：资金是影响美国智库媒介曝光率的一个重要因素，美国影响力排名前五位的智库运营资金都不少于 1000 万美元①。科技智库的运营资金一般来自基金会捐款、企业赞助、政府项目支持等，相对稳定和长期的资金来源是科技智库得以运营的基础，在创建科技智库尤其是在建设初期，大部分科技智库在政府项目支持之余，都得到了一些基金会和企业的资金支持。但近年来的研究发现，部分科技智库日益为财团所左右，一些财团通过隐性捐款在一定程度上主导着科技智库。美国智库财务透明度评估项目"Transparify"于 2014 年 5 月 8 日发布报告，该报告首次对全球 47 个国家的 169 家大型智库（其中美国 35 家）的财务透明度进行评级，仅有 2 家美国研究机构财务相对透明而获得五星评级，为全球发展中心（Center for Global Development，CGD）和世界资源研究所（World Resource Institute，WRI），而著名的科技智库兰德公司（RAND Corporation）也仅获四颗星②，不可否认，兰德公司的资金大部分来源于承包政府或私营部门项目。当资金来源日益为富人和利益集团所控制时，科技智库将可能更多地为其捐款者的利益最大化而努力，甚至凌驾于国家利益之上，沦为捐款者的说客，最终主导公众言论、影响决策，因此科技智库报告所一直宣称的客观独立原则也受到了人们的质疑。同时，各方势力对科技智库核心决策影响力的争夺战是一场零和游戏，一小部分财团对决策的影响力增大了，那么体现大部分公民意愿和真实需求的决策影响就减少了，这将严重影响科技智库的可持续发展。

3. 新兴经济体科技智库发展相对滞后，智库转型困难重重

随着全球一体化的深入，尤其是金融危机过后，新兴经济体显示出了惊人的经济增长速度，对智库的需求也更加急迫。但是近年来全球新兴经济体在发展过程中各种矛盾和问题日益凸显，国内外政策问题日益复杂化和技术化，政府主导型的体制内的智库已经不足以解决经济社会进一步发展中的问题。在西方发达国家，一国所拥有智库的数量与质量，已经成为当下衡量该国社会进步程度和发达水平的重要标志。新兴经济体虽然智库的数量比较多，但是由于起

① Rich, Andrew, Weaver R. Kent, Think Tanks in the U. S. Media. *The Harvard International Journal of Press/Politics*, Vol. 5, No. 4, Fall 2000, pp. 81 - 103.

② How Transparent are Think Tanks (Transparify Report 2014), http://www. transparify. org.

步较晚、人才和经费短缺、规模小，缺乏真正具有现代意义的科技智库。报告显示（如图 5-2 所示），作为新兴经济体第一梯队——金砖国家 2013 年智库数量及排名，与 2008 年相比有着明显的变化，智库拥有数量大大提升，其中，中国、印度以 426 家、268 家的智库数量分别居全球第 2、4 位。尽管这些国家在智库数量上居于前列，但是质量和影响力方面却较弱（如表 5-3 所示）。2013 年，中国、印度、俄罗斯、南非、巴西五国各自顶级智库在全球智库排名中居于第 20、50、28、56、21 位，而中国、印度、俄罗斯、南非顶级科技智库在全球科技智库排名（TOP50）中居于第 38、16、45、13 位，巴西的顶级科技智库落到全球 50 名之外，国际认可度相对较低。在全球一体化和全球经济治理转型过程中，要求政治、经济、外交、文化等得到更高水平的治理，这对科技智库提出了更大的挑战，无论是正式还是非正式的、民间的还是政府的科技智库都要适应国际社会发展的需要，充分利用市场、民间和社会的力量适时适宜地实现智库转型。智库立足有三大核心要素：品质、独立性和影响力，这也是美国布鲁金斯学会的立会标准。新兴经济体科技智库如何充分利用市场和资源要素，成就这三大品质，真正实现智库转型，是一项持续而艰巨的任务。

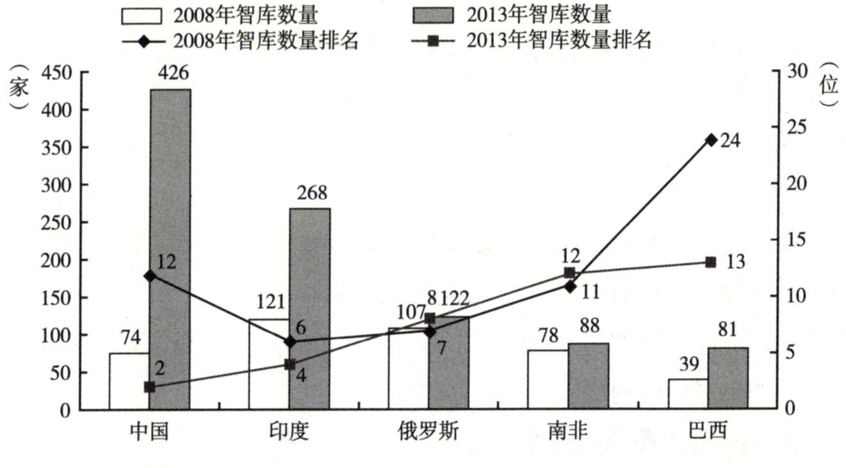

图 5-2　2008 年、2013 年金砖国家智库情况对比

数据来源：根据《2008 年全球智库报告》《2013 年全球智库报告》整理。

表 5-3　金砖国家相关顶级智库在智库和科技智库的排名情况

	全球智库排名	科技智库排名
中　国	20	38
印　度	50	16
俄罗斯	28	45
南　非	56	13
巴　西	21	>50

数据来源：根据《2013 年全球智库报告》整理。

5.2.2　全球主要科技智库的发展趋势

1. 科技智库组织结构更加灵活化

迄今为止，全球科技智库的组织结构没有统一的模式，更没有完全相同的模式，各个科技智库的组织机构设置会根据自身的发展和社会需求变化而变化，也会根据所处的国家国情和社会文化环境进行调整，形成灵活多样的组织结构。科技智库有的按研究方向或专业体系划分，有的按项目或任务来分支。比如，未来工学研究所有科技领域的宏观研究，通信、信息、电子领域的研究，能源、资源领域的研究，宇宙科学领域的研究，社会系统、防灾领域的研究，生物、自然环境领域的研究等六大研究项目，并根据研究项目开展各项研究工作。现代的科技智库综合性比较强，弹性比较大，规模不一。不同规模的智库并存，有利于加强纵横联系，扩大研究覆盖面。大规模的综合型智库，优势在于资金、人才雄厚，拥有多领域的咨询专家，研究内容范围宽广，综合性强，竞争优势比较明显。而较小规模的专业型智库，虽然不及大规模智库庞大，但其研究方向更加专一，专业性强，效率高，管理费用低，研究成本低，从而在一定程度上打破了大规模智库的垄断。二者凭借自身优势，从而实现不同组织结构不同规模的智库共同并存的格局。

2. 科技智库人员结构更加合理化

拥有一批具有高学历、高素质和影响力的研究人员，是智力研究工作获得成功的前提。科技智库智力服务的特殊性，要求科技智库机构具有较合理的人员结构（包括层次、专业、年龄），一般要求高、中级研究人员的比重较大，呈“橄榄型”结构，中间大，两头小，但也有的科技智库则对智库人才有着更高的要求，从而呈明显的“倒金字塔形”结构，如兰德公司（RAND Corporation）（如图 5－3 所示）。兰德公司 2013 年正式雇员达 1700 人，遍布

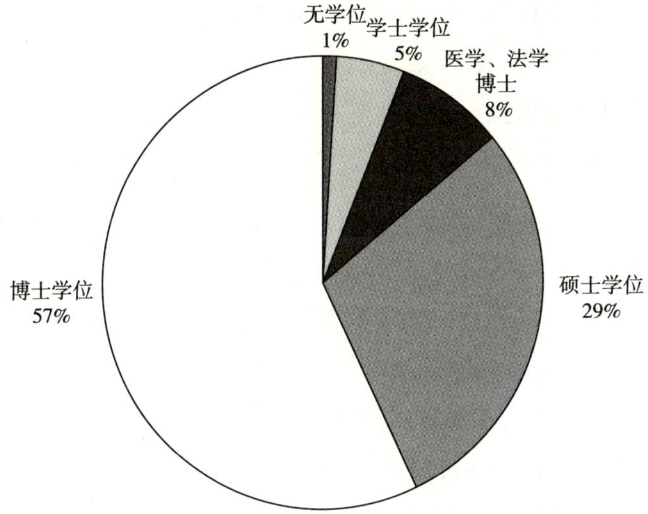

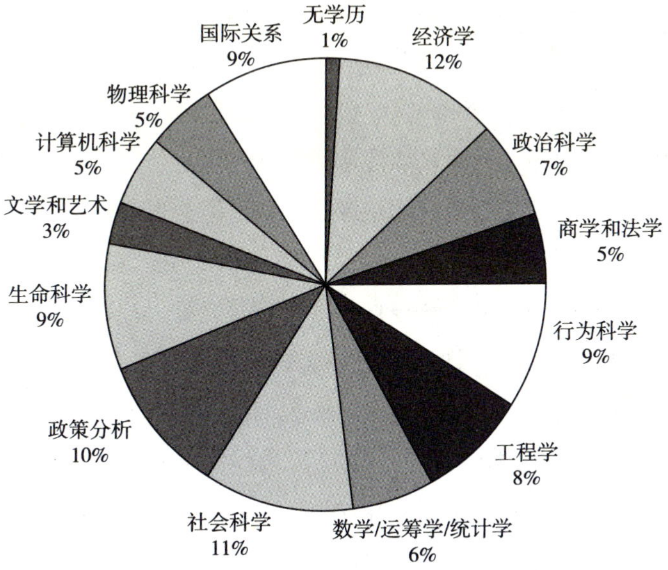

图 5－3　兰德公司人员结构情况

数据来源：Rand Corporation，http：//www. rand. org/about/glance. html。

全球47个国家。其中，从学位来看，研究人员中博士学位占57%，硕士学位占29%，医学、法学博士占8%，高、中级研究人员比重达94%，初级研究人员极少。从专业结构来看，研究人员的学科背景丰富，涉及经济学（12%）、社会科学（11%）、政策分析（10%）、数学/运筹学/统计学（6%）、生命科学（9%）、行为科学（9%）、工程学（8%）、政治科学（7%）、商学和法学（5%）等13类大专业背景。尽管存在1%的无学历学位者，但他们富有在军队和政府长期工作的经验，是美国智库"旋转门"机制的附属产物。从年龄结构看，兰德公司研究人员平均年龄35岁，在公司工作的平均年限是8年，老、中、青兼容并存，30～50岁的研究人员占绝大多数，处于人才学所强调的"最佳年龄区间"。由此看出，兰德公司既重视专才，又重视通才，既有技术人员，又有经济管理人员，既有自然科学专家，又有人文社会科学专家，集体参与研究，学科跨度大，学科间紧密联系配合，相辅相成，激发了各种不同学术观点的碰撞和升华，使得兰德公司的研究富有创造性。

3. 科技智库研究更加独立化

科技智库是以独立性和特色创造出自己的生存空间。科技智库绝大部分是非营利性的独立法人机构，其根本目的是为社会提供公益性的决策参考和咨询服务。但因为资金等一些特殊因素，科技智库的运营不得不在一定程度上依附于政府、财团、大学等。尽管科技智库不隶属于上述部门，体制上独立于政府和财团的控制之外，独立选择或承担课题项目，但这也会影响研究成果的客观性、科学性。为实现科技智库的可持续发展，未来科技智库的发展倾向应不受任何部门的约束和影响，可以充分自由独立地研究重大社会问题，确保研究成果的客观性、科学性和独立性（这也是客户相信并采纳科技智库研究成果的重要因素之一）。各国的科技智库将迎来21世纪的新变革，积极培育科技智库市场，尤其是解决研究经费的不足问题。如表5－4所示，日本未来工学研究所（Institute for Future Technology，IFTECH）宣布，自2013年4月1日开始未来工学研究所由非营利法人变更为公益财团法人①，更加坚定了自身公正、中立的立

① 未来研は公益財団法人になりました，http：//www. ifeng. or. jp/_ _ /未来研は公益財団法人になりました。

场。近几年，经过一系列的变革，逐渐摆脱了依赖“委托研究”资金流和“官厅”控制的局面，2008年未来工学研究所接受的委托项目达77项，2013年则降至32项。委托项目，尤其是中央官厅和政府机构的委托项目得到了严格的控制，2013年未来工学研究所利润达2亿日元①。

表5－4　日本未来工学研究所2008～2013年委托项目情况

单位：项

来源＼年份	2008	2009	2010	2011	2012	2013
中央官厅	28	18	22	10	7	15
政府机构	26	25	11	6	10	6
大学	10	4	1	9	6	4
财团、社团法人	4	3	2	6	2	2
民间企业	1	3	2	4	3	5
其他	8	7	0	0	0	0
总　计	77	60	38	35	28	32

数据来源：未来工学研究所《平成20年～平成25年事业报告书》，http：//www. ifeng. or. jp/about/public/。

4. 科技智库产业趋向融合化

世界绝大部分科技智库属于非营利性组织，凭借高端人才这一生产要素生产附加知识性、理论性的物质产品或非物质产品②。科技智库可以从事一定生产经营活动，将部分科技智库的思想产品以有偿的方式进行转让销售从而实现价值增值，这一系列经济行为促进了科技智库产业化形态的形成。科技智库产业化是必然趋势，而科技智库产业融合化是科技智库产业演变的必然规律。科技智库产业融合化一方面是科技智库产业自身产业链的融合，随着社会经济的发展，科技智库与政府机构、大学、财团、社团、企业等社会群体之间的联系会越来越紧密，促进科技智库市场中的生产者（科技智库、人才）——消费

① 未来工学研究所《平成25年事业报告书》，http：//www. ifeng. or. jp/wordpress/wp－content/uploads/2011/08/2ff90892be207a049b3cc874de650753. pdf。

② 这里的物质产品主要是指科技智库的有形成果形式，如纸质版的政府内参或企业的战略咨询和研究报告、专著、期刊等。非物质产品主要是指无形的成果形式，如经舆论或媒体发布的观点主张、研究成果以及国内外重大研讨会议的讨论成果等。

者（政府、企业等）——资金（政府、企业、个人）——产品（研究成果）形成良性循环；另一方面是科技智库产业与其他相关产业之间的融合，科技智库产业的产业边界目前没有很明确的界限，它与其他资讯产业、IT 产业、文化产业等都有密切的联系。作为一个生产“idea”产品的产业，科技智库产业的演变趋势必然是与更多的产业相融合，形成多元化的联盟，了解各个行业最新的动态，使科技智库及其产业得到更好发展，从而在无国界的科技智库竞争中处于有利地位。

5.3 全球主要科技智库的发展类型与产品特点比较

世界各国，尤其是大国和新兴经济体高度重视科技智库的发展，但是各个国家的信息革命程度不同，以及政府角色定位各异，不同的国情使得各国科技智库及其产品各有千秋。本报告将从德国、美国、日本、英国、韩国 5 个国家选出 8 个科技智库，按照资金来源、服务对象和人员构成的不同，分为四种类型：独立自治的智库、依附政府的智库、依附大学的智库和依附企业、财团的智库。

5.3.1 独立自治的科技智库

独立自治的科技智库独立于政府和任何一个利益集团，能自主进行运营，即使某些智库确实从某一政府、基金会或个人获得过财政资助、政策支持、项目资金，但它们恪守思想独立、资金独立和政治独立的行为准则和立场，确保了其咨询服务结论的客观性和科学性，如马克斯普朗克学会、兰德公司都属于这类智库的典型代表。

从资金来源来看，马克斯普朗克学会经费的 80% 是由公共部门的基本融资构成的，2013 年 MPI 接受了公共部门融资约 1530 亿欧元的资助，其中这些融资主要来源于联邦及政府充裕而稳定的财政支持，它是能够自由独立地从事科学研究和自主管理财政预算的非营利性组织。2000 年以来，德国联邦政府和州政府各承担一半的马克斯普朗克学会的经费预算[1]。目前，兰德公司 70%

① Max Planck Gesellschaft Fact & Figures, http: //www. mpg. de/186435/Facts_ Figures.

的经费仍以美国政府和军方委托研究的合同收入为主，同时接受私人企业、外国政府及国际组织的委托、基金会捐款、个人捐款等①。尽管马克斯普朗克学会和兰德公司都获得政府和企业很大的资金支持，但其旨在提高各方主体的政策和决策水平，它们仍然属于非营利性的公益组织，而且它们甚至曾拒绝国家出资，以保持研究的相对独立性。它们的年度报告、研究报告、期刊、书籍等出版物并不一定反映其研究客户和赞助商的意见和观点②。

从研究成果来看，这类科技智库研究成果最直观的特点是：独立自治的智库的研究成果大部分是公开的，是可以免费获得的。科技智库的生命力和价值在于其影响力，因此提升影响力是各类智库，包括科技智库，孜孜以求的主要目标。而科技智库的影响力体现在社会交往过程中影响和改变其他主体思考、判断、决策和行动的能力，这主要是通过研究成果发表、人才培养等途径实现。自 1946 年兰德公司成立以来，兰德公司已发表研究报告 18000 多篇，在期刊上发表论文 3100 篇，出版了近 200 部书，在每年 300 多篇的研究报告中，95% 是公开的，大部分出版物都可以以免费电子书的形式下载，剩余 5% 的保密报告也会随着时间的推移而不断解密。这些研究成果，尤其是公开性的研究成果是科技智库扩大影响力的根基和重要载体③，尽可能使更广泛的公众从中受益。

从人员构成来看，截至 2013 年 1 月 1 日，马克斯普朗克学会共有 88 个研究所和研究机构，其中 1 个研究所和 1 个研究机构位于国外。同时，马克斯普朗克学会共有 16918 名员工（2012 年为 17019 名），其中 5470 名科学家（2012 年为 5378 名），占员工总数的 32.3%，同比增长 1.7%，其中，36.9% 的科学家是外籍人士。此外，2012 年还有 4487 位新的客座科学家在马克斯普朗克学会进行访问，其中，外籍客座科学家过半④。而兰德公司 2013 年正式雇员达 1700 人，吸引了近 50 个国家的顶尖人才，同时研究人员的学科背景比

① 王佩亨、李国强等：《海外智库——世界主要国家智库考察报告》，中国财政经济出版社，2014，第 10 页。

② 2012 RAND Annual Report Who are You Listening to?, http://www.rand.org/pubs/corporate.

③ 朱瑞博、刘芸：《智库影响力的国际经验与我国智库运行机制》，《重庆社会科学》2012 年第 3 期，第 110 ~ 116 页。

④ Max Planck Gesellschaft Fact & Figures, http://www.mpg.de/186435/Facts_ Figures.

较丰富，掌握多种不同的分析技术。“旋转门”机制使得研究人员能够在智库、政府和工商界规律性地流动，降低了科技智库研究成果的壁垒，促进各项科技成果的转化，扩大了科技智库对政策制定的影响力。人员结构的合理化与多样性，是科技智库在市场机制下维持其竞争力与影响力的必备条件。此外，超过 100 人的科技智库一般可以称为大型科技智库，一般情况下，一定规模的大型科技智库才能够实现真正的独立与自治。

5. 3. 2　依附政府的科技智库

依附政府的科技智库，或由政府创立，隶属于政府部门，或虽不隶属于政府，但与政府保持密切联系，迄今为止，后者是依附政府的智库的主要表现形式。二者都是以政府为主要服务对象，是政府政策体系的一部分，为政府首脑和科研管理部门提供咨询服务，这一类科技智库在亚洲较为常见，如韩国科技政策研究所（National Research Council for Economics，Humanities and Social Science，STEPI）就属于这类科技智库的典型代表。

从资金来源看，这一类智库大部分属于非营利性智库，但所需经费全部或大部分由政府拨款，带有明显的官方色彩。韩国科技政策研究所是韩国政府智库管理机构韩国国家经济和人文社会研究会（NRCS）下属的 23 家政府研究机构之一，主要研究公共政策。该研究所的课题及经费主要有两个来源，一是通过 NRCS 申请财政拨款，支持自定课题的研究；二是接受外部委托研究①。NRCS 提供的 2013 年最新的预算报告显示，韩国科技政策研究所的预算达 168. 04 亿韩元，其中财政拨款 115. 09 亿韩元，占预算总额的 68. 5%，自主收入 52. 95 亿韩元，仅占预算总额的 31. 5%②。韩国科学技术政策研究所主要为总理府及政府各部门、地方政府和企业提供政策研究和咨询服务，对韩国保持国家科技政策及规划的连续性和前瞻性发挥了重要作用。

从研究内容来看，韩国科技政策研究所致力于科技研发政策及政策选

① 王佩亨、李国强等：《海外智库——世界主要国家智库考察报告》，中国财政经济出版社，2014，第 199 ~ 200 页。

② National Research Council for Economics，Humanities and Social Science. Chin Keun Park［2012. 3］，http：//www. nrcs. re. kr/intro/promote/res/nrcs_ eng. pdf.

择的研究，重点研究领域有国家科学技术政策、产业创新和区域创新政策、公司技术经营战略、科普政策及国际科技合作政策等。STEPI 主要是通过对科技研发活动和技术创新、全球科技政策等进行研究，为政府部门和其他组织提供政策选择，将战略引入私有部门以促进其技术创新，并为公众提供科技政策趋势方面的信息和数据。其产品主要有技术创新期刊、科技政策杂志、研究报告、快讯等，了解世界各国和韩国科技领域的最新事实，并广泛传播各国科技政策。可以发现 STEPI 产品层次清晰，服务对象和目标明确，主要是为韩国制定国家科技战略服务，是政府系统决策和科技政策的重要参考依据。

从人员构成来看，与独立自治的科技智库的规模效应相比，依附政府的科技智库由于主要从事政府委托项目研究，大部分规模比较小或者适中。韩国科技政策研究所研究人员总数不多，截至 2012 年 3 月，STEPI 工作人员总数仅 73 人，其中研究人员 58 人，占 79.5%，支撑人员 15 人，占 20.5%①。尽管研究人员人数不多，但国外学历占绝大多数，尤其是高学历人才，同时，也具备一定比例的支撑人员，一般由研究生担任，从内部开始教育和培训高级人才。

5.3.3　依附大学的科技智库

依附大学的智库属于典型的学术型思想库，一般是综合性强并且与高水平大学密切联系的科技智库，通常为大学下设的科技政策研究中心或咨询中心，如德国开发研究中心（ZEF）、科学与技术政策研究所（SPRU）都属于这类智库的典型代表。其中，ZEF 是附属于德国伯恩大学的一个研究所，而 SPRU 则是附属于英国 Sussex 大学的科技政策研究中心，是全球对科学、技术和创新（STI）研究的最大机构。

从资金来源看，依附大学的科技智库的经费较少来自自主收入，或者政府财政拨款，大部分来自基金会的研究基金，部分经费来自校方提供、企业捐

① National Research Council for Economics，Humanities and Social Science. Chin Keun Park［2012. 3］，http：//www. nrcs. re. kr/intro/promote/res/nrcs_ eng. pdf.

款、政府（欧盟）资助等其他渠道。德国开发研究中心部分资金由公共资金提供资助，但仍有大部分资金（近 80% 的预算）则是来源于完全竞争市场中的研究基金，如德国联邦教研部（BMBF）、德国联邦经济合作与发展部（BMZ）、罗伯特·博世基金会、比尔和梅林达·盖茨基金会等[①]。科学与技术政策研究所的资金来源也主要是由各基金会的捐款等组成，同时，尽管英国智库大多具有政党倾向性，但为避免捐赠资金“一支独大”而导致研究结果失真，科学与技术政策研究所仍努力使资金来源渠道多样化。

从研究内容来看，依附大学的科技智库一般拥有完整的、相对稳定的产品序列，而这些相对长期稳定的平台，不仅能促进相关课题研究的深入，从而有利于提高研究水平，而且也有助于提高产品的公信力。与此同时，依附大学的科技智库通过学科间的合作与联系，形成集成性的智库产品，在提供咨询服务的同时，也打开了科学研究和技术开发与社会实践的通道，使科学技术转化为生产力的过程更加通畅，实现双向调整。德国开发研究中心（ZEF）科研人员定期在国际同行评议期刊上发布科研成果。ZEF 除了发布一些非科学出版物（如 ZEF 新闻、年度报告、政策简报等），还发布了一系列的书籍和论文、讨论和研究报告。科学与技术政策研究所（SPRU）是科技政策与管理领域第一个也是全球领先的跨学科研究中心，经验研究和案例分析相结合是 SPRU 的一大特点，其全球变革、安全和社会正义、数字化和社交媒体、环境和健康、思想和大脑、文化和遗产这 6 个议题的研究说明了这一点。迄今为止，SPRU 发布了 1470 项研究报告，而且大部分报告正在慢慢公开化、共享化。其中在 1966 ~ 1995 年，报告数量均不超过 4 项，但在 20 世纪末，人类进入了高度的信息化时代，数字化正改变着世界，SPRU 自 1996 年开始研究报告的数量翻倍发展，至今已趋于平稳发展，同时报告的质量也得到国内外包括政府、企业等各社会主体的充分肯定（如图 5 - 4 所示）。随着互联网时代的来临，互联网也成为科技智库提升形象、推销产品及传播观点和影响力的重要渠道，而部分科技智库更偏爱这些直接渠道的影响力。值得强调的是，欧洲大多学术型科技智库同样也大力宣传其独立性和客观性，但一些高级研究人员的价值观和偏

① 2014 Center for Development Research（ZEF），http：//www. zef. de/index. php？ id =2129.

好以及该机构赞助者的总体政策偏好都会对一些研究机构的政策理念形成限制范围[①]。

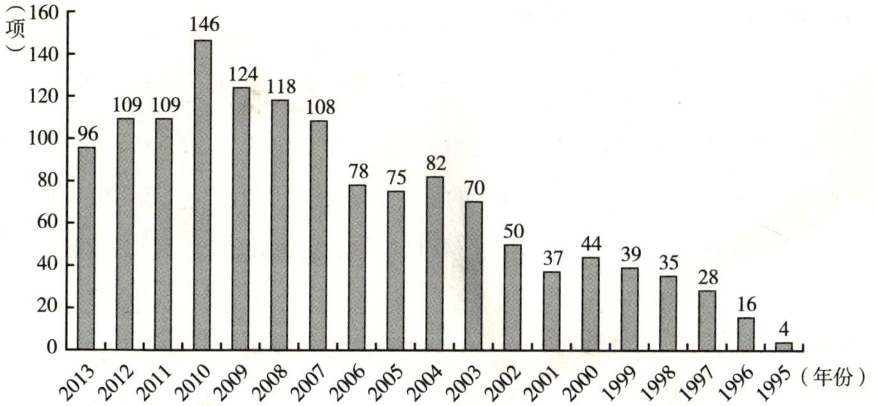

图 5－4　SPRU 历年研究报告数量

数据来源：SPRU－Science and Technology Policy Research，http：//sro. sussex. ac. uk/view/divisions/d238/。

从人员构成来看，依附大学的科技智库的研究人员大部分是从校内人才资源选拔，同时这些大学研究者们也是从全球各个地区选拔，具有从自然科学到社会科学的广泛知识。截至 2014 年 8 月，SPRU 研究人员中，教师成员超过 50 个，以及由 60 多个博士研究生（PhD）、80 多个理科硕士（MSc）及教学和研究助理组成一个充满活力的科研团队，具有很大的灵活性。此外，SPRU 是其他国家研究机构访问学者的临时根据地[②]。SPRU 也有一小部分支持人员，负责行政、财务、通信、教学和研究的战略层面事务。德国开发研究中心研究发展问题，设立了三个部门（政治和文化变化、经济和技术变化、生态和自然资源管理），也需要跨学科跨领域的分析方法，需要不同领域不同知识结构的研究人员共同合作。但在 20 世纪 90 年代后，由于受到总体预算和项目资金上扬的影响，受聘者工作保障度下降，初级研究员（博士研究生）不断增加，高级研究员发展有所停滞。2013 年，ZEF 高级研究员达 95 人，初级研究员高

① Martin W. Thunert：《德国智库的发展与意义》，杨莉译，《国外社会科学》2014 年第 3 期。

② PRU － Science Policy Research Unit，http：//www. sussex. ac. uk/spru/people.

达 149 人[①]。在欧洲，如 ZEF、SPRU 等科技智库，“旋转门”现象十分罕见，行政岗位极少可以在政策研究行业中任命。

5.3.4 依附企业、财团的科技智库

依附企业、财团的科技智库，主要是区别于受政府影响的科技智库，是独立于政府的智库，其运营资金主要来源于某些企业或利益集团捐助机构，但同时这些利益主体也会对这类科技智库的产品及运营过程产生重大影响，如技术/娱乐/设计（TED）、未来工学研究所（IFTECH）、信息技术与创新基金会（ITIF）都属于这类智库的典型代表。

从资金来源看，依附企业、财团的科技智库与依附大学的科技智库的资金来源有些相似，大部分来自于各类基金会的捐赠，但与其他科技智库相比，比较鲜明的特点是，其中也有相当比例的资金来源于企业的捐款或个人的捐款。比如，信息技术与创新基金会（ITIF）的资金来源除了斯科隆基金会、大西洋慈善基金会的捐款外，也获得了来自 Google 公司、IBM 公司、eBay 公司等企业的赞助。未来工学研究所截至 2012 年 7 月也已经有了包括 TT 数据株式会社、协和 exeo 株式会社、新技术振兴渡边纪念会一般财团法人等 19 家赞助会员，赞助会员基本以股份有限公司和财团为主。澳洲电信主管企业弹性 & 安全的风险经理 Michel Desjardins 认为，TED 的想法值得资助，要为 TED 确保这些伟大的想法能够获得充分的支持，使得它们的产品足以影响我们整个社会生活。TED 的资助来源于会议门票销售收入、企业赞助、广告收入和私人捐赠，TED 的 IRL 会议门票甚至超过 7000 美元，并在会议上得到了包括谷歌、通用电气、美国在线、高盛（Goldman Sachs）、可口可乐公司等各种从实物到货币的赞助机会，其中最高高达 100 万美元[②]。同时广告收入和个人捐赠也是 TED 资金来源的显著特点。

---

① Center for Development Research（ZEF）：Staff：researchers，http：//www. zef. de/index. php? id = 2252& tx_ zefportal_ staff%5Border_ by%5D = re_ Name&tx_ zefportal_ staff%5Bstart%5D = 0&tx_ zefportal_ staff%5Bchar%5D = &cHash = 25dfbb47edd93eb507917fb1b87024a1.

② HiPointDem. Who Funds TED?，http：//www. democraticunderground. com/? com = view_ post&forum = 1002&pid = 697253. Thu May 17，2012，01:39 PM.

从研究内容来看，依附企业、财团的科技智库与其他类型的科技智库相比，产品更倾向于满足市场需求，紧贴最新的科技前沿和热点，具有较强的专业性，属于民间智库。此外，对于此类科技智库，因为政府资助比例相对较小，在运营过程中，也会伴随着开展一定的收益项目。信息技术与创新基金会和未来工学研究所，一个是2006年成立的科技智库的新生力量，一个是成立40多年的老牌智库，但其本质都是非营利性和非党派性的中立的公共政策智库，专注于科学技术、创新、生产力和数字经济等问题，为政府和企业提供科学、技术、创新和未来发展的咨询服务，帮助世界各地的政策制定者更好地制定适应当前社会发展的新的创新经济政策。2013年，信息技术与创新基金会被宾夕法尼亚大学评为全球排名第八位的智库和第三位的科技智库。未来工学研究所（IFTECH）的研究项目中，既有为社会上不特定的多数企业等主体开展的公益项目研究，也有为社会上特定人群开展的收益项目研究。TED与以上六家科技智库有所不同，它是美国的一家私有非营利机构，该机构以它组织的TED大会著称。每年3月，TED大会在美国召集众多科学、设计、文学、音乐等领域的杰出人物，分享他们关于技术、社会、人的思考和探索，它旨在广泛传播伟大的思想。2006年以来，TED充分利用了互联网技术，TED演讲的视频被上传到网上，18分钟的演讲和互联网终于让TED走向了全世界，所有的视频都可以在互联网上免费观看。它是人类互联网时代特殊的科技智库。2006~2010年，TED官方网站上收录的TED演讲视频将近1000场，吸引的浏览量高达5亿次，覆盖的平台还包括iTunes以及Hulu等，在全球的影响力，特别是公众中的影响力是广泛而深远的。经过30年岁月的洗礼，TED从默默无闻发展到一个全球性的思想盛会。

从人员构成来看，依附企业、财团的科技智库的研究人员较少，基本由相关领域的专家组成。信息技术与创新基金会有20位附属专家和18位支撑人员，其中研究科技研发、经济理论、竞争力、电子政务、交通运输议题的专家较多①。截至2013年3月31日，未来工学研究所36名工作职员

① The Information Technology & Innovation Foundation, About us - AFFILIATED EXPERTS, http://www.itif.org/aff-exp.

中，有 11 名常勤职员，事务人员 4 名，研究人员 20 名，占全部人员的 55.6%。ITIF 和 IFTECH 的研究人员经常参与国际交流活动，交换意见和思想，保持思维的活跃性。TED 研究人员相对比较少，但是支撑人员却比较多，这是其他科技智库所不能比拟的。截至 2014 年 9 月，TED 一共有 1554 位演讲家，他们是思想家、实干家，或是灵感生产者，他们已经在 TED. com 发表了演讲。甚至，各个国家有成千上万的 TEDx 组织者，他们独立策划各种独具当地特色的 TEDx 活动，向世界各地的不同人群传播思想产品。截至 2014 年 9 月 18 日，全球各个国家 TED 的翻译人员达到了 14681 人，并且人数正在不断增加，TED 的志愿翻译者们贡献他们的时间、精力和专业知识来帮助完成翻译，使思想能够更自由地传播，TED 各项演讲视频拥有 100 多种语言①。

全球主要科技智库类型及产品特点如表 5－5 所示。

表 5－5　全球主要科技智库类型及产品特点

科技智库类型	机构	性质	产品	资金来源	产品特点
独立自治	马克斯普朗克研究所（MPI）	能够自由独立地从事科学研究和自主管理财政预算的非营利性组织	基础科学方面研究性的年度报告等	联邦及政府充裕和稳定的财政支持	研究成果原则上是公开的，可免费获取，可自由发表，原则上拒绝保密性研究
	兰德公司（RAND Corporation）	RAND 是无党派、独立分析的非营利性机构	研究报告、论文期刊、研究简讯、书籍、多媒体视频等	多元化（政府机构、私人、慈善捐款、基金会、项目资金等）	
依附政府	韩国科技政策研究所（STEPI）	STEPI 是一家非营利性组织，致力于科技政策及政策选择方面的研究和发展	技术创新期刊和科技政策杂志、研究报告、快讯等	主要是政府机构	产品多元化正在取代普世化，成为超越特定研究领域的世界品牌

① TEDx Organizers，http：//www. ted. com/people/tedx? page =259&per_ page =30.

续表

科技智库类型	机构	性质	产品	资金来源	产品特点
依附大学	德国开发研究中心(ZEF)	ZEF是附属于德国伯恩大学的一个研究所	系列书刊、发展政策讨论报告、年度报告、系列讨论和工作报告、ZEF新闻、政策简报、学位论文、部分特殊刊物等	ZEF除了公共资金资助，大部分资金(80%的预算)来自德国联邦教研部(BMBF)、德国联邦经济合作与发展部(BMZ)等的研究基金	科技智库研究多为基础研究，产品以研究报告、会议讨论成果、论文期刊和专著为主
	科学与技术政策研究所(SPRU)	SPRU是附属于英国Sussex大学的科技政策研究中心，是全球对科学、技术和创新(STI)研究的最大机构	杂志、研究报告等	基金会的捐款等	
依附企业、财团	技术/娱乐/设计(TED)	TED是美国的一家私有非营利机构，该机构以它组织的TED大会著称	TED环球会议等TED大会、演讲、视频等	Confra研究所和Harrish基金会等的种子基金会，Google、AOL、Goldman Sachs、The Coca－Cola等公司和个人捐赠等	美国科技智库注重政策研究，欧洲科技智库则关注学术研究
	未来工学研究所(IFTECH)	IFTECH紧紧围绕与科学技术有关的课题，开展各项研究活动，是公益性财团法人	年报等研究报告	主要是财团捐赠，部分源于委托研究收入等	
	信息技术与创新基金会(ITIF)	ITIF是华盛顿特区的一个非营利性、无党派智囊团	书籍、策略报告、博客、报纸专栏等媒体资源	斯科隆、大西洋慈善等基金会，Google、IBM、eBay等公司	

资料来源：各科技智库官方网站主页。

5.4　科技智库在国家创新体系中的作用

国家创新体系（NIS）是社会经济与可持续发展的引擎和基础，是培养造就高素质人才、实现人的全面发展、社会进步的摇篮，是综合国力竞争的灵魂和焦点，其主要功能是知识创新、技术创新、知识传播和知识运用，它包括知识创新体系、技术创新体系、制度创新体系、创新支撑体系等。而科技智库这个特殊的智力群体，为社会提供智力成果与产品，在国家创新体系中发挥着举足轻重的作用。本报告尝试构建以科技智库为核心，以高等学校、企业、政府等主体要素为内核，以创新资源、创新机制、创新环境、国际互动等环境要素作为制衡层的国家创新体系复合架构（如图 5 – 5 所示），分析科技智库在国家创新体系中的重要作用。

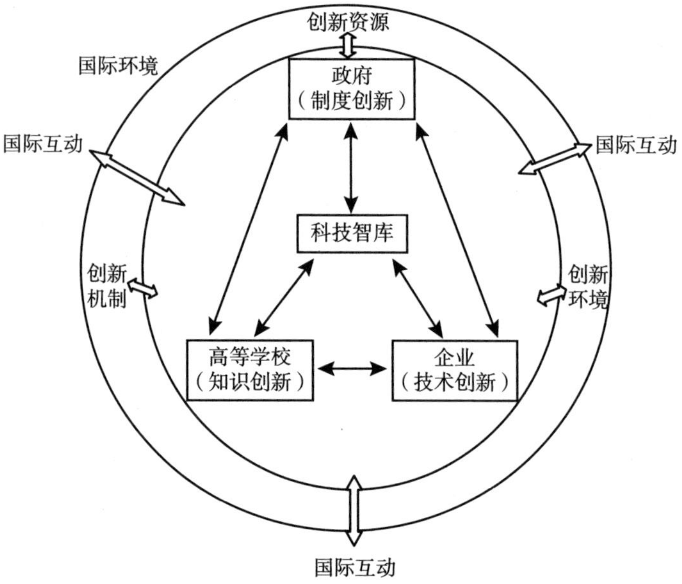

图 5 –5　以科技智库为核心的国家创新体系的基本框架

5.4.1　科技智库是知识传播和知识创新的重要基地

高等学校是高级科技人才最为集中的地方，其在国家创新体系中的重要作用已经取得了较为广泛的认知。而科技智库，尤其是学术型智库，即依附高校的科技智库，也是重要的创新知识的提供者，它们构成了知识创新和知识传播的重要主体，是知识创新体系的重要环节。科技智库与高等学校的密切结合，不仅使之成为新技术、新知识的重要发源地，而且是培养创新人才的重要基地，其功能主要是培养具有创新能力、较高技能和最新知识的人力资源，是知识生产和再生产的统一体。国家创新体系把知识流动的效率视为其良性运行的关键，而科技智库也把科技知识的流动摆在知识创新系统中非常突出的位置，可见，学术型科技智库是知识创新系统的核心，通过科技知识流动，它们极力促成原始性的创新或开拓性的创新，在知识创新体系中起着非常重要的作用。同时，学术型科技智库不仅强调高等学校这个主体的知识创新功能，也强调国家创新体系中各主体的相互作用，认为国家创新体系是具有强大实力且充满活力的企业、高等学校、中介机构和政府等相关部门相互作用的复合网络，在一定的创新机制和创新环境下，充分利用国内外创新资源，共同推进科技知识的快速流动。科技智库通过各种项目开展联合研究以及多种产学研合作模式，发挥了高校的社会服务功能，加快了科技转化为生产力的速度，使教育、研发和经济之间的联系更加紧密①。

5.4.2 科技智库是推动技术创新的关键力量

技术创新，特别是信息技术，是世界各国经济日益增长和日趋繁荣的核心力量。20世纪90年代以来，以创新为核心的国际竞争引发了全球创建国家创新体系的新潮，而创新体系也因世界各国不同的制度要求和经济水平在内涵上有所差异。但值得强调的是，在市场经济较为发达的国家，最具创新活力和动力的主体是企业，这主要得益于市场创新机制的健全及企业在技术进步和创新方面的积极性和利益动机，从而使企业成为国家创新的关键力量。到目前为止，各个国家的科技智库正以神奇的速度发展起来，无论是政府部门（包括中央和地方的政府部门）还是企业都离不开科技智库的咨询辅助。科技智库是企业应用技术的创新者和专家，通过制定促进生产力、创新和技术发展为主的公共政策，引领企业走在时代最前沿。著名科技智库信息技术与创新基金会（ITIF）主席阿特金森曾在国会发表演讲指出，美国不再是创新方面的全球领先国，它的排名正快速下降②。信息技术与创新基金会针对美国的现状，为促

① 祝俊等：《创新型国家的必由之路——产学研战略联盟》，《科技管理研究》2007年第5期。
② 黄军英编译《美国智库建言政府促进创新》，《科学新闻》2010年第15期。

进美国的创新并提高竞争力，提出了很多建议，其中包括建立国家创新基金会，其目标很明确，专门支持企业和其他组织的创新活动，促使美国非农企业更有创新活力和竞争实力。企业是创新投入、产出以及利益分配的主体，科技智库承担着大量的基础研究工作，为企业技术创新提供源源不断的动力，还承担着为企业培育和输送人才的任务，使科学技术转化为现实生产力成为可能。

5.4.3 科技智库是推进制度创新的重要因素

政府作为国家职能的主要体现者和执行者，代表国家进行制度安排，这对一国国民经济的发展至关重要。一直以来政府对科技智库的发展都采取扶持和肯定的态度，对其开展的各项基础研究、专项研究等长期投入了大量的人力、物力和财力，并积极制定正确的创新战略和扶持政策，旨在创造有利于创新的环境，发展经济并提高国家的竞争力。科技智库研究产品生产技术和管理经验的进一步推广，有利于实现对创新目标的引导，形成健康的创新机制，包括市场运行机制、分配激励机制和公平竞争机制等，实现创新资源的优化配置，鼓励人们积极创新、乐于创新。科技智库的行为和产品具有正外部性，而且大部分是免费的、可获得的，为了避免因“搭便车”现象而导致创新动力衰减，这就要求科技智库制定出确保发明和创新的私人收益制度，这些创新制度与政策的制定以及创新环境的建设，使得人们创新活动的预期收益大于成本，从而使得创新的产权得到保护。以科技智库为主体的制度创新的不断推进，使支持和鼓励创新活动的创新政策得到不断调整，并充分发挥着宏观调控的功能，促使市场运行机制、分配激励机制和公平竞争机制等创新机制渐趋成熟。与此同时，国家创新体系的各个主体要素不断改变束缚自身创新活动的客观条件，使自身能够实现更高的创新效率。

5.5 全球主要科技智库的发展对中国科技智库建设的启示

1. 应从国家战略高度重视中国的科技智库建设

现代社会，各国政府和企业在制定政策和策略方案时，越来越多地要求智库机构和智库人物的“谏言参与”，视科技智库为一国的“大脑”，充分征询科技智库的建议。宾夕法尼亚大学全球智库研究主任麦卡恩认为，如果中国想在15～20年内处于世界领先地位，那么，它需要有策略、主动地思考未来发展方向，而中国智库在这一进程中可以有所作为①。从全球智库数量排行来看，2013年美国智库数量达1828家，居首位，中国有426家，英国287家、印度268家紧随其后。但在全球非美国百强智库中，仅中国社会科学院（第9位）、中国现代国际关系研究院（第28位）、中国国际问题研究所（第30位）、上海国际问题研究院（第64位）、国务院发展研究中心（第79位）等5家智库入围。而在全球50大科技智库中，仅天则经济研究所（第38位）1家科技智库入围②，智库的数量和质量严重不匹配。中国智库，尤其是科技智库，在国际上的话语权和影响力严重缺失。因此，中国必须从战略上重视科技智库建设，并不断扩大研究视野，研究议题从本国的经济、社会问题至全球性战略议题，同时，也要充分利用互联网技术等最新科技革命成果支持相关研究，加大科技智库自身的宣传，提升我国科技智库在国际上的认知度，为我国的未来发展拓展国际空间，争取国际规则的话语权和影响力。

2. 应积极培育和规制中国科技智库市场的发展

当前，中国科技智库基本形成了官方科技智库、大学科技智库和民间科技智库并存的局面，但从根本上说，无论是官方半官方还是依附大学的科技智库，大都比较封闭，或以“官府”自居，或沉浸于“象牙塔”，缺乏与外界尤其是国际交流，阻碍了知识的流动。与欧美成熟的科技智库体系相比，我国科技智库的发展尚处于计划和初始阶段。要摆脱这一现状，需要借鉴欧美科技智库的运行机制、人才管理和智库产品营销等各方面的成功经验，与政府、企业、大学等建立起一套成型的互动机制，广泛吸收大众意见，不仅为政府各项决定出谋划策，也要面向企业和社会，积极推动知识的流动，加强科技智库间的国际互动，促进中国科技智库的产品与国际智库市场充分接

---

① 何利辉、罗洋：《美国智库发展研究及启示》，《宏观经济管理》2009年第12期。

② James G. McGann, 2013 Global Go to Think Tanks Report and Policy Advice, Think Tanks and Civil Societies Program, University of Pennsylvania, Philadelphia, PA USA, January 22, 2014: 27－33, 67.

轨，进一步开放中国智库市场，扩大智库产品的国际影响力，使之成为中国软实力构建的重要组成部分。但考虑到市场失灵给科技智库带来的消极影响，在积极培育和开放中国科技智库市场的同时，也需要对其进行有效规制，对科技智库的数量、类型等进行规制。政府作为中国科技智库市场最大的需求方，可以从市场供给主体的角度，对科技智库的准入条件和生产内容进行引导，力促市场与政府共同发挥作用。就当前全球科技智库发展环境而言，政治环境、舆论环境、人才资源、资金保障等创新环境已日趋成熟，中国科技智库市场的黄金时代正在来临。

3. 应着力加快建设具有中国特色的新型科技智库

中国科技智库面临着巨大的挑战，但也正迎来有史以来最佳的时代机遇。中国科技智库在国际上缺乏认知度和影响力这个现实，让中国科技智库承受着巨大的压力，要重新审思和定位科技智库的未来发展道路。不可否认的是，当前大国崛起、强国纵横的历史过程中始终有科技智库的角色和力量参与，而我国的决策模式也日趋依赖科技智库的研究，“中国梦”的实现需要科技智库的力量，这就要求我国科技智库要适应新时期和新形势的要求，改变传统的智库发展模式，“特色”和“新型”是我国对科技智库的新要求、新定位和新方向，也意味着我国科技智库即将进入一个快速发展的时期。在中国科技智库市场体系成熟之前，还有相当长的一个过渡时期，而这个时期正是中国特色的、新型的科技智库的建设时期。在这个特殊的时期，官方智库仍是新形势下政府探索执政规律、完善执政方略、提高执政科学化水平的重要智力支持，这类智库将对决策起主要咨询、支撑作用，其重要性和影响力也是其他类型智库无法比拟的[①]，这就是中国科技智库的“特色”之一。“新型”科技智库建设，则是探索中国特色新型智库的组织形式和管理方式，充分介入政策或决策制定的前端程序、中期建言、后期完善的全过程；同时还要介入全球事务中，深化对外交流，积极参与全球性问题国际合作研究，推动中华文化和思想走向世界，与国际思想接轨，提升中国话语权。这也是当前和今后一个时期我国科技智库发展的基本方向。

① 赵婀娜：《特色、新型中国智库的必然选择》，《人民日报》2014 年 8 月 7 日第 17 版。

4. 应确保科技智库研究的自主性和独立性

国外科技智库的研究经费一般较为充足，且资金来源渠道多样化，但无论是政府斥资，还是财团、基金会、个人捐款资助，科技智库始终是独立于政府和财团权力控制之外的，并且确保自身研究的自主性和独立性。科技智库研究成果和产品是无国界的，无论是国内科技智库还国外科技智库，对其研究产品质量的要求和标准是共通的，科技智库的产品必须要建立在真实论据和科学逻辑的基础上，才能保证产品的有效性和真实性，而实现这一目标的前提之一就是要确保科技智库的独立性。当前我国科技智库大部分属于体制内智库，是行政部门的下属事业单位或附属研究机构，为政府相关部门服务是这类智库存在和发展的基础，其研究的内容和方向很大程度上取决于政府部门的需要，往往缺乏独立性和客观性，容易演变成政府政策的宣传工具，政策思想也将失去公共性和正当性的色彩。与此同时，政府体制内的科技智库仅仅是为政府研究，没有竞争的压力，缺乏自主研究和关注前瞻性的战略性问题，这种先天依附性强的缺陷最终会促使其失去潜在的创新性和自我发展能力，无法实现可持续发展。因此，要积极鼓励、大力发展民间智库，推进智库的多元化发展。在政策研究课题的分配上，借鉴全球先进科技智库的经验，采用竞争机制，实行开放互动的运行机制，广开渠道和吸收各方建议，增强政策研究的透明度和科学性，智库要努力成为国家未来目标的“瞭望者”和国家战略的“谋划者”。

Ⅳ 附 录

Appendix

Y.26

附录一

二十国集团（G20）国家创新竞争力指标评价体系及其说明

二十国集团（G20）国家创新竞争力指标评价体系

一级指标	二级指标(5个)	三级指标(37个)	主要数据来源
国家创新竞争力	创新基础竞争力(7个)	GDP	WB
		人均GDP	WB
		财政收入	IMF
		人均财政收入	IMF
		外国直接投资净值(FDI)	WB
		受高等教育人员比重(从业人员中受高等教育人员所占比重)	UNESCO
		全社会劳动生产率(GDP/从业人员)	WB
	创新环境竞争力(7个)	每千人因特网用户数	WB
		每千人手机用户数	WB
		企业开业程序	WB
		企业平均税负水平	WB

续表

一级指标	二级指标(5 个)	三级指标(37 个)	主要数据来源
国家创新竞争力	创新环境竞争力(7 个)	入境留学生比重	UNESCO
		小额贷款占 GDP 比重	IMF
		ISO 9001 质量体系认证数	ISO
	创新投入竞争力(7 个)	R&D 经费支出总额	UNESCO
		R&D 经费支出占 GDP 比重	UNESCO
		人均 R&D 经费支出	UNESCO
		R&D 人员	UNESCO
		研究人员占从业人员比重	UNESCO
		企业研发投入比重	UNESCO
		风险资本交易占 GDP 比重	TOB
	创新产出竞争力(9 个)	专利授权数	WIPO
		科技人员平均专利授权数	WIPO
		科技论文发表数	WB
		科技人员平均发表论文数	WB
		专利和许可收入	WB
		高技术产品净出口额	WB
		高技术产品净出口比重	WB
		注册商标数	WIPO
		创意产品出口比重	UNCTAD
	创新持续竞争力(7 个)	公共教育经费支出总额	WB
		公共教育经费支出占 GDP 比重	WB
		人均公共教育经费支出额	WB
		高等教育毛入学率	UNESCO
		科技人员增长率	UNESCO
		科技经费增长率	UNESCO
		高校科技工程毕业生比重	UNESCO

数据来源及其说明：

UN：

联合国数据库（http：//data. un. org）

UNESCO：

联合国教科文组织（http：//data. uis. unesco. org）

UNCTAD：

联合国贸易和发展组织（data. uncatd. org）

WB：

世界银行（http：//data. worldbank. org/indicator）

IMF：

国际货币基金组织（http：//www. imf. org/external/data. htm）

WIPO：

世界知识产权组织（http：//www. wipo. int/ipstats/en/）

OECD：

经济合作与发展组织（http：//www. oecd－ilibrary. org/）

ISO：

国际标准化组织（http：//www. iso. org/iso/home. html）

TOB：

Thomson One Banker Private Equity database

Y.27

附录二

2011～2012年G20各级指标的评价得分和排名情况

表1　2011年G20各国一、二级指标创新竞争力得分和排名

国家	Country	创新基础竞争力		创新环境竞争力		创新投入竞争力		创新产出竞争力		创新持续竞争力		国家创新竞争力	
		得分	排名	得分	排名	得分	排名	得分	排名	得分	排名	得分	排名
阿根廷	Argentina	17.5	14	17.2	18	10.4	17	5.5	19	49.4	5	20.0	16
澳大利亚	Australia	54.0	3	47.8	5	45.0	7	19.4	12	55.8	2	44.4	6
巴西	Brazil	19.5	13	23.0	17	17.1	12	10.3	15	40.5	10	22.1	13
加拿大	Canada	48.8	5	57.6	3	46.5	5	21.2	10	37.6	12	42.4	8
中国	China	24.2	12	29.0	13	41.0	9	53.4	2	51.1	3	39.7	9
法国	France	57.0	2	45.8	8	45.3	6	29.0	7	41.5	8	43.7	7
德国	Germany	49.8	4	46.8	6	55.3	4	37.0	5	48.3	6	47.5	2
印度	India	4.8	18	13.7	19	14.8	14	20.1	11	41.1	9	18.9	18

续表

国家	Country	创新基础竞争力		创新环境竞争力		创新投入竞争力		创新产出竞争力		创新持续竞争力		国家创新竞争力	
		得分	排名	得分	排名	得分	排名	得分	排名	得分	排名	得分	排名
印度尼西亚	Indonesia	2.8	19	27.0	15	1.5	18	5.5	18	9.2	19	9.2	19
意大利	Italy	45.1	8	48.0	4	23.4	10	22.3	9	30.7	15	33.9	10
日本	Japan	47.8	7	40.7	10	60.2	3	51.5	3	26.4	17	45.3	4
韩国	Korea, Rep.	26.5	11	46.4	7	60.6	2	42.9	4	50.7	4	45.4	3
墨西哥	Mexico	14.1	15	24.8	16	11.0	16	23.4	8	22.8	18	19.2	17
俄罗斯	Russian	30.7	10	36.0	12	22.5	11	9.3	16	30.1	16	25.7	11
沙特阿拉伯	Saudi Arabia	31.4	9	41.8	9	0.1	19	13.2	14	31.8	14	23.7	12
南非	South Africa	9.2	17	37.2	11	12.7	15	13.4	13	34.8	13	21.4	14
土耳其	Turkey	12.8	16	28.7	14	15.4	13	8.3	17	39.0	11	20.8	15
英国	United Kingdom	48.5	6	61.0	2	42.0	8	29.9	6	43.5	7	45.0	5
美国	United States	84.5	1	62.9	1	90.1	1	74.8	1	64.3	1	75.3	1

表 2 2012 年 G20 各国一、二级指标创新竞争力得分和排名

国家	Country	创新基础竞争力		创新环境竞争力		创新投入竞争力		创新产出竞争力		创新持续竞争力		国家创新竞争力	
		得分	排名	得分	排名	得分	排名	得分	排名	得分	排名	得分	排名
阿根廷	Argentina	14.7	15	19.3	18	9.4	17	5.4	18	46.3	5	19.0	17
澳大利亚	Australia	57.1	2	47.4	6	43.8	7	18.1	11	54.0	2	44.1	5
巴西	Brazil	19.5	13	23.7	17	17.7	12	10.0	15	34.7	11	21.1	14
加拿大	Canada	50.0	5	57.7	3	46.0	5	19.4	10	37.8	10	42.2	9

续表

国家	Country	创新基础竞争力		创新环境竞争力		创新投入竞争力		创新产出竞争力		创新持续竞争力		国家创新竞争力	
		得分	排名	得分	排名	得分	排名	得分	排名	得分	排名	得分	排名
中国	China	27.9	10	31.8	13	40.9	8	54.9	2	51.8	3	42.2	8
法国	France	53.9	3	47.1	7	44.4	6	28.9	7	38.5	9	42.5	7
德国	Germany	48.3	6	47.6	5	52.5	4	33.9	5	39.3	8	44.3	3
印度	India	4.4	18	13.8	19	14.7	14	15.7	12	30.8	14	15.9	18
印度尼西亚	Indonesia	2.7	19	29.5	14	1.4	18	4.9	19	19.1	19	11.5	19
意大利	Italy	39.9	8	49.4	4	23.5	10	19.5	9	29.8	15	32.4	10
日本	Japan	47.5	7	42.4	10	59.5	3	50.4	3	22.8	18	44.5	2
韩国	Korea, Rep.	22.1	12	46.5	8	61.3	2	42.2	4	49.0	4	44.2	4
墨西哥	Mexico	11.8	16	26.0	16	9.7	16	22.2	8	32.5	13	20.5	15
俄罗斯	Russian	31.5	9	38.2	12	22.7	11	9.8	16	26.3	17	25.7	11
沙特阿拉伯	Saudi Arabia	22.4	11	42.8	9	0.2	19	12.9	14	42.4	6	24.2	12
南非	South Africa	8.7	17	40.9	11	11.6	15	13.2	13	26.7	16	20.2	16
土耳其	Turkey	14.8	14	29.2	15	16.7	13	9.2	17	39.3	7	21.8	13
英国	United Kingdom	50.6	4	62.0	2	39.1	9	29.6	6	34.4	12	43.1	6
美国	United States	85.2	1	65.1	1	87.1	1	73.1	1	59.3	1	74.0	1

表 3　2011 年 G20 各国二级指标创新基础竞争力指标组得分和排名

国家	Country	GDP		人均 GDP		财政收入		人均财政收入		外国直接投资净值		受高等教育人员比重		全社会劳动生产率	
		得分	排名	得分	排名	得分	排名	得分	排名	得分	排名	得分	排名	得分	排名
阿根廷	Argentina	0.3	18	18.7	13	2.1	17	21.8	12	4.2	16	57.0	8	18.2	13
澳大利亚	Australia	6.7	12	100	1	8.3	11	77.9	3	26.2	4	63.1	6	95.5	2

续表

国家	Country	GDP		人均 GDP		财政收入		人均财政收入		外国直接投资净值		受高等教育人员比重		全社会劳动生产率	
		得分	排名	得分	排名	得分	排名	得分	排名	得分	排名	得分	排名	得分	排名
巴西	Brazil	14.2	6	21.9	12	20.7	8	16.5	13	28.3	3	19.9	13	15.3	16
加拿大	Canada	9.4	11	99.1	2	7.5	12	47.0	7	15.9	8	87.9	2	74.7	7
中国	China	47.4	2	7.7	17	61.5	2	5.6	17	32.5	2	11.0	17	3.4	17
法国	France	16.3	5	81.2	6	44.2	3	100	1	16.1	7	52.1	9	89.0	3
德国	Germany	21.9	4	84.2	5	38.4	4	70.3	5	16.9	6	41.7	10	75.3	6
印度	India	10.1	10	0.0	19	4.3	15	0.0	19	14.4	9	5.1	18	0.0	19
印度尼西亚	Indonesia	3.0	15	3.8	18	0.9	18	2.1	18	7.6	13	0.0	19	2.0	18
意大利	Italy	12.3	8	68.5	8	29.2	6	74.5	4	11.1	11	19.9	13	100	1
日本	Japan	37.7	3	88.4	4	22.8	7	28.1	9	0.0	19	76.7	3	81.2	4
韩国	Korea, Rep.	4.9	14	41.3	10	5.9	14	28.0	10	1.9	17	66.6	5	36.7	10
墨西哥	Mexico	5.2	13	16.2	15	6.2	13	11.5	16	9.3	12	32.8	11	17.2	15
俄罗斯	Russian	10.3	9	23.3	11	19.8	9	22.2	11	21.8	5	100	1	17.8	14
沙特阿拉伯	Saudi Arabia	1.8	17	44.7	9	8.3	10	62.7	6	6.4	14	28.0	12	68.1	8
南非	South Africa	0.0	19	12.7	16	0.0	19	11.8	15	1.6	18	18.4	16	19.6	12
土耳其	Turkey	2.6	16	18.0	14	2.5	16	12.4	14	6.3	15	19.1	15	28.9	11
英国	United Kingdom	14.0	7	74.2	7	32.3	5	78.8	2	14.3	10	61.2	7	64.5	9
美国	United States	100	1	92.3	3	100	1	44.4	8	100	1	74.6	4	80.6	5

表 4　2012 年 G20 各国二级指标创新基础竞争力指标组得分和排名

国家	Country	GDP		人均 GDP		财政收入		人均财政收入		外国直接投资净值		受高等教育人员比重		全社会劳动生产率	
		得分	排名	得分	排名	得分	排名	得分	排名	得分	排名	得分	排名	得分	排名
阿根廷	Argentina	0.6	18	19.3	12	2.6	17	0.2	17	4.8	15	57.0	8	18.3	13
澳大利亚	Australia	7.4	12	100	1	10.1	10	92.4	2	26.9	4	63.1	7	100	1
巴西	Brazil	12.2	7	19.1	13	19.0	9	16.9	11	36.6	3	19.9	15	12.8	16
加拿大	Canada	9.4	11	98.4	2	8.4	12	52.8	6	20.2	8	87.9	2	72.7	6
中国	China	52.1	2	9.1	17	70.4	2	7.9	13	40.2	2	11.0	17	4.3	17
法国	France	14.6	5	74.3	6	41.4	3	100	1	12.7	9	54.9	9	79.1	5
德国	Germany	19.7	4	77.6	5	35.3	4	69.6	5	23.7	7	43.0	10	69.2	7
印度	India	9.5	10	0.0	19	4.7	16	1.0	14	10.7	10	5.1	18	0.0	19
印度尼西亚	Indonesia	3.2	15	4.0	18	1.2	18	0.0	19	8.5	11	0.0	19	2.2	18
意大利	Italy	10.6	9	61.2	8	26.7	6	73.4	4	2.1	16	21.4	14	84.1	2
日本	Japan	36.4	3	87.7	4	22.3	7	30.1	8	0.0	19	76.7	3	79.3	4
韩国	Korea, Rep.	4.9	14	40.9	10	6.1	15	0.3	16	1.2	17	66.6	5	34.9	10
墨西哥	Mexico	5.2	13	16.0	15	6.4	14	0.1	18	6.4	12	32.8	11	15.7	15
俄罗斯	Russian	10.7	8	24.3	11	19.5	8	24.0	9	23.9	6	100	1	18.4	12
沙特阿拉伯	Saudi Arabia	2.1	17	45.9	9	9.1	11	0.7	15	4.8	14	28.0	12	66.6	8
南非	South Africa	0.0	19	11.7	16	0.0	19	12.6	12	1.1	18	18.4	16	17.1	14
土耳其	Turkey	2.6	16	17.8	14	6.5	13	21.3	10	5.0	13	22.2	13	28.0	11
英国	United Kingdom	13.4	6	71.8	7	32.9	5	84.6	3	26.6	5	64.2	6	60.7	9
美国	United States	100	1	94.0	3	100	1	47.6	7	100	1	74.6	4	80.5	3

表 5　2011 年 G20 各国二级指标创新环境竞争力指标组得分和排名

国家	Country	每千人因特网用户数		每千人手机用户数		企业开业程序		企业平均税负水平		入境留学生比重		小额贷款占 GDP 比重		ISO 9001 质量体系认证数	
		得分	排名	得分	排名	得分	排名	得分	排名	得分	排名	得分	排名	得分	排名
阿根廷	Argentina	54.3	10	63.5	3	0.0	18	0.0	19	0.4	18	0.4	17	2.0	15
澳大利亚	Australia	92.2	5	26.8	10	84.6	2	64.8	11	36.7	4	24.6	8	5.1	12
巴西	Brazil	47.3	13	38.7	7	7.7	17	44.4	17	1.5	16	4.1	13	17.0	8
加拿大	Canada	96.8	3	6.0	16	100	1	87.6	2	16.6	8	92.8	2	3.5	14
中国	China	37.5	15	0.0	19	0.0	18	47.4	15	10.8	9	7.4	12	100	1
法国	France	90.0	7	18.1	14	69.2	3	46.1	16	37.5	3	42.1	5	17.6	7
德国	Germany	94.5	4	31.0	8	38.5	13	66.6	8	28.9	5	37.2	6	30.6	4
印度	India	0.0	19	0.9	18	15.4	16	48.1	14	3.4	15	10.3	11	17.8	6
印度尼西亚	Indonesia	1.4	18	25.0	11	30.8	15	81.0	4	0.5	17	48.9	4	1.5	17
意大利	Italy	58.9	9	70.9	2	61.5	6	42.9	18	9.9	10	1.8	15	90.4	2
日本	Japan	91.6	6	24.7	12	46.2	11	63.6	12	20.9	7	2.6	14	35.3	3
韩国	Korea, Rep.	97.8	2	29.4	9	69.2	3	84.8	3	8.4	12	18.8	9	16.6	9
墨西哥	Mexico	33.1	16	5.9	17	61.5	6	59.0	13	0.0	19	12.3	10	1.9	16
俄罗斯	Russian	51.7	11	57.7	4	46.2	11	65.2	10	23.0	6	0.8	16	7.4	11
沙特阿拉伯	Saudi Arabia	49.7	12	100	1	38.5	13	100	1	4.4	13	0.0	18	0.0	19
南非	South Africa	31.7	17	42.1	6	69.2	3	80.8	5	9.5	11	25.9	7	1.1	18
土耳其	Turkey	43.8	14	14.3	15	61.5	6	72.6	7	3.9	14	0.0	18	5.0	13
英国	United Kingdom	100	1	42.5	5	61.5	6	76.8	6	59.0	2	60.4	3	26.8	5
美国	United States	79.2	8	18.4	13	61.5	6	65.7	9	100	1	100	1	15.4	10

表 6　2012 年 G20 各国二级指标创新环境竞争力指标组得分和排名

国家	Country	每千人因特网用户数		每千人手机用户数		企业开业程序		企业平均税负水平		入境留学生比重		小额贷款占GDP比重		ISO 9001 质量体系认证数	
		得分	排名	得分	排名	得分	排名	得分	排名	得分	排名	得分	排名	得分	排名
阿根廷	Argentina	57. 7	11	73. 8	3	0. 0	19	0. 0	19	0. 3	18	0. 4	17	3. 1	15
澳大利亚	Australia	88. 7	8	30. 4	12	84. 6	2	65. 0	10	33. 4	4	24. 6	8	4. 9	12
巴西	Brazil	48. 0	13	46. 9	6	7. 7	17	42. 1	18	1. 5	16	2. 9	13	16. 6	9
加拿大	Canada	94. 0	4	8. 6	18	100	1	89. 2	2	15. 9	8	92. 8	2	3. 3	14
中国	China	39. 7	15	9. 2	17	7. 7	17	47. 3	15	11. 6	9	7. 4	12	100	1
法国	France	91. 9	6	23. 4	13	69. 2	3	46. 2	16	36. 3	3	42. 1	5	20. 8	6
德国	Germany	93. 2	5	35. 5	9	38. 5	13	66. 3	8	27. 6	5	37. 2	6	35. 0	3
印度	India	0. 0	19	0. 0	19	15. 4	16	48. 2	14	3. 8	15	9. 9	11	19. 2	7
印度尼西亚	Indonesia	2. 8	18	37. 7	8	30. 8	15	81. 0	4	0. 5	17	51. 4	4	2. 3	17
意大利	Italy	57. 7	10	76. 4	2	61. 5	6	43. 0	17	10. 0	10	1. 8	15	95. 3	2
日本	Japan	98. 4	2	33. 0	11	46. 2	11	62. 6	11	19. 9	7	2. 6	14	33. 9	4
韩国	Korea, Rep.	95. 5	3	33. 6	10	69. 2	3	84. 5	3	7. 6	12	18. 8	9	16. 6	10
墨西哥	Mexico	34. 5	17	11. 4	16	61. 5	6	59. 3	12	0. 0	19	13. 1	10	2. 3	16
俄罗斯	Russian	68. 4	9	64. 2	4	46. 2	11	57. 6	13	23. 1	6	0. 8	16	7. 3	11
沙特阿拉伯	Saudi Arabia	55. 3	12	100	1	38. 5	13	100	1	5. 8	13	0. 0	18	0. 0	19
南非	South Africa	37. 9	16	51. 6	5	69. 2	3	80. 5	5	9. 1	11	36. 6	7	1. 2	18
土耳其	Turkey	43. 5	14	18. 3	15	61. 5	6	72. 7	7	4. 7	14	0. 0	18	3. 9	13
英国	United Kingdom	100	1	46. 7	7	61. 5	6	78. 0	6	57. 5	2	60. 3	3	29. 9	5
美国	United States	89. 1	7	22. 2	14	61. 5	6	65. 8	9	100	1	100	1	16. 9	8

表 7 2011 年 G20 各国二级指标创新投入竞争力指标组得分和排名

国家	Country	R&D 经费支出总额		R&D 经费支出占 GDP 比重		人均 R&D 经费支出		R&D 人员		研究人员占从业人员比重		企业研发投入比重		风险资本交易占 GDP 比重	
		得分	排名	得分	排名	得分	排名	得分	排名	得分	排名	得分	排名	得分	排名
阿根廷	Argentina	0.6	17	14.5	16	5.0	14	2.2	16	22.6	11	24.2	17	4.0	12
澳大利亚	Australia	5.1	13	58.5	5	72.2	5	5.1	13	74.4	4	75.4	6	24.6	6
巴西	Brazil	6.3	10	28.7	11	10.0	13	9.6	10	11.1	14	49.7	12	4.1	11
加拿大	Canada	5.7	12	43.2	8	52.6	7	7.6	11	68.7	7	55.0	8	92.8	2
中国	China	47.8	2	44.5	7	10.8	12	67.7	2	12.5	13	90.5	3	13.3	9
法国	France	12.3	6	54.9	6	61.5	6	13.5	7	73.0	5	59.7	7	42.1	4
德国	Germany	22.5	4	71.1	3	85.8	3	19.3	5	67.4	8	84.0	4	37.2	5
印度	India	8.3	8	18.5	15	2.0	17	16.8	6	1.9	17	35.0	15	21.0	7
印度尼西亚	Indonesia	0.0	18	0.3	18	0.0	19	2.0	17	0.3	18	6.9	18	1.1	17
意大利	Italy	5.9	11	29.8	10	31.0	9	7.6	12	35.9	10	51.6	10	1.8	16
日本	Japan	34.5	3	83.6	2	85.5	4	29.3	3	85.5	2	100	1	2.6	15
韩国	Korea, Rep.	13.5	5	100	1	87.9	2	12.1	8	100	1	92.2	2	18.7	8
墨西哥	Mexico	1.8	15	9.0	17	4.8	15	2.5	15	6.4	16	51.5	11	0.7	18
俄罗斯	Russian	8.1	9	25.8	12	17.8	10	28.3	4	50.0	9	24.3	16	3.0	14
沙特阿拉伯	Saudi Arabia	0.0	19	0.0	19	1.0	18	0.0	19	0.0	19	0.0	19	0.0	19
南非	South Africa	0.7	16	19.7	14	4.7	16	1.0	18	8.0	15	47.9	13	6.7	10
土耳其	Turkey	2.5	14	19.9	13	11.2	11	3.0	14	22.4	12	45.5	14	3.1	13
英国	United Kingdom	9.0	7	43.1	9	46.0	8	11.9	9	71.3	6	51.9	9	60.4	3
美国	United States	100	1	67.8	4	100	1	100	1	78.9	3	84.0	4	100	1

表 8　2012 年 G20 各国二级指标创新投入竞争力指标组得分和排名

国家	Country	R&D 经费支出总额		R&D 经费支出占 GDP 比重		人均 R&D 经费支出		R&D 人员		研究人员占从业人员比重		企业研发投入比重		风险资本交易占 GDP 比重	
		得分	排名	得分	排名	得分	排名	得分	排名	得分	排名	得分	排名	得分	排名
阿根廷	Argentina	0.6	17	14.4	16	5.2	14	2.1	16	22.2	12	18.7	17	2.9	14
澳大利亚	Australia	5.3	13	58.0	5	74.3	5	4.7	13	71.2	4	78.8	5	14.7	8
巴西	Brazil	6.4	10	27.7	11	10.2	13	9.1	10	10.8	14	53.7	9	5.9	12
加拿大	Canada	5.4	12	39.7	8	49.7	7	6.9	11	65.2	7	55.4	8	100	1
中国	China	53.6	2	45.8	7	12.2	11	59.7	2	12.2	13	93.6	3	8.8	10
法国	France	12.0	6	52.5	6	59.8	6	12.1	7	70.0	5	66.0	7	38.2	4
德国	Germany	22.0	4	68.3	3	84.7	3	17.1	5	64.4	8	84.4	4	26.5	5
印度	India	8.8	7	17.8	15	2.1	17	15.4	6	1.8	17	36.3	15	20.6	6
印度尼西亚	Indonesia	0.0	18	0.2	18	0.0	19	1.8	17	0.3	18	7.1	18	0.0	16
意大利	Italy	5.7	11	28.6	10	30.1	9	6.8	12	35.0	10	52.7	11	5.9	12
日本	Japan	33.8	3	80.3	2	84.4	4	25.8	3	80.2	2	100	1	11.8	9
韩国	Korea, Rep.	14.1	5	100	1	92.3	2	11.5	8	100	1	93.8	2	17.6	7
墨西哥	Mexico	1.8	15	8.7	17	4.9	15	2.4	15	6.3	16	44.2	14	0.0	16
俄罗斯	Russian	8.2	9	25.0	12	18.3	10	24.6	4	47.1	9	26.9	16	8.8	10
沙特阿拉伯	Saudi Arabia	0.0	19	0.0	19	1.1	18	0.0	19	0.0	19	0.0	19	0.0	16
南非	South Africa	0.6	16	18.6	14	4.2	16	0.9	18	7.6	15	49.3	13	0.0	16
土耳其	Turkey	2.7	14	19.8	13	12.0	12	3.0	14	23.2	11	53.3	10	2.9	14
英国	United Kingdom	8.5	8	39.5	9	43.5	8	10.5	9	68.9	6	52.5	12	50.0	3
美国	United States	100	1	65.2	4	100	1	100	1	74.2	3	75.9	6	94.1	2

表 9　2011 年 G20 各国二级指标创新产出竞争力指标组得分和排名

国家	Country	专利授权数		科技人员平均专利授权数		科技论文发表数		科技人员平均发表论文数		专利和许可收入		高技术产品净出口额		高技术产品净出口比重		注册商标数		创意产品出口比重	
		得分	排名	得分	排名	得分	排名	得分	得分	排名	得分	排名	排名	得分	排名	得分	排名	得分	排名
阿根廷	Argentina	0.3	17	1.4	16	1.7	16	17.4	13	0.1	16	1.0	16	26.1	14	0.0	17	0.0	19
澳大利亚	Australia	7.4	7	39.8	5	9.8	11	43.6	2	0.7	9	2.5	15	48.6	10	0.0	11	3.1	14
巴西	Brazil	1.3	15	0.9	17	6.2	13	14.1	15	0.4	13	4.5	12	35.2	11	0.0	7	1.8	17
加拿大	Canada	8.6	6	30.7	6	13.8	7	41.7	4	2.7	8	13.5	10	50.1	9	0.0	15	17.2	9
中国	China	42.8	3	18.9	8	23.8	2	9.2	17	0.6	10	85.7	2	100	1	0.0	1	100	1
法国	France	4.2	10	6.0	13	15.1	6	25.4	9	12.2	4	57.3	6	91.7	3	0.0	18	47.9	7
德国	Germany	4.8	8	4.1	14	22.1	4	26.0	8	13.3	3	100	1	56.3	8	0.0	9	80.4	3
印度	India	2.1	14	0.3	18	10.7	10	13.9	16	0.2	15	6.9	11	23.7	16	0.0	3	54.1	5
印度尼西亚	Indonesia	0.7	16	6.8	12	0.0	19	0.0	19	0.0	18	3.0	13	29.5	12	0.0	16	6.5	13
意大利	Italy	2.6	12	6.9	11	12.6	8	38.1	5	3.2	7	16.9	9	25.7	15	0.0	8	66.0	4
日本	Japan	100	1	100	1	22.5	3	17.0	14	24.0	2	68.9	4	66.3	6	0.0	4	23.5	8
韩国	Korea, Rep.	39.7	4	95.2	2	12.2	9	22.6	11	3.5	6	66.5	5	99.7	2	0.0	6	14.5	10
墨西哥	Mexico	4.7	9	51.2	4	2.3	15	20.7	12	0.0	17	22.2	8	62.5	7	0.0	5	10.6	12
俄罗斯	Russian	12.5	5	9.9	10	6.7	12	4.3	18	0.4	14	2.9	14	28.1	13	0.0	12	2.9	15
沙特阿拉伯	Saudi Arabia	0.0	19	15.4	9	0.6	18	100	1	0.5	11	0.0	19	0.0	19	0.0	19	1.9	16
南非	South Africa	2.1	13	55.4	3	1.4	17	29.9	6	0.0	19	0.9	18	16.6	17	0.0	14	0.4	18
土耳其	Turkey	0.3	18	0.0	19	3.9	14	29.1	7	0.4	12	0.9	17	3.4	18	0.0	10	14.2	11
英国	United Kingdom	2.9	11	4.0	15	22.0	5	42.5	3	11.6	5	37.7	7	82.3	4	0.0	13	50.5	6
美国	United States	94.2	2	28.3	7	100	1	25.3	10	100	1	79.2	3	68.9	5	0.0	2	88.7	2

表 10　2012 年 G20 各国二级指标创新产出竞争力指标组得分和排名

国家	Country	专利授权数		科技人员平均专利授权数		科技论文发表数		科技人员平均发表论文数		专利和许可收入		高技术产品净出口额		高技术产品净出口比重		注册商标数		创意产品出口比重	
		得分	排名	得分	排名	得分	排名	得分	得分	排名	得分	排名	排名	得分	排名	得分	排名	得分	排名
阿根廷	Argentina	0.2	18	1.4	16	1.7	16	16.3	14	0.1	16	0.8	18	26.5	13	0.0	17	0.0	19
澳大利亚	Australia	6.4	7	32.8	5	9.8	11	41.8	3	0.6	10	2.2	15	46.4	9	0.0	10	2.7	15
巴西	Brazil	0.9	15	0.3	18	6.2	13	13.0	16	0.4	14	4.2	12	37.6	11	0.0	7	1.7	17
加拿大	Canada	7.9	6	27.5	6	13.8	7	40.7	4	3.0	7	11.6	10	45.1	10	0.0	15	14.4	10
中国	China	42.6	3	19.0	8	23.8	2	8.0	17	0.8	9	100	1	100	1	0.0	1	100	1
法国	France	4.6	8	7.5	11	15.1	6	24.9	9	11.1	3	52.6	6	96.6	3	0.0	18	46.6	7
德国	Germany	4.0	10	3.7	14	22.1	4	25.8	7	9.9	5	89.1	2	58.6	8	0.0	9	67.9	3
印度	India	1.5	14	0.0	19	10.7	10	13.3	15	0.2	15	6.0	11	22.3	16	0.0	8	61.0	5
印度尼西亚	Indonesia	0.6	16	6.1	12	0.0	19	0.0	19	0.0	19	2.3	14	24.9	14	0.0	16	6.8	13
意大利	Italy	2.0	13	5.1	13	12.6	8	37.1	5	3.2	6	13.3	9	24.0	15	0.0	13	61.7	4
日本	Japan	100	1	100	1	22.5	3	17.0	13	25.6	2	60.0	4	64.9	6	0.0	3	17.9	8
韩国	Korea, Rep.	41.2	4	91.4	2	12.2	9	20.8	11	2.7	8	58.9	5	99.6	2	0.0	4	13.2	11
墨西哥	Mexico	4.4	9	45.0	4	2.3	15	19.4	12	0.0	17	21.3	8	60.7	7	0.0	5	10.2	12
俄罗斯	Russian	11.9	5	10.2	10	6.7	12	4.4	18	0.5	11	3.4	13	29.2	12	0.0	11	3.4	14
沙特阿拉伯	Saudi Arabia	0.0	19	13.7	9	0.6	18	100	1	0.5	12	0.0	19	0.0	19	0.0	19	1.7	16
南非	South Africa	2.2	12	54.0	3	1.4	17	28.5	6	0.0	18	0.8	17	17.9	17	0.0	14	0.4	18
土耳其	Turkey	0.3	17	0.4	17	3.9	14	25.7	8	0.4	13	0.9	16	3.3	18	0.0	6	17.0	9
英国	United Kingdom	2.4	11	3.5	15	22.0	5	42.3	2	10.0	4	32.9	7	82.1	4	0.0	12	54.5	6
美国	United States	92.1	2	26.1	7	100	1	23.4	10	100	1	72.3	3	66.6	5	0.0	2	89.6	2

表 11　2011 年 G20 各国二级指标创新持续竞争力指标组得分和排名

国家	Country	公共教育经费支出总额		公共教育经费支出占 GDP 比重		人均公共教育经费支出额		高等教育毛入学率		科技人员增长率		科技经费增长率		高校科技工程毕业生比重	
		得分	排名	得分	排名	得分	排名	得分	排名	得分	排名	得分	排名	得分	排名
阿根廷	Argentina	1.4	15	9.7	11	100	1	72.8	4	43.0	7	95.9	2	22.8	14
澳大利亚	Australia	5.2	11	100	1	65.7	11	77.8	3	32.2	10	79.1	7	30.8	11
巴西	Brazil	13.7	6	8.4	12	91.7	4	25.9	14	54.5	6	76.7	8	12.7	18
加拿大	Canada	8.0	8	32.8	3	74.3	7	51.9	7	5.4	16	47.4	16	43.8	6
中国	China	28.7	2	1.9	17	32.3	15	8.5	17	86.1	4	100	1	100	1
法国	France	14.7	5	28.4	4	82.9	6	45.7	11	12.9	13	63.3	11	42.6	7
德国	Germany	18.6	4	27.9	5	73.4	8	45.7	11	35.5	8	80.7	5	56.6	5
印度	India	4.5	12	0.0	19	17.1	17	3.7	18	89.0	3	79.1	6	94.1	2
印度尼西亚	Indonesia	0.1	18	0.5	18	0.0	19	8.6	16	20.3	11	20.6	18	14.2	17
意大利	Italy	7.8	9	18.4	8	42.9	13	54.3	6	12.6	14	54.8	14	24.3	13
日本	Japan	21.8	3	20.4	7	28.6	16	49.4	10	0.0	19	64.6	10	0.0	19
韩国	Korea, Rep.	4.3	13	14.4	9	68.6	9	100	1	56.5	5	86.0	4	24.8	12
墨西哥	Mexico	4.1	14	5.5	14	68.6	9	9.9	15	3.1	18	54.0	15	14.3	16
俄罗斯	Russian	6.0	10	5.9	13	37.1	14	70.4	5	5.2	17	67.8	9	18.4	15
沙特阿拉伯	Saudi Arabia	1.3	16	14.1	10	65.7	11	28.4	13	5.8	15	35.1	17	72.2	3
南非	South Africa	0.3	17	5.2	15	97.1	2	0.0	19	100	1	0.0	19	40.8	8
土耳其	Turkey	0.0	19	3.1	16	2.9	18	50.6	8	89.7	2	94.7	3	32.4	9
英国	United Kingdom	13.0	7	26.3	6	85.1	5	50.6	8	15.5	12	55.9	13	58.2	4
美国	United States	100	1	35.7	2	94.3	3	92.6	2	32.6	9	62.3	12	32.4	10

表 12　2012 年 G20 各国二级指标创新持续竞争力指标组得分和排名

国家	Country	公共教育经费支出总额		公共教育经费支出占 GDP 比重		人均公共教育经费支出额		高等教育毛人学率		科技人员增长率		科技经费增长率		高校科技工程毕业生比重	
		得分	排名	得分	排名	得分	排名	得分	排名	得分	排名	得分	排名	得分	排名
阿根廷	Argentina	1.8	15	8.3	11	96.2	2	79.5	4	54.4	5	63.2	7	21.2	14
澳大利亚	Australia	7.6	11	100	1	59.5	11	83.6	3	39.0	9	62.6	8	26.1	11
巴西	Brazil	11.0	7	5.3	12	70.3	9	27.4	14	64.3	4	52.1	11	12.2	18
加拿大	Canada	9.7	8	29.0	2	86.5	5	50.7	7	26.6	12	19.9	17	42.1	6
中国	China	33.6	2	1.8	17	29.7	15	2.7	17	98.4	2	100	1	96.3	2
法国	France	15.5	5	22.6	4	91.9	3	45.2	12	22.5	14	30.3	15	41.2	7
德国	Germany	17.4	4	20.3	5	83.8	6	50.7	7	14.6	15	33.9	14	54.1	5
印度	India	4.4	14	0.0	19	13.5	18	0.0	18	38.7	10	68.0	4	90.6	3
印度尼西亚	Indonesia	1.0	17	0.7	18	18.9	17	9.6	15	25.7	13	63.9	6	13.6	17
意大利	Italy	8.3	9	14.8	9	54.1	13	50.7	7	27.2	11	28.3	16	25.7	12
日本	Japan	22.9	3	16.3	8	27.0	16	49.3	11	9.1	17	35.0	13	0.0	19
韩国	Korea, Rep.	8.2	10	17.6	7	62.2	10	100	1	66.7	3	65.6	5	23.0	13
墨西哥	Mexico	5.6	13	5.1	13	89.2	4	5.5	16	52.9	6	55.4	9	13.9	16
俄罗斯	Russian	6.6	12	4.9	14	32.4	14	69.9	5	0.0	19	52.2	10	17.9	15
沙特阿拉伯	Saudi Arabia	1.6	16	11.7	10	59.5	11	35.6	13	9.1	18	79.5	3	100	1
南非	South Africa	0.3	18	4.0	15	100	1	0.0	18	43.2	7	0.0	19	39.3	8
土耳其	Turkey	0.0	19	2.4	16	0.0	19	60.3	6	100	1	80.9	2	31.3	10
英国	United Kingdom	12.6	6	19.5	6	73.0	8	50.7	7	12.6	16	17.9	18	54.5	4
美国	United States	100	1	27.0	3	77.3	7	94.5	2	39.6	8	44.0	12	32.8	9

Y.28
参考文献

一 英文文献

Advance Edition. Multipolarity: The New Global Economy. 2011 The International Bank for Reconstruction and Development /The World Bank, 2011.

Akihiro Hashimotoa. "Measuring the Change in R&D Efficiency in the States of the Japanese pharmaccutical Industry" . *Research Policy*, 2008 (37).

Bengt-Åke Lundvall, Björn Johnson, Esben Sloth Andersen, Bent Dalum. "National Systems of Production, Innovation and Competence Building ". *Research Policy*, 2002 (2).

Bengt-Åke Lundvall. *National Systems of Innovation: Toward a Theory of Innovation and Interactive Learning*. Anthem Press, 2010.

Bjørn T. Asheim and Arne Isaksen. "Regional Innovation Systems: The Integration of Local 'Sticky' and Global 'Ubiquitous' Knowledge". *The Journal of Technology Transfer*, 2002 (1).

Caves, D. W. , Christensen L. R. , and Diewert W. E. " Multilateral Comparisons of Output, Input and Productivity Using Superlative Index Numbers". *Economic Journal*, 1982 (92).

2014 Center for Development Research (ZEF). http://www.zef.de/index.php? id =2129.

Center for Development Research (ZEF): Staff: Researchers. http://www.zef.de/.

C. Fussler & P. James. *Driving Eco-innovation a Breakthrough Discipline for Innovation and Sustainability*. Financial Times/ Prentice Hall, 1997.

Charles Edquist, Maureen McKelvey. *Systems of Innovation: Growth,*

Competitiveness and Employment. Edward Elgar Publishing, 2000.

Charnes A., Cooper W. W. and Rhodes "E. Measuring the Efficiency of Decision Making Units". *European Journal of Operational Research*, 1978, 2 (6).

Chun-Liang Chen, and Yi-Long Jaw. "Building Global Dynamic Capabilities through Innovation: A Case Study of Taiwan's Cultural Organizations". *Journal of Engineering and Technology Management*, 2009 (4).

David C. Mowery and Joanne E. Oxley. "Inward Technology Transfer and Competitiveness: The Role of National Innovation Systems". *Cambridge Political Economy Society*, 1995 (1).

David Soskice. "German Technology Policy, Innovation, and National Institutional Frameworks". *Industry & Innovation*, 1997 (1).

Diewert W. E. "Capital and the Theory of Productivity Measurement". *American Economic Review*, 1980 (5).

Fare R, Grosskopf S, Lovell C. *Production Frontiers*. Cambridge University Press, Cambridge, 1994.

Gabrijela Leskovar-Spacapan, and Majda Bastic. "Differences in Organizations' Innovation Capability in Transition Economy: Internal Aspect of the Organizations' Strategic Orientation". *Technovation*, 2007 (9).

How Transparent are Think Tanks (Transparify Report 2014), http://www.transparify.org.

James G. McGann: Global Go to Think Tank Index for 2013. University of Pennsylvania, January 22, 2014。

James P. Andrew et al., The Information Technology and Innovation Foundation. The Boston Consulting Group, February 2009.

Jan Faber, and Anneloes Barbara Hesen. "Innovation Capabilities of European Nations: Cross-National Analyses of Patents and Sales of Product Innovations". *Research Policy*, 2004 (2).

Jan Fagerberg, and Martin Srholec. "National Innovation Systems, Capabilities and Economic Development". *Research Policy*, 2008 (9).

Jian Cheng Guan, Richard C. M. Yam, Chiu Kam Mok, and Ning Ma. "A Study of the Relationship between Competitiveness and Technological Innovation Capability Based on DEA Models". *European Journal of Operational Research*, 2006 (3).

Klemmer P., Lehr U. Environmental Innovation. BMBF, Analytica-Verlag, Berlin, 1999.

Luis Diaz-Balteiro. "An Analysis of Productive Efficency and Innovation Activity Using DEA: An Application to Spain's Wood-based Industry". *Forest Policy and Economics*, 2006 (8).

Malmquist, S. "Index Numbers and Indifference Curves". *Trabajos de Estatistica*, 1953, 4 (1).

Max Planck Gesellschaft Fact & Figures. http://www.mpg.de/186435/Facts_Figures.

Max Planck Gesellschaft Fact & Figures. http://www.mpg.de/186435/Facts_Figures.

National Research Council for Economics, Humanities and Social Science. Chin Keun Park. http://www.nrcs.re.kr/intro/promote/res/nrcs_eng.pdf.

Parimal Patel. "National Innovation Systems: Why They are Important, And How They Might be Measured and Compared". *Economics of Innovation and New Technology*, 1994 (1).

Patarapong Intarakumnerd, Pun-arj Chairatana, and Tipawan Tangchitpiboon. "National Innovation System in less Successful Developing Countries: The Case of Thailand". *Research Policy*, 2002 (31).

Paul Blustein et al. Recovery or Relapse: The Role of the G-20 in the Global Economy. Global Economy and Development at BROOKINGS, June 2010.

Pedro Conceição, Manuel V. Heitor and Bengt-Åke Lundvall. *Innovation, Competence Building, and Social Cohesion in Europe: Towards a Learning Society*. Edward Elgar Publishing, 2003.

Pedro Conceição, Manuel V. "Heitor. Knowledge Interaction towards Inclusive Learning: Promoting Systems of Innovation and Competence Building".

Technological Forecasting and Social Change, 2002 (7).

Pedro Conceição, Manuel V. Heitor. "Systems of Innovation and Competence Building across Diversity: Learning from the Portuguese Path in the European Context". *The International Handbook on Innovation*, 2003.

Phil Cooke. " Regionally Asymmetric Knowledge Capabilities and Open Innovation: Exploring ' Globalisation 2 ' —A new Model of Industry Organisation". *Research Policy*, 2005 (8).

Prasada Reddy. " New Trends in Globalization of Corporate R&D and Implications for Innovation Capability in Host Countries: A Survey from India". *World Development*, 1997 (11).

2012 RAND Annual Report Who are You Listening to?. http://www. rand. org/pubs/corporate.

Rich, Andrew; Weaver, R. Kent. *Think Tanks in the U. S. Media.* The Harvard International Journal of Press/Politics, vol. 5, no. 4, Fall 2000.

Richard R. Nelson. *National Innovation Systems: A Comparative Analysis.* Oxford University Press, 1993.

R. Kemp, A. Arundel & K. Smith, Survey Indicators for Environmental Innovation. Paper Presented to Conference towards Environmental Innovation Systems in Garmisch-Partenkirchen, 2002.

Robert D. Atkinson and Scott M. Andes. The Atlantic Century: Benchmarking EU & U. S. Innovation and Competitiveness. The Information Technology and Innovation Foundation, February 2009.

V. J. Thomas. Using Patents and Publication to Assess R&D Efficeing in the States of the USA. *World Patent Information* 2010.

Wang C. H. , Gopal R. , Zionts S. . "Use of Data Development Analysis in Assessing Information Technology Impact on Firm Performance". *Annals of Operations Research*, 1997, 73.

Yao Chen, Joe Zhu. "Measuring Information Technology's Indirect Impact on Firm Performance". *Information Technology and Management*, 2004, 5.

二 中文文献

Martin W. Thunert：《德国智库的发展与意义》，杨莉译，《国外社会科学》2014年第3期。

鲍鸥：《转型期俄罗斯科技政策分析》，《科学学研究》2005年第5期。

毕功兵、梁樑、杨锋：《两阶段生产系统的DEA效率评价模型》，《中国管理科学》2007年第2期。

布凌格：《聚焦创新》，科学出版社，2007。

曹丽燕：《韩国的科技自主创新模式》，《中国经济与管理科学》2009年第2期。

陈劲、陈玉芬：《企业技术创新绩效评价指标体系研究》，《科学学与科学技术管理》2006年第3期。

陈劲、柳卸林主编《自主创新与国家强盛——建设中国特色的创新型国家中的若干问题与对策研究》，科学出版社，2008。

陈鹏：《创新政策与环境政策协同推进绿色创新》，《世界科学》2012年第8期。

陈琦：《大国国家创新体系的基本要素及框架》，《湖南商学院学报》2011年第1期。

陈强、鲍悦华：《德语区国家创新体系的比较研究》，《经济社会体制比较》2011年第1期。

陈伟等：《中国区域创新系统创新效率的评价研究》，《情报杂志》2010年第12期。

成思危：《论创新型国家的建设》，《理论参考》2010年第5期。

"创新型国家支持科技创新的财政政策"课题组：《创新型国家支持科技创新的财政政策》，《经济研究参考》2007年第22期。

崔永华、李正风等：《跨边界组织在国家创新体系中的作用及路径选择：以学会为例》，《中国科技论坛》2011年第6期。

戴鸿轶和柳卸林：《对环境创新研究的一些评论》，《科学学研究》2009年第11期。

单国旗：《创新型科技人才资源开发战略的国内外比较研究》，《特区经济》2009 年第 1 期。

丁焕峰：《论区域创新体系》，《科研管理》2001 年第 11 期。

杜栋、庞庆华：《现代综合评价方法与案例精选》，清华大学出版社，2005。

段异兵：《构建科技成果转化体系》，《学习时报》2012 年 6 月 11 日。

〔美〕菲利普·科特勒：《国家营销》，华夏出版社，1997。

封凯栋：《国家创新系统：制度与演化的视角》，《国家行政学院学报》2011 年第 3 期。

冯之浚：《国家创新系统研究纲要》，山东教育出版社，2000。

冯之浚、罗伟：《国家创新系统的理论与政策文献汇编》，群言出版社，1999。

高建明：《新中国科技政策的演进及特色》，《长沙理工大学学报》（社会科学版）2014 年第 3 期。

高丽萍：《发达国家创新政策的分析与借鉴》，《郑州航空工业管理学院学报》（社会科学版）2010 年第 2 期。

高梁：《论自主创新方针和国家竞争力导向的经济发展战略》，《国际技术经济研究》2007 年第 1 期。

高璐、李正风、丁大尉：《后危机时代美国科技政策与政府科学观转变的启示——以〈美国 2011 年度财政预算〉为例》，《实事求是》2014 年第 1 期。

高卫东、周柏春：《美国科技政策发展简述》，《理论界》2006 年第 5 期。

辜胜阻、李华等：《创新型国家建设中的制度创新与企业技术创新》，《江海学刊》2010 年第 6 期。

官建成、陈凯华：《我国高技术产业技术创新效率的测度》，《数量经济技术经济研究》2009 年第 10 期。

官建成、何颖：《基于 DEA 方法的区域创新系统的评价》，《科学学研究》2005 年第 2 期。

官建成、何颖：《基于 DEA 方法的区域创新系统的评价》，《科学学研究》2005 年第 2 期。

官建成、余进：《基于 DEA 的国家创新能力分析》，《研究与发展管理》2005 年第 3 期。

郭淑芬：《我国国家创新系统的演进历程》，《自然辩证法研究》2010年第10期。

韩凤芹、周斌等：《日本运用科技政策推动区域经济发展的实践及启示》，《经济研究参考》2012年第51期。

何树全：《试论我国国家创新体系的框架、问题与思路》，《中国科技论坛》2005年第3期。

何英：《美日欧技术创新政策及对我国的建议》，哈尔滨理工大学硕士学位论文，2010。

洪晖：《里斯本战略以来的欧盟科技政策再思考》，《经济研究导刊》2012年第4期。

胡凯：《我国区域科技创新绩效分析——基于2000～2009年的面板数据》，《科技进步与对策》2012年第12期。

胡小桃：《德国科技创新的政策体制分析》，《湖湘论坛》2014年第3期。

胡志坚等：《国家创新系统：理论分析与国际比较》，社会科学文献出版社，2000。

华振：《东北地区建设区域绿色创新体系的研究》，哈尔滨商业大学学位论文，2012。

黄茂兴等：《改革开放30年中国经济热点的回眸与展望》，社会科学文献出版社，2008。

黄茂兴等：《国家创新竞争力研究——理论、方法与实证》，中国社会科学出版社，2012。

黄茂兴等：《“十二五”时期海峡西岸经济区经济热点研究》，中国社会科学出版社，2010。

黄茂兴等：《中国省域经济热点问题研究——“十二五”中期评估及“十三五”展望》，经济科学出版社，2014。

黄茂兴：《技术选择与产业结构升级》，社会科学文献出版社，2007。

黄茂兴：《论技术选择与经济增长》，社会科学文献出版社，2010。

黄宁燕、蒯强、孙玉明：《法国科技人才状况分析》，《科技进步与对策》2011年第2期。

获玉：《德国公布实施基因技术法》，《世界农业》1991 年第 3 期。

贾根良、王晓蓉：《建设创新型国家的成功经验及借鉴》，《当代经济研究》2006 年第 9 期。

姜柏岐：《日本科学技术政策初探》，《科学学与科学技术管理》1997 年第 4 期。

蒋正明等：《我国科技人才对经济增长贡献率的实证研究》，《统计与决策》2011 年第 12 期。

金碚：《竞争力经济学》，广东经济出版社，2003。

鞠洪云、储雪林：《技术创新系统的动态过程研究》，《科学学研究》2006 年第 8 期。

〔日〕克里斯托夫·弗里曼：《一个新国家创新系统》，经济科学出版社，1991。

孔婕：《欧美国家创新政策绩效评估模型研究及启示》，《技术与创新管理》2010 年第 3 期。

李安方：《建设创新型国家的韩国经验与中国借鉴》，《世界经济研究》2006 年第 10 期。

李建民：《战后日本科技政策演变：历史经验与启示》，《现代日本经济》2009 年第 4 期。

李建平等主编《G20 国家创新竞争力发展报告（2001～2010）》，社会科学文献出版社，2011。

李建平等主编《二十国集团（G20）国家创新竞争力发展报告（2011～2013）》，社会科学文献出版社，2013。

李建平等主编《“十二五”中期中国省域经济综合竞争力发展报告》，社会科学文献出版社，2014。

李建平等主编《“十一五”期间中国省域经济综合竞争力发展报告》，社会科学文献出版社，2012。

李建平等主编《世界创新竞争力发展报告（2001～2012）》，社会科学文献出版社，2012。

李建平等主编《中国省域经济综合竞争力发展报告（2008～2009）》，社会科学文献出版社，2010。

李建平等主编《中国省域经济综合竞争力发展报告（2007～2008）》，社会科学文献出版社，2009。

李建平等主编《中国省域经济综合竞争力发展报告（2006～2007）》，社会科学文献出版社，2008。

李建平等主编《中国省域经济综合竞争力发展报告（2011～2012）》，社会科学文献出版社，2013。

李建平等主编《中国省域经济综合竞争力发展报告（2009～2010）》，社会科学文献出版社，2011。

李建平等主编《中国省域经济综合竞争力发展报告（2005～2006）》，社会科学文献出版社，2007。

李建平、黄茂兴等：《科技进步与经济增长——全面建设小康社会进程中福建科技发展的理论与实践》，中国经济出版社，2005。

李建平、黄茂兴等：《中国经济60年发展报告（1949～2009）》，经济科学出版社，2009。

李建平、李闽榕、王金南等：《中国省域环境竞争力发展报告（2009～2010）》，社会科学文献出版社，2012。

李建平、李闽榕、王金南等：《中国省域环境竞争力发展报告（2005～2009）》，社会科学文献出版社，2011。

李闽榕、李建平、黄茂兴：《中国省域经济综合竞争力评价与预测研究》，社会科学文献出版社，2007。

李闽榕、李建平、黄茂兴：《中国省域经济综合竞争力预测研究报告（2009～2012）》，社会科学文献出版社，2010。

李闽榕：《中国省域经济综合竞争力研究报告（1998～2004）》，社会科学文献出版社，2006。

李其荣：《发达国家对人才资源的开发和利用及对我国的启示》，《江西社会科学》2011年第8期。

李陶亚、林伟华：《日本创新型国家建设模式与借鉴》，《宏观经济管理》2011年第3期。

李婷：《我国激励企业科技创新的财政政策研究》，山东财经大学硕士论文，2013。

李学勇：《确立企业在技术创新中的主体地位》，《求是》2007年第8期。

李正风、胡钰：《建设创新型国家——面向未来的重大抉择》，人民出版社，2007。

李正风：《知识、创新与国家创新体系》，《山东科技大学学报》（社会科学版）2011年第1期。

廖文秋、梁樑、宋马林：《基于Malmquist指数的高校科研效率的实证分析》，《系统工程》2011年第7期。

刘凤朝等著《国家创新能力测度方法及其应用》，科学出版社，2009。

刘凤朝、冯婷婷：《国家创新能力形成的系统动力学模型——以发明专利为能力表征要素》，《管理评论》2011年第5期。

刘凤朝、潘雄锋：《基于Malmquist指数法的我国科技创新效率评价》，《科学学研究》2007年第5期。

刘凤朝、孙玉涛：《国家创新能力测度研究述评》，《科学学研究》2008年第4期。

刘立、李正风等：《国家创新体系国际化的一个研究框架：功能—阶段模型》，《河海大学学报》（哲学社会科学版）2010年第3期。

刘瑞波、边志强：《基于两阶段关联DEA的高速公路上市公司经营效率研究》，《山东财政学院学报》2011年第3期。

刘顺忠、官建成：《区域创新系统创新绩效的评价》，《中国管理科学》2002年第1期。

刘伟萍：《法国"竞争力极点"战略对环渤海经济区高新技术产业发展的借鉴》，《经济问题探索》2007年第11期。

刘志春：《国家创新体系概念、构成及我国建设现状和重点研究》，《科技管理研究》2010年第15期。

柳卸林、段小华：《转型中的俄罗斯国家创新体系》，《科学学研究》2003年第3期。

柳卸林、胡志坚：《中国区域创新能力的分布与成因》，《科学学研究》

2002年第5期。

柳卸林：《如何解读中国竞争力的世界排名?》，《科学学与科学技术管理》2002年第10期。

柳卸林：《中国国家创新系统的现状、问题与发展趋势》，“市场经济下国家技术创新系统建设”课题报告，1998。

卢立峰、李兆友：《巴西技术创新政策演化及启示》，《技术与创新管理》2010年第5期。

路风、慕玲：《本土创新、能力发展和竞争优势》，《管理世界》2003年第12期。

路甬祥：《创新与未来》，科学出版社，1998。

〔丹麦〕伦德瓦尔：《创新是一个互相作用的过程——从用户与生产者的互相作用到国家创新系统》，经济科学出版社，1991。

罗吉、王代敬：《我国建设创新型国家的对策思考》，《经济纵横》2006年第6期。

罗守贵、甄峰：《区域创新能力评价研究》，《南京经济学院学报》2000年第3期。

〔美〕罗斯托：《经济成长的阶段》，商务印书馆，1962。

罗亚非、海峰、范小阳：《研发创新绩效评价的国际比较研究》，《数量经济技术经济研究》2010年第3期。

罗亚非：《我国中部6省和京、沪、粤区域技术创新绩效比较研究》，《科技进步与对策》2006年第1期。

马可：《日本科技政策的历史沿革》，《科技信息》2010年第27期。

〔美〕迈克尔·波特：《国家竞争优势》，华夏出版社，2002。

毛昊、张现强、张洪吉：《基于总量和结构的我国在华职务发明专利申请量化分析》，《华东经济管理》2007年第6期。

牟春光、刘云：《韩国科技政策的演变特点及其启示》，《国防技术基础》2008年第7期。

倪鹏飞主编《中国国家竞争力报告No.1》，社会科学文献出版社，2010。

皮永华：《区域技术创新扩散与经济增长收敛》，《南京财经大学学报》

2008 年第 2 期。

齐建国：《技术创新——国家系统的改革与重组》，社会科学文献出版社，1995。

钱丽、陈忠卫、肖仁桥：《安徽省高技术产业创新效率研究——基于两阶段价值链视角》，《技术经济》2012 年第 8 期。

邱均平、谭春辉：《国家创新能力测评五十年》，《评价与管理》2007 年第 4 期。

任胜钢、彭建华：《基于 DEA 模型的中部区域创新绩效评价与比较研究》，《求索》2006 年第 10 期。

尚勇：《增强自主创新能力 建设创新型国家》，《中国软科学》2005 年第 7 期。

沈坤荣、耿强：《外国直接投资、技术外溢与内生经济增长——中国数据的计量检验与实证分析》，《中国社会科学》2001 年第 5 期。

石定寰：《国家创新系统：现状与未来》，经济管理出版社，1999。

史修松、赵曙东、吴福象：《中国区域创新效率及其空间差异研究》，《数量经济技术经济研究》2009 年第 3 期。

舒元、才国伟：《我国省级技术进步及其空间扩散分析》，《经济研究》2007 年第 6 期。

宋马林等：《基于省际面板数据的 FDI 绿色创新能力统计分析》，《中国软科学》2010 年第 5 期。

宋玉华、王莉：《全球新经济发展的比较制度研究》，中国社会科学出版社，2006。

宋兆杰、曾晓娟：《金融危机背景下的俄罗斯科技政策》，《科技管理研究》2013 年第 8 期。

宋之帅、杨善林、龙丹：《科技创新人才与经济增长关系的实证研究》，《工业技术经济》2013 年第 8 期。

孙辉：《美国创新型国家的基本特征和主要优势》，《全球科技经济瞭望》2006 年第 8 期。

孙凯、李煜华：《我国各省市技术创新效率分析与比较》，《中国科技论坛》2007 年第 11 期。

孙文杰、沈坤荣：《技术引进与中国企业的自主创新：基于分位数回归模型的经验研究》，《世界经济》2007 年第 1 期。

孙玉涛、杨中楷：《知识产权保护与经济增长的互动分析》，《科技管理研究》2005 年第 12 期。

〔法〕泰勒尔：《产业组织理论》，中国人民大学出版社，1999。

童昕、王缉慈：《论全球化背景下的本地创新网络》，《中国软科学》2000 年第 9 期。

万勇、文豪：《我国区域技术创新投入的经济增长效应研究》，《社会科学家》2009 年第 5 期。

万勇、文豪：《中国区域创新能力的评价指标体系研究》，《中南大学学报》（社会科学版）2009 年第 5 期。

汪群、邓玉林、曾建华等：《科技人才开发战略及创新绩效研究》，科学出版社，2013。

王承云、杜德斌、李岩：《日本建设创新型国家的政策与路径》，《科学学研究》2006 年第 S1 期。

王春法：《技术创新政策：理论基础与工具选择——美国和日本的比较研究》，经济科学出版社，1998。

王春法：《论综合国力竞争与国家创新体系》，《世界经济》1999 年第 4 期。

王大川：《德国的创新之路》，《全球科技经济瞭望》2005 年第 12 期。

王国进、王其藩：《企业技术创新能力评价研究的新进展》，《科研管理》2002 年第 4 期。

王海峰、罗亚非、范小阳：《基于超效率 DEA 和 Malmquist 指数的研发创新评价国际比较》，《科学学与科学技术管理》2010 年第 4 期。

王海燕：《国家创新系统运行绩效评价的基本原则和方法》，《科学管理研究》2001 年第 2 期。

王剑、孙锐、陈立新等：《我国高层次创新型科技人才培养的若干问题研究》，《科学学与科学技术管理》2012 年第 8 期。

王敏旋：《国外主要创新型国家的十大特征简述》，《世界经济》2006 年第 7 期。

王佩亨、李国强等：《海外智库——世界主要国家智库考察报告》，中国财政经济出版社，2014。

王晓伟、登峰和魏佳：《新疆各地区城市化效率动态分析——基于 DEA-Malmquist 指数方法》，《特区经济》2012 年第 9 期。

王志刚：《把创新型科技人才队伍建设作为科技工作的重要着力点》，《求是》2011 年第 15 期。

未来工学研究所《平成 25 年事业报告书》，http：//www. ifeng. org. jp。

翁莉等：《传统产业升级下绿色供应链知识共享与绿色创新研究综述》，《经济问题探索》2013 年第 11 期。

吴贵生、谢伟：《国家创新系统的要素、作用与影响》，第二届中韩产业技术政策研讨会——面向 21 世纪的国家技术创新系统会议论文集，1997。

吴江：《尽快形成我国创新型科技人才优先发展的战略布局》，《中国行政管理》2011 年第 3 期。

吴彤、米运生：《发达国家支持中小企业科技创新的政策比较》，《陕西经贸学院学报》1999 年第 8 期。

吴晓园、许明星等：《基于演化经济学的国家创新系统层级研究》，《技术经济与管理研究》2011 年第 7 期。

夏文斌：《深刻把握人才第一资源的重要地位和作用》，《光明日报》2011 年 8 月 2 日。

项后军：《国家竞争优势与国家创新系统——一个比较的分析与思考》，《科学学研究》2004 年第 2 期。

肖浩辉：《论建设创新型国家的战略地位和发展途径》，《湖南科技大学学报》（社会科学版）2010 年第 3 期

肖静、程如烟、姜桂兴：《基于超效率 DEA 方法的研发效率国际比较研究》，《情报杂志》2009 年第 6 期。

谢建国、周露昭：《中国区域技术创新绩效——一个基于 DEA 的两阶段研究》，《学习与实践》2007 年第 6 期。

谢永琴：《论我国高新技术产业园区的区域创新网络建设》，《科技管理研

究》2005年第8期。

徐冠华：《关于自主创新的几个重大问题》，《中国软科学》2006年第4期。

徐冠华：《建设创新型国家　走中国特色的创新之路》，《中国科技产业》2006年第1期。

严鹏飞、王兵：《技术效率、技术进步与生产率增长：基于DEA的实证分析》，《经济研究》2004年第12期。

阳立高、韩峰、杨华峰、刘建江：《发达国家高层次创新型人才开发经验及启示》，《科技进步与对策》2014年第8期。

杨中楷、孙玉涛：《基于专利引用国家技术力量指标比较》，《科学学与科学技术管理》2005年第10期。

杨忠泰：《区域创新体系与国家创新体系的关系及其建设原则》，《中国科技论坛》2006年第9期。

于成学：《中国副省级城市科技创新效率评价与实证》，《科技管理研究》2010年第1期。

于敏、王有志、陶应虎等：《科技创新人才战略》，东南大学出版社，2011。

余永泽：《我国高技术产业技术创新效率及其影响因素研究》，《经济科学》2009年第4期。

岳书敬、刘朝明：《人力资本与区域全要素生产率分析》，《经济研究》2006年第4期。

张国良、陈宏民：《国内外技术创新能力指数化评价比较分析》，《系统工程理论方法应用》2006年第5期。

张海洋：《R&D两面性、外资活动与中国工业生产率增长》，《经济研究》2005年第5期。

张义梁、张嵎喆：《国家自主创新能力评价指标体系研究》，《经济学家》2006年第6期，

张真真、林晓言：《知识产权保护与技术创新路径的国际比较》，《中国软科学》2006年第11期。

张振刚等：《绿色创新与经济增长的多变量协整关系研究——基于1989~2011年广东省数据》，《科技进步与对策》2014年第10期。

张治河、胡树华、金鑫等：《产业创新系统模型的构建与分析》，《科研管理》2006 年第 2 期。

赵海琳、王钊：《西南地区区域创新能力的绩效评价》，《技术经济与管理研究》2009 年第 6 期。

赵俊杰：《美国国家创新体系建设》，《全球科技经济瞭望》2011 年第 4 期。

赵凌云：《创新型国家的形成规律及其对中国的启示》，《学习月刊》2006 年第 3 期。

赵凌云：《尊重创新型国家的形成规律 推进中国的创新型国家建设》，《毛泽东邓小平理论研究》2006 年第 7 期。

赵新力：《联合国与科技创新》，福建科学技术出版社，2014。

赵修渝、黄仕川：《重庆直辖以来技术进步与效率变化分析——基于区县面板数据的非参数 DEA-Malmquist 指数测算》，《中国科技论坛》2008 年第 6 期。

赵中建：《创新引领世界——美国创新和竞争力战略》，华东师范大学出版社，2007。

郑珊珊、樊一阳、刘华珍：《基于 DEA 模型的高技术产业技术创新资源配置效率分析》，《科技管理研究》2010 年第 3 期。

郑永彪、高洁玉、许睢宁：《世界主要发达国家吸引海外人才的政策及启示》，《科学学研究》2013 年第 2 期。

中国环境与发展国际合作委员会（CCICED）：《机制创新与和谐发展——CCICED2008 年度政策报告》，中国环境科学出版社，2009。

中国科技发展战略研究小组：《中国区域创新能力报告》，科学出版社，2006。

中华人民共和国科学技术部：《2012 国际科学技术发展报告》，科学技术文献出版社，2012。

中华人民共和国科学技术部：《主要创新型国家科技创新发展的历程及经验》，中国科学技术出版社，2006。

钟劲松：《典型自主创新国家政策支持措施的分析与借鉴——兼论我国创新政策的未来趋势》，《理论与改革》2011 年第 4 期。

周立、吴玉鸣：《中国区域创新能力：因素分析与聚类研究——兼论区域创新能力综合评价的因素分析替代方法》，《中国软科学》2006 年第 8 期。

周蜜、邓向荣：《向创新型国家转型的路径选择》，《理论参考》2010年第5期。

周勇、冯丛丛：《刍议创新型国家（省、市）的评价指标体系》，《科学与管理》2006年第3期。

朱启贵：《以体制机制创新驱动科技创新》，《人民论坛》2011年第37期。

朱瑞博、刘芸：《智库影响力的国际经验与我国智库运行机制》，《重庆社会科学》2012年第3期。

朱勇、张宗益：《技术创新对经济增长影响的地区差异研究》，《中国软科学》2005年第11期。

Y.29

后　记

本书是全国经济综合竞争力研究中心 2014 年重点研究项目、中央财政支持地方高校发展专项项目“福建师范大学产业与区域经济综合竞争力研究创新团队”2013～2014 年重大研究成果，中央组织部资助的首批青年拔尖人才支持计划（组厅字〔2013〕33 号文件）2013～2014 年的阶段性成果，国家社科基金项目（项目编号：10BJL046）的阶段性研究成果，福建省社会科学研究基地——福建师范大学竞争力研究中心 2014 年重大项目研究成果，福建省高等学校科技创新团队（闽教科〔2012〕03 号）和福建师范大学创新团队建设计划资助的阶段性研究成果，以及福建省特色重点学科和省重点学科福建师范大学理论经济学暨福建省高校服务海西建设重点项目 2013～2014 年重大研究课题的最终研究成果。

创新始终是推动一个国家、一个民族向前发展的重要力量。我们只有推动以科技创新为核心的全面创新，提高科技和产业的国际竞争力，才能为我国经济社会可持续发展奠定基础；才能在国际经济大调整大变革中赢得我们的竞争新优势，为实现中华民族伟大复兴的中国梦提供无穷的动力。当前，科学技术作为第一生产力的作用日益突出，科学技术作为人类文明进步的基石和原动力日益凸显，科学技术比历史上任何时期都对人民的幸福产生重大影响。

在当代世界发展进程中，G20 作为发达国家与新兴市场国家进行国际对话与合作的重要平台，发挥着越来越重要的作用。2008 年国际金融危机发生以后，G20 多次召开峰会，共商应对危机之策，为全球经济复苏做出了重要贡献。目前，世界正处于后危机时代，也正处在新科技革命的前夜，全球主要国家都在谋求新的经济发展方式，开始新一轮抢占科技和产业发展制高点的竞争。这将开辟生产力发展的新空间，创造新的社会需求，深刻影响人类的生产方式、生活方式和思维方式。鉴于此，为了深入研究国家创新竞争力，结合全球科技发展浪潮、新科技革命发展趋势等创新问题的新形势和新要求，从2009年底开始，在中国常驻联合国代表团科技组、国务院发展研究中心管理世界杂志社、中国社会科学院社会科学文献出版社领导的指导和支持下，全国经济综合竞争力研究中心福建师范大学分中心着手组建了“二十国集团（G20）国家创新竞争力发展报告”课题攻关研究小组，力图从竞争力的视角，赋予国家创新能力新的内涵，并从理论、方法和实证三个维度来探讨G20国家创新竞争力的评价与提升问题。在课题研究过程中，福建师范大学原校长、全国经济综合竞争力研究中心福建师范大学分中心主任李建平教授亲自担任课题组组长和本书的主编之一，直接指导和参与了本书的研究和审订书稿工作；本书主编之一福建省新闻出版广电局（福建省版权局）党组书记李闽榕教授指导、参与了本书的研究和书稿统改、审订工作；中国常驻联合国代表团科技参赞、国际欧亚科学院院士赵新力研究员对本书的研究工作给予了积极指导和大力支持，并担任本书的主编之一；国务院发展研究中心管理世界杂志社竞争力部主任苏宏文同志为本书的顺利完成积极创造条件；全国经济综合竞争力研究中心福建师范大学分中心常务副主任黄茂兴教授为本报告从课题策划到最终完稿做了大量具体工作。

2014年2月以来，课题组着手对G20国家创新竞争力的理论创新、指标评价体系等问题展开了深入研究，跟踪研究最新动态，进一步完善了G20国家创新竞争力评价指标体系，并通过采集到的最新指标统计数据，对2011～2012年G20中19个国家的创新竞争力进行系统评价比较。本书50余万字，数据采集、录入和分析工作庞杂而艰巨，采集、录入基础数据2000多个，计算、整理和分析数据1万多个，共制作简图200多幅、统计表格200多个，竞争力地图18幅。这是一项复杂艰巨的工程，编写组的各位同志为完成这项工程付出了艰辛的劳动，在此谨向全力支持本课题顺利进行的福建师范大学经济学院领导及参与本项目研究的李军军博士、林寿富博士、王珍珍博士、陈洪昭博士、陈伟雄博士、周利梅博士、易小丽博士、叶琪博士、张宝英博士、杨雪星博士以及研究生叶婉君、张璇、邱雪萍、李师源、兰筱琳、陈志龙、贾学凯、季鹏、邹尔明、肖蕾等同志表示深深的谢意。他们放弃节假日休息时间，每天坚持工作10多个小时，为本报告的数据采集、测算等做了许多细致的工作。

本书还直接或间接引用、参考了其他研究者的相关研究文献，对这些文献的作者表示诚挚的感谢。

社会科学文献出版社谢寿光社长，社会政法分社王绯社长以及责任编辑曹长香，为本书的出版，提出了很好的修改意见，付出了辛苦的劳动，在此一并向他们表示由衷的谢意。

由于时间仓促，本书难免存在疏漏和不足，敬请读者批评指正。

作　者

2014 年 9 月

权威报告　热点资讯　海量资源

当代中国与世界发展的高端智库平台

皮书数据库　www.pishu.com.cn

皮书数据库是专业的人文社会科学综合学术资源总库，以大型连续性图书——皮书系列为基础，整合国内外相关资讯构建而成。该数据库包含七大子库，涵盖两百多个主题，囊括了近十几年间中国与世界经济社会发展报告，覆盖经济、社会、政治、文化、教育、国际问题等多个领域。

皮书数据库以篇章为基本单位，方便用户对皮书内容的阅读需求。用户可进行全文检索，也可对文献题目、内容提要、作者名称、作者单位、关键字等基本信息进行检索，还可对检索到的篇章再作二次筛选，进行在线阅读或下载阅读。智能多维度导航，可使用户根据自己熟知的分类标准进行分类导航筛选，使查找和检索更高效、便捷。

权威的研究报告、独特的调研数据、前沿的热点资讯，皮书数据库已发展成为国内最具影响力的关于中国与世界现实问题研究的成果库和资讯库。

皮书俱乐部会员服务指南

1. 谁能成为皮书俱乐部成员？

- 皮书作者自动成为俱乐部会员
- 购买了皮书产品（纸质皮书、电子书）的个人用户

2. 会员可以享受的增值服务

- 加入皮书俱乐部，免费获赠该纸质图书的电子书
- 免费获赠皮书数据库100元充值卡
- 免费定期获赠皮书电子期刊
- 优先参与各类皮书学术活动
- 优先享受皮书产品的最新优惠

3. 如何享受增值服务？

（1）加入皮书俱乐部，获赠该书的电子书

第1步 登录我社官网（www.ssap.com.cn），注册账号；

第2步 登录并进入“会员中心”—“皮书俱乐部”，提交加入皮书俱乐部申请；

第3步 审核通过后，自动进入俱乐部服务环节，填写相关购书信息即可自动兑换相应电子书。

（2）免费获赠皮书数据库100元充值卡

100元充值卡只能在皮书数据库中充值和使用

第1步 刮开附赠充值的涂层（左下）；

第2步 登录皮书数据库网站（www.pishu.com.cn），注册账号；

第3步 登录并进入“会员中心”—“在线充值”—“充值卡充值”，充值成功后即可使用。

4. 声明

解释权归社会科学文献出版社所有

皮书俱乐部会员可享受社会科学文献出版社其他相关免费增值服务，有任何疑问，均可与我们联系

联系电话：010-59367227　企业QQ：800045692　邮箱：pishuclub@ssap.cn

欢迎登录社会科学文献出版社官网（www.ssap.com.cn）和中国皮书网（www.pishu.cn）了解更多信息

法律声明

“皮书系列”（含蓝皮书、绿皮书、黄皮书）由社会科学文献出版社最早使用并对外推广，现已成为中国图书市场上流行的品牌，是社会科学文献出版社的品牌图书。社会科学文献出版社拥有该系列图书的专有出版权和网络传播权，其 LOGO（ ）与“经济蓝皮书”、“社会蓝皮书”等皮书名称已在中华人民共和国工商行政管理总局商标局登记注册，社会科学文献出版社合法拥有其商标专用权。

未经社会科学文献出版社的授权和许可，任何复制、模仿或以其他方式侵害“皮书系列”和 LOGO（ ）、“经济蓝皮书”、“社会蓝皮书”等皮书名称商标专用权的行为均属于侵权行为，社会科学文献出版社将采取法律手段追究其法律责任，维护合法权益。

欢迎社会各界人士对侵犯社会科学文献出版社上述权利的违法行为进行举报。电话：010－59367121，电子邮箱：fawubu@ssap.cn。

社会科学文献出版社